13 世紀の自己認識論

13世紀の自己認識論

アクアスパルタのマテウスから
フライベルクのディートリヒまで

F.X. ピュタラ著

保井亮人訳

知泉学術叢書 18-2

LA CONNAISSANCE DE SOI AU XIIIe SIECLE
By
Francois-Xavier Putallaz

Copyright © 1991 by LIBRAIRIE PHILOSOPHIQUE
J. VRIN, Paris. www.vrin.fr
Japanese translation rights arranged
through Japan UNI Agency, Inc. Tokyo

凡　　例

一，底 本 は，François-Xavier Putallaz, La connaissance de soi au XIIIe siècle : De Matthieu d'Aquasparta à Thierry de Freiberg, « Etudes de Philosophie médiévale 67 », Librairie Philosophique J. Vrin, Paris 1991 を使用した。

一，略号は，例えば以下のように使用した。

Quaest. ord. = Quaestiones ordinariae.

Quodl. I, 14 = Quodlibet I, quaestio 14.

Op. ox. = Opus oxoniense.

ST, 1a q.14 a.2 = *Summa theologica*, prima pars, quaestio 14, articulus 2.

SCG, II, c.69, n.1461 = *Summa Contra Gentiles*, Liber II, capitulum 69, éd. Marietti (1969), numéro 1461.

In II Sent., d.19 q.1 a.1 ; t. II, p. 482 = *Librum super libros sententiarum*, Liber II, distinctio 19, quaestio 1, articulus 1 ; éd. Mandonnet-Moos, tome II (1929), p. 482.

In II de anima, c.V, p. 88, l. 55-70 (l.5, n.282-85) = *Sentencia libri De anima*, Liber II, capitulum 5, éd. Léonine (1984), page 88, lignes 55-70 ou *In Aristotelis librum de anima commentarium*, liber II, lectio 5, éd. Marietti (1948), numéros 282-285.

一，各哲学者のラテン語テクストは，フランス語になっている部分はフランス語に依拠して訳したが，原著の注にあるとおりにラテン語も掲載した。注の中でラテン語しかあがっていない場合は，可能な限り訳者が〔　〕においてラテン語の翻訳を行った。

凡　例

一，文献表は，本書『13世紀の自己認識論』と姉妹編『トマ
　　ス・アクィナスの自己認識論』の両方に関するものである。

日本語版に寄せて

1. 近現代が主観を非常に重要視してきたからと言って，中世が主観性の問題を等閑視してきたと考えることは間違っているだろう。中世は，たとえキリスト教徒が人となった神と交わりながら生きていたとしても，キリスト教に支配された時代であり，人間存在をそれほど気にかけなかったと想像する人がいるかもしれない。また中世を，主観性という各人間の中心的問題が，最も高次の哲学思想において集中的に論じられなかった唯一の時代と見なす人もいるだろう。どうして中世の数世紀は，感動的な経験や，真理は各人の内奥に宿るという，中世のテキストに遍在するアウグスティヌスの思想——「外に気を散らさず，あなた自身の内に還りなさい。真理が住まうのは人間の内部である」[1]——を通して研究されてこなかったのか。

しかし，こうした状況の中でも，自己意識が真に重要視されてきたことをはっきり述べるためには，14世紀初頭に注目する必要がある。そこで，自己意識は人間精神に，考えられる最高の確実性，すなわちコギトの確実性を保証すると考えられるようになったのである。こうした見解は，オッカムが繰り返しはっきり述べるもので，1320年代に書かれた『命題集注解』に見出せるものである。オッ

---

1) « Noli foras ire, in te ipsum redi; in interiore homine habitat veritas. » S. AUGUSTINUS, *De vera religione*, 39, 72.

カムによれば，理性的で抽象的な認識は事物の具体的存在を度外視するが，対して直観的認識に訴えれば，ある事物について，ある場合にはある，ない場合にはないとはっきり判断できる。このような特権は感覚的認識にだけ備わるものではなく，それというのも人間知性もまた，例えば自分の意志の内的働き，知性の働き，喜びや苦しみという感情のような，純粋に可知的なもの（mere intelligibilia）をも直観的に認識できるからである。そして，こうした自己認識こそが人間精神に最高の確実性をもたらすのである。すなわち，実際のところ，人間は自分の働きを疑いなく認識することで，「私が認識している」（ego intelligo）ことについて，はっきりと判断できる。これは，各人に与えられる，いかなる反論も受けつけない明証である（evidentissime）。「しかるに，あらゆる偶然的な真理のなかで，純粋に可知的なものに関する真理こそは，最も確実に明らかな仕方で知られる（certius et evidentius）。このことは，経験と聖アウグスティヌスの権威を通じて確証できる」[2]。

2. 上のオッカムの言明と，デカルトのコギト——フッサールの現象学に至るまで近現代哲学の源流となった——とのつながりは明らかである。オッカムの思想は直接デカルトに伝わった。というのも，14世紀のヨーロッパの大学，特にドイツにおける学問の拠点だったケルンやエアフルトにフランシスコ会神学が流入し，ガブリエル・ビール，ルターを経て，最後にデカルトに伝わったからであ

---

2) « Sed veritates contingentes de istis mere intelligibilibus inter omnes veritates contingentes certius et evidentius cognoscuntur a nobis, sicut patet per experientiam et per beatum Augustinum. » GUILLELMUS DE OCKHAM, *in I Sent.*, Prol., q. 1; *Opera theologica* t. I, ed. G. Gàl – S. Brown, St. Bonaventure 1967, p. 43, l. 11-14.

日本語版に寄せて　　　　ix

る。この歴史的展開の解明は今後の研究者の課題だろう。

　本書は，大胆にも反対の方向から現実を考察し，人類の思想史の革新的出来事だった主観の発見の前史を資料に基づいて裏づけようとした。オッカムが行った逆転を理解するためには，トマス・アクィナスの教えと比較して違いをはっきりさせるだけでは十分でない。さらに，特にボナヴェントゥラの弟子たちが完成させたような，フランシスコ会の伝統そのものに立ち帰り，精妙な思想的発展を明らかにする必要があった。すなわち，アクアスパルタのマテウス，ロジャー・マーストン，とりわけペトルス・ヨハネス・オリヴィは主要な人物であり，これらの著述家を検討することで，近代が到来する以前に主観の発見がどのような意味を持っていたかを明らかにできるのである。重要な役割を果たしたフランシスコ会士は他にも何人かいるが，それらの思想は本書とは別のところで考察した[3]。

　3. 論争は 13 世紀を通して非常に激しかったが，特に反対のことを述べているアリストテレスのテキストが発見されたからである。幾人かの著述家は，アリストテレスに従って，精神の外部にあるものを認識することは，自己を認識することよりも優位にあると強調した。彼らは絶えず，人間霊魂は他のものを認識するように（sicut et alia）自分自身を認識すると繰り返し主張したのである。とはいえやはり，こうした著述家たちにおいても，自己意識が重要な役割を果たしていることに変わりはない。実際，ドミニコ会士サットンのトマスのようにトマス主義に訴えた者

---

　3)　François-Xavier PUTALLAZ, « La connaissance de soi au moyen âge : Vital du Four », dans : *Collectanea franciscana* 60 (1990), p. 505-537. Camille BÉRUBÉ, « Connaissance de soi chez Thomas d'Aquin et l'école franciscaine selon F.-X. Putallaz », dans : *Collectanea franciscana* 62, Rome 1992, p. 295-310.

もいれば，在俗教授フォンテーヌのゴドフロワのように
いっそう急進的なアリストテレス主義を引き合いに出した
者もいて，さらには驚くべき思想家であるフライベルクの
ディートリヒのようにケルンのアルベルトゥス学派と呼ば
れる方向性に属していた者もいたが，こうした人々はみな
自己意識の重要性を認めていたのである。他にも，ブラバ
ンのシゲルスのような注目に値する著述家がいるが，シゲ
ルスの人物像は今日でもまだ激しい議論を呼んでいる[4]。
さらに，当時の最重要な神学者の一人だった在俗教授ガン
のヘンリクスについても，自己認識の主題に関する本格的
研究は今なお現れていない。ところが，このヘンリクスこ
そは，近代の土壌を用意したスコトゥスやオッカムといっ
た偉大な思想家たちが真っ先に対話しようとした相手なの
である。本書で取り上げた著述家について，補足的な文献
を残らず知りたいなら，浩瀚な書物である『哲学史概説』
に当たってみるのがよいだろう[5]。

4. 中世における自己認識の歴史を知るには，14 世紀に
オッカムを取り囲んでいた他の思想家を特に検討する必要
があるとしても[6]，本書はこうした議論で何が争点となっ

---

[4] François-Xavier PUTALLAZ, « La connaissance de soi au
moyen âge : Siger de Brabant », dans : *Archives d'Histoire Doctrinale
et Littéraire du Moyen Âge* 59 (1992), p. 89-157 ; François-Xavier
PUTALLAZ-Ruedi IMBACH, *Profession : philosophe. Siger de Brabant*,
Paris 1997.

[5] *Grundriss der Geschichte der Philosophie*, begründet von
Friedrich UEBERWEG, *Die Philosophie des Mittelalters*, Band 4, *13.
Jahrhundert*, hrsg. Alexander BRUNGS, Vilem MURDROCH und Peter
SCHULTHESS, 2 Bände, Basel 2017. マテウスは p. 1013-1015、オリ
ヴィは p. 537-543、サットンは p. 858、ゴドフロワは p. 680、マース
トンは p. 811-812、ディートリヒは p. 951-955、シゲルスは p. 425-
434、ヴィタル・デュ・フールは p. 544-545 を参照。

[6] François-Xavier PUTALLAZ, « L'infinité des actes réflexifs, à l'

日本語版に寄せて　　xi

ているかを明らかにする上でわずかながら貢献できると言えるだろう。本書が出版されてから，13世紀の自己認識と自己意識を扱った優れた研究がたくさん現れた。そのうちで，スカーペリ・コーリーの著作は[7]，トマス・アクィナスの思想を集中的に論じているが，アルベルトゥス・マグヌスが人間霊魂の自己認識についてどのように考えていたかを検討するきっかけを与えてくれる。こうして，当然，研究者の注目は新プラトン主義と『原因論』に関する注解に向かうことになる[8]。自己認識の主題について研究が増加しているとはいえ[9]，まだ未刊のテキストが多く残っており[10]，これらの検討は中世思想の全体像をもっと完全に描き出すために不可欠だと言える。こうした作業を終えたときに，自己認識の争点や，とりわけ純粋な主観性の場——近現代の哲学が盛んに議論しているがいまだに見出せていない——について，理解を深めることができるだろう。

2024年9月　シオンにて

époque de Guillaume d'Ockham. Annexe : Cord. 51, 'Utrum actus rectus et reflexio sint idem realiter aut diversi actus'», dans : *Selbstbewußtsein und Person im Mittelalter*, Symposium des Philosophischen Seminars der Universität Hannovers vom 24. bis 26. Februar 2004, hrsg. Günther MENSCHING, Würzburg 2005, p. 248-268.

[7]　Therese SCARPELLI CORY, *Aquinas on Human Self-Knowledge*, Cambridge 2014.

[8]　Alexander BAUMGARTEN, « Redditio completa : connaissance et réflexivité dans quelques commentaires latins sur le Liber de causis », *Transilvanian Review* 1 (2014), p. 37-47.

[9]　Gyula KLIMA and Alex HALL (ed.), *Consciousness and Self-Knowledge in Medieval Philosophy*, Cambridge 2018.

[10]　Michael S. CHRISTENSEN, *Intellectual SelfKknowledge in Latin Commentaries on Aristotle's "De anima" from 1250 to 1320, Qualitative and Quantitative Analyses*, PhD Dissertation, Saxo Institute, University of Copenhagen, 2018.

目　次

凡　例……………………………………………………………… v
序　言…………………………………………………………… 3

第1章　アクアスパルタのマテウス …………………… 13
1　導　入 …………………………………………………… 13
2　一般的な教え …………………………………………… 23
　2.1　霊魂の教えならびに霊魂と身体の結合の教え …… 23
　2.2　認識論の諸相 …………………………………………… 30
　2.3　三種類の認識 …………………………………………… 43
3　自己の直接的認識 ……………………………………… 49
　3.1　トマス・アクィナスと間接的認識 ………………… 49
　3.2　トマスを超え出る教え ……………………………… 54
　3.3　自己の直接的認識 …………………………………… 63
　3.4　自己の直接的認識における形象 …………………… 77
　3.5　結　論 ………………………………………………… 90
4　様々な異論に対するマテウスの見解 ………………… 92
　4.1　先行する働き ………………………………………… 93
　4.2　自己の直接的認識における形象 …………………… 105
5　結　論 …………………………………………………… 116
第2章　ペトルス・ヨハネス・オリヴィ ……………… 139
1　導　入 …………………………………………………… 139
2　アリストテレスの主張する間接的認識に抗して …… 149
3　経験と推論による自己認識 …………………………… 154

3.1	自己の経験的認識 …………………………………………	156
3.2	理性的推論による自己認識 ………………………………	194
3.3	本質を通じた自己認識 ……………………………………	207

4 結 論 ……………………………………………………………… 212

4.1 「アリストテレスの信奉者」との対立 …………………… 212

4.2 オリヴィの自己認識論 …………………………………… 222

第3章 ロジャー・マーストン ……………………………… 226

1 導 入 ……………………………………………………………… 226

1.1 歴史的背景 ………………………………………………… 229

1.2 マーストンのテキストの独創性 ………………………… 237

2 トマス思想の批判 ……………………………………………… 243

2.1 純粋可能態としての知性
  ——『神学大全』第1部87問1項 ……………………… 243

2.2 自己認識の原理と多数の同時的働きの不可能性
  ——『神学大全』第1部87問3項 ……………………… 250

2.3 天使の自己認識
  ——『神学大全』第1部87問3項 ……………………… 261

2.4 結 論 ……………………………………………………… 272

3 マーストンの教え ……………………………………………… 275

3.1 導 入 ……………………………………………………… 275

3.2 自己意識と自己の何性の認識 …………………………… 282

3.3 何性の認識を獲得する三つの方法 ……………………… 286

3.4 あらゆる何性の認識における形象の必要性 …………… 309

4 結 論 ……………………………………………………………… 313

第4章 サットンのトマス ………………………………………… 328

1 導 入 ……………………………………………………………… 328

2 トマス主義における一般的解答 ……………………………… 340

2.1 新アウグスティヌス主義における
  古典的反論の指摘 ………………………………………… 340

2.2 経験，ならびに新アウグスティヌス主義の
  見解の誤り ………………………………………………… 346

目　次　xv

　　2.3　理論的正当化……………………………………349

　3　霊魂の可知性 ── 『任意討論集』第2巻第14問…352

　　3.1　新アウグスティヌス主義の論拠……………………354

　　3.2　なぜ知性は常に霊魂を認識しないのか……………359

　　3.3　付随する問題 ── 能動知性と可能知性…………373

　4　可能知性の可知性 ── 『任意討論集』第1巻

　　　第14問，『定期討論集』第22問……………………377

　　4.1　あらゆる可知性の二つの条件………………………377

　　4.2　知性は「他のものと同じように」可知的である…387

　　4.3　知性と質料の比較……………………………………394

　　4.4　知性の純粋な可能態性とフクロウの比喩

　　　　 ── 『定期討論集』第3問…………………………405

　5　形象を通じた自己認識…………………………………411

　　5.1　人間の立ち帰りの位置づけと様態…………………411

　　5.2　習慣的認識の位置づけ………………………………427

　　5.3　「自分自身を通じて自分自身を認識する」

　　　　 という表現の様々な意味……………………………433

　　5.4　アウグスティヌスとアリストテレスの調和………437

　6　結　論…………………………………………………441

　　6.1　立ち帰りのプロセスの体系化………………………441

　　6.2　自己認識の類比的意味の消失………………………443

第5章　フォンテーヌのゴドフロワ…………………449

　1　導　入……………………………………………………449

　2　認識と自己認識に関する理論…………………………459

　　2.1　トマス主義に対する批判的忠実性…………………459

　　2.2　新アウグスティヌス主義への反対…………………466

　　2.3　トマス主義に対する独立性…………………………476

　3　知性の自己認識…………………………………………498

　　3.1　知性の二つの様態……………………………………498

　　3.2　異論と解答……………………………………………507

　4　結　論……………………………………………………515

目 次

第6章 フライベルクのディートリヒ …………… 525

1 導 入 …………………………………………… 525
　1.1 ディートリヒについて …………………… 525
　1.2 ライン学派の独創性 ……………………… 531

2 予備的考察 ……………………………………… 542
　2.1 認識の三形態 …………………………… 543
　2.2 本質的原因性 …………………………… 549
　2.3 知性としての知性 ……………………… 557
　2.4 実体性，働き，関係 …………………… 569

3 知性と自己認識 ………………………………… 573
　3.1 可能知性 ………………………………… 576
　3.2 能動知性 ………………………………… 609

4 自己認識から派生する諸問題 ………………… 637
　4.1 存在するものの似像としての能動知性 … 637
　4.2 神に還帰する能動知性 ………………… 644
　4.3 神を受容できるものとしての能動知性 … 657

5 結 論 …………………………………………… 659
　5.1 自己の対象化 …………………………… 659
　5.2 知性のいかなる隔たりもない近さ ……… 661

結 論 ……………………………………………… 667

1 自己認識の逆説 ………………………………… 668
　1.1 トマス・アクィナス …………………… 669
　1.2 フライベルクのディートリヒ ………… 677

2 自己の対象化 …………………………………… 679

3 自己認識の展開 ………………………………… 688
　3.1 様々に一致する見解 …………………… 688
　3.2 思想の運動 ……………………………… 700
　3.3 自己認識と神認識 ……………………… 706

解 説 ……………………………………………… 713

アクアスパルタのマテウス …………………… 713
ヨハネス・オリヴィ ……………………………… 716

目　次　　　xvii

ロジャー・マーストン ……………………………… 719
サットンのトマス……………………………………… 722
フォンテーヌのゴドフロワ ……………………… 725
フライベルクのディートリヒ…………………… 727

訳者あとがき ……………………………………… 733
文献表……………………………………………… 737
索　引……………………………………………… 777

13 世紀の自己認識論

——アクアスパルタのマテウスから
フライベルクのディートリヒまで——

序　言

---

13 世紀の思想史は全体としてかなり込み入っているので，「スコラ学」，「神秘主義」，「哲学」という伝統的な区分はもうほとんど意味を持たない。実際，13 世紀の思想を見れば，特定の枠組みに還元できないほど多様な印象を受ける。単純化して自己認識の問題と呼べる事柄にだけ注目しても，雑多な多様性という印象は免れない。それゆえ，次のことが，自己認識の問題を論じた導入的な第1 巻[1]を書いた意味の一つである。すなわち，トマス・アクィナス（Thomas d'Aquin）以降の思想家について単に思想を並置するだけにならないために，またトマスをはじめとする 13 世紀の思想家が直面した問題やそれに対する解答に慣れておくために，常に参照できる堅固な基盤を作っておくことである。

　この第 2 巻は，第 1 巻の続編で第 1 巻を何度も参照しているが，おそらくより独創的な著作と言ってよいだろう。というのも，あまり知られていない 13 世紀の――もっと正確に言えば，1275 年から 1300 年までの間に著作を書いた――著述家をたくさん扱っているからである。歴史的な間隔を 25 年に絞り，さらに自己認識という一つの

---

1)　Cf. F.-X. Putallaz, *Le sens de la réflexion chez Thomas d'Aquin*, Paris 1991〔拙訳『トマス・アクィナスの自己認識論』知泉書館，2021 年〕。

4　　　　　　　　　序　言

問題だけを検討することで，活発なこの時代の知的動向を
描き出せるだろう。

　25 年という期間についてある哲学的問題の展開を明ら
かにしようとすれば，取り上げる思想家を大幅に減らし，
検討するテキストも限定する必要があるだろう。それゆ
え，どの思想家を選ぶかについて，いくつかの方針を決め
ざるをえなかった。まずは，有名であるのに本書で取り上
げなかった思想家を指摘しよう。

　1270 年以降に活躍しつつも本書で取り上げなかった
主要な思想家として，まずガンのヘンリクス（Henri de
Gand）がいる。ヘンリクスの影響力の大きさから見て，
一見この選択は驚くべきものに見えるだろう。実際，ヨ
ハネス・ドゥンス・スコトゥス（Jean Duns Scot）もヘン
リクスに多くを負っていることが知られている[2]。さらに，
ヘンリクスは自己認識の問題に特別な関心を寄せていた。
1276 年には，任意討論のある問題において分離霊魂の自
己認識を論じている[3]。また，1279 年のクリスマスには自
己認識の問題をそれ自体として取り上げて詳しく論じてい
るだけでなく[4]，1280 年から 1291 年までの間には間接的に
何度も再検討している[5]。これだけでもヘンリクスのテキ

---

[2]　Cf. par ex. JEAN PAULUS, *Henri de Gand, Essai sur les
tendances de sa métaphysique*, Paris 1938, p. 379-394.

[3]　« Utrum (anima separata) intelligat se per speciem editam a se »
〔分離霊魂は自分自身を，自分自身から引き出した形象を通じて認識
するか〕（*Quodl.*, I, 13）。

[4]　« Utrum intellectus creatus seipsum et ea quae est per essentiam
suam sunt in ipso, intelligat per se absque omni specie rei intellectae, an
per aliquam speciem eius qua informatur »〔被造知性は自分自身と，自
分の本質を通じて自分のうちにあるものを，認識した事物のどんな形
象にも頼らずに自分自身を通じて認識するか，それとも自分のうちに
受容した何らかの形象を通じて認識するか〕（*Quodl.*, IV, 7）。

[5]　« Utrum intellectus angeli intelligit res alias a se per suam
essentiam... »〔天使の知性は自分以外のものを自分の本質を通じて認

序　言　　　5

ストを丹念に検討していくことは避けられないが，それに
加えてヘンリクスに帰せられる浩瀚な『原因論に関する問
題集』を徹底的に分析することも必要だろう[6]。こうした
仕事は別の一冊の書物で行うべきことに思える。

　ヘンリクスに続いて，非常に独立的で独創的な思想
家，アウグスティノ隠修士会士アエギディウス・ロマヌス
（Gilles de Rome）を指摘せねばならない。アエギディウス
の著作は，アリストテレス注解から『哲学者の誤謬』に至
るまで[7]，また『命題集注解』からいくつかの論考に至る
まで[8]，膨大な数に上る。アエギディウスの『原因論注解』
を読めば，自己認識の問題に関する貴重な情報が得られ
る。さらに，アエギディウスは自己認識に関して，1287
年には「霊魂は自分自身をその本質を通じて認識するか」
（Utrum anima intelligat se per essentiam suam）という問題
も書いている[9]。アエギディウスは，特に 14 世紀の著述家

───────────

識するか〕（*Quodl.*, V, 14）. « Utrum anima coniuncta intelligere posset
universale »〔身体と結びついた霊魂は普遍的なものを認識できる
か〕（*Quodl.*, VII, 14）. « Utrum intellectus possit informari specie aliqua
aut habitu... »〔知性は何らかの形象や習慣によって形成されるか〕
（*Quodl.*, VII, 15）。« Utrum operatio intelligendi qua angelus aut mens
humana intelligit se, differat ab eis »〔天使や人間精神が自分自身を認
識する働きは，天使や人間精神そのものとは異なるか〕（*Quodl.*, XV,
8）. « Utrum intellectio qua angelus aut mens humana intelligit se, sit ipsi
essentilior quam illa qua intelligit Deum »〔天使や人間精神が自分自身
を認識する働きは，神を認識する働きよりも，天使と人間精神にとっ
て本質的か〕（*Quodl.*, XV, 9）。Cf. *Quodl.*, VIII, 12.

　6）　*Quaestiones in librum de causis, attribuées à Henri de Gand*, éd.
critique de JOHN P. ZWAENPOEL, Louvain-Paris 1974.

　7）　Cf. JOSEPH KOCH, *GILES OF ROME, Errores philosophorum*,
Milwaukee 1944.

　8）　しばしば言及されるのは，次の論考である。*De plurificatione
intellectus possibilis*, éd. H. BULLOTA-BARRACCO, Rome 1957 ;
Theoremata de esse et essentia, éd. E. HOCEDEZ, Louvain 1930.

　9）　*Quodl.*, II, 23 ; cf. PALÉMON GLORIEUX, *La littérature*

に大きな影響を与えたが[10]、ここからして今日では思想史における最重要人物の一人と見なすべきである。本研究で最初からヘンリクスとアエギディウスを扱わなかったのは、客観的な特定の理由からではなく、ひとえにおそらくページ数が膨大になると予想したからである。

本書では取り上げなかったが、自己認識の問題を論じている著述家は他にもいる。少し遡り、トマスの同時代人にして敵対者だったアブヴィルのゲラルドゥス（Gérard d'Abbeville）を指摘したいが、ゲラルドゥスはおそらく1269年に、自己認識に関して任意討論の二つの問題を書いている[11]。ブラバンのシゲルス（Siger de Brabant）について言えば、その知的経歴には調停するのが難しい側面がいくつかある。1270年以前に書かれた『霊魂論第3巻に関する問題集』から[12]、1275-76年に書かれた『原因論に関する問題集』に至るまで[13]、シゲルスの著作を読めば、時代と関わった論争にしたがって思想的発展が読みとれる。他方、シゲルスの影響は今日でも激しく議論されており、テキストの検討は別の研究に譲ることとし、ここでは単に示唆するにとどめたい。

---

quodlibétique, t. I, Kain 1925, p. 142.

10) Cf. par ex. E. MOODY, *Ockham and Aegidius Romanus*, dans *Philosophical Studies* 9 (1949), p. 417-442.

11) « Utrum mens rationalis possit seipsam cognoscere per essentiam »〔理性的精神は本質を通じて自分自身を認識できるか〕(*Quodl.*, XV, 1)。« Utrum mens rationalis cognoscat per essentiam habitus suos »〔理性的精神は本質を通じて、自分の有する習慣を認識するか〕(*Quodl.*, XV, 2)。Cf. P. GLORIEUX, *La littérature quodlibétique*, t. I (1925), p. 123.

12) SIGER DE BRABANT, *Quaestiones in tertium de anima, De anima intellectiva, De aeternitate mundi*, éd. B. BAZÀN, Louvain-Paris 1972.

13) SIGER DE BRABANT, *Les Quaestiones super librum de causis de Siger de Brabant*, éd. A. MARLASCA, Louvain-Paris 1972.

序　言　　7

トマスに反対したことで知られる二人のフランシスコ会士も霊魂の自己認識の問題を論じている。すなわち，ジョン・ペッカム（John Peckham）[14]——1277年に論じている——とギョーム・ド・ラ・マール（Guillaume de la Mare）[15]——とはいえ有名な著作『修道士トマスの矯正』（Correctorium fratris Thomae）ではこの主題をまったく論じていない[16]——である。同じ自己認識の主題は，1286年にはメディアヴィラのリカルドゥス（Richard de Mediavilla）が[17]，1293年にはヴィテルボのヤコブス（Jacques de Viterbe）が[18]，さらにはレイモン・リゴー

---

[14] « Utrum anima cognoscat se per essentiam suam vel per speciem aliquam »〔霊魂が自分自身を認識するのは，その本質を通じてか，それとも何らかの形象を通じてか〕（Quodl., III, 27）; « Utrum certitudinaliter possit homo scire se esse in caritate et gratia »〔人間は自分自身が愛や恩恵のうちにあることを確実に認識できるか〕（Quodl., III, 29）。Cf. PALÉMON GLORIEUX, La littérature quodlibétique, t. II, Paris 1935, p. 178.

[15] « Utrum intelligentia singularis sit ab intellectu intelligibilis »〔個々の知性実体は知性を通じて可知的であるか〕（Quodl., I, 5）。Cf. P. GLORIEUX, La littérature quodlibétique, t. II (1935), p. 117.

[16] このことは批判的校訂版を見れば分かる——cf. PALÉMON GLORIEUX, Les premières polémiques thomistes : I. Correctorium Corruptorii « Quare », éd. critique, Kain 1927.

[17] « Utrum anima corpori corporali coniuncta semper se intelligat»〔身体と結びついている霊魂は常に自分自身を認識しているか〕（Quodl., II, 19）。Cf. P. GLORIEUX, La littérature quodlibétique, t. I (1925), p. 269.

[18] « Utrum anima intelligat se per speciem a se genitam »〔霊魂は自分自身を，自分自身に由来する形象を通じて認識するか〕（Quodl., I, 14）。Cf. P. GLORIEUX, La littérature quodlibétique, t. I (1925), p. 215. ヴィテルボのヤコブスの思想はアエギディウス・ロマヌスの思想に照らして理解する必要がある——cf. E. YPMA, Jacques de Viterbe, témoin valable ?, dans Recherches de théologie ancienne et médiévale 52 (1985), p. 232-234。

8   序　言

（Raymond Rigauld）とかいう人物も論じている[19]。13世
紀の思想の展開について言えば，フランシスコ会士ヴィ
タル・デュ・フール（Vital du Four）も忘れてはならない
だろう。思想の独創性については評価が分かれるものの，
ヴィタルは自分に先立つ人々――アクアスパルタのマテウ
ス，ペッカム，ロジャー・マーストン，ヘンリクス，アエ
ギディウス――の見解を何度も取り上げ[20]，解釈したり比
較したりしている。自己認識の主題はヴィタルが重視す
るものだが[21]，このことは彼が，霊魂の働きを霊魂を通じ
て経験的に認識することや霊魂の立ち帰りの運動の完成
を表わすのに，一貫して「直観」という言葉を使った最
初の人々の一人だったことからも確証できる[22]。ヴィタル

───────────

19）《 Utrum anima cognoscat se per se vel per speciem 》〔霊魂
が自分自身を認識するのは，自分自身を通じてか，それとも形象
を通じてか〕（Quodl., V, 28）;《 Utrum habens habitum, passionatus
existens, agnoscat illum 》〔習慣を有する人は働きを受けることで習
慣を認識するのか〕（Quodl., VI, 9）。Cf. P. GLORIEUX, La littérature
quodlibétique, t. II (1935), p. 246-247.

20）Cf. ETIENNE GILSON, La philosophie au moyen âge, Des
origines patristiques à la fin du XIVe siècle, Paris 1962, p. 456.

21）《 Quod autem anima, super se reflectendo, se intuitive et si est
et quid est, et similiter reflectendo suos habitus cognoscat et in se esse et
quid sunt, videtur expresse sentire Augustinus (...) 》〔アウグスティヌス
がはっきり考えていたことによれば，霊魂は自分自身に立ち帰ること
で，自分自身については，存在するかどうか，また何であるかを，自
分の習慣については，自分自身のうちに存在するかどうか，また何
であるかを直観的に認識する〕（Quaest. IV）; F. DELORME, O.F.M.,
Le Cardinal Vital du Four. Huit questions disputées sur le problème de la
connaissance, dans Archives d'histoire doctrinale et littéraire du moyen
âge 2 (1927), p. 241.

22）《 Sic ergo animam nostram per actus suos cognoscimus
arguitive; quae tamen cognitio de se non est intuitiva, terminatur autem
finaliter ad intuitivam. (...) Et sic procedendo, quidquid sciri potest per
effectum, talis inquisitio terminatur ad intuitionem substantiae sicut via
ad terminum, et, si prosequerer fumum, finaliter venirem ad intuitionem

序　言　　　9

は，その影響がどんなものであれ，その思想や引用を通じて 14 世紀の道を拓いた，13 世紀最後の思想家の一人である[23]。また，まだ未刊の他のテキストをたくさん検討すれば[24]，13 世紀の歴史について思いがけない発見が多く出てくるだろう。

　しかし，これは研究方針の第一の決定的な点だが，検討したのは校訂版のテキストだけであり[25]，それというの

---

ignis»〔それゆえ，人間は自分の霊魂を，霊魂の働きを通じて論証的に認識する。しかし，こうした自己認識は直観的なものではなく，最終的に直観的なものになるのである。……このようなわけで，どんなものも結果を通じて知ることができるのだが，こうした探究は最終的には実体の直観に到達するのであり，いわば探究は道で直観は終局である。例えば，煙を追っていけば，最終的には火を実際に見ることができる〕(Quaest. IV)；dans Huit questions, éd. F. DELORME (1927), p. 234, 236。

　　23)　ヴィタルが自己認識の問題を論じているテキストは，Camille Bérubé et Vincenzo Criscuolo (éd.), Mélanges Bérubé : études de philosophie et théologie médiévales offertes à Camille Bérubé O.F.M.Cap pour son 80e anniversaire, Rome 1991 を参照。

　　24)　自己認識の問題は，少なくとも 1245 年以降，パリ大学の教養学部で広く議論され，哲学者たちの関心の的だったようである。こうした教授は，部分的にはそのテキストが出版されているが，匿名作者にとどまっている。例えば，1260 年頃に『霊魂論 3 巻に関する問題集』を書いた教養学部の教授を指摘できる——J. VENNEBUSCH, Ein Anonymer Aristoteleskommentar des XIII. Jahrhunderts. Questiones in tres libros de anima, Paderborn 1963. 主張内容の例としては，古いテキストを引きつつ，霊魂に関する知識は最も確実だと言っているものがある——« (...) ergo similiter nulla scientia est verior illa in qua idem est sciens et scitum; set scientia de anima est huiusmodi; ergo etc. »〔それゆえ同様に，最も確実な知識とは知るものと知られるものが同一である認識であり，霊魂に関する知識はこうしたものである……〕(cité par RENÉ ANTOINE GAUTHIER, O.P., dans SANCTI THOMAE DE AQUINO, Sententia libri de anima, Opera omnia iussu Leonis XIII P.M. edita, t. XLV, 1, Rome-Paris 1984, p. 262*)。

　　25)　テキストは未刊であるものの，ボッケンフィールドのアダム（Adam de Bocfeld）や偽アダム（Pseudo-Adam）のようにすでに

10   序　言

も簡単に手に入りかつ十分に信頼できるからである。第

知られている著述家もいる。次のテキストはおそらく 1245 年頃のも
のである。« Est etiam (scientia anime) certior aliis, quia, sicut propositio
uerissima et certissima est in qua idem de se predicatur, sic cognitio ipsius
anime certior est, eo quod fit per reflexionem sui supra se. (...) Adhuc, quia
omnes alie res create sunt cognite ipsi anime per ipsam, necesse est ipsam
sibi ipsi esse certiorem »〔霊魂に関する知識は他の知識よりも確実で
ある。というのも，あるものについて同じことが述語づけられる命
題は最も真にして確実であるように，霊魂そのものの認識はいっそう
確実だからである。なぜなら，こうした認識は霊魂が霊魂そのもの
に立ち帰ることによって生じるからである。……さらに，霊魂は他
のどんな被造物をも霊魂そのものを通じて認識するので，霊魂は霊
魂そのものにとってより確実でなければならないからである〕(R.A.
GAUTHIER, *Introduction*, dans THOMAS D'AQUIN, *Sentencia libri de
anima* (1984), p. 231*)。同様に，教養学部の匿名の教授が 1250 年
頃に書いた次のテキストも指摘できる。« Queritur utrum sit difficile
accipere noticiam de anima ? (...) Item, per uerbum TRANSLATORIS
huius libri non est id arduum, cum anima sibi praesens sit et a se recedere
uel elongari non possit, set se ipsam querens recte inueniat... »〔霊魂に関
する知識を得ることは難しいかどうかが問われる。……さらに，『霊
魂論』の翻訳者によれば，このことは難しくない。というのも，霊魂
は自分自身に現前しており，自分自身から離れたり遠ざかったりしな
いので，自分自身を求めれば必ず見出せるからである……〕(*Ibid.*, p.
202*)。一定数のテキストは，「精神の自己現前というアウグスティヌ
スの教えを引き合いに出している共通の典拠に由来しており，当然こ
うした典拠は『霊魂論』に関する注解と考えられる」(*Ibid.*, p. 203*)。
1246 年頃の教養学部のある教授の意見では，アリストテレスの抽象
理論——人間は表象像によらずには何も認識できない——には制限を
設ける必要がある。実際，自己認識はこの法則から外れているのであ
り，それというのも霊魂は自分自身を現前を通じて直接認識するから
である。アリストテレスはこのような差異とともに解釈すべきであり，
これは「教養学部の共通の教えの一つだった」。そして，こうした教
えは，ラ・ロシェルのヨハネス（Jean de la Rochelle）を通じてフラン
シスコ会学派全体に広まることになったのである。このようなわけで，
調査すべき，まだ未開拓の領域が残っていることは明らかであり，こ
うした研究はトマス・アクィナスまでの自己認識の展開を解明してく
れることだろう。« Et hoc sumitur illud uerbum commune, scilicet quod
intellectus noster nichil apprehendit sine fantasmate. Et ad explanationem

序　言　　11

二に，13 世紀末の 25 年間について，現在知られている
当時の思想傾向を最も広く代表する著述家を選ぶ必要が
あった。このようなわけで，最重要な思想家に限って取
り上げることにしたが，こうした思想家の様々な傾向性
を検討すれば，当時の哲学的動向について比較的完全な
全体像を描き出せるだろう。最初期のトマス主義につい
てはサットンのトマス（Thomas de Sutton）を取り上げ
る。便宜上「新アウグスティヌス主義」と呼べる傾向性
は多種多様だが，穏健な方向性についてはアクアスパル
タのマテウス（Matthieu d'Aquasparta）を，新しい傾向性
についてはペトルス・ヨハネス・オリヴィ（Pierre de Jean
Olivi）を，論争的な傾向性についてはロジャー・マース
トン（Roger Marston）を検討する。独立的なアリストテ
レス主義についてはフォンテーヌのゴドフロワ（Godefroid
de Fontaines）を，最後にケルンのアルベルトゥス学派に
おける新プラトン主義的な傾向性についてはフライベルクの
ディートリヒ（Thierry de Freiberg）を見ていこう[26]。スコ
トゥス主義はすでに 14 世紀の思潮であり，シゲルスの急
進的なアリストテレス主義は別の研究に譲ることにしたわ
けだから，当時の重要な哲学的傾向性──現在知られてい
るものに限る──は本研究ですべて網羅できていると言え

─────────────

huius uerbi notandum quod anima multa intelligit multipliciter : quedam
enim intelligit <per> presenciam, et sic intelligit se, quedam autem per
presenciam essencie, et sic intelligit uirtutes »〔また，「人間知性は表象
像なしには何も認識できない」という共通の言明はここに由来する。
この言明を解釈するには，次のことを知る必要がある。すなわち，霊
魂は多くのものを多様な仕方で認識する。自分自身を認識するときの
ように現前を通じて認識することもあれば，徳を認識するときのよう
に本質の現前を通じて認識することもある〕（Ibid., p. 244*）．

26)　本書で扱うディートリヒの著作は 1297 年頃に書かれたもの
である。この限りで，ディートリヒを 13 世紀の思想家と見なすこと
は正当だろう。

るだろう。第三に，本研究の歴史記述の舞台として，パリ，オックスフォード，ケルンという大きな文化的地域を選んだが，当時こうした地域には哲学的営みの本質が集中的に流れ込んでいたのである。最後に，本研究では 1270年から 1300 年までにおける様々な時代を示そうとした。というのも，本研究で扱う著述家の著作の成立年代に関して言えば，14 世紀の初めまで等間隔に並んでいるからである[27]。

　『トマス・アクィナスの自己認識論』と『13 世紀の自己認識論』は二つ合わせて，フリブール大学に提出した学位請求論文である。これらの研究を出版できたのは，リューディ・インバッハ（Ruedi Imbach）教授の巧みで忍耐強い働きかけがあったからである。また，ドミニク・オメラ（Dominic O'Meara）教授とアラン・ド・リベラ（Alain de Libera）氏は，親切にも原稿に目を通してくれた。これらの方々に心より感謝したい。

　27）　この年代的枠組みから外れる唯一の例外は，サットンのトマスであり，その『定期討論集』（Quaestiones ordinariae）はおそらく 1305-15 年に書かれている。しかし，この『定期討論集』は，同じサットンのトマスの『任意討論集』——13 世紀の中にうまく収まる——の延長線上に位置づけられる。

第1章

アクアスパルタのマテウス

_____

1　導　　入

　枢機卿アクアスパルタのマテウスは[1]，13 世紀末の最も有名な人物の一人として知られている。少なくとも最近の歴史記述の中にマテウスの名が登場するのは，その政治的活動，教会内部での役割，フランシスコ会総長としての影響力，厳密な意味での著述活動のためである。

　マテウスは 1235-40 年に，ウンブリア州のアクアスパルタに生まれた。フランシスコ会に入ったのもウンブリア州にいたときだった。もちろん，パリ大学ではボナヴェントゥラ（Bonaventure）に師事したわけではなかったが，ギョーム・ド・ラ・マールとジョン・ペッカムという二人の教授から教育を受けたこともあって，ボナヴェントゥラ思想の直接的な影響下にあると言ってよい[2]。マテウスは，

_____

　　1)　アクアスパルタについて，Acquasparta と Aquasparta の二つの綴りを確認できるが，後者の方がよく見られる。
　　2)　ここでの伝記的情報については，V. DOUCET, _Introductio critica_, dans FR. MATTHAEI AB AQUASPARTA, _Quaestiones disputatae de gratia_, éd. VICTORIN DOUCET, Quaracchi 1935, p. XI-CLXIII ; E. LONGPRÉ, _Matthieu d'Aquasparta_, dans _Dictionnaire de_

14   第 1 章　アクアスパルタのマテウス

おそらく 1275 年から 1289 年にかけて大学の教授職にあっ
たが，パリはもちろんのこと，ボローニャやローマでも活
躍した[3]。1287-89 年にはフランシスコ会総長を務め，1288
年 5 月 16 日には枢機卿に選ばれた。周知のとおり，マテ
ウスは教権に対して好意的だった。このことを確証するに
は，オリヴィの権利を回復したのがマテウスだったことを
思い出すだけでよい[4]。マテウスは，例えば教皇ニコラウ
ス 4 世（Nicolas IV）の後継者としてケレスティヌス 5 世
（Célestin V）を選出する際に，枢機卿として重要な役割を
果たした。また，重要な事実として指摘できることに，マ
テウスは，自身は教皇に選ばれなかったが，ボニファティ
ウス 8 世（Boniface VIII）がコロンナ家に対してとった政
策の有力な支持者の一人であり，聖王ルイ（saint Louis）
の列聖裁判の資料作成を任された枢機卿の一人でもあっ
た。興味深いことに，マテウスは，ボニファティウス 8 世
とフィリップ端麗王（Philippe le Bel）が衝突したとき[5]，

---

théologie catholique, t. X, Paris 1928, col. 375-389 を参照。生涯と著
作に関するもっと完全な情報は，STEVEN P. MARRONE, *Matthew
of Aquasparta, Henry of Ghent and Augustinian Epistemology after
Bonaventure*, dans *Franziskanische Studien* 65 (1983), p. 252, n.1 を参照。

　3)　E. LONGPRÉ, *Matthieu d'Aquasparta* (1928), col. 375 によれ
ば，マテウスは 1282 年頃，ローマで講師を務めていた。

　4)　Cf. LOUIS JARRAUX, *Pierre Jean Olivi, sa vie, sa doctrine*,
dans *Etudes franciscaines* 45 (1933), p. 142, et surtout DAVID BURR,
The Persecution of Peter Olivi, dans *Transactions of the American
Philosophical Society* 66 (1976), p. 67-73. 続く情報については，E.
LONGPRÉ, *Matthieu d'Aquasparta* (1928), col. 376-381 を参照。オリ
ヴィの権利回復については，EFREM BETTONI, *Matteo d'Acquasparta
e il suo posto nella Scolastica post-tomistica*, dans *Filosofia e cultura in
Umbria tra Medioevo e Rinascimento*, Perugia 1967, p. 235-236 を参照。

　5)　「教皇政治が危機に陥ったときには，フランシスコ会の神
学者は断固として教皇を支えようとした」（E. LONGPRÉ, *Matthieu
d'Aquasparta* (1928), col. 380）。

1　導　　入　　　15

教権の至上性を主張したが，このためにイタリアと和平を
結ぶことは難しくなり，政治的な面でダンテ（Dante）の
怒りを招いたこともよく知られている[6]。1302 年 10 月 29
日にローマで亡くなるまで，マテウスの影響力は甚大なも
のだった。マテウスはこうした教会内の政治活動に多く関
与していたが，最近の歴史家の関心を呼んでいるのは，本
質的には彼の著述活動だと言える[7]。未完の『命題集注解』

---

6)　1301 年以降，マテウスはゲルフェ（guelfes）に味方するよ
う強いられ，そのせいでダンテの怒りを買った。「しかし，それはカ
ザーレやアクアスパルタから出た者ではない。そこ出身のある人は
戒律を避けて緩め，ある人は締めて強いる」（DANTE ALIGHIERI,
La Divina Commedia, Paradiso, canto XII, l. 124-126 ; éd. C. DRAGONE
(1969), p. 1064-1066)。

7)　霊魂と認識一般の問題については，以下を参照。MARTIN
GRABMANN , *Die philosophische und theologische Erkenntnislehre
des Kardinals Matthaeus von Aquasparta*, Vienne 1906 ; SOFIA VANNI-
ROVIGHI, *L'immortalità dell'anima nei maestri francescani del secolo
XIII*, Milan 1936, p. 255-272 ; EFREM BETTONI, *Rapporti dottrinali
fra Matteo d'Acquasparta e Giovanni Duns Scoto*, dans *Studi francescani*
15 (1943), p. 113-130 ; FAUSTINO PREZIOSO, *L'attività del soggetto
pensante nella gnoseologia di Matteo d'Aquasparta e di Ruggiero
Marston*, dans *Antonianum* 25 (1950), p. 259-326 ; ANTON C.PEGIS,
Matthew of Aquasparta and the Cognition of Non-Being, dans *Scholastica
ratione historico-critica instauranda*, Rome 1951, p. 461-480 ; HELEN
MARY BEHA, O.S.F., *Matthew of Aquasparta's Theory of Cognition*,
dans *Franciscan Studies* 20 (1960), p. 161-204 et 21 (1961), p. 1-79,
383-465 ; EFREM BETTONI, *L' origine dell' anima sensitiva secondo
Matteo d'Acquasparta*, dans *Pier Lombardo* 1961, p. 9-53 ; CAMILLE
BÉRUBÉ, *La connaissance de l'individuel au moyen âge*, Montréal-
Paris 1964, p. 94-100 ; EFREM BETTONI, *Matteo d'Acquasparta e
il suo posto nella Scolastica post-tomistica*, dans *Filosofia e cultura in
Umbria tra Medioevo e Rinascimento*, Perugia 1967, p. 231-248 ; GIULIO
BONAFEDE, *La gnoseologia di Matteo d'Acquasparta*, dans *Filosofia
e cultura in Umbria tra Medioevo e Rinascimento*, Perugia 1967, p. 249-
269 ; GIULIO BONAFEDE, *Matteo d'Acquasparta*, 2ᵉ éd., Trapani 1968 ;
PASQUALE MAZZARELLA, *La dottrina dell' anima e della conoscenza*

の校訂はまだ終わっていないが[8]，いくつかの定期討論集
は，特にクアラッキのフランシスコ会士の尽力で，20世
紀のうちに校訂され出版されている[9]。

---

in Matteo d'Aquasparta, Padoue 1969 ; CAMILLE BÉRUBÉ, Henri de
Gand et Matthieu d'Aquasparta interprètes de saint Bovaventure, dans
Naturaleza y Gracia 21 (1974), p. 131-172 ; STEVEN P. MARRONE,
Matthew of Aquasparta, Henry of Ghent and Augustinian Epistemology
after Bonaventure, dans Franziskanische Studien 65 (1983), p. 252-290.

8) 「非常に詳しい『命題集注解』第2巻はきわめて重要であ
る。スコラ学，ボナヴェントゥラの影響，アウグスティヌス主義者と
新たなアリストテレス主義者との対立について正確な歴史叙述を行う
には，このテキストを参照する必要がある」(E. LONGPRÉ, Matthieu
d'Aquasparta (1928), col. 382) ;「マテウスの哲学的な教えを残らず
指摘することは，本研究の枠組みを超え出るものであり，現在の研
究状況から見て非常に難しい課題だろう」(H.M. BEHA, Matthew of
Aquasparta's Theory of Cognition (1960), p. 169)。

9) FR. MATTHAEI DE AQUASPARTA, Quaestiones disputatae
de fide et cognitione, Quaracchi 1903 ; 2e édition, Quaracchi 1957 ;
Quaestiones disputatae de Christo, Quaracchi 1914 ; Quaestiones
disputatae de gratia, éd. V. DOUCET, Quaracchi 1935 ; Quaestiones
disputatae de productione rerum et de providentia, éd. G. GAL, Quaracchi
1956 ; Quaestiones disputatae de Incarnatione et de lapsu, aliaeque
selectae, 2e édition, Quaracchi 1957 ; Quaestiones disputatae de anima
separata, de anima beata, de jejuno et de legibus, Quaracchi 1959 ;
Quaestiones disputatae de anima XIII, éd. A.-J. GONDRAS, Paris 1961.
霊魂の本性と不滅性，ないし形相の複数性に関する他のテキスト
は，以下の業績の中で出版されている——SOFIA VANNI-ROVIGHI,
L'immortalità dell'anima nei maestri francescani del secolo XIII, Milan
1936, p. 255-272 ; ROBERTO ZAVALLONI, Richard de Mediavilla
et la controverse sur la pluralité des formes, Louvain 1951, p. 199-
210 ; A.-J. GONDRAS, Les « Quaestiones de anima VI », manuscrit
de la Bibliothèque Communale d'Assise no 159, attribuées à Matthieu
d'Aquasparta, dans Archives d'histoire doctrinale et littéraire du moyen
âge 26 (1957), p. 203-252. 何通かの書簡や，厳密な意味での倫理的・
神学的なテキストも校訂されているが，本研究ではほとんど参照し
なかった。まだ未刊の他の著作については，E. LONGPRÉ, Matthieu
d'Aquasparta (1928), col. 384-385 を参照。

1 導　　入   17

　自己認識の問題を解明するのに役立つのは，十中八九
パリで 1278-79 年に書かれた定期討論集『信仰と認識に
ついて』である[10]。『信仰と認識について』を読めば，ボナ
ヴェントゥラ思想の大きな影響がうかがえる。マテウスは
ボナヴェントゥラの信奉者だと言われてきたが[11]，ペッカ
ムやギョーム・ド・ラ・マールの弟子でもあった。にもか
かわらず，今日では，マテウスについて「新アウグスティ
ヌス主義」[12]を語る人はほとんどいなくなった。というの
も，変化に富んだこの時期は，アウグスティヌス主義の展
開にせよ，フランシスコ会の教えにせよ，多種多様で，豊
かで，込み入っており，このことはペッカム，マテウス，
ロジャー・マーストン，オリヴィなどを見れば分かるから
である。13 世紀末の思想は一般的にアウグスティヌス主
義とアリストテレス主義に区分されるが，この区分はどれ
ほど魅力的で便利に見えようとも，歴史的現実を説明する

────────────

　10)　FR. MATTHAEI DE AQUASPARTA, *Quaestiones disputatae
de fide et cognitione*, Quaracchi 1903 ; 2ᵉ édition, Quaracchi 1957. 本研究
では，1957 年に出版された第 2 版のページづけを採用した。

　11)　1950 年まで，マテウスの思想を紹介する際には，ボナヴェ
ントゥラの信奉者だということが一面的に主張されてきた。それ以
降は，ボナヴェントゥラとマテウスの顕著な違いを強調したり（C.
Bérubé, P. Mazzarella），マテウスを移行期の思想家と見なしたり（H.M.
Beha），スコトゥスの先行者と考えたりする（E. Bettoni）研究者が
出てきた。最近なされた優れた現状分析は，STEVEN P. MARRONE,
*Matthew of Aquasparta, Henry of Ghent and Augustinian Epistemology
after Bonaventure*, dans *Franziskanische Studien* 65 (1983), p. 252-290 を
参照。

　12)　Cf. F. VAN STEENBERGHEN, *La philosophie au XIIIe siècle*
(1966), p. 495-500.「新アウグスティヌス主義」という言葉の定義と議
論については，本章の結論部分（第 5 節）の 116-138 ページを参照。
Cf. également JOHN D. DOWD, O.S.M., *Matthew of Aquasparta's « De
Productione Rerum » and its Relation to St. Thomas and St. Bonaventure*,
dans *Franciscan Studies* 34 (1974), p. 34-73.

18   第1章　アクアスパルタのマテウス

よりは，むしろ覆い隠してしまうものである[13]。自己認識
の問題一つとっても，このことは妥当する。確かに，「マ
テウスはスコトゥスまでの，13世紀のフランシスコ会の
教師たちの大部分と同じように，スコラ学におけるアウグ
スティヌス主義に属しており」[14]，マテウスの思想はアウグ
スティヌス（Augustin）やボナヴェントゥラの教えを深め
たものだと言える[15]。さらに，マテウスの主要な着想がこ
うした典拠に遡ってはじめて説明できるものであることは
疑いない。しかし，マテウスは，フランシスコ会に広く受
け入れられた思想傾向の中で，またフランシスコ会士がト
マス思想に対立するようになったかなり辛辣な論争の渦中
にあって，穏健な思想家として現れている。マテウスは，
トマスを批判するが，だからと言って反トマス主義者でも
反アリストテレス主義者でもなく，ボナヴェントゥラの賢
明な弟子であり，トマス——マテウスは1269-72年に講義
を聞くことができた——のいくつかの着想を認め，アリス
トテレスについても正しく評価している[16]。実際マテウス

───────

13)　S. MARRONE, *Matthew of Aquasparta* (1983), p. 253-254.

14)　E. LONGPRÉ, *Matthieu d'Aquasparta* (1928), col. 387.

15)　「実際，マテウスの思想は，哲学的観点から見ても批判
的観点から見ても，ボナヴェントゥラの思想を完全に正当化すると
同時に，ボナヴェントゥラの形而上学を最後まで展開したものであ
る」（E. LONGPRÉ, *Matthieu d'Aquasparta* (1928), col. 388）；「……マ
テウスはボナヴェントゥラのどんな主張も退けなかった。マテウス
は，ボナヴェントゥラの著作を読んで，アウグスティヌスの思想と真
なる見解を見出した」（JOHN D. DOWD, *Matthew of Aquasparta's De
Productione Rerum* (1974), p. 72）。

16)　「マテウスはボナヴェントゥラのアウグスティヌス主義を
信奉していただけでなく，スコトゥスに見出せるもっとアリストテ
レス的な見解も支持している。マテウスは移行期の思想家だったの
で，その観念発生論は特に研究に値する」（H.M. BEHA, *Matthew of
Aquasparta's Theory of Cognition* (1960), p. 162）；「マテウスがボナ
ヴェントゥラの思想を守り完成しようとしたことは疑いないが，こう

1 導 入   19

は，スコトゥス以前のフランシスコ会の思想家では偉大な
人物の一人であり，こうした精神の独立性を保ち，アリス
トテレス思想を理解して正しく評価していたのである[17]。
マテウスにとりアリストテレスは，認識理論の出発点であ
る「経験的要素」[18]を確言してくれる人物であり，こうし
た経験的要素は，認識理論に不可欠であるものの，それだ
けでは知恵を得ることも，学知の価値を実際に支えること
もできないものである[19]。実際，明らかなことに，マテウ
スをはじめ，当時のフランシスコ会士のほとんどは，アリ
ストテレスに見出せるような抽象理論は真理の起源を説明
できないと考えていた[20]。〔世界に〕存在するものはみな偶

した問題について統一的な見解を主張するにあたり，ボナヴェントゥ
ラの定式に変えて，トマスに見出せるアリストテレス的な定式を採
用したことも確かである」（JOHN D. DOWD, *Matthew of Aquasparta's
De Productione Rerum* (1974), p. 73）。

17)　ロジャー・ベーコン，オリヴィ，ヴィタル・デュ・フール，
スコトゥスがアリストテレスをどのように受容したかについては，当
時の思想動向に関する C. BÉRUBÉ, *La connaissance de l'individuel*
(1964), p. 289 の適切な結論を参照。アリストテレスを受容した思想
家としてマテウスも加えるべきだろう。「このようなわけで，マテウ
スは当時のアリストテレス主義の展開に対して完全に目を閉ざしてい
たわけではなかった」（JOHN D. DOWD, *Matthew of Aquasparta's De
Productione Rerum* (1974), p. 72）。

18)　こ の 表 現 は，P. MAZZARELLA, *La dottrina dell'anima*
(1969), par ex. p. 241 が頻繁に使うものである。

19)　「認識の客観性を保証することはマテウスの思想の基本的
要求であり，マテウスはこうした要求をアリストテレスから着想を得
た経験的要素を活用して満たそうとした。しかし，すでに述べたよう
に，また何度も繰り返す価値があるように，マテウスの思想において，
アリストテレス哲学は知恵を確立することも，学知の最終的な基礎を
保証するものでも絶対になかった。このような事情から，照明の教え
が必要になったのであり，繰り返しになるが，ここで照明説の基本原
理を確認せねばならない」（P. MAZZARELLA, *La dottrina dell'anima*
(1969), par ex. p. 241）。

20)　「抽象理論は，真理の普遍性も不変性も根拠づけること

20 第1章 アクアスパルタのマテウス

然的なので，こうした実在にだけ基づく認識は，真理が立ち現れることや，人間の知識の普遍性や必然性を説明できないのである[21]。可能知性と能動知性というアリストテレスの考え方では，人間の学知に内属する必然性は明らかにできないのだが，それというのも事物は移ろいゆくものなので，こうした事物にだけ基づく認識は，相対的で，世界の運動に巻き込まれたものにならざるをえないからである。残すところ，人間の知識は，確実なものであるかぎり，事物の恒常的な本質に依拠せねばならず，最終的には第一の自存する真理に基づくと考える必要がある。このようなわけで，マテウスは，アリストテレス哲学に共感しながらも，自分の認識論をプラトン・アウグスティヌス的な方向性における照明理論にしたがって構築したのである[22]。それゆえ，マテウスの思想は，いくつかの点でボナ

――――――――――

ができないので，不十分な教えだったが，ここからマテウスはアリストテレスを限定的に受容していたことがはっきり分かる」（P. MAZZARELLA, *La dottrina dell'anima* (1969), p. 196）。

21） この事実を次のように説明している研究者もいる。「真理の基礎は事物に由来しない。人間の学知は，厳密に言えば，事物の存在とも無関係である。というのも，神は人間に観念を直接注ぎ込むことができるし，事物は人間が本質や観念を形成する際に役立つかもしれないが，学知は事物そのものの存在に基づいているのではないからである。なぜなら，学知の対象は本質であり，学知はこうした本質の関係性に他ならないからである。それゆえ，ある学問的主張の正しさは，事物の存在とは無関係であり，独力で事物を認識できる人間知性にも依存していない。したがって，ある言明が人間知性にとり真であるのは，本来的にはこうした言明に由来することではない。精神は真理を見出すのであって，作り出すことも，根拠づけることも，正当化することもできないのである。ここにきて，経験主義は不十分なことが分かるのであり，同時に，自然理性に依拠する，経験主義的傾向性を持つ哲学も不完全なことが判明する」（G. BONAFEDE, *La gnoseologia di Matteo d'Acquasparta* (1967), p. 262）。

22） このことについて，次の Gilson の指摘を参照。「マテウスの分析の成果は，神の照明こそが人間知性に学知の対象を提供するの

1　導　入　21

ヴェントゥラの思想に似てはいるが，単にボナヴェントゥラを注釈しただけのものとは言えない。すなわち，それ自体として論じるには十分なほど重要であり，その役割はスコトゥスの哲学を告げるだけのものではない[23]。マテウスの思想には，アウグスティヌスの照明説，認識の客観性に関するアリストテレスの教え，本質に関するアヴィセンナ（Avicenne）の考え方が見出せる。「言い換えれば，マテウスは人間の認識を説明するのに，アウグスティヌスの照明説，アリストテレスの抽象理論，アンセルムスの真理概念，アヴィセンナの絶対的本質の考え方を組み合わせて活用している。人間の認識はアウグスティヌスの言うような破壊できない本質という特権に与っているが，認識そのものは抽象を通じて事物に由来し，認識の真理性は照明を介して神に由来している」[24]。

　こうした認識理論——霊魂と身体の関係に関する形而上

であり，感覚的実在はこうした対象を差し出せないということである。神の照明は，それだけで働くのではなく，可感的なものと共働するのだが，とはいえ学知が要求する確実性と必然性は，可感的なものではなく，ひとえに神の照明に由来する。……要するに，事物は人間の学知の必然的原因ではないのである。……こうした帰結を述べることは，純粋な哲学は学知を基礎づけられないと認めることである。そして，マテウスは，照明説は本質的に神学的な教えだと考えているので，マテウスの認識論は哲学的な懐疑主義が信仰を通して克服されたものと言えるだろう」（ETIENNE GILSON, *L' esprit de la philosophie médiévale* (1969), p. 238）。最後の主張に対する批判は，P. MAZZARELLA, *La dottrina dell'anima* (1969), p. 246-247 を参照。

　23）　次のように主張する研究者もいる。「マテウスをスコトゥスと比較することは，しばしば，思想の本質的一致というよりも表面的な類似性に基づいて行われた」（C. BÉRUBÉ, *La connaissance de l'individuel* (1964), p. 94, n.1）。

　24）　A.C. PEGIS, *Matthew of Aquasparta* (1951), p. 474. もちろん，こうした要素に加えて，ヘンリクスの影響——きわめて大きく，おそらく直接的だった——も指摘する必要がある。Cf. S. MARRONE, *Matthew of Aquasparta* (1983), p. 257, 278.

学的な考え方と密接に結びついている——において，自己
認識の主題は特別な位置を占めており，ギリシャの哲学者
たちには思いもよらない価値を持っている。それゆえ，マ
テウスは自己認識に大きな問題——「霊魂が自分自身や自
分のうちにある習慣を認識するのは，自分の本質を通じて
か，それとも自分の働きだけに基づいてか」[25]——を割い
て，詳しく綿密に検討している。自己認識に関するこの
第5問は，詳しく展開されている。この問題は互いに対
立する異論をたくさん含んでおり，様々な見解の興味深
い総覧を示しているが，マテウスはこうした異論に対し
て，あまりにアリストテレス的だとか，あまりにアウグス
ティヌス的だと評価しつつ答えている。異論，解答，決
定（determinatio）をすべて合わせると，1903年の版でも
1957年の版でもおよそ24ページにも及び，無視できない
まとまった大きな教えを形成している[26]。この問題は，す
べての問題のうちで最も長いものではないが，自己認識に
ついて13世紀末に書かれた最も豊かなテキストの一つで
ある。ここから，マテウスが自己認識の問題をどれほど重
要視していたか分かる。

　分析を分かりやすくかつ単純なものにするために，今日
認められているマテウスの主要な教え——霊魂と身体の関
係や人間の認識の起源に関する——をいくつか見ておくこ
とは有益だろう。

　25）　« Quinto quaeritur utrum anima cognoscat semetipsam et
habitus qui in ea sunt per essentiam suam, an per actus tantum »（*Quaest.
disp. de cognitione*, q. V ; p. 292, l. 2-4）。
　26）　マテウスの認識論に関心を抱いた研究者のほとんど
が，この問題の重要性を指摘している——cf. notamment H.M.
BEHA, *Matthew of Aquasparta's Theory of Cognition* (1961), p. 423-
440 ; G. BONAFEDE, *Matteo d'Acquasparta* (1968), p. 64-70 ; P.
MAZZARELLA, *La dottrina dell'anima* (1969), p. 217-226。

2 一般的な教え

　自己認識という主題は，ある著述家にとってどれほど特別なものであろうとも，もっと広く一般的な教え，すなわち形而上学に深く依存している認識一般の教えの特殊例と言える。マテウスの思想もこの法則から外れるものではない。さらに言えば，マテウスは自己認識の問題に取り組むときには，自分の教えを振り返り，扱っている問題をもっと大きな考え方の中に位置づけて考察する必要があった[27]。しかし，こうしたより一般的な認識理論は，それ自体が形而上学に依存しており，形而上学が認識理論の大要を決定しているといって過言ではない。それゆえ，今日よく知られているマテウスの主要な考え方をいくつか指摘しておくことは有益だろう。例えばそこには，霊魂と身体の存在論的関係の教えもあれば，認識の問題に直接関わる教え——感覚的認識，抽象，形象の役割，何性の認識，神の照明の必要性——もある。以下では，いくつかのテキストや最近の研究を活用しながら[28]，いくつかの重要な結論だけを指摘したいが，その目的は，マテウスが自己認識の分析の冒頭に置いている三種類の認識をより正確に理解することである。

2.1　霊魂の教えならびに霊魂と身体の結合の教え

　私見では，パスクアーレ・マツァレッラ（Pasquale Mazzarella）は，本質的には定期討論集『霊魂について』

---

　27)　Cf. *Quaest. disp. de cognitione*, q. V ; p. 300.

　28)　Cf. surtout H.M. BEHA, *Matthew of Aquasparta's Theory of Cognition* (1960-1961) ; P. MAZZARELLA, *La dottrina dell'anima* (1969); S. MARRONE, *Matthew of Aquasparta* (1983).

に基づきつつ[29]，人間霊魂に関する，また霊魂と身体の結びつきに関するマテウスの教えについて，現在最も完成度の高い説明を行っている[30]。マツァレッラは，いかにしてマテウスが，当時のフランシスコ会の思想家の大部分と同じように，霊魂に関するボナヴェントゥラの一般的な教えを受け継いでいることを明らかにしながらも，ボナヴェントゥラの教えから生じる一連の問題を残らず指摘し，きわめて独創的な仕方で——現在の多くの研究者はマテウスの独創性を認めている——こうした問題を解消しようとしたかを説明している。マツァレッラの説明の大要は，現在の研究状況においてどれほど複雑で，精妙で，不完全であっても，以下のように構成できると思う。

　一般的な教えの一つ——とはいえ，フランシスコ会の中でも思想家によって考え方の違いはある——として指摘できるのは，形相の複数性の教えであり，この教えはトマス思想に対立するものである[31]。フランシスコ会の思想家たちは，全員一致で，質料は純粋な可能態ではなく，すでに萌芽的に固有の現実態と[32]，自分自身を構成する形相を所有していることを認めていたので，形相の複数性こそが生きているもの，特に人間を構成しており，最終的な形相が実体的な存在を具体的個物に与えることで，下級の形相を統一していると考えた[33]。しかし，人間の場合，問題はきわめて複雑であり，それというのも霊魂は実体的な自立性

29）　Cf. *Quaestiones disputatae de anima XIII*, éd. A.-J. GONDRAS, Paris 1961.

30）　Cf. P. MAZZARELLA, *La dottrina dell'anima* (1969), p. 15-105.

31）　Cf. ROBERTO ZAVALLONI, *Richard de Mediavilla et la controverse sur la pluralité des formes* (1951) ; P. MAZZARELLA, *La dottrina dell'anima* (1969), p. 5.

32）　P. MAZZARELLA, *La dottrina dell'anima* (1969), p. 7.

33）　P. MAZZARELLA, *La dottrina dell'anima* (1969), p. 7.

2 一般的な教え   25

を備えているからである。トマスの考えでは，霊魂は形相
であり，こうした形相なしに質料は自存できない。対し
て，フランシスコ会の大部分の思想家は，質料はすでにそ
れ自体を通じて形相を有しており，霊魂は，たとえ自立的
なものであっても，最終的な形相の役割しか果たさないと
考えた。言い換えれば，霊魂は，最終的な形相であると同
時に自存する実在であり，身体の形相であると同時に，存
在論的にそれ自体として完全な「このもの」(hoc aliquid)
なのである。それゆえ霊魂は，形相でありながらも，まず
は完全な実在であり，自存し，自分自身を通じて存在を所
有しているのである[34]。

　こうして，マテウスはフランシスコ会学派，中でもボナ
ヴェントゥラの主要な考え方を取り上げ，霊魂はそれ自体
として完全な実体であると同時に複合体の形相でもあるこ
とを明らかにし，霊魂が存在を与えるのは質料に対してで
はなく複合体に対してだと主張する点でトマスとは異なっ
ている。「存在の原理には質料と形相の二つがあるが，ど
ちらも原理であるかぎり，自分自身を通じては存在を有し
ない。反対に，これら二つの原理から，すなわち可能態に
ある原理と，現実態にあるあるいは現実態である原理か
ら，一つの存在ができあがるのである。実際，形相は質料
に存在を与えない。というのも，質料はすでにこうした存
在を所有しているからである。そうではなく，複合体こそ
が，質料と形相に基づいて，質料を完成する形相のおかげ
で，存在を所有するのである」[35]。こうした複合体の一般的

---

34)　P. MAZZARELLA, *La dottrina dell'anima* (1969), p. 8-9.

35)　« Ad secundum dicendum quod cum duplex est principium
essendi, scilicet materia et forma, neutrum habet esse per se in quantum
huiusmodi, sed faciunt unum esse quod resultat ex utroque, ita quod ab
uno sicut ab eo quod est in potentia, et altero sicut ab eo quod est actu sive
actus; forma igitur non dat esse materiae, quia materia habuit istud esse,

構造は，霊魂と身体の関係を特徴づけている。霊魂は，身体の形相であるかぎり，身体と同じように身体を構成する——身体はすでに自分自身でこのことを行っている——のではなく，新たな複合体に存在を与える。霊魂は新しい存在を身体に与えるが，身体に身体であることを与えるのではないのであり，それというのも身体は霊魂がなくてもすでに身体として成立しているからである[36]。このようなわけで，身体は，身体として考察するなら，根本的に精神とは異質なものにとどまるが，反対に複合体の原理としての役割を考慮に入れるなら，新しい霊的存在，霊魂と複合体の存在そのものを受けとることになる[37]。それゆえ，こうした教えの枠組みの中では，個物における実体的統一性を主張することは難しいと思われる。しかしながら，マテウスは霊魂と身体が分かちがたく結合していることを懸命に強調し，このことを説明するために，身体は，身体の構造そのものにおいて完成するために，より上位の完全性に秩序づけられていると考えた。それゆえ，身体は，複合体においては，異質な新しい完全性，すなわち霊の完全性を通じて高められる[38]。したがって，下位の存在は，本性上，より完全な規定へと開かれているのである。「こうし

---

sed compositum ex utroque habet esse suum per formam prout perficit materiam »（*Quaest. disp. de anima XIII*, q. I, ad2 ; p. 21）．

36) Cf. *Quaest. disp. de anima VI*, q. II ; éd. A.J. GONDRAS (1957), p. 256 ; P. MAZZARELLA, *La dottrina dell'anima* (1969), p. 23.

37) この見解の問題点については，P. MAZZARELLA, *La dottrina dell'anima* (1969), p. 24-26 を参照。「明らかなことだが，こうした教えの問題点は次のように説明できる。すなわち，霊魂について言えば，自存する実体というあり方と，新しい実在である複合体の形相というあり方の間で動揺する。しかしそれだけでなく，他方で身体について言えば，特定の物体というあり方と，同時に新しい実在の質料や可能態としてのあり方の間で揺れ動く」(p. 24)。

38) Cf. *Quaest. disp. de anima XIII*, q. I ; p. 22-23.

2　一般的な教え　　27

て，さらに完全な形相を求める身体の欲求と，そこから生
じる形相の階層性は，霊魂は霊的実体として存在し，かつ
身体と結合していることを同時に説明する根本的な原理と
なる」[39]。

　マテウスは，こうした関係は知的霊魂にだけ当てはまる
きわめて特殊な例だとし，知的霊魂は自立的で，自存的
で，完全に霊的な実体であることを強調しながらも，霊魂
と身体の結びつきは働きによる結合にとどまらず，実体的
な結合でもあると強く主張している。ボナヴェントゥラ
は，それ自体を通じて自存する霊的な霊魂は身体と実体的
に結合した形相であることをすでに明らかにしていた。霊
魂は，完全な実体でありながら，身体を形成したいという
自然本性的欲求を備えているのである[40]。しかし，ぜひと
も指摘すべきことに，マテウスは，霊魂は完全な実体であ
り，それ自体を通じて自存する「このもの」であるという
アウグスティヌスに由来する考え方を受け継いでいたが，
霊魂と身体の実体的結合を強調するときには，形相と身体
に関するアリストテレスの考え方に依拠し，特にアリスト
テレスから借用した論拠でこうした主張を根拠づけている
のである。実際，個々の人間の働きである知性認識を説明
するためには，知性は身体の形相にして完全性であるとい
う教えを認めざるをえないのだ[41]。

　こうして霊魂は，実体であると同時に形相であり，実体
であるかぎり確かに自存するし，形相であるかぎり複合体
においてしか存在を有しない[42]。個物の統一性を破壊する

---

39)　P. MAZZARELLA, *La dottrina dell'anima* (1969), p. 26.

40)　Cf. P. MAZZARELLA, *La dottrina dell'anima* (1969), p. 28.

41)　Cf. *Quaest. disp. de anima XIII*, q. II ; p. 34.

42)　「忘れてはならないことだが，マテウスの考えでは，霊魂
は完全な実体で，自分自身の霊的質料を所有している。身体も完全
な実体であり，自分自身の形相と独立的な存在を有している。しか

28 第1章 アクアスパルタのマテウス

付帯的結合という考え方を避けるために，霊魂は身体の形
相だというアリストテレスの主張を認めながら，同時によ
りアウグスティヌス的な方向性において，霊魂は完全に超
越していて自立していることを強調することは難しい。そ
れゆえ，霊魂は身体の形相だという教えは，霊魂は身体と
の結合を目指すとはいえ，存在論的に完全な自存する実在
であり[43]，形而上学的には自分自身を通じて質料と形相か
ら構成され[44]，個体化された自立的な実在であると主張す
ることを決して妨げないと考えるほかないだろう[45]。マテ
ウスは，こうした知的霊魂の超越性を様々な論拠で支えて
いるが，そうした論拠のうちにはまさしく自己認識に関す
るものもあり，これはアリストテレスとアヴィセンナから
借用してきた論拠である[46]。実際，人間霊魂は自分自身に

───────────

し，こうした実体的な独立性に加えて，身体と霊魂は質料と形相の関
係にある。複合体としての実体だけが人間存在として完全なのであ
る。霊魂は，こうした複合体全体の形相として，身体を現実化し，複
合体に身体の存在を超える存在を与える」(H.M. BEHA, *Matthew of
Aquasparta's Theory of Cognition* (1960), p. 182)。

43) マテウスは，霊魂の超越性と実体的統一性というアウグ
スティヌスの教えに完全に一致しながら，霊魂の能力は現実的には
霊魂の実体と同一だと主張したが，この考え方は自己認識論ではそ
れほど重要な役割を果たしていない。Cf. H.M. BEHA, *Matthew of
Aquasparta's Theory of Cognition* (1960), p. 183-185.

44) « (...) omnis substantia creata, sive corporalis sive spiritualis,
composita est ex materia et forma »〔物体的なものであれ霊的なもので
あれ，被造的実体はどれも質料と形相から複合されている〕(*Quaest.
disp. de anima XIII*, q. X ; p. 168). Cf. P. MAZZARELLA, *La dottrina
dell'anima* (1969), p. 36-38.

45) 霊魂の個体化については，P. MAZZARELLA, *La dottrina
dell'anima* (1969), p. 38-45 を参照。

46) « Dicemus ergo quod virtus intellectiva, si intelligeret
instrumento corporali, oporteret ut non intelligeret seipsam, nec
intelligeret instrumentum suum, nec intelligeret se intelligere : inter
ipsam etenim et essentiam suam non est instrumentum, nec inter ipsam et

2 一般的な教え   29

立ち帰ることができるが，対して，「身体器官を使う，あ
るいは何らかの身体器官に依存する能力は何であれ，自分
自身に立ち帰れない。というのも，身体器官は常に能力と
働きの間に介在するからである。実際，視覚は形象が瞳に
映るものだけを知覚する。しかるに，身体器官が能力と
……〔能力の〕本質の間に介在することはありえないの
で，身体器官を通じて働く何らかの能力が自分自身を認識
する，あるいは自分自身に立ち帰ることは不可能である。
このようなわけで，哲学者によれば，知性は身体のどんな
部分の現実態でもないのである」[47]。知的霊魂は，身体とは
異質なもので，身体を超越するかぎり，身体の直接的影響
を何一つ受けない。知性の働きは身体を超越するだけでな
く，どんな霊魂の働きも身体を超えたところで生じるので

---

instrumentum eius est instrumentum, nec inter ipsam et id quod intelligit
est instrumentum; sed intelligit seipsam, et ipsum instrumentum quod
adscribitur ei, et intelligit se intelligere : ergo intelligit per seipsam, non
per instrumentum »〔それゆえ，次のように言おう。知的能力は，身体
器官を使って認識するなら，自分自身を認識できず，自分の器官も認
識できず，認識の働きも認識できない。というのも，器官は，能力と
その本質の間にも，能力とその器官の間にも，能力と認識対象の間に
も介在しないからである。しかし，知的能力は自分自身も，自分に属
する器官も，認識の働きも認識するので，器官ではなく自分自身を通
じて認識を行う〕（AVICENNE, *Pars V sexti libri de naturalibus*, cap. II
; dans AVICENNA LATINUS, *Liber de anima seu sextus de naturalibus,
IV-V*, éd. S. VAN RIET, Louvain-Leyde 1968 ; p. 93-94, l. 60-67）.

47) « (...) quia nulla virtus organo corporali utens, sive ab organo
corporali dependens, potest super se reflectere, quoniam organum
corporale semper est medium inter virtutem et operationem. Visus enim
non videt nisi illud cuius species potest fieri in pupilla. Et quia impossibile
est ut corporale organum sit medium inter virtutem et essentiam sive
virtutis adoperationem, impossibile est ut aliqua <virtus> operans,
mediante organo corporali, cognoscat semet ipsam, aut redeat super semet
ipsam. Et ideo dicit Philosophus quod intellectus nullius partis corporis est
actus » (*Quaest. disp. de anima XIII*, q. IX ; p. 156) .

30 第1章 アクアスパルタのマテウス

あり，霊魂は身体からいかなる内容も受けとらない。「知的霊魂は，自分自身を通じて自存し，決して身体に依存しない実在である」[48]。

2.2 認識論の諸相

霊魂と身体は根本的に異質だとするこうした教えを主張するなら，身体は霊魂に働きかけられないことを認めざるをえず，それゆえ認識の教えはプラトン主義ないし新プラトン主義的な分有説に訴えるしか道がないことになろう。すなわち，霊魂は，何らかの仕方で本質の永遠性に結びついているので，自分自身のうちに認識しようとする質料的事物に対応する似像を求めることを余儀なくされる。霊魂は，自分自身を通じて，自分自身のうちに，似像——同じ永遠的な光を分有する質料的事物を主観的に構成したものにすぎない——を表現するしかないのである[49]。しかし，おそらくアウグスティヌス的なプラトン主義に属するこうした結論を採用すれば，可感的世界の価値を下げ，破壊的な懐疑論に行き着くことになろう。マテウスにはこうしたことは受け入れられなかった。このことは，マテウスが少

---

48) « Ergo habet esse per se subsistens, nullo modo a corpore dependens » (*Quaest. disp. de anima XIII*, q. IX ; p. 157)．この文脈では，身体はむしろ障害として現れてくる——« (...) quando anima vult pure aliquid intelligere, avertit se a corporeis sensibus, et quanto magis ab ipsis abstrahitur, tanto purius istud speculatur, tamquam cui sensus corporei sunt impedimento »〔霊魂は純粋に何かを認識しようとするときには，自分自身を身体の感覚から引き離す。身体的感覚から離れれば離れるほど，いっそう純粋にそのものを考察できるのであり，霊魂にとって身体的感覚は障害のようなものである〕(*Quaest. disp. de anima XIII*, q. IX ; p. 156)。

49) Cf. P. MAZZARELLA, *La dottrina dell'anima* (1969), p. 127-133. マテウスは慎重に検討しながら，「霊魂や知性が受けとるのは形象ではなくきっかけや刺激だけだという主張」を論駁している——cf. C. BÉRUBÉ, *La connaissance de l'individuel* (1964), p. 98。

2 一般的な教え 31

なくとも最初の段階では，できるだけアリストテレス主義
に訴えて，質料的事物に存在論的な恒常性を認め，人間の
知識の客観性をいくばくかでも根拠づけようとした理由の
一つである。実際，アリストテレスの考えでは，通常の知
覚は真であり，固有対象である可感的なものについては誤
らない。しかし，こうしたアリストテレス的な構造とアウ
グスティヌス的な要求——いくつかの側面はたった今指
摘した——とはどのように調和するのか。「この点につい
て，マテウスの教えは，そこに含まれる独自の要素のため
に，特に重要である。」[50]。このことを理解するには，アリ
ストテレスの教えがアウグスティヌス的な考え方に見出せ
る様々な要素を問題視することを認める必要がある。例え
ば，感覚的認識はまったくもって霊魂に内在的な働きだと
解釈する考え方を指摘できるが，この考え方では知覚の現
実性を根拠づけられないだろう。それゆえ，少なくとも感
覚的認識という問題において，アリストテレスの正当な要
求と，身体の側からのいかなる影響も受けない霊魂の超越
性の教えとはどのようにして調和するのか。「マテウスが
試みるのは，感覚的認識の概念を発展させることだが，こ
うした概念は身体に対する霊魂の優位性とそこから生じる
霊魂の自立性を危険にさらすことなく，とはいえ同時に，
認識を，自存する実在に関係づけ，実在に対して独立的で
完全に自立的な働きとは見なさないことで保証するもので
なければならない。というのも，もし認識が実在とは無関
係な働きだとすれば，認識は実在に関するものではなく，
主体が自分自身の変容を認識する主観的な様相にすぎなく
なるだろうから」[51]。マツァレッラによれば，こうした客観
性の要求こそがマテウスの認識論の原理を成している。マ

50）　P. MAZZARELLA, *La dottrina dell'anima* (1969), p. 132.

51）　P. MAZZARELLA, *La dottrina dell'anima* (1969), p. 133.

テウスの考えでは，プラトン主義は知恵を根拠づけるが学
知の客観性を破壊するのであり，対してアリストテレス哲
学は知識の客観性を保証するが知恵を基礎づけることはで
きない。マテウスが目指すのは，アウグスティヌスの思想
に見出せる真理を活用して，ギリシャの二人の哲学者の思
想を統合することである[52]。

2.2.1 感覚的認識，知性認識，抽象

上で述べたような偉大な形而上学的原理は，認識論全体
の中に組み込まれている。ここで認識論の主要な考え方を
確認しておくことは，マテウスが自己認識を論じているテ
キストを理解する上で重要だろう。実際，マテウスはいか
にして認識の客観性と霊魂の自立性を両立させているの
か。この点について，感覚的認識の教えは大変参考にな
る。

マテウスは，ボナヴェントゥラと同様に，霊魂のうちに
形象あるいは可感的な似像が存在すること，そしてこうし
た形象は出どころである事物そのものに起源を有している
ことを認め，霊魂の内的な働きと身体器官による形象の受
容を根本的に区別する。マテウスはこうした霊魂の能動性
と身体器官の受動性の関係を明言しているが，身体器官
は，上で述べた形而上学的原理にしたがえば，霊魂に絶対
に働きかけられない。実際，身体器官のうちに受動的に受
けとられた可感的形象は，身体器官とは異質なものである
霊魂には影響を及ぼせないのである。したがって，こうし

---

52) 「今示されている批判により，二つの立場の一面性ははっき
り浮かび上がる。すなわち，一方で経験的な要素を強調すれば，主体
の働きの自立性を否定することになり，他方で知性的な働きを強調すれ
ば，自存する実在との関わりが失われる。それゆえ，結論は明らかで
ある。霊魂は質料的事物の影響を受けることなく，質料的事物から形
象を受けとるのだ」（P. MAZZARELLA, *La dottrina dell'anima* (1969),
p. 189）。

2 一般的な教え   33

た感覚的認識のプロセスは，アリストテレス主義とは別様
に説明する必要がある。すなわち，可感的事物の形象の影
響を受けた身体器官のうちで変化が生じるとすぐに，霊魂
——ある能力を通じてこうした身体器官に現前している
——は形象を知覚せざるをえない。それから，霊魂は自分
自身の内部に，身体器官の変容に一致する新しい形象を
作り出す[53]。したがって，形象は二つの観点から考察され
る。すなわち，似像としては，事物に由来するが，可感的
なものであれ可知的なものであれ，認識の形相的手段とし
ては，形象を自分自身に一致させる霊魂にもっぱら由来す

---

53) « Quando autem fit immutatio in aliquo organo corporeo per
aliquam speciem, non potest latere animam secundum illam potentiam
organi perfectricem et motricem, sed statim percipit eam; percipiendo
vero format eam in se secundum illius organi proportionem, ita quod vel
sensibilem vel imaginabilem »〔何らかの形象を通じてある身体器官の
うちに変化が生じると，霊魂は，身体器官を完成して動かす能力にし
たがって，すぐにそうした変化に気づいて知覚する。そして，その知
覚を元に，当該の身体器官に一致するように，自分自身のうちに可感
的ないし表象的な形象を形成する〕(*Quaest. disp. de cognitione*, q. III
; p. 262, l. 24-29).こうした考え方は，感覚的認識は霊魂がすべての
ものを自分自身のうちで生み出す刺激やきっかけだとする教えと混
同してはならない。感覚的認識の起源はまさしく質料的事物である
——cf. C. BÉRUBÉ, *La connaissance de l'individuel* (1964), p. 98-99。F.
PREZIOSO, *Matteo d'Acquasparta e Ruggiero Marston* (1950), p. 276-
279 は，マテウスの教えと，霊魂の能動性を強調する人々——彼らに
よれば対象は認識のきっかけにすぎない——の教えの違いを指摘して
いる。マテウスによれば，霊魂が対象に由来する形象に従うのではな
く，形象が霊魂に従うのである。「見たように，マテウスの見解と霊
魂の能動性を強調する人々の見解は少し異なっている。こうした人々
によれば，霊魂の側が，対象が身体器官に刻み込んだ形象に一致す
るが，マテウスによれば，形象の側が，能力の形相を受けとること
で霊魂に一致するのである」(F. PREZIOSO, *Matteo d'Acquasparta e
Ruggiero Marston* (1950), p. 278)。

る[54]。それゆえ，本質的に言えば[55]，霊魂は事物の側からは
何一つ受けとらない。というのも，霊魂は超越的なので，
こうしたことは起こらないからである[56]。しかし，霊魂は
その能動性を通じて，対象に由来する形象を自分自身にふ
さわしく一致させる[57]。「実際，霊魂は可感的で物体的な事

54) « Sed attendendum est hic quod de illa specie possumus loqui
duobus modis : aut secundum quod species, aut secundum quod sensibilis,
imaginabilis sive intelligibilis. Quod sit species, hoc habet a suo principio
originali, quoniam quaelibet res nata est suam speciem diffundere et
multiplicare. Sed quod sit sensibilis aut imaginabilis aut intelligibilis, hoc
habet a virtute animae, quae facit eam in se et proportionat eam sibi »〔し
かし，ここで注意すべきことに，こうした形象は二つの仕方で説明で
きる。一つは似像として，もう一つは可感的，表象的，可知的なもの
としてである。似像であることは根源である事物に由来する。という
のも，どんな事物も本性上，自分の似像を拡散して増やすからである。
可感的，表象的，可知的なものであることは霊魂の能力に由来する。
というのも，霊魂の能力は自分のうちに形象を作り出し，こうした形
象を自分自身に一致させるからである〕(*Quaest. disp. de cognitione*, q.
III ; p. 264, l. 11-17)。

55) « Ad decimum sextum dicendum quod cognitio intellectualis
non causatur a sensibilibus effective et principaliter sive formaliter, sed
tantum materialiter et ministerialiter, quia materiam cognitionis accipit
anima a sensibus »〔第 16 については言わねばならない。知性認識が
可感的なものから生じるのは，作出的に，主として，形相的にではな
く，質料的に，道具的な観点からである。というのも，霊魂は可
感的なものから認識の材料を受けとるからである〕(*Quaest. disp. de
cognitione*, q. III, ad16 ; p. 271, l. 11-14)。

56) さらに言えば，霊魂は本質的には能動的である。ある人々
によれば，アリストテレスの見解に反して，霊魂は単に受動的なもの
ではなく能動的であるというこうした主張は，マテウス独自の見解だ
と言える。「しかし，霊魂は感覚的な認識においても能動的だという見
解は，中世の思想家の中でマテウスが最初に主張したものである」(G.
BONAFEDE, *La gnoseologia di Matteo d'Acquasparta* (1967), p. 252)。
対して，F. PREZIOSO, *Matteo d'Acquasparta e Ruggiero Marston* (1950),
p. 259-282 は，いささか唐突なこうした意見を相対化している。

57) マテウスが認識において霊魂の能動性だけを強調したと考
えることのないように，主体に由来するものと事物に由来するものの

2 一般的な教え   35

物からはいかなる影響も受けない。むしろ，そうした事物
に基づいて，そうした事物に関して，身体器官と能力の要
求にしたがったふさわしい形象を自分のために形成するの
である……」[58]。言い換えれば，事物の形象は，身体器官を
変化させ，認識に関して，厳密に経験的な最初の要素を与
えるのである。身体器官が変化するとすぐに，霊魂はこう
した感覚的印象を精神化し，そうした印象を自分自身に一
致させようとする[59]。マツァレッラが指摘するように[60]，こ
うした最初の要素は，認識の客観性を根拠づけるために重
要なものだが——というのも，認識は事物に基づいて構成
されるから[61]——，霊魂が感覚的認識においてその能動性
を通じて受けとった形象を忠実に再現することを前提にし

関係を，より現代的に形相と質料の関係として説明する研究者もい
る。「より現代的に言い換えれば，マテウスの主張では，概念的な形
象において，質料は対象に，形相は主体に由来する。対して，霊魂の
能動性を強調する人々によれば，質料も形相も主体に由来する」(F.
PREZIOSO, *Matteo d'Acquasparta e Ruggiero Marston* (1950), p. 278)。

  58) « Non igitur patitur aliquid de rebus sensibilibus sive
corporeis, sed potius facit ex illis et de illis, et format sibi species aptas et
proportionatas secundum exigentiam organorum et virium (...) » (*Quaest.
disp. de cognitione*, q. III ; p. 264, l. 5-8).

  59) 「……霊魂は自分自身を身体的な運動に合わせるのではな
く，感覚器官における変化を霊魂そのもののより上位の存在様態に同
化させるのである」(H.M. BEHA, *Matthew of Aquasparta's Theory of
Cognition* (1961), p. 5)。次のような違った解釈もある。「しかし，マ
テウスは次の点で他のアウグスティヌス主義者とは異なる。すなわち，
霊魂は外部の対象が人間の身体器官に刻み込んだ形象に似ることで一
致するのではなく，むしろ反対に形象を自分自身に一致させるのであ
り，形象を自分の本性に変え，形象に自分の霊的存在を付与するので
ある」(F. PREZIOSO, *Matteo d'Acquasparta e Ruggiero Marston* (1950),
p. 276)。

  60) Cf. P. MAZZARELLA, *La dottrina dell'anima* (1969), p. 191.

  61) Cf. H.M. BEHA, *Matthew of Aquasparta's Theory of Cognition*
(1961), p. 7.

36   第1章　アクアスパルタのマテウス

ている[62]。

　しかし，感覚的認識のプロセスは続くのであり，霊魂は自分自身に一致させた形象をさらに洗練し，共通感覚と想像力を介して表象像に達し，最終的には可能知性が受容できる物体的形相の段階まで進む[63]。こうしたプロセスは次のように要約できるだろう。「霊魂は物体的事物の認識を感覚を通じて受けとる。霊魂は身体の完全性として身体と結びついているが，これは部分が部分に結びつくようなものではなく，全体が全体と各部分に結びついているようなものである。霊魂は様々な能力や状態にしたがって身体器官と結びついているが，場所的な規定を受けつけない知性だけは例外である。それゆえ，身体器官において可感的形象を通じて何らかの変化が起こると，霊魂はこうした変化を無視できない。というのも，霊魂は可感的形象を知覚し，感覚や想像力を通じて自分自身のうちでこうした形象を形成するからである。実際，アウグスティヌスやアヴィセンナが説明するように，感覚的能力は受動的であるだけでなく能動的でもあるのだ。事態は以下のように生じる。マテウスは，形象が外的感覚と内的感覚を通じて次第に洗練されていく様子を説明している。実を言えば，こうした形象は同じ形象ではなく，先の形象から次々と生み出されたものなのである。形象は，最高度に単一になり，身体器官に適合するほど純粋なものになれば，可能的に可知的であると言える。それで，能動知性は可能知性のうちでこうした形象を変化させ，現実に可知的なものにする。この働きこそ，哲学者が抽象（abstraire）と呼ぶものである」[64]。

　62）　この解釈が正しい証拠として，霊魂がぼんやりしていれば，感覚的な印象はいかなる知覚も生み出さないことを指摘できる。

　63）　Cf. H.M. BEHA, *Matthew of Aquasparta's Theory of Cognition* (1961), p. 6 ; P. MAZZARELLA, *La dottrina dell'anima* (1969), p. 192.

　64）　C. BÉRUBÉ, *La connaissance de l'individuel* (1964), p. 99.

2 一般的な教え   37

それゆえ，マテウスはアリストテレスにしたがって，能動
知性と可能知性の区別を受けいれている。能動知性は，本
来的に言えば何も切り離す（abstraire）ことはないのだが，
アリストテレスいわく，一方で可能的にのみ可知的な概念
を現実に可知的なものにし[65]，他方で可能知性を照明する
役割を果たす[66]。しかし，マテウスの関心は次の点を強調
することにあった。すなわち，精神の外部にあるものを認
識する知性のこうした能動性を正当化できるのは，知性の
捉える対象が外的世界に由来する場合だけである。こうし
た対象は霊魂が認識する刺激やきっかけであるにとどまら
ず[67]，霊魂を動かすものなのである[68]。このようなわけで，
マテウスは，精神の外部にある世界とのこうした関係を否
定して，あらゆる認識対象を知性そのものの変容に還元し
ようとする考え方をことごとく批判している[69]。外的世界

---

65)　« (...) facere intentiones intellectas in potentia intellectas in actu
(...) » (*Quaest. disp. de cognitione*, q. III ; p. 264, l. 23-24).

66)　Cf. P. MAZZARELLA, *La dottrina dell'anima* (1969), p. 194.

67)　ヨークのトマス（Thomas d'York）とジョン・ペッカム
に対する批判を参照——cf. F. PREZIOSO, *Matteo d'Acquasparta e
Ruggiero Marston* (1950), p. 268-270, 274 ; H.M. BEHA, *Matthew of
Aquasparta's Theory of Cognition* (1961), p. 9-10 ; P. MAZZARELLA, *La
dottrina dell'anima* (1969), p. 172-184 ; C. BÉRUBÉ, *La connaissance de
l'individuel* (1964), p. 98-99.

68)　「可感的な対象が霊魂に働きかけることは絶対にない。そ
うではなく，可感的な対象は霊魂と共働して，能動知性が可能知性の
うちに，別の対象ではなく当該の対象の可知的形象を形成することを
引き起こすのである。このことは，マテウスのあらゆる詳しい説明の
中でも本質的な部分だと思う」(E. BETTONI, *Matteo d'Acquasparta e
Giovanni Duns Scoto* (1943), p. 126)。

69)　「修道士マテウスは，こうした客観的な基礎でもって認識
の客観性を保証しようとしたが，こうした客観性は主体が他のものに
よらずに自分のうちで自分によって形象を作り出す場合には成り立
たなくなる。それと同時にマテウスは，質料的な対象に対する主体の
受動性も取り除こうとして，形象の多数化のプロセスを考案した。こ

は，形象を介して，まさしく知性認識の内容そのものをもたらすのである[70]。

しかし，マテウスは，抽象理論だけでは知識の普遍性と不変性を説明できないと考えた。具体的な事物を直接捉えようとする，アリストテレスの抽象の教えしか認めないなら，移ろいゆく事物の偶然性の次元にとどまらざるをえなくなる。それゆえ，マテウスは，アリストテレス哲学は認識の客観性を保証することで認識の最初の要素である経験的な要素を確立する点で重要だと見なすと同時に，移ろいゆく事物の存在しか捉えられない哲学の不十分さを指摘している。このことから，フランシスコ会の認識論はさらに別の教えを活用することになるが，それは照明説と，知性の対象は本質であるという教え——照明説と密接な関係にある——に他ならない。

2.2.2　照明と本質の認識

一見すると，マテウスの教えは，その最初の要素から見て，抽象をはじめとするアリストテレスの伝統に属しているように見える。しかし，認識における最初の感覚的要素でさえすでにフランシスコ会のアウグスティヌス的な方向

のプロセスは霊魂と身体の結合のうちに基礎を持っているが，こうした結合のおかげで，霊魂の能動的な各能力が自分にふさわしい形象をそれぞれ作り出せるのである。また，こうした形象は上位の能力にとっては素材と見なされ，さらに仕上げられていくが，最終的には能動知性に達して，現実に可知的なものとなる」（G. BONAFEDE, *La gnoseologia di Matteo d'Acquasparta* (1967), p. 256）。

70)　様々な種類の形象があることを指摘できる。「最後に指摘すべきことに，マテウスの理論では様々な種類の形象が措定されている。すなわち，個別的形象，普遍的形象，霊魂の自己認識に必要な形象，生得的形象である。こうした形象はすべて，続く議論では様々な認識対象になっている。形象は，本質的には知性が生み出したものなので，精神の外部にある対象だけでなく，精神の考察方法——個別的に考察するか，普遍的に考察するか——も表している」（H.M. BEHA, *Matthew of Aquasparta's Theory of Cognition* (1961), p. 8）。

性——これによれば，霊魂は身体器官から何も受けとらない——で解釈されているとすれば，なおさら認識の最終段階は自立的霊魂の超越的な働きの成果であるに違いない。実際，知性が確実な知識に固有の普遍性，必然性，不変性といった特徴を受けとるのは，質料的で可感的な事物とは別のところにおいてである。確かにマテウスはアリストテレスの教えを借用しているが，こうした借用の限界は明らかだと言える。

実際，マテウスの定義によれば，知性の固有対象は「質料的事物の何性であり，この何性は人間知性が受けとり，永遠の範型に関係づけるもの」[71]とされる。しかしマテウスは，知性が受けとるこうした何性の性質を神の範型との関係において述べるときには，また無条件的に真である知識を根拠づけるときには，問題になっている何性ないし本質は偶然的存在や非存在とは無関係であると明言している[72]。言い換えれば，知性が何よりもまず認識するのは，本質であって存在ではないのである。しかるに，知性が普遍的な概念を生み出せるなら，こうした普遍的なものは精神の外部にあるものに基礎を持つことも認めねばならない[73]。この基礎はアヴィセンナの言う本質に他ならないが，こうした本質との関係においては，個物の存在は偶然的で

---

71) « (Obiectum intellectus) est quidditas (rei materialis) concepta ab intellectu nostro, relata ad artem sive exemplar aeternum »（*Quaest. disp. de cognitione*, q. I ; p. 215, l. 1-2）; cf. H.M. BEHA, *Matthew of Aquasparta's Theory of Cognition* (1961), p. 384 ; S. MARRONE, *Matthew of Aquasparta* (1983), p. 275-277.

72) « (Quidditas) indifferenter se habet ad esse et non esse »（*Quaest. disp. de cognitione*, q. I ; p. 212, l. 24-25）; P. MAZZARELLA, *La dottrina dell'anima* (1969), p. 200 ; A.C. PEGIS, *Matthew of Aquasparta* (1951), p. 461-480.

73) Cf. P. MAZZARELLA, *La dottrina dell'anima* (1969), p. 202.

40 　　　第 1 章　アクアスパルタのマテウス

付帯的なものとして現れてくる[74]。こうして，人間知性は
本質——永遠なる神の知のうちに存在する——の光のうち
で作り上げた概念を理解しようとする。言い換えれば，認
識を最終的に根拠づけられるのは，認識の出どころであ
る，自存するが偶然的な実在ではない。反対に，認識はそ
の概念を本質や神の範型に関係づけるのである。このよう
なわけで，マテウスは，形象を通じて捉える知性の対象は
事物の何性ないし本質であり，こうした本質そのものは存
在や非存在とは無関係だと確言できたのである[75]。知性は
本質を不変的なものとして認識することで，存在するもの
をこうした本質に関係づけて判断できるし[76]，本質を存在
や非存在とは無関係な可能的なものとして認識することも
できる[77]。しかし，こうした認識が内容空疎にならないた

---

74)　知性の対象としての神と存在が無関係であるという考え方
の典拠については，以下を参照。「結局，ヘンリクスこそが，アヴィ
センナと，ボナヴェントゥラのアウグスティヌス的な考え方を密接に
結びつけ，存在というきわめて重要な概念を未規定で不完全なものに
した張本人である」（S. MARRONE, *Matthew of Aquasparta* (1983), p.
286）。

75)　Cf. H.M. BEHA, *Matthew of Aquasparta's Theory of Cognition*
(1961), p. 386-391 ; A.C. PEGIS, *Matthew of Aquasparta* (1951), p. 461-
480. この問題については，特に S. MARRONE, *Matthew of Aquasparta*
(1983), p. 275-278 を参照。

76)　「実際，存在の可知性は本質を参照することで認識できると
いう主張は，学知そのものの前提条件である」（P. MAZZARELLA, *La
dottrina dell'anima* (1969), p. 209）。

77)　「存在しないものに関する認識の問題は，歴史家たちがマテ
ウスの思想について激しく議論してきた問題の一つである。すでに述
べたように，こうした歴史家たちはマテウスの思想のうちに，認識が
存在と関わっていることの否定や，観念論の先取りを見ようとしてき
た。実際，私は，マテウスの立場はこのようには解釈できないと思う。
存在しないものに関する認識という考え方は，形而上学的な重要性を
有しており，理性の真理は偶然的な存在には関係しないが，たとえ対
応する事物が存在しなくても認識可能である点を強調している」（P.

2 一般的な教え　41

めには，神の光だけが根拠づけることのできる必然性と不
変性の次元で，本質が真として捉えられる必要がある[78]。
それゆえ，神の照明を想定せねばならないのは，真理の認
識を可能にするために他ならない。真理の認識は完成する
ために神の照明を必要とするのである。「したがって，マ
テウスは自分の立場を要約して次のように言っている。真
理の起源は事物にあり，真理の形相因は知性にあり，真理
の完全な範型は神のイデアにある」[79]。

　こうして，アリストテレス哲学に固有の限界は明らかに
なる。照明説はこうした限界をはっきりさせると同時に，
こうした限界を超えていく。認識の人間的な原理だけで
は，真理の特徴である不変性，普遍性，必然性を根拠づけ
られないのであり，それゆえ神の光に訴える必要が出てく
る。マテウスはこうした照明の教えを入念に検討している

MAZZARELLA, *La dottrina dell'anima* (1969), p. 212 ; cf. p. 210-213)。

78）　Cf. P. MAZZARELLA, *La dottrina dell'anima* (1969), p. 213-216.

79）　H.M. BEHA, *Matthew of Aquasparta's Theory of Cognition* (1961), p. 384。« Attingit autem mens sive intellectus cognoscens lucem illam vel rationes ideales, et cernit quodam modo eas, non ut obiectum quietans, terminans et in se ducens, sed ut obiectum movens et in aliud ducens; non ut obiectum visionis, in quo defigatur ratiocinantis aspectus, sed ut obiectum motivum et raionem videndi; non plene, sed ex parte; non in sua claritate, sed in quadam obscuritate, quia necdum est plene deiformis »〔精神や知性は認識を通じて，かの光やイデアに達し，何らかの仕方でそれらを確認するが，こうした光やイデアは精神や知性を落ち着かせ，その運動を終わらせる対象ではなく，精神や知性を動かし，他のものへ駆り立てる対象である。すなわち，推論を行う人の働きを止めるような，見ることの対象ではなく，見ることの根拠であるような運動する対象である。しかし，こうした光やイデアを見ることは，完全にはっきりとではなく，部分的に不明瞭な仕方で生じる。というのも，完全に神を見ているわけではないからである〕（*Quaest. disp. de cognitione*, q. II ; p. 234, l. 12-18)。

が[80]，ここでは次のことを指摘するだけで十分だろう。すなわち，マテウスにとり，神の光は認識対象ではなく，形相的根拠であり，知性はこうした形相的根拠を使って事物の恒常的な何性を捉えるのである[81]。それゆえ，ここで論じられているのは，何らかの仕方で神を直接的に認識すること——この世の生では不可能である——では決してない[82]。というのも，問題になっているのは，すべての人間知性を照らす神の光の影響だからである。したがって，真理の認識は，絶対的で範型的な基準や不変の原理——これらは認識の形相的手段として役立つ——に関係づけてはじめて確実なものになる。以上が，真理認識や真理認識に伴う無謬の確実性の最終的な根拠である[83]。

結論として，あらゆる知識に不可欠な四つの要素を強調できるが，この四つの要素は自己認識に関しても別の仕方で見出せるものである。第一に，外的事物に由来する形象はあらゆる認識の外的起源として必ず必要である。第二

---

80) Cf. P. MAZZARELLA, *La dottrina dell'anima* (1969), p. 203-216；H.M. BEHA, *Matthew of Aquasparta's Theory of Cognition* (1961), p. 36-53；S. MARRONE, *Matthew of Aquasparta* (1983), p. 257-271. 最後の業績は，マテウスの思想における照明説の発展を指摘している。

81) « Et ideo sic videmus per illam, quod illam non videmus; sic videmus, quod videre nos non percipimus, nisi cum resolvimus, ascendendo gradatim a corporis sensibus, usquequo veniatur ad naturam mentis rationalis, et tandem, transcendendo mentem ipsam, perveniatur ad regulas incommutabiles (...) »〔それゆえ，神の光を見るのではなく，神の光を通じて見るのである。見ていることは，分析的に考える場合にかぎって知覚できる。われわれは身体的感覚から離れて上昇し，理性的精神の本性にまで至り，ついには精神そのものも超えて，不変の原理に達する〕(*Quaest. disp. de cognitione*, q. II；p. 234, l. 19-23)。

82) ある研究者によれば，この問題のいくつかの点についてマテウスの思想には発展が見られるのであり，こうした発展は神の完全な超越性を断固として主張する方向に進んだ——cf. S. MARRONE, *Matthew of Aquasparta* (1983), p. 269-271。

83) Cf. S. MARRONE, *Matthew of Aquasparta* (1983), p. 277.

に，人間知性の自然本性的な光は，霊魂がその超越性を損なうことなく，知覚した対象を自分自身に一致させることを可能にしている。第三に，精神はこうした光の下で，自分自身のうちに概念や言葉を形成するが，こうした概念や言葉は知性が事物の本質や何性を表すために表現したものである。第四に，人間の認識には神の光が必要なのであり，こうした神の光は精神を照らし，真理と真理認識の確実性を根拠づけるものである。

2.3 三種類の認識

ここで，定期討論集『認識について』の第5問——全体として自己認識の問題を論じている——を参照するなら，その詳細な分析は，紹介するには長すぎる印象を受ける。それゆえ，検討を単純化するために，議論の決定（determinatio）の部分だけを参照したいが，この部分を読めば，マテウスがこの問題についてどのように考えていたか，その大要をつかむことができるだろう。次に，いくつかの異論とそれに対する解答を検討したいが，こうした検討により，マテウスの立場を1275-1300年における思想動向の中にいっそうはっきりと位置づけることができるだろう。しかるに，議論の決定は非常に明晰に構成されているので，説明の順序をそのまま採用して問題ないだろう。まず，問題は距離をとって考察されているが，それというのもマテウスは人間精神に可能な様々な認識の種類を示すことから始めているからである。示されている三種類の認識は，自己認識との関連で考察されている。次にマテウスは，間接的な自己認識に関するトマスの主張を示し，こうした主張を簡単に論駁した後で，結論として，霊魂の自己認識に関する自分の見解を明らかにしている[84]。

---

84) 自己認識の問題の概観は，H.M. BEHA, *Matthew*

44   第1章　アクアスパルタのマテウス

　はじめにマテウスは，事物を認識する三つの方法を指摘している，すなわち，理性による推論，直接的認識，何性に関する単一な把握である。「理性による推論」は，ある要素の存在に基づいて他のものを導出する推論の働きである。例えば，煙の存在から火の存在を推論したり，話す人を見てその人は理性的霊魂を有していると推論する場合がこれにあたる。この第一の認識方法により，事物を直接見なくてもその存在を捉えることができる。たった今述べた例を取り上げるなら，煙を見るやいなや，火が存在していることは分かるが，この火は実際に見られておらず，直接与えられてはいない。こうして，理性による推論を通じれば，事物の偶然的な存在だけは捉えることができるのである。もちろん，これはマテウスの理解するような認識の完成ではないが，推論を通じて事物の偶然的な存在に到達する基本的な方法である。

　第二の種類の認識は，直接事物を見るような（contuitiva inspectio），無媒介的で直接的な認識である。わたしは自分の目で目の前にあるこの火を見るのであり，わたしのまなざしはこの火に向かう。これは直接見ることであり，知性は偶然的な存在を直接見るのである。わたしは事物そのものを見る。自己認識で問題になるのはこの第二の種類の認識である。

　最後に，第三の種類の認識は「何性の単一な把握」であり，これにより事物を普遍的な相の下で捉えることが可能になる。それゆえ，ここで問題になっているのは，事物の本質を，普遍的で，恒常的で，必然的なあり方にしたがって認識することである。火という存在をその本質において考察するとき，これこれの個別的な火を検討しているわけ

---

of Aquasparta's Theory of Cognition (1961), p. 423-430 ; P. MAZZARELLA, *La dottrina dell'anima* (1969), p. 217-226 を参照。

2 一般的な教え 45

ではなく，そうした個別的要素は捨象されている。このように偶然的存在を抽象することこそ，第三の認識方法の特徴に他ならない。こうした方法により，これこれの事物の固有性や存在を考慮に入れずに，その事物の本質を捉えることができる[85]。したがって，第一の方法により推論を通じて事物の存在を捉え，第二の方法により直接事物を認識し，第三の方法により事物の普遍的な何性に達するのである[86]。

　自己認識に関して問題となるのが，事物を直接見るという第二の種類の認識であることはすぐに予想できる。というのも，霊魂が自分自身を見る場合に，霊魂はこうした認識に与るか否かが問われるだろうからである。このような

---

85) « Ad istius quaestionis intelligentiam praenotandum est quod tripliciter dicitur aliquid cognosci, vel tripliciter de aliquo potest cognitio haberi. Contingit enim aliquid cognosci per manuductivam arguitionem sive ratiocinationem, ut videndo fumum arguo ignem, videndo hominem loqui arguo ipsum habere animam rationalem. Secundo contingit aliquid cognosci per contuitivam inspectionem sive inspectivam contuitionem, sicut cum ignem praesentem oculis meis intueor et in ipsum dirigo obtutum. Tertio contingit aliquid cognosci per simplicem quidditatis speculationem in universali, non concernendo hoc vel illud, in hoc vel in illo, sicut cum considero quid est ignis. Primo modo cognoscitur de re vel deprehenditur an est vel in est, sed ipsa res non videtur, sicut videndo fumum deprehendo quod ibi est ignis, sed ipsum ignem non video. Tertio modo cognoscitur quid est res in generali, non cogitando si est vel inest. Secundo modo videtur res ipsa » (*Quaest. disp. de cognitione*, q. V ; p. 300, l. 5-20).

86) 仮説として，きわめて明白なこうした区別は，他の要素と関係しながら，スコトゥスとオッカムがしたような，抽象的認識と直観的認識の区別へとつながるかどうかが問われる。実際，理性的推論による認識は，出発点となる他の二種類の認識にたやすく還元できるだろう。残すところ，認識は，直観的認識と抽象的認識のいずれかになる。直観的認識は事物の存在や現前を前提とするが，抽象的認識は事物の存在や非存在を考慮に入れない。

わけで，マテウスは第一と第三の認識を自己認識に適用することで簡単に論じ，特に問題が生じないことを強調している。

抽象的認識，あるいは本質の把握という考え方から検討を始めたいが，何性の単一な把握を通じて自分自身を認識するとはどういう意味かが問われる。マテウスによれば，こうした抽象的認識は，普遍的で霊魂一般に関わるものであり，特にわたし自身の霊魂や他の人間の霊魂を問題とするわけではない[87]。すなわち，存在するこれこれの霊魂の具体的な現実を考慮に入れずに，人間霊魂はその本性において何であるかを認識しようとするのである。霊魂が自分自身のうちにある習慣を抽象的に認識する場合も，事態は同様である。例えば，人は信仰を持たなくても，信仰は何であるかについて知ることができるし，信仰を有している人と同様に信仰の本質を認識できる。このように，こうした何性の把握は，対象の存在や現前を考慮に入れない。他方で，こうした抽象的知識をどのように手に入れようとも，また抽象の働き，経験，理性による探究，永遠の光の照明がいかに重要であろうとも，抽象的認識は普遍的で共通的な認識以外の何ものでもなく，それというのも一般的意味での習慣や霊魂に関わるからである[88]。ここに抽象的

---

87) 異なる解釈は，P. MAZZARELLA, *La dottrina dell'anima* (1969), p. 218 参照。

88) « Si igitur quaeratur quomodo anima cognoscat quid anima est vel quid sunt habitus mentis, quam <cognitionem> vocavi simplicem quidditatis speculationem, iste modus communis est omni animae, nec plus respicit animam propriam quam alienam; communis est etiam tam habentibus quam non habentibus tales habitus. Non habens enim fidem potest scire quid est fides sicut habens. Et hoc modo anima vel habitus in se existentes cognoscuntur. Partim per impressam notionem, quoniam anima habet impressam naturae suae notitiam, ut dicit Augustinus, VIII *De Trinitate*, cap.4, in fine. Habet nihilominus virtutum et habituum

2 一般的な教え　　47

認識の限界がある。哲学で重視されるこの認識方法は，自
己認識では問題にならないし，マテウスもほとんど気にか
けていない[89]。というのも，自己認識の議論で持ち上がる
問題は，わたしの霊魂が自分自身を個別的なものとして認
識する様態に関係しているからである。

　マテウスが「理性による推論を通じた認識」と呼ぶ他の
認識方法を検討しても，同様に自己認識に関して特に問題
は生じない。実際，ここで問題になっているのは，推論を

---

notiones, ut dicit II *De libero arbitrio* et in VIII *De Trinitate*, cap.3, quod
habet impressam notionem boni. Partim per subtilem investigationem et
inquisitionem; sed consummative per lucis aeternae irradiationem. In illa
enim forma et in libro lucis illius, quid sit animus iustus, etiam iniustus
agnovit. Huius rei testis est Augustinus IX et XIV *De Trinitate*, sicut patet
aspicientibus. Sed de hoc nihil ad praesens »〔それゆえ，いかにして霊
魂は，霊魂は何であるか，精神の習慣は何であるかを認識するかと問
うならば，こうした認識は何性の単一な把握と呼ぶことができる。こ
の方法は，どんな霊魂にも共通であり，他の人間の霊魂よりも自分の
霊魂によりいっそう関係することもない。また，ある習慣を有してい
る人にも有していない人にも共通である。というのも，信仰を有して
いない人も信仰は何であるかを信仰者と同様に知ることができるから
である。このようにして，霊魂と霊魂のうちにある習慣は認識される。
こうした認識は，部分的には刻まれた知によっており，それというの
もアウグスティヌスが『三位一体論』8巻4章の末尾で述べるように，
霊魂にはその本性の知が刻み込まれているからである――にもかかわ
らず，アウグスティヌスが『自由意志論』第2巻と『三位一体論』8
巻3章で述べるように，霊魂は徳や習慣の善性に関する知も有してい
る。また，部分的には精妙な探究によっており，こうした探究を完成
するのは永遠の光の照明である。というのも，霊魂は神のイデアや神
の光に照らして，義なる霊魂や不義なる霊魂はどういうものかを認識
するからである。このことの確証として，アウグスティヌス『三位一
体論』の第9巻と14巻を参照できる。神を見ている至福者たちの認
識はこうしたものである。しかし，以上の認識方法については，〔自
己認識に関して〕何も問題は生じない〕(*Quaest. disp. de cognitione*, q.
V; p. 300-301, l. 20-6).

　89)　« Sed de hoc nihil ad praesens »〔このことについて，何も問
題は生じない〕(*Quaest. disp. de cognitione*, q. V; p. 301, l. 6)。

48 　　　第 1 章　アクアスパルタのマテウス

通じた認識であり，目に見えるものをしるしとして用い
て，こうしたものを生み出した原因の存在へと遡る方法で
ある。こうした認識方法は必ず経験に基づいたものとな
る。というのも，観察した事実に基づいてこそ，他の事実
の存在を推論できるからである。少なくともこうした意味
において，マテウスは「能力は働きを通じて，働きは対象
を通じて知られる」というアリストテレスの非常に有名な
格言を受け入れて解釈している。こうした自己認識は必ず
経験から帰納されたものである。というのも，まず対象か
ら出発し，次に働き，能力，習慣を明らかにし，こうした
考察に基づいて最後に霊魂そのものの本質を推論するから
である。それゆえ，こうした理性による推論を通じた方法
は自己認識に関してほとんど問題を引き起こさないのであ
り，アリストテレスの著作で重視されているのはもっぱら
こうした方法である[90]。

　この二つの自己認識の方法について言えば，マテウスの
文脈ではほとんど問題は生じない。というのも，議論の焦
点はこの二つの方法には関係しないからである。さらに，
この二つの方法については，博士たちの意見も一致してい
る[91]。ここでマテウスが引き合いに出す権威は，アウグス

---

　90)　« Si autem quaeratur quomodo anima cognoscat se ipsam et
habitus qui sunt in ea per arguitionem, dico quod cognoscit per signa et a
posteriori : ab obiectis deveniendo in cognitionem actuum, et ex actibus
deveniendo in cognitionem habituum et potentiarum, ex potentiis autem
et habitibus in cognitionem essentiae ipsius animae. Nam, secundum
Philosophum in principio *Physicae*, "innata est nobis via ex certioribus et
notioribus nobis in certiora naturae et notiora"; et in II *De anima* dicit quod
"potentiae cognoscuntur per actus et actus per obiecta" » (*Quaest. disp. de
cognitione*, q. V ; p. 301, l. 7-16).

　91)　« In his duobus modis omnes conveniunt, nec est discordia inter
doctores »〔この二つの方法については，皆が承認しており，博士た
ちの意見も一致している〕(*Quaest. disp. de cognitione*, q. V ; p. 301, l.
16-17)。

ティヌスとアリストテレスである。アウグスティヌスは，何性の抽象的認識を根拠づけてくれる。このことは，本質の認識を説明するために，アリストテレスの抽象理論では十分でなく照明説を活用する必要があることを考えれば，十分納得できる。もう一人の権威はアリストテレスだが，アリストテレスの方法は理性による推論の方法を説明することに限れば，異論の余地なく活用できるだろう。このようなわけで，自己認識の問題は明確に限定されることになり，もっぱら「直接見ることによる認識」に関わることが判明したのである。

3 自己の直接的認識

3.1 トマス・アクィナスと間接的認識

こうして，無媒介的，直接的，それゆえほとんど直観的な自己認識の問題が議論の中心となるが，こうした考察には認識論の根本概念も深く関わってくる。すなわち，霊魂は自分のうちにある習慣と自分自身を直接見ることができるかが問われる。マテウスはこの問いに答える前に，歴史的に重要な哲学的考え方をまずは示し，次に論駁しようとする。トマス・アクィナスをはじめとする神学者が採用したこの見解は，霊魂の間接的認識の可能性だけを問題にしており，霊魂は自分自身を直接また直観的に認識することを主張するどんな教えにも対立するものである。マテウスは，トマスの古典的なテキストを引きながら，この見解を詳しく提示しているが，まずはこの見解を支える主要な論拠を指摘することから始めている。

トマスによれば，霊魂は，身体と結びついているかぎり，自分自身にも，自分の習慣にも，もっと一般的に言ってまったく霊的などんなものにも，知的なまなざしを直接

50 第1章　アクアスパルタのマテウス

向けることはできない。反対に，これは間接的な自己認識
理論の要でもあるのだが，霊魂は自分のありのままの存在
も，習慣の存在も，自分の働きを通じてしか捉えられな
い。にもかかわらず，働きも，視覚の対象のように直接知
覚できるとは言えない。というのも，働きも霊的次元に属
しており，人間知性では捉えられないからである。霊魂は
自分自身をその働きを通じて認識するという言明が言わん
としているのは，霊魂は表象像から抽象した形象を通じて
可知的対象に達しているときにだけ，働きは自分のものだ
と知覚できるということである。実際，知性は志向的に対
象を捉えるやいなや，自分の働きを知覚する。こうした知
覚に基づいて形象を認識し，それから習慣，能力を認識
し，最後に霊魂の本質そのものに到達する。それゆえ，こ
うした自己認識には，他のものに向かう働きや，その働き
から生じる経験が常に必要である。このようなわけで，こ
うした自己認識は経験から帰納されたものでしかないので
ある[92]。以上述べたような事情の下では，霊魂は自分自身
を直接認識できないことが分かるだろう[93]。

---

92) « Utrum autem anima se ipsam vel habitus qui sunt in ipsa,
possit videre et intueri, et iste est secundus modus cognoscendi, per
intuitionem, dicunt aliqui quod anima coniuncta corpori, quamdiu
coniuncta est, nec se ipsam nec habitus qui in ea sunt, immo nec aliquid
omnino spirituale valet intueri directo aspectu; sed tantum deprehendit
sive percipit se esse et habitus sibi inesse per actus. Non quod ipsos
actus intueatur tamquam obiectum visionis, cum sint ita spirituales sicut
habitus et essentia ipsa, sed quia percipit et deprehendit sibi inesse, dum
percipit intelligibilia per species a phantansmatibus abstractas. Dum enim
intellectus dirigitur vel tendit in ea quae per phantasmata apprehenduntur,
percipit actum suum; percipiendo actum, percipit species et habitus et
potentias, demum essentiam ipsius mentis; semper a posteriori, non quod
aspectum dirigat tamquam in obiectum aut in actum aut in habitum »
(*Quaest. disp. de cognitione*, q. V ; p. 301, l. 18-33).
93)　マテウスによるこの短い紹介は，トマス哲学の精神にある

3 自己の直接的認識 51

マテウスは，このように間接的な自己認識について一般的主張を確認した後で，こうした主張を支えている二つの重要な論拠があり，特に注意が必要だと強調している。間接的認識を支える第一の論拠は，知性——この世の生における人間という複合体の能力としての——の固有対象の性質に由来している。能動知性であれ可能知性であれ，知性の対象は表象像に他ならない[94]。表象像が能動知性の対象であるのは，能動知性は「いわば表象像の現実態」だからである。同様に，表象像は表象像を通じて現実化する可能知性の対象でもあるが，それというのも「可能的にのみ可知的だった表象的概念は現実に認識される」からである。もちろん，可能知性の対象は表象像だけだという主張は，知性の認識対象はことごとく表象像に還元できるという意味ではない。こうした主張がひとえに強調しているのは，知性が事物を認識することは事物を表す表象像を介してはじめて可能になるということである。言い換えれば，人間は表象像によらずに何一つ認識できないのである[95]。

程度忠実だとは言えるが，トマスの教えは間接的認識という方針にしたがってかなり簡潔に表現されてしまっている。少なくともこの最初のテキストでは，習慣的認識と現実的認識の区別は顧慮されていない。さらに，前反省的意識，立ち帰り，抽象的知識ないし哲学的分析といった，人間霊魂が有することのできる様々な種類の自己認識もまったく区別されていない。最後に，この紹介では，認識の主体として，身体と結びついた霊魂のみを論じているが，トマスが強調するところでは，あらゆる働きの実際の主体は複合体としての人間であり，霊魂でもなければ，ましてや何らかの能力でもまったくない。

94) パリ大学で使われていたアリストテレスの格言——《 Fantasmata se habent ad intellectum sicut colores ad uisum 》〔表象像と知性の関係は，色と視覚の関係に等しい〕(R.-A. GAUTHIER, *Introduction*, dans THOMAS D'AQUIN, *Sentencia in libri de anima* (1984), p. 272*) ——を参照。

95) 《 Ratio autem eorum est duplex : una, quae pro parte tacta est, quia proprium obiectum intellectus coniuncti, maxime pro statu viae,

自己について間接的な認識しか認めない人々にとって，第二の論拠は主張を支える重要なものだったが，この論拠は多くの論争を引き起こした[96]。この第二の論拠は，ほとんど共通善だったとも言えるアリストテレスの主張に基づいている。すなわち，事物は現実態にあるかぎりで認識される[97]。例えば，視覚は可能的に色のついた対象ではなく，現実に色のついたものを知覚する。知性についても事態は同様である。しかるに，アリストテレスの教えに忠実に従う哲学者にとって，知性は認識以前には現実態にない。それゆえ，知性が自分自身を認識するのは，現実態にある他のものを認識する場合だけである。事態がこのようであることの理由はよく知られており，トマスも頻繁に指摘している[98]。すなわち，第一質料は可感的なもののうちで最下の位置を占めるが，同様に知性あるいは霊魂も可知的なもののうちで最下の位置を占める。実際，第一質料は可感的形相に対して純粋な可能態にあるが，同様に知性も可知的形相に対して純粋な可能態にある。それゆえ，第一質料と

---

tam agentis quam possibilis, est phantasma : agentis obiectum, quia ipse est actus quodam modo phantasmatum; possibilis vero quia fit actu per ipsa, dum intentiones imaginatae, quae erant intellectae in potentia, fiunt intellectae in actu. Et ideo nihil apprehendit ut obiectum nisi phantasma : non quod phantasma intelligat, sed quia per phantasma intelligit id cuius est phantasma, et sine phantasmate nihil intelligit, ut dicit Philosophus, III *De anima* »（*Quaest. disp. de cognitione*, q. V ; p. 302, l. 1-10）.

96) Cf. FR. ROGERI MARSTON, O.F.M., *Quaestiones disputatae De anima*, q.1 ; Quaracchi 1932, p. 208-209.

97) これもパリ大学で使われていた格言である──« Nichil intelligitur nisi secundum quod est in actu »〔どんなものも現実態にあるかぎりで認識される〕（R.-A. GAUTHIER, *Introduction*, dans THOMAS D'AQUIN, *Sentencia in libri de anima* (1984), p. 273*）。

98) Cf. par exemple *De veritate*, 10, 8 ; *ST*, 1a q.51 a.1 ; *De anima*, q.un, a.8 ; R. LAMPERT, *A Textual Study of Aquinas' Comparison of the Intellect to Prime Matter* (1982), p. 80-99.

3 自己の直接的認識　　53

の比較から分かるように，人間知性がそれ自体として可知
的なものになるのは，精神の外部にあるものに由来する形
象を受容するかぎりにおいてである。このようなわけで，
どんな自己認識も間接的認識としてしか生じないのであ
る。それゆえ，知性が自分自身を自分自身を通じて認識す
ることは絶対にない。知性は精神の外部にあるものを捉え
ることではじめて，自分自身を認識できるようになる。こ
うした〔第一質料との〕比較を延長するなら，次のことも
主張できる。すなわち，人間霊魂が自分自身について非質
料的だと知るのは，それ自体として非質料的な形象を自分
のうちに受容するからである。というのも，形相を受容す
る基体が認識可能なものになるのは，こうした形相のおか
げだからである。実際，第一質料が知られるのは形相との
関係の中だけだが，同様に霊魂が自分自身を認識するのも
可知的形象との関係の中だけである。そして，霊魂はこう
した可知的形象を，他のものに向かう働きの中で受容する
のである[99]。以上のような議論は，この問題に関するトマ

99）« Secunda ratio est, quia nihil intelligitur nisi in quantum actu
ens et prout actu est. Quod patet, quia visus non percipit coloratum in
potentia, sed coloratum in actu. Similiter intellectus non cognoscit nisi
quod actu est; et quia intellectus non est actu antequam intelligat, ideo non
potest intelligere se nisi actu intelligentem. Quemadmodum enim materia
est ultima in genere sensibilium, ita intellectus sive anima est ultima
in genere intelligibilium, quia sicut materia est potentia pura respectu
sensibilium, ita intellectus est potentia pura respectu intelligibilium. Ideo
sicut materia non est sensibilis nisi per formas sensibiles supervenientes,
ita nec intellectus noster est intelligibilis nisi per speciem superinductam.
Unde semetipsum non apprehendit; sed ex hoc quod alia apprehendit,
devenit in cognitionem sui; sicut et natura materiae primae ex hoc ipso
cognoscitur, quod est talium formarum receptiva. Ex hoc ergo quod anima
humana immateriales species recipit, cognoscit se esse quamdam naturam
immaterialem. Et breviter, ut dicunt, sicut materia non cognoscitur nisi
per analogiam, id est comparationem ad formam, ita anima non cognoscit

スのテキストを読んだことがある人には馴染みのものであり，表現はほぼ文字通りにトマスのものと言って間違いない[100]。

3.2　トマスを超え出る教え

おそらく人は，マテウスはこの二つの論拠を詳しく検討して論駁することで，トマスの主張を徹底的に批判すると予想するだろう。しかしマテウスは，少なくともこの第5問の議論の決定では，詳しい批判を少しも行わず，ほとん

semetipsam nisi per quamdam analogiam ad species intelligibiles » (*Quaest. disp. de cognitione*, q. V ; p. 302, l. 11-30) .

100)　しかし，この主張をもっと明確に微妙な差異とともに述べるなら，いくつかの指摘が可能である。まず，マテウスの考えの中には，トマスに見出せるのと同じ傾向性，すなわち知性の問題を霊魂の問題にそのまますり替える傾向がある。マテウスがトマスよりもはっきりと明言するところでは，この議論においては，知性あるいは霊魂は可知的なもののうちで最下の位置を占める——« (...) ita intellectus sive anima est ultima in genere intelligibilium (...) » (*Quaest. disp. de cognitione*, q. V ; p. 302, l. 17-18) ——と無差別に主張できる。このことは，霊魂とその能力を同一視するマテウスの見解に由来するのか，それともしばしば指摘されるように言葉の問題にすぎないのか。なぜマテウスは，ロジャー・マーストンやサットンのトマスがそれぞれの仕方で行ったように，こうしたすり替えを問題にしなかったのか。しかし，このことはここでは確かに二次的な問題だろう。もっと本質的な問題は，マテウスによるトマスの論拠の紹介が，テキストに忠実ではあっても，明らかに簡潔すぎることである。実際，この論拠はほぼ文字通りに『真理論』10問8項に見出せるが，マテウスが取り上げているのはこの8項のたった一つの観点にすぎない。すなわち，第一質料との比較による論拠は，霊魂の抽象的分析だけを説明するものである。こうした認識は霊魂一般にだけ関わるが，トマスが自己の経験，わたしの霊魂の経験，前反省的意識を知らなかったとは言えないし，実際こうした経験や意識は精神の外部にあるものの認識はもちろん，それと同時に自己の習慣的認識にも依存しているのである。マテウスのようにトマスを解釈するなら，アウグスティヌスの正統な遺産がトマス思想において果たしている役割を完全に忘れるか誤解することになるだろう。

3 自己の直接的認識 55

どアウグスティヌスの権威だけに頼った一般的な分析だけ
で満足している。確かに，対立する見解に詳しく解答する
ことは，議論の決定の中にではなく，異論解答の中に求め
るべきだろう。しかし，著述スタイルをこのように確認し
ても，事態がこのようであることにはもっと深い理由があ
るだろう。すなわち，マテウスが，自己認識を間接的な認
識だけに限定することになる考え方を退けていないのは，
こうした考え方は確かに限定的だが，それ自体として誤り
で反駁を要するわけではないと考えていたからに他ならな
い。実際，マテウスは初めにこのことを示唆して次のよう
に述べている。「こうした見解は，偉大な博士たちが共有
し，哲学的方法としてはふさわしいと思えるが，欠陥があ
り，多くの問題点を含んでいる」[101]。テキストにある「偉
大な博士たち」が誰であるかは容易に推測できるが，とり
わけ指摘すべきは，マテウスが自己の間接的認識という考
え方は哲学的方法としてふさわしいと考えていることであ
る。この主張をその明白な意味で理解するなら，厳密に
哲学的な方法は，それ自体としては，次のような結論に達
する以外にないと思われる。すなわち，霊魂が自分自身を
認識できるのは，経験に基づく帰納を通じてでしかないと
いう結論である。人間理性の光の下で，哲学的方法に固有
の要求にしたがって進む精神は，必ずここで述べられてい
るようなアリストテレスの見解——探究の自然で妥当な解
決策である——を認めねばならないだろう[102]。しかしなが

101）« Sed ista positio, quamvis magnorum sit et videatur viae
philosophicae convenire, tamen videtur non parum deficere et multa
incovenientia implicare » (*Quaest. disp. de cognitione*, q. V ; p. 302, l. 31-
33).

102）マテウスは，別の文脈では，こうした方法を肯定している。
« Iste modus est philosophicus et congruus; non tamen puto quod sufficiat.
Et fortassis hic deficiunt principia philosophiae, et recurrendum est ad
principia theologica »〔この方法は哲学的で，妥当なものである。しか

らマテウスは，こうした解決策は不十分で，現実を残らず
説明できないことも認めている。それゆえ，すべてのこと
を考え合わせると，次のようになる。すなわち，どれほど
哲学の方法が妥当でも，哲学だけでは霊魂の自己認識を説
明できず，単なる理性の力よりも上位の光が必要になる。
こうした最初の解釈によれば，エティエンヌ・ジルソン
(Etienne Gilson) の見解——マテウスの立場は「哲学的な
懐疑論が信仰を通じて克服されたもの」である[103]——が
正しいことになるだろう。しかし，次のことを思い出す
ことで，このジルソンの見解に磨きをかけることができ
る。すなわち，マテウスは純粋な哲学，すなわちおそらく
アリストテレス哲学について，人間の認識を可感的で質料
的な対象に基礎づけることで，哲学が事物を論じる場合に
必要な客観性を保証できるという利点を認めていたのであ
る。自己認識についても事態は同様である。アリストテレ
スの方法——これによれば，霊魂は働きという回り道を通
じてはじめて自分自身を認識する——は，否定できない経
験から出発するかぎりで，一定の客観性を保証している。
にもかかわらず，マテウスはアリストテレス的方法がは
らむ限界を何度も指摘している。というのも，こうした方

し，不十分だと思う。おそらく哲学的原理だけではうまくいかないの
であり，神学的原理に訴える必要がある〕(*Quaest. disp. de cognitione*,
q. I ; p. 213, l. 29-31)。

103) 「こうした結論に達することは，純粋な哲学はそれ自体
として学知を根拠づけられないことを認めることである。マテウス
は，照明説は本質的には神学的な教えだと考えていたので，マテウ
スの認識論は哲学的な懐疑論を信仰を通じて克服したものと言える。
それゆえ，信仰だけが人間の認識の確実性を保証するのであり，こ
うして中世思想はオッカムの神学主義へとつながる道を歩み始めた
のである」(E. GILSON, *L'esprit de la philosophie médiévale* (1969), p.
238)。Gilson のこうした定式に対する批判は，P. MAZZARELLA, *La
dottrina dell'anima* (1969), p. 246-251 参照。

3 自己の直接的認識 57

法は，確かに客観性を保証するが，認識を偶然的なものを超えて高めることができず，超越的で，永遠的で，絶対的な真理を捉えることができないからである。同じ批判に属することだが，マテウスは，霊魂の自己認識における哲学的方法に固有の妥当性を認めながらも，同時にこうした方法の限界，すなわち学知を無条件的に保証できず，知恵の領域を根拠づけられず，人間は神――人間は自己認識を通じて特別な仕方で神へと導かれる――の像であることを人間に教えられないことも指摘している[104]。マテウスがまさにこのように考えていたのなら，マテウスがトマスの主張を，それが述べられた次元，すなわち純粋に哲学的な次元において論じるために詳しく取り上げようとしなかったことも納得がいく[105]。なぜ論じる必要がなかったかといえば，トマスの主張は哲学的観点から見れば異論の余地のないものだったからである。対して，述べてきたように，マテウスが示そうとしたのは，トマスの論拠はあまりにも短く，現実全体を考慮に入れておらず，事態を十全に論じるには不適切で，それゆえ限界を含んでいるということだった[106]。

104）「トマスの教えは，確かに客観的で明晰であり，マテウスが述べるように偉大な思想家たちが受け入れており，哲学的には妥当なものだが，それだけでは，神の像としての霊魂の自己認識に関するアウグスティヌスの知恵を確立できないという欠陥がある。実際，自己認識は，アウグスティヌスにとって，懐疑論を克服するための確実な認識論的原理であるにとどまらず，神へと導く根本的な認識でもあった」（P. MAZZARELLA, *La dottrina dell'anima* (1969), p. 221）。

105）マテウスは，時にトマスを示唆しながら，彼を「哲学者」と見なしている。« Hanc positionem, licet non omnino, tamen quidam philosophantes sequuntur (...) »〔この見解は，決して受け入れられないが，ある哲学者たちが採用しているものである〕（*Quaest. disp. de cognitione*, q. II ; p. 231, l. 22-23）．

106）こうした解釈を受け入れるなら，続く論駁は哲学的次元とは別の次元において行われていると認めるしかなくなる。すなわちそ

けれども，マテウスは自分の立場の重要性を真に理解しており，トマスの教えの分析は二つの部分から成っている。分析の第一の部分は，アウグスティヌスの権威を拠りどころに，アウグスティヌスの知恵を活用することで，アリストテレス哲学の限界を明らかにしようとするものである。実際，上で指摘したアリストテレス的な二つの論拠は，最も偉大な権威に対立している。第一の論拠によれば，複合体としての人間のこの世の生における対象は表象像に他ならないが，こうした主張はアウグスティヌスのテキストにはっきり対立しており，それというのもアウグスティヌスの権威によれば，人間のうちで認識が成立するのは感覚を介してではなく，人間は精神の内部においてこそ，自分の知性そのものを捉えるからである。霊魂は自分自身を自分自身を通じて認識する。というのも，霊魂は非物体的だからである[107]。こうした権威の論拠は，異論を受けつけず，霊魂の完全な超越性とその自存性を強調しようとするアウグスティヌス主義の伝統に根ざしていると思われる。すなわち表象像は，人間の知的霊魂のような純粋に霊的な原理には絶対に働きかけられない。一般的に言っても，表象像は人間の認識に必ず必要な要素ではないので，

れは，Gilson が非常に的確に指摘したように，神学の次元であり，そこでは権威，特にアウグスティヌスの権威がきわめて重要な役割を果たしている。しかし，哲学と神学の関係を明らかにすることは難しい問題であり，マテウスの著作に関する現在の研究状況は非常に不完全なので，確実な結論を導き出すことはできない。

107) « Quod secundo dicit, quod obiectum intellectus coniuncti, dum in via est, non est nisi phantasma, directe est contra sententiam Augustini in epistola *Ad Nebridium* praeallegata, quod intelligere non tantum fit nobis ex commotione sensuum, sed intrinsecus, ipsa mente atque ratione, ut nostrum intelligimus intellectum; et IX *De Trinitate*, cap.3, quod "sicut corporearum <rerum> notitiam per sensus corporis colligit, ita incorporearum per semetipsam, quoniam est incorporea" » (*Quaest. disp. de cognitione*, q. V ; p. 303, l. 9-17).

3 自己の直接的認識　　59

自己認識に関して，アリストテレス的な論拠を正当化することは難しいだろう。

　第二の論拠，すなわち知性はどんな霊的なものについても，それゆえ自分自身についても直接見ることによる認識を持ちえないという論拠に関して言えば[108]，これもアウグスティヌスのテキストに対立している。人間は目を通じて光，木，山を見るが，同様に精神ないし霊魂も自分自身の生命，探求，意志などを見る。『三位一体論』の古くから参照される箇所はこのことをはっきり指摘しており，霊魂は自分自身を，他人の霊魂のような異質なものとして認識するのではなく，確実な仕方で自分自身を見て認識すると強調している[109]。哲学はこの事実を説明できないのである。

　分析の第二の部分は，トマスの主張とアリストテレス的な論拠──以前のように，あらかじめ仕上げた概念を取り上げるだけにとどめている──を超え出た教えを明らかにしている。マテウスが引き合いに出す第一の理由は，それ自体としてはかなり取るに足らないものに見える。すなわち，理性的霊魂は感覚のうちに深く沈みこみ，身体と密接に結びついているので，感覚的イメージや表象像によらず

108）　マテウスは intueri という言葉を使っている──cf. *Quaest. disp. de cognitione*, q. Ⅴ ; p. 302, l. 34。

109）　« Quod enim primo ponit, intellectum nec se nec aliquid omnino spirituale intueri, omnino est contra sententiam Augustini in epistola *Ad Paulinam*, ubi dicit, ut praeallegatum est, quod sicut sensu corporis videmus lucem, montes, arbores, ita sensu mentis videt anima vitam suam, suam inquisitionem, suam voluntatem, quae aspicit, sicut visus corporis solem vel montem; et XIII *De Trinitate*, cap.1, quod videt <quisque> et cernit fidem in corde suo, non coniciendo, sicut animam alterius, quam non videt, conicit ex motibus, sed eam intuetur et tenet certissima scientia » （*Quaest. disp. de cognitione*, q. Ⅴ ; p. 302-303, l. 33-9）．

には何ものも認識できないと考えるなら，こうした考え方
は理性が教えることとほとんど一致しないと思われる。な
ぜか。マテウスはその理由を述べていない[110]。しかし，説
明はきっと，マテウスが霊魂を，「このもの」，すなわち身
体からの影響を何一つ受けない，完全に自立した自存実体
と一般的に見なしていたことと関係があるだろう。本来的
に言えば，質料を超越する霊魂は感覚の側からは何も受け
とらない。したがって，霊魂は感覚的イメージや表象像を
通じてはじめて認識できるとか，霊魂は身体から感覚的な
データを受けとるほどに身体と密接に結びついているなど
と主張することは誤っている。

　マテウスが引き合いに出す第二の理由は，この第一の主
張の延長線上にあるが，アウグスティヌスの権威に基づい
ており，今度はトマスやアリストテレスの見解は霊魂の尊
厳を損なうと強調している。実際，人間霊魂には二つの部
分がある。一方で，上級の理性は永遠的で霊的な真理を観
想するため，「不変の真理を捉える」ために造られたので
あり，このことは単なる自然本性の次元でも妥当する。他
方，下級の理性は，人間の関係する物体的，質料的，時間
的なものを支配する役割を果たす。こうした考え方は照明
説と結びつけて理解する必要がある[111]。神の照明は，認識
の働きを完成するものだが，神がその知恵を通じて人間の
知性の働きを助けるかぎりで，万人に与えられている[112]。

---

　　110)　« Utrumque autem videtur esse contra rationem et multum
derogare nobilitati animae. Quod enim anima rationalis, quae est natura
intellectualis, ita sit phantasmatibus concreta, ita immersa in sensus
corporis, ita alligata sit corpori, ut nihil sine phantasmate intelligat,
semetipsam et habitus qui in ea sunt nullo modo apprehendat nisi per
accidens, non videtur multum consonum rationi » (*Quaest. disp. de
cognitione*, q. V ; p. 303, l. 18-24).

　　111)　Cf. P. MAZZARELLA, *La dottrina dell'anima* (1969), p. 214.

　　112)　マテウスは神の不変の知恵と計画の役割を何度も強調して

3 自己の直接的認識　　　61

まさしく人間霊魂の上級の部分，あるいは上級の理性こそ
が，神の像として永遠の原理を受けとる主体であり，人間
はこうした原理にしたがって，絶対確実な仕方で事物を規
定し，事物について判断する[113]。神の照明の場である上級
の理性は，神のうちではなく自分自身のうちで[114]，神の知

いる。« Lumen ergo illud, movendo nostrum intellectum, influit quoddam
lumen menti nostrae, ita quod per lucem divinam videt obiective et quasi
effective, sed per illud et in illo lumine videt formaliter; quod quidem
lumen continuatur et conservatur in mentibus nostris ad praesentiam
divinam. Nec alicui subtrahitur cognoscenti, immo omnibus, bonis et
malis, indifferenter assistit secundum ordinationem et dispositionem
immutabilem suae sapientiae, qua cooperatur in intellectuali operatione »
〔それゆえ，かの光は，人間知性を動かすことで，人間精神にある光
を注ぎ込む。こうして，神の光を通じて対象を実際に見るのだが，神
の光により，神の光のうちで対象の形相を見るのである。こうした光
は，人間精神のうちで持続して神の現前をもたらすが，認識者から取
り除かれない。それどころか，善人悪人を問わず万人に注がれてお
り，このことは神の知恵——認識の働きにおいて共働する——の不変
の秩序と計画にしたがって起こる〕（*Quaest. disp. de cognitione*, q. II ;
p. 234-235, l. 33-8）.

113) « Haec autem portio est illa in qua est imago Dei, et aeternis
regulis inhaerescit, per quas definit et iudicat quidquid certudinaliter
cognoscit » (*Quaest. disp. de cognitione*, q. II ; p. 235, l. 17-20). 再びマ
テウスは，認識の確実性が照明説に基づくことを強調している。この
ことは，認識の確実性を根拠づけるために自己認識を必要としない理
由の一つである。Cf. S. MARRONE, *Matthew of Aquasparta* (1983), p.
277.

114) 強調すべきことに，マテウスは『命題集注解』から『定
期討論集』に至るまで，神の絶対的な超越性を弁護する方向性へと
絶えず発展している。この世の生では，神を直接，人間本性の力だけ
で認識することは絶対にできない。それゆえ，人間が神そのもののう
ちで真理を認識できると考えることは誤っている。人間は神を直接認
識できないので，人間を照らす光は神の本質そのものではなく，神
から発する何らかの影響（influentia）である。神から出てくる光は神
そのものではない。この問題とマテウスの思想的発展については，S.
MARRONE, *Matthew of Aquasparta* (1983), p. 257s を参照。

恵が不変的な仕方で定めた永遠の原理を観想する。それゆ
え，こうした考え方は，マテウスが理解するような，霊魂
の形而上学の全体像の中に根ざしている。身体と霊魂は根
本的には異質であるという教えは，霊魂はそれ自体として
は不変的なもの，神的なもの，必然的なものと直接結びつ
いているという教えと深く関わっている[115]。こうして，霊
魂の上級の部分こそが，完全に霊的な照明の場であり，感
覚にまったく依存せずに自分自身であり続けている——こ
のことは霊魂の習慣についても妥当する——領域なのであ
る。あるアリストテレス解釈がそうするように，知性の働
きをすべて身体と結びつけて身体に還元するなら，霊魂の
尊厳を傷つけることになる。というのも，霊魂の上級の部
分は，まったく霊的で，最終的には神の像と呼べる場所だ
からである[116]。

　最後に，第三の理由は以下のものである。アリストテレ
ス主義が採用している一般的な見地からしても，知性は自
分自身をまったく認識できないほどに盲目だと主張するこ
とは不合理に思える。なぜなら，霊魂は自分自身を通じて

　115）「永遠の本質と霊魂——それ自体として完全な実体である
——は本性的に同一であることと，永遠の本質と可感的なものは根本
的に異なっていることから，霊魂と身体は相互に異質であることが論
理的に帰結する」（P. MAZZARELLA, *La dottrina dell'anima* (1969), p.
129）。

　116）《 Ulterius, constat quod anima rationalis duplicem habet
portionem, duplicem aspectum sive faciem, secundum doctrinam
Augustini, XII *De Trinitate* : superiorem quae deputatur contemplandis
aeternis et spiritualibus, etiam per viam naturae, et "contuetur immobilem
veritatem" et eam "cernit rationalis mentis intuitu" et "aspicit visu
mentis", ut dicit Augustinus, VIII et IX *De Trinitate*; aliam inferiorem,
quae deputatur istis temporalibus et corporalibus administrandis. Illa
ergo saltem superior portio quantum ad actuum suum a sensibus et
phantasmatibus non dependet, illa semetipsam et habitus qui in ea sunt
intuetur 》（*Quaest. disp. de cognitione*, q. V ; p. 303-304, l. 19-1）．

3 自己の直接的認識 63

すべてのものを認識するからである。すべてのものを認識しながら、自分自身を認識しないなら、理に適っていないだろう。ここにもアウグスティヌスの論拠が見出せる[117]。

このようにしてマテウスは、霊魂は自分自身を間接的に認識するという主張を退けている。そして、こうした拒絶は、そのほとんどがもっぱらアウグスティヌスの権威と、超越的な人間霊魂の尊厳という考え方に基づいている。しかし、議論の決定は特にマテウスの個人的見解を強調しており、当時流行していた理論を論駁しようとはしていない。このことの背景には、この波乱に富んだ時代には[118]、アリストテレスの主張を論駁するなら論争に巻き込まれる恐れがあっただろうし、同時にマテウスはアリストテレス的な考え方を全体として退けているのではなく、ただその限界を明らかにしようとしただけだという事情もあっただろう[119]。ここでは、マテウスにとっては、自分自身を直接的に認識する可能性を主張して、アリストテレス哲学だけに頼ることの誤り、いやむしろ弱点を明らかにするだけで十分だった。実際、マテウスによれば、アリストテレス哲学は、人間霊魂が自分自身について有することのできる真の認識の一部分しか主張していないのである。

3.3 自己の直接的認識

3.3.1 一般的な教え

それゆえ、マテウスが主張する哲学的な教えはアリスト

---

117) « Rursus, omnino absurdum videtur ponere ita caecum intellectum ut semetipsum non videat, cum anima per intellectum omnia cognoscat »（*Quaest. disp. de cognitione*, q. V ; p. 304, l. 1-3）.

118) Cf. P. GLORIEUX, *Pro et contra Thomam* (1974).

119) トマス思想に対するこうした批判は、あまりにも経験を重視する哲学への一般的な批判の延長線上にある。Cf. G. BONAFEDE, *La gnoseologia di Matteo d'Acquasparta* (1967), p. 262——第 1 章注 21 参照。

64   第1章　アクアスパルタのマテウス

テレス的な分析だけで満足するものではなく，それという
のも霊魂は自立的であると同時に感覚を超越しているから
である。霊魂はその働きにおいて身体と物体的なものに依
存していると主張する論拠はどれも，霊魂の本性を根本的
に誤解している。それゆえ，これはアウグスティヌスやボ
ナヴェントゥラの伝統が保証していることでもあるが，霊
魂は自分自身を直接認識できると言わねばならない。しか
し，こうした事実を認めるなら，さらにこの事実を説明す
る必要がある。

　マテウスは，霊魂が自分自身を直接認識することの方法
や条件を明確に理解するために，新しく見える区別を提案
するが，この区別はおそらくマテウス以前には活用されて
おらず，私見ではマテウスの後継者たちも取り上げていな
いものである[120]。霊魂の直接的で直観的な自己認識では，
認識の始まり，あるいはこうした認識の最初の要素と，認
識の完成を区別せねばならない[121]。もちろん，こうした区
別は上で指摘した形而上学の教えに基づいているが，質料
的事物の認識であろうと霊魂の認識であろうと，あらゆる
形態の認識に当てはまるものである。実際，認識の最初の

---

　120)　しかし，いくつかの影響はスコトゥスに確認できる――
JEROME DE MONTEFORTINO, *Somme théologique* I, 87, 1, dans
*Summa theologica, ex universis operibus eius concinnata, iuxta ordinem
et dispositionem Summae Angelici Doctoris S. Thomae Aquinatis per FR.
HIERONYMUM DE MONTEFORTINO* ; t. III, Rome 1901, p. 744.　こ
こでモンテフォルティーノのヒエロニムスは，部分的にはヴィタ
ル・デュ・フールに帰せられる『事物の原理について』(De rerum
principio) からテキストを盗用している。

　121)　« Et ideo, sine praeiudicio, dico quod de cognitione
mentis, quantum ad se et quantum ad habitus qui in ea sunt, duobus
modis possumus loqui : uno modo quantum ad istius cognitionis sive
notitiae initium et inchoationem, alio modo quantum ad istius notitiae
complementum et consummationem » (*Quaest. disp. de cognitione*, q. V ;
p. 304, l. 4-8) .

3　自己の直接的認識　　　　65

経験的要素を説明するのに，アリストテレスの教えはきわ
めて貴重なものだった。というのも，認識の客観性を基礎
づけてくれるからである。対して，アリストテレス的な教
えが説明できないのは，この同じ認識の本来的な完成であ
り，こうした完成は事物の偶然性——事物の移ろいゆく存
在から帰結するような——の次元で成立するものではな
い。すなわち，神の照明だけが，人間の真理認識に普遍
性，不変性，必然性といった根本的特徴をもたらすのであ
る。質料的事物の認識についてすら，アリストテレス主義
が正しく機能するのは，霊魂の自立性と神の照明というア
ウグスティヌスの教えの下においてでしかない。というの
も，人間の認識は経験的データだけに基づいて成立するわ
けではないからである。こうした一般的指摘と，事物認識
における最初の経験的要素と照明を通じた内的完成の区別
は，霊魂の自己認識の場合にも類比的に妥当する[122]。実際，
一方で霊魂の自己認識の出発点は間接的であるほかない，
すなわち外的事物とその認識に依存しており，他方でこの
ように始まった自己認識の完成は完全に内的で霊的な認識
である。霊的次元での完成というこの最後の要素こそが，
自己の直接的認識を本来的に成立させているものなのであ
る。

　　自己認識の出発点，すなわち最初の経験的要素から検討
を始めるなら，マテウスはアリストテレスの教えを高く評
価しているが，このアリストテレスの教えはアウグスティ
ヌスの言明と少しも対立しない。実際，自己認識の出発点
や最初の要素だけに関して言えば，いかなる疑いもない。
すなわち，霊魂は，自分自身にだけ集中し自分自身を通じ

---

　　122)　自己認識における二つの要素を主張するマテウスの見解
と，もっと急進的なアウグスティヌス主義の教えを区別することは，
G. BONAFEDE, *Matteo d'Acquasparta* (1968), p. 69 が強調している。

て，自己とそのうちにある習慣を直接認識することはできない。というのも，認識の最初の働きは，霊魂そのものとその習慣にではなく，質料的で可感的な事物に向かうからである。この事実はアリストテレスにとって明らかだったが，アウグスティヌスの教えもこれと一致している。すなわち，霊魂は「身体的な感覚の対象に注意を奪われて快楽を感じているほどなのだから，自分自身を知らずにいることはできないとしても，自分自身を思考する力は有していない」[123]。人間霊魂は自分自身のうちに自己認識に必要なものを残らず有しているとしても，感覚的働きのせいで散漫となり，絶えず自分自身を忘れてしまう傾向を免れない。霊魂は，常に自分自身に現前しており，真に自己を見失ったり気づかずにいることはできないにせよ，絶えず感覚的働きの影響を受けて散漫になっているので，自分自身を通じて自分自身を思考することはできないのである。このようなわけで，霊魂にとっては，自分の働きに基づいて自分自身に立ち帰るしか方法はないと言える。言い換えれば，霊魂は外的事物にとらわれている自分のまなざしを自分自身に向けなおす必要がある。そして，まなざしを向けかえるには，外的事物に向かう直接的働きを通じて，現実化し，活性化し，目覚める必要があるのだ。こうした認識の最初の働きが可能となるのは，霊魂が身体的感覚に由来する刺激のようなものを受けとるかぎりにおいてである[124]。マテウスは，完全にアウグスティヌス的な条件をア

123）　次注参照。

124）　« Si quantum ad notitiae sive cognitionis initium et inchoationem, sic dico absque dubio quod anima nec semetipsam nec habitus in se existentes potest intueri, nec primus actus cognitionis potest esse in semetipsam aut in ea quae in ipsa sunt. Cuius ratio est, secundum Augustinum *De Trinitate*, XIV, cap. 5, quoniam anima, "intenta nimis in eas res quas per corporis sensus coepit delectatione sentire, etsi ignorare se non possit, tamen se cogitare non potest". Et ideo quantum ad cognitionis

3 自己の直接的認識　　　67

リストテレスの言葉を使って説明している。すなわち，霊魂は表象像を介して捉えた事物に向かうことで，自分の働きを知覚する。次に，こうした知覚に基づいて，形象，自分の能力，自分の習慣を知覚する。最後に，理性による推論を通じて自分の本質を認識する。

　認識の最初の要素について重要なのは，こうした要素は自己認識の可能条件だという点である。霊魂が実際に自分自身を認識できるのは，精神の外部にあるものに向かう直接的働きを知覚することで現実化する場合だけである。それゆえ，自己認識の最初の要素はまさしく経験的な要素であり，それというのも霊魂はあらかじめ直接的働きを行うことではじめて自分自身を認識できるからである。霊魂は能動的に，自分自身のうちに形象と質料的事物に関する認識の働きを生み出す。このようにして，こうした働き，形象，それゆえ自分自身を認識できるのである。マテウスが認識の客観性を保証するために精神の外部にあるものにどんな役割を認めていたとしても，精神の外部にあるものが，少なくとも認識の最初の働きを引き起こすものとして，不可欠なことに変わりはない。

　こうした最初の経験的出発点を認めた後で，認識は異なる二つの方向へ進む。まず，霊魂一般の抽象的認識に達しようとするが，こうした認識は単なる理性による分析や霊魂の本性に関する推論による認識に還元できる。もう一つの認識は，自分の働きに関する最初の知覚を徹底的に掘り下げ，自分の働きを具体的な方向において完成しようとす

---

initium et ad primum cognitionis actum, indiget commotione et excitatione a corporis sensibus, hoc modo dirigendo se : intendendo in ea quae per phantasmata apprehendit, percipit actum suum; percipiendo actum, percipit et species in se existentes, demum potentias et habitus; tandem ipsam mentis essentiam quasi arguendo et ratiocinando apprehendit » (*Quaest. disp. de cognitione*, q. V ; p. 304, l. 8-22) .

る。後者の認識こそ，マテウスが直接的な自己認識の完成と呼ぶものであり，まさしく議論の決定の主題を成すものである。

　知的霊魂は，自分自身が生み出した形象のおかげで，可感的なものに向かう認識の働き——マテウスによればこうした働きはトマス的な抽象と決して混同してはならない[125]——を行うと，外的感覚のデータを刺激として自分自身を思い出し，あらゆる外的な関係から離れて，立ち帰りや霊的な転回に移行する。そのとき，知的霊魂は自分自身を見，自分の内部にあるものを真に直観するのだが[126]，こうしたことは自分自身に直接まなざしを向けることで実現する。こうしたまなざしは，推論や，理性による他の論証に還元できず，ちょうど色のついたものに向かう人間の視線のように，知的な直観やまなざしから成る固有のものである。それゆえ，霊魂は自分自身において自分自身を対象として見る[127]。これは最初の重要な主張だが，もちろん

---

　125)　Cf. P. MAZZARELLA, *La dottrina dell'anima* (1969), p. 189-216 ; C. BÉRUBÉ, *La connaissance de l'individuel* (1964), p. 99.

　126)　マテウスはここでまさしく「直観」(intuitio) という言葉を使っている——*Quaest. disp. de cognitione*, q. V ; p. 304, l. 27.「直観という言葉はスコトゥスが生み出したわけではない。この言葉が中世で最初に登場するのは，フランシスコ会の枢機卿だったアクアスパルタのマテウスの著作においてだと思われる」(C. BÉRUBÉ, *La connaissance de l'individuel* (1964), p. 284)。実際，この言葉は，すでに約12年前の1265年に，ブラバンのシゲルスが少なくとも一度使っている——cf. SIGER DE BRABANT, *In III de anima*, q.13 ; p. 45, l. 63。

　127)　« Sed postquam facta est in actu per species a phantasmatibus abstractas, admonita sive commonita et excitata ab exteriori, quadam spirituali conversione in semetipsam revocata est, quae tota quasi in exterioribus erat distracta, semetipsam, sua interiora et ea quae in eius interioribus sunt directo aspectu potest cernere et intueri, ita quod semetipsam et habitus < in se > existentes cognoscit non tantum per arguitionem, sed per intuitionem, et inspectionem, ita quod tamquam in obiectum in semetipsam et in ea quae sunt in ipsa potest dirigere

3 自己の直接的認識　　　　　　69

一連の証明が必要である[128]。

3.3.2 自己の直接的認識を支える論拠

　これまで，霊魂の直接的な自己認識は，アウグスティヌスの伝統に基づいて，霊魂を「このもの」として捉える考え方にしたがって考察されてきた。それでもやはり，自己に関する直観に異議が出るのは，こうした直観が万人に明らかでないからである。こうした直観は，マテウスがアウグスティヌスの伝統から受容したものだとしても，その可能性や存在を確証する証明が必要だろう。マテウスによれば，見ることや直接的認識には必要十分な四つの条件が不可欠なのであり，こうした条件はあらゆる認識に必要な四つの条件と深く関連している[129]。見ることが成立するためには，第一に対象が目に見える仕方で現前すること，第二

---

intellectualem obtutum »（*Quaest. disp. de cognitione*, q. V ; p. 304, l. 22-31）.

　　128）　この見解の長所は，二つ明らかにできる。まず，マテウスは，人間は自分の知性の働きを何らかの仕方で経験できることを認めている。しかし，この主張はまったく独創的なものではなく，アリストテレスだけでなくアウグスティヌスの権威──どんな働きも外的所与の存在を必要とする──にも基づいている。すなわち，自己意識や自己認識は絶対に第一のものではありえない。おそらくこれは，マテウスが自己認識に認識論的な重要性を認めなかった理由の一つだろう──とはいえ，自己認識に対するこうした否定的評価はスコトゥス以降は一般的なものになる。第二の指摘は，分析したテキストの最後の文章に関係している。すなわち，霊魂はその知的まなざしを対象としての自分自身に向けることができる。これほどはっきりと自分自身に関する認識──真の直観であると同時に，霊魂を認識の対象とする──を打ち出したのは，マテウスが初めてだろうか。トマスにおいては，このように自分自身を対象として，それゆえ他のものとして認識することは，抽象的認識にすぎなかったのであり，トマスは自分自身を対象や他のものとして経験的に把握する可能性を強く疑っている。実際，トマスによれば，霊魂はいかなる対象化も受けつけない。マテウスは自己の対象化という問題を解消できていないようだ。

　　129）　上記 § 2.2.2，42-43 ページ参照。

に見ることへと状態づけられた，また対象に向かう能力，第三に能力と対象の対応関係[130]，第四に照明——というのも，真に見られるものは何であれ光のうちで見られるから——が必要である。したがって，人間が自分自身を直観できることを証明するためには，この四つの条件が実現していることを示すだけでよい。マテウスはこれらの条件を，自己の直接的認識に必要で十分な可能条件として一つ一つ分析し[131]，もしこうした条件があらゆる認識の可能条件なら，自己認識の場合にはもっと優れた仕方で実現するだろうと強調している。

3.3.2.1 対象が目に見える仕方で現前すること　　第一の可能条件，すなわち対象が目に見える仕方で現前することは，自己認識において間違いなく実現している。実際，霊魂よりも霊魂に現前しているものがあるだろうか。霊魂そのものよりも霊魂に対して親密なものは他になく，それゆえ霊魂は自分自身を自覚せざるをえないのである。アウグスティヌスの有名な一節はよく知られている。「実際，霊魂に現前しているものほど認識に現前しているものはない。しかるに，霊魂そのものよりも霊魂に現前しているものがあるだろうか」[132]。このようなわけで，霊魂と習慣は

130）　H.M. Beha は，「対応関係」（proportio mutua）という表現を「能力における対比的変化」（proportional change in the power）と訳している——H.M. BEHA, *Matthew of Aquasparta's Theory of Cognition* (1961), p. 427——が，この解釈はマテウスが引き合いに出している第三の論拠にうまく一致しないだろう。

131）　« Ad visionem enim intellectualem, sicut ad sensualem, non nisi quatuor tamquam necessaria concurrunt, scilicet obiecti visibilis et ut visibilis praesentia, potentia visiva disposita et ad obiectum conversa, proportio mutua et lucis irradiatio sive refulgentia, quoniam quidquid videtur, videtur in lumine et sub lumine » （*Quaest. disp. de cognitione*, q. V ; p. 304-305, l. 33-2）．

132）　« Quid enim tam cognitioni adest quam id quod menti adest, aut quid tam menti adest quam ipsa mens ? » （*De Trinitate*, X, 7, 10 ; p.

3 自己の直接的認識 71

可知的なものであり，真に認識できる実在である。こうした可知的なものは，本性上，知性に影響を及ぼすことができる。霊魂はそれ自体として可知的である[133]。

3.3.2.2 知的能力の状態づけ

あらゆる形態の自己認識は，認識能力——この場合は知性——の状態にも依存している。これに関するマテウスの見解は，認識一般に関するもっと広範な教えに基づいている。明らかなことだが，マテウスによれば，対象そのものは知性に対していかなる印象ももたらさず，反対に知性こそが，完全に超越的かつ自立的にありながら，対象を自由に自分自身に合わせるかぎりで，認識の主要な根源なのである。このようなわけで，知性は精神の外部にあるものによっても，表象像によっても形成されない。表象像は知性に認識の素材を与えるが，自分自身のうちに対象を表す可知的形象を生み出すのは知性なのである[134]。にもかかわらず，形象は純粋に認

323, l. 42-44 ; trad., p. 141）.

133） « Hic autem concurrit obiecti visibilis et ut visibilis praesentia, quoniam anima sibi ipsi praesens est, et ideo se ignorare non potest, ut Augustinus, X libro *De Trinitate* : "Quid enim, inquit, tam cognitioni adest quam quod menti adest ? Et quid tam menti adest quam ipsa mens ?", cap. 7. Habutus etiam, qui in ea sunt, intellectui praesentes sunt per essentias suas, ut dicit Augustinus, X libro *Confessionum*; et certum est quod tam ipsa quam habitus sui formae sunt intelligibiles et habent rationem veri, ac per hoc natae sunt movere intellectum » （*Quaest. disp. de cognitione*, q. V ; p. 305, l. 2-11）.

134） « (…) cognitio intellectualis non causatur a sensibilibus effective et principaliter sive formaliter, sed tantum materialiter et ministerialiter, quia materiam cognitionis accipit anima a sensibus (...) » （*Quaest. disp. de cognitione*, q. III, ad16 ; p. 271, l. 11-14）. この見解とスコトゥスの見解——スコトゥスは部分的な原因性という異なる理論を説いており，それによれば，知性は主要な作出因の，事物は二次的な作出因の役割を果たす——の違いは，E. BETTONI, *Rapporti dottrinali fra Matteo d'Aquasparta e Giovanni Duns Scoto* (1943), p. 124-128 を参照。

識の手段にとどまり，知性により認識対象に一致すること
になる。こうして，マテウスは，知性の能動的な役割を強
調しながらも，アリストテレスの現実主義とアウグスティ
ヌスの権威をうまく調和できると考えた[135]。感覚的刺激と
そこから生じる表象像に基づいてこそ，知性は自分自身の
うちで自分自身を通じて，感覚的印象——認識の働きの
端緒を成す——に対応する可知的形象を形成する[136]。それ
ゆえ，可感的対象が霊魂に働きかけるのではなく，霊魂が
感覚的印象に基づいて事物の知覚や概念を形成するのであ
る[137]。

　可感的ではない対象，特に霊魂そのものについて，事態

---

135)　« Sed quod (species) sit sensibilis aut imaginabilis aut
intelligibilis, hoc habet a virtute animae, quae facit eam in se et
proportionat eam sibi. Unde non tam recipit a rebus, quam accipit vel rapit
vel format, non de se, ut dictum est, se ex illis et de illis »〔可感的，表象
的，可知的形象が成立することは霊魂の力に由来するのであり，霊
魂はこうした形象を自分自身のうちで形成し，自分自身に一致させ
る。それゆえ，事物から形象を受けとるというよりは，むしろ述べた
ように，自分自身ではなく事物に基づいて形象を知覚し，捉え，形成
するのである〕(*Quaest. disp. de cognitione*, q. III ; p. 264, l. 15-19)．感
覚的認識まで含めた，こうした霊魂の能動性の強調は，ある人々に
よれば，マテウスの思想の最も重要な独創性の一つである——cf. G.
BONAFEDE, *La gnoseologia di Matteo d'Acquasparta* (1967), p. 252。
他方，同じように霊魂の能動性を強調するにしても，アウグスティヌ
スの見解とより穏健なマテウスの見解は異なると指摘する研究者もい
る——F. PREZIOSO, *Matteo d'Acquasparta e Ruggiero Marston* (1950),
p. 284-292。

136)　このようなわけで，能動知性は表象像と可能知性を同時に
照明する——cf. *Quaest. disp. de cognitione*, q. III ; p. 269 ; H.M. BEHA,
Matthew of Aquasparta's Theory of Cognition (1961), p. 11。

137)　Cf. E. GILSON, *Sur quelques difficultés de l'illumination
augustinienne*, dans *Revue néoscolastique de philosophie* 26 (1934), p.
325. 多くのテキストは，むしろ形象の段階的同化を強調しているよ
うである——F. PREZIOSO, *Matteo d'Acquasparta e Ruggiero Marston*
(1950), p. 276-278。

3 自己の直接的認識　　73

はどうなるのか。『認識について』第5問の議論はこの問題に関わっている。明らかなことに，感覚的印象そのものが霊魂の自己認識の内容をもたらすことは絶対にない。すでに述べたように，外部の可感的対象の場合，感覚の働き，それゆえ感覚と身体は，知性を動かす——ふさわしく形成された形象を通じて事物認識の素材ときっかけを知性に与える——誘因としてはじめて問題になる[138]。これはつまり，再び，また別の仕方で，知性の能動性はそれ自体としては身体に依存していないと主張することに他ならない。実際，知的霊魂は非質料的で，絶対的で，自由であり，いかなる身体器官にも依存していない。このようなわけで，霊魂は自分自身に立ち帰ることができるのである。これは感覚と知性の本質的な違いの一つである[139]。知性は表象像に頼ることなく，感覚的データをことごとく遠ざけつつ，自分自身に立ち帰ることができる。実際，霊魂は，神や霊魂そのもののような無条件的に真である実在を認識しようとする場合，目の光や，霊魂を散漫にする感覚的な認識から自分自身を引き離し[140]，何らかの外的な助けを必

---

138)　対象は刺激であるにとどまらず，まさに知性を動かす原因である点を強調できる——F. PREZIOSO, *Matteo d'Acquasparta e Ruggiero Marston* (1950), p. 279。

139)　Cf. par exemple AUGUSTIN, *De Trinitate*, X, 3, 5 ; THOMAS D'AQUIN, *De veritate*, 1, 9.

140)　« (...) actus intelligendi est actus intimus et unitus, est actus tranquillus et quietus, est actus certus et discretus. Quia est actus intimus et unitus, ideo impeditur propter animi distractionem et quasi extraneam occupationem. Quia est actus tranquillus et quietus, ideo impeditur propter animi perturbationem. Quia est actus certus et discretus, ideo impeditur propter phantasmatum obnubilationem et confusionem. Animus autem distrahitur, perturbatur et inquietatur, obnubilatur phantasmatibus ex corporis ineptitudine et indispositione, vel propter corporalis organi laesionem, propter animae et corporis naturalem colligantiam et unionem ad hominis constitutionem » 〔認識の働きは，親密で一なる働きであり，

要としたり，障害に阻まれたりすることなく，自分自身に
精神のまなざしを向け，自分自身を見て認識できるのであ
る[141]。結論を述べれば，認識能力の側からは，真に自分自
身を直接認識するための条件は実現していると言える。

3.3.2.3 精神と精神そのものの一致
マテウスが何度
も強調するところでは，ある認識が成立するためには，認
識対象が認識能力に一致する必要がある。例えば，精神の
外部にあるものを認識する場合，事物に由来する形象は精
神を豊かにすることは絶対にできず，霊魂にも働きかけら
れない。霊魂こそが自分自身のうちに，自分自身にふさわ
しく，かつ事物と一致する形象を生み出すのである。これ
こそ，霊魂の直接的自己認識を含めた，どんな認識にも不
可欠な第三の条件である。実際，人間精神にとって精神そ

落ち着いた静かな働きであり，はっきりした明晰な働きである。認識
の働きは，親密で一なる働きなので，外部のものに気を取られるなど
して，霊魂が散漫になることで妨げられる。落ち着いた静かな働きな
ので，霊魂が動揺することで妨げられる。はっきりした明晰な働きな
ので，表象像のために暗くなったり混乱することで妨げられる。霊魂
が散漫になり，動揺し，かき乱され，表象像のために暗くなるのは，
身体の不調や，身体器官の損傷や，人間存在の霊魂と身体の自然本性
的結合のためである〕（*Quaest. disp. de cognitione*, q. X ; p. 394-395, l.
35-11）.

141) « Secundo concurrit potentia visiva intellectualis disposita,
ipsa scilicet intelligentia, quae hoc ipso quod est immaterialis, absoluta et
libera, a corporali organo non dependens neque alligata, potest se super
se et super ea quae in se sunt reflectere et convertere. Et in hoc differunt
sensus et intellectus, secundum Augustinum, X *De Trinitate*, cap. 3. Nec
ad hoc indiget phantasmate, ut dicit Augustinus, ut saepe dictum est, *Ad
Nebridium*. Et VII *Super Genesim* dicit quod, cum vult aliquod verum
intelligere, ut Deum vel divina, et semetipsam suasque considerare
virtutes, ab ipsas se avertit luce oculorum, eamque ad hoc negotium non
tantum nullo adiumento, verum etiam nonnullo impedimento esse sentiens,
se in obtutum mentis attollit » (*Quaest. disp. de cognitione*, q. V ; p. 305,
l. 12-24).

3 自己の直接的認識　75

のものほど一致するものは何もない。精神と精神そのもの
の間には，何ものも実現できないほど完全な一致が見出せ
る。それゆえ，自分自身との同一性は，一致を保証するも
のだと思われる。このようなわけで，精神にとって精神そ
のものほど可知的なものは他にないのであり，精神が自分
自身を認識できないなら，人間はいったい他のどんなもの
を認識できるのか分からないほどである。「実際，人間は
自分の霊魂のうちにあるものを知らないなら，何を知って
いるというのか。というのも，人間は自分の知っているこ
とをひとえに霊魂を通じて知るのだから」[142]。

3.3.2.4　永遠の光の照明　自己の直接的認識を可能に
する第四の条件は，知性そのものの照明である。というの
も，マテウスによれば，どんな認識も真なる認識であるか
ぎりで特別な光を前提としており，こうした光は神に由来
する照明であり，人間が不変的で，普遍的で，絶対的な真
理を認識できるようにしているものだからである。人間精
神はあらゆる認識や判断においてこうした光を参照し，こ
うした光の中で，認識するすべてのものを見る[143]。自己認

---

142)　« Tertio concurrit proportio mutua. Utrumque enim
intellectuale, utrumque finitum, nec aliquid ita proportionale menti, atque
ideo nihil tam sibi cognoscibile, sicut ipsa sibi et ea quae sunt in ipsa.
Unde dicit Augustinus, XIV libro *De Trinitate*, cap. 5 : "Quid scimus,
si quod est in nostra mente nescimus, cum omnia quae scimus, non nisi
mente scire possimus ?" » (*Quaest. disp. de cognitione*, q. V ; p. 305,
l. 24-30)．この見解から出てくる観念論的な帰結については，F.
PREZIOSO, *Matteo d'Acquasparta e Ruggiero Marston* (1950), p. 308-
326 を参照。

143)　« Ista ratio ut est impressa creaturae, hoc est ipsa sua forma
vel quidditas, non est sufficiens ad se manifestandum vel declarandum nec
<ad> movendum intellectum. Ideo providit Deus nostrae menti quoddam
lumen intellectuale, quo species rerum obiectarum abstrahit a sensibilibus,
depurando eas et accipiendo earum quidditates, quae sunt per se obiectum
intellectus. Indidit nihilominus naturale iudicatorium, quod discernat et

識でも事態は同様であり，そこでは永遠の光の照明も認識の働きに貢献する。それゆえ，比較は簡単である。すなわち，精神はこうした光の中で可知的対象を見るのだが[144]，これは視覚が物体的な光の中で可感的対象を捉えるのと同じである。特にアリストテレスから借用してきたこうした比較は，完全にアウグスティヌス的な伝統の方向性にしたがって解釈されている[145]。

こうして，あらゆる認識の四つの可能条件は霊魂の自己認識においてまさに実現しているので，霊魂は自分自身と自分のうちにある習慣を真に「直接見る」[146]ことができる。

---

iudicet bona a malis, vera a falsis. Sed nec istud lumen est sufficiens, quia defectivum est et opacitati admixtum, nisi subiungatur et connectatur illi lumini aeterno, quod est perfecta et sufficiens ratio cognoscendi, et illud attingat et quodam modo contingat intellectus secundum sui supremum » 〔被造物に刻まれているこうした根拠——被造物の形相や何性のことである——は，自ずから明らかになり，知性を動かすには不十分である。それゆえ，神は人間精神に知性の光を与えたが，人間はこの光により，可感的なものから対象の形象を抽象し，純粋化し，それ自体として知性の対象である何性を捉える。同時に，神は人間に，善を悪から，真を偽から見分ける自然本性的な判断力も与えた。しかし，こうした自然の光も十分なものではなく，それというのもかの永遠の光に結びつかないかぎり，欠陥的で不明瞭なものだからである。かの永遠の光こそは，認識に関する完全で十分な根拠であり，知性はその最高の部分においてこの光に触れる〕(*Quaest. disp. de cognitione*, q. II ; p. 233, l. 3-14).

144) 奇妙なことに，実際マテウスは，〔可知的対象ではなく〕知性的対象 (intellectualia) について論じている。

145) Cf. AUGUSTIN, *De Trinitate*, XII, 15, 24. « Quarto concurrit lucis aeternae irradiatio sive refulgentia, quam de omnibus consulit et in qua videt intellectualia, sicut oculus carnis videt corporalia et sensibilia in luce corporea, secundum doctrinam Augustini, XII *De Trinitate*, cap. 15, et in locis aliis innumeris librorum suorum » (*Quaest. disp. de cognitione*, q. V ; p. 305-306, l. 30-1).

146) マテウスが使っている言葉は contuitio であり，ボナヴェントゥラから借用したものである——cf. JACQUES-GUY BOUGEROL,

3 自己の直接的認識　　77

こうした自己認識は，論証による抽象的認識ではなく，ア
リストテレス主義におけるように先立つ働きを媒介にして
成立するものでもないので，実のところ霊魂の本質を無媒
介的に直接見ることと言える。それゆえ，霊魂は自分の働
きを認識するだけでなく，自分の本質を直接見ることもで
きるので，霊魂は「本質を通じて」自分自身を認識すると
言える。これはすなわち，霊魂が自分自身について認識す
るのは，自分の本質――認識の直接的対象として――に他
ならないという意味である。

　マテウスは，トマスのアリストテレス主義に内在する限
界を指摘した後で，霊魂はあたかも自分自身を見て直観す
るかのように，直接無媒介的な認識を所有できることを明
らかにしたが，その際，こうした認識に必要な条件はすべ
て，自己認識において優れた仕方で実現することを強調し
ている。しかし，この第5問の冒頭で指摘された問題の核
心はまだ未解決のままである。すなわち，もし霊魂がまさ
に自分自身をその本質において直接認識できるのなら，霊
魂は自分自身を自分自身を通じて認識するのではないかと
いう問題である。こうした直接的認識の形相的な中間項は
何なのか。霊魂はいかにして自分の本質を認識するのか。
本質を通じてか，それとも形象を通じてか。マテウスが真
に独創的な教えを展開するのは，このような問題を解明す
るときである。

3.4　自己の直接的認識における形象

　議論の決定の最後の部分は，最初で示した一般的な問題

O.F.M., *Lexique saint Bonaventure*, Paris 1969, p. 41-46。この言葉は，
「直接的認識，すなわち無限な存在の現前を有限な存在を通じて知的
に把握すること」（p. 42）という専門的な意味で理解してはならず，
「見ること」や「直観」という広い意味で捉えるべきである――cf. p.
41-42。

78   第1章　アクアスパルタのマテウス

への解答にあてられている。すなわち，霊魂が自分自身を
認識するのは，その本質を通じてか，それとも他の形相的
な手段を通じてか。この問題は激しい議論を呼んだ古典的
問題である。この問題は，1257年にはトマスが『真理論』
10問8項で論じているし，マテウスと同時代ではオリヴィ
も論じているし，関心ある多くの著述家も論じているが，
自己認識の主題を様々に考察する上で試金石となる問題の
一つである。マテウスは，霊魂が自分自身を直接認識する
可能性と事実を最初に示し，それからこうした認識は霊魂
の本質そのものを通じてか，それとも習慣や形象のような
他の形相的な中間項を通じてかを明らかにしようとする。
「霊魂が自分自身や自分のうちにある習慣を見るのは，自
分自身の本質と自分の習慣の本質を通じてか」，それとも
他の中間項を通じてか[147]。

　マテウスはこの問題に答えるために，古くからある区別
を取り上げる。すなわち，「自分自身を自分の本質を通じ
て認識する」という表現は，いくつかの仕方で理解でき
る。あるものをその本質を通じて認識することは，まず対
象の観点から理解できる。この場合，霊魂の本質と霊魂の
習慣は知的認識の対象と言えるだろう。それゆえ，「自分
自身を自分の本質を通じて認識する」という表現は，「自
分自身を自分の働きを通じて認識する」という表現に対立
することになり，認識目標は霊魂の真の本質であるという
意味になるだろう。この最初の意味について，マテウスは
何の躊躇もなく答えている。すなわち，霊魂の本質はまさ
しく自己の直接的認識の対象であり，その理由は上で示し
た通りである。しかし，「自分自身を自分の本質を通じて

---

　　147)　« Utrum autem per suam essentiam vel habituum suorum se et
habitus qui sunt in ipsa videat (...) »（*Quaest. disp. de cognitione*, q. V ; p.
306, l. 5-6）.

3 自己の直接的認識　　79

認識する」ことは，霊魂は形相的根拠，あるいは自己認識
の形相的な中間項であることも言わんとしている。これは
すなわち，霊魂は自分の本質を認識するだけでなく，自分
の本質を通じてそうするという意味である。この第二の意
味は，トマスが詳しく検討したものであり，オリヴィがそ
の探究は「馬鹿げている」と見なしたものであり，マテウ
スが否定的な答えでもって解答したものである[148]。すなわ
ち，自己認識の形相的根拠は霊魂の本質ではなく，知性が
自分自身について形成する形象あるいは似像に他ならな
い。こうしてマテウスは，アウグスティヌスとアンセルム
ス（Anselme）の見解——二人はこの問題についてはっき
りと意見を述べているわけではない[149]——を弁護しつつ，
同時にあらゆる認識に不可欠な最初の経験的要素も顧慮で
きると考えた[150]。

　マテウスはここでも，自己認識に関する独創的だが逆説
的に見える見解——自己認識は霊魂の本質に無媒介的に向

　　148）　ガンのヘンリクスも否定的に答えている——cf. H.M.
BEHA, *Matthew of Aquasparta's Theory of Cognition* (1961), p. 432-435。
　　149）　Cf. *Quaest. disp. de cognitione*, q. V ; p. 306.
　　150）　問題になっているのが自己認識であるとはいえ，マテウス
はあらゆる認識の条件を指摘しているが，このことで自己認識を，精
神の外部にあるものの認識に倣って理解しようとしているわけでは
ない。というのも，認識の最初の経験的要素は，この二つの認識に
おいて同じ役割を果たさないからである。自己認識は，他のものの
認識を前提にしているが，精神の外部にあるものの認識には還元で
きない。« Dico ergo quod duo sunt genera rerum cognoscibilium, scilicet
corporearum et incorporearum. Incorporearum rerum notitiam anima a
sensu corporis non accipit nec recipit, sed aut in semetipsa videt, dum ad
semetipsam se movet, in quantum est connexa regulis immutabilibus, aut
in regulis illis » 〔可知的なものには二種類あり，物体的なものと非物
体的なものである。霊魂は非物体的なものの認識を，身体の感覚から
受けとるのではなく，自分自身へと向かい，不可変の原理に結びつき，
そうした原理のうちにあるかぎりで，自分自身において見る〕(*Quaest.
disp. de cognitione*, q. III ; p. 262, l. 1-5) .

80   第1章　アクアスパルタのマテウス

かうかぎりで直接的だが，形象の存在を必要とする――を
支える四つの理由を提示している[151]。霊魂は自分自身を認
識するが，自分自身を通じて認識するわけではない。「私
の見解では，霊魂は自分自身と自分のうちにある習慣を，
対象としてのそれらの本質を通じて認識する。それゆえ，
精神と精神のうちにある習慣は，その本質において，見る
ことの対象であり，霊魂が知的まなざしを向けるのはこれ
らの本質である。しかし，霊魂は自分自身を，形相的手段
としての本質を通じて――あたかも本質が認識の根拠であ
るかのようにして――認識するわけではない。アウグス
ティヌスとアンセルムスの教えによれば，霊魂は自分自身
を，認識する人間の精神のうちに形成された形象や似像を
通じて形相的に認識する」[152]。形象が必要だというこうし
た見解を支える四つの論拠は，以前示した論拠と同じよう
に，有機的に構成されている。第一の論拠は可知的対象の
分析に基づいており，第二の論拠は知的能力に関わるもの
であり，第三の論拠は認識一般と言葉の産出を考慮するも
のであり，最後に第四の論拠はアウグスティヌスの伝統に
したがって，造られざる三位一体の像としての霊魂の役割
を検討するものである。

3.4.1　自己認識の対象

　第一の論拠は，認識対象としての霊魂の可知性に基づい

151）« Huius autem quadruplex est ratio (...) » (*Quaest. disp. de
cognitione*, q. V ; p. 306, l. 13).

152）« Utrum autem per suam essentiam, vel habituum suorum se
et habitus qui sunt in ipsa videat, dico quod per essentias suas obiective,
ita quod ipsa mens et habitus qui sunt in ipsa per essentias suas sunt
obiectum aspectus, et in ipsas dirigit suum intellectualem obtutum; sed
formaliter non per essentiam, ita quod essentia sit ratio cognoscendi, sed
per suas species sive similitudines expressas in acie cogitantis, secundum
doctrinam Augustini et Anselmi » (*Quaest. disp. de cognitione*, q. V ; p.
306, l. 5-12).

3 自己の直接的認識 81

ている。マテウスはこのことを説明するのに，一般的原理
から出発する。可知的対象はどれも，まさに可知的である
かぎりで，光り輝くものであり，光の性質を有している。
この事実は，可感的なものにおける形象の輝きについて認
めることができる[153]。そして，このことは知覚を例にとれ
ばすぐに理解できる。何らかの光や目に見える対象が知覚
されるためには，何らかの仕方で光を放ち，瞳を形成する
必要がある。同様に，霊的な光や可知的対象が捉えられる
のは，知性のうちで広がる，ある種の光の発散を通じて，
こうした光や対象が知性に現前する場合だけである。こう
した光の発散こそは，知性における形象の産出に他ならな
い[154]。それゆえこの論拠は，形象に関するマテウスの一般
的教えの適用と言える[155]。実際，マテウスによれば，似像
は，何に由来しようとも，あらゆる認識の可能条件であ
る。質料的事物を認識する場合，事物そのものに由来する

---

153) « Quod sit species, hoc habet a suo principio originali,
quoniam quaelibet res nata est suam speciem diffundere et multiplicare »
(*Quaest. disp. de cognitione*, q. III ; p. 264, l. 13-15).

154) « Huius autem quadruplex est ratio : una ex parte obiecti
intelligibilis. Obiectum enim intelligibile, ut intelligibile, lux est sive habet
rationem lucis. Si ergo lux non potest percipi aut cognosci nisi irradiet
et illuminet, quod quidem lumen est similitudo lucis, neque obiectum
intelligibile potest cognosci sive videri, quantumcumque praesens,
nisi illuminet, id est suum lumen, id est speciem in aciem intelligentis
diffundat. Hoc manifestum est in luce corporali. Nam quantumcumque
lux esset praesens oculo, nisi suo lumine illuminaret et informaret aciem
pupillae, nunquam videretur. Ita lux spiritualis, id est res intelligibilis,
quantumcumque praesens intellectui, non videtur, nisi suam speciem, quae
est quasi suum lumen, faciat in acie intelligentis et aspicientis » (*Quaest.
disp. de cognitione*, q. V ; p. 306, l. 13-25). この教えとボナヴェントゥ
ラの教えの関係は，H.M. BEHA, *Matthew of Aquasparta's Theory of
Cognition* (1961), p. 428 を参照。

155) こうした一般的教えは，*Quaest. disp. de cognitione*, q. III ;
p. 248-273 において詳しく論じられている。

形象は，実在に一致する，また事物そのものを参照でき
る霊的な表現に他ならない。光源が輝く光線を放つよう
に，事物の可知性は知性そのものが生み出す似像を通じて
自分自身を拡散する。それゆえ，こうして分有された似像
——形象と同一視できる——は，直接的な自己認識を含め
て，あらゆる場合に不可欠な条件だと言える。たとえ自己
認識の場合には，似像は異なる本性と起源を有するとして
も[156]。霊魂の本質は，たとえ無媒介的に認識されるとして
も，精神に反射しないかぎりは認識されないのであり，こ
うした輝きの反射こそ形象の役割である。以上が，形象の
存在を支えるためにマテウスが引き合いに出す第一の論拠
であり，この論拠は認識対象の分析に基づいている。

3.4.2 知性の現実化

　形象は自己の直接的認識の形相的手段として必要だとい
う主張を支える第二の理由は，認識の働きのもう一方の極
から取られる。すなわち，マテウスは形象の必要性を説明
するために，今度は知的能力の側を考察し[157]，形象なしで
済ますことはできないことを明らかにしている。この第二
の理由は，それ自体としては四つの異なる論拠から構成さ
れているが，そのうちの一つの論拠は他の論拠よりも根本
的だと思われる[158]。すなわち，認識が成立するためには，

---

　156)　下記 § 4.2.2, 111-116 ページ参照。

　157)　« Secunda ratio est ex parte potentie intelligentis »（*Quaest. disp. de cognitione*, q. V ; p. 306, l. 26）.

　158)　　他の三つの論拠は，以下のものである。« Potentiam enim intelligentem oportet informari re intellecta, quia intellectum est forma intellectus; et non per essentiam suam, quia res intelligibilis per essentiam non est in intellectu. Sed aut sunt extra animam, aut in memoria, sicut ea quae actu non cogitamus, ut sunt habitus artium et scientiarum, secundum Augustinum, X libro *Confessionum*; aut sunt in affectu, sicut habitus virtutum; aut si sunt intellectu, non sunt in eo ut in ratione obiecti cognoscibilis sive moventis, licet forte in ratione perficientis. Ergo oportet

3 自己の直接的認識 83

知的能力が実際に可知的なものを通じて現実化する必要が
ある。というのも、アリストテレスの有名な格言による
と、能力は、現実態にある対象そのものによらなければ、
現実態に移行できないからである。しかるに、現実態にあ
るこうした対象は、事物の本質ではない。実際、何らかの
本質がいつも知性に現前していたら、知性は常に現実態に
おいて認識しているはずである。自己認識の場合、認識の
形相的中間項が霊魂の本質なら、知性は常にこうした本質
を現実態において認識しているだろう。しかし、実際の事
態はまったく異なる。というのも、霊魂は常に自分自身を

---

quod informetur specie vel similitudine rei intelligibilis. (...) Rursus, cum
intellectus sit potentia passiva et operatio eius perficiatur non agendo in
extrinsecum, sed intus suscipiendo, non potest fieri de non intelligente
intelligens, nisi aliquid suscipiat de novo et patiatur ab obiecto : non per
essentiam, quia essentia non fit de novo; ergo per eius similitudinem sive
speciem de novo genitam sive expressam qua formatur acies intelligentis.
Praeterea, nihil agit nisi aliquid efficiendo in passum; id autem non est nisi
species rei (...) 》〔認識能力は認識されたものによって形成される必要
がある。というのも、認識されたものは知性の形相だからである。し
かし、認識能力は自分の本質によっては形成されない。なぜなら、可
知的なものは本質を通じては知性のうちに存在しないからである。ア
ウグスティヌス『告白』第10巻によれば、可知的なものは、技術や
学知の習慣のように、霊魂の外部にあるか、実際に認識しないときに
は記憶の中にある。あるいは、徳の習慣のように情動のうちにある。
あるいは、知性のうちにあることもあるが、知性を動かす可知的対象
としてではなく、知性を完成するものとしてだろう。……さらに、知
性は受動的能力であり、知性の働きは外に働きかけることによってで
はなく、内部に受けとることで完成するので、認識していない状態か
ら認識している状態に移行するには、新たに何かを受けとり、対象か
ら働きを受ける必要がある。したがって、本質は新たに生じないので、
現実態への移行は本質を通じたものではない。それゆえ、認識能力
は、新たに生じ表現された自分の似像や形象を通じて形成される。さ
らに、働きかけるものなくして、何ものも働かないが、こうした働き
かけるものは形象以外にはない〕(*Quaest. disp. de cognitione*, q. V ; p.
306-307, l. 26-16).

現実態において認識しているのではなく，無数の感覚的働きのせいで散漫になっているからである。自己認識が可能的なものにすぎず，必然的でないのは，知性の現実化が，絶えず霊魂に現前している霊魂の本質を通じてではなく，可知的なものの形象を通じて生じるからに他ならない[159]。それゆえ，この論拠は難しい問題——もっともアリストテレスはこの問題に気づいていた——を解決しようとしている。すなわち，知性はそれ自体として可知的なら，なぜ常に思考せず，なぜ常に自分自身を現実態において認識しないのか。マテウスは，形象を必要な媒介と見なすことでこの問題を解消できると考えた[160]。

3.4.3 言葉の産出

第三の論拠は，知性認識の構造そのものに基づいている。現実態における知性認識は，現実態における思考内容，すなわち形象に由来する言葉や概念に基づく内的な言

---

159) « Amplius, oportet potentiam intellectivam immutari et fieri in actu a re intelligibili, quoniam intellectus, dum est in potentia intelligens, non potest fieri in actu nisi per aliquid quod est actu. Hoc autem non est essentia rei, quoniam cum illa uniformiter se habeat et semper sit praesens intellectui, semper actu intelligeret; ergo necesse est ut quando fit ex intelligente potentia intelligens actu, quod fiat per speciem rei intelligibilis» (*Quaest. disp. de cognitione*, q. V ; p. 307, l. 1-8) .

160) 実際，こうした問題への解答は十全なものかどうか問えるだろう。というのも，マテウスは形象が現前したりしなかったりする理由を述べていないからである。知性が形象を通じて現実化する理由は何なのか。可知的形象が生じる理由は何なのか。なぜ霊魂は自分自身を認識しようとするのか。単なる意志の恣意的な決定なのか。知性の運動を司っているものは何なのか。なぜ霊魂は認識の対象になるのか。マテウスはこうした問いに直接答えていないし，おそらく答える必要もなかった。様々な箇所から解答の要素を集めて，例えば自己認識のプロセスにおける意志の役割を明らかにできるだろう。しかし，ここで重要なのは，マテウスが自分の言葉をアリストテレスの形而上学——可能態と現実態の区別など——から借用しながらも，方向性としてははっきりとアウグスティヌス的な教えを述べている点である。

3 自己の直接的認識　　85

葉と切り離せない。それゆえ，形象は現実態におけるあら
ゆる認識の可能条件であり，形象なくして，何らかの認識
が現実態において生じることはありえない。こうして，主
体と対象から同時に出てくる精神の言葉は可知的形象に起
源をもつが，この可知的形象は主体と対象をつなぎ，現実
態におけるあらゆる認識を可能にするものである。事物の
認識は，現実を直接捉えたものであると同時に単なる想像
上のものにならないために，主体と対象のつなぎ目に由来
する必要があるが，こうしたつなぎ目こそ形象に他ならな
い[161]。

---

161) « Tertia ratio sumitur ex parte intellectualis cognitionis.
Nam intellectualis cognitio non est sine actuali cognitione, actualis
cognitio non est sine actuali locutione, actualis locutio non est sine verbi
conceptione, verbi conceptio non est sine speciei gignitione. Quod quidem
verbum, quod est parta notitia, ex cognito et mente cognoscente gignitur,
et est similitudo rei notae, secundum Augustinum IX *De Trinitate*, cap.
12 : "Liquido, inquit, tenendum est quod omnis res, quantumcumque
cognoscimus, congenerat in nobis sui notitiam. Ab utroque enim notitia
paritur, et a cognoscente et cognito". Si quis autem dicat mentem formare
sibi verbum rei, ubi ipsam rem videat, et ex re visa imago exprimatur in
acie cogitantis, fallitur, quia non tam est verbi conceptio quam fictio. Nam,
ut dicit Augustinus, VIII *De Trinitate*, cap. 6, quando aliquam rem vidi et
eius species in memoria remansit, volo autem illam rem cogitare, ex illa
specie formatur imago, quae est verbum eius. Quando autem non vidi, sed
dicitur mihi, tunc eius imaginem fingo quasi verbum, sed non est verbum,
quia non sic imaginor sicuti est. Aliquando verum est quidem, sed casu
contingit quando quod aliquis rei non visae veram fingat imaginem »〔第
三の論拠は，知性認識の側から取られる。すなわち，知性認識は現実
的に思いめぐらすことなくして存在せず，現実的に思いめぐらすこと
は現実的に語り出すことなくして存在せず，現実的に語り出すことは
言葉を抱くことなくして存在せず，言葉を抱くことは形象を生み出す
ことなくして存在しない。生まれた知である言葉は，認識されるもの
と認識する精神から生まれるのであり，知られる事物の似像に他なら
ない。実際，アウグスティヌスは『三位一体論』9 巻 12 章で次のよ
うに言っている。「確実なことに，人間が何を認識しようと，こうし

3.4.4　三位一体の像

　形象の必要性を確証する最後の証明は，人間精神に見出せる三位一体の像を検討するものである。この論拠は，当時の多くの思想家たちの伝統的な関心と結びついていたが，それというのも彼らは霊魂の三位一体に関するアウグスティヌスの深い分析を知っていたからである。理性的霊魂こそが三位一体の神の像であり，この像は自己認識や自己愛や霊的なものの認識においてまったく特別な仕方で実現する。対象——あるいは万一の場合は対象の代わりになる記憶——は，生むもの（parens）の役割を果たす[162]。生じた認識は，同じように，精神が実際に対象を見るかぎりで，生まれたものに比べられる。最後に，一致や愛の役割を果たす意志が，対象と，知的能力のまなざしを結びつけ

た事物は人間のうちに自分自身の知を生み出す。というのも，認識するものと認識されるものの両者から知が生まれるからである」。精神は，実際に事物を見て，見られた事物から認識能力のうちに似像が生み出される過程を経ずに，自分自身のために事物の言葉を形成できると誰かが言うなら，これは誤っている。というのも，その場合に問題となっているのは，言葉の産出というよりむしろでっちあげだからである。というのも，アウグスティヌスが『三位一体論』8 巻 6 章で言っているように，わたしは，ある事物を見る場合は，その形象を記憶にとどめ，その事物について思いめぐらし，こうした形象から似像——事物の言葉に相当する——を形成するが，事物を見ないのに自分自身に対して語り出すなら，事物の似像や言葉をでっちあげているのであり，こうしたものは言葉ではない。というのも，ありのままの事物を写しとったものではないからである。しかし，こうした言葉が真である場合もあり，人間が見ていない事物の似像を正しく作り出すこともたまにある」（*Quaest. disp. de cognitione*, q. V ; p. 307-308, l. 19-5）．

　　162)　認識を生み出す役割を果たすのが，霊魂と結びついた対象であり，霊魂そのものではないことは奇妙に見える。しかし，自己認識の場合，知られる対象は霊魂そのものの本質であり，これはアウグスティヌスの示す霊魂の三項構造の第一の要素である精神ないし記憶に相当する。

3 自己の直接的認識　　　87

る。どれほど不明瞭であっても，こうした三位一体の像に
おいて，形象は生まれたものの役割を果たしていることが
分かる。形象を措定しなければ，三位一体との比較は不十
分なものになるだろう。それゆえ，自己認識や習慣の認識
が人間のうちで造られざる三位一体に最も似ているものだ
として，霊魂が自分自身を形象という中間項を介さずに，
本質を通じて直接認識するなら，霊魂の三一構造は不完全
にならざるをえないのである[163]。

---

163)　« Quarta ratio est ex ratione imaginis. Anima enim rationalis
est imago Dei, quae maxime repraesentatur in cognitione sui et rerum
spiritualium, ut Augustinus dicit, XI et XIV *De Trinitate*. Et in hiis assignat
potissime imaginem Trinitatis, ita quod obiectum visibile, si est praesens
apud animam, tenens locum memoriae, vel memoria ipsa conservans
speciem alicuius rei absentis, est velut parens. Notitia genita ab obiecto
vel a specie quae est in memoria sive intelligentia formata ex similitudine
expressa vel ab obiecto praesente, vel a specie, quae est in memoria, est
loco prolis sive verbi. Illa autem forma vel species expressa de memoria
vel de obiecto praesente tamdiu manet quamdiu acies cogitantis ad illam
manet conversa. "Cum autem acies cogitantis inde aversa fuerit atque id
quod in memoria cernebatur destiterit intueri, nihil formae, quae impressa
erat in eadem acie remanebit", ut dicit Augustinus, XI *De Trinitate*, cap. 3.
Voluntas autem vel voluntatis intentio, copulans, iungens et tenens aciem
cogitantis cum obiecto sive specie quae est in memoria, quasi prolem cum
parente, est velut nexus et amor » 〔第四の論拠は，像の特徴から取られ
る。すなわち，アウグスティヌスが『三位一体論』第11, 14巻で述
べているように，理性的霊魂は神の像であり，神の像は自分自身や霊
的なものを認識することで最高度に表現される。アウグスティヌスに
よれば，三位一体の像はこうした認識のうちに最高度に実現しており，
次のように説明できる。記憶の役割を果たすのは，霊魂に現前してい
る目に見える対象か，あるいは現前していない事物の形象を保ってい
る記憶そのものだが，これらは生むものである。対象や，記憶のうち
にある形象から生まれた知，あるいは現前している対象や，記憶のう
ちにある対象が表現する似像から形成された理解は，生まれたものや
言葉の役割を果たす。記憶や現前している対象が表現するこうした形
相や形象は，認識のまなざしがそれらに向かう間だけ存続する。とい
うのも，アウグスティヌスが『三位一体論』11巻3章で述べている

88 　　　第 1 章　アクアスパルタのマテウス

　こうしてマテウスは，まさにアウグスティヌスの意図に
一致できると考えた。というのも，アウグスティヌスは，
もし霊魂が自分の知的まなざしの前に自分自身を置くこと
ができないなら，習慣的認識を除いて，いかなる自己認識
も存在しなくなると考えていたからである。そして，霊魂
が自分自身を認識できるのは，次の場合だけである。「そ
れゆえ，以下のように三位一体を示せる。a) 人間は記憶
のうちに心の目が知らせるものを置く。b) 形相は記憶を
再現するものであり，記憶に基づいて刻まれた像のような
ものである。c) 愛ないし意志が記憶と形相を結びつける。
それゆえ，霊魂は，認識したものを通じて自分自身を見る
とき，自分自身を理解し，認識する。こうして，霊魂は
自分自身に関する明確な認識を生む」[164]。したがって，仮
に，霊魂が自分自身をその本質において認識するのは，精
神の何らかの形象を通じてではなく，形相的手段としての
自分の本質を通じてだとすれば，人間霊魂のうちには完全
な三一構造は見出せないことになろう。というのも，この
場合，霊魂のうちには何も生まれないだろうから。それゆ
え，人間精神における三位一体の像に基づくなら，霊魂は

───────────

ように，「認識のまなざしが逸れ，記憶のうちにあるものを見なくなっ
たとき，認識能力に刻まれていた形相はすべて消え去る」からである。
意志や意志の力は認識のまなざしを対象や，記憶のうちにある形象に，
すなわち生まれたものを生むものに結びつけて保つ，いわば紐帯や愛
の役割を果たす〕（*Quaest. disp. de cognitione*, q. V；p. 308, l. 6-24）．

　164）《 (...) licet anima sibi nota sit habitualiter, sicut ea quae sunt
in memoria nostra, de quibus tamen non cogitamus, tamen actualiter non
se cogitat, nisi se in conspectu suo ponat ac de illo suus formetur obtutus.
"Ideo trinitatem sic commendabamus, ut illud unde formatur cogitantis
obtutus in memoria poneremus, ipsam vero conformationem tamquam
imaginem quae inde imprimitur, atque illud quo utrumque coniungitur,
amorem seu voluntatem. Mens itaque, quando cogitatione se conspicit,
intelligit et recognoscit se; gignit ergo hunc intellectum et cognitionem
suam" »（*Quaest. disp. de cognitione*, q. V；p. 309, l. 5-14）．

3 自己の直接的認識 89

対象としての自分の本質において自分自身を認識するが，形相的には知性が生み出した形象を通じて自分自身を見ると言わねばならない[165]。マテウスは，「記憶，認識，意志」という霊魂の三一構造に関するアウグスティヌスの教えを，このように解釈しつつ，自己認識——これは造られざる三位一体の特別な像である——の原理として描き出したのである[166]。

---

165) « Si igitur in cognitione sui et habituum maxime repraesentatur Trinitatis increatae imago, trinitas autem perfecta non sit, si per suas essentias formaliter, non per suas species vel similitudines acies cogitantis formaretur, necessarium videtur quod anima semetipsam et habitus qui in ipsa sunt per suas essentias obiective, sed formaliter non nisi per suas similitudines ex ipsis expressas in acie cogitantis intelligat et cognoscat. —Et hoc dicit plane Augustinus de cognitione animae, XIV *De Trinitate*, cap. 6 (...) » (*Quaest. disp. de cognitione*, q. V ; p. 308-309, l. 32-5).

166) « De cognitione autem habituum dicit in eodem, cap. 3 : "Fides, quae nunc inest nobis tamquam corpus in loco, ita in nostra memoria constituta est, de qua formatur cogitatio recordantis, sicut ex corpore acies intuentis. Quibus <duobus>, ut trinitas impleatur, annumeratur tertia voluntas, quae fidem in memoria constitutam et quamdam eius effigiem in contuitu recordantis impressam connectit et coniungit; sicut in illa corporali trinitate visionis formam corporis quod videtur et conformationem quae fit cernentis aspectum coniungit intentio voluntatis" »〔アウグスティヌスは『三位一体論』14巻3章で，習慣の認識について次のように述べている。「信仰は，今や物体が場所のうちにあるようにわれわれのうちに存在しているが，われわれの記憶のうちに根づき，こうした記憶から思い出す人間の認識は形成される。これはちょうど見る人間のまなざしが物体によって形成されるのと同じである。三位一体が完成するには，記憶と認識という二つの要素に，意志という第三の要素が付け加わる必要がある。意志は，記憶のうちにある信仰と，思い出す人間の認識能力に刻まれた信仰の像を結びつける。これはちょうど，三位一体に関する物体的な比喩において，意志の力が，見られる物体の形相と，見る人間のまなざしの同形性を結びつけるのと同じである」。〕(*Quaest. disp. de cognitione*, q. V ; p. 309, l. 14-23).

3.5 結論

　自己認識に関するマテウスの教えの主要な点はこうして明らかになり，マテウスの見解は伝統的であると同時に独創的であることが分かった。まず，もちろんマテウスは，精神が自分の本性を抽象的に分析し，理性による論証を通じて人間霊魂一般の共通の本質を認識できることを認めている。しかし，こうした認識は，本来的意味では，具体的意味での自己認識ではない。このようなわけで，マテウスは，霊魂は直観的に自分自身を見て，自分自身をその本質において直接認識できると強調している。しかし，こうした直接的認識は，不可欠で補完的な二つの条件に依存している。すなわち，一方で，知性はまず事物を認識せねばならず，こうして最初の経験的要素について言えば，どんな自己認識も間接的なものとなるのであり，それというのも先立つ認識の働きを必要とするからである——こうした自己認識は直接無媒介的な認識において完成するとしても。他方で，自分の本質を対象とする自己の直接的な認識も，形象という形相的手段を通じてはじめて可能になる[167]。この二つの条件は否定できない事実であり，自己認識に関する人間の限界を明らかにしている。自己認識の端緒では，精神は事物に動かされる必要がある。自己認識の完成では，精神が自分自身を認識する光の役割を果たす形象が必要になる[168]。こうした形象の必要性は，間違いなくマテウ

　167）　当然ここで，あらゆる認識の形相的手段である形象は霊魂の本質の再現かどうかという疑問が生じる。マテウスは議論の決定ではこのことについて何も述べていない。しかし，ある異論解答の中で簡潔に論じている——下記 § 4.2.2，111-116 ページ参照。

　168）　« Sic ergo dico quod anima semetipsam et habitus qui sunt in ipsa cognoscit non tantum arguendo, sed intuendo et cernendo per essentias suas obiective, sed formaliter per species ex ipsis expressas, unde formatur acies cogitantis sive intelligentis. —Hiis visis, responsio plana est ad obiecta » (*Quaest. disp. de cognitione*, q. V ; p. 309, l. 23-28).

3 自己の直接的認識　　　91

スの主要な発見の一つである。実際マテウスによれば，霊
魂は，本質を通じて自己認識の対象だが，自己認識の形相
的根拠ではない。それゆえ，自己認識の働きは，霊魂の本
質だけを通じて生じるものではなく，それというのも形相
的根拠の役割を果たす形象を必要とするからである。ある
異論解答では，再びこのことをはっきり述べている。どの
ような意味で，自分自身と自分の習慣を認識する場合，霊
魂は霊魂そのものを通じて動かされると言えるのか。「霊
魂は対象であるかぎりの自分自身を通じて動かされるが，
形相的には形象や似像を通じて動かされる……」[169]。

　どんな自己認識にも必要な二つの条件，すなわち形象の
存在と，感覚的刺激あるいは先行する認識の働きという条
件を見れば，マテウスの見解は，トマスが主張するような
霊魂の間接的自己認識の教えに合流するかのように思える
だろう。しかし，マテウスは自分自身を弁護している。マ
テウスは，形象の役割や，先行する認識の働きの重要性を
認めているとしても，厳密な意味でのアリストテレスの主
張には与していない。マテウスの見解と，マテウスがアリ
ストテレス的な教えをどのように位置づけているかを的確
に理解するためには，マテウスが第5問で述べているい
くつかの異論解答を参照する必要がある。こうした異論解
答を参照する利点は二つあり，一つは自己認識に関するマ
テウスの教えを明確にすることと，もう一つはマテウスの
思想を13世紀末の哲学的動向の中にうまく位置づけるこ
とである。

---

　169)　« Ad quintum dicendum quod anima se ipsa immutatur
obiective, ut dictum est, sed formaliter specie sive similitudine ex ipsa
expressa in acie sui se cogitantis; et simili modo immutatur ab habitibus
in ea exsistentibus » (*Quaest. disp. de cognitione*, q. V, ad5 ; p. 311, l. 11-
14).

4 様々な異論に対するマテウスの見解

マテウスは自分の一般的な見解を明らかにした後で，まったく異なる哲学的な考え方を採用する多くの異論に答えている。こうした解答のいくつかは，それ自体として哲学的興味を引くものであることは疑いないが，他の解答にも利点があり，それは特にトマスのアリストテレス主義とあまりにも偏向したアウグスティヌス主義との関連において，マテウスの思想を思想史の中にうまく位置づけることである。しかるに，マテウスを他の哲学的動向から区別するポイントは，マテウスが議論の決定の中で明らかにした見解からすでに見てとれる。すなわち，マテウスは，霊魂が自分自身を直接認識できる事実を認めながらも，一方で先行する働きの重要性を，他方で形象の必要性を強調している。マテウスは，一方で霊魂は無条件的に自分自身を直接認識できると主張する人々——霊性だけを重視する立場——に，他方で自己認識は間接的な仕方でのみ生じると主張する人々——あまりにも経験を重視するアリストテレス主義——に立ち向かわざるをえなかった。後者の立場は，何よりもトマス・アクィナスの立場と同一視できるが，すでに議論の決定の中で論じられている。異論解答の目的は，こうした議論の適用範囲を明確にすることである。霊性を重視する前者の立場について言えば，自己認識に課せられる条件を無視する見解だと思うが，マテウスは順に二つの観点から論駁しようとする。すなわち，まずあらゆる認識の経験的な出発点を無視する点を，次に形象が果たす役割を認めない点を攻撃する。したがって，マテウスによる様々な解答を分析する順序は自ずから決まってくる。すなわち，第一に自己認識において先行する働きが果たす役

4　様々な異論に対するマテウスの見解　　　93

割を明確に述べ，第二に形象の性質と役割を明らかにする
ことで，こうした主張を，一方でトマス主義に対して，他
方で極端なアウグスティヌス主義に対して弁護してみよ
う。

4.1　先行する働き

　周知のとおり，マテウスは，霊魂が直接自分自身を認識
するにはいわば知性の目覚めが必要だと考えていた。さら
に，先行する働きは，少なくとも最初の要素としては，自
己認識に不可欠だと主張している。しかし，マテウスはこ
のことをトマス的な意味で，すなわち他のものの認識はそ
の内容そのものが自己認識に必要なかぎりで自己認識の原
因だと理解していたわけではない。トマスによれば，確か
に自己の現実的認識は他のものに向かう認識の延長線上で
実現する。マテウスによれば，おそらく外的対象に向かう
働きは必要だが，自分自身の直接的認識はこうした働きと
は無関係に実現する。一般的な認識と特殊な自己認識の間
には断絶のようなものがあり，それというのも精神の外部
にあるものの把捉は確かに自己認識の可能条件や起源とは
言えるが，本来的意味での原因ではないからである[170]。こ
れはマテウスの一般的な教えから帰結することではある
が，さらに異論解答を検討し，異論解答がこうした帰結を
反論の余地なく確証しているかどうか確かめてみよう。

4.1.1　トマスの見解への反論

　実のところ，マテウスは議論の決定において，自己の間

---

　　170)　もちろん，こうした考え方はマテウスの説く認識論から出
てくるものである。マテウスによれば，外的対象は本来的意味では知
性に働きかけられない。同様に，他のものの認識は，自己認識に必要
な可能条件ではあるが，自己認識のプロセスそのものの中には絶対に
組み込まれない。いずれにせよ，ここには認識における非連続性のよ
うなものがある。

接的認識というトマスの教えを超え出る見解を示していた。異論解答は，この議論の決定を確証することしか行っていないが，マテウスがあまりにも経験的だと見なしたアリストテレス主義とマテウスの見解の違いを明らかにしてくれる。実際，異論は，例えば表象像との結びつきのような，アリストテレスの伝統的な論拠を取り上げているが，異論解答において詳しく分析されている。

　自己認識は働きを通じてしか起こらず，それゆえ人間霊魂は自分自身を直接・無媒介的には認識できないことを主張するきわめて有名な論拠がいくつか知られている。最もよく知られた論拠の一つは，哲学者たちが霊魂の本性を誤って認識したという事実である。実際，哲学者の中には，霊魂は物体，原子の集まり，空気などと思い込んだ人々もいたのである。アウグスティヌス自身も，哲学者によく見られるこうした誤りを指摘している。それゆえ，霊魂は自分自身を通じて自分自身を認識するとも，自分自身を直接見るとも言えないことになる。なぜなら，もしこうしたことができるなら，霊魂の本性について誤ることはないだろうから。だから，こうした誤り——これは事実である——と哲学者の推論を顧みるなら，自己認識は本質を通じた認識ではありえず，働きを介した認識でしかないと認めるほかなかろう。そして，こうした働きを通じた認識は労苦に満ちた精妙なもので，多くの誤りの可能性を含んでいると言わざるをえないのである[171]。

　この異論に対するマテウスの解答は，かなり簡単で，ア

---

　171)　« Item, si anima semetipsam videret aut intueretur, nullus circa animae naturam erraret. Sed multi circa animae naturam erraverunt, alii putantes eam cor, alii cerebrum, alii sanguinem, alii atomos, alii aërem, alii ignem, ut dicit Augustinus, X *De Trinitate*, cap. 7; ergo anima semetipsam per semetipsam non cognoscit, neque se videt aut intuetur » (*Quaest. disp. de cognitione*, q. V, obj.2 ; p. 292, l. 17-22).

4 様々な異論に対するマテウスの見解 95

ウグスティヌスの伝統に基づくものである。霊魂の本性に関する誤りは避けられないものではない。なぜなら，各人は自分自身に完全に立ち帰り，外的で質料的な次元の表象や形相をことごとく遠ざけることで自分の霊魂を直観できるからである。実際，誤りは常に物体的なイメージに由来しているが，多くの人々はこうしたイメージを超え出ようとしないのである。それゆえ，霊魂の認識を浄化し，あらゆる感覚的データから清める必要がある。その結果，霊魂は自分自身についての認識に外界に由来するいかなるものも付け加えないのである。こうした認識こそ霊の認識であり，ここにはアウグスティヌスが『三位一体論』第10巻で述べている考え方が見出せる。すなわち，アウグスティヌスによれば，自己認識は理性による長い探究の末に得られるものというよりは，浄化すべき真理として与えられている[172]。

こうしたアウグスティヌスの伝統は，フランシスコ会のほぼ全体に浸透していたのだが，マテウスがはっきりと採用しているものであり，いくつかの指摘から明らかにできる。例えば，ある異論はアリストテレスの権威を引き合いに出してマテウスに反対している。すなわち，アリストテレスによれば，知性の固有対象は表象像と結びついており，人間は表象像を介さずには何ものも認識できないほどである。何度も指摘したように，マテウスはこうしたアリストテレスの権威を少しも退けておらず，注意深くその限

---

172) « Ad secundum dicendum quod quilibet posset animam suam videre et intueri, nec circa eam erraret si plene, relictis exterioribus formis, ad semetipsum rediret. Sed quia versantur multi circa imagines corporum, nihil credunt esse nisi corpus; et ideo circa animae naturam errant, ut dicit Augustinus, X *De Trinitate*, cap. 7. Igitur secernat se et discernat a phantasmatibus in quibus versatur, et semetipsum ad se revocet, et sine errore se cognoscet, ut dicit idem, cap. 9 » (*Quaest. disp. de cognitione*, q. V, ad2 ; p. 310, l. 17-24).

96 第1章 アクアスパルタのマテウス

界を見定めている。アリストテレスは自然の次元を究めた
哲学者であり，その思想は人間の認識の最初の経験的要素
を説明するには適しているが，霊的なものに関して言え
ば，アウグスティヌスの権威の方が優っている。「人間は
表象像なくして何も認識できないというアリストテレスの
権威は，物体的なものについてのみ妥当すると考えるべき
である。人間は物体的なものを，感覚を通じて認識し，表
象像を介してはじめて捉えることができる」[173]。このよう
なわけで，アリストテレスの権威は自己の直接的認識の可
能性を問題にしないのであり，アリストテレスを引き合い
に出して，霊魂が直接自分自身を見られる事実に反論する
ことは間違っているだろう。

　にもかかわらず，マテウスが独自に採用したアウグス
ティヌス主義は別の限界にぶつかる。というのも，あらゆ
る反論にもかかわらず，知性の働きや自己認識において身
体の果たす役割を認めざるをえないからであり，実際，身
体の欠陥は精神の働きを妨げるのである。事態がこのよう
であれば，認識，特に自己認識に関するアリストテレスの
分析を無視することはできなくなる。もっとも，これに関
連して，霊魂は直接自分自身を認識できるという主張に反
論した異論がある。すなわち，感覚的な働きにおける霊魂
の下級の部分の働きは，下級の身体器官と結びついている
人間知性の働きを妨げるとしても，自己認識には必要であ
る。それゆえ，霊魂が自分自身を認識するのは，本質を通
じてではなくこうした働きを通じてである[174]。マテウスはこ

---

173) « Auctoritas autem Philosophi intelligenda est de rebus
corporalibus, quarum notitiam acquirit per sensus, quae sine phantasmate
non intelliguntur »（*Quaest. disp. de cognitione*, q. V, ad6 ; p. 311, l. 27-
29）.

174) « Item, actus virium superiorum non impedirentur per
impedimentum virium inferiorum, nisi actus inferiorum subministrarent et

4 様々な異論に対するマテウスの見解　　97

の異論に反対して詳しく解答しているが，霊魂と身体の関
係や結合に関する明確な考えを前提として考察し[175]，霊魂
の存在は身体に依存せず，霊魂の働きもそれ自体としては
身体に依存しないと再び述べている。知性の働きは，それ
自体として本質的には，身体の共働を必要としない。なぜ
なら，知性の本性は自立的にして超越的なのでその必要が
ないからである。しかし，知性の働きは身体器官の良好な
状態を必要とする。もしこうした状態が損なわれるなら，
知性の働きは制限され，妨げられることもある[176]。マテウ

---

deservirent actibus superiorum. Sed nos videmus quod per impedimentum
actuum inferiorum actus superiorum impediuntur, sicut apparet, quoniam
impeditis actibus inferiorum, ligantur vires superiores; ergo subministrant
et deserviunt superioribus. Cum igitur intellectus ligetur propter
infirmitates et ineptitudinem organorum quibus actus virium inferiorum
impediuntur, ita quod non potest se vel habitus suos intelligere, ergo actus
inferiorum necessarii sunt ad intelligendum. Ergo per actus cognoscit se et
habitus in se existentes »〔さらに，上級の能力の働きが下級の能力の
欠陥によって妨げられるのは，下級の能力の働きが上級の能力の働き
を助け支えているかぎりにおいてである。しかるに，上級の能力の働
きが下級の働きの欠陥によって妨げられることは明らかな事実であ
る。というのも，下級の能力の働きが妨げられると，上級の能力も制
限されるからである。それゆえ，下級の能力の働きは上級の能力の働
きを助け支えている。したがって，知性は，下級の能力の働きを損な
う身体器官の欠陥や無秩序のせいで妨げられて，自分自身と自分の有
する習慣を認識できなくなるので，下級の能力の働きは知性認識に必
要だとせねばならない。このようなわけで，知性が自分自身と自分の
うちにある習慣を認識するのは，働きを通じてである〕(*Quaest. disp.
de cognitione*, q. V, obj.4 ; p. 293, l. 3-14).

175)　Cf. H.M. BEHA, *Matthew of Aquasparta's Theory of
Cognition* (1960), p. 177-185 ; P. MAZZARELLA, *La dottrina dell'anima*
(1969), p. 49s.

176)　« Ad quartum patet responsio, quoniam actus intellectus
sive virium superiorum non impediuntur propter impedimentum actuum
inferiorum <eo> quod vires inferiores vel eorum organa comparticipent
vel cooperentur in omni cognitione intellectiva, sed quia, ut dictum est,
anima est perfectio naturalis corporis : quamvis ad suum esse a corpore

98 　　第 1 章　アクアスパルタのマテウス

スは，このような主張のために，自己認識が先行する働き
を通じてどのように可能になるかを説明せねばならなく
なった。

　身体の働きは，それ自体としては，霊魂の知的な自己認
識の原因ではない。なぜなら，霊魂の自己認識は，純粋に
霊的な次元で自分自身に立ち帰ることだからである。それ
ゆえ，直接的なのである。しかし，身体の働きは決して自
己の霊的認識の原因ではないと主張することは，身体の働
きはなくても困らないということではない。むしろ反対
に，身体の働きは不可欠な可能条件（sine qua non）なの
である。下級の感覚的能力の働きが質料的なものや霊的な
ものを認識するために必要なのは，共働する原因としてで
はなく，認識の可能条件という意味に限ってである[177]。身
体の働きを取り除くなら，霊魂は自分自身を認識できなく
なるだろう。実際，マテウスは，究極的には感覚や身体器

---

non dependeat, tamen ad suum esse in corpore exigit dispositionem
ex parte corporis, qua corrupta, solvitur unio et necessario a corpore
separatur. Ita quamvis operatio eius a corpore non dependeat, tamquam in
intelligendo cooperetur, tamen exigit dispositionem ex parte corporis, qua
impedita, impeditur eius operatio »〔第四については答えて言わねばな
らない。知性や上級の能力の働きは下級の働きの欠陥のために妨げら
れない。というのも，下級の能力や身体器官はどんな知性の働きにお
いても知性を分有して知性とともに働くが，それは，すでに述べた
ように，霊魂は身体の自然本性的な完成だからである。すなわち，霊
魂は自存するためには身体を必要としないが，身体のうちに存在する
ためには身体の良好な状態を必要とする。こうした状態が損なわれれ
ば，霊魂と身体の結合は解かれ，霊魂は身体から必ず分離することに
なろう。同じように，霊魂の働きは，知性認識において共働する身体
に依存してはいないが，身体の良好な状態を必要とするのであり，こ
うした状態が損なわれれば，霊魂の働きも妨げられるだろう〕（*Quaest.
disp. de cognitione*, q. V, ad4 ; p. 310-311, l. 28-7）.

　177）　« Ergo actus inferiores non sunt necessarii ad actum
intelligendi inferiora vel superiora tamquam causa coagens, sed sicut causa
sine qua non »（*Quaest. disp. de cognitione*, q. V, ad4 ; p. 311, l. 7-10）.

4 様々な異論に対するマテウスの見解 99

官の働きに根ざす他のものの認識の働きは，自己認識を含めたあらゆる認識の最初の経験的要素だと明言していたのであり，こうした主張がここで確証されていると言えるだろう。しかし，精神の外部にあるものに向かう直接的働きは自己認識が生じる原因ではないとも確言されている。すなわち，直接的働きは，自己認識の可能条件として，最初の不可欠な要素とされているにとどまる。

こうして私の仮説を確証できる。すなわち，マテウスによれば，認識の働きには断絶がある。外部の認識は，確かに純粋に知性的な認識，特に自己の直接的認識には不可欠だが，それは本質的な原因としてではなく，働きの外的条件としてだけである。この問題では，マテウスとトマスの考え方の違いははっきり浮かび上がってくる。なぜなら，トマスは精神の外部にあるものから霊的な認識に至るまで，断絶のない根本的な統一性を見出そうとしていたからである[178]。対して，マテウスは外部のものの認識と自己認識の非連続性を強調することで，もっと霊性を重視する伝統に与しているのであり，こうした伝統によれば，精神の外部にあるものに向かう働きは，精神の外部にあるものを超えたところから始まる自己認識にいかなる内容も与えないのである。にもかかわらず，マテウスは，少なくとも最初の要素については，アリストテレス哲学に特別な位置を残しているのであり，これは「折衷的アリストテレス主

---

178)「しかし，マテウスはトマス・アクィナスや他の人々が主張する間接的認識の理論を注意深くまた詳しく論駁している。実際，他でもないこの点について，グラープマンはマテウスとトマスの最も大きな違いを見出したのである。トマスによれば，霊魂は自分自身を表象像から抽象した形象を通じて認識するのであり，それゆえ自分の本質を直接認識できない。けれども，こうしたトマスの基本主張は，マテウスの観念発生論——いかなる形象も表象像から抽象されない——の全体と相容れない」(H.M. BEHA, *Matthew of Aquasparta's Theory of Cognition* (1961), p. 429)。

義」と呼ばれる傾向性の一つの特徴である[179]。マテウスが
アリストテレスにどんな特別の位置を与えていたかは, 極
端に霊性を重視する異論に対する解答を見れば, もっと
はっきり分かる。

4.1.2 極端に霊性を重んじる見解に抗して

トマスの見解に根本的に対立する考え方だが, アウグス
ティヌスを引き合いに出しつつ, 人間霊魂が自分自身を認
識するのは, 働きを通じてでは決してなく, 本質を通じ
て, 自分自身を通じてだと主張する人々がいる。こうした
主張を支える異論と異論解答のうちでは, ここで二つの点
が特に問題になる。

4.1.2.1 先行する働きを認めない立場　マテウスが言
及しているのは, 霊魂の自己現前に関する伝統的な論拠で
ある。この異論にしたがえば, 霊魂は自分自身を自分の働
きを通じて認識すると主張することは誤りである。という
のも, 働きは, 霊魂そのものの本質と同じほどには, 霊魂
に現前していないからである。しかるに, 実際, 対象を認
識する手段は, 対象そのものよりも直接的に認識者に現前
している。自己認識の場合, 働きは霊魂そのものの本質ほ
ど霊魂には現前していないので, 霊魂は自分自身を自分の
働きを通じて認識するとは言えないのである[180]。

この異論に対する解答はきわめて重要に思えるが, それ
というのもこの解答を見れば, マテウスがアウグスティヌ
スの権威を援用しつつも, いっそうアリストテレス的な伝

---

179)　Cf. F. VAN STEENBERGHEN, *La philosophie au XIIIe siècle*
(1966), p. 465. ここでは, ボナヴェントゥラの「折衷的アリストテレ
ス主義」が指摘されている。

180)　« Item, omne illud per quod aliquid scitur vel cognoscitur, est
immediatius cognoscenti quam cognitum ipsum vel scitum. Sed certum est
quod actus nullo modo est immediatior animae quam ipsa sibi; ergo non
cognoscit se per actum suum »（*Quaest. disp. de cognitione*, q. V, obj.15 ;
p. 296, l. 20-23）.

4 様々な異論に対するマテウスの見解 101

統に与していることが分かるからである。マテウスいわ
く，アウグスティヌスによれば，霊魂は確かに自分自身に
対して最も近くに現前しているが，にもかかわらず自分自
身や自分のまなざし——すなわち認識——から遠ざかって
おり，それというのも自分自身を実際に思考することで自
分のまなざしを自分自身に向けていないからである。しか
し，こうした立ち帰りや自己還帰の理由は何だろうか。そ
の理由は，ひとえに霊魂が自分自身の現前に気づかされる
という事実にある[181]。このようなわけで，他のものに向か
う働きは自己認識や自己直観のきっかけにして可能条件な
のである[182]。霊魂は自分自身を通じて自分自身だけで，自
分自身を直接認識したり思考したりできず，反対に先行す
る働きを通じて自分自身を考察するよう促されるのであ
る[183]。このわけは，認識の秩序と存在の秩序は逆になるか
らである。霊魂は確かにその働きよりも自分自身に現前し
ているが，これは存在の秩序である。反対に認識の秩序
では，働きの方が霊魂によりいっそう現前することにな
る[184]。それゆえマテウスは，アウグスティヌス思想をきわ

---

181) commonere には「思い出す」という意味もあるが，これは
マテウスがここで使っている意味ではない。

182) ここでも，他のものに向かう，精神の先行的働きは自己の
直接的認識の可能条件である。しかし，こうした働きは自己認識の原
因ではない。なぜなら，自己認識の内容は，精神の外部のものに向か
う直接的働きをことごとく超越したところから取られるからである。

183) « Ad octavum dicendum secundum Augustinum in XIV *De
Trinitate*, cap. 6, qui dicit quod, quamvis anima sibi praesentissima sit,
tamen quodam modo longe est a se sive a conspectu suo, nisi quando se
cogitando in conspectu suo se ponit; et ideo per actus commonetur, ut ad
se cogitandum redeat » (*Quaest. disp. de cognitione*, q. V, ad8 ; p. 313, l.
11-15).

184) « Dico igitur, quod quamvis mens immediatior sit sibi quam
actus suus in ratione essendi, tamen actus immediatior <est> in ratione
considerandi; et ideo per actus reducitur ad sui considerationem » (*Quaest.*

めて単純に理解して霊性だけを重視しようとする解釈を
はっきりと退けている。

4.1.2.2 自己認識の先行性　　他の異論は，すでにフラ
ンシスコ会では伝統的なもので，アウグスティヌスの権威
に基づいているが，霊魂の本質を含めた霊魂の存在そのも
のを知らなければ，他のものは何一つ認識できないことを
明らかにしている。こうして，精神は自分の働きを認識す
る以前に，すでに自分自身を知っている。「しかし霊魂は，
自分自身を知らないなら，どのようにして認識の働きを知
るのか。……最後に，霊魂は，自分自身を認識しようとす
るとき，すでに自分は霊魂であることを知っている。さも
なければ，霊魂は自分が認識しようとしていること自体も
分からないことになろう」[185]。それゆえ，霊魂が自分の働
きを知る前に自分自身を知っているのなら，自分の働きを
通じて自分自身を知ると主張することは馬鹿げているだろ
う。それゆえ，この異論は自己認識が完全に最初のもの

---

disp. de cognitione, q. V, ad8, (n.15)；p. 313, l. 16-19）．

　　185）　Cf. AUGUSTIN, *De Trinitate*, X, 3, 5, p. 129 et *De Trinitate*,
X, 4, 6, p. 131. « Item, secundum Augustinum, X *De Trinitate*, cap. 3 in
fine et 4 in principio, anima actum suum nullo modo cognosceret neque
suum esse, nisi primo se nosset. Dicit enim "Ubi suum esse novit, si se non
novit"？Et："Cum se nosse <mens> quaerit, mentem se esse iam novit;
alioquin utrum se quaerat ignorat". Si ergo prius novit se mens quam
noverit suum actum vel suum esse, ergo non cognoscit se per actum suum
»〔さらに，アウグスティヌスが『三位一体論』第 10 巻の第 3 章の終
わりと第 4 章の初めで言うことによれば，霊魂は，最初に自分自身を
知らなければ，自分の働きも自分の存在も決して認識できない。アウ
グスティヌスは言っている。「霊魂は自分自身を知らないなら，どこ
で自分の存在を知るのか」。「精神は自分を知ろうとするとき，自分が
精神であることをすでに知っている。さもなければ，自分が自分自身
を求めているかどうかも分からないことになろう」。それゆえ，精神
は，自分の働きや自分の存在を知る前に自分自身を知っているのだか
ら，自分の働きを通じて自分自身を認識するわけではない〕（*Quaest.
disp. de cognitione*, q. V, obj.2, (n.14)；p. 296, l. 12-19）．

4 様々な異論に対するマテウスの見解 103

であることを明らかにしているが[186]，マテウスはこの異論
を，自己の直観に先行する働きを一切認めない人々の見解
を支える論拠として提示している。

マテウスはこの異論に解答するために，再びアウグス
ティヌスの権威を参照しているが，アウグスティヌスもこ
うした異論をすでに予想し，あらかじめこれに答えてい
る。実際，アウグスティヌスは，霊魂は，ある意味では自
分自身を知っているが，別の意味では知らないと言ってい
る。すなわち霊魂は，習慣的に，まったく一般的な仕方で
は自分自身を認識しているが，働きを生み出していないか
ぎりで自分の本質を現実的にはまったく思考していない。
この場合，霊魂は自分が存在することは知っているが，自
分は何であり，他のものとどのように区別できるかは知ら
ないのである。このようなわけで，アウグスティヌスによ
れば，霊魂が自分自身を認識しようとするのは，未知のも
のを探そうとしているのではなく，霊魂を他から区別しよ
うとしているのである。自己認識が義務と感じられる理由
はここにある。自己認識は霊魂に対する命令のようなもの
で，こうした命令により霊魂は自分自身に注目し，自分自
身を他とは異なるものとして認め，自分自身に立ち帰り，
自分自身を認識しようとするが，その結果人間は霊魂の本
性と要求に従いつつ生きることができるようになる[187]。

---

186) 私は，*Le sens de la réflexion chez Thomas d'Aquin* (1991)
〔『トマス・アクィナスの自己認識論』〕の中で，トマスが先行する自
己認識というこうしたアウグスティヌスの考え方を，あらゆる自己認
識の可能条件にとどまらず，あらゆる真なる認識の可能条件としても
適切に評価している様子を明らかにしようとした。これは，前者は習
慣的認識に関する，後者は完全な立ち帰りに関する私なりの解釈であ
り，少なくとも『真理論』1問9項が説明している主題である。

187) « Ad septimum patet responsio per Augustinum ibidem. Dicit
enim quod anima et se novit et se ignorat. Novit se quidem habitu et in
generali, sed non se cogitat in actu et in speciali, nisi cum primum exit in

104 第1章 アクアスパルタのマテウス

　しかし，こうした自己認識は，ただ習慣的な認識を述べ
たものでないなら，それ自体として働きに先行するもので
はない。それゆえ，霊魂は自分自身を通じて，霊的であら
ゆる働きとは無関係な純粋性において自分自身を認識する
と主張する異論は，反駁の余地のないものではない。マテ
ウスは，習慣的認識をどのように評価していようとも[188]，
あらゆる認識に先立つ，霊魂そのものの現実的認識を認め
ていない。その理由として，他のものに向かう働きは，自
分自身に関するどんな現実的認識にも不可欠な条件であ
り，自己の直接的認識の可能条件として必ず必要である点
を指摘できる。

　部分的に受け入れたり遠ざけたりしている考え方に関す
るマテウスの説明を通じて，マテウス自身の立場は哲学史
の中で明確になってくる。マテウスがアウグスティヌスの
古い伝統とアリストテレスの新しい哲学の間に認めた緊張
関係は，トマス・アクィナスや当時のほぼすべての思想家
を取り巻いていたものでもあった。アリストテレス哲学の
統合は，いくつかの理由のために，マテウスよりもトマス
においていっそう徹底的に行われた。マテウスがアリスト
テレス哲学を完全に統合しようとしなかったことも認める

---

actum; et tunc ita novit se esse, ut tamen non noverit quid sit, nec se aliis
discernit; et ideo quaerit se non tamquam sibi ignotam, sed tamquam ab
aliis discernendam. Et ideo praecipitur ei ut se noverit, id est se ab aliis
discernat et in se ipsam redeat et semetipsam conspiciat et secundum
naturam suam vivat. Haec Augustinus ponit sparsim ibidem » (*Quaest.
disp. de cognitione*, q. V, ad7, (n.14) ; p. 313, l. 1-10).

　188)　実際，習慣的認識の問題に関するマテウスの見解がトマス
の見解といかなる点で異なるかを非常に正確に述べることは難しい。
というのも，マテウスは「自己の習慣的認識」として理解している事
柄についてはっきり述べておらず，少なくともこの第5問では，アウ
グスティヌスのテキストの解釈を何一つ明らかにしていないからであ
る。

4 様々な異論に対するマテウスの見解　　　105

べきだろう。アリストテレスがマテウスにもたらしたの
は，自己認識において他のものに向かう直接的働きが先行
するという教えと，認識の客観性を認識の最初の経験的要
素に関して保証することだった。しかし，霊魂の直接的自
己認識を説明する場合には，アリストテレスの教えはもは
や価値を持たなくなる。というのも，直観の働きは外的な
データを何一つ保存せず，外的なデータを刺激，きっか
け，促しとして必要とするだけだからである[189]。

　こうした哲学が，逆説的に聞こえるかもしれないが，マ
テウスの思想に次のような影響をもたらした。すなわち，
そこで使われている言葉は多くの点でアリストテレスのも
のだが，精神はアウグスティヌスを模倣しているのであ
る。この点について，形象の事例は特別な範例と呼べるだ
ろう。フランシスコ会の哲学者や神学者の多くは，霊魂は
自分自身を自分自身を通じて直接，しかも直観的に認識す
ることを力強く弁護したが，マテウスは自己の直接的認識
における形象の必要性を大いに強調した最初の人々の一人
だった。この点は，マテウスの自己認識論の第二の独創性
と言えるだろう。

4.2　自己の直接的認識における形象

4.2.1　知性の存在の働きと認識の働き

　フランシスコ会学派では，トマス思想に反対する機運が
高まってきた。人々が特に反対したのは，自己認識は知性
の現実化——知性は何かを認識する以前には可知的世界に
おいて純粋な可能態でしかない——に依存しているという
考え方である。人々はトマスに依りつつ，知性は思考する

---

189)　もちろん，こうした教えはもっと広い認識論の枠組みに含
まれるものであり，そこでマテウスはアリストテレス的意味での抽象
の分析を遠ざけている。知性や，自立的で超越的な霊魂のうちには，
精神の外部にあるものの印象や形象などは一切存在しない。

106 第1章 アクアスパルタのマテウス

以前には存在せず，知性の存在は思考することに他ならないと主張した[190]。この問題は，すでにマテウスが1278-79年に書いた定期討論集の中ではっきりと指摘しているが，論争を引き起こしたのであり，この論争は暴力的要素も含みながら，少し後の時代のオックスフォードで展開された。

　自己認識における形象の必要性に反対した異論がある[191]。この異論が特に主張するところでは，霊魂は存在の次元，知性の次元，可知性の次元で考察できる。しかるに，霊魂は，存在の次元では，自分自身を通じて存在する。存在の次元，知性の次元，可知性の次元は厳密に対応しているので，霊魂は自分自身を自分自身を通じて認識できるとせねばならない。というのも，霊魂は自分自身を通じて存在するからである。このようなわけで，何らかの形象に訴える必要はないということになる[192]。それゆえ，この異論は存在の次元，認識の次元，可知性の次元の厳密

　190）　1282-85年頃，ロジャー・マーストンは，トマスの議論では働き（現実態）という言葉が曖昧に使われていることを指摘しようとした。すなわち，知性が思考する前に現実態にないのは，純粋な可能態にある質料が形相的規定を受けとる前には現実態にないのと同じである。この言明では，前者の現実態は認識の働きを意味するのに対し，後者の現実態は存在の働きを意味している——cf. ROGER MARSTON, *Quaestiones disputatae De anima*, q. I, p. 208-209。

　191）　こうした異論を述べたのは，十中八九ガンのヘンリクスである ——H.M. BEHA, *Matthew of Aquasparta's Theory of Cognition* (1961), p. 432-435。明らかなように，この領域に関する現在の研究は進んでいない。もし研究するとすれば，対象を拡大して，ボナヴェントゥラ，ヘンリクス，ヴィタル・デュ・フール，ヴィテルボのヤコブス，さらにはアヴィセンナやアヴェロエスの思想にも注意を払うべきだろう。

　192）　« Item, anima est in ordine entium, et in ordine intelligentium et intelligibilium. Sed anima exsistit per semetipsam; ergo intelligit et intelligitur per semetipsam : ergo non per speciem » （*Quaest. disp. de cognitione*, q. V, obj.6, (n.21) ; p. 297-298, l. 33-2）.

4 様々な異論に対するマテウスの見解　　107

な対応関係に基づいており，マテウスはこの三つの次元
を注意深く区別している[193]。マテウスはこの区別に基づき
つつ，存在の次元は認識の次元に還元できないと答えてい
る。存在は無条件的な次元である。すなわち，事物が存在
するためには，事物の原理と，創造主である神による存在
における保持があれば十分である。他方，「認識されるこ
と」は，知性への関係を前提としており，何かが知性を動
かし形成することを必要とする。そして，こうした知性の
形成は形象を通じてはじめて可能になるのであり，形象は
事物がこうした手段を介して知性を動かし形成するために
不可欠なものである[194]。言い換えれば，「霊魂は，霊魂の
うちに存在すると同時に霊魂を完成する形相を通じて存
在する。同様に，霊魂は，知性のまなざしを形成する形
象を通じて認識される。このようなわけで，自分自身を
通じて認識されるからと言って，形象を通じて認識され
ることが排除されるわけではない。これはちょうど，光
（lux）はそれ自体を通じて見られると言うときに，光は光
線（lumen）を通じて見られることが排除されないのと同
じである」[195]。

---

193)　存在の階層秩序と可知性の階層秩序の区別については，
R. LAMPERT, *A Textual Study of Aquinas' Comparison of the Intellect to Prime Matter* (1982), p. 90-92 を参照。

194)　« Ad sextum dicendum quod, ut quaestionibus praecendentibus visum est, non est simile de "esse" et "intelligibili", quia "esse" est quid absolutum; ideo ad esse rei sufficiunt sua principia cum manutentia Creatoris. Sed "intelligi" dicit relationem ad intelligentem in ratione moventis et informantis; et ideo necessaria est species, qua mediante moveat et informet intellectum » (*Quaest. disp. de cognitione*, q. V, ad6, (n.21) ; p. 314, l. 22-28).

195)　« Vel dicendum quod sicut <anima> est per formam suam in se existentem et perficientem, ita intelligitur per speciem suam aciem intelligentis informantem. Unde intelligi per se non excludit intelligi per speciem, sicut nec videri lucem per se excludit videri per lumen suum »

108 第 1 章 アクアスパルタのマテウス

　こうした考え方はもっと明確に述べることができるので
あり，マテウスは自分の見解をさらに限定している。アリ
ストテレスやアヴェロエス（Averroès）の言うように，知
性は形相を受容できるものとして，自分自身のうちに形相
を有していないのか。知性は決して受容されたものではな
い自分自身の形相を有していないのか。あるいは反対に，
自分自身を認識するために他の形象を必要としないほど深
い次元で，こうした形相を所有していないのか[196]。実際，
マテウスの解答によれば，知性はある意味で自分の形相
を「所有している」が，別の意味ではこうした形相を「受
けとる」のである。すなわち，存在の次元では所有してい
るが，認識の次元では受けとるのである。このようなわけ
で，知性は自分自身を認識しようとするとき，自分のうち
に自分自身の似像を生み出す必要がある。それゆえ，存在
の次元と認識の次元は非常にはっきり区別されている[197]。
したがって，霊魂は，自分自身を自分自身を通じて認識で

（*Quaest. disp. de cognitione*, q. V, ad6, (n.21) ; p. 314, l. 28-32）.

　196）« Item, secundum Commentatorem et Philosophum oportet
quod intellectus sit absque forma, ut sit susceptibilis formae. Sed
intellectus non caret forma sui, immo habet eam; ergo non recipit : ergo
nec se per suam speciem intelligit »〔さらに，註解者や哲学者の言うよ
うに，知性は形相を持たず，受けとるだけなのか。しかし，知性は自
分自身の形相を欠いておらず，むしろ有している。それゆえ，こうし
た形相を受けとるわけではない。したがって，知性は自分自身を自分
の形象を通じて認識するのではない〕（*Quaest. disp. de cognitione*, q. V,
obj.11, (n.26) ; p. 299, l. 1-5）.

　197）« Ad undecimum dicendum quod intellectus habet formam
suam et recipit, sed aliter habet et aliter recipit. Habet enim eam in
ratione entis sive perfectibilis, et hoc modo non recipit; non habet autem
eam, immo recipit in ratione obiecti actu moventis. Et ideo, ad hoc quod
semetipsum cognoscat, necesse est ut ex se in se suam similitudinem
exprimat »（*Quaest. disp. de cognitione*, q. V, ad11, (n.26) ; p. 315, l. 24-
29）.

4 様々な異論に対するマテウスの見解 109

きるほどにまで，自分自身に似ていると主張することは
まったく誤っている。実際，霊魂は，存在の次元では，自
分自身に似ているだけでなく，自分自身と同一でもある。
しかし，認識の次元では，自分自身を認識していないかぎ
りで，いわば自分自身に似ていないのであり，自分自身に
よりいっそう似る必要がある。こうして，霊魂は自分自身
に立ち帰る必要があるのだが，こうした立ち帰りはある種
の働きを含意している。このようなわけで，霊魂が自分自
身を通じて霊魂の本質を認識することは，直接的認識では
あっても，形象の存在を必ず必要とするのである[198]。

　自己認識に関して生じる問題はまだいくつか残ってお
り，もしこうした問題に対する解答があれば，自己認識
のプロセスについて特に理解を深めることができるだろ
う。しかし，マテウスはこうした問題にほとんど解答して
いない。例えば，なぜ霊魂は自分自身を認識しようと思う
のか。霊魂を駆り立てるものは何なのか。こうしたことに
ついて，マテウスは何も述べていない。同じく，霊魂が現
実態において直接自分自身を認識する以前の，霊魂の知性
的な自己現前とはどういうものなのか。マテウスは問いを
立てることを避けている。にもかかわらず，わずかな指摘
を拾い集めることはできるのであり，こうした指摘から存
在の次元と認識の次元の関係を明らかにできるだろう。す
なわち霊魂は，はじめは知性の働きを行う自分自身を捉え
ていないが，根本的には自分の存在の働きを捉えているの
であり，この存在の働きは認識の働きより以前のものであ
る。マテウスによれば，認識されるものは現実態にあるか
ぎりで認識されるのであり，これはアリストテレスの認識

---

　198)　Cf. « Quod autem obicit, quod tunc moveret ut agens et ut
finis, esto; tamen non moveret ut forma in ratione obiecti cognoscibilis
nisi per speciem ex illa forma expressam. Sic dico in proposito »（*Quaest.
disp. de cognitione*, q. V, ad10, (n.25) ; p. 315, l. 20-23）．

110 　　第 1 章　アクアスパルタのマテウス

論の重要原理の一つである。他方，知性の自己認識につ
いて事態はどうなのか。というのも，知性はそれ自体として
現実態において存在するものだからである。知性はそれ自
体を通じて可知的ではないのか。「現実態には二つのもの
があり，第一は存在，第二は働きである。知性が第二現実
態，すなわち働きあるいは知性認識の現実態にあるのは可
知的形象を通じてのみである。にもかかわらず，知性は第
一現実態，すなわち存在の現実態に関しては，現実態にお
いて存在している。このようなわけで，知性は可知的であ
り，自分自身を形象を通じて認識できる。だから，知性
は，最初は自分自身を現実態において認識しつつ捉えてい
なくても，現実態において存在するものとしては認識して
いるのである」[199]。それゆえ知性は，存在の次元では確か
に現実態にあるが，認識の次元では可能態にとどまってい
る。すなわち，存在の点では自分自身を直接認識している
が，知性認識という働きの点では同じように自分自身を認
識していないのである[200]。

---

199)　« Ad argumentum pro opinione, quod "nihil intelligitur nisi
actu ens", dico quod duplex est actus : primus, qui est esse, et secundus,
qui est operari. Quamvis autem intellectus non sit in actu secundo, qui est
operari sive intelligere, nisi per speciem intelligibilem, est tamen actu ens
quantum ad actum primum, qui est esse; et ideo est intelligibilis et potest
se intelligere per speciem suam. Unde quamvis primo non intelligat se
actu intelligentem, intelligit se tamen actu exsistentem » (*Quaest. disp. de
cognitione*, q. V, ad11, (n.26) ; p. 315-316, l. 30-2) .

200)　ここで，アウグスティヌスが言うような「習慣的な認識」
はどうなるのかと問うことは正しい。マテウスにおいては，少なくと
も認識に関するテキストの中では，習慣的な認識は人間が自分の存在
について有する意識に還元されているようであり，前反省的意識の
ようなものと理解されている。こうした理解では，トマスが習慣的認
識と呼ぶ，意識以前の闇のようなもの——その霊的構造に促されて霊
魂は自分自身を認識しようとする——はほとんど議論されることはな
い。トマスによれば，意識は最も些細な生命活動でも現実化し，霊魂

4 様々な異論に対するマテウスの見解　111

4.2.2　形象の非質料性

テキストの分析をさらに進めるなら，マテウスの考え方
の全貌を，独自の照明説や，アウグスティヌス，ボナヴェ
ントゥラ，アリストテレス，アヴィセンナ，おそらくア
ヴェロエスからの引用を踏まえつつ再構成する必要があ
る。すでにこうしたことを論じた研究はいくつかある[201]。
ここでは，形象——霊魂の直観的自己認識に伴いそれを可
能にしている——の厳密な意味での非質料的構造を明らか
にするだけで十分である。実際，形象は，知的次元のあら
ゆる形象と同じく，その本性は非質料的だが，その起源も
非質料的である。というのも，霊魂は純粋に霊的なその存
在，自立性，超越性において確立した実体であり，質料的
なものの影響を一切受けることがないからである。このよ
うなわけで，形象は，霊魂にとって認識の形相的中間項と
して役立つものだが，実のところその存在は霊魂そのもの
に由来している。確かに，精神の外部にあるものの認識の
場合，形象の起源は質料的事物にある。というのも，事物
が身体器官に印象を刻むことで，霊魂は自分のうちにこう
した印象に一致する形象を生み出すからである。反対に，
霊魂の認識の場合には，形象は絶対に外的事物に由来しな
いのであり，存在，作出因，意味の点で，徹頭徹尾霊的に
して非質料的である。それゆえ，こうした形象は，可感的
で質料的な事物の認識を可能にする可知的形象から区別さ
れる。

　事態をより明確にするために，形象の必要性に反対する
異論とそうした異論への解答を参照することは有益だろ

は自分自身に関する潜勢的な意識や認識を顕在化しようとするが，こ
れは人間精神に見出せる神の像を不完全ながらも実現しようとする試
みである。

　201）　Cf. notamment H.M. BEHA, *Matthew of Aquasparta's Theory
of Cognition* (1961), p. 71-79.

う。いくつかの異論は、ある観点から次の異論へと集約できる。すなわち、形象が必要なのは、認識対象が質料的次元に存在する場合だけである。というのも、認識対象は、その質料のせいで、知性のうちに本質を通じて存在できないからである。この場合、形象は質料的事物から抽象されたものにならざるをえない。しかし、霊魂そのものや霊魂の習慣のような非質料的なものは、すでに質料から切り離されているので、それらとは異なる形象に訴える必要はどこにもない。霊魂は、非質料的なので、形象なしに自分自身を認識できるのである[202]。

マテウスの異論解答は多くの点で参考になる。明らかなことだが、マテウスは霊魂が直接自分自身を見ることと、形象が必要であることを同時に主張しているので、この場合の形象は知性が質料的事物を認識するために生み出した形象と同じ種類のものでは絶対にない。マテウスはこのことをはっきり述べている。すなわち、非質料的なもの

---

202) « Item, non videtur esse aliqua ratio quare ad cognitionem alicuius rei species sit necessaria, nisi quia res materialis est et quia non potest esse per essentiam in intellectu; et ideo oportet speciem abstrahi a re. Sed anima et habitus qui in ea sunt omnino sunt immateriales; ergo non cognoscit aut intelligit se vel habitus suos per aliquam speciem, sed per semetipsam » (*Quaest. disp. de cognitione*, q. V, obj.7, (n.22) ; p. 298, l. 3-9). « Item, Commentator, super III *De anima*, dicit quod in rebus separatis a materia non est aliud intentio per quam intelliguntur, et forma per quam sunt id quod sunt. Sed certum est, quod tam anima quam habitus qui sunt in anima sunt a materia separata; ergo non intelliguntur per aliquam intentionem sive speciem a se differentem. Ergo intelliguntur per essentias suas tantum » 〔さらに、註解者が『霊魂論』第3巻について言うことには、質料から切り離されたものにおいては、認識される手段である概念と、本質を成す形相は別のものではない。しかるに、霊魂も、霊魂のうちにある習慣も、質料から切り離されている。それゆえ、こうしたものは、自分自身とは異なる概念や形象を通じて認識されるのではないので、ただ自分の本質を通じて認識されるのである〕(*Quaest. disp. de cognitione*, q. V, obj.3, (n.18) ; p. 297, l. 10-16).

4 様々な異論に対するマテウスの見解　　113

の認識では，質料的事物の認識の場合のように，「表象像
から抽象した」形象は存在しない。にもかかわらず，この
ことは，質料から切り離されたものが形象を介さずに認識
されるという意味ではない。このことが言わんとしている
のは，非質料的なものと，非質料的なものが認識される媒
介である形象は同じ類に属するということである。すなわ
ち，両者はともに霊的次元に属するのであり，他方で他の
形象は質料的起源の痕跡をとどめている[203]。それゆえ，異
論は自己の直接的認識の前提となる形象の霊的な純粋性を
理解していない。

　実際，自己の直接的認識における形象の存在を否定する
ならば，必ずや不合理に陥ることになる。こうした形象が
存在しないなら，霊魂は自分のうちに本質を通じて存在す
るもの，それゆえ霊魂に現前しているものをすべて現実態
において常に認識していることになるが[204]，これは明らか
に誤っている。霊魂が自分自身を認識したりしなかったり
するという経験的事実を説明するためには，断続的な自己
形成を考慮に入れる必要がある。そして，知性のこうした
断続的自己形成は，形象を介してはじめて実現すると言え
るのである。

　ここで問題となるのは，自己認識の形相的手段として形
象が存在するという事実ではなく，形象の本性に関するマ
テウスの考えである。マテウスが強調するところでは，こ
うした知性の形成が質料に由来することは絶対にない。自

---

203)　« Ad tertium respondendum est eodem modo. Vult enim
dicere ille Commentator quod res a materia separatae non habent species
abstractas a phantasmatibus sicut res materiales; sed et res ipsae et species
per quas formaliter cognoscuntur, sive intentiones, sunt eiusdem generis,
quia utrumque est intellectuale »（*Quaest. disp. de cognitione*, q. V, ad3,
(n.18) ; p. 314, l. 1-6）．

204)　これはすでに議論の決定に見出せる論拠である。Cf.
Quaest. disp. de cognitione, q. V ; p. 307, l. 1-8――注 159 参照。

114 第1章 アクアスパルタのマテウス

己認識を可能にする形象は霊魂を通じて生じることを認め
るだけでなく，質料的事物に基づいて生じることはない事
実も強調する必要がある。自己認識における形象は全体と
して精神に由来し，精神が霊魂そのものの非質料的本質に
基づいてこうした形象を形成するのである[205]。言い換えれ
ば，質料的なものを表す形象は能動知性が独自の働きで生
み出すが，霊魂に現前する非質料的なものの形象は，それ
自体として，非質料的なもの，すなわち霊魂そのものに基
づいて，いかなる抽象の働きも質料的起源もなしに生み
出されるのである[206]。こうして，質料的なものを表す形象
と，霊魂の本質を表す形象の違いは明確になる。いずれの
場合も，形象は認識の形相因であり，知性は認識の作出因
だが，前者の形象は質料的事物に遠い起源を有するのに対
し，後者の形象はすでに非質料的な本性，すなわち霊魂の
本質そのものに由来する[207]。したがって，霊魂の本質はい

---

205) « Ad septimum dicendum quod alia ratio est, propter actualem
informationem intellectus ab intellecto et cognito; alias semper intelligeret
omne quod esset essentialiter in ea, cum semper sint sibi praesentia. Haec
autem informatio non est a specie abstracta a materia, sed expressa ex ipsa
rei immaterialis essentia » (*Quaest. disp. de cognitione*, q. V, ad7, (n.22) ;
p. 314-315, l. 33-2).

206) こうした説明を読めば，マテウスがアウグスティヌスの権
威に基づいて主張したことを哲学的に確証できるだろう。すなわち，
アリストテレスの格言——どんな人間の認識も表象像と結びついてお
り，知性は表象像によらずには何も認識できない——を信じることは
誤っている。自己認識における形象が純粋に非質料的な起源を有す
ることは，このことの否定できない証明である。ここでも，マテウスは
アリストテレス哲学の限界を確認している。

207) 自己の直接的認識における知性の働きの中で共働する原
因をさらに明確にできるだろう。すなわち，形象は自己認識の形相因
であり，知性は自己認識の作出因である。能力の出どころである霊
魂そのものは，自己認識の起源的原因であるにすぎず，形相因でも作
出因でもない。« Alias argumentum non valet, quoniam species est causa
intelligibilis formalis, intellectus autem efficiens, sed ipsa animae natura

4 様々な異論に対するマテウスの見解　　115

かなる仕方でも自己認識の直接・無媒介的な原因ではない。直接原因であるのは，作出因である知性そのものと，形相因である霊魂の形象だけである。しかしこれは，自己認識に関するマテウスの中心的な主張をより正確に繰り返しただけである。すなわち，まさしく霊魂の自己直観が存在する。霊魂は自分自身を本質を通じて認識する。しかし，このことが意味するのは，霊魂はこうした直観の形相因である——この役割を果たすのは形象である——ことでも，作出因である——この役割を果たすのは知性である——ことでもなく，霊魂はその本質においてこうした直観の「対象」だということだけである。霊魂は自分自身を直観的に認識するが，それは形相因としての本質を通じてではなく，対象としての本質を通じてである[208]。

　こうして，マテウスの見解がはっきり明らかになった後では，締めくくりとして次のように言える。自己認識の形相因である形象は，その起源も含めて純粋に非質料的だが，同時に霊魂の本質を表すものでもある。すなわち，表象像から生じた形象が質料的事物そのものを表すように，知性の純粋な実体性から生じた形象も霊魂の本質を表す。それゆえ，マテウス思想とトマス思想の究極的で最終的な違いが明らかになる。すなわち，トマスにとり，霊魂は自分自身を他のものを認識するように認識するという言明が意味するのは，霊魂が質料的事物を認識できるようにする形象は，そのまま霊魂が自分自身を認識できるようにする形象に他ならないということだった。しかし，この形象は，自己認識においても他のものに秩序づけられたままである。知性が，形象を生み出す能力の本性と霊魂の本性に

---

et essentia quasi originalis, supposito quod potentiae fluant ab essentia »（*Quaest. disp. de cognitione*, q. V, ad8, (n.23) ; p. 315, l. 6-9）．

　　208）　Cf. *Quaest. disp. de cognitione*, q. V ; p. 309, l. 23-28——注168 参照。

116 第1章 アクアスパルタのマテウス

ついて推論することは，質料的なものを表す形象の本性を存在論的に分析してはじめて可能になる。反対にマテウスによれば，霊魂は対象としての霊魂そのものを，完全に非質料的な形象を自己認識の形相的原理として用いることで認識できる。

5 結 論

　定期討論集『認識について』第5問から分かるように，マテウスが検討している三種類の認識のうちで特に問題になるのは，霊魂が自分自身を直接・無媒介的に見ることによる認識であり，この認識は多くの哲学者がその可能性を疑問視した。例えば，トマス――少なくともマテウスが理解するような――によれば，間接的な自己認識だけが可能であり，この認識は事物の感覚的認識に根ざし，質料的事物を認識する働きのうちで生じる形象に依存するものである。マテウスはアリストテレスの論拠を超え出て，霊魂の直接的自己認識を可能にする条件はすべて実現していると述べている。こうした基本的な考え方により，マテウスは完全にアウグスティヌスの伝統の中に位置づけられる。にもかかわらず，マテウスはアリストテレスの用語を使い，極端なアウグスティヌス主義からは距離をとり，アリストテレス哲学に対する知的共感を明らかにしている。実際マテウスは，特に認識の最初の経験的要素を説明するにあたっては，アリストテレス主義に特別の場所を残している。

　こうしたアリストテレスへの共感は，三つの重要な主張を通じて明らかになるが，これらの主張からは，マテウス哲学の特徴と，アウグスティヌスとアリストテレスの思想

5 結 論

を総合しようとする試みが見てとれる[209]。

1. 自己認識における可能態と現実態の区別。こうした区別は習慣的認識の教えを基礎づけてくれるだろうが，マテウスは習慣的認識についてほとんど論じていない。

2. マテウスは，アリストテレスの説く厳密な意味での抽象理論を完全に退けているが，事物認識についても自己の直接的認識についても，形象の必要性を強調している。

3. アリストテレスから着想を得た最も重要な主張は，霊魂が自分自身を直接認識するには他のものに向かう働きがあらかじめ必要だというものである。しかし，マテウスによれば，質料的事物の認識が原因として自己認識のプロセスの中に入り込むことは絶対にない。質料的事物の認識は直接的自己認識の可能条件にすぎない。こうした可能条件という考え方はマテウス独自のものであり，マテウスがアリストテレスをどのように評価していたかを教えてくれるものである。

これらの主張を見れば，マテウス哲学のまったく独自の特徴が分かる[210]。マテウスは，狭い意味でも広い意味でも

---

209) 「それゆえマテウスは，アリストテレスとアウグスティヌスを調和できる中間の道を見出したと確信し，それに満足していた」(F. PREZIOSO, *Matteo d'Acquasparta e Ruggiero Marston* (1950), p. 280)。

210) 照明説，範型説，神の光における真理認識の教えについて，マテウスの思想は特別独創的なものではないと指摘した研究者もいる。「一般的に言えば，マテウスがここで述べていることはみな，ボナヴェントゥラを含めた，いわゆるアウグスティヌスの伝統に属する他の思想家にも見出せる」(MARRONE, *Matthew of Aquasparta* (1983), p. 277)。Cf. V. DOUCET, *Introductio critica*, dans MATTHIEU D'AQUASPARTA, *Quaestiones disputatae de gratia* (1935), p. CLVII ; E. BETTONI, *Matteo d'Acquasparta e la Scolastica* (1967), p. 242-243. 自己認識の問題に関して言えば，こうした判断は根拠がないと思う。と

118　　　　第 1 章　アクアスパルタのマテウス

フランシスコ会学派の人々のうちでは，自己の直接的認識の可能性を主張する大きな思想動向の中で，こうした直観を認識の確実性の基礎として活用しなかった点で目立っている。ボナヴェントゥラはいっそう直接的で単純な自己認識に基づいて，認識の確実性の基準を確保しようとした[211]。トマス・アクィナスは真理の発見と確実性の成立のために，立ち帰りに重要な役割を認めた[212]。ガンのヘンリクスは，そもそも形象の存在を否定するのだが[213]，霊魂は自己認識の形相的根拠である事実に基づいて，あらゆる認識の確実性を保証しようとした[214]。対してマテウスは，少なくとも当該のテキストでは，自己認識の問題と，真理や確実性の問題を切り離して考えている。このようなわけ

───────────────

いうのも，マテウスは，確かに古くからの伝統に属し，当時の大部分の思想家の関心を共有し，フランシスコ会で広まっていたアウグスティヌス主義と結びついており，同時代人と共通の問題に取り組んでいるが，きわめて独創的な考え方──たとえアリストテレス主義とアウグスティヌス主義の関係についての解釈にすぎないとはいえ──を明らかにしていることに変わりはないからである。第 5 問の異論解答を読めば，マテウスの独創性ははっきり見てとれる。

211）　ここでも，自己認識を論じている 13 世紀末の著述家に関して，さらなる研究が必要であることが分かる。なぜなら，マテウスの独創性を明確にするためには，マテウスがボナヴェントゥラやガンのヘンリクスといった偉大な思想家とどういう関係にあったかを歴史的に明らかにせねばならないからである。特にボナヴェントゥラとヘンリクスに関する私の主張は徹底的に検証する必要がある。さしあたり，上で指摘したような情報は，H.M. BEHA, *Matthew of Aquasparta's Theory of Cognition* (1961), p. 430-432 の分析に依拠している。

212）　Cf. par ex. *De veritate*, 1, 9.

213）　Cf. H.M. BEHA, *Matthew of Aquasparta's Theory of Cognition* (1961), p. 76-78.

214）　Cf. *Quodlibet*, IV, 7. オックスフォードでは，スコトゥスがもっとはっきりと，霊魂の働きを直観的に認識できることに基づいて第一原理の確実性を基礎づけようとする一方で，オッカム（Ockham）は自己の直観はきわめて確実で明白だと主張した。

5 結 論 119

で，マテウスは自己の直接的認識を認識論の領域で活用することに慎重であり，このことに関してトマスよりも臆病に見える。一見逆説的に見えるこの事実の理由を明らかにすることは難しい。なぜマテウスは自己の直観を真理や確実性の基礎として活用しなかったのか。第一の答えはおそらく照明説と関係しているだろう。すなわち，真理認識や確実な認識の最終的な段階を説明できるのは，神の照明だけである。この意味で，マテウスは，自己の直観を含めて，純粋に自然的な次元に見出せる他の確実性をまったく探そうとしなかった。「人間にとって絶対確実な認識は，規範としての神のイデアが人間知性に働きかけることではじめて可能になるので，認識の問題を完全に解決できるのは神学だけだと主張しても間違いではない」[215]。このようなわけで，問題の哲学的側面をどう評価しようが，またジルソンの判断をどのように考えようとも，マテウスが自己認識のうちに何らかの確実性や真理の基礎のようなものを探そうとしなかったことは明らかである。なぜなら，知性を規制する役割を果たすのは永遠の理念に他ならないからである。真理や確実性は神による特別な照明に由来しているのだ[216]。それゆえ，真理の問題は最初から自己認識と結びついているわけではない。考えられる第二の理由は，マテウスがもっとアウグスティヌスの伝統に忠実な他の思想家とは反対に，自己認識は決して第一のものではなく，他のものの認識に依存しているとはっきり強調していること

---

215) ETIENNE GILSON, *La philosophie au moyen âge, Des origines patristiques à la fin du XIVe siècle*, Paris 1962, p. 452.

216) Cf. FREDERIC COPLESTON, *Histoire de la philosophie*, t. II, *La philosophie médiévale d' Augustin à Scot*, Paris 1964, p. 469-472 ; cf. H.M. BEHA, *Matthew of Aquasparta's Theory of Cognition* (1961), p. 36-57.

にある[217]。明らかなことだが，自己認識は，他のものの認識という可能条件に依存しているなら，真理や確実性の第一の基礎にはなりえない。こうして，自己認識の問題と真理や確実性の問題を切り離して考えることは，十分独創的な態度として強調できるだろう。残る課題は，マテウスがどれほど独創的な思想家なのかを，13世紀末の他の思想家と比べながらはっきり明らかにすることである。

マテウスの思想は，どれほど独創的なものであっても，アウグスティヌスの伝統に根ざす大きな思想動向を最も典型的に表すものと見なされてきた。こうした思想動向は，おそらく初めにボナヴェントゥラが打ち出したものだが，アリストテレスを十分活用しながらも，トマスのようなあまりに急進的なアリストテレス主義からは距離をとるものである。実を言えば，こうした思想動向は，その境界を明確にすることは難しいが，故意に反トマス主義や伝統主義として示されてきたものである。フェルナンド・ファン・ステーンベルヘン（M. Fernand van Steenberghen）は，1270年頃に生まれたこの思想動向を「新アウグスティヌス主義」と呼ぶことを提案し，その概略を次のように示している。「聖ボナヴェントゥラと聖トマスの哲学の対立は，アウグスティヌス主義とアリストテレス主義の対立ではなく，新プラトン主義的なアリストテレス主義をそれぞれが発展させた二つの形態の対立だった。新プラトン主義的なアリストテレス主義は，ボナヴェントゥラではまだ折衷的な形態をとっていたが，トマスに至っては堅固で欠陥のない体系にまで発展した。ところが，ボナヴェントゥラの弟子たちは，哲学を刷新し深化させるこうした努力を見ていたのだが，折衷的なアリストテレス主義の主張を何としてでも守らねばならないと思い込んでいた。こうした態度

217）　上記 § 3.3.1, 63-69 ページ参照。

5 結　論

は，ボナヴェントゥラも生涯の最後の時期に賛成したと思われるが，どのように説明すればよいだろうか。二つの本質的な理由を指摘できるだろう。一つに，折衷的なアリストテレス主義は，オーヴェルニュのギョーム（Guillaume d'Auvergne）やヘールズのアレクサンデル（Alexandre de Halès）以降，神学思索に不可欠な要素となっており，アヴィケブロン（Avicebron）や時にはアヴィセンナから直接着想を得たいくつかの思想は，神学体系——12世紀の神学を受け継ぎ，さらに遡れば教父，中でも聖アウグスティヌスから着想を得ている——に組み込まれたからである。フランシスコ会や在俗の神学者たちは，1270年頃には，約40年前に出来あがったこうした折衷的な思想体系を守ろうとしたが，それは自分たちが信仰に適う仕方で，教会の伝統的な教えや聖アウグスティヌスの遺産を守っていると信じていたからである。もう一つの理由として指摘できるのは，トマスがもたらした思想的な革新は，ブラバンのシゲルスのアリストテレス主義と似通っているように見えたため，フランシスコ会の神学者たちにはきわめて疑わしいものに思えたことである。フランシスコ会の神学者たちは，神学の伝統的な主張を守ることで，新しく現れた異教の脅威に対して，キリスト教の精神と正統信仰を守ることができると考えたのである。

　しかし，フランシスコ会の神学者たちはこれで満足しなかった。単に防御的で否定的な反動だけでは，新しい哲学の動向を弱めることはできないとすぐに理解したからである。それゆえ，哲学論争において急進的なアリストテレス主義やトマス主義と効果的に対抗するために，また威厳あるアリストテレスやトマスとうまく戦うために，アウグスティヌスを奉じる集団を形成し，自分たちこそアウグスティヌスの思想と精神を受け継ぐ者だと宣言したのである。こうして，伝統的な神学学派であるフランシスコ会の

中で，1270年以来，特に1277年の断罪以降から，以前よりもはるかに堅固な哲学動向が生まれることになった。フランシスコ会の教授たちは，在俗の教授たちとも結びついて，哲学的な見解を事実上共有することと，トマス主義の一連の教えに一致して反対する方針を固めた。そして，こうした方針に基づいて，トマス主義を窮地に陥れるために，アウグスティヌスから着想を得た哲学体系を作り出そうとしたのである。私はこうした新しい哲学的動向を『新アウグスティヌス主義』と呼び，その本質的な特徴を二つ強調したい。第一に，この哲学的動向は断固としてアウグスティヌスに従い，西洋の神学と一体となったアウグスティヌスの教えに依拠しようとした——実際，この学派の代表的な思想家たちはアウグスティヌスの認識論のうちに真の合理的体系の要となるものを見出そうとした。しかし第二に，ここで問題になっているのが新アウグスティヌス主義であることは間違いない。なぜなら，この哲学は，歴史的に見て元来のアウグスティヌス主義とは何の関係もない要素をたくさん採用しているからであり，特にアリストテレスの教えと，ユダヤ——アヴィケブロン——やアラビア——アヴィセンナ——由来の考え方を指摘できる」[218]。新アウグスティヌス主義というこの哲学的動向は，1270年頃に誕生して以来，様々な要素を含みながらも，とりわけある不変の特徴，すなわち哲学的な問題についてトマス主義に反対するという特徴を備えていた。「トマスの哲学的革新とそうした革新の神学思想への適用は，保守的な神学者との対立を招いた」[219]。

　ファン・ステーンベルヘンのこうした見解は，あまりに

---

　218)　F. VAN STEENBERGHEN, *La philosophie au XIIIe siècle* (1966), p. 464-466.
　219)　F. VAN STEENBERGHEN, *La philosophie au XIIIe siècle* (1966), p. 466.

5 結 論

も偏向した考え方——13世紀末の歴史を概観する一般的な枠組みとして何十年も前から使われていた——に微妙な差異を与えて拡大したと言える。すなわち，研究者は長い間，アウグスティヌス主義とアリストテレス主義というあまりにも簡単な二分法で満足していたが[220]，ファン・ステーンベルヘンの主張のおかげで，13世紀末の様々な思想動向を表すレッテルの意味に注意するようになっただけでなく，様々な著述家を説明するときに必要ないくつかの微妙な差異にも気づくようになったのである。

アリストテレス主義と新アウグスティヌス主義の対立がこの時代の大きな特徴の一つにすぎないことは確かだが，にもかかわらずこの新アウグスティヌス主義の学派がどれほどの領域をカバーしているのか，そしてマテウスがどういう意味で，ペッカム，ヘンリクス，オリヴィ，ロジャー・マーストンと同じく，この学派の一員なのかと問うことは正しい。13世紀末のこうした大きな論争の中では，自己認識の教えをめぐる論争は些細な一側面かもしれないが，思想状況の特色を知る上では参考になる。一方で自己認識の問題は哲学全体に関わる大きな動向の中ではごくわずかな限定的部分であり，他方でさしあたりボナヴェントゥラとガンのヘンリクスの二人は考察の対象にしなかったが，この二つの事実により，上の問いに完全な仕方で答えることはかなり難しくなる。しかし，自己認識の問題がこうした思想動向全体の中でどれほど限定的な主題であろうとも，マテウスの思想を検討しただけですでに，少なくとも次のように問うことができるだろう。すなわち，マテウスの思想はいわゆる新アウグスティヌス主義を代表するもの

---

220) 最近の研究者の中にも，中世哲学とトマス・アクィナスの思想とトマス主義を無条件に同一視しようとする人——cf. P. FAUCON DE BOYLESVE, *Etre et savoir* (1985), passim——いるが，思想史に関するこうした見方は現在では通用しない。

と言えるのか，また新アウグスティヌス主義というレッテルが含意する軽蔑的なニュアンスについてはどう考えればよいのか。しかし，これ以上先を述べるにはまだ考察が足りないと言えよう[221]。

13世紀末の思想が驚くほどに多様であることを強調するつもりはないが[222]，マテウスを読むときに次のように問うことは許されるだろう。すなわち，アリストテレス主義か新アウグスティヌス主義かという二項対立はマテウス哲学の特異性を説明できるのだろうか[223]，また新アウグスティヌス主義という考え方は実のところ哲学的な先入観に由来しているのではないかと。実際，ファン・ステーンベルヘンによれば，上で引用したテキストの冒頭を読めば分かるように，トマス主義はボナヴェントゥラが始めた伝統を完璧に進化させたものだった。「それゆえ，トマス主義は，ボナヴェントゥラ神学の認識論的および形而上学的基礎を深化させることで，ボナヴェントゥラの新プラトン主義的なアリストテレス主義を発展させたものである。したがって，トマスが修正したのは，特別な照明とあらゆる直観的な知的認識を取り除いた点と，神の問題をボナヴェントゥラよりも批判的に考察した点である……。言い換えれば，ここで検討しているのは，13世紀のキリスト教思想の二つの並行する形態ではなく，二つの継起的段階なのである。哲学史家にとって，トマス思想はボナヴェントゥラ思想が進化したものである」[224]。いったんこうした主張が

---

221) C. Bérubé と S. Marrone が展開した重要な論争に関して言えば，ガンのヘンリクスにおける自己認識の補足的な研究により，おそらく新たな要素が得られると思う。

222) フライベルクのディートリヒを考慮に入れるだけで，こうした多様性は確証できるだろう。

223) これは，J.D. DOWD, *Matthew of Aquasparta's De Productione Rerum* (1974), p. 34-38 が提起した問いでもある。

224) F. VAN STEENBERGHEN, *La philosophie au XIIIe siècle*

5 結 論

なされると，当然ながら，新アウグスティヌス主義は，ボナヴェントゥラの折衷的な新プラトン主義的アリストテレス主義を引き継ぐものなので，ボナヴェントゥラの場合と同じく，トマス主義に対する哲学的限界という汚名を蒙ることになろう。すなわち，トマス主義は，根本的に保守的でほとんど「後退的な」新アウグスティヌス主義が進化した形態だと無条件に見なされるのである。トマス思想の功績やその並外れた規模について否定できる人はいないが，にもかかわらず新アウグスティヌス主義というこのような考え方は哲学的偏見に基づいているのではないかと問うことはできる。こうした偏見によれば，当然トマス主義は，より反動的で極端な伝統主義に与していたフランシスコ会の思想動向や新アウグスティヌス主義に対して[225]，新しい真理をもたらすものと見なされるのだった。実際，ファン・ステーンベルヘンは微妙な差異に気を配ってこのように説明することは決してないが，こうした考えを心のうちに常に抱いていたことは疑いない。

　私見では，こうした態度はある哲学的立場から出てくるものである。その立場は，歴史的観点を無視し，時代錯誤的に後のトマス主義，とりわけ新トマス主義の成功を口実にしながら，きわめて重要な二つの事実をわざと正しく評価しようとしないものである。第一に，トマスは 13 世紀末の大部分の思想家にとって里程標のようなものにすぎなかったのであり，例えばボナヴェントゥラのように典拠や権威として尊重されてはいなかったのである。スコトゥス

(1966), p. 542, 543.

　225）　Van Steenberghen は，新アウグスティヌス主義の運動はフランシスコ会学派とぴったり重なるというわけでなく，もっと大きな思想動向だったと述べているが，この指摘は正しい——cf. F. VAN STEENBERGHEN, *La philosophie au XIIIe siècle* (1966), p. 499。ガンのヘンリクスを考えてみるだけで，このことは確証できる。

はボナヴェントゥラとトマスが同時代人であることを知り
ながら，ボナヴェントゥラを「伝統的な教師」，トマスを
「現代的な教師」と呼んでいるが，この有名な判断は無視
できないだろう。「伝統的」と「現代的」という言葉がそ
れぞれ尊重と軽視のニュアンスを帯びていることを考えれ
ば，ボナヴェントゥラだけが権威として尊重されていたと
見なすことは妥当である[226]。このようなわけで，14世紀の
大きな思想動向は，決してトマス・アクィナスではなく，
今問題にしている新アウグスティヌス主義から出てきたも
のなのである[227]。

　第二に，これはファン・ステーンベルヘンが作り出した
歴史的枠組みに関する議論でもあると思うが，ファン・ス
テーンベルヘンのような考え方は新アウグスティヌス主義
が持つ根本的な多様性を正しく評価していない。新アウグ
スティヌス主義という思想動向は，最初から後退的でも保
守的でもなかった。確かに後退的で保守的な特徴も多分に
備えてはいるが，多様性を隠し持っており，こうした多様

---

　226)　Cf. « Respondeo ergo ad quaestionem, primo sequendo alium
Doctorem antiquum, scilicet Bonaventuram (...) »〔ではまず，別の伝
統的な教師ボナヴェントゥラにしたがって問いに答えよう〕(JEAN
DONS SCOT, *Reportata parisiensia*, l. I, d.36, q.4, n.20, dans JOANNIS
DUNS SCOTI, O.F.M., *Opera omnia*, t.22, d' après l' édition de L.
WADDING, Paris 1894, p. 455). « Ad secundum quaestionem dicendum
est, cum antiquo Doctore Bonaventurae, quod (...) »〔第二の問いに対し
ては，伝統的な教師ボナヴェントゥラとともに次のように言わねばな
らない〕(*Ibid.*, l. I, d.36, q.4, n.26, p. 457-458). « (...) et dicunt omnes
Doctores moderni quod sic. Unus autem Doctor (scil. fr. Thomas) assignat
rationem (...) »〔現代的な教師はみなこのように言っているが，そのう
ちの一人である修道士トマスは理由を示している〕(*Ibid.*, l. I, d.36, q.2,
n.14, p. 436).
　227)　このことが本当だとすれば，オッカムが13世紀における
中世の偉大な思想体系——トマス思想と同一視される——を破壊した
とは言えなくなる。

5 結 論

性はオッカムに至る思想の発展に貢献したのである。このような多様性は，うまく見定めるのが難しいが，すでにマテウスの自己認識論にも現れている。新アウグスティヌス主義は，アウグスティヌスを引き合いに出しつつ，またアリストテレス主義や生まれつつあるトマス主義からは距離をとりつつ，自己現前の生命力あふれるダイナミズムを強調したのである。この新アウグスティヌス主義は，ある意味では，13世紀の初めから様々な領域で起こったような，アリストテレス哲学の侵入を恐れる思想傾向と言えるかもしれないが，同時にトマス主義に優って，事物や神を認識する場合に人間の主観性がきわめて重要な役割を果たすことを強調した思想史上の功績も有している。私は，トマスが少なくとも『真理論』のような著作で，自己認識に関して，アウグスティヌスの遺産の最良の部分を自分なりに活用している様子を示そうとしたが，初期のトマス主義は，少なくともサットンのトマスを通じて[228]，自己認識を対象化したり合理化しようとして，こうした遺産を完全に見失ってしまったのである。すなわち，「自己」は少しずつ「他のもの」になったと言える。しかし，自己そのものの意識というアウグスティヌスの考え方が近現代の思想史にどれほど大きな影響を及ぼしたにせよ，まさに新アウグスティヌス主義というこの思想動向のおかげで，スコトゥスやオッカムに至るまで，アウグスティヌスが考えていたような主観性の鋭い意味が保たれ，発展したことは認める必要がある。

この意味で，マテウスの見解は，ボナヴェントゥラやヘ

228）下記第4章 441-448 ページ参照。本書ではサットンのトマスしか検討しておらず，初期のトマス学派には他にも偉大な著述家がいたことは確かである。しかし，サットンの思想を知れば，当時のパリとオックスフォードのドミニコ会学派の思想状況の特徴をつかめるだろう。

ンリクスとの歴史的で具体的な関係とは切り離して考察している。とはいえ，大変参考になる。なぜなら，マテウスの見解を検討すれば，今ある歴史的枠組みの限界を認識できるし[229]，少なくとも「新アウグスティヌス主義」という語が含意する軽蔑的なニュアンスに対して異議を唱えられるからである[230]。

何よりもまず，新アウグスティヌス主義はほとんどきまって，論争的で，トマス主義やアリストテレス主義に反対し，アウグスティヌスを尊重するような思想動向として示されてきた。敵対者との関係の中でのみ存在する運動であるかのような印象を受けるほどである。「しかし，新アウグスティヌス主義という哲学学派は，生まれつつあったトマス主義への反動として，1270年頃に形成された。ずっ

229）Van Steenberghen は，13世紀について書いた著作の中では，マテウスを新アウグスティヌス主義の運動の中に暗黙的に含めているだけで，マテウスについてほとんど何も注目していない——cf. F. VAN STEENBERGHEN, *La philosophie au XIIIe siècle* (1966), p. 496, 419。

230）加えて，Van Steenberghen は，ボナヴェントゥラに着想を得，ペッカムが築き，ギョーム・ド・ラ・マールが体系化した新アウグスティヌス主義は，内的な理由のために長く存続できなかったことも強調している。「このように形成された新アウグスティヌス主義は存続可能なものではなかった。なぜなら，哲学思想の発展においてすでに時代遅れになったたくさんの要素や見解をちぐはぐに主張しようとして，絶えざる批判に対抗できなかったからである。新アウグスティヌス主義の学派は，まとまりを欠いており，少なくともきわめて洞察力のある構成員はトマス思想の魅力に抗うことができなかった。内部で起こった発展は，14世紀の初めには終わりを迎え，代わりにスコトゥス主義が生じた。新アウグスティヌス主義は30年ほどしか存続しなかった」（F. VAN STEENBERGHEN, *La philosophie au XIIIe siècle* (1966), p. 470-471）。新アウグスティヌス主義が30年しか存続しなかったことはかなり確実だとしても，このことは，新アウグスティヌス主義について保守的な思想動向だと断定し，哲学史上の価値をことごとく否定するには十分な論拠ではない。

5 結　論

と以前にエールレ（Ehrle）やド・ヴルフ（De Wulf）が指摘したように，『アウグスティヌス主義』という言葉は特に論争的な意味を含んでいる。それゆえ，この言葉は思想的な仲違いを前提としているが，こうした仲違いは 1270 頃に生じた」[231]。こうした論争は歴史的事実であり，1282 年以来特に激しくなったが，すでにそれ以前にも，少なくとも 1277 年以降は存在していたと言える。さらに，これも否定できない事実だが，著述家の中には哲学的な情熱をほとんど論争にだけ注ぐ人もいた[232]。しかし，次のように問うことは正しい。すなわち，思想の発展を対立する哲学的動向どうしの論争の問題に還元してしまうことはあまりにも不自然な歴史観ではないか，またこの場合新アウグスティヌス主義はある思想体系——この体系は常にトマス思想と同一視されてきた——への保守的な対立として片づけてしまうことができるのかと。しかし，哲学的な動向をきまって論争[233]，対立，思想的な仲違いとの関連で論じるこ

231）　F. VAN STEENBERGHEN, *La philosophie au XIIIe siècle* (1966), p. 466.

232）　例えば，ロジャー・マーストンの自己認識論を検討することは，トマスとの対立を理解する上で大変興味深い。実際，マーストンについて言えば，彼自身の哲学思想はかなり迫力を欠いているが，論争家，新アウグスティヌス主義者としては強い印象を受ける。少なくともジョン・ペッカムの態度についても同じように言える。他の新アウグスティヌス主義者についても，ほぼこうしたトマス主義への対立としてしか説明できない部分があることは確実である。ギョーム・ド・ラ・マールの『矯正』を検討すれば，こうした印象は確証できるだろう。しかし，『矯正』には自己認識の問題を論じた箇所はない。

233）　「ファン・ステーンベルヘンによれば，フランシスコ会士たちは『アリストテレスやトマス・アクィナスといった偉大な思想家と戦うために』（*La philosophie au XIIIe siècle* (1966), p. 465），聖アウグスティヌスに依拠しようとしたが，この表現はあまりにも論争的性格を強調するものであり，状況を的確に伝えるものではない。実際，少なくともマテウスの態度はこうしたものではない」（J.D. DOWD, *Matthew of Aquasparta's De Productione Rerum* (1974), p. 72）。

とはふさわしくないだろう。こうした論争は確かに存在し
たし、仲違いも歴史的な事実に違いないが、例えば討論集
という著作ジャンルを見れば、この時代の思想史全体は巨
大な討論と見なすことも可能ではないだろうか[234]。この時
代の哲学や神学の営み全体をほとんど対立する学派や思想
動向間の争いと見なす考え方は、特に討論集という著作
ジャンルに由来するとも言えるわけであり、こうした討論
集は例えば 1270 年や 1277 年に生じたような大きな断罪
も引き起こしたのだった。こうした論争の現実を和らげる
つもりはないが、新アウグスティヌス主義という考え方は
あまりにも論争を重んじる見方から出てくるもので、学派
間の対立という要素を過大評価することから生まれたもの
ではないだろうか。もっとも、こうした論争において、ト
マス・アクィナスという人物は、その哲学的・神学的才能
の点だけでなく、どんな論争でも冷静さを欠くことがな
かった点でも傑出していることは疑いない。しかし、私見

---

234) 討論集については、特に以下の優れた研究を参照。P.
GLORIEUX, *L' enseignement au moyen âge, Techniques et méthodes en
usage à la Faculté de Théologie de Paris, au XIIIe siècle*, dans *Archives
d'histoire doctrinale et littéraire du moyen âge* 35 (1968), p. 123-136 ;
BERNARDO C. BAZAN, *La « Quaestio disputata »*, dans *Les genres
littéraires dans les sources théologiques et philosophiques médiévales,
Définition, critique et exploitation, Actes du Colloque international de
Louvain-la-Neuve, 25-27 mai 1981*, Louvain-la-Neuve 1982, p. 30-49 ;
JOHN F. WIPPEL, *The Quodlibetal Question as a Distinctive Literary
Genre*, dans *Les genres littéraires dans les sources théologiques et
philosophiques médiévales* (1982), p. 67-84. Bazàn は、その研究の中で、
討論についてしばしばないがしろにされている側面——「教育方法、
弟子の訓練、教授としての能力の証明」(p. 32)——を強調している
が、この指摘は正しい。ここでは、思想を突き合わせて検討すること
は、研究方法や弟子の訓練として有益で、必要でもあったと思われる
が、その背後には哲学的な営み全体をこうした教えの対立として捉え
る考え方があったに違いない。

5 結 論

では，13世紀の思想家の多くは，議論の形態と方法は多様であっても，トマスと同じように，論争家というよりはむしろ探究者と言って差し支えないと思う。

この点に関して，マテウスは冷静な著述家にして探究者の典型例だと思う。マテウスは，必要ならば他の見解をはっきり退ける勇気があったし，調和を愛し，対立よりもむしろ総合を求めた。こうした総合的体系に到達できたかどうかは別の問題である。しかし，歴史家の大部分は，マテウスは政治的活動でも哲学や神学の著述活動でも調和を愛する性格だったと考える点で意見が一致している[235]。自己認識の主題は論争ではなく探究の対象だった。例えば，マテウスはトマスの見解を活用して，自己認識に関する自分自身の見解を明確にしている。本来の目的はトマス主義を論駁することではなかったのである。したがって，新アウグスティヌス主義は反トマス主義だとするなら，マテウスは新アウグスティヌス主義者ではない[236]。さらに言え

---

235) 「マテウスは激しい論争――13世紀後半のフランシスコ会士とドミニコ会士の生活を過酷なものにした――の中でもきわめて冷静な態度をとっていた。こうした冷静さは人物や教えに応じた丁寧で慎重な言葉遣いにも見てとれる。マテウスは，論争しようと決意したときには，主題に関する批判的で綿密な探究を欠かすことがなかった」（G. BONAFEDE, *La gnoseologia di Matteo d'Acquasparta* (1967), p. 250)。

236) マテウスの対話相手はトマスというよりとりわけボナヴェントゥラだったと指摘した研究者もいる。例えば，知性の働きの問題について，マテウスが第一に論駁しているのはボナヴェントゥラであり，トマスはボナヴェントゥラとの関連で言及されているにすぎない――cf. F. PREZIOSO, *Matteo d'Acquasparta e Ruggiero Marston* (1950), p. 263-267. マテウスの思想について反トマス的と言うなら，同じように反ボナヴェントゥラ的と形容しても決して間違いではない。「このことから導き出せる結論は，マテウスが著作の中で教えていることは，完全な反トマス主義とも，完全な反アリストテレス主義とも言えないということである」（J.D. DOWD, *Matthew of Aquasparta's De Productione Rerum* (1974), p. 35)。

ば，マテウスは自己認識に関してあまりにも偏向している
と思ったいくつかの見解から距離をとっているが，こうし
た見解は本当の新アウグスティヌス主義者が主張するもの
で，霊魂は自分自身を通じて純粋で完全な自己認識を得ら
れると教えるものである[237]。こうしたマテウスの一般的態
度は，新アウグスティヌス主義の一側面には収まりきらな
いように思える。すなわち，あるいはマテウスは新アウグ
スティヌス主義者でなかったのかもしれないが，その場合
他のカテゴリーを探す必要がある。あるいは，ファン・ス
テーンベルヘンが主張したように，新アウグスティヌス主
義は非常に多様なので，教えの一致はうわべだけのものか
もしれない。あるいは，新アウグスティヌス主義という表
現の意味を微妙に変化させることも可能であり，論争的性
格という軽蔑的なニュアンスを取り除き，マテウスを代表
とするようなこの思想動向は保守的なものとは限らないと
説明することもできるだろう。

　上で述べたことの証拠に，マテウスは，もっともこうし
た態度はボナヴェントゥラから受け継いだものだが，アリ
ストテレスの教えに重要な役割を認めている。マテウスは
一般的な認識論でも，自己認識論でも，アリストテレス哲
学を特別に評価している。というのも，アリストテレス哲
学だけが，例えば感覚的認識の客観性を保証できるし，自
己の直接的認識は他のものに向かう働きを前提にしている
ことを説明できるし，形象の役割も明らかにできるからで

---

237)　マテウスが他の主題においてトマスから引用しているこ
とは間違いない。「マテウスができるだけトマスを避けようとしてい
たという主張は完全に誤っている。もしマテウスにこうした意図が
あったなら，定期討論集『事物の産出について』をトマスに依拠せ
ずに書くことができただろう。しかし，実際はどうだったかといえ
ば，マテウスは熟慮の末，トマスの『能力論』を広範に活用し，分量
は劣るがトマスの他の著作も利用している」(J.D. DOWD, *Matthew of
Aquasparta's De Productione Rerum* (1974), p. 38)。

5 結 論

ある。確かに，マテウスのアリストテレス主義は，照明説や自己認識の直接性といったアウグスティヌスの教えにしたがって修正され，変化したものである。しかし，マテウスは非常に深くアリストテレスの影響を受けていたので，アウグスティヌスの自己認識論の中心的要素の一つである，自己の無媒介的で現実的な現前を主張するのに大変苦労している。すなわち，マテウスによれば，霊魂は対象として知性のまなざしの下に置かれているが，こうして霊魂は「わたし」というよりは，むしろ「他のもの」として考察される危険にさらされることになる。逆説的に聞こえるかもしれないが，私見では，トマスの自己認識論の方が哲学的に見ていっそうアウグスティヌスの意図に近いのであり，トマスにおける習慣的認識や完全な立ち帰りの教えはアウグスティヌスから受け継いだ遺産の生きた要素に他ならないのである[238]。この意味で，トマスはマテウス以上にアウグスティヌス主義者だったと言えるだろう。すぐ分かることだが，このことが本当なら，思想史を論じるときには，「保守的」，「進歩」，「新しさ」といった言葉は慎重に使う必要がある。

しかし，トマスがマテウスよりもアウグスティヌス主義者だったという仮説は，ファン・ステーンベルヘンが新アウグスティヌス主義の他の特徴として，新アウグスティヌス主義者たちはアウグスティヌスを弁護したと思い込んでいたと述べていることを正当化するように見える。自己認識に関するマテウスのテキストを検討すれば，トマスはマテウスよりもアウグスティヌス主義者だったことが分かる。というのも，真のアウグスティヌス主義は霊魂が無

---

238) 私は，*Le sens de la réflexion chez Thomas d'Aquin* (1991), p. 148-208〔『トマス・アクィナスの自己認識論』，241-349頁〕の中で，完全な立ち帰りの概念を詳しく分析した。

媒介的に自分自身に現前する可能性を主張するからである。すなわち，マテウスは，「わたし」は知性の前に置かれており，知性はこの「わたし」を対象や他のものとして見ると考えたが，トマスは習慣的認識に根ざすもっと直接的な認識の可能性を霊魂に認めたのである。まさにこの点において，トマスの思想はフランシスコ会を含めた他の多くの著述家よりも進んでおり，いっそうアウグスティヌスの意図に近いと見なせるだろう[239]。問題は，トマスの思想は正確に言えばトマス主義と同じではなく，初期のトマス主義とも異なるところにある。例えば，私の関心ある点について言えば，自己認識における自分自身とのこうした密接なつながりはトマス主義では急速に見失われるようになり，こうした遺産を断固とした守ったのはむしろ新アウグスティヌス主義の学派だった[240]。それゆえ，誰がアウグスティヌスの思想により近いかを決めることは難しい。私が検討したところでは，トマス・アクィナスはマテウスよりも，マテウスはサットンのトマスのトマス主義よりもアウグスティヌスの意図に近いと思う。トマス・アクィナスとの関係の中では，マテウスはアウグスティヌスを弁護したと思い込んでいたと述べることは正しい。反対に，トマス以後の思想史の中では，新アウグスティヌス主義者たちこそがアウグスティヌスを実際にうまく弁護したことは間違いないだろう。オッカムに至るまでの自己認識の歴史の全

---

239) C. Boyer は，まったく異なる研究を通じてだが，この同じ結論に達し，次のことを明らかにした。すなわち，霊魂と能力の区別は，12世紀以降の多くのアウグスティヌス主義者が主張してきたものだが，一般に引用されてきたアウグスティヌスのテキストに由来する考え方ではないのであり，この点についてはトマスの解釈の方が適切である。Cf. C. BOYER. S.J., *L'image de la Trinité, synthèse de la pensée augustinienne*, dans *Gregorianum* 27 (1946), p. 182-189, 346-351.

240) ここでは，ケルンのアルベルトゥス学派は問題にしておらず，ただトマス主義と新アウグスティヌス主義の関係を検討している。

5 結 論

体は，トマス主義よりも新アウグスティヌス主義を通じて，より直接的な形では展開したと言える。

最後に，研究者がマテウスの思想について述べた判断を見てみれば，きわめて多様なことに気づく[241]。ある研究者によれば，マテウスは熱心で保守的なアウグスティヌス主義者であり，あまりにもアリストテレスに傾倒するトマス主義とは根本的に対立する思想動向に属する[242]。他の研究者はマテウスの写本の少なさに注目し[243]，その理由はとりわけ，マテウス思想にはまったく独創的な点はなく[244]，同時代人にもすぐ後に続く人々にも影響を与えなかったところにあると説明した[245]。対して別の研究者は，異なる方向

---

241) これらの情報は，特にS. MARRONE, *Matthew of Aquasparta* (1983), p. 253 が説明しており，ここで参照させていただいた。

242) 例えば，V. DOUCET, *Introductio critica*, dans MATTHIEU D'AQUASPARTA, *Quaestiones disputatae de gratia* (1935), p. CLV-CLVI, CLVIII-CLIX を参照。

243)「しかしながら，マテウスの著作は同時代人の間でほとんど反響を呼ばなかった。実際，定期討論集『信仰について』，『認識について』，『分離霊魂について』，『任意討論集』第１巻——これらの著作はパリ大学教授時代に遡り，一定数の写本に収録されている——を除けば，他の著作はただ一つの写本か，多くても二つの写本——一つは自筆原稿で，もう一つはマテウス自身と改訂者が書かせたものである——に保存されているだけである。さらに，ヴィタル・デュ・フール——認識論の主要な点でマテウスとロジャー・マーストンに依存しており，マテウスの『認識について』を知っていた——を除けば，マテウスの著作を読み，その教えを活用したと思われる教師は一人もいない」(E. BETTONI, *Matteo d'Acquasparta e la Scolastica* (1967), p. 241-242)。

244) E. BETTONI, *Matteo d'Acquasparta e la Scolastica* (1967), p. 242-247. しかし，マテウスの影響が何よりもヴィタル・デュ・フールを介して広まったことは非常にありそうなことである。ヴィタルの歴史的重要性については，C. BÉRUBÉ, *La connaissance de l'individuel* (1964), p. 282 を参照。

245)「この問いに対する最初の答えは，すでに Doucet 神父が提

性において，マテウスは反トマス主義でも反アリストテレ
ス主義でもないことを明らかにし，もし反トマス主義や反
アリストテレス主義がアウグスティヌス主義の特徴なら，
マテウスはアウグスティヌス主義者ではなかったと主張し
た[246]。この見解は私の解釈に近いのであり，私がマテウス
のテキストを読むかぎり，マテウスは反トマス主義でも保
守主義者でもないと思われた。最後に，他の研究者は，別
の角度から，マテウスはボナヴェントゥラの思想をスコ
トゥスの思想に連結するきわめて重要な思想家の一人だと
強調したが[247]，この見解は異議を唱えることが難しい堅固
なものである。マローニ（S. Marrone）は，特にベリュベ
（C. Bérubé）の堅実な研究に基づいて，13 世紀末の学派を
表わすのに役立つ歴史的枠組みをふさわしく作り出そうと
した。そして，マテウスとガンのヘンリクスが論じている
いくつかの主題を比較して[248]，次のような結論に達した。
すなわち，この二人の著述家は同じ典拠から着想を得，同

案していたのであり，次のように要約できる。すなわち，マテウスは
深遠で明晰な思想家だが，独創的な思想家ではない」（E. BETTONI,
Matteo d'Acquasparta e la Scolastica (1967), p. 242）。照明説に関して
は，次を参照。「一般的に言えば，マテウスが述べたことで，ボナヴェ
ントゥラを含む他のいわゆるアウグスティヌス主義者に見出せないも
のはない」（S. MARRONE, *Matthew of Aquasparta* (1983), p. 277）。

246) これは J.D. DOWD, *Matthew of Aquasparta's De Productione
Rerum* (1974), p. 34-73 の研究の結論でもあるが，自己認識に関するテ
キストを検討すれば，同じ結論に達するだけでなく，おそらくこの結
論をもっと強く主張できるだろう。

247) 特に次を参照。E. BETTONI, *Rapporti dottrinali fra Matteo
d'Aquasparta e Giovanni Duns Scoto* (1943), p. 113-130 ; *Henri de
Gand et Matthieu d'Aquasparta interprètes de saint Bovaventure*, dans
Naturaleza y Gracia 21 (1974), p. 131-172.

248) S. MARRONE, *Matthew of Aquasparta* (1983) は，照明（p.
257），知性の固有対象（p. 271），存在の概念（p. 278）という三つの
主題を順を追って考察している。

5 結 論

じ問題を論じ，似たような解決を提案しているので，ふつう「アウグスティヌス学派」と呼ばれる同じ思想動向に属すると見て間違いない[249]。また，マローニは二人の著述家の違いも強調し，マテウスがヘンリクスに依存しているかぎりで影響的にはヘンリクスが優位にあると主張し，スコトゥスに至るまでの思想史の理解に一つの道筋を示している[250]。アウグスティヌス主義や新アウグスティヌス主義という言葉を，ファン・ステーンベルヘンが理解していたよりも微妙な差異を持つ意味で理解するなら，すなわち思想家たちの精神の類縁性や，新しい問題を前にした真理探究の同じ気遣いや，極端なアリストテレス主義からは距離をとるが反トマス主義でも反アリストテレス主義でもない態度を示す思想動向として理解するなら，マテウスはこうした思想動向に属すると確言できる。これは少なくとも，本書でしたマテウスの自己認識論の研究の一帰結だと言えよう。

　しかし，自己認識の問題は，どれほど特徴的であろうとも，一つの時代の思想史の，また一人の著述家の一主題にすぎないので，こうした結論をいとも簡単にある思想の全体に反映させることはできない。特に，マテウスのように，思想の全体像が明らかになっていない思想家の場合はなおさらである。最後に，自己認識という問題の枠内で

---

249)　Cf. S. MARRONE, *Matthew of Aquasparta* (1983), p. 289.

250)　「要するに，マテウスがどのようにヘンリクスの著作を活用しているかを見れば，ヘンリクスの教えは 13 世紀末のいわゆる保守主義者――特にフランシスコ会士たち――の間で，批判的な検討とともにではあるが，大変好意的に受けいれられていたことが分かる。マテウスがヘンリクスを活用している例は，時に有名な成果とともに何度も指摘されてきた。マテウスとヘンリクスを比較・検討すれば，スコトゥスが先行者であるマテウスやヘンリクスの教えをどれほど創造的に受け継いでいるか，その仕組みが分かる」（S. MARRONE, *Matthew of Aquasparta* (1983), p. 290）。

あっても，アウグスティヌス主義という思想動向について
きわめて明確に述べるためには，ボナヴェントゥラとガン
のヘンリクスの思想を詳しく検討することが必要である。
しかし，上で述べたような結論に関して言えば，一定の確
実性を備えており，ベリュベやマローニが別の主題につい
てすでに明らかにしている堅固な成果を補完するものと見
なせるだろう。

第 2 章

ペトルス・ヨハネス・オリヴィ

1　導　入

　13 世紀の最後の 30 年は重要な教えが対立し合う波乱に富んだ時代であり，多くの歴史家は様々な神学者や哲学者が属していた思想動向をできるだけ明確に述べて，きわめて豊かなこうした思想動向の内的なまとまりを明らかにしようとした。この時代は，ブラバンのシゲルスやダキアのボエティウス（Boèce de Dacie）の急進的なアリストテレス主義が敬虔な聖職者にとって脅威になっていた時代であり，1270 年と 1277 年の断罪がパリとオックスフォードにおける新しい思想の発展を妨げていた時代であり，初期トマス学派がきわめて激しい論争に巻き込まれていた時代であり，托鉢修道会が自分たちの特権や理想を守ろうとして公に競い合っていた時代であり，ドミニコ会とフランシスコ会の人々が大学の討論でぶつかり合っていた時代であり，矯正的著作をめぐる論争のせいでもともと悪かった両修道会の関係が悪化していた時代だった。

　とはいえ，パリとオックスフォードは，まだ数十年にわたり，ヨーロッパの知的な中心地であり，きわめて高度な文化の拠点にとどまっていた。さらに，政策的な一致を通

じて論争の中でも一定の平和は確保されていた。また，ア
ウグスティヌスは大部分の人々，すなわち神学者や一定数
の哲学者にとって権威であり続けていた。つまり，教えの
一致はまったく非現実的なことではなかったのである。実
際，アリストテレスやアラビアの哲学者の著作が引き起こ
した知的動向も，同じ言語を話し理解し合うことのできる
人々を一つにまとめようとしていた。

　こうした多様で激動の時代について，研究者は便宜的
に，新アウグスティヌス主義と呼ばれる思想動向のうちに
教えの一致を見出そうとした[1]。新アウグスティヌス主義
の代表的人物は，程度の差はあれ，トマスの新しい教えに
反対し，アウグスティヌスと，ボナヴェントゥラの折衷的
アリストテレス主義を引き合いに出して対抗した。すなわ
ち，アクアスパルタのマテウス，ギョーム・ド・ラ・マー
ル，メディアヴィラのリカルドゥス，ジョン・ペッカム，
ロジャー・マーストン，ヴィタル・デュ・フール，ウェ
アのウィリアム（Guillaume de Ware），さらにはガンのヘ
ンリクスも[2]，心を一つにしてボナヴェントゥラを崇拝し，
トマス・アクィナスに反対した。しかし，新アウグスティ
ヌス主義と呼ばれるこの思想動向はきわめて多様であり，
かろうじて反トマス主義的と見なせるアクアスパルタのマ
テウスの慎重な態度から，ロジャー・マーストンの激しく
論争的な態度まで幅広い形態が見られる。両者の間には大
きな隔たりがあり，その間で思想家たちは微妙な差異を持
つ様々な見解を主張し，アリストテレスやアヴェロエスと
いった哲学者に対してもきわめて多様な態度をとった。こ
うした観点から，歴史家たちは，しばしばフランシスコ会

---

　1) F. VAN STEENBERGHEN, *La philosophie au XIIIe siècle*
(1966), p. 465.

　2) Cf. F. VAN STEENBERGHEN, *La philosophie au XIIIe siècle*
(1966), p. 499-500.

のアウトサイダーで異端者と見なされる著述家の生涯と著作を熱心に研究している[3]。すなわち，ここで問題になっているのは，ペトルス・ヨハネス・オリヴィである[4]。

今日では，オリヴィの波乱に富んだ生涯の概略は少しだけ知られている[5]。オリヴィは 1248 年頃，ラングドックのセリニャンに生まれた。オリヴィはフランシスコ会に入り，1270 年代にはパリで学んだが，そこでボナヴェントゥラの弟子たち，すなわちジョン・ペッカム，ギョーム・ド・ラ・マール，アクアスパルタのマテウスと出会ったことは間違いなく，同時に教授資格のための準備を進め

---

3) F. van Steenberghen は，オリヴィを新アウグスティヌス主義の一員として示し，霊魂と身体の結合に関するオリヴィの教えは「1311 年のヴィエンヌ公会議で断罪された」(*La philosophie au XIIIe siècle* (1966), p. 497) とはっきり主張している。今日では，問題ははるかに複雑であることが知られている。

4) 1967 年までの文献を網羅的に指摘したものとして，SERVUS GIEBEN, O.F.M., CAP., *Bibliographia Oliviana (1885-1967)*, dans *Collectanea Franciscana* 38 (1968), p. 167-195 を参照。最近の出版物のうちでは，以下で利用するものを除けば，次の校訂版と研究を指摘できる。*Peter Olivi's Rule Commentary*, éd. DAVID FLOOD, Wiesbaden 1972 ; *Un trattato di economia politica francescana : il « De emptionibus » di Pietro di Giovanni Olivi*, éd. GIACOMO TODESCHINI, Rome 1980 ; Fr. PETRI IOANNIS OLIVI, O.F.M., *Quaestiones de incarnatione et redemptione*, cura e studio a P. AQUILI EMMEN, O.F.M., et *Quaestiones de virtutibus*, cura e studio a ERNESTI STADTER, Quaracchi 1981 ; DAVID BURR-DAVID FLOOD, *Peter Olivi : On Poverty and Revenue*, dans *Franciscan Studies* 40 (1980), p. 18-58 ; K. TACHAU, *Vision and Certitude* (1988), p. 39-54.

5) オリヴィの生涯と教えを，13 世紀末の歴史的文脈と役割にしたがって見事に解明した研究として，DAVID BURR, *The persecution of Peter Olivi*, dans *Transactions of the American Philosophical Society* 66 (1976), p. 5-98 を参照。FREDEGANDO CALLAEY, *Olieu ou Olivi (Pierre de Jean)*, dans *Dictionnaire de théologie catholique*, t. XI, Paris 1931, col. 982-991 の紹介は，古い記事だが，オリヴィの生涯を見事に要約している。

ただろうが，教授資格を取ることはなかった[6]。オリヴィは霊魂と身体の結合について[7]，またフランシスコ会における清貧の解釈についても微妙な差異のある見解を明確に打ち出したので[8]，1278 年以来修道会の有力者から危険視された。特に 1282-83 年には，影響力のある神学者たちは，オリヴィは聖霊派の運動を主導したのではないかと疑

---

6) 非常に長い間，オリヴィはフランシスコ会が理解していたような謙遜への気遣いから，故意に教授資格を断念したと思われていた。David Burr は，FRANZ EHRLE, *Petrus Iohannis Olivi, sein Leben und seine Schriften*, dans *Archiv für Literatur und Kirchengeschichte des Mittelalters* 3 (1887), p. 412 が提案したこうした考え方を完全に退けた。Burr は，このことについて引き合いに出されるオリヴィの手紙を入念に分析した結果，次のような結論に達した。「オリヴィの言葉がどれほど印象的であろうとも，文脈を注意深く検討すれば，この言葉に基づきつつオリヴィが進んで教授資格を断念したと見なすことはできないことが分かる。第一に，オリヴィが『パリにおける野心』を警戒したのは，講師にならなかった理由を説明するものではなく，自分への非難に対して自己弁護することを過去にためらった理由を説明するものである。第二に，オリヴィはキリストが世の人々から教師と呼ばれることを嫌ったことを賞賛しているが，このことはオリヴィが進んで教授資格を断念したことを示唆するものであるどころか，仕方なくそうせざるをえなかったことを強くほのめかすものである。……オリヴィの断念が自発的なものであるのは，すでに失ったものを進んで返すかぎりにおいてである。……問題になっているオリヴィの言葉を全体として検討すれば，次のことがはっきり分かる。すなわち，オリヴィが教授資格を欲したにせよ欲しなかったにせよ，教授資格を得ることができなかったのは，オリヴィが自由に決定したからというよりは，むしろ他の人々が妨げたからに違いない」（D. BURR, *The persecution of Peter Olivi* (1976), p. 32）。

7) この主題に関する研究はたくさんあるが，次を参照。THEODOR SCHNEIDER, *Die Einheit des Menschen, Die anthropologische Formel "anima forma corporis" im sogenannten Korrectorienstreit und bei Petrus Johannis Olivi, Ein Beitrag zur Vorgeschichte des Konzils von Vienne*, Münster 1973.

8) 清貧論争については，D. BURR, *The persecution of Peter Olivi* (1976), p. 11-17, 61-66 を参照。

1 導 入   143

い，オリヴィの著作を検閲し，読むことを禁じた[9]。しかし，1287 年以降フランシスコ会総長だったアクアスパルタのマテウスのとりなしのおかげで，オリヴィは権利を回復し，神学の講義を行えるようになった[10]。1289 年以降，二年間はフィレンツェのサンタ・クローチェで，その後数年間はモンペリエで講師として教え，1298 年にナルボンヌで亡くなった。オリヴィについて一般的に広く知られている二つのイメージは，驚くべき対照をなしている。一つは死後崇拝の対象になった聖なる人間のイメージであり，もう一つは聖霊派の反乱を主導したかどで冒瀆された人間のイメージである[11]。しかし，特にカザーレのウベルティー

---

9) オリヴィが聖霊派の運動を生み出したという研究者もいる。「しかし，こうした判断はオリヴィについては正しくない。第一に，イタリアの聖霊派もフランスの聖霊派もオリヴィが作り出したものではない。オリヴィはこうした大きな運動の重要人物の一人ではあるが，主導者ではない」(D. BURR, *The persecution of Peter Olivi* (1976), p. 70)。さらに，ある研究者によれば，1280-85 年にオリヴィに降りかかった災難はもっぱら清貧の問題に関わるものだったと，微妙な差異を考慮に入れずに主張することは，歴史的見解としては完全に誤っている。実を言えば，他の問題も争点を成していたのであり，神学の領域では恩恵の本性と働き，創造，洗礼，結婚の秘跡，自然本性と神認識の問題を，哲学の領域では範疇，普遍，種子的ロゴス，人間の認識の仕組み，質料と形相，霊魂と身体の結合，霊魂と霊魂の能力の関係の問題を指摘できる。

10) 「いずれにせよ，オリヴィはすぐに権利を回復した。1287 年には他の総会がモンペリエで開かれたが……，このときにはオリヴィの見解は正統な教えとして受け入れられた。オリヴィは異端の嫌疑から解放されただけでなく，新しく総長になったアクアスパルタのマテウスの命により，フィレンツェのサンタ・クローチェ修道院の学校で講師として教えることになった。……こうして，オリヴィは神学者として完全に権利を回復し，こうした権利は 1287 年から 1298 年まで守られた」(D. BURR, *The persecution of Peter Olivi* (1976), p. 67, 68 ; cf. p. 67-73)。

11) 歴史と伝説を区別することは難しい。研究者は様々な理由から，オリヴィはイタリアやフランスの聖霊派の運動に大きな影響を

ノ（Ubertin de Casale）のおかげで，もっと地味な学者の
イメージも抱くことができる——ただしこの学者は誤った
教えを述べることもあったのだが[12]。

　オリヴィの伝記的情報は大幅に進歩したとしても，また
歴史家もしばしば客観的にオリヴィの生涯を叙述しようと
努めているとしても，オリヴィの影響，オリヴィの教えと
1311-12 年のヴィエンヌ公会議との関係[13]，実際の人物像

与えたと主張したが，これは間違いなく過大評価だろう。「オリヴィ
の思想が反乱の運動とどのように結びついていようとも，オリヴィ
が教皇や上位聖職者から反乱分子と見なされていた証拠はどこにもな
い。ウベルティーノによれば，オリヴィは亡くなるときまで修道会の
一員として尊敬されていたが，こうした主張を疑ういかなる理由もな
い。おそらく『尊敬』という言葉では弱すぎる。実際，オリヴィは多
くの人々から崇拝されていたのである」（D. BURR, *The persecution of
Peter Olivi* (1976), p. 72）。

　12）「オリヴィへの非難に対する第二の，よりいっそう冷静な反
動は，オリヴィは正統な教えを述べ，有徳でもあったことを弁護する
ことだが，その際オリヴィが著作の中で実際に誤りを述べたことはそ
れほど注目されていない。結局，オリヴィは宗教的な英雄ではなく，
賢明だが誤りを犯すこともある学者だったということになる。こうし
たアプローチは，ヴィエンヌ会議まで，またヴィエンヌ会議の間に，
聖霊派の主導者たちがオリヴィを弁護するときに主として採用したも
のである」（D. BURR, *The persecution of Peter Olivi* (1976), p. 74-75）。

　13）オリヴィとヴィエンヌ公会議の関係については，T.
SCHNEIDER, *Die Einheit des Menschen* (1973), p. 247-257 ; D. BURR,
The persecution of Peter Olivi (1976), p. 73-80 を参照。「穏健派の解釈
では勅令は論敵であるオリヴィを完全に断罪するものだし，聖霊派に
よれば公会議はオリヴィを何ら標的にしていなかったのだが，こうし
た二つの偏見を調停すれば，教皇はオリヴィの実際の見解を問題にし
ていたとはっきり主張できるだろう。……標的になった見解のうち三
つの教えが検閲を受けたが，オリヴィの人格や残りの思想は正統だと
認められた」（D. BURR, *The persecution of Peter Olivi* (1976), p. 80）。
オリヴィとトマス・アクィナスとヴィエンヌ公会議の関係も依然とし
て明らかになっていない。「もっとも，勅令 Fidei catholicae の人間的
な思想の方向性や意図がトマス・アクィナスの関心や考え方にどれほ
ど関係しているのか，またオリヴィとは別の決定的な人物がいたかど

1 導　入　　　145

などに限っても，また明確になっていない点はたくさんあ
る[14]。さらに，オリヴィの思想に関する研究はもっと進捗
する必要があり，最も重要なテキストの印刷版を確保する
ところから始めなければならない[15]。というのも，現状で
はオリヴィ思想の全体像をつかむことは不可能だからであ
る。それゆえ，現在知られているオリヴィの形而上学の教
えは慎重に活用する必要がある。なぜなら，研究は主とし
て『命題集第 2 巻に関する問題集』に基づいて行われて

うかについて，結論を述べることはできない」（T. SCHNEIDER, *Die
Einheit des Menschen* (1973), p. 255）。このことに関する多様な研究史
については，*Ibid.*, p. 215-223 を参照。この問題がどれほど複雑かは，
S. GIEBEN, *Bibliographia oliviana* (1968) で，この問題を論じている約
293 の研究が指摘されていることから分かる――cf. T. SCHNEIDER,
Die Einheit des Menschen (1973), p. 256。最近の研究ではないが，他
の見解を述べたものとして，特に以下を参照。LOUIS JARRAUX,
Pierre Jean Olivi, sa vie，sa doctrine, dans *Etudes franciscaines* 45 (1933),
p. 129-153, 277-298, 513-529, surtout les p. 520s. ; EFREM BETTONI,
O.F.M., *Le dottrine filosofiche di Pier di Giovanni Olivi*, Milano 1959, p.
370-379.

14）「しかし，どれほど多くのことを述べたとしても，歴史的背
景の大部分は知られていないことを認める必要がある。アリストテレ
スへの反対，聖霊派と穏健派の論争，ヨハネス 22 世（John XXII）と
フランシスコ会の対立などは，きわめて大ざっぱな歴史的描写にすぎ
ない。オリヴィに降りかかった災難の歴史的背景を知るためには，オ
リヴィの身近な状況をもっと明らかにする必要があるが，残念なこと
にこうしたことはほとんど分かっていない。オリヴィが南フランスで
関わった人々についてはほとんど何も分かっていないし，この地方で
オリヴィが経験した出来事についても事態は同様である」（D. BURR,
The persecution of Peter Olivi (1976), p. 92）。

15）　すべての研究者が一致して主張することには，批判的校
訂版を作成するよりも先に，現在入手できる著作があまりにも少な
い状況をできるだけ早く改善すべきである――cf. DAVID FLOOD,
The Peter Olivi Colloquium in Mönchengladbach (9-11 sept. 1983), dans
Franziskanische Studien 65 (1983), p. 395。

146   第2章　ペトルス・ヨハネス・オリヴィ

いるが[16]，この著作はまず 1277-83 年にパリで[17]，それゆえ
オリヴィの生涯を揺さぶったいくつかの出来事の前に書か
れたからであり，次に 1295 年頃，『大全』を作成するた
めに[18]，部分的に変更を伴って手直しされているからであ
り[19]，最後に約 10 年後に書かれた『命題集注解』――この
著作が校訂されれば，オリヴィの思想は随分認識しやすく
なるだろう――と混同してはならないからである[20]。した

---

16)　FR. PETRUS IOHANNIS OLIVI, O.F.M., *Quaestiones in
Secundum librum Sententiarum*, éd. B. JANSEN, q.1-48, t. I, Quaracchi
1922 ; q.49-71, t. II, Quaracchi 1924 ; q.72-118, t. III, Quaracchi 1926.

17)　Cf. VALENS HEYNCK, O.F.M., *Zur Datierung der
Sentenzenkommentare des Petrus Johannis Olivi und des Petrus de
Trabibus*, dans *Franziskanische Studien* 38 (1956), p. 371-398 ; VALENS
HEYNCK, O.F.M., *Zur Datierung einiger Schriften des Petrus Johannis
Olivi*, dans *Franziskanische Studien* 46 (1964), p. 335-364 ; E. BETTONI,
Le dottrine filosofiche di Pier di Giovanni Olivi (1959), p. 29-30. これら
の問題の大部分は，1280 年より以前に構想され，後に『大全』の形
にまとめられたものである――cf. V. HEYNCK, *Zur Datierung einiger
Schriften des Petrus Johannis Olivi* (1964), p. 359。

18)　この『大全』については，特に E. BETTONI, *Le dottrine
filosofiche di Pier di Giovanni Olivi* (1959), p. 28, n.68 を参照。「オリヴィ
の主著は間違いなくこの『大全』である。『大全』は，講義のために
簡潔な教えを概観する目的で書かれたのではなく，個々の重要な問題
を詳しい批判的考察を通じてあらゆる角度から説明しようとしてい
る。……『大全』に含まれる諸問題は，同時代の神学者たちも検討し
ているものだが，こうした神学者たちがオリヴィを批判するために参
照し，最終的にはヴィエンヌ公会議でも取り上げられたものである」
（V. HEYNCK, *Zur Datierung einiger Schriften des Petrus Johannis Olivi*
(1964), p. 363）。

19)　各問題の成立年代を明らかにできるはずである。なぜなら，
オリヴィは問題を，しばしば違ったふうに論じており，まったく変え
ていないところもあれば，手直ししているところもあり，1280 年以
後に書いた部分もあるからである――cf. V. HEYNCK, *Zur Datierung
einiger Schriften des Petrus Johannis Olivi* (1964), p. 336-349, 360。

20)　VICTORIN DOUCET, *De operibus manuscriptis Fr. Petri
Ioannis Olivi in bibliotheca Universitatis Patavinae asservatis*, dans

がって，複合体としての人間の統一性や人間の認識理論について現在知られているオリヴィの教えは，自己認識を正面から論じている『命題集第 2 巻に関する問題集』第 76 問を解明できる場合に限って慎重に活用すべきだろう[21]。この第 76 問はオリヴィが若い頃に書いたテキストであり，それゆえアクアスパルタのマテウスの定期討論集『認識について』と同時代のものだが，同じ自己認識を論じている，ロジャー・マーストンの定期討論集やフォンテーヌのゴドフロワの任意討論集よりも以前のものである。

Archivum Franciscanum Historicum 28 (1935), p. 426-441 ; V. HEYNCK, *Zur Datierung der Sentenzenkommentare des Petrus Johannis Olivi* (1956), p. 371-398 ; V. HEYNCK, *Zur Datierung einiger Schriften des Petrus Johannis Olivi* (1964), p. 355-364 の研究以降，次のことは確実だと思われる。すなわち，『命題集に関する問題集』――1277-83 年に書かれ，1295 年頃に修正を経て『大全』の形にまとめられ，B. Jansen が校訂している――は，『命題集注解』（Commentarius in quattuor.libros sententiarum, mss. Padova, Univ. 637, 1540, 2094）――1287-88 年のフィレンツェ講師時代か，1290 年のモンペリエ講師時代に書かれたに違いない――と混同してはならない。ロンバルドゥス（Lombard）の構成に対して『命題集に関する問題集』が『命題集注解』よりも自立的であることは確かだが，L. Jarraux の次の結論には含みを持たせる必要がある。このテキストの構想は，「注解と大全という，ふつうははっきり区別される二つの著作ジャンルの融合に由来している。実際，当時の著作をいくつか見ればこのことは確証できるのであり，オリヴィはまさに大全を書くようにして，命題集に関する注解を書いたのである」（L. JARRAUX, *Pierre Jean Olivi* (1933), p. 517-518）。

21) 私が以下の論述で依拠したのは，もっぱら『命題集第 2 巻に関する問題集』であり，入手困難な『任意討論集』は参照しなかった。「オリヴィの名の下に伝わっている五つの任意討論について言えば，16 世紀初めの希少なヴェネツィア版――元になった写本はきわめて少ない――しかない。オリヴィは一度も教授になることはなく，討論を開催する権利は教授の特権であったことから，研究者はこれらの任意討論について常に慎重な態度をとってきた」（ANNELIESE MAIER, *Zur handschriftlichen Überlieferung der Quodlibeta des Petrus Johannis Olivi,* dans *Ausgehendes Mittelalter,* t. II, Rome 1967, p. 207）。

148   第2章　ペトルス・ヨハネス・オリヴィ

　この第76問は，当時ではまったくありふれた仕方で，
どのようにして人間霊魂は自分自身を認識するかを問う
ている。霊魂が自分自身を認識するのは，形象を介して
か，それとも自分の本質を通じてか。霊魂が自分自身を認
識するのは，直接的な立ち帰りを通じてか，それともあら
かじめ表象像，すなわち感覚的経験に基づいて得た可感的
形象に自分のまなざしを向けることによってか[22]。それゆ
え，オリヴィが述べた言明には，実のところ二つの問いが
ある。第一の問いは，自己認識の形相的な中間項を明らか
にしようとするものである。すなわち，霊魂の自己認識に
は，媒介となる何らかの形象が必要なのか，それとも霊魂
そのものの本質を形相的な中間項と見なすだけで十分なの
か。第二の問いは，立ち帰りの働きが占める位置に関する
ものである。すなわち，立ち帰りはそれ自体として自立的
であり，それゆえ第一のものなのか，それとも先行する何
らかの認識に依存しているのか。立ち帰りは，第一のもの
なら直接的だし，そうでなければ先行する感覚的認識を前
提としていることになる。

　これらは伝統的な二つの問いだが，オリヴィはもちろん
両者を切り離すことなく，第二の問いから論じ始めてい
る。立ち帰りは直接的認識に対してどういう位置を占める
のか。オリヴィはまずこの第二の問いに解答し，それから
形象と本質を通じた自己認識に関する第一の問いに論を進
めている[23]。オリヴィは，立ち帰りは直接的働きに対して

　　22）« Ex praedictis autem facile est videre quod a multis laboriose
quaeritur et a quibusdam erronee pertractatur, quomodo scilicet anima
sciat se ipsam, an scilicet per speciem seu per essentiam et an per
immediatam reflexionem sui aspectus super se aut primo dirigendo
aspectum ad phantasmata, id est, ad species imaginarias per actum
sensuum exteriorum acceptas »（*Quaest. in II Sent.*, q.76 ; t. III, p. 145）.
　　23）　参考までに指摘しておくと，アクアスパルタのマテウスも
この同じ二つの問いを提起している。そして，一方でどんな自己認識

2　アリストテレスの主張する間接的認識に抗して　149

どういう位置を占めるかを検討するために，何年か前にト
マス・アクィナスが主張した見解の大要を指摘すること
ら始めている。オリヴィによれば，トマスはアリストテレ
スのテキストに依拠しながら，自己認識は間接的にしか生
じないと主張したのだった。

2　アリストテレスの主張する
間接的認識に抗して

「アリストテレスの信奉者」（cultores Aristotelis）にとっ
て[24]，どんな自己認識も先行する直接的認識に依存してお
り，この直接的認識は感覚的認識のデータに基づいて生じ
る。したがって，表象像に由来する形象は自己認識の不可
欠な要素だということになる。さらに，知性はこうした外
的データを通じてはじめてそれ自体にとって可知的なもの
になることを考え合わせれば[25]，オリヴィが提起した二つ
の問いにはっきり答えることができるだろう。すなわち，
立ち帰りは必ず二次的なものであり，あらゆる認識と同じ

にも形象が必要であると強調し，他方で自己認識は先行する働きを前
提にしていると認めることで，答えている。こうした答えにもかかわ
らず，マテウスによれば，立ち帰りは直接的認識である。
　24）　この表現の意味については，下記の結論 § 4.1，212-222
ページ参照。
　25）　« (...) sic secundum istos noster intellectus possibilis non est ex
se intelligibilis, etiam sibi ipsi (...) »〔このようなわけで，これらの人々
によれば，可能知性はそれ自体として可知的ではなく，自分自身に対
してすら可知的ではない〕（Quaest. in II Sent., q.76 ; t. III, p. 145）．オ
リヴィがまさにここで指摘しているのは，可能知性における可知性の
欠如に基づく論拠である。こうした知性の可知性の問題は，サットン
のトマス──Quodlibet, I, q.14 ; Quaestiones ordinariae, q.22──が発
展させ，フォンテーヌのゴドフロワ──Quodlibet, VII, q.9──も論じ
ているものである。

150   第 2 章　ペトルス・ヨハネス・オリヴィ

ように形象の現前を必要とするが，こうした形象は最終的には感覚的経験に由来するものである[26]。オリヴィは経験主義の深い影響を受けたこうしたアリストテレスの教えをよく理解していた。この教えによれば，自己認識は常に間接的に生じ，必ず先行する感覚的経験に基づいている。オリヴィは，第76問の冒頭で，霊魂の間接的自己認識というこの教えを支えるために引き合いに出される二つの論拠を簡単に指摘している。実際，アリストテレスも，間接的認識に反対する見解——霊魂は自分自身を，自己現前以外のいかなる媒介もなしに，自分の本質を通じて認識する——は理屈に合わないことを示す論拠を少なくとも二つ提示している[27]。

　オリヴィが指摘する第一の論拠は，自分自身を知らない

---

　26)　アクアスパルタのマテウスの結論も同じである。というのも，マテウスも形象の必要性と，先行する直接的な働きの不可欠性を認めているからである。しかし，マテウスはこうした結論に非常に異なる意味を与えている。すなわち，自己認識は，こうした特徴を有するにもかかわらず，それ自体としては直接的で無媒介的である——cf. *Quaest. disp. de cognitione*, q.V ; p. 300-309. 上記第 1 章 93-116 ページ参照。

　27)　指摘すべきことに，オリヴィはこれらの論拠を，トマスの『神学大全』ではなく，アリストテレスの『霊魂論』(*De l'âme*, III, 4-8, 429b30 s.)——いささか曖昧なこの参照は，B. Jansen が *Quaest. in II Sent.*, q.76 ; t. III, p. 145 で提案しているものである——から引いてこようとしている。オリヴィがここで採用している態度——トマス思想は完全な異教の哲学から着想を得ていることを示そうとしているに違いない——とは反対に，せいぜい数年後に登場するロジャー・マーストンの見解は『神学大全』のテキストそのものを非難しようとするものである。このことの理由はいくつか考えられるが，中でも次の理由を指摘できる。すなわち，1277 年以降のパリの方が，1282 年以降のオックスフォード——その頃フランシスコ会はギョーム・ド・ラ・マールの『矯正』を公式の文書として採用した——よりも知的雰囲気は穏やかであり，論争もそれほど激しいものではなかったはずである。

2　アリストテレスの主張する間接的認識に抗して　151

という事実に基づいている。思想家の中には，霊魂は自分自身を自分自身を通じて認識すると主張する人々もいるが，アリストテレスとアリストテレスの信奉者はこのことは不可能だと反論する。このことを確証するには，幼児や狂人や眠っている人間の霊魂を考えてみるだけでよい。これらいずれの人間も自分自身を実際に認識していないことはすぐに分かる。知性が独力で霊魂や知性そのものを認識できるのなら，こうした無知は決して起こらないだろう。自己の直接的認識のために，霊魂の自己現前だけで十分なら，自分自身を誤って認識する人は誰もいないに違いない[28]。

　アリストテレスは，この一般的で簡単な確認により，霊魂は自分自身を認識していないときもあるという否定できない事実をふまえた，人間知性に関する教えを主張しようとした。このことを理解するために，比喩を用いることができる。知性を備えた人間本性と分離知性の関係は，影と光の関係，あるいはそれ自体として照らされていない空気と色のついたものの関係に等しい。実際，空気はそれ自体としては目に見えないが，光や色を受容できる。同じように，人間知性，すなわち可能知性も自分自身を通じて可知的にはならない[29]。

---

28)　« Qui videns animam infantis ac dementis et dormientis nescire actu se ipsam, aestimavit hoc esse impossibile, si anima esset ex se obiectum sufficiens gignere suam speciem in suo intellectu, aut si ipse intellectus esset ex se sufficiens scire ipsam et se ipsum »〔幼児や狂人や眠っている人間の霊魂は実際に自分自身を認識していないので，霊魂は独力で自分の形象を知性のうちに生み出すことはできないし，あるいは知性そのものは独力で霊魂と自分自身を認識できないと考えるべきである〕(*Quaest. in II Sent.*, q.76 ; t. III, p. 145).

29)　« Et ideo aestimavit nostram naturam intellectualem se habere ad intelligentias separatas, sicut umbra se habet ad lucem aut sicut aer de se obscurus ad solem et ad res visibiliter coloratas. Sicut enim perspicuitas

152 第2章 ペトルス・ヨハネス・オリヴィ

　それゆえ，可能知性は他の媒介を通じてはじめて可知的
になる。アリストテレス主義者が能動知性と呼ぶ付随的な
光は，表象像に基づいて可知的形象を抽象し，知性が受容
できるものにする。それゆえ，この抽象のプロセスは，知
性のいかなる現実化にも先行するものであり，形象を生み
出すが，こうした形象を通じて人間はまず質料的事物を認
識する。それから，すなわちこのように知性が現実化した
後で，人間はこうした働きの原理がいかなるものである
か，その本性を理性による推論を通じて探究する。それ
で，知性が生み出した形象を理性的に分析することで，こ
の働きの原理は単一で，非質料的で，生命の本質的根源で
ある等々を知るに至る。「霊魂が自分自身を認識するのは，
このようにしてである」[30]。それゆえ，例えば眠っている人
間が自分自身を認識していない事実は容易に説明がつく。
すなわち，一方でこうした人間の知性は現実化しておら
ず，他方で知性の本性について哲学的分析を行っていない
からである。

　第二の論拠は，アリストテレス主義者が自己の間接的認
識という自分たちの主張を守るために引き合いに出すもの
である。この論拠は上とは別の事実の確認に基づいている
が，こうした確認の重要性はアウグスティヌスよりもかな

---

aeris non est ex se sola visibilis nobis, est tamen ex se susceptiva luminis
et specierum coloris : sic secundum istos noster intellectus possibilis non
est ex se intelligibilis, etiam sibi ipsi (...) » (*Quaest. in II Sent.*, q.76 ; t.
III, p. 145).

　30) « (...) per lucem tamen sibi annexam, quam vocant intellectum
agentem, abstrahuntur species intelligibiles a specibus imaginariis. Et per
illas sic abstractas intelligit primo res sensibiles ac deinde ratiocinando
investigat naturam principii ac subiecti et suppositi huius actus, invenitque
sic ratiocinando quod illud principium et subiectum est simplex et
incorporeum et formale principium vitae. Et hoc modo anima pervenit in
notitiam sui » (*Quaest. in II Sent.*, q.76 ; t. III, p. 145).

2 アリストテレスの主張する間接的認識に抗して　153

り前にアリストテレスが指摘している。実際，『霊魂論』
第1巻の大部分は，最初の哲学者たちが霊魂の本性につ
いて提案した様々な考え方を検討することにあてられてい
る。この見解の一覧はきわめて多様なので，哲学者の中に
は，自分の精神の本性を定義するにあたり誤った見解を述
べた人もいると考えざるをえない[31]。霊魂は火や何かしら
の物体からできていると考えた人もいれば，霊魂は物体的
で広がりを持つ形であり，それゆえ可滅的だと考えた人も
いる。他にも，霊魂は身体の形相ではなく，罰のために付
帯的な仕方で身体と結びついている運動の原理にすぎない
とした人もいる[32]。要するに，霊魂について抱くイメージ
は多様であり，哲学者がそのために持ち出す論拠も様々な
ので，霊魂は自分自身について様々で，さらには対立する
見解をたくさん述べたことになる[33]。しかし，このように
多様で対立する見解がたくさん現れることは，霊魂が自分
の本質を見，自分の本性を直接的な立ち帰りを通じて捉え
ているのなら，起こりえないことである。実際，霊魂は，
自分自身を直接認識しているのなら，霊魂は物体ではない
とはっきり理解できただろうし，霊魂と物体的本性は黒と
白が異なる以上に大きく異なることをすぐに理解できただ

---

31)　« Confirmati etiam sunt (cultores Aristotelis) in hac opinione,
quia viderunt plures errare circa notitiam mentis suae »〔アリストテレス
の信奉者たちは，多くの人々が自分の精神を誤って認識するのを見て，
自分たちの見解の確証を得た〕（*Quaest. in II Sent.*, q.76 ; t. III, p. 145-
146）.

32)　« Nam quidam crediderunt eam esse ignem vel aliud corpus,
quidam vero esse formam corpoream et extensam et mortalem, quidam
vero non esse formam corporis, sed tantum motorem corpori poenaliter
alligatum »（*Quaest. in II Sent.*, q.76 ; t. III, p. 146）.

33)　« Ex hoc igitur apparet quod secundum varietatem
imaginationum et argumentationum ex eis deductarum ortae sunt variae
opiniones in anima de suamet natura »（*Quaest. in II Sent.*, q.76 ; t. III, p.
146）.

ろう。さらに、こうした直接的認識を通じて、霊魂は身体の形相として本質的に身体と結合していることも認識できたに違いない[34]。哲学者の見解の対立や、霊魂が自分自身について判断する場合に誤りを犯すという否定できない事実を見れば、次のことははっきり分かる。すなわち、霊魂は自分自身を直接認識しておらず、自分の本性に関する認識は媒介を経た間接的なものでしかなく、こうした認識はすでに述べた仕方で、つまり表象像に基づいて抽象し、知性の働きの条件である形象を理性的に分析することで生じるのである。

3　経験と推論による自己認識

　自明のことだが、オリヴィはこれら二つの論拠を受け入れておらず、アリストテレス主義者が述べる自己認識の一般的な理論にも同意していない。もっとも、第76問は、トマスが「アリストテレスの信奉者」と呼ばれていることからも分かるように、論争的な雰囲気がある。実際、オリヴィはこれら二つの論拠、あるいは自己認識に関するアリストテレスの教えに直接解答しようとは思っていない。なぜなら、オリヴィの方法は、異教の哲学よりも高い次元に立つことで自分の解答を示し、アリストテレス主義者の論拠の脆弱性や誤りをあばくことだからである。オリヴィの目的は、はっきり真理を述べることである。それゆえ、簡単に教えを説明し、提起されている問題を区別するだけ

---

34)　« Quod nequaquam contingisset (sic), si anima per immediatam conversionem sui super se aspiceret et videret suam propriam essentiam vel naturam; tunc enim videret visibiliter se ab omni corpore differe plus quam differat album a nigro, tunc etiam videret quomodo est essentialiter unita corpori sicut forma »（*Quaest. in II Sent*., q.76 ; t. III, p. 146）.

3 経験と推論による自己認識　　155

で，求める真理は現れてくるのであり，この真理は，ちょうど光が靄や雲から区別されるように，アリストテレス的な誤りから区別されるのである[35]。アウグスティヌスの説く真理をアリストテレス哲学の靄から浄化するためには，自己認識には混同できない二つの種類があることを知らねばならない[36]。一つは各人が自分の存在について持つ経験的認識であり，もう一つは霊魂の本性について得られる一般的な認識であり，これは推論による認識と言える。

　この区別は，アウグスティヌスの『三位一体論』や[37]，トマス・アクィナスの読者にとってはかなり伝統的で古典的なものに思えるが[38]，実を言えばオリヴィがまったく独自の仕方で論じているもので，オリヴィの先行者たちの自己認識に関するテキストに見られるような理解とはかなり異なる含意がある。実際，ふつうは自己意識と抽象的認識を区別するのだが，経験的認識と推論による認識というオリヴィの区別は，前反省的意識と抽象的分析の区別――例えばトマスの『真理論』に見られるような――と正確に重なり合うものではない[39]。にもかかわらず，オリヴィの教

---

35)　« Ut igitur ex praedictis faciliter videas veritatem, ipsam ab huiusmodi erroribus quasi lucem a nebulis segregando (...) »（*Quaest. in II Sent.*, q.76 ; t. III, p. 146）.

36)　« (...) sciendum quod anima scit se vel potest scire duplici modo »（*Quaest. in II Sent.*, q.76 ; t. III, p. 146）.

37)　Cf. *De Trinitate*, IX, 6, 9.

38)　Cf. par ex. *De veritate*, 10, 8 ; *ST*, 1a q.87 a.1.

39)　明らかなことだが，オリヴィがトマス学派を念頭に置いて第76問の冒頭で説明している，アリストテレス信奉者の論拠は，少なくとも簡潔すぎるのであり，霊魂が自分自身を抽象的に分析するという教えしか考慮に入れていない。オリヴィがトマスを非難しているとすれば，自己認識のたった一つの形態しか指摘しておらず，トマスがいつもする個別的自己認識と一般的自己認識の区別にも言及していないのは驚くべきことだろう。オリヴィのこの説明は，トマスの教えをきわめてぞんざいに扱うものであり，それというのもトマスが説い

156 第2章 ペトルス・ヨハネス・オリヴィ

えもトマスの教えも，アウグスティヌスの同じテキストを
拠りどころにしているのである。

3.1 自己の経験的認識
3.1.1 描写

各人は自己認識の第一の様態を経験しており，一見，こ
のことについては何の問題もないように思える。どんな人
間も，確実に疑いなくそして経験を通じて，自分が存在
し，生きていることを知っている。もっと正確に言えば，
人間は自分が存在し，生き，欲し，見，理解することを確
実なものとして感じており[40]，自分がこうしたあらゆる生
命活動の原理や主体であることを感じ理解している。実
際，人間が何かを認識したり，ある働きを考察したりする
ためには，自分がこうした認識の主体であることを知り，
感じていなければならない。このようにして，あらゆる認
識は，「わたしはこれを知っている」とか「わたしはこれ

───────────

ている微妙な差異をまったく考慮に入れていないからである。トマス
思想をこのように考察することは，まったくもって理解できないこと
である。「アリストテレスの信奉者」という表現がトマスを指したも
のではなかった可能性はあるが，その場合誰が問題になっているのか。
あるいは，オリヴィは，当時の多くのフランシスコ会士と同じように，
自己の間接的認識という一般的な考え方──人々はテキストを検討す
ることなく，無差別に，また微妙な差異を無視して，アリストテレス
主義者に帰していた──を非難しているのかもしれない。この第二の
可能性は，オリヴィが多くの点でトマスの著作，中でも『神学大全』
に精通していたことを考えれば，ほとんどありそうにない。おそらく
オリヴィは，『神学大全』1部14問2項第3異論解答，『真理論』8問
6項，定期討論集『霊魂について』1問16項第8異論解答のような箇
所も検討していただろう。

40) オリヴィが強調するところでは，こうした自己認識はほぼ
感覚的次元に属し，「触れて分かるように」，「感覚的に経験できる」
ものである。これらの表現の意味については，もっと後で説明するだ
ろう。

3　経験と推論による自己認識　　　157

を疑う」といった言明で表現されるような〔自己〕意識を
常に伴っている[41]。

　それゆえ，こうした言明の最初には，知的であると同時
にほとんど感覚的な経験が存在しているのであり，こうし
た経験のおかげで，人間は自分が行う具体的働きの主体で
あることを知覚できるのである。こうした経験は，知的認
識であることは疑いないが，同時にいわば感覚的な認識で
もある。だから，オリヴィは自己認識をきわめて正確に規
定して，「触れて分かるような経験的感覚を伴った」[42]，そ
れゆえ感覚的な形相に根ざす概念的で知的な認識と言ってい
る。知的であると同時に感覚的な，こうした自己経験とは
いったい何かと問うことは正しい。実際，例えばアリスト
テレス主義者はこうした経験を認めないだろう。この問題
をもっと掘り下げ，こうした認識の最初の形態を理解する
ためには，この認識の対象と条件を明らかにする必要があ
る。オリヴィは第 76 問で忘れずにこのことを行っている
が，形而上学的基本事項——オリヴィの有名な「諸能力の
結合」（colligantia potentiarum）の理論に見出せるような
——を確認することで分析を拡大する必要があろう。

3.1.2　経験的認識の対象

　経験的認識に関する上の簡単な説明を見るだけで，すで

---

　41)　« Primus est per modum sensus experimentalis et quasi
tactualis. Et hoc modo indubitabiliter sentit se esse et vivere et cogitare
et velle et videre et audire et se movere corpus et sic de aliis actibus suis
quorum scit et sentit se esse principium et subiectum. Et hoc in tantum
quod nullum obiectum nullumque actum potest actualiter scire vel
considerare, quin semper ibi sciat et sentiat se esse suppositum illius actus
quo scit et considerat illa. Unde et semper in suo cogitatu format vim huius
propositionis, scilicet, "ego scio vel opinior hoc vel ego dubito de hoc" »
（Quaest. in II Sent., q.76 ; t. III, p. 146）.

　42)　« Primus est per modum sensus experimentalis et quasi
tactualis»（Quaest. in II Sent., q.76 ; t. III, p. 146）.

158   第2章　ペトルス・ヨハネス・オリヴィ

にその対象は推測できる。すなわち，ここで問題になっているのは，自分の行う生命活動の主体であるかぎりでの「わたし」である。すべての人間はこうした経験を通じて，自分自身の存在に関する確実な意識を得る。どんな人間も自分自身が，自分の行う働きの個別的で代わりのいない根源であることを意識している。この意味で，経験的認識の対象は個別的で具体的な「わたし」であり，この「わたし」が自分の行う働きの主体なのである。このように見てくると，経験的認識はトマス・アクィナスが述べるような前反省的意識や現実的認識とほとんど変わらないことが分かる[43]。オリヴィの経験的認識は，こうしてトマスの前反省的意識と同一視すらできるように見えるが，実のところまったくもってオリヴィ独自の考え方であり，このことは以下の二点から分かる。

一方で，自己の個別的認識の働きは前反省的意識に還元できない。というのも，前反省的意識はあらゆる立ち帰りに先立つ自己意識のことであり，人間の行うどんな生命活動にも随伴するものだからである。前反省的意識では，実のところ唯一の働き，すなわち直接的な認識の働きしかなく，自己意識はこうした直接的働きを新しい認識の働きに訴えることなく伴っている。対して，オリヴィが理解するような自己の個別的認識の場合には，主体への真にして直接的な立ち帰りが問題になっており，この働きは決して直接的働きと同一視できないのである。このことは，第76問の冒頭を見るだけで分かるが，こうした働きの可能条件の分析——同問題の末尾で展開されている——を読めば，もっとはっきり理解できる。

他方で，オリヴィの言う自己の経験的認識は認識の対象や相関項を有しており，こうした対象は普遍的なものであ

---

43)　Cf. *De veritate*, 10, 8.

3 経験と推論による自己認識 159

る。この意味で，経験的認識はトマスの説く単純な前反省的意識とはますます似ていないと言える。実際，前反省的意識は精神に対して，存在の意識以外の明確な内容を少しも提示しないが，こうした存在の意識は表示的な客観的な内容をまったく持っていないのである。対して，ここでオリヴィは，自己の経験は意識に対して内容を与えると主張する。というのも，問題となっているのは精神の普遍的本性に関する認識だからである。しかし，オリヴィはもっと正確に述べる。すなわち，こうして精神の目を経験的な仕方で自分自身に向ける場合，精神は人間霊魂のあらゆる固有性や本質的特徴をはっきり明確に見分けられると主張することは，馬鹿げた幻想のようなものだろう。精神が直接自分の存在を意識できるからと言って，また自分が生きていることをほとんど感覚的に感じられるからと言って，こうしたことを通じて霊魂の本性を哲学的に認識できる，したがって類と種差——これらに基づいて霊魂を他のあらゆる実体，類，種から区別できる——を通じて，〔霊魂に関する〕真に確実で明晰な知識を得られると主張するのは，安物の形而上学以外の何ものでもないだろう[44]。

　にもかかわらず，自分自身の内奥で得られるこうした最初の認識は，どれほど不完全であっても，人間精神が，あ

　44）　もし事態がこうだと言うなら〔すなわち，自己の経験的認識を通じて霊魂の本性を明晰に認識できると主張するなら〕，アリストテレス主義者が持ち出す第二の論拠はまったくもって有効となる。すなわち，霊魂の本性に関する哲学者の誤りはどうして存在するのか。〔哲学者たちが霊魂の本性について誤ったという〕この明らかな事実は誰も否定できないだろう。« Quia tamen non est sufficienter clarus ad omnes essentiales rationes et proprietates animae contuendas et discernendas : ideo, licet mens per ipsum immediate sentiat se et palpat, non tamen scit suam naturam per genera et differentias discernere ab omnibus aliis generibus et differentiis aliarum rerum »（*Quaest. in II Sent.*, q.76 ; t. III, p. 146）．

160 　　第2章　ペトルス・ヨハネス・オリヴィ

らゆる無生物や認識や意志の働きを決して行えない本性と
は根本的に異なる仕方で，自分自身を知ることを可能にし
ている。人間霊魂は，自分のうちで，こうした働きの根源
は自分自身であることを感じているのである[45]。

　こうした主張は奇妙に聞こえるが，オリヴィの考えにほ
とんど反していない。もし驚くなら，それはアリストテレ
ス的な先入観のためである。実際，アリストテレス主義者
は，自己の経験的認識の場合に，認識対象が個別的である
と同時に普遍的であることを認められないだろう。アリス
トテレス主義者によれば，精神が自分の存在や，生命活動
の主体としての自分自身を意識するかぎり，〔自己認識の〕
認識対象は個別的なものである。すなわち，わたしは自分
の霊魂を意識する。これに対し，精神は，自分の意識する
霊魂は生きていることを知るかぎりで，霊魂，それもすべ
ての霊魂の本性の一側面を認識することにもなる。それゆ
え，精神は人間霊魂は生命を有していることを知ることに
なる。この意味で，自己認識の対象は普遍的なものであ
り，先に挙げた定義のような意味を備えることになる。し
かし，何らかの認識対象が，同時にまた同じ関係に基づい
て，個別的であると同時に普遍的であることはありえない
と思われる。感覚は個別的で可感的な対象に関係するし，
知性は何よりもまず普遍を捉える能力であるはずだ。知性
は個物を捉えると考える場合でも，感覚とはまったく異な
る関係に基づいてそうするはずである。感覚的認識の本質
的対象と知性認識の本質的対象をうまく調和することはで
きないと思われる。しかし，オリヴィはアリストテレス主
義者ではなかった。オリヴィはこのように対照を成す二つ

---

　45)　« Bene tamen scit se differe ab omni non vivo et ab omni natura
quae nullo modo potest in se habere actus apprehensivos et appetitivos et
motivos quos ipsa se sentit habere »（*Quaest. in II Sent.*, q.76 ; t. III, p.
146）.

3 経験と推論による自己認識 161

の認識様態のどちらか一つを選ぼうとはしなかった。実際，オリヴィは触れて分かるほど感覚的に経験できるような，しかしそれでいて知的次元に属する自己意識を描き出している。では，こうした知的で感覚的な認識——その対象は個別的であると同時に普遍的なものである——とはいかなるものか。少なくともすぐに分かるのは，こうした認識はトマスの理解するような単なる前反省的意識の現れではないということである。

3.1.3 オリヴィの認識論と「諸能力の結合」

オリヴィの主張がアリストテレス主義者に理解できないことは確かだろう。しかし，オリヴィの形而上学と認識論の教え——少なくとも現在知られているかぎりでの——を総合してみれば，オリヴィの見解を説明することは可能である。それゆえ，第76問をもっとよく理解するために，オリヴィの独創的な思想の特徴をいくつか指摘してみよう[46]。

---

46) 何よりもまず，すでに古典となっている著作 EFREM BETTONI, *Le dottrine filosofiche di Pier di Giovanni Olivi*, Milano 1959 を参照したが，見事な研究 THEODOR SCHNEIDER, *Die Einheit des Menschen* (1973), surtout p. 208-257 と，ALFRED KRÖMER, *Potenzenhierarchie und Dynamismus des Geistes, Ein Beitrag zur Erkenntnismetaphysik des Petrus Johannis Olivi (1248/1249-1298)*, Freiburg in Br. 1974 の重要な説明も活用した。EFREM BETTONI, *I fattori della conoscenza umana secondo l'Olivi*, dans *Rivista di filosofia neoscolastica* 47 (1955), p. 8-29 ; WALTER HOERES, *Der Begriff der Intentionalität bei Olivi*, dans *Scholastik* 36 (1961), p. 23-48 も参照できるだろう。対して，FR. SÉRAPHIN BELMOND, O.F.M., *Le mécanisme de la connaissance d'après Pierre Olieu, dit Olivi*, dans *La France franciscaine* 12 (1929), p. 291-323, 463-487 の諸論文と，RAOUL MANSELLI, *Une grande figure Sérignanaise, Pierre de Jean Olivi*, dans *Etudes franciscaines* 12 (1972), p. 69-83 の伝記情報はすでに古くなっている。もっと完全な文献表は，S. GIEBEN, *Bibliographia Oliviana* (1968), p. 173-176, 183-188 参照。

162   第2章　ペトルス・ヨハネス・オリヴィ

　どんな哲学者にとっても，個物と普遍の問題を解決する
ことは難しい問題の一つである。すなわち，質料的個物を
知的に認識することはいかにして可能なのか[47]。アリスト
テレスとアリストテレス主義者たちは，知性認識は感覚に
依存していること，また人間のいかなる認識――最も抽象
的な認識であれ――も感覚に根ざしていることを常に強調
した。アリストテレス主義者の中には，周知の哲学的デー
タに基づいて，こうした依存関係を説明しようとした者も
いた。すなわち，認識は感覚から始まること，認識の非質
料化は表象像から抽象した可知的形象を通じて起こるこ
と，こうした認識のプロセスでは，能動知性が決定的役割
を果たし，可能知性はいわば認識対象の影響を受ける――
認識とはある種の「受動」だから――こと，感覚的認識と
知性認識の違いは，特に対象の区別――感覚的認識は個物
に，知性認識は普遍に関わる――に由来することである。
　しかしオリヴィは，この問題についてもっとアウグス
ティヌス的な伝統に従っており，霊魂の絶対的な超越性と
いう原理を進んで守ろうとしたので[48]，認識はある種の受
動であるというこうした考え方を認めることができなかっ
た。というのも，この考え方は可感的な身体が人間霊魂に
真の影響を及ぼすことを前提としているからである。オリ
ヴィは，次のようなアリストテレスの考え方をことごとく
嫌っている。すなわち，行き過ぎた経験主義，表象像の中

---

　47)　例　え　ば，C. BÉRUBÉ, *La connaissance de l'individuel au
moyen âge* (1964) が特に指摘するところでは，13世紀と14世紀にお
けるアリストテレス解釈は一様ではなく，アリストテレスについて，
普遍を重視したと考えた者もいれば，個物を重視したと見なした者も
いた。

　48)　オリヴィによれば，知的霊魂は天使と種的に異なる
ものではない。「オリヴィの考えでは，理性的霊魂の知的部分は
天使の霊的本性から種的に異なるものではない」(A. KRÖMER,
Potenzenhierarchie und Dynamismus des Geistes (1974), p. 139, n.1)。

3 経験と推論による自己認識   163

心的役割，知性はその対象から過度に影響を受けること，知性認識と感覚的認識は種的に異なること，能動知性の重大な役割，つかみどころのない形象の存在，直接個物を認識できないことなどである[49]。しかしオリヴィは，アリストテレスの教えを批判し，その解決を受け入れなかったので，アリストテレスに少しも譲歩することなく，人間の認識はいかなるものか，知性認識と感覚的認識はどのような関係にあるかについて新しい解釈を示さねばならなくなった。そして，この挑戦は真剣な試みだったと言える。

3.1.3.1 霊魂と身体の結合――「諸能力の結合」の基礎

オリヴィは表象像こそが認識の構築の媒介項であるという考え方を退ける。では，オリヴィの中心的思想は何かと言えば，認識の一性を認識される対象ではなく，認識する主体の内奥に見出そうとする点にある。感覚的経験と可感的世界の認識が連続していることは事実であり，この事実は人間が認識対象に向かう方法を見れば分かる。厳密に言って，こうした連続性は主体に関わるものであり，人間の構造の問題に属する。人間の認識を最終的に説明するのは，人間霊魂の構造，霊魂の能力の階層秩序，霊魂の能力と身体の結合に他ならない。独創的でありながらも複雑なこうした構造は，オリヴィでは，「諸能力の結合」と呼ばれる[50]。

「諸能力の結合」は，身体と霊魂を結びつける様々な関係や霊魂の能力の相互関係を説明したり[51]，ある能力の他

49）　Cf. E. BETTONI, *I fattori della conoscenza umana secondo l'Olivi* (1955), p. 9.

50）　詳細については，E. BETTONI, *Le dottrine filosofiche di P.J. Olivi* (1959), p. 380-397, 446-466 ; E. BETTONI, *I fattori della conoscenza umana secondo l'Olivi* (1955), p. 10s. ; A. KRÖMER, *Potenzenhierarchie und Dynamismus des Geistes* (1974), p. 128-136 を参照。

51）　まさしく自然本性的結合（colligantia naturalis）という表現

164 　　第 2 章　ペトルス・ヨハネス・オリヴィ

の能力への複雑な影響を述べるために，オリヴィが作り出
した非常に貴重な主要概念である。こうして，精神の内部
におけるあらゆる変化は身体にはね返るし，その反対も成
り立つ[52]。霊魂から身体への，身体から霊魂へのこうした
相互の影響は，霊魂が身体の形相として身体と密接に結合
しているからこそ生じるものである。このようなわけで，
認識の問題に答えるためには，霊魂と身体の結合に関する
オリヴィの難解で精緻な形而上学を全体として検討する必
要がある[53]。

　オリヴィがここで着想を得ているアウグスティヌス主義
によれば，霊魂はどんな場合でも身体に対する絶対的超越
性を保っている[54]。それゆえオリヴィは，こうしたアウグ

は，かなり曖昧に使われている。というのも，霊魂の三つの部分——
知的部分，感覚的部分，植物的部分——の結合と同時に，霊魂と身体
の結合も意味するからである。「霊魂は身体の形相であるという定式
において，オリヴィの形相理解は曖昧で非本来的である。それゆえ，
オリヴィが，一方で部分的形相の相互の結合を，他方で全体的形相
としての霊魂と身体の結合を，同じ『自然本性的結合』という言葉で
呼んでいるとしても驚くべきではない」(T. SCHNEIDER, *Die Einheit
des Menschen* (1973), p. 233)。

　52)　« Ulterius sciendum quod colligatio spiritus ad corpus propter
quam motus vel dispositio unius redundat in alterum consistit principaliter
in formali unione spiritus ad corpus tanquam ad suam materiam et corporis
ad ipsum tanquam ad suam formam »〔さらに知るべきことに，霊魂と
身体の結合は運動や状態が一方から他方にはね返ることを可能にし
ているが，こうした結合は主として，霊魂が質料である身体と，ま
た身体が形相である霊魂と本質的に結合することのうちに成り立つ〕
(*Quaest. in II Sent.*, q.72 ; t. III, p. 34) . Cf. E. BETTONI, *Le dottrine
filosofiche di P.J. Olivi* (1959), p. 462-466 ; E. BETTONI, *I fattori della
conoscenza umana secondo l'Olivi* (1955), p. 10.

　53)　議論の的になったこの主題については，T. SCHNEIDER,
Die Einheit des Menschen (1973), p. 209-246 の現状分析と，D. BURR,
The Persecution of Peter Olivi (1976), p. 52-54 を参照。

　54)　« Quidam autem innitentes dictis Augustini potius quam
paganorum philosophorum dixerunt quod ab obiectis, saltem corporalibus,

3 経験と推論による自己認識　　　165

スティヌスの主張と複合体としての人間の実体的統一性の
教えを，フランシスコ会で非常に広まっていた形相の複数
性の教え――これによれば下級の形相はそれぞれ上級の形
相の質料として役立つ――を認めることなく，うまく調和
する必要があった[55]。こうしてオリヴィは，霊魂は確かに
身体の形相だが，このことは霊魂を全体として捉える広い
意味に限って妥当すると主張した[56]。対して，霊魂を知的
霊魂としてだけ見るなら，厳密に言って霊魂は身体の形相
ではない。それゆえオリヴィは，トマス・アクィナスの見
解とは反対に，知的霊魂は厳密な意味での身体の形相では
ないが，にもかかわらず身体と霊魂は実体的に統一されて

---

nullo modo potest fieri aliqua talis impressio in potentiis nostrae mentis »
〔ある人々は，異教の哲学者よりもアウグスティヌスの言明に基づい
て，こうした印象が物体的対象から発して人間精神の能力のうちに
生じることは絶対にないと主張した〕（*Quaest. in II Sent.*, q.58 ; t. II, p.
437）.

55)　形相の複数性の教えが不可能であるのは，ある形相は別の
形相に対して可能態とはなりえないからである。「しかしオリヴィは，
ある形相は別の形相に対して可能態とはなりえないという点で，ト
マスやアリストテレスと同意見である。対して，形相の複数性の教え
では，ある形相が別の形相に対して可能態になることは，むしろ自
明のこととして前提にされている」（T. SCHNEIDER, *Die Einheit des
Menschen* (1973), p. 229）。「オリヴィはきわめて重要な他の箇所で，
フランシスコ会学派の全体に対して，トマスの見解と同意見であるこ
とを表明している。すなわち，人間のうちに様々な形相があり，こう
した形相は本質的な従属関係にあるという流行の考え方――この考え
方によれば下級の形相はその質料とともに上級の形相に近接する質料
となる――について，オリヴィはアリストテレス哲学に反する『常軌
を逸した誤り』と呼んで批判している」（T. SCHNEIDER, *Die Einheit
des Menschen* (1973), p. 225）。多くのフランシスコ会士が理解してい
たような形相の複数性の教えとの対立については，T. SCHNEIDER,
Die Einheit des Menschen (1973), p. 227-232 を参照。

56)　「全体的形相」という考え方については，T. SCHNEIDER,
Die Einheit des Menschen (1973), p. 233 を参照。

166 第2章 ペトルス・ヨハネス・オリヴィ

おり[57]，それというのも霊魂は上級の能力の根源であると同時に下級の感覚的能力や植物的能力の根源でもあるからだと主張した[58]。

このようなわけで，オリヴィは霊魂の理性的能力と身体の結合を説明する原理をできるだけ精緻に記述しようとした。しかるに，こうした結合は媒介項を必要とし，それゆえ間接的なものにならざるをえない。なぜなら，下級の能力だけが厳密な意味での形相として身体と結合しているからである。オリヴィは，このように要請した媒介を，アウ

---

57) T. Schneider は，実体的統一性と，質料と形相の厳密な複合という意味での統一性を区別するよう何度も強調している。「オリヴィは，霊魂の知的部分が身体に対して厳密な意味での形相の役割を果たすことを否定し，代わりに実体的統一性について論じているが，こうした主張は首尾一貫している」(T. SCHNEIDER, *Die Einheit des Menschen* (1973), p. 233 ; cf. p. 235)。« Ibi enim dico quod pars animae intellectiva non unitur corpori ut forma, quamvis uniatur ei substantialiter; ibi etiam dico quod anima rationalis sic est forma corporis quod tamen non est hoc per omnes partes suae essentiae, utpote non per materiam seu per partem materialem, nec per partem intellectivam sed solum per partem eius sensitivam »〔霊魂の知的部分は，身体と実体的に結合していても，形相として結合しているわけではない。さらに，理性的霊魂が身体の形相であるのは，霊魂の本質のすべての部分を通じてでも，質料ないし質料的部分を通じてでも，知的部分を通じてでもなく，ただ感覚的部分を通じてである〕(*Responsio P. Iohannis ad litteram magistrorum praesentatam sibi in Avinione,* éd. DAMASUS LABERGE, *Fr. Petri Ioannis Olivi, O.F.M., tria scripta sui ipsius apologetica annorum 1283 et 1285,* dans *Archivum Franciscanum Historicum* 28 (1935), p. 155, l. 16-21)。

58) 「オリヴィの考え方は，ひょっとすると，次のように定式化することでうまく言い当てられるかもしれない。すなわち，霊魂全体と身体は実体的に結合しているが，この結合は，自然本性的結合という広い意味で，形相的結合と言えるしそう呼ぶべきだろう。しかし，この結合はその基礎として，霊魂の感覚的部分を形相，身体を質料とする，厳密な意味での形相的結合を前提としている」(T. SCHNEIDER, *Die Einheit des Menschen* (1973), p. 234)。

3 経験と推論による自己認識　　167

グスティヌスに由来し，当時激しく議論された他の主張，すなわち形相の複数性という考え方にも見出し，いつものようにまったく独自の仕方で論じている。形相の複数性に関するオリヴィの考えによれば，霊魂そのものも，あらゆる霊と同じように，質料と形相からできている[59]。実際，霊魂の様々な能力は相互に結びついており，それというのも同じ霊的質料に基づいているからである[60]。霊的次元に属するこうした質料は，人間霊魂の下級の能力と上級の能力が根ざすところのものだが，この霊的質料によってこそ，能力相互の統一性や，感覚的能力を媒介とした知性と身体そのものの——まったくもって間接的な——結びつきを説明できるのである[61]。

「諸能力の結合」の体系的教えは，常に非常に明晰とは

---

59) Cf. *Quaest. in II Sent.*, q.16 ; t. I (1922), p. 291-355 ; cf. E. BETTONI, *I fattori della conoscenza umana secondo l'Olivi* (1955), p. 11.

60) « (Colligantia) secundario vero consistit in concursu plurium potentiarum animae in eadem materia spirituali ipsius animae »〔第二に，結合は，霊魂の複数の能力が霊魂そのものの同じ霊的質料において結合していることのうちに成り立つ〕(*Quaest. in II Sent.*, q.72 ; t. III, p. 34) ; cf. E. BETTONI, *I fattori della conoscenza umana secondo l'Olivi* (1955), p. 10.

61) Cf. E. BETTONI, *I fattori della conoscenza umana secondo l'Olivi* (1955), p. 11. 感覚的能力による媒介の重要性については，E. BETTONI, *Le dottrine filosofiche di P.J. Olivi* (1959), p. 364-369 を参照。「こうして，オリヴィは独自の解決を生み出した。オリヴィは，他のフランシスコ会士と同じように，霊魂には霊的質料があるという考え方を採用するが，際立って異なる仕方で活用した。オリヴィの解決によると，知的形相，感覚的形相，植物的形相は理性的霊魂の『形相的部分』である。各形相的部分は，霊的質料を形成することで，一段高次の形相的部分によって形成されるよう状態づける。こうした形相的部分ないし形相的性質は，それ自体としては形相だが，同じ質料を形成する場合には形相的部分と見なさねばならない。最終的な形相は全体の形相である。自体的に存在すると言えるのは，この全体の形相だけである」(D. BURR, *The Persecution of Peter Olivi* (1976), p. 53)。

168   第 2 章　ペトルス・ヨハネス・オリヴィ

言えないが[62)]，ほとんど非の打ち所がない理論であり[63)]，霊
魂と知性のディレンマから抜け出すことを可能にしてくれ
る[64)]。知性や意志といった上級の理性的能力は，固有の超
越性を保っている。なぜなら，こうした能力は，霊魂の霊
的質料を通じて間接的にのみ身体と結びついているからで
ある[65)]。他方，下級の能力は，同じようにこの霊的質料か

---

62)　Cf. E. BETTONI, *Le dottrine filosofiche di P.J. Olivi* (1959),
p. 310 ; T. SCHNEIDER, *Die Einheit des Menschen* (1973), p. 230 ; D.
BURR, *The Persecution of Peter Olivi* (1976), p. 53.

63)　「今や要約するなら，霊魂の諸能力の結合は次のような仕
方で機能すると言える。すなわち，上級の部分の種的な働き方は，
自分と結びついている下級の部分から作出因的に規定されることな
く，それゆえ下級の部分に依存しておらず，下級の部分から刺激だ
けを受けとるのである。上級の部分はこうした刺激に対し，自分の
種的本性に適合するかぎりで反応するにすぎない」(A. KRÖMER,
Potenzenhierarchie und Dynamismus des Geistes (1974), p. 133)。

64)　T. Schneider は，本来的にはアリストテレスに由来するこの
ディレンマは，13 世紀の人間論の全体に影響を及ぼす重要な問題だ
と何度も強調している。「もし知的霊魂がその知的部分にしたがって
厳密にアリストテレス的な意味での身体の形相なら，『理性的霊魂が
可滅的か，人間全体が必然的に不滅であるもしくはあったかのいずれ
かになるだろう』」(T. SCHNEIDER, *Die Einheit des Menschen* (1973),
p. 239)。« (...) Si forma intellectiva et libera est secundum se habens esse
immortale, ergo si secundum se communicat suum esse corpori tanquam
suae materiae, videtur quod communicabit sibi esse immortale. Si autem
non communicat sibi, ergo aut non est eius forma aut ipsa non habet de se
esse immortale »〔もし知的で制約のない形相がそれ自体不滅だとして，
自分の存在を自分の質料である身体に伝えるとすれば，不滅の性質も
身体に伝えるはずである。もし伝えないなら，身体の形相ではないか，
自分が不滅ではないかのいずれかである〕(*Quaest. in II Sent.*, q.51 ; t.
II, p. 118)。

65)　「部分的形相は自分の質料を形成して状態づけ，一段高次の
部分的形相に受容されるようにする。さらに，一段高次の部分的形相
は，すでに高められた質料だけを直接形成するが，当然ながら，この
ようにして，より下級の，質料と結びついた形相にも間接的に影響を
及ぼし，こうした形相もまさしく形相的部分として自分自身に統合す

3 経験と推論による自己認識　169

ら出てくるが，身体の形相として身体と直接結合してい
る[66]。この霊的質料の同一性こそが，「諸能力の結合」の根
拠であり，「身体に直接触れる印象から霊魂に何らかの影
響が生じる」ことを可能にしているのである[67]。

　容易に予想できることだが，霊魂と身体の結合に関する
こうした教えはきわめて重要であり，この教えにおいて
「諸能力の結合」は形而上学，人間論，認識論の解釈上の
鍵概念を成している[68]。しかし，ここで重要なのは，認識

る」(T. SCHNEIDER, *Die Einheit des Menschen* (1973), p. 229)。

66)　T. Schneider は，オリヴィの立場を次のように要約している。
「オリヴィの複数主義は複雑な伝達の体系を描き出している。という
のも，オリヴィは厳密な形相の概念と形相の複数性の教えを両立させ
ようとしているからである。しかし，オリヴィは両方の考え方を大き
く修正せねばならなかった。すなわち，様々な形相は全体的形相の部
分を成す形相になる。こうして，厳密な形相の概念は部分的形相にだ
け適用され，全体的形相には適用されない。したがって，全体的形相
のうちで厳密な関係が見出せるのは，知的形相の部分と霊的質料との
関係，また感覚的および植物的形相の部分と霊的質料および物体的質
料との関係である。しかし，霊魂の部分的形相の全体的形相への結び
つきと，霊魂の形相的性格——全体としての霊魂が全体としての身体
に結びつくときの——は，まったくもって直接的ではなくて間接的な
ものである。というのも，こうした霊魂の形相的性格は，共通に形成
される霊的質料に伝わり，霊的質料から生じる部分的形相の相互関係
——ほとんどきまって『ある意味で結合している』と言われ，ある種
の不透明さや不明確さを含んでいる——によって媒介されているから
である」(T. SCHNEIDER, *Die Einheit des Menschen* (1973), p. 235)。

67)　« Utrobique autem est identitas materiae causa quare ad
impressionem directe factam in corpore sequatur aliquis effectus in anima,
acsi prima impressio facta in corpus esset, quaedam motio ipsius animae
»〔いずれにせよ，〔霊的〕質料の同一性こそが，身体において直接起
こった印象から霊魂のうちに何らかの影響が生じる原因である。あた
かも身体において最初に生じた印象が霊魂そのものの運動になるかの
ように〕(*Quaest. in II Sent.*, q.72 ; t. III, p. 34-35)。

68)　ある研究者によると，オリヴィはアリストテレスにあらゆ
る論争を仕掛けているにもかかわらず，アリストテレスの質料形相
論の教えを完全に受け入れており，オリヴィの思想はトマス思想が

論においてこの原理がどのように活用されたかである。なぜなら，自己認識を分析する基礎となるのは認識論であり，認識論を検討すれば，オリヴィが第76問でぶつかったように見える逆説的状況を解消できるからである[69]。

3.1.3.2　認識論の諸相

人間の実体的統一性と「諸能力の結合」に関するオリヴィの教えを活用すれば，何よりもまず，質料的なものは霊魂にいかなる影響も及ぼせないとして，感覚的認識と知性認識の関係を説明できるようになる[70]。問題は，いかにして下級の能力が上級の能力に働

そうであるよりもアリストテレスに近い——cf. T. SCHNEIDER, *Die Einheit des Menschen* (1973), p. 227, 229, 245。霊魂の自己認識の教えに関して言えば，こうした見解は決して当てはまらない。

　69)　自明のことだが，ここで述べた，霊魂と身体の実体的結合に関するオリヴィの有名な教えは，オリヴィが実際に行っている複雑な説明に比べれば，かなり単純化されている。E. Bettoni はオリヴィのこうした難解な教えについて次のように結論づけている。「トマスは実体的形相は単一だと教えたが，オリヴィは他のアウグスティヌス主義者と同様にこうした教えを嫌悪していた。しかしオリヴィは，アウグスティヌス主義者たちが共通に教えていた形相の複数性の教えを批判するために，トマスに近づいた。最終的には，トマスとアウグスティヌス主義者たちとの対決に勝利するために，知的霊魂は身体の形相であることを認める点でトマスと一致し，当時軽蔑の対象だったアヴェロエス主義者たちの意見を採用して悪魔と結託することもためらわなかったのである。実際，思想を構築する上で役に立つ情報や要素を得るためには，戦略的目的で機会的に結託したり，諸思想を行き来したりするほど有益なことはない。しかし，この結果，オリヴィの思想は複雑になり，同時に大変独創的なものになったのである。それゆえ，霊魂と身体の関係に関するオリヴィの教えはきわめて特異なものになったが，これは独特で，複雑で，考えすぎで，混乱した事象においてはよく見られることである」(E. BETTONI, *Le dottrine filosofiche di P.J. Olivi* (1959), p. 370)。

　70)　« Quaeritur primo an corpora possint agere in spiritum et in eius potentias apprehensivas et appetitivas »〔第一に問われるのは，身体が霊魂に，霊魂の認識能力や欲求能力に働きかけられるかどうかである〕(*Quaest. in II Sent.*, q.72 ; t. III, p. 1-51).

3 経験と推論による自己認識　　　171

きかけるか，いかにして見る働きが判断や認識や意志の働
きを生むかという点にある。

　オリヴィはこの問題について，人間の主観性のダイナミ
ズムを強調し[71]，トマス主義者が表象像や抽象に認める大
きな役割を否定することで答えている。「剣の刃は素材の
振動によって何かを切るが，同じように，霊魂の能力が根
ざす質料は同一なので，ある能力が働くなら，二つの能力
に共通の質料が運動するのである。他の能力が何らかの仕
方で働きへと移行するのは，こうした質料の運動を通じて
である」[72]。言い換えれば，あらゆる能力が根ざす霊的質料
は，こうした感覚的運動を伝え，上級の能力が働くよう促
すのである[73]。

　しかし，どれほど簡単であろうとも，諸能力の結合に由
来する霊魂内部のプロセスに関するこうした記述を読め

---

　71)　オリヴィによれば，「結合」は，認識の原理であるかぎり，
静的にではなく動的に理解すべきである「自然本性的結合は，認識す
る主体における霊魂の統一の原理でもある。知性の身体に向かう傾向
性——身体は霊魂の感覚的形相の部分によって形成され，知性と本質
をともにするように結合する——と，身体の知性に向かう傾向性と，
知性と身体の，霊魂の感覚的部分に向かう傾向性は，ただの静的な結
合ではなく，非常に動的で解消できない共働である。これは，いわば
分かちがたい一致であり，ここには情報の絶えざる交流がある」(A.
KRÖMER, *Potenzenhierarchie und Dynamismus des Geistes* (1974), p.
129)。

　72)　« (...) potest dici quod, sicut acies gladii incidit per motum
vibrationis suae materiae datum, sic, quia materia potentiarum animae
est eadem, idcirco actio unius est sicut quaedam motio suae materiae
communis utrique potentiae, per quam altera potentia quasi applicatur ad
actum suum » (*Quaest. in II Sent.*, q.72 ; t. III, p. 34)。

　73)　「すべての能力は，相互に，また身体に現前している。なぜ
なら，すべての能力は同じ霊的質料に根ざしているからである。質料
としての身体におけるどんな運動や変化も霊魂に反映し，流れ込み，
はね返るし，逆もまた真である」(A. KRÖMER, *Potenzenhierarchie
und Dynamismus des Geistes* (1974), p. 131)。

ば，ある能力の働きが他の能力に作用因的に影響すると予想せざるをえないだろう[74]。そうなれば，霊魂がいかにして超越性を保つか，どのようにして身体の影響を受けずに済むかはもはや説明できなくなるのであり，問題はただ先延ばしされただけである。オリヴィは，この問題を解決するために，質料的事物や下級の能力はいかなる仕方でも認識の作用因の役割を果たさないと主張した。にもかかわらず，下級の能力や事物からの影響を説明するために[75]，オリヴィは次のような考えを打ち出した。すなわち，対象が認識の働きを実現するのに共働するのは，認識の終局や目的因としてのみであり[76]，働きの作用因としてでは決してない[77]。対象は，認識するものが自分を合わせたり自分の能力を形成するための目標であり，こうして，認識するものが生み出した概念はいわば認識対象である事物に一致するのである[78]。

---

74) オリヴィの実際の教えと比べると，こうした主張を行うことは難しくなる ——cf. A. KRÖMER, *Potenzenhierarchie und Dynamismus des Geistes* (1974), p. 146-147。

75) 「こうした結びつきは，霊魂の諸能力の結合を通じて生み出される。この概念もオリヴィの認識論的形而上学にとって重要である。なぜなら，物体的なものも精神に影響を及ぼせることを教えてくれるからである」（A. KRÖMER, *Potenzenhierarchie und Dynamismus des Geistes* (1974), p. 129）。

76) Cf. A. KRÖMER, *Potenzenhierarchie und Dynamismus des Geistes* (1974), p. 165-167.

77) この主張は，下級の能力の働きの相互関係についても妥当する。下級の能力の働きは上級の能力の働きを終わらせる対象であり，それというのも下級の能力は上級の能力を受動的に引き寄せるからである——cf. *Quaest. in II Sent.*, q.72 ; p. 34。こうした考え方を解釈することの難しさについては，A. KRÖMER, *Potenzenhierarchie und Dynamismus des Geistes* (1974), p. 131-132 を参照。

78) オリヴィはこうした考えの新しさを意識していた。それゆえ，こうした現象を説明するのに，よく似た，あるいはほとんど同じ意味の形容詞をたくさん使っているのだろう。« Circa

3 経験と推論による自己認識　　　173

　言い換えれば，事物は認識のプロセスの中でいかなる能
動的役割も果たさない[79]。すなわち，精神だけが能動性の
根源であり[80]，対象は認識の働きの終点の役割しか果たさ

---

quartum vero principale, quomodo scilicet obiectum, in quantum terminat
aspectum et actus potentiarum, cooperetur specificae productioni eorum,
sciendum quod obiectum in quantum est talis terminus, habet rationem
termini fixivi et illapsivi et praesentativi et sigillativi seu configurativi et
repraesentativi seu cognitivi. Nam actus et aspectus cognitivus figitur in
obiecto et intentionaliter habet ipsum intra se imbibitum; propter quod
actus cognitivus vocatur apprehensio et apprehensiva tentio obiecti. In qua
quidem tentione et imbibitione actus intime conformatur et configuratur
obiecto; ipsum etiam obiectum se ipsum praesentat seu praesentialiter
exhibet aspectui cognitivo et per actum sibi configuratum est quaedam
repraesentatio eius » 〔主要な第四の点について，すなわちいかにして
対象は，まなざしや能力の働きを終わらせるかぎりで，能力の種的な
産出に共働するかについては，以下のことを知るべきである。すなわ
ち，対象はこうした終局であるかぎりで，固定し，流れ込み，表現
し，印刻あるいは形成し，再現あるいは認識する終局という性格を有
する。というのも，認識の働きやまなざしは，対象のうちで固定され，
自分が抱いた対象を志向的に目指すからである。それゆえ，認識の働
きは対象の把捉とか，対象への拡張とか言われる。こうした拡張や概
念形成において，働きは対象と固く結びついて形成される。対象その
ものも，認識のまなざしに自分自身を示して現前させる。このように
して，対象と同じ形になった働きを通じて，対象の再現のようなもの
が生じる〕（*Quaest. in II Sent.*, q.72 ; t. III, p. 35-36）．これらの表現の
意味，特に「固定する対象」（obiectum fixivum）という表現がどのよ
うに使われているかについては，A. KRÖMER, *Potenzenhierarchie und
Dynamismus des Geistes* (1974), p. 145, 156 を参照。オリヴィにおける
認識の志向性に関する一般的問題は，WALTER HOERES, *Der Begriff
der Intentionalität bei Olivi*, dans *Scholastik* 36 (1961), p. 23-48 を参照。

　79）　オリヴィにおける〔霊魂の〕能動性の教えについては，
ORAZIO BETTINI, O.F.M., *Attivismo psicologico-gnoseologico nella
dottrina della conoscenza di Pier di Giovanni Olivi, O.F.M.*, dans *Studi
francescani*, ser. 3 25 (1953), p. 31-64, 201-223 ; ORAZIO BETTINI,
Fondamenti antropoligici dell'attivismo spirituale in Pietro Olivi, dans
Studi francescani 52 (1955), p. 58-72, et 54 (1957), p. 12-39 を参照。

　80）　認識は「事物への開き」と定義できる。「認識は，まさしく

174   第 2 章　ペトルス・ヨハネス・オリヴィ

ない。このようなわけで，オリヴィはこうした役割を明確
に述べて，事物は認識を終わらせる原因であり[81]，同様に
下級の能力が上級の能力に影響を及ぼせるのは，決して作
用因としてではなく終局因としてだと主張した。オリヴィ
は，主体の対象へのこうした一致をうまく説明するため

───────────

オリヴィの解釈では，認識能力がそのまなざし──外的事物に志向的
に一致する──を通じて対象に自分自身を開くことを意味する」(A.
KRÖMER, *Potenzenhierarchie und Dynamismus des Geistes* (1974), p.
150-151)。「したがって，これまで述べたことを考え合わせれば，次
のように確言できる。すなわち，認識の働きとは，まなざしを通じた
対象との志向的な一致を実現することに他ならない」(A. KRÖMER,
Potenzenhierarchie und Dynamismus des Geistes (1974), p. 152)。オリ
ヴィ自身が述べるところでは，人間精神は自分で自身の受動性の役
割も果たすので，能動的である──« (...) dirigendo vim suam activam
in obiectum extrinsecum et etiam eo ipso aperiendo et applicando suam
potentiam passivam ad ipsum obiectum, acsi, deberet illud obiectum intra
se capere »〔人間精神はその能動的な力を外的な対象に向けること
で，またそのことによって自分の受動的な力を対象そのものに開き適
用することで，いわばその対象を自分自身のうちに捉えるのである〕
(*Quaest. in II Sent.*, q.72 ; t. III, p. 9)。

　　81)　この中心的概念については，特に以下を参照。*Quaest. in
II Sent.*, q.72 ; t. III, p. 36-37 ; E. BETTONI, *I fattori della conoscenza
umana secondo l'Olivi* (1955), p. 16 ; A. KRÖMER, *Potenzenhierarchie
und Dynamismus des Geistes* (1974), p. 165-167. この概念の重要性につ
いては，以下を参照。E. BETTONI, *Le dottrine filosofiche di P.J. Olivi*
(1959), p. 429-446 ;「オリヴィは，13 世紀の思想家の中で，意識的な
仕方で，アリストテレスの認識形而上学とのつながりをきっぱりと断
ち，完全に自立的な認識理論を打ち出した唯一の人物である。アリス
トテレス的であろうがアウグスティヌス的であろうが，オリヴィの新
しい考え方と矛盾するような伝統的な要素は一切採用しなかった。オ
リヴィと，先行するあらゆる伝統的な考え方との違いは，まさしくオ
リヴィが認識能力と認識対象の関係について革新的な考え方を打ち
出した点にある。正確に言えば，対象はいかなる仕方でも能力に能
動的な影響を及ぼせないと考えた点にある。対象は，もっぱら終局
因として，意志の働きとしての認識の働きが生じるのを助ける」(E.
BETTONI, *Le dottrine filosofiche di P.J. Olivi* (1959), p. 471-472)。

3 経験と推論による自己認識 175

に，やがて有名になる比喩を使っている。霊魂の概念は認
識対象を忠実に再現している。なぜなら，認識が「対象に
合致するのは，球状の器を照らす光の光線が球体の輪郭に
ぴったり沿うのと同じだからである」[82]。

　結論を言えば，オリヴィにとって認識は，霊魂の能動的
でもっぱら主観的な産出に還元できるものだった。霊魂は
志向的に対象と一致するが，対象は認識を終わらせる原因
だった。また，こうした現象が可能なのは，ひとえに，霊
魂や複合体としての人間の構造において，ある能力の働き
は他の能力にはね返り，いずれの能力も霊魂の同じ霊的質
料に根ざしているからである。

　オリヴィは，こうした創意工夫に富んだ説明のおかげ
で[83]，アリストテレスが認識の統一性を説明するために考
案したあらゆる道具立てをなしで済ますことができた。す
なわち，抽象理論の全体，表象像の役割，可知的形象の媒

---

　82)　M. DE WULF, *Histoire de la philosophie médiévale* (1924),
t. I, p. 367. « Sicut enim actualis irradiatio vasis sphaerici vel quadrati
fit sphaerica vel quadrata ex hoc solo quod lux generat illam cum
conformitate ad figuram sui suscipientis et continentis : sic, quia vis
cognitiva generat actum cognitivum cum quadam informativa imbibitione
actus ad obiectum et cum quadam sigillari et viscerali tentione obiecti,
idcirco eo ipso quod sic gignitur, fit ipsa similitudo et sigillaris expressio
obiecti »〔球状や四角の器を照らす現実的な光線は，ひとえに光が自
分を受容するものの形にしたがって光線を照射することで，球状や
四角になる。これと同じように，認識能力が認識の働きを生み出すの
は，働きが対象を形成したり，働きが対象に自分自身を刻印して拡張
したりすることによってである。それゆえ，働きがこのように生み出
されることで，対象の似像や印象が生じる〕(*Quaest. in II Sent.*, q.72 ;
t. III, p. 36) .

　83)　実のところ，認識のプロセスに関するオリヴィの分析は，
もっと正確で緻密である。なぜなら，諸能力，潜勢的なまなざしと現実
的なまなざし，転回などについて詳しく説明しているからである——cf.
A. KRÖMER, *Potenzenhierarchie und Dynamismus des Geistes* (1974),
entre autres p. 137-150。

176   第2章　ペトルス・ヨハネス・オリヴィ

介[84]，想定された知性の受動性[85]——オリヴィによればこうした考え方はどれもアリストテレスの経験主義に由来する——を退けると同時に，能動知性のアリストテレス的な解釈も否定したのである[86]。

したがって，オリヴィのアウグスティヌス的な認識論では，諸能力の結合の教えから少なくとも二つのことが帰結する。すなわち，第一の帰結は，霊魂の諸能力と各能力の内的運動のはね返りにおける質料の同一性から分かることだが，どんな認識の働きでも感覚と知性が結合していることである。知性認識の働きは，必ず，また同時に感覚の働きでもあり，これは人間霊魂のような「完全に可知的なもの」を認識する場合でも妥当する。それゆえ，認識は知的であると同時に感覚的であり，このことは，知性認識は必ず像を前提とし，いかなる場合でも像を随伴する事実から経験的に確証できる[87]。

---

84)　オリヴィによれば，形象は余計なものである。というのも，認識の働きそのものが形象の役割を果たすからである。認識の働きと事物の間には何ものも介在しない。「アリストテレスやトマスが教える形象は，認識の働きのプロセスと成果に関するオリヴィの理解に照らせば，完全に余計なものである。オリヴィはこうした形象を，『事物を表示する似像』と理解している。たった今説明したように，オリヴィでは認識の働きが形象そのものである」（A. KRÖMER, *Potenzenhierarchie und Dynamismus des Geistes* (1974), p. 158 ; cf. p. 216-220)。

85)　知性認識はある種の受動だと考えることは誤っている。なぜなら，知的霊魂は完全に能動的だからである。「認識の働きの全原因は認識する主体である。他方，オリヴィは対象に終局因や共働因や機会因の役割しか認めていない」（A. KRÖMER, *Potenzenhierarchie und Dynamismus des Geistes* (1974), p. 165)。

86)　能動知性に対する批判については，A. KRÖMER, *Potenzenhierarchie und Dynamismus des Geistes* (1974), p. 208-216 ; EFREM BETTONI, O.F.M., *Pier di Giovanni Olivi critico dell'intelletto agente*, dans *Studi francescani* 52 (1955), p. 19-41 を参照。

87)　« Unde etiam universales species sensibilium non potest

3 経験と推論による自己認識   177

　第二の帰結は，もっと重要で，いっそう確実なものである。知性認識の働きは常に認識の終局である対象に一致するので，必ず実在する対象に一致することになる。しかるに，実在する対象はみな個別的であり，知性がこうした対象に一致するのは個別性においてである。それゆえ，知性による再現は個別的なものにしかならない。知性は個物に関する認識を有する——これはアウグスティヌスを奉じるフランシスコ会士にはまったくもって伝統的な考え方である——だけでなく，志向的な再現の様態そのものも個別的なのであり，これはもっと驚くべきことである。オリヴィはこのことを単刀直入に主張している。「知るべきことに，働きを通じて認識できるのは個別的対象なので，働きは，対象がこの個物であって他の個物ではないかぎりで対象に到達する。このようにして，こうした働きの本質として指摘できるのは，この個物そのものに固有の似像であることと，同じ種に属する他の個物——個別的観点に限ってこの個物から区別される——の似像ではないことである」[88]。

---

cogitare (intellectum) nisi cogitando aliquod particulare vagum vel signatum per actum imaginationis vel sensus communis sibi praesentatum. Nec mirum, quia nec aliquod universale rerum intellectualium potest intelligere, nisi simul cogitet aliquod particulare vagum vel signatum illius universalis (...) » 〔それゆえ，知性は可感的なものの普遍的形象も，曖昧あるいは明確な何らかの個物——想像力や共通感覚の働きを通じて知性に現前する——を思考することでしか認識できない。また，このことは驚くに値しない。なぜなら，知性は可知的なものの何らかの普遍も，こうした普遍に関する曖昧あるいは明確な何らかの個物と一緒に思考することでしか認識できないからである〕(*Quaest. in II Sent.*, q.74 ; t. III, p. 117) ; cf. E. BETTONI, *Le dottrine filosofiche di P.J. Olivi* (1959), p. 492.

　　88) « Rursus sciendum quod quia actus cognitivus obiecti individualis est terminatus in ipsum, in quantum est hoc individuum et non aliud : ideo de essentia talis actus est quod sit propria similitudo huius individui, in quantum huius, et quod non sit similitudo aliorum

178   第2章　ペトルス・ヨハネス・オリヴィ

　明らかなことだが，オリヴィにとって，知性認識は個物
に関する認識であり，知性の固有対象は，トマスが考える
ような普遍でも抽象的何性でもなく，個物だった。さらに，オリヴィは，働きそのものが個別的対象の像や類似性だと主張して，形象をなしで済ましてもいる[89]。したがって，概念や観念は同時に知性認識の働きとも同一視できるのであり，ここからオリヴィにしたがって次のように結論できる。すなわち，概念そのものは普遍的なものではなく，徹頭徹尾個別的なものである。概念は，存在することにおいてのみならず再現することにおいても個別的である[90]。

　それゆえ，自己の経験的認識は，一方でほとんど感覚的な存在の意識と同一視でき，他方で個別的な「わたし」を認識対象として措定すると述べても，もはやほとんど驚かないだろう。したがって，こうした経験的認識は単なる前反省的意識には還元できない。というのも，必ず特定の内容を含んでおり，個別的対象を志向的に目指すからである。しかるに，経験的認識において内容を理解することは，個物として実在するものに到達することである。自己認識の場合，経験的認識は人間に自分自身の存在を意識させるが，それと同時に対象である人間霊魂に一致するかぎりで，生命活動の主体である霊魂に，生きていること，霊魂ではないすべてのものから区別されることを具体的に教えるのである。トマスの考えるような自己意識は，内容空疎なので，オリヴィが採用する観点から見れば無意味なも

---

individuorum eiusdem speciei, pro quanto individualiter differunt ab isto »
（*Quaest. in II Sent.*, q.72 ; t. III, p. 37）.

　　89）　Cf. A. KRÖMER, *Potenzenhierarchie und Dynamismus des Geistes* (1974), p. 158-159.

　　90）　Cf. *Quaest. in II Sent.*, q.72 ; t. III, p. 37 ; E. BETTONI, *I fattori della conoscenza umana secondo l'Olivi* (1955), p. 18.

3 経験と推論による自己認識　　179

のだったろう。それゆえ経験的認識は，対象を措定するような真なる認識であり，自己意識であると同時に自己の具体的認識でもあると言える。

こうして，先に指摘した一見逆説的に見える事態，すなわち個別的であると同時に普遍的であるような対象を認識するという状況は解消できる。というのも，何よりもまず，知性認識の対象は普遍的なものではなく，常に経験のうちに与えられている実在する個物だからである。もっと正確に言えば，どんな認識も必ず個物の認識であり[91]，上の事態が逆説的に見えるのは，ひとえに，感覚の対象は個物なのに対し知性の対象は普遍であるというアリストテレスの誤った考え方を採用しているからである。要するに，オリヴィにおいては，すべてのものは個物に還元されるのである。

しかし，認識は普遍的なものや一般的なものにも関わるのであり，誰もこのことを否定できないだろう。このことについて，オリヴィの考えは以下のとおりである。普遍的認識は知性だけの特権だと考えることは誤っている。反対に，感覚的能力も含めて，どんな能力でもこうした認識に到達できる。実際，ここでは「普遍的認識」という言葉をトマスが考えたように理解してはならない。そうではなく，ある能力は個別的な仕方ではなく一般的な仕方で対象に関わることができるというように理解すべきである。実際，どんな能力もその対象に異なる二つの仕方，すなわち

---

91)　「個物認識について言えば，オリヴィの立場は徹底的で妥協のないものであり，個物の直接的認識は個物認識に依存する普遍の認識を含むというものだった。これはアルベルトゥス・マグヌス（Albert le Grand）がアリストテレス的と呼んだ立場——個物は普遍を通じて普遍の相の下に認識される——を完全に転倒させる考え方である。オリヴィにおいて，個物が普遍よりも優位に立ったのである」（C. BÉRUBÉ, *La connaissance de l'individuel* (1964), p. 100.

180 第2章 ペトルス・ヨハネス・オリヴィ

一般的な仕方と個別的な仕方で関わる。つまり，対象に関わる仕方は普遍的なこともあれば個別的なこともある。しかし，知性認識と感覚的認識において実現するこうした普遍性とはどのようなものであろうか。オリヴィは次のように書いている。「ある能力が一般的な仕方で自分自身に現前するすべての対象に向かうとき，これは普遍的転回と呼ばれる。例えば，目は開いていて，実際に外部の事物に向かうことにより，世界の全体を眺めるが，このことは太陽の光のどの点についても妥当する」[92]。実際, 普遍的認識は，ある能力に現前しうる，同じ種に含まれるすべての対象，すなわちある能力の働きの範囲に含まれる事物の総体を捉えようとするものである。例えば視覚は，一般的な仕方では，色のある対象で考えられるものすべてを捉えることができる。だから，〔オリヴィの〕一般的認識は，アリストテレスが理解するような普遍的認識と混同してはならない。普遍的な何性はこの哲学的文脈の中には含まれない。「それゆえ，普遍的認識は，あるものの理解において，区別や個体化を度外視することに他ならないのである」[93]。

対して，個別的認識は，ある能力が集中的に個別的対象に向かうことに他ならない。これは普遍的転回と同じ運動だが，一定の対象に焦点を当てて捉えようとするものである。「この同じ能力がある対象を明確に目指す場合は，個別的転回と呼ばれる」[94]。したがって，普遍的認識と個別的

---

92) « Et horum aspectuum quidam est universalis, quidam vero particularis. Universalem autem voco generalem conversionem ad omnia obiecta quae sibi praesentia dici possunt; sicut oculus eo ipso quo est apertus et actualiter directus ad exteriora, aspicit totum hemisphaerium, sicut et quilibet punctus lucis solaris » (*Quaest. in II Sent.*, q.59 ; t. II, p. 543-544).

93) C. BÉRUBÉ, *La connaissance de l'individuel* (1964), p. 105.

94) « Particularem autem voco determinatam conversionem ipsius ad certum obiectum » (*Quaest. in II Sent.*, q.59 ; t. II, p. 544).

3 経験と推論による自己認識　　181

認識の間には，本性の違いや本質的な相違はまったくない。すなわち，認識すべきものや認識対象は，必ず個別的なものである。認識の様態そのものは，いずれの場合も種的に異なるわけではない。ただ一つの違いは，ある能力が対象や個別的対象の全体にどれほど集中的に向かうか，その程度の差である。

　したがって，自己の経験的認識に関する逆説的事態は完全に解消する。この場合，対象は個別的なものである。「わたし」こそが，経験のうちに与えられ，あらゆる生命活動の中で意識される。しかし，この個別的な「わたし」は，曖昧で不分明な存在の意識の中で捉えられるのではなく，分析を行う以前でも明確なものとして現れるのである。こうした明確な内容のおかげで，人間はすでに自分が何であるかを部分的に見分けることができ，自分自身を，生きていないものすべてと生命活動の主体ではないものすべてから区別できる。人間は，さらに望むなら，認識を拡大し，こうした個別的認識を一般化することもできる。なぜなら，こうした認識のおかげで，人間霊魂は何であるかをある程度正確に見分けることができるからである。これは，オリヴィが人間霊魂の哲学的認識に導くものとして示した大胆な最初の一歩だが，あらゆる分析に先立つ無媒介的で直接的な認識でもある。

3.1.4　自己の経験的認識の条件

　オリヴィは，第76問で自己の経験的認識を論じるとき，単なる描写や対象の規定だけで満足しているわけではない。これらは，諸能力の結合という形而上学的な教えと，オリヴィの認識論のいくつかの特徴を学んで理解できる最初の段階でしかない。第76問の続く部分は，こうした自己の経験的認識の可能条件を短い言及ではあるが論じているので，これを読めば，これまでの分析をうまく解明できるだろう。

182   第2章　ペトルス・ヨハネス・オリヴィ

　オリヴィによれば，自己の経験的認識は，あらゆる認識と同じように，三つの不可欠な条件を満たす必要がある。第一は対象の現前，第二はまなざしの方向づけ，第三は認識の働きである[95]。

3.1.4.1　対象の現前

経験的認識の最初の条件は，対象の現前である。経験的認識は，無媒介的で直接的なので，対象の現前を前提としている。この場合，自分自身に対する精神そのものの現前である[96]。こうした主張が分かるようになるのは，広い見地に立って[97]，実のところ認識は直接見ることであり，このかぎりで必ず志向的な相関項にして終局因である対象に関係することを理解する場合だけである。

　しかし，この主張は重要な問題を提起する。すなわち，オリヴィによれば，認識は霊魂の純粋な働きであり，対象は作用因や形相因の役割を果たさないが，それならなぜ，この場合に対象の現前が必要となるのか。オリヴィは，認識における主体と対象の志向的関係を守ろうとして，対象

---

　95)　オリヴィによれば，どんな認識も，ある能力の志向的まなざし，すなわち対象が現前することで生じた実際の見る働きそのものによって引き起こされる——cf. A. KRÖMER, *Potenzenhierarchie und Dynamismus des Geistes* (1974), p. 139-140。自己の経験的認識に関する三つの可能条件——対象の現前，まなざし，認識の働き——は人間のあらゆる認識の条件でもある。

　96)　« In primo autem modo sciendi exiguntur tria. Primum est praesentia obiecti, quod est ipsa mens »（*Quaest. in II Sent.*, q.76；t. III, p. 148）．

　97)　「それゆえ，次のような事態は決定的である。すなわち，認識能力の方向づけはまったくもって潜勢的なものと考えるべきである。しかし，認識能力はその純粋で単なる本質——能力を能力たらしめている——によって働くのではなく，対象の現前を必要とする。認識能力はまなざしを通じて対象に向かい，終局である対象に達して働きを終える」（A. KRÖMER, *Potenzenhierarchie und Dynamismus des Geistes* (1974), p. 140）。

3 経験と推論による自己認識　　183

への志向的関係は認識の働きにとって本性的だと答えている。「認識は，対象が厳密な意味での作用者の役割を果たして生み出すものではないとしても，自発的なまなざしや働きの終局としての対象に依存している。この意味で，認識は広い意味での作用者としての対象に依存しているのであり，このようなわけで対象の現前を前提とし，さらにはまなざしをこの対象に固定することも必要になる」[98]。したがって，知性は確かに認識の能動因であり，この役割を果たせるのは知性だけなのだが，にもかかわらず知性が認識できるのは，対象と志向的関係を結ぶときだけである。こうして，対象の現前は知性認識に必要だと言える[99]。

3.1.4.2　立ち帰りによるまなざし　　無媒介的認識が成立する第二の条件は，知性が精神にまなざしを向けること，立ち帰りによる自分自身へのまなざしである[100]。オリヴィはすでに，自己の経験的認識は真の意味での立ち帰りと同一視できることを強調していた。「霊魂はこうした自己知を，知性のまなざしを自分自身と自分の働きに直接向けることで所有する」[101]。

こうした主張を見ただけで，自己認識が単なる自己の前反省的意識に比べられないことははっきり確証できる。し

---

98)　« Quamvis enim cognitio non sit ab obiecto sicut ab agente proprie sumpto, est tamen ab ipso ut terminativo aspectus activi et sui actus; et pro tanto est ab obiecto tanquam ab agente large sumpto, et ideo exigitur ibi praesentia obiecti et ultra hoc defixio aspectus in ipsum » (*Quaest. in II Sent.*, q.72 ; t. III, p. 39).

99)　対象が現前しない場合に実現する認識について言えば，代わりの役割を果たす対象の代替物が必要である。しかし，こうした認識はもはや経験的認識ではない。

100)　« Secundum est aspectus sui intellectus super se ipsam reflexus seu conversus » (*Quaest. in II Sent.*, q.76 ; t. III, p. 148).

101)　« Hanc autem scientiam sui habet anima per immediatam conversionem sui intellectualis aspectus super se et super suos actus » (*Quaest. in II Sent.*, q.76 ; t. III, p. 146).

かし，この短い文章にはもっと大きな重要性がある。なぜ
なら，無媒介的な立ち帰りや立ち帰りによる自己へのまな
ざしは，前反省的意識でも抽象的分析でもないなら，いっ
たい何なのか，当然疑問に思うからである。すなわち，
「直観的」認識に見えるこうした立ち帰りとはいったい何
を意味するのか[102]。

解釈の手がかりが「まなざし」（aspectus）という言葉の
使い方にあることは間違いない。実際オリヴィにおいて，
この言葉は正確な意味を持っており，指摘しておいた方が
よいだろう[103]。

ベットーニ（E. Bettoni）は次のように説明している。
「オリヴィでは，感覚的認識と知性認識のつながりは，も
はや表象像ではなく諸能力の結合を通じて保証されるが，
同様に知性と事物のつながりも，もはや何らかの形象に
よってではなく，ただ知的能力が事物に向かうという事実
を通じて，あるいは対象を目指す能力の志向性を通じて，
あるいはオリヴィが『能力の現実的まなざし』と呼ぶもの

---

102) 「明らかなことだが，こうした直接的認識は，約20年後
にスコトゥスが定めたような個物の知的直観の定義──存在し，能
力に現前するかぎりでの存在するものの認識──を完全に満たしてい
る。オリヴィは直観という表現をまったく，個物認識についてだけ
でなく霊魂の自己認識についても知らなかった。しかし，この言葉は
アクアスパルタのマテウスが霊魂の自己認識を表わすのにすでに使っ
ていた。オリヴィが提案した認識の様態──直接的な立ち帰りによっ
てまなざしを自分自身に向けることを通じて，あるいは触れて分か
るような経験的感覚を通じて──は，マテウスの説明よりも直観と
いう表現にふさわしいものである。だが，知るかぎり，この直観とい
う言葉は，オリヴィが使うものではなかったし，3巻から成る『命題
集第2巻に関する問題集』の目次にも見出せない」（C. BÉRUBÉ, La
connaissance de l'individuel (1964), p. 106）。

103) このまなざしの教えはオリヴィの哲学における決定的要
素だと指摘した研究者もいる──cf. A. KRÖMER, Potenzenhierarchie
und Dynamismus des Geistes (1974), p. 137-138。

3 経験と推論による自己認識　　185

を通じて実現する」[104]。

　オリヴィにおける「まなざし」は，対象が霊魂に及ぼす
様々な原因性に関するアリストテレスの分析の全体にとっ
て代わる。アリストテレスによれば，対象は少なくとも形
相的な原因性を霊魂の能力に及ぼし，感覚的認識の場合に
は直接的影響を，知性認識の場合には間接的な影響を及ぼ
す。オリヴィの考え方にしたがえば，アリストテレスが作
り上げた学問的な構築物はことごとく無用となる[105]。認識
は，対象の現前と，対象を目指す能力の注目だけで可能と
なる。実際，事物が霊魂に現前して霊魂を認識へと促すの
ではなく，霊魂そのものが事物に向かい，そこに自分の働
きの終局を見出そうとするのである。霊魂の事物に対する
こうした注目こそは，そのおかげで感覚的能力や知的能力
がそれぞれの対象に向かい，対象を自分自身に現前させる
ものなのだが，オリヴィが「まなざし」と呼んでいるもの
に他ならない[106]。

　それゆえ，「まなざし」は，元々潜勢的だった能力が何
らかの仕方で対象に向かって突き進むという，能力の拡

　104）「オリヴィにとって，感覚的認識と知性認識のつながり
は，もはや表象像ではなく諸能力の結合が保証していた。それと同
じように，知性と事物のつながりは，もはや何らかの形象ではなく，
事物への知的能力の方向づけ，あるいは能力からその対象への志向
性，すなわちオリヴィが『能力の現実的まなざし』と呼ぶ事柄によっ
て構成されていた」（E. BETTONI, *I fattori della conoscenza umana
secondo l'Olivi* (1955), p. 21）; A. KRÖMER, *Potenzenhierarchie und
Dynamismus des Geistes* (1974), p. 137-156.

　105）「それゆえ，オリヴィは知性認識を説明するのに，能動知
性や可知的形象に訴える必要がなかった。すなわち，認識に関するア
リストテレスの道具立ては退けられた。オリヴィ以降，知性認識にせ
よ感覚的認識にせよ，個物の優位は既知事項となった」（C. BÉRUBÉ,
La connaissance de l'individuel (1964), p. 106）。

　106）　Cf. E. BETTONI, *Le dottrine filosofiche di P.J. Olivi* (1959), p.
450-451.

186   第2章　ペトルス・ヨハネス・オリヴィ

張のようなものである。「認識能力は、自分のうちに閉じこもり、いかなる対象にも志向的な力を向けていないこともあれば、自分のうちにとどまりながらも前進し拡張することで、鋭敏に対象を見つめることもある。後に述べた、能力の存在様態こそ、『現実的まなざし』（actualis aspectus）[107]と呼ばれるものである」[108]。要するに、またオリヴィの記述からすぐに分かるように、まなざしとは、本質的には、自分自身を展開して対象を目指す認識の志向性のことである。

　ここでも、こうした働きにおいて対象は作用因の役割を果たさないことが分かる。あらゆる働きは内在的なものであり、対象と一致するために自分からまなざしを向けるのは主体の側である。対象の役割は、働きの終局であること、あるいはオリヴィの言葉を借りれば、認識のまなざしの終局因であることに尽きる。対象は認識のきっかけだという主張は、対象の原因性をうまく表せていないだろう[109]。

―――――――

107)　現実的まなざしは、単なる潜勢的なまなざしから区別する必要がある――cf. A. KRÖMER, *Potenzenhierarchie und Dynamismus des Geistes* (1974), p. 137-140。

108)　« (...) sic potentia cognitiva aliquando stat velut reclusa et in se involuta, ita quod sua vis intentiva in nullum obiectum intendit, aliquando vero sic intra se protenditur et protendendo acuitur quod est acute ad aliquod sibi obiectum intenta. Hunc autem modum existendi et se habendi vocamus eius actualem aspectum » (*Quaest. in II Sent.*, q.73 ; t. III, p. 64).

109)　Cf. « Hoc enim probato, probatum erit praefatas mutationes praedictorum aspectuum non effici ab obiectis, quamvis sint ab eis sicut a terminativis vel occasionativis »〔このことが証明されたので、先に述べたまなざしの前述の変化は対象が引き起こすものではないことがはっきり分かるだろう。たとえ対象がこうした変化の終局因や機会因の役割は果たすとしても〕(*Quaest. in II Sent.*, q.73 ; t. III, p. 89) ; cf. E. BETTONI, *I fattori della conoscenza umana secondo l'Olivi* (1955), p.

3 経験と推論による自己認識　　　187

　まなざしは対象に由来するものではないので，まなざし
の最も重要な諸原因は必ず人間霊魂の主観的な構造の中に
求める必要がある[110]。例えば，認識の作用因は，述べた理
由から分かるように，事物ではなく意志そのものである。
意志は，諸能力の結合を通じて他の能力とも結びついてい
るので，主体が望むときに認識能力を動かすことができ
る[111]。意志が，知性が事物に向けるまなざしの作用因であ
るなら，立ち帰りによるまなざしについても事態は同様だ
と予想できるだろう。オリヴィによれば，立ち帰りは決し
て，厳密な意味での立ち帰り，すなわち完全な自己還帰で
はない。なぜなら，オリヴィの立ち帰りは，実のところ，
単なる直接的まなざしに還元できるからで，こうしたまな
ざしを通じて，意志は生命活動の具体的主体を考察するよ
う知性に命じるからである。自己への立ち帰りの真の作用
因は意志に他ならない。オリヴィは，第76問で次のよう
に結論づけている。「このまなざしは，自由意志の注意深
い働きの下にとどまるなら，常に，中断することなく霊魂

22-23. E. Bettoni が強調するところでは，事物を認識の単なるきっか
けと見なすことはできない。なぜなら，事物は実際に原因の役割を果
たすからである。「事物との出会いは，認識や意志のきっかけや可能
条件であるにとどまらず原因でもある。すなわち，主要原因や作用因
ではないとしても，厳密な意味での終局因である」（E. BETTONI, *Le
dottrine filosofiche di P.J. Olivi* (1959), p. 439)。

110)　Cf. *Quaest. in II Sent.*, q.73 ; t. III, p. 63-64.

111)　Cf. « Si autem quaeras a quo sit tanquam a causa efficiente :
patet quod vel a voluntate potentias movente vel aliquando per naturalem
colligantiam fit ab aliquo motu vel mutatione sui organi vel totius corporis
» 〔もしいったい何が作用因の役割を果たすかと問うならば，それは
能力を動かす意志か，あるいは自然本性的結合を通じた身体器官や身
体全体の運動や変化だとはっきり答えられる〕(*Quaest. in II Sent.*, q.73;
t. III, p. 66) ; cf. E. BETTONI, *Le dottrine filosofiche di P.J. Olivi* (1959),
p. 454-455.

に向かい続ける」[112]。もっとも，この結論は一般的な経験と一致すると思われる。

こうして，自己への立ち帰りという表現でオリヴィが何を理解していたか，明確に述べることができた。すなわち，ここで問題になっているのは，わたしが前著『トマス・アクィナスの自己認識論』で示した厳密な意味での立ち帰りでも[113]，前反省的意識でもない。第一に，オリヴィの言う立ち帰りは直接・無媒介的な認識にすぎず，こうした認識は対象——働きの終局の役割を果たすにとどまる——に一致しようとするものである。だから，問題になっているのは直接的認識，あるいは「直観的」認識とも言えるもので，立ち帰りではない。しかし，こうした認識は特権的なものである。というのも，その対象は働きの主体そのものだからである。こうした立ち帰り，あるいはより正確には自己の経験的認識は，あらゆる認識と同じように，形象の媒介なしで成立するので，オリヴィが第76問で主張するように，確実で疑いえない認識であり，対象の現前を含意するものだった。

このようなわけで，別の箇所でオリヴィは，アリストテレスが何と言っていようとも，感覚や想像力に由来する表象像やイメージは自己認識ではいかなる役割も果たさないことを注意深く明らかにしている。むしろ表象像は，純粋な自己認識や自己へのまなざしを妨げる障害とも言えるのである。実際，立ち帰りを含めたどんな知性認識の働きにおいても，表象像は知的まなざしを実現するために不可欠だという異論に対し，オリヴィは次のように答えている。

---

112)　« Qui quidem, quamdiu est in pervigili usu liberi arbitrii, semper et continue stat super eam conversus »（*Quaest. in II Sent.*, q.76 ; t. III, p. 146）.

113)　Cf. *Le sens de la réflexion chez Thomas d'Aquin* (1991), p. 148-208〔『トマス・アクィナスの自己認識論』，241-349頁〕.

3 経験と推論による自己認識　　　　　189

「第20の異論については，小前提は完全に誤っていると言わねばならない。実際，いかなる状態においても，すなわち栄光の状態でも，無垢の状態でも，恩恵の状態でも，罰を受けている状態でも，人間精神はいかなる表象像にも頼ることなく直接自分自身に立ち帰ることができる。それどころか，表象像はこうした立ち帰りを助けるよりもむしろ妨げるのである。このことは，霊魂は霊魂そのものを自分自身を通じて直接認識できるかどうかという問題の中で，もっと完全に論じるだろう。アリストテレスやアリストテレス主義者がこれとは反対のことを述べていようとも問題ではない。なぜなら，ここでより完全に明らかにしたように，アリストテレスのこうした考え方は，人間から自由を奪うだけでなく，キリスト教信仰に対立する他の見解もたくさん含んでいるからである」[114]。

3.1.4.3　認識の働き　　自己認識の働きが生じるためのすべての条件は実現したと言える。すなわち，対象は主体そのものなので現前している。主体のまなざしは自分自身に注がれている。それゆえ，まなざしは自分自身のうちに認識を生み出すことができるが[115]，こうした認識は精神そのものの像に他ならない[116]。言い換えれば，自己認識は特

---

114)　« Ad vicesimum dicendum quod minor est simpliciter falsa. Secundum omnem enim statum, scilicet, gloriae, innocentiae, gratiae et poenae possunt mentis nostrae reflecti immediate super se absque adiutorio alicuius phantasmatis, immo potius ad hoc phantasmata eas impediunt quam iuvent, sicut in quaestione an anima possit se intelligere per se et immediate plenius habet tangi. Nec curo si Aristoteles et eius sequaces contrarium dicant, quia sicut ibi plenius ostendetur, hoc non solum nobis aufert libertatem, sed etiam multa alia nostrae fidei contraria in se includit» (*Quaest. in II Sent.*, q.57 ; t. II, p. 365) .

115)　オリヴィは知性のまなざしと知性認識の働きそのものを区別している――cf. A. KRÖMER, *Potenzenhierarchie und Dynamismus des Geistes* (1974), p. 150-156。

116)　« Tertium est ipse actus sciendi, qui secundum Augustinum est

190 第2章　ペトルス・ヨハネス・オリヴィ

権的な認識である。なぜなら，自己認識が生み出すもの，すなわち認識の働きそのものは，対象と完全に一致する像であり，こうした像は人間にとって唯一のものだからである。実際，この場合，認識対象と認識そのものは完全に一致している。

　オリヴィは，自己の経験的認識における認識の働きと対象とのこうした一致を確証して正確に述べるために，アウグスティヌスの『三位一体論』を活用している。「それゆえ，人間が認識する事物はすべて，人間のうちにその事物の認識をともに生み出すと確言せねばならない。実際，認識を生み出すのは，認識するものと認識されるものの両者である。だから，霊魂は，自分自身を認識する場合，ただひとりでその認識を生み出すことになる。というのも，この場合，霊魂は認識するものであると同時に認識されるものだからである。霊魂は，自分自身を認識する以前にもそれ自体として可知的だが，自分自身を認識しないときには自己認識を有していない。霊魂は，自分自身を認識することを通じて，自分自身に等しい自己認識を生み出す。なぜなら，霊魂は，自分のあるがままを認識しており，その認識は他の本質の認識ではないからである。というのも，すでに述べたように，霊魂は自己認識の主体であると同時に対象でもあるのだから」[117]。

　言い換えれば，「わたし」を対象として措定する自己の

---

imago mentis »（*Quaest. in II Sent.*, q.76 ; t. III, p. 148）.

　117）« (...) Liquido tenendum est quod omnis res quamcunque cognoscimus congenerat in nobis notitiam sui; ab utroque enim notitia paritur, scilicet, a cognoscente et cognito. Itaque mens, cum se ipsam cognoscit, sola parens est notitiae suae, quia cognitum et cognitor ipsa est. Cum ergo cognoscit se, parem sibi notitiam sui gignit, quia non minus se noverit quam est notitia eius, non solum quia ipsa novit, sed etiam quia se ipsam, sicut supra diximus »（*Quaest. in II Sent.*, q.76 ; t. III, p. 148）; cf. AUGUSTIN, *De Trinitate*, IX, 12, 18 ; trad. p. 109.

3 経験と推論による自己認識 191

経験的認識は，人間にとって最も完全な認識である。なぜ
なら，主体と対象は完全に一致するからである。オリヴィ
はこうした主張を確証するときにも，アウグスティヌスを
活用している。「霊魂が自分自身を認識し，自分自身に関
する認識を認めるとき，こうした認識は霊魂の言葉であ
り，どんなときでも霊魂そのものと等しく合致するもので
ある。なぜなら，こうした認識は，身体のような下級の本
性に関するものでも，神のような上級の本性に関するもの
でもないからである。また，認識は認識対象，すなわち認
識されるものに似るので，こうした類似性は，霊魂そのも
のが認識するものであると同時に認識されるものである場
合，完全に等しいものとなる。こうした認識は，霊魂の像
であると同時に霊魂の言葉である。というのも，霊魂に由
来し，霊魂を認識することを通じて霊魂と等しくなるから
である。また，ここでは，生まれるものと生むものは等し
いからである」[118]。

　こうして，経験的認識について検討してきたが，結論と
して次のように言える。すなわち，13世紀末の思想史の
中で，この第一の自己認識は自己との関係においてまった
く新しい種類の認識だと言える。なぜなら，自己の経験的
認識は，これまで見てきた自己意識や立ち帰りのどんな形

118）《 (...) Cum se mens novit, sic est eadem notitia verbum eius ut
ei sit omnino par et aequale, quia non est notitia inferioris essentiae sicut
corporis, nec superioris sicut Dei. Et cum notitia habeat similitudinem ad
eam rem quam novit, hoc est, ad illud cuius notitia est : hanc, qua mens
ipsa quae novit est nota, habet perfectam similitudinem et aequalem. Et
ideo imago et verbum est, quia de illa exprimitur, cum cognoscendo eidem
coaequatur et est gignenti aequale quod genitum est 》（*Quaest. in II Sent.*,
q.76 ; t. III, p. 148）; cf. AUGUSTIN, *De Trinitate*, IX, 12, 17 ; trad. p.
105-107. オリヴィはアンセルムスも引用しているが，アンセルムスの
テキストはアウグスティヌスほど明解なものではない——cf. *Quaest.
in II Sent.*, q.76 ; t. III, p. 148。

192　　　第2章　ペトルス・ヨハネス・オリヴィ

態とも同一視できない認識様態だからである。実際，オリ
ヴィの言う経験的認識は，第一に無媒介的認識であり，い
かなる媒介にもどんな形象にも頼らず[119]，対象の現前だけ
で成立し，それゆえ先行する働きをまったく必要としない
認識である。次に，経験的認識は直接的認識であり，「わ
たし」に関わるとはいえ，厳密には立ち帰りではない。さ
らに，経験的認識の対象は個別的なものであり，個別的構
造にしたがって認識される。加えて，経験的認識には，相
関項を対象として措定する「まなざし」が必要である。す
なわち，こうして，「わたし」は意識され，その個別的本
質において知的に認識される。最後に，これらの特徴をす
べて考え合わせれば，このようにして得られた認識はその
対象に一致することがはっきり分かる。このようなわけ
で，自己の経験的認識は，人間の得られる認識のうちで
最も完全であると同時に，最も疑いえない認識にしてあ
らゆる確実性の基礎に他ならない[120]。こうした認識は，第

---

119)　霊魂の超越性を損なう恐れのある形象という考え方の拒絶
については，E. BETTONI, *Le dottrine filosofiche di P.J. Olivi* (1959), p.
472-482 ; A. KRÖMER, *Potenzenhierarchie und Dynamismus des Geistes*
(1974), p. 158s を参照。

120)　第76問には，確実性の獲得において自己認識が果たす役
割については，何一つ書かれていない。実際，経験的認識は疑いえな
い確実性の根源である。オリヴィがこの問題を論じていると思われ
るのは，ある任意討論——今日入手できるのは 1509 年の版だけであ
る——においてである。どんな認識も表象像に支えられているという
アリストテレスの主張は，アウグスティヌスの教えに反している。実
際，アウグスティヌスが多くの箇所で述べるところでは，霊魂は，自
分自身にせよ自分の能力や内的な働きにせよ，感覚や想像力に訴え
ることなく認識できる——« est contra Augustinum, qui in multis locis
vult quod anima tam seipsam quam suas potentias et suos actus internos
intelligat absque adiutorio sensus et imaginationis »。オリヴィは続けて
述べる。« Septimo hoc ostendit certitudo infallibilis sui esse : scit enim
homo se esse et vivere sic infalliliter quod de hoc dubitare non potest; si
autem homo non sciret se esse et vivere nisi per phantasmata posset inde

3 経験と推論による自己認識 193

一のものであり，主体の純粋な働きが生み出すものであ

non immerito dubitatio suboriri; cum (?) illa non possint hoc representare directe et uniformiter, sed valde indirecte et difformiter; nec possint hoc per se et primo, sed solum per multiplicem collationem et ratiocinationem; unde et auctores huius positionis dicunt quod nos devenimus in cognitionem nostre mentis et nostre potentie intellective per actus eius, et in cognitionem actuum per cognitionem objectorum. Coniicimus enim ratiocinando quod actus illi quibus objecta cognoscimus manant ab aliqua potentia et substantia et sunt in aliquo subjecto et sic per hunc modum deprehendimus nos habere aliquam potentiam a qua manant. Si quis autem bene inspexerit istum modum, reperiet quod non solum potest in eo contingere aliqua dubietas, sed etiam quod nusquam per hanc viam possumus esse certi nos esse et nos vivere et intelligere. Licet enim certi simus quod illi actus manant ad aliqua potentia et sunt in aliquo subjecto unde sciemus quod illud subjectum sumus nos et quod illa potentia est nostra ? »〔第七に，自分の存在に関する誤りえない確実性が今述べたことを確証してくれる。すなわち，人間は自分が存在し生きていることを疑いえない仕方で確実に知っている。仮に人間が自分が存在し生きていることを表象像を通じてしか知りえないなら，当然疑いが生じてくるだろう。というのも，表象像は人間が存在し生きていることを直接的な仕方で一様に示すことはできず，非常に間接的で様々な仕方でしか明らかにできないからである。すなわち，それ自体として一義的にではなく，様々な比較と推論を通じてしか示せないのである。それゆえ，こうした立場を採用する著述家たちが言うところでは，人間は自分の精神と知的能力をその働きを通じて認識するが，こうした働きを認識するには対象を認識せねばならない。これは次のように推論できるだろう。すなわち，人間が対象を認識する媒介となる働きは，何らかの能力や実体から出てくるのであり，何らかの主体のうちに存在するが，こうして人間は働きの根源である何らかの能力を有していることが分かるのである。しかし，こうした方法をよく検討すれば，そこには何らかの疑いが生じるだけでなく，こうした方法では人間が存在し生き認識することを決して確証できないことが分かるはずである。事実，問題になっている働きが何らかの能力に由来し，何らかの主体のうちに存在することは確証できるが，こうした主体がわれわれ自身であり，こうした能力がわれわれの能力であることは，何によって判明するのだろうか〕(*Quodlibeta*, f. 45, d ; cité par E. BETTONI, *Le dottrine filosofiche di P.J. Olivi* (1959), p. 470-471, n.6) 。指摘できることに，オリヴィはアリストテレスやトマス・アクィナスの見解を，霊

る。ここで，オリヴィにとって，対象は本来的に言って形
相因や作用因として認識に影響を及ぼせず，主体の側から
対象に一致することを思い出すなら，今問題になっている
認識は，実のところ自己が生み出し，対象としての自己に
一致しようとするものであることが分かる。それゆえ，オ
リヴィが導入した新しさは，立ち帰り，より正確にはオリ
ヴィの言う立ち帰りは，自分自身の自立性において成立す
る点にある[121]。

3.2　理性的推論による自己認識
3.2.1　描写と目的

　自己の経験は，自分が存在し，生命活動の具体的主体で
あることを確証してくれるとしても，人間霊魂の種的本質
を十分に教えてくれるものではない。すなわち，経験的認
識がもたらすのは，霊魂は生きており，生命活動の原理に
して主体であるという認識だけである。わたしの霊魂や，
人間霊魂一般に関する他の本質的な固有性は，単なる経験
においてはまったく分からない。こうした固有性を明らか
にするためには，さらに理性的推論（ratiocinatio）が必要
である。それゆえ，こうした理性的推論は自己認識の第二
の様態であり，オリヴィが経験的認識と区別しているもの
である。

魂そのものによる霊魂の抽象的分析だけに還元している。こうした還
元は，13世紀末のアウグスティヌス主義者がトマスの立場を解釈す
る場合には，不変の特徴だったと言えるだろう。

　121）　すぐに分かることだが，自己認識論について言えば，少な
くとも二つの点で，オリヴィの教えはアクアスパルタのマテウスの教
えから異なる。第一に，オリヴィの経験的認識は，当然ながら，先行
する直接的働きを何一つ必要としない。第二に，オリヴィの経験的認
識は，形象という媒介項なしに成立する。オリヴィの教えとオッカム
の教えの共通点を指摘しようとした研究者もいる——cf. E. BETTONI,
Le dottrine filosofiche di P.J. Olivi (1959), p. 514-515。

3 経験と推論による自己認識　　195

　オリヴィによれば，こうした認識の第二の様態は，第一の様態に基づき，かつそれを延長するものである。延長するというのは，霊魂は推論により，自分自身に関する経験的知識を掘り下げ，自分自身について，経験を通じては決して分からないような本質的特徴を残らず認識しようとするからである。すなわち，人間は理性的推論を通じて，人間霊魂に固有の類と種差を探究し，人間霊魂の種的本質を認識しようとするのだ[122]。

　しかし，推論は，自己の経験を延長するものなので，必ずこうした経験に基づいていなければならない。ここでも，オリヴィの考え方はトマスの見方とは根本的に異なっている。実際，トマスにとっては，どんな自己認識も先行する志向的認識に依存しているが，こうした志向的認識は必ず感覚的経験と表象像の産出に由来する。オリヴィの理性的推論に最も近いと思われる認識，すなわち霊魂の本質の抽象的分析ですらこうした原理を免れていない。すなわち，トマスによれば，直接的働き，それゆえ最終的には感覚的経験は，必ず自己認識の不可欠な可能条件——十分条件ではないにせよ——であり，抽象的分析も自己認識の特殊例にすぎない。トマスの考えでは，最も高次の概念を含めて，人間が抱くどんな概念も感覚的経験を最終的に分析することから出てくるのである。

　オリヴィはこのようには考えず，アリストテレスやトマスの考え方をはっきり非難している。霊魂の本質に関する理性的分析が表象像や想像力の産物に基づくと考えることは完全に誤っている。トマスが示したようなこうした種類

　122）　« Secundus modus se sciendi est per ratiocinationem per quam investigat genera et differentias quae per primum modum non novit »〔自己を認識する第二の方法は推論によるもので，第一の方法では認識できなかった類や種差を探究するものである〕（*Quaest. in II Sent.*, q.76 ; t. III, p. 147）.

196 第2章 ペトルス・ヨハネス・オリヴィ

の認識は，理性の働きではなく，推論でもない。それはせいぜい想像力の判断（imaginaria aestimatio）としか呼べないものである。実際にオリヴィが考えたところでは，こうした種類の認識は人間にふさわしいものではなく，もっと動物的な認識であり，あるいはさらに簡単に言えば，誤った認識である。そして，この誤りの原因は身体が大いに干渉してくるところにある[123]。

実際，理性的認識，あるいは理性による分析は，トマスが考えるように感覚的経験に基づくのでは決してなく[124]，上で論じた経験的認識に，ただそれだけに基づく。事実，自己の経験が意識にもたらすのは，自己認識における第一原理の役割を果たすものである。こうした第一原理は誤らず疑いえないという特権を備えており，経験的に発見されると，霊魂は生きており，生命活動の原理にして主体であることを特に明らかにする[125]。これこそ，あらゆる自己認

---

123) « Ista autem ratiocinatio nequaquam incipit a speciebus imaginariis, nisi cum est falsa et bestialis, ita quod potius est imaginaria aestimatio quam intellectualis ratiocinatio »〔こうした推論が可感的形象から始まることは絶対にない。もし可感的形象から始まるなら，推論は誤りを含む動物的なものになるだろう。それゆえ，このような推論は知性的推論というより，むしろ想像力の判断と呼ぶ方がよい〕(*Quaest. in II Sent.*, q.76 ; t. III, p. 147).

124) オリヴィは概して，「知性は感覚が捉えたものしか認識できない」というアリストテレスの格言に反対するが，この点もそうした反対の一形態と言えよう――cf. E. BETTONI, *Le dottrine filosofiche di P.J. Olivi* (1959), p. 467-489。

125) « Incipit ergo primo ab iis quae per primum modum sciendi tanquam prima et infallibilia ac indubitabilia principia de se novit et tenet, puta, quod ipsa est res viva et principium et subiectum omnium actuum praedictorum »〔それゆえ，〔自己認識の第二の方法は，〕第一の方法を通じて，自分自身について第一で不可謬で疑いえない原理として知り保持している事柄――例えば，霊魂は生きており，すでに述べたあらゆる働きの根源にして基体である――から出発する〕(*Quaest. in II Sent.*, q.76 ; t. III, p. 147).

3 経験と推論による自己認識　197

識に不可欠な第一の要素である。精神が，霊魂の本質を理
性的また哲学的に分析するときに依拠できるのはこうした
基礎であって，感覚的経験に含まれる何らかの表象像では
ない。つまり，理性的推論が依拠するのは，厳密な意味で
の内的認識であって，何らかの志向的働きではないのであ
る[126]。

　霊魂が自分自身について認識すべき最初の本質的特徴
の一つは非物体性であり，これは後の分析の出発点を成
す。霊魂が最初に知るべきは，自分が物体ではないことだ
が，こうした真理は経験的認識においては決して与えられ
ず，本来的な哲学的分析による最初の発見だと言える。霊
魂は，こうした真理に到達するために，洞察力を備えてい
なければならず，明晰な推論を通じてはじめて，自分はあ
らゆる物体的なものを超越する生きた原理であることを知
る。そして，霊魂はこうした知識を得るために，自分自身
について，経験できる働きの非常に高次の本性を意識し，
こうした働きの完全性と物体的本性に固有の欠陥とを比較
する必要がある[127]。

　霊魂の霊性を哲学的に認識することは，霊魂の働きと身
体の本性を比較することではじめて可能になるので，両方

---

126)　E. BETTONI, *Le dottrine filosofiche di P.J. Olivi* (1959), p.
470-471.

127)　« Ex hoc autem, si est perspicax, arguit se transcendere omne
corporeum. Quia tamen ad hoc recte et perspicaciter arguendum oportet se
scire defectivam naturam corporum et corporalium et sublimem naturam
praedictorum actuum animae ac deinde comparare sublimes perfectiones
praedictorum actuum ad defectivam naturam corporalium (...) »〔こうし
て，霊魂は，洞察力を備えているなら，自分自身は物体的なものをこ
とごとく超越すると推論できる。しかし，正しく明敏にこうしたこと
を推論するためには，自分自身について，物体や物体的なものの欠陥
ある本性と，すでに述べた霊魂の働きの高次の本性を認識し，それか
らすでに述べた働きの高次の完全性と物体的な欠陥ある本性とを比較
する必要がある〕(*Quaest. in II Sent.*, q.76 ; t. III, p. 147)．

198   第2章　ペトルス・ヨハネス・オリヴィ

の比較項がともに知られていなければならない[128]。このためにこそ，感覚的経験は必要になる。すなわち，知覚の働きは霊魂ではなく身体を認識する条件であり，人間は霊魂の本性を身体と比較して，例えば霊魂は身体と同族ではないことを知るのである。感覚が必要なのは，トマスが考えたように霊魂を認識するためではなく，身体を認識するためであり，霊魂は自分自身を身体と比較して，自分は物体ではないことを知るに至る。感覚が介入してくるのは，霊魂が自分自身を哲学的に分析できるようにするためだが，こうした介入は，今述べたように限定的で，自己認識にとって外的なものにとどまる。感覚が自己認識に内的に介入してくることはない。感覚は〔自己〕認識の最初の要素，すなわち霊魂は存在していて生命活動の主体であることを知るためには，いかなる役割も果たさない。自己の経験的認識は感覚を必要としない。感覚の唯一の役割は[129]，霊魂と身体——感覚の働きを通じて正確に認識せねばなら

---

128)　« (...) ideo oportet animam prius investigasse naturam corporum et praedictorum actuum »〔それゆえ，霊魂は先に，物体とすでに述べた働きの本性を探究する必要がある〕(*Quaest. in II Sent.*, q.76; t. III, p. 147).

129)　実を言えば，感覚は，他の人間の霊魂を認識する際に，かなり異なる別の役割も果たす。« De animabus vero aliorum hominum scio hoc partim per sensus hoc colligendo, partim per internam inspirationem animi mei. Per sensus enim adverto in aliorum corporibus esse opera vitae et motus et sensus, et ex hoc animus meus per quandam fortem conspirationem aestimat et quasi sentit illos habere animum similem sibi »〔対して，他の人間の霊魂について，わたしはこのことを一部は感覚を通じて推論することで，一部はわたしの霊魂の内的な霊感を通じて認識する。すなわち，感覚を通じれば，他の人間の身体のうちには生命の働きや運動や感覚があることが分かり，こうしてわたしの霊魂はある種の強い同意の念から，他の人間も自分に似た霊魂を所有しているとほとんど感覚的に判断するのである〕(*Quaest. in II Sent.*, q.76 ; t. III, p. 147).

3 経験と推論による自己認識   199

ない——の比較を可能にすることだけである[130]。

認識の第一の様態，すなわち経験的意識は，誤らず，疑いえない原理を確証する。こうして，誤りが入り込むとすれば，それは認識の第二の様態，すなわち理性的推論の中だけである。このようにして，オリヴィは古くからあるアリストテレス主義者の論拠——哲学者たちの誤りを理由に霊魂が自分自身を直接認識する可能性を退けるような——に答えている[131]。実際，オリヴィが答えるところでは，多

---

130) « Et quia ad sciendas naturas corporum sunt nobis necessarii actus exteriorum sensuum et imagines, tanquam nuntii exteriora intellectui nuntiantes et praesentantes : ideo pro tanto sensus et imaginatio sunt necessarii ad hunc secundum modum sciendi quid est anima. Per primum enim modum scio de mea quod est et quod praedictorum actuum est principium et subiectum »〔というのも，身体の本性を知るためには，外的感覚の働きとイメージが必要であり，これらのものが，あたかも使者のように，外的なものを知性に伝え現前させるのである。それゆえ，なおのこと，感覚と想像力は，霊魂は何であるかを認識するこの第二の方法にとって必要である。しかるに，第一の方法を通じて，わたしは自分の霊魂について，存在することと，すでに述べた働きの根源にして基体であることを知る〕（*Quaest. in II Sent.*, q.76 ; t. III, p. 147）.

131) この論拠はすでに上で示した——*Quaest. in II Sent.*, q.76 ; t. III, p. 145-146。アリストテレスの第一の論拠——子供，狂人，眠っている人間は自分自身を認識していない（*Quaest. in II Sent.*, q.76 ; t. III, p. 145）——について言えば，オリヴィはここでは論じていない。というのも，間接的にではあれ，他のいくつかの問題の中ですでに答えたと見なしていたからである。« Prima autem ratio Aristotelis ex impedimento liberi usu rationis et voluntatis in infantibus et dementibus et dormientibus tracta satis est exsufflata ex iis quae dicta sunt in quaestione de impedimento usus liberi arbitrii et etiam ex iis quae de aspectibus potentiarum cognitivarum sunt in praemissis tribus quaestionibus dicta »〔アリストテレスの第一の論拠は，幼児，狂人，眠っている人間では理性と意志が自由に働いていないというものだが，自由意志の使用の妨げに関する問題で述べたことと，先の三つの問題の中で認識能力のまなざしについて述べたことから十分に反駁されている〕（*Quaest. in II Sent.*, q.76 ; t. III, p. 147）.

くの哲学者は人間霊魂の本性を論じるときに誤ったが，こうした多種多様な誤りはアリストテレス主義者が主張した原因から生じるものではない。すなわち，誤りの原因は霊魂がその知識を表象像——人間を誤りに導く——に基づいて得ることにあるのではない。人々が誤るのは，自分で作り上げた感覚的印象やイメージにあまりにも従ってしまう傾向があるからであり，自分の霊魂がいかなる点であらゆる物体的本性と異なるかを理解していないからである[132]。

3.2.2 理性的推論の条件と「記憶による形象」

推論による認識は，身体との比較を意味するが，もちろんある可能条件に依存している。すでに見たように，感覚的認識は，どれほど外的なものであっても，こうした条件の一つである。さらに，内的な条件もすぐに認めることができるが，もっともこの条件は人間精神の理性的認識全体にとって共通のものである。実際，例えば人間霊魂は物体的ではないことを知るためには，少なくとも一般的意味で人間霊魂と呼ばれるものを認識せねばならない。つまり，問題にしているものを知り，名による定義を得る必要がある。こうした定義は，精神が記憶の中にとどめるべきもので，対象の代わりになるものである。オリヴィは，直接的対象の代わりになり，対象の一般的定義を明らかにするこ

---

132) « Secunda autem ratio Aristotelicorum ex erroribus hominum circa quidditatem animae sumpta respicit solum secundum modum sciendi. In quo a sensualibus imaginationes suas sequentibus de facili aberratur, non ex hoc quod per abstractiones specierum a phantasmatibus scientia animae capiatur, sed potius propter causam a me paulo ante praemissam »〔アリストテレス主義者の第二の論拠は，人々が霊魂の何性について誤る事実から取られているが，自己認識の第二の方法にだけ関わる。第二の方法では，自分のイメージに従う感覚的な人々はすぐに誤りに陥る。その理由は，霊魂の知識が表象像から形象を抽象することを通じて得られるというところにではなく，わたしがたった今述べた事実にある〕(Quaest. in II Sent., q.76 ; t. III, p. 147).

3 経験と推論による自己認識　　　201

うした代替物を,「記憶による形象」(species memorialis)
と呼んでいる[133]。

　形象について論じているのは第76問の一節だけであり,
これはオリヴィが何らかの形象の存在を認めている唯一の
箇所だと思われる。もっともこうした形象は,アリストテ
レス主義的な哲学が要請するような可知的形象とは何の関
係もない[134]。実際,アリストテレス主義者にとって,形象
は感覚に根ざすものとして,表象像から抽象した産物であ
り,知性認識の働きに必ず先行するものだった。対してオ
リヴィによれば,他の箇所で説明されているように,記憶
による形象は知性認識の働きよりも後のものであり,知性
認識の残滓や結果のようなものだった。「記憶による形象
は,どんなものでも,対象を実際に認識することで生じ
る。これは,蝋に刻まれた形が実際に印や蝋に刻まれるこ
とで生じるのと同じである。こうした刻印は蝋そのものの
運動や変化だと言える」[135]。

---

133) « In secundo autem modo sciendi exigitur ut plurimum adhuc
alia species, scilicet, memorialis memorialiter retinens definitionem
animae per varias consequentias rationum probatam et per varias
divisiones generum et differentiarum collectam »〔自己認識の第二の方
法では,ふつう他の形象,すなわち記憶による形象も必要になる。記
憶による形象は霊魂の定義を記憶によって保持しているものだが,こ
うした定義は理性の様々な推論を通じて証明され,様々な種類の類
と種差を組み合わせて得られたものである〕(Quaest. in II Sent., q.76 ;
t. III, p. 148-149)。記憶による形象の役割については,A. KRÖMER,
Potenzenhierarchie und Dynamismus des Geistes (1974), p. 220-232 を参
照。

134) Cf. « Quintum autem, quod scilicet nulla species aciem
informans sit necessaria ad actum cognitivum (...) »〔第五に,認識の
働きには,まなざしを形成するいかなる形象も必要ない〕(Quaest.
in II Sent., q.74 ; t. III, p. 122)。Cf. E. BETTONI, *Le dottrine filosofiche
di P.J. Olivi* (1959), p. 472-482 ; A. KRÖMER, *Potenzenhierarchie und
Dynamismus des Geistes* (1974), p. 165-167.

135) « (...) omnis species memorialis generatur per aliquam

202　　第2章　ペトルス・ヨハネス・オリヴィ

　言い換えれば，オリヴィの言う記憶による形象は，アリ
ストテレス主義者の可知的形象とは反対に，働きが能力に
刻み込む痕跡のようなものであり，働きに先立つ前提条件
ではない。このようなわけで，こうした痕跡は記憶の跡で
あり，記憶による形象である。すなわち，先行する働きの
記憶であり，相関的には不在の対象の記憶である。記憶に
よる形象は，あらゆる形象と同じく，能力とその志向的対
象を結びつける媒介である。「こうした形象がこのような
働きを通じて生じることは明らかな事実である。その理由
は，こうした形象が働きの後にとどまり，働きなしには存
在しない点にあるだけでなく，こうした形象がまずこのよ
うな働きを示し，次に働きを通じて対象も表す点にもあ
る。このことは，われわれがこれこれのことを見たり聞い
たりする場合を考えてみればはっきり分かる」[136]。

　こうした記憶による形象はここでは知的次元に属してお
り，このかぎりで，関係が深いとはいえ記憶による可感的
形象と同じものではない[137]。例えば，自分自身，自分の働
き，自分の習慣を認識する働きから出てくる，記憶による
形象は，知的次元で生じた形象でしかなく，「知性そのも

---

actualem cognitionem obiecti, sicut sigillaris figura cerae fuit genita per
actualem impressionem cerae in sigillo vel sigilli in cera. Quae quidem
impressio fuit quaedam motio et mutatio ipsius cerae » （*Quaest. in II
Sent.*, q.74 ; t. III, p. 116）.

　136）　« Quod autem praedictae species generentur per huiusmodi
actus patet non solum ex hoc quod post actus huiusmodi relinquuntur nec
absque huiusmodi actibus fiunt, sed etiam ex hoc quod primo repraesentant
huiusmodi actus ac deinde quod per ipsos eorum obiecta, sicut patet, cum
recordamur nos vidisse vel audisse hoc vel illud » （*Quaest. in II Sent.*,
q.74; t. III, p. 116）.

　137）　二つの種類の「記憶による形象」の違いについては，A.
KRÖMER, *Potenzenhierarchie und Dynamismus des Geistes* (1974), p.
223-225 を参照。

3　経験と推論による自己認識　　　　203

のの質料的中心」[138]，すなわち霊魂の霊的質料の中に刻まれたものである。それゆえ，こうした記憶による形象は質料的本性には絶対に属さない。

　しかし，言うまでもなく，第76問で何よりも重要なのは，オリヴィが記憶による形象に認めている役割である。オリヴィによれば，われわれが実際にそこにないものや，概して現実に存在していないものを認識したり思考したりできることは明らかである。しかし，こうした場合に，知性認識の働きはどんな対象も，いかなる働きの終局も目指さないと主張することは馬鹿げているだろう──オリヴィは，認識における志向性の重要性を強調しすぎたので，今問題にしているような場合に，働きがいかなる志向的な相関項もなしに成立しうることを説明できなかったという意見もある。したがって，人間が物理的世界に実際に存在しない対象を思考する場合，こうした対象は必ずや別の仕方で知性に現前していなければならない。すなわち，対象の代わりになる「何らかの像」を通じて再現されている必要があるのだ。「対象に向かうまなざしはすべて，必ずや何らかの事物に到達して終わる。実際，どんなまなざしであっても，無へと向かったり，無に到達することはできない。それゆえ，まなざしが到達する終局がまなざしに現前する必要があり，こうした終局はまなざしそのものが潜勢的に触れるところのものである。しかし，われわれが実際に存在しない事物やまなざしに現前していない事物を思考する場合には，まなざしは事物に向かうことも，事物に到達することもできない。したがって，この場合には，事物の何らかの像こそがまなざしの対象にして終局でなければ

---

138)　« (...) in materiali utero ipsius intellectus »（*Quaest. in II Sent.*, q.74 ; t. III, p. 116）.

204 第2章 ペトルス・ヨハネス・オリヴィ

ならない」[139]。

こうした「事物の像」は，知性のまなざしを対象——この場合は不在の対象——に向ける。「知性がこうした形象を通じて不在の対象を思考するためには，こうした形象を目指す必要があるが，その場合の形象は不在の対象を表すものであって，不在の対象とはまったく異なる本質であるのではない」[140]。このようなわけで，事物の像の役割は物理的世界にはない対象を現前させることだけである[141]。それゆえ，事物の像は，知性認識の働きを構成する内的要素として認識の働きに参入することはなく，働きの外的な終局因として不在の対象の代わりとなるものにすぎない[142]。

---

139) « (...) omnis aspectus ad obiectum directus terminatur necessario in aliquo, non enim potest aspicere nihil nec terminari in nihilo. Oportet etiam quod illud in quo terminatur sibi sit praesens, ita quod virtualiter attingatur ab ipso aspectu. Sed cum cogitamus aliquam rem quae non est actu, aut si est, non est nostro aspectui praesens : tunc aspectus non potest figi et terminari in illa. Ergo oportet quod aliqua rei imago obiciatur tunc aspectui et terminet ipsum » (*Quaest. in II Sent.*, q.74; t. III, p. 115).

140) « (...) ad hoc, quod per talem speciem (intellectus) cogitet obiectum absens, oportet quod in eam intendat, prout est repraesentativa obiecti absentis potius quam prout est in se quaedam essentia multum differens ab obiecto absente » (*Quaest. in II Sent.*, q.74 ; t. III, p. 115-116).

141) 対象が不在の場合，対象の代わりになる媒介項が必要である。« (...) Omnis applicatio et conversio fit primo et immediate ad aliquid praesens et immediatum; ad absens enim et mediatum non potest fieri nisi per aliud intermedium »〔あらゆる適用や転回は，第一に直接的には何らかの直接現前するものに向かう。不在にして思考上のものに向かうには，他の媒介項が必要である〕(*Quaest. in II Sent.*, q.36 ; t. I, p. 649).

142) Cf. A. KRÖMER, *Potenzenhierarchie und Dynamismus des Geistes* (1974), p. 221-223. オリヴィによれば，記憶による形象は，一方で認識の終局であり，他方で対象を示すものであるので，こうした主張は曖昧さを含んでいると言わざるをえない——A. KRÖMER,

3 経験と推論による自己認識 205

こうしてオリヴィは，記憶による形象を，アリストテレス主義者の可知的形象——これは知性認識の働きを内的に構成する形相である——から区別している。「述べてきた論拠に基づけば，記憶による形象は能力のまなざしを絶対に形成しないことが分かる。能力は可知的形相のおかげで認識の働きを生み出すのである。実際，可知的形相ないし形象は能力のまなざしの外的な終局ではないが，記憶による形象はまなざしの働きの外的な終局として要求される」[143]。

こうして，記憶による形象が自己認識においてどういう役割を果たすか理解できるだろう[144]。まず，自己の経験的認識においてはいかなる場所も占めない。というのも，この場合，対象——霊魂，霊魂の働き，霊魂の習慣——は直接精神に現前しており，対象を表すいかなる代替物も必要ないからである。対して，記憶による形象は自己に関する理性的推論では重要な役割を果たす。というのも，霊魂について一般的に推論する場合に，霊魂の知識を教えてくれるからである。実際，自己の直接的認識の様々な働きは記憶に痕跡を残すが，こうした痕跡は推論や論証の対象となり，過去のあらゆる経験や，認識対象である霊魂の代わりになる。「しかし，こうした形象は直接的対象の代わりになり……，個別的な霊魂の何性を表すというよりは，同じ

Potenzenhierarchie und Dynamismus des Geistes (1974), p. 220-232。

143)　« Ex praedictis etiam rationibus patet quod species memorialis non informat aciem potentiae, ut sic per talem formam influat et producat actum cognitivum; quia talis forma seu species non est extrinsecus terminus sui aspectus et actus, species autem memorialis exigitur pro extrinseco termino aspectus et actus »（*Quaest. in II Sent.*, q.74 ; t. III, p. 116）.

144)　記憶による形象は，普遍的概念が問題になる場合には，さらに別の役割を果たす——A. KRÖMER, *Potenzenhierarchie und Dynamismus des Geistes* (1974), p. 226-231。

206 第2章 ペトルス・ヨハネス・オリヴィ

種に属する他のあらゆる霊魂の何性を表すものである。なぜなら，種の全体に属するあらゆる個物に共通の定義を表すからである」[145]。

3.2.3 結 論

こうして，オリヴィにとって，理性的推論による認識は二次的な認識であり，感覚的データを付帯的な仕方に限って活用する哲学的知識だった。自己の理性的認識の出発点を外的な経験に求めてはならない。反対に，その唯一の起源は，霊魂が自分自身を内的かつ直接的に経験することにある。経験的認識でも推論による認識でも，可知的形象——アリストテレス主義者と大部分のアウグスティヌス主義者が要請する——はまったく余計である。実際，可知的形象は直接的経験の場合には何の役にも立たず，自己の理性的推論の構成要素にもならない。オリヴィが認めるのは記憶による形象だけだが，その役割は物理的世界に存在しない対象の代わりとなり，認識の働きの終局因になることである。このようなわけで，直観的経験と抽象的推論は本性的にも本質的にもまったく異ならず，後者は前者の延長線上にある。この二つの認識の働きの構造は同じである。直観的経験では対象は現前しており，抽象的推論では記憶による形象が不在の対象の代わりとなっている。

それゆえ，オリヴィの言う理性的推論は，トマスや，ボナヴェントゥラ以降のアウグスティヌス主義者の主張するような抽象的分析とはかなり異なっている。こうした違いは，結局のところ，彼らが非常に異なる，また両立しえない認識の教えを説いたことに由来する。トマスが自己の抽象的分析には可知的形象が不可欠だと主張したのは，霊魂

---

145) « Haec autem species tenet vicem obiecti immediati, sicut probatum est supra, nec plus repraesentat quidditatem animae propriae quam aliarum eiusdem speciei, quia communem definitionem totius speciei omnium repraesentat » (*Quaest. in II Sent.*, q.76 ; t. III, p. 149).

の自己認識はどれも感覚の働きに根ざす志向的働きという可能条件を前提にしているからである。アクアスパルタのマテウスによれば、感覚的認識はどんな認識にも不可欠な最初の経験的要素をもたらしてくれるものだった。トマスの理解では、霊魂の自己分析は、どれほど抽象的なものであっても、外的な経験からその内容を汲んできている。対して、オリヴィが人間霊魂の超越性という絶対的原理を極端に押し進めて、いたるところで主張するところでは、哲学的知識は、実のところ自己の直接的経験に基づいており、こうした経験が霊魂に固有の内容を与えるのである[146]。感覚的経験は、霊魂に貴重な比較の観点だけをもたらすのであり、それ自体は霊魂の自己認識の構成要素にはなりえないとされる。

結論として、霊魂は自分自身をその本質や自分自身を通じて認識すると言うべきなのか。オリヴィは、霊魂は自分自身を自己とその習慣を通じて認識すると考えたのか。ここにあるのは、第76問の冒頭で定式化されているような、一般的で古くからある問いである。オリヴィはこの問いに結論を下している。

3.3 本質を通じた自己認識

オリヴィは経験的自己認識と理性的推論による自己認識の違いを明らかにし、それぞれの可能条件を説明した後で、霊魂の自己認識に関する最初の問いにはっきり答えるのに必要な要素を残らず指摘している。実際、解答の最初の部分はすでに先の分析を見れば明確に理解できる。い

---

146) こうして、オリヴィは自分の教えの整合性を保っている。というのも、オリヴィによれば、次のことは疑いえない真理だからである。すなわち、知性はまず個物を「直接かつ自体的に」認識するが、普遍的で「抽象的な」認識は二次的で、第一の〔個物〕認識から派生したものでしかない。

かにして霊魂は自分自身を認識するのか。形象を介して
か，それとも無媒介的な立ち帰りを通じてか[147]。経験的認
識は，無媒介的な立ち帰り，自分自身への直接的まなざし
を通じて実現するのであり，可知的形象はまったく必要な
い[148]。なぜなら，認識の働きが形象の役割を果たすからで
ある[149]。記憶による形象が，結果として，すなわち直接的
自己認識の条件ではなく終局として介入してくるだけであ
る。

　それゆえ，すべてのことを考え合わせれば，霊魂は自分
自身を，自分自身あるいは自分の本質を通じて認識すると
結論できる。しかし，オリヴィは最後の区別を導入してい
るのであり，これを見れば最終的な解答はそれほど単純で
はないことが分かる。しかるに，「本質を通じた自己認識」
という表現では，「通じた」（per）という前置詞には三つ
の意味が見出せる。すなわち，「自分自身をその本質を通
じて認識する」という表現は，霊魂の本質は認識の働きの

---

　147)　« Ex praedictis autem facile est videre quod a multis
laboriose quaeritur et a quibusdam erronee pertractatur, quomodo scilicet
anima sciat se ipsam, an scilicet per speciem seu per essentiam et an
per immediatam reflexionem sui aspectus super se aut primo dirigendo
aspectum ad phantasmata, id est, ad species imaginarias per actus sensuum
exteriorum acceptas »〔すでに述べたことから，多くの人々が苦労して
問い，誤りに陥ることもあった問題には容易に答えられる。すなわち，
いかにして霊魂は自分自身を認識するのか。形象を通じてか，それと
も本質を通じてか。まなざしの直接的な立ち帰りを通じてか，それと
もまず表象像，すなわち外的感覚の働きを通じて得られた可感的形象
に向かうことによってか〕（Quaest. in II Sent., q.76 ; t. III, p. 145）.

　148)　さらに，自己の経験も推論による分析も，先行する感覚的
認識に基づくことはない。オリヴィの主張する自己認識は，形象も先
行する働きもなしに生じるので，トマスやアクアスパルタのマテウス
が要求した二つの条件のいずれも必要としない。

　149)　Cf. A. KRÖMER, *Potenzenhierarchie und Dynamismus des
Geistes* (1974), p. 158s.

形相であることか，霊魂の本質は認識の働きの直接的対象であることか，霊魂の本質は作用因であることかのいずれかを言わんとしている。それぞれの場合にしたがって，解答は微妙に異なってくるだろう。第三の意味，すなわち霊魂の本質は作用因だという解釈は斬新なものだと思えるが，他の二つの意味は古くからあるものだと言ってよい。というのも，少なくとも，トマスも[150]，アクアスパルタのマテウスも[151]，問いをこれら二つの意味で理解するようすでに提案していたからである。すなわち，霊魂の本質は自己認識の自体的な対象であるか，あるいは霊魂の本質は自己認識の媒介項や形相的根拠であるかを問題にしていたのである。

3.3.1 形相因としての霊魂の本質

トマスにとってと同じように，オリヴィにとっても，霊魂が能力を形成する形象の役割を果たすことは考えられないことだった。「したがって，霊魂が本質を通じて自分自身を認識するかどうかを問う場合，もし霊魂の本質が能力を形成する形象の役割を果たすかどうかを確認しているなら，こうしたことは不可能だし，こうした問いを立てること自体が馬鹿げているとまで言えるだろう。たとえこのように考える人々がいたとしても」[152]。霊魂の本質が霊魂の一つの能力の形相になることは絶対にない。では，誰がこうした主張を行ったのか。このように馬鹿げたことを信じていた人々とはいったい誰なのか。

私見では，オリヴィのこうしたほのめかしは別様に理解

---

150) Cf. *De veritate*, 10, 8.

151) Cf. *Quaest. disp. de cognitione*, q. V ; p. 306.

152) « Cum ergo quaeritur an anima sciat se per essentiam, si per hoc intenditur an sua essentia teneat vicem speciei repraesentativae aciem informantis : sic est impossibile et etiam ridiculosum quaerere, quamvis hoc quidam crediderint »（*Quaest. in II Sent.*, q.76 ; t. III, p. 149）.

する必要があり，ここでも直接標的となっていたのはまさにトマス・アクィナスだったと思われる。オリヴィが強調するのは，霊魂の本質が自己認識の形相的根拠であるかどうかを問うことの不合理さである。実際，こうした問いは馬鹿げている。というのも，オリヴィの認識論では，媒介となる形象はことごとく排除されるからであり，霊魂がこうした形象の役割を果たすかどうかを問うことは馬鹿げているからである。確かに厳密に言えば，オリヴィにおいては記憶による形象は事物の代わりになりうるのだが，実在が，決して存在しない形象の役割を果たすかどうかを問うことには何の意味もないだろう。しかし，何よりもトマスが，1257 年頃に書いた『真理論』10 問 8 項で念頭に置いていたのは，まさしくこうした問題提起だった。私見では，トマスのこうした単純な論じ方や問いこそが，オリヴィにとっては不合理に見え，先ほど述べたほのめかしを生んだのだと思う。こうした論争的観点がどうであれ，オリヴィにとって関心があったのは，「本質を通じた自己認識」という表現の他の意味だったことは間違いない。

3.3.2　自体的対象としての霊魂の本質

　第二の意味では，霊魂の本質は自己認識の自体的対象であるかどうかが問われる。この場合，霊魂の本質の代わりになる何らかの形象を介することなく，霊魂は認識の対象になるかどうかが問題になる[153]。

　答えは明白である。第二の種類の認識，すなわち理性的推論による認識の場合には，記憶による形象が重要な役割を果たす。しかし，「第一の種類の認識，すなわち経験的認識においては，霊魂は自分自身を本質を通じて認識す

　153）　« Si vero intendatur quod sua essentia sit per se obiectum suae scientiae, ita quod non obiciatur sibi per intermediam speciem memorialem (...) »（*Quaest. in II Sent.*, q.76 ; t. III, p. 149）.

る。つまり，霊魂のまなざしと働きは霊魂の本質と直接結びついている」[154]。

　この最後の言明により，これまでの分析は確証できる。すなわち，オリヴィがここで論じているのは，直観的認識のあらゆる特徴を実際に備えた認識である——たとえ「直観」という言葉を使っていないとしても。経験的認識は，まず直接的かつ無媒介的である。次に，霊魂の本質を具体的に存在し現前するものとして対象化する。最後に，経験的認識の働きは対象ではなく自分自身によって規定されるのであり，対象は認識の終局因の役割を果たすだけである。このようなわけで，経験的認識は誤らず疑いえないのである。

3.3.3　作用因としての霊魂の本質

　「本質を通じた自己認識」の第三の意味にしたがえば，霊魂の本質は自己認識の作用因と解釈できる。周知のとおり，オリヴィによれば，対象は認識の作用因でも形相因でもなく，終局因にすぎないのであり，認識のプロセスは本質的には能動的現象——自発的な主体だけが決定的な役割を果たす——なのだが，「それでもやはり霊魂は自分自身を，認識の働きの作用因である知性の本質を通じて認識する」[155]。

　「本質を通じた自己認識」を作用因にしたがって解釈するこの斬新な考え方は，かなり独創的なので指摘に値する。ここでも，この考え方のおかげで，オリヴィの認識論

---

154)　« (...) sic in primo modo sciendi scit se per essentiam, id est, per aspectum, et actum in suam essentiam immediate defixum » (*Quaest. in II Sent.*, q.76 ; t. III, p. 149).

155)　« Si vero li per significat ibi habitudinem causae efficientis, tunc verum est quod scit se per essentiam sui intellectus tanquam per causam efficientem sui actus sciendi » (*Quaest. in II Sent.*, q.76 ; t. III, p. 149).

212　　第 2 章　ペトルス・ヨハネス・オリヴィ

は断固として能動的要素を強調している様子が分かるなら
なおさらである[156]。

4　結　論

第 76 問は，どれほど簡潔であっても，またあまり研究
されていないとはいえ[157]，オリヴィの思想を知るには格好
の箇所である。実際，この問題には二つの観点があり，一
つはトマスや哲学者たちを攻撃する否定的で批判的な観点
であり，もう一つは積極的で建設的な観点だが，そこでオ
リヴィは人間の自己認識に関するきわめて独創的な解釈を
打ち出している。

4.1　「アリストテレスの信奉者」との対立

オリヴィは第 76 問の最初の部分で，自己認識に関する
アリストテレス的な論拠を指摘しているが，議論が進む中
でこうした論拠を多かれ少なかれはっきりと退けている。

---

156)　オリヴィは最後に次のように付け加えているが，これはこ
こでは二次的な問題である。すなわち，霊魂と知性の本質は認識の働
きの作用因である。しかし，十分な原因ではなく，それというのも能
力のまなざしと能力に付随する習慣がさらに必要だからである。« Et
si potentia non potest in hoc absque aliquo lumine vel acumine accidentali,
sicut utique non potest absque accidentali aspectu addito potentiae : tunc
quidem scit se per essentiam suae potentiae, sed non per solam, sed cum
superaddito aspectu et habitu »〔能力にこのことが可能なのは，何らか
の付帯的な光や視力がある場合に限られる。すなわち，能力に付加さ
れる付帯的なまなざしが必要なのである。この場合，確かに霊魂はそ
の能力の本質を通じて自分自身を認識するが，こうした認識は能力の
本質を通じてだけでなく，まなざしと習慣も加わってはじめて実現す
ると言える〕(Quaest. in II Sent., q.76 ; t. III, p. 149).

157)　S. GIEBEN, Bibliographia Oliviana (1968) は，自己認識に
関する詳しい研究を一つも指摘していない。

４　結　論　　　213

しかし，この対立には，思想史に関わる少なくとも二つの問題が隠れていると思う。第一の問題は，厳密な意味での自己認識の主題に関わるものだが，霊魂の自己認識に関するトマスの教えをオリヴィがどのように解釈しているか，その方法をめぐるものである。第二の問題は，第一の問題を論争的観点から拡大して論じるものである。なぜなら，オリヴィは自己の間接的認識を主張する人々を「アリストテレスの信奉者」と呼んでいるからである[158]。

　オリヴィは第 76 問の冒頭で，狂人，子供，眠っている人間は自分自身を知らないというアリストテレスの論拠を指摘し，この事実を説明するためにアリストテレス主義者は抽象理論に訴えたと主張している。すなわち，能動知性が照明した形象だけが可能知性をそれ自体にとって可知的なものにする。眠っている人間の場合のように，自己認識が実現しないのは，知性がまだ可能態にあるからである。事実，自己認識は，知性が現実態において実在を捉えていることを前提としている。知性が現実態にある場合——眠っている人間には当てはまらない——にのみ，知性は認識主体の本性そのものを探究できる。すなわち，推論を通じて，働きの根源である霊魂は霊的である，生命の原理である等々の事実を発見できるのである。

　これまでの説明を読めば，オリヴィがアリストテレス的な自己認識の教えを，霊魂が自分自身に対して行う抽象的分析だけに還元していることに気づくだろう。すなわち，

　158）　実のところ，第三の問題も考えられるのであり，それはオリヴィがアクアスパルタのマテウス，ジョン・ペッカム，ガンのヘンリクスのような，いっそうアウグスティヌス主義的な神学者たちにどのように反対しているかという問題である。この問題は歴史的に見てきわめて重要だが，第 76 問を読んでも答えはほとんど得られない。こうした比較をうまく行うには，霊魂と身体の結合のような他の主題を検討する方がよいだろう。

第2章　ペトルス・ヨハネス・オリヴィ

上で簡潔に述べられている認識プロセスは，まさにトマス
に見出せるものだが，トマスの説く様々な観点のうち，た
だ一つの観点に還元されており，トマスが多くのテキスト
で，具体的認識，習慣的認識，前反省的意識，完全な立ち
帰りについても論じていることを忘れているか，正しく評
価していない。霊魂が自分自身に対して持つ具体的認識の
あらゆる次元——これは自己認識に関するトマスの教えの
最良の部分と言えよう——は，まったく正当に評価されて
いない。事態をこのように説明するならば[159]，〔自己認識
について〕霊魂は抽象的分析に似た形態しかとりえず，霊
魂一般に関するいくつかの真理しか捉えられないことにな
ろう。

　トマスの思想をこうした一つの方向性に還元しようとす
る態度が13世紀末に優勢だったことは，ますますはっき
りするだろう。なぜなら，当時，トマスの教えが非常にア
ウグスティヌス的な要素を含むことは完全に無視されてい
たからである——実際，トマスはあまり抽象的ではない，
霊魂のそれ自体に対する直接的関係に基づく自己認識の形
態を重要なものとして論じていたのである。このように
トマスの思想を一つの方向性に還元しようとする態度は，
1275年以降の思想動向の中で恒常的に現れるものだと思
う。というのも，こうした態度は，アクアスパルタのマテ
ウスやロジャー・マーストンといったフランシスコ会士だ
けでなく，トマス思想を最初に弁護した人々の一人である
サットンのトマスにも見出せるからであり，フライベルク
のディートリヒは自己を他のものとして完全に対象化しよ
うとするこうした考え方についてまさしくトマスを非難し

───────────
　　159)　この点についてオリヴィには支持者がいた。というのも，
少なくともアクアスパルタのマテウスとロジャー・マーストンはオリ
ヴィと同じ態度をとっていたからである。

4 結論

ているからである。

　この解釈の方向性は間違いなく正しいので，これ以上説明する必要はない。しかし，この主題の展開について，また知的活動の実際の条件について研究が進まないかぎり，一般的な問いを立てることしかできないだろう。オリヴィがトマス思想におけるこの唯一の観点しか考慮に入れていないのは，意図的な方針だったのか。というのも，『真理論』10問8項や『神学大全』第1部87問1項のようなテキストを見れば，トマスの自己認識に様々な形態があることははっきり分かるからである。オリヴィや他のフランシスコ会士は，敵対者トマスをいっそう批判しやすくするために，トマスの立場を意図的にゆがめて単純化したのか。人々はトマスのことを，抽象的な哲学を説く典型的な思想家と見なして，概して個物認識を十分に評価していないかどで非難したのか。もっと簡単に言えば，フランシスコ会士たちの間ではスコラ学の格言——教養学部におけるアリストテレスの格言に似たもので，アリストテレス哲学の非常に便利な代替物にすぎなかった——が広まっており，オリヴィはトマスのテキストをまったく参照しようとしなかったのか。おそらくトマスは直接標的にされていたわけではないが，トマスの教えをゆがめた同時代の思想家がいたことは確かである。私見では，最も蓋然的な仮説は，批判の対象となっているのはまさしくトマスだが，トマスはアリストテレスの教えを介して標的になっていたというものである。というのも，トマスはアリストテレスから影響を受けた思想家と見なされていたから。アリストテレスは自己認識についてほとんど論じておらず，しばしば自己認識を抽象的認識に還元しているように見えるが，人々はこうしたアリストテレスの教えを批判することを通じて，こうした〔不適切な〕還元の責任をすべてトマスに押しつけ，同時にトマスと他のアリストテレス信奉者をけなそう

216 　　　第 2 章　ペトルス・ヨハネス・オリヴィ

としたのだった。

　実際，告発された見解——霊魂は自分自身を間接的な仕方でのみ認識する——は，「アリストテレスの信奉者」の見解だった[160]。「アリストテレスの信奉者」という表現は，故意に論争的目的で使われたものであり，1270 年と 1277年の断罪の後では特に重要な意味を持っていたに違いない。この表現を見れば，オリヴィがあまりにも哲学一辺倒の革新に反対していた様子がはっきり分かる。オリヴィは別の箇所では，この「アリストテレスの信奉者」を「異教の哲学者に従う人々」と呼んでいる[161]。しかるに，アリストテレスに対する批判だけでなく[162]，哲学的革新へのこうした反対は，オリヴィの認識論のあらゆる要素について見出せるものであり[163]，オリヴィの思想を貫く不変の特徴を反映している。事実，オリヴィがトマスについて何を非難するかと言うと，それは哲学一般，特にアリストテレスを不適切に活用している点なのである。

　オリヴィは純粋な哲学についてどのように考えているかをしばしば説明しているので[164]，オリヴィのテキストの中

---

160)　« Hoc enim secundum tenent cultores Aristotelis »（*Quaest. in II Sent.*, q.76 ; t. III, p. 145）.

161)　« (...) sequaces paganorum philosophorum (...) »（*Quaest. in II Sent.*, q.67 ; t. II, p. 616）.

162)　Studi francescani のいくつかの号，特に ORAZIO BETTINI, O.F.M., *Olivi di fronte ad Aristotele, Divergenze e consonanze nella dottrina dei due pensatori*, dans *Studi francescani* 55 (1958), p. 176-197を収録している号はスイスでは手に入らなかった。

163)　対して，T. Schneider によれば，オリヴィは人間の〔実体的〕統一性に関する問題のいくつかの点では，厳密な意味でのアリストテレス的な立場で満足している。Cf. T. SCHNEIDER, *Die Einheit des Menschen* (1973), p. 229 ; A. KRÖMER, *Potenzenhierarchie und Dynamismus des Geistes* (1974), p. 76-81。

164)　Cf. FERDINAND DELORME, *Fr. Petri Joannis Olivi tractatus "De perlegendis philosophorum libris"*, dans *Antonianum*

4 結 論

に，上で提起した問いに対する最初の解答方法を見出せる。すなわち，オリヴィが標的にしていたのは誰だったのか。というのも，オリヴィの批判は，トマスのテキストに見出せるような論拠に対応するものではないからである。この問いは，やはり非常に込み入っているのだが，一方で標的にされていたのはまさにトマスであり，他方でトマスへの批判はアリストテレスを経由するものだったと考えるなら，断片的な解答は得られる[165]。オリヴィがトマスや他の人々を批判したのは，特にアリストテレスを真理の基準と見なして，ほとんど聖書と同じぐらいにアリストテレスを信用しようとする，彼らの熱狂的で信奉的な態度についてだった。オリヴィがアリストテレスの信者者について拒絶したのは，その盲目的な尊敬の念であり，それというのもこうした尊敬は偶像崇拝や哲学者の崇敬につながるから

---

16 (1941), p. 31-44 ; DAVID BURR, *Petrus Ioannis Olivi and the Philosophers*, dans *Franciscan Studies* 31 (1971), p. 41-71 ; D. BURR, *The Persecution of Peter Olivi* (1976), p. 25s.

165) D. Burr の指摘によると，オリヴィはアリストテレスよりも，むしろ例えばプラトン（Platon）に反対したのであり，オリヴィを反アリストテレス主義者と決めつけることはできない。その理由は，一方でオリヴィのいくつかの主張の支えとして最も頻繁に引用されるのはアリストテレスだからであり（D. BURR, *Olivi and the Philosophers* (1971), p. 56, 76)，他方でオリヴィが反対しているのは一般的意味での異教の哲学だからである（D. BURR, *Olivi and the Philosophers* (1971), p. 70 ; D. BURR, *The Persecution of Peter Olivi* (1976), p. 27-30)。それゆえ，オリヴィがアリストテレスを様々に扱っているのを見てもまったく驚くべきではない。「アリストテレスやアラビアの哲学者が問題になっている場合，こうした思想家の言明は二つの極の間で揺れ動く。すなわち，オリヴィはこれらの言明を，一方では自説を根拠づける学問的権威として引用するが，他方ではアリストテレス主義者もろともに辛辣な皮肉の対象としている」（A. KRÖMER, *Potenzenhierarchie und Dynamismus des Geistes* (1974), p. 17)。

218   第2章　ペトルス・ヨハネス・オリヴィ

である[166]。ひょっとすると，アリストテレスは理性の光や経験に頼るしかなかったとして言い逃れできるかもしれないが[167]，キリスト教徒でありながらアリストテレスを信奉していた人々はもはや弁解できない[168]。こうした神学者は

---

166)　「第一に，オリヴィは次のような人々，すなわちアリストテレスの言葉を異論の余地のない権威と見なし，盲目的にアリストテレスを崇敬する人々に断固として反対した。『キリスト教徒は，聖書とカトリックの信仰だけを，異論の余地のない権威として受け入れるべきである』。それ以外の事柄はみな，聖書の真理と人間理性の規範にしたがって評価すべきである。オリヴィは，同時代人の多くがアリストテレスを『あらゆる真理の誤りえない基準』にして『この世界の神』と見なして盲目的に従い，アリストテレスの言葉を，たとえ信仰そのものに対立する場合でも聖書と同じくらい盲目的に信じていることに愕然とした」（D. BURR, *Olivi and the Philosophers* (1971), p. 58-59）。

167)　« Nec mirum si mundana philosophia talis est, quia auctores ejus tales fuerunt. Habuerunt enim aliquid de lumine naturalis intelligentiae, et ideo potuerunt aliquid veritatis scribere. Habuerunt tamen illud cum obtenebratione originalis culpae et actualis maculae, ex quo multum falsitatis habuerunt veritati immiscere; habuerunt etiam in modica quantitate et multa materialitate, et ideo particulariter habuit eorum perscrutatio in veritate intrare; habuerunt etiam illud sine lumine fidei et divinae gratiae seu amicitiae, et ideo habuerunt vanitati deservire »〔世俗的な哲学がこのようであったとしても驚くには値しない。というのも，その作者も似たような性質を備えているからである。世俗的な哲学を説く著述家は，知性の自然的光を所有していたので，何らかの真理を書き記すことができた。しかし，こうした光は原罪と自罪のせいで暗くなっていたので，彼らは真理とともに多くの誤った教えももたらした。また，彼らが所有していたこうした光はわずかで，多分に感覚的なものだったので，彼らの真理探究は特に誤りを多く含むものとなった。さらに，彼らの持つこうした光は，信仰，神の恩恵，神との友愛を備えていなかったので，彼らは空しいことを熱心に教えた〕（*De perlegendis philosophorum libris*, éd. F. DELORME (1941), p. 37）．

168)　« Et quidem non miror de homine pagano et idolatra et ab idolatris genito et nutrito. Sed hoc est nimis stupendum quod Christiani, professione theologi et etiam religiosi, sic aestimant et quasi adorant dicta istius in iis quae ad materiam theologicam vel metaphysicam seu

4 結 論   219

哲学を手段としてうまく活用することができず[169]，哲学に
ついて判断するどころか，その奴隷になってしまったので
ある[170]。

　オリヴィが哲学に夢中になる神学者に反対したのは，哲
学の研究が二次的な意味しか持たないと考えていたからの
みならず，同時代の大部分の人々が受け入れていた哲学が
キリスト教的生活にとって真の脅威になるからでもあっ
た[171]。実際，各神学者が採用していた思想的要素は，キリ
スト教を危険にさらす異教の哲学に由来する，もっと広大

---

supernaturalem spectant »〔アリストテレスを信奉することは，偶像崇
拝や偶像崇拝者の中で生まれ育った人々については驚くべきことで
はない。しかし，誓願によって神学者や修道士になったキリスト教徒
が，神学，形而上学，超自然的学の主題について，アリストテレスの
言明を高く評価して信奉していることは，実に驚くべきことである〕
(*Quaest. in II Sent.*, q.6 ; t. I, p. 131)．

　　169)　Cf. D. BURR, *Olivi and the Philosophers* (1971), p. 41-71.

　　170)　« Quoniam igitur haec philosophia est stulta, ideo perlegenda
est caute. Quia vero est aliqua scintilla veritatis fulcita, ideo perlegenda est
discrete. Quia vero est vana, ideo perlegenda est transitorie seu cursorie
utendo ea ut vita, non ut fine seu ut termino. Quia autem est modica et
quasi puerilis seu paedagogica, ideo legenda est dominative, non serviliter;
debemus enim ejus esse judices potius quam sequaces »〔それゆえ，こ
うした哲学は愚かなので，注意深く検討すべきである。しかし，何ら
かの真理の輝きで支えられてもいるので，慎重に見極めるべきである。
とはいえ，空しい事柄を論じているので，この世で一時的に活用し
ても，究極的なものと見なすべきではない。価値が低く，いわば子供
を教育するような役割しか果たさないので，奴隷ではなく主人として
読むべきである。というのも，われわれはこうした哲学について，奴
隷ではなく判断者になるべきだから〕(*De perlegendis philosophorum
libris*, éd. F. DELORME (1941), p. 37)．

　　171)　「純粋な哲学的主題に対するオリヴィの態度は，哲学はキ
リスト教的生活において相対的な重要性しか持たないという考えと，
多く同時代人が受け入れている哲学はキリスト教的生活を脅かすとい
う確信に基づいていた」(D. BURR, *Olivi and the Philosophers* (1971),
p. 52)。

220 第2章 ペトルス・ヨハネス・オリヴィ

な全体的教えの一部を成していたのである[172]。

このようなわけで、アリストテレスの信奉者を真に退けるためには、キリスト教の教えを、同時代の見解ではなく古代哲学そのものと比較することがぜひとも必要だった。実際、同時代の問題はみな古代哲学という中心から出てきたもので、1270年と1277年の断罪はこうした問題の結果にすぎなかったのである[173]。こうして、オリヴィが純粋な哲学に対して慎重な態度をとったことはもっとよく理解できるだろう[174]。オリヴィが古代哲学を拒絶したのは、反知性主義的な態度のためではなく、当時の活用方法が不適切だったせいで、古代哲学から多くの悪が生じていたからである[175]。オリヴィにとって、反対の方向性を極端に進めて

---

172) 「しかし、何が脅威だったかを突きとめることは難しい。というのも、オリヴィはそれぞれの場合に、問題となっている見解はもっと大きな、本質的にキリスト教的ではない世界観——オリヴィによれば異教の哲学者たちが主張した——を構成する一部だと見なそうとしているからである。オリヴィは、アリストテレス哲学がキリスト教とは別の宗教的環境の中で生まれたことにはっきり気づいており、アリストテレスがこうした環境と折り合いをつけ、とりわけ明確に多神教的な主張を含む哲学を生み出したと信じようとしている。こうして、キリスト教徒がアリストテレス哲学をキリスト教に徹底的に適用しようとして、すぐに異端に陥ることになっても、それほど驚かないだろう」(D. BURR, *Olivi and the Philosophers* (1971), p. 66-67)。

173) 「オリヴィは、パリにおける1270年と1277年の断罪の直後の数十年間にわたって生きたので、イスラム哲学とパリ大学の教養学部が引き起こした問題を直接経験した。しかしながら、『哲学者の書物を読むことについて』(De perlegendis philosophorum libris) がはっきり目指しているのは、キリスト教と古代哲学を比較することである。目的のこうした限定はほぼ偶然ではないと言える。なぜならオリヴィは、キリスト教と古代哲学のこうした対立こそ、同時代の問題が現れる基盤だと見なしていたからである」(D. BURR, *Olivi and the Philosophers* (1971), p. 52)。

174) Cf. D. BURR, *The Persecution of Peter Olivi* (1976), p. 25-27, 31.

175) オリヴィは当時のアリストテレス主義を反キリストになぞ

4 結論

反アリストテレス主義を打ち出すことは論外だったが[176]、にもかかわらずオリヴィは純粋な哲学の考え方を批判している。なぜなら、純粋な哲学は哲学を自体的な目的と見なして、キリスト教を破壊するからである。それゆえオリヴィは、哲学には深入りしないと述べ[177]、とりわけ、哲学は感覚と結びついており、信仰が目に見えないものに対する確信であることを正しく評価しないので、軽蔑すべきだと主張したのである[178]。

こうして、少なくとも部分的にではあれ、次の事実が明らかになった。すなわち、オリヴィが第76問で、トマスの名を挙げることなく、また『真理論』や『神学大全』に見出せるような論拠を検討することなくトマスに反対しているのは[179]、アリストテレス自身を非難するためだった。オリヴィにとって、これはアリストテレスの信奉者の教えの核心に触れることに他ならなかった。オリヴィは、トマスのテキストそのものに反対する――このことのためにはトマスの依拠する文化的土壌を採用せねばならなかっただろう――よりも、むしろトマスの議論を検討しないことを選んだが、それはアリストテレスの教えの誤った要素を非難し、こうしてトマスの論証に対してもっと根本的な異議を唱えるためだったのである。しかし、これは仮説でしかなく、オリヴィの著作に基づいて徹底的に検証する必要が

らえることまでしている――D. BURR, *The Persecution of Peter Olivi* (1976), p. 31。

176) Cf. D. BURR, *Olivi and the Philosophers* (1971), p. 70.

177) Cf. D. BURR, *Olivi and the Philosophers* (1971), p. 46, n.25.

178) Cf. D. BURR, *Olivi and the Philosophers* (1971), p. 45, 47 ; D. BURR, *The Persecution of Peter Olivi* (1976), p. 26.

179) ロジャー・マーストンがとった態度は、オリヴィとは正反対である。マーストンは、批判の対象にしたトマスのテキストを字句通りに引用している――cf. ROGER MARSTON, *Quaest. disp. De anima*, q.1 ; p. 207-208, 211-212。

222 第2章 ペトルス・ヨハネス・オリヴィ

あろう。

4.2 オリヴィの自己認識論

しばしば，オリヴィは哲学史の転換点だったとして，オリヴィの思想の独創性が指摘されてきた。なぜなら，オリヴィは認識論における新しい方向性の口火を切った人物だからである。「オリヴィとそれに先行する伝統的立場の違いは，オリヴィが認識能力と認識対象の関係について革新的な考え方を打ち出した点にある。対象が認識や意志の働きに貢献するのは，もっぱら終局因としてである」[180]。さらに，オリヴィのおかげで，「知性認識や感覚的認識における個物の優位は，その後既知事項となった」[181]。一方で「諸能力の結合」に基づく認識主体の能動性の強調と，他方で個物認識の徹底化は，オリヴィの自己認識論における二つの基本方針として見出せる。

実際オリヴィは，異なると同時に結びついている，二つの種類の自己認識を区別している。すなわち，経験的認識と推論による認識――経験的認識を延長したものにすぎない――である。言うまでもなく，革新的だったのは経験的認識という考え方である。しかるに，この自己の経験的認識の三つの可能条件は，実のところ主観的なものであり，人間の主観性に依存している。まず，霊魂の存在が必要であり，それというのもまさに知性こそが対象――単なる終局因の役割しか果たさない――を現前させるからである。次に，まなざしは知性そのものの直視である。最後に，認識の働きは現実態における認識の志向性と一つになっている。注意深く検討するなら，自己の経験的認識の実現は

---

180) E. BETTONI, *Le dottrine filosofiche di P.J. Olivi* (1959), p. 471-472 ; trad. C. BÉRUBÉ, *La connaissance de l'individuel* (1964), p. 100.

181) C. BÉRUBÉ, *La connaissance de l'individuel* (1964), p. 106.

4 結 論

もっぱら知性の能動性の産物だということが分かるだろう。

　自己認識において知性の能動性を徹底的に強調するこうした考え方——そこでは事物が作用因や形相因の役割を果たすことは絶対にない——は，他の二つの要素を通じて確証できるが，こうした要素により，オリヴィの思想は特にアクアスパルタのマテウスの思想と比べて独創的な教えになっている。第一に，オリヴィは自己の経験的認識においていかなる形象の存在も認めない。第二に，自己認識は絶対に最初のものであり，どんな先行する働きも必要としない。対象の代替物のような形象は，自己認識には必要ない。なぜなら，形象は実際の認識の妨げになるからである。知的能力がそれ自体を通じてまなざしを対象に向けるのは，唯一働きが知的能力にとって形象の役割を果たすからである。自己認識の働きは，具体的なものであるかぎり，抽象的な媒介項となるいかなる形象——存在においても表示においても——も必要としない。すなわち，自己の経験的認識は，起源，働き，終局の観点から言って，徹頭徹尾具体的かつ個別的である。この事実は，少なくとも一つの点に関して言えば，ベリュベ神父の解釈——オリヴィにおいては個物が前面に押し出されている——を確証してくれるだろう。

　自己認識の働きは，他なる形象に依存していないだけでなく，先行する働きも必要としない。すなわち，感覚的認識は自己認識の可能条件として前提とならないのである。アクアスパルタのマテウスは，認識は直接的でありながら，外部にあるものの認識に条件づけられていると力強く主張するが，オリヴィでは直接的認識が完全な優位にある。すなわち，霊魂は自分以外のものを認識せずとも自分

224 第2章 ペトルス・ヨハネス・オリヴィ

自身を認識できる[182]。これはオリヴィの自己認識論の新た
な徹底化である。つまり、自己の経験的認識は、すでに形
象を必要としないが、固有の自立性の中で、対象からの完
全な独立性の中で生じるのであり、対象は終局因の役割を
果たすにとどまる。それゆえ、認識は自己によって規定さ
れるのであり、相関項〔である対象〕が介入してくるの
は、道具的で部分的な原因性にしたがってのことでしかな
い。

経験的認識は、具体的で、ほとんど感覚的とも言えるも
のだが、知的であると同時に感覚的である[183]。これと相関
して、経験的認識の対象も同じ性質を有しており、可感的
であると同時に可知的である。言い換えれば、経験的認識
は未規定な単なる前反省的意識とはまったく異なるのであ
り、それというのも実際の内容を持ち、限定されているか
らである。すなわち、霊魂は直接自分自身のことを、非質
料的で、単一で、働きの原理であると認識する。したがっ
て、経験的認識は、常に対象としての相関項により成立す
る。すなわち、経験的認識では、自己は常に対象化されて
いる。自己は知性の前にいわばキャンバスを広げるのであ
り、知性は自己を哲学的に分析しなくても、すでに対象化

---

182) 質料的なものに関する感覚的認識は、霊魂が自分自身に
ついて認識していることと可感的なものを比べるときにだけ必要であ
り、自己認識の可能条件には決してならない。

183) E. Bettoni を参照。Bettoni によれば、オリヴィでは感覚性
も知的霊魂そのものに属する。霊魂が身体を感じるのは、自分自身が
身体を感じていることを感じる場合だけである。「霊魂は、最初に、
自分の身体へのより大きな直接性にしたがって、感覚の働きを知覚
し意識する。こうして、霊魂は身体を手に入れるのである。霊魂が身
体を感じるのは、身体を感じていることを感じるからである。なぜな
ら、感覚的な原理は、身体に対するよりも深く本性的な仕方で、霊魂
に備わっているからである」(E. BETTONI, Le dottrine filosofiche di P.J.
Olivi (1959), p. 363)。

4 結 論

されていることを知っているのである。オリヴィの経験的認識は，トマスの言う前反省的意識や完全な立ち帰りとは違って，自己を他のものとして対象化する認識なのである。

最後に，自己認識において生じる自己と自己との分裂にもかかわらず，主体，働き，対象は完全に合致している。なぜなら，それらは相互に完璧に一致しているからである。対象は主体より下位にも上位にもなく，それというのも主体そのものだからである。こうした認識はきわめて完全なので，確実性の根源になりうる。すなわち，注意とまなざしが変化しないかぎり，自己と自己の間に誤りは入り込まない。それゆえ，自己認識は最も明白で確実なものの一つである。

確かに思想史の専門家がオリヴィの導入した新しさを強調したことは正しかったし，ここでの自己認識の検討はこうした解釈を強めてくれるだろう。にもかかわらず，たとえオリヴィが思想史にはっきり分かる変化をもたらしたとしても，この新しさの効力を明確にし，スコトゥスやオッカムの思想にどういう影響を与えたかを正確に述べるには，さらに検討が必要だと思われる。

第3章

ロジャー・マーストン

---

1 導 入

　共通博士と呼ばれていたトマス・アクィナスは，同時代人やトマスのすぐ後に続く人々にとっては，伝統的な人間でも[1]，参照すべき典拠でも，敬服すべき権威でもなかった[2]。ドミニコ会やその方針に従う人々とほぼ同一視でき

---

　1)　スコトゥス自身は，ボナヴェントゥラとトマスが同時代人であったことを知りながら，ボナヴェントゥラを昔の教師，トマスを今の教師と見なしている。« Respondeo ergo ad quaestionem, primo sequendo alium Doctorem antiquum, scilicet Bonaventuram (...) »〔　ではまず，別の昔の教師ボナヴェントゥラに従いつつ問いに答えよう〕（JEAN DONS SCOT, *Reportata parisiensia*, l. I, d.36, q.4, n.20, dans JOANNIS DUNS SCOTI, O.F.M., *Opera omnia*, t.22, d'après l'édition de L. WADDING, Paris 1894, p. 455). « Ad secundam quaestionem dicendum est, cum antiquo Doctore Bonaventurae, quod (...) »〔第二の問いに対しては，昔の教師ボナヴェントゥラとともに次のように言わねばならない〕（*Ibid.*, l. I, d.36, q.4, n.26, p. 457-458). « (...) et dicunt omnes Doctores moderni quod sic. Unus autem Doctor (scil. fr. Thomas) assignat rationem (...) »〔今の教師はみなこのように言っているが，そのうちの一人である修道士トマスは理由を示している〕（*Ibid.*, l. I, d.36, q.2, n.14, p. 436).

　2)　Cf. MARIE-DOMINIQUE CHENU, *Introduction à l'étude de*

1 導入

る少数派──これを「トマス学派」呼べるかどうかは分からない──を除けば[3]，13世紀末の30年間にわたり，大部分の思想家，特にフランシスコ会士が影響を受けていたのは，ボナヴェントゥラと，ファン・ステーンベルヘンが「折衷的アリストテレス主義」と名づけた方向性だった[4]。トマスは，こうした思想家の大部分にとって一つの道標でしかなく，個人的関心，批判，〔ギョーム・ド・ラ・マールの〕『矯正』に関わる争い，論争の発展にしたがって，その対象になる人物にすぎなかった。

ファン・ステーンベルヘン以来，都合よく「新アウグスティヌス主義者」と呼ばれるようになった多くの著述家たちは，はっきり区別できる色々な見解を主張し，非常に様々な立場をとり，あらゆる歴史的なレッテルを相対化するような豊かさを備えていた。例えば，アクアスパルタのマテウスは，穏健な思想家としてほとんど論争に加わらず，トマスに徹底的に対立する姿勢はあまりとらず，哲学研究の自由を尊重する人物だった。オリヴィは，哲学そのものを目的とする純粋な哲学に反対する理由を説明し，古代の哲学者を信奉する人々に疑いの目を向けた。なるほどマテウスもオリヴィも，トマスのいくつかの教えには断固として反対しているが，どちらも反トマス主義者とは見なせないだろうし，「新アウグスティヌス主義者」の定義に

Saint Thomas d'Aquin, 3e éd., Paris 1974, p. 106-131.

   3)   Cf. FRANZ EHRLE, *Der Kampf um die Lehre des hl. Thomas von Aquin in den ersten fünfzig Jahren nach seinem Tod*, dans *Zeitschrift für katholische Theologie* 37 (1913), p. 266-318 ; PIERRE MANDONNET, *Premiers travaux de polémique thomiste*, dans *Revue des sciences philosophiques et théologiques* 7 (1913), p. 46-70, 245-262 ; FREDERICK J. ROENSCH, *Early Thomistic School*, Dubuque Iowa 1964; P. GLORIEUX, *Pro et Contra Thomam* (1974), p. 255-287.

   4)   F. VAN STEENBERGHEN, *La philosophie au XIIIe siècle* (1966), p. 118s.

228　　　　　第 3 章　ロジャー・マーストン

ぴったり当てはまる人物ではない[5]。対して，名指しでト
マスを直接非難しようとする思想家もいた。こうした思
想家の一人として，フランシスコ会士であり，オックス
フォードで教えたロジャー・マーストンを指摘できる[6]。

　マーストンは，同じフランシスコ会のアクアスパルタの
マテウスとほぼ同時代を生きた人物である[7]。マーストン
は，マテウスとともに，波乱に富んだ 1269-72 年にパリ

---

　5)　この定義については，F. VAN STEENBERGHEN, *La philosophie au XIIIe siècle* (1966), p. 464-471 を参照。この呼称に関する議論は，上記 116-138 ページ参照。

　6)　ロジャー・マーストンの思想を論じた研究はあまりないが，以下を参照。FRANZ PELSTER, S.J., *Roger Marston O.F.M., ein englischer Vertreter des Augustinismus*, dans *Scholastik* 3 (1928), p. 526-556 ; ETIENNE GILSON, *Roger Marston : un cas d'augustinisme avicennisant*, dans *Archives d'histoire doctrinale et littérale du moyen âge* 8 (1933), p. 37-42 ; SÉRAPHIN BELMOND, O.F.M., *La théorie de la connaissance d'après Roger Marston*, dans *La France franciscaine* 17 (1934), p. 153-187 ; GIULIO BONAFEDE, *Il problema del "lumen" in frate Ruggero di Marston*, dans *Rivista rosminiana di Filosofia e di Cultura* 33 (1939), p. 16-30 ; P.A. FAUSTINO PREZIOSO, O.F.M., *L'attività del soggeto pensante nella gnoseologia di Matteo d'Aquasparta e di Ruggiero Marston*, dans *Antonianum* 25 (1950), p. 259-326 ; BRUNO NARDI, *Oggetto et sogetto nella filosofia antica e medievale*, Rome 1952, p. 34s. ; GIOVANNI CAIROLA, *L'opposizione a S. Tommaso nella "Quaestiones disputatae" di Ruggiero Marston*, dans *Scritti*, Turin 1954, p. 132-144 ; FERDINAND ETZKORN, O.F.M., *The Grades of the Forms According to Roger Marston OFM*, dans *Franziskanische Studien* 44 (1962), p. 318-354 ; FERDINAND ETZKORN, O.F.M., *Roger Marston' Grade Theory in the Light of his Philosophy of Nature*, dans *Die Metaphysik im Mittelalter, ihr Ursprung und ihre Bedeutung, Vorträge des II. Internationalen Kongresses für mittelalterliche Philosophie, Köln 31. August - 6. September 1961*, éd. P. WILPERT, Berlin 1963, p. 535-542.

　7)　マーストンの生涯については，G.F. ETZKORN, *Prolegomena*, dans FR. ROGERI MARSTON, O.F.M., *Quodlibeta quatuor*, éd. G.F. ETZKORN, O.F.M. et I.C. BRADY, O.F.M., Quaracchi, Florentiae 1968, p. 6*-36* を参照。

1 導入

で学び，同じような影響を受けた。というのも，とりわけジョン・ペッカムの講義を聞き[8]，後に反トマス主義を打ち出すペッカムを特に慕っていたからである[9]。しかし，マーストンの言葉，思想，哲学的文脈は，マテウスとは非常に異なっている。マテウスに対し，マーストンのテキストは，ギョーム・ド・ラ・マールの『矯正』に関わったフランシスコ会士たちに見られるようなトマスへの根本的な対立を忠実に反映するものである[10]。マーストンの思想を検討する利点として，次のようないくつかの理由が考えられる。

1.1 歴史的背景

歴史的に言えば，マーストンはジョン・ペッカムの反トマス主義を受け継いでいる。マーストンは，少なくとも 1277 年以来，パリに滞在していなかった。セーヌ川岸を離れてオックスフォードに赴き，そこで正教授として自分の講義を始めたのである[11]。イギリスのフランシスコ会

---

8) おそらくマーストンは，アラスのウスタシュ（Eustache d' Arras）とギョーム・ド・ラ・マールの講義と，ボナヴェントゥラのいくつかの説教も聞いただろう——cf. G.F. ETZKORN, *Prolegomena*, dans ROGER MARSTON, *Quodlibeta quatuor* (1968), p. 28*。

9) Cf. P. GLORIEUX, *Comment les thèses thomistes furent proscrites à Oxford* (1927), p. 259-291.

10) 確かに，典型的な新アウグスティヌス主義の他の代表者，すなわちジョン・ペッカム自身からミドルトンのリカルドゥスまで，またギョーム・ド・ラ・マールからウェアのウィリアムまでの人々も考慮に入れるべきだったかもしれない。しかし，マーストンが自己認識の主題を論じる方法は，徹底的な反トマス主義的な方向性を如実に表すものと思われる。

11) 実のところ，マーストンはオックスフォードとケンブリッジで教えている。詳しい年代については分かっておらず，教授資格にまつわる日付と正確な状況も知られていない——cf. G.F. ETZKORN, *Prolegomena*, dans ROGER MARSTON, *Quodlibeta quatuor* (1968), p.

230　　　第3章　ロジャー・マーストン

士を検討することは興味深い。実際マーストンは，オック
スフォードと，1285年頃より後はケンブリッジで教えた
のだが，こうした教育活動は顕著な影響を与えたに違いな
い。というのも，マーストンは，1292年から1298年にか
けて，フランシスコ会イギリス管区管区長の役割を務めて
いたからである[12]。そして，1303年に亡くなったとされる。

　英仏海峡のフランス側では，アクアスパルタのマテウス
が1277-79年にパリで認識に関する討論を開き，オリヴィ
が『命題集に関する問題集』を比較的穏やかな環境の中で
準備していた。イギリス側では[13]，マーストンが1281-84
年になってから，オックスフォードで定期討論を開催して
いた[14]。

　1283年のオックスフォード大学は，1278年のパリ大学
神学部とは違って，トマスを信奉する神学者たちが持ち込
んだ新しい思想のために激しく動揺していたようだ。エ
ティエンヌ・タンピエ（Etienne Tempier）は，1277年3

27*-31*。

　12)　Cf. G.F. ETZKORN, *Prolegomena*, dans ROGER MARSTON, *Quodlibeta quatuor* (1968), p. 31*-36*.

　13)　これらの年代については，以下を参照。F. ROENSCH, *Early Thomistic School* (1964), p. 35 ; ANDREW GEORGE LITTLE et PELSTER FRANZ, *Oxford Theology and Theologians, c.A.D. 1282-1302*, Oxford 1934, p. 84-85, 90, 95 ; F. PELSTER, *Roger Marston* (1928), p. 543, 547 ; F. HENQUINET, *Descriptio codicis 158 Assisi in bibliotheca communali*, dans *Archivum Franciscanum Historicum* 24 (1931), p. 91-108. 定期討論集と任意討論集は，1280年から1284年の間に書かれたようである。定期討論集『霊魂について』は，1283-84年に書かれたに違いない──cf. G.F. ETZKORN, *Prolegomena*, dans ROGER MARSTON, *Quodlibeta quatuor* (1968), p. 30*s, et les *Conclusions*, p. 68-69。

　14)　FR. ROGERI MARSTON, O.F.M., *Quaestiones disputatae, De emanatione aeterna, De statu naturae lapsae et De anima*, éd. P. DU COLLEGE S. BONAVENTURE, Quaracchi, Florentiae 1932.

1 導入　231

月7日，単なる調査の任務を超えて，およそ219の命題を自分の判断で断罪したが，その中のいくつかの命題はおそらくトマスを標的にするものだったと考えられる[15]。しかし，1277年の5-6月には，ローマの枢機卿たちが，教皇の座が空位のときに，タンピエにこの訴訟をやめるよう命じ，「こうして，攻撃は中断した」[16]。その間，カンタベリー大司教だったドミニコ会士ロバート・キルウォードビー（Robert Kilwardby）は，パリの断罪と似たような断罪を行ったが，この断罪はもっと直接的にトマスを標的とするものだった。1277年3月18日のことである。こうして，キルウォードビーによる断罪は，「タンピエによる断罪を擁護し，ドミニコ会の教師からの強力な保証を付け加えるものだったと言える」[17]。

　1278-80年以降，フランシスコ会は一致団結して，トマスの教えを攻撃するようになった。ギョーム・ド・ラ・マールは，トマスのテキストに見出せる誤りについて最初の一覧を作成したが[18]，これが元になって1280年には有名な『修道士トマスの矯正』ができあがった[19]。1282年，ストラスブールで開かれたフランシスコ会の総会は，トマスのテキストを読むときには必ず『矯正』を参照すべきであり，有能な教師は常にこの解毒剤を用いる必要があることを公式の措置として決定した。

　『矯正』は，ギョームが教えていたパリと，その後赴いたイギリスで大きな反響を呼んだと思われる。しかし，口

---

15)　綿密な研究 ROLAND HISSETTE, *Enquête sur les 219 articles condamnés à Paris le 7 mars 1277*, Louvain-Paris 1977 を参照。

16)　Cf. P. GLORIEUX, *Pro et Contra Thomam* (1974), p. 260.

17)　Cf. P. GLORIEUX, *Pro et Contra Thomam* (1974), p. 260.

18)　Cf. P. GLORIEUX, *Pro et Contra Thomam* (1974), p. 261.

19)　すでに1282年より前に，『矯正』の第二版が存在していた——cf. P. GLORIEUX, *Pro et Contra Thomam* (1974), p. 266-267。

232   第3章　ロジャー・マーストン

論がはっきり論争の形をとったのは，とりわけオックス
フォードにおいてだったようだ。このことは，フランシス
コ会総会の決定に続いて起こった，ドミニコ会の側から
の直接的反論を見れば分かる。『矯正』に対して書かれた
四つの著作が知られている[20]。すなわち，同じくらい有名
な『トマスの腐敗に対する矯正』（Correctoria Corruptorii
Thomae）だが，ここで告発されている，トマスの教えを
腐敗させる者とは，もちろんギョーム・ド・ラ・マールの
ことである。

　これら四つの著作は，冒頭の言葉から名づけられてい
るが，オックスフォードとパリで作成されている。最初
の二著作は，イギリスで作られたものだが，ここで重要
になる。すなわち，1282-83年頃にリチャード・クラップ
ウェル（Richard Klapwell）と（ないし）サットンのトマ
スが作成した Correctorium Quare と，同じ頃にオーフォー
ドのロバート（Robert d'Orford）が作成した Correctorium
Sciendum である[21]。他の二著作，すなわち Correctorium
Circa と Correctorium Quaestione は，前者はジャン・キ
ドール（Jean Quidort）がパリで，後者はまだ特定されて
いない作者がおそらくオックスフォードで，少し後になっ
てから書いたものと思われる[22]。

　20）　もっと正確に言えば，ギョーム・ド・ラ・マールに対し
ては五つの解答が書かれた。しかし，ボローニャのランベルトゥス
（Rambert de Bologne）の『腐敗に対する真理の弁護』（Apologeticum
veritatis contra corruptorium）はもっと後の時代のものであり，パリで
書かれている。ロジャー・マーストンの思想が展開された論争の枠組
みを定めるためには，ドミニコ会士による最初の四つの矯正的著作を
検討するだけで十分である。

　21）　PALÉMON GLORIEUX, *Les premières polémiques thomistes
: I. Correctorium Corruptorii « Quare »*, éd. critique, Kain 1927 ; *II. Le
Correctorium Corruptorii « Sciendum »*, éd. critique, Paris 1956.

　22）　JEAN-PIERRE MÜLLER, *Le Correctorium Corruptorii*

1 導入   233

それゆえ，ドミニコ会からの最初の応答は，1282-83 年のオックスフォードで書かれた。しかし，マーストンは 1283-84 年に定期討論を開いているので，続いて起こる論争にまったく関与していなかったとは考えにくい。もっとも，校訂版のテキストは，トマスに対してますます反対を強めるというこうしたフランシスコ会の状況をはっきりと反映している[23]。ここに，マーストンのテキストを検討する一つの利点がある。

他にも，1280-85 年のオックスフォードで自己認識の問題がどのように展開したかを検討する理由はある。すなわち，オックスフォードは，1277 年の断罪以前からすでに，反トマス主義的な論争で激しく動揺していたのである。トマスの教えを直接標的にするキルウォードビーによる断罪は，すでに始まっていた訴訟手続きの結果でしかなかった。実際，Correctorium Quare の共著者と目されるクラップウェルは『注意すべき事柄』(Notabilia) と呼ばれる著作を書いたが，この著作は 1273-77 年のオックスフォードですでに広まっていた。このようなわけで，マーストンは 1280-81 年に書いた『永遠の流出について』(De emanatione aeterna) の中で[24]，『矯正』に関する大きな論争

---

de Jean Quidort de Paris, Rome 1941 ; JEAN-PIERRE MÜLLER, *Le Correctorium Corruptorii « Quaestione »*, Rome 1954.

23) P. GLORIEUX, *Pro et Contra Thomam* (1974) は，論争の要点を簡潔に明らかにしようとしているが，ロジャー・マーストンには言及していない。Glorieux が公式の文書だけを検討するにとどめ，教授の公開討論とそこに反映するこの論争の影響を故意に無視しようとしたことは間違いないだろう。

24) この問題の校訂版は，FR. ROGERI MARSTON, O.F.M., *Quaestiones disputatae, De emanatione aeterna, De statu naturae lapsae et De anima*, éd. P. DU COLLEGE S. BONAVENTURE, Quaracchi, Florentiae 1932 を参照。

の何年も前に，すでにクラップウェルの論拠に回答し[25]，こうして非常に早くから，オックスフォードの人々の間で広まることになる態度を先取りしていたのである。

　オックスフォードでは，1282 年から 1284 年——マーストンが討論を開いたのと同じ時代である——にかけて，状況は悪化していた。しかし，後に起こる新たな論争——ジョン・ペッカムによる 1284 年 10 月 29 日と 1286 年 4 月 30 日の断罪が引き起こした[26]——は，『矯正』に関する論争をうまく引き継ぐものであったとしても，マーストンがオックスフォードで開いた定期討論を直接問題にするにはあまりにも遅い時代の出来事と言わざるをえない。

　こうした背景を考え合わせれば，マーストンがトマスのテキスト，とりわけ『神学大全』を一歩一歩入念に検討し，特に自己認識の問題についてトマスの主張の空虚さを示そうとしているのを見ても，まったく驚かないだろう[27]。マーストンのテキストは論争欲に満ち情熱的で辛辣だが，このことは，結果として，マーストンが敵対者を批判することに夢中になりすぎて，自分自身の体系的教えを明らかにできなかった原因かもしれない。こうして，マーストンがトマスを示すときに使う過激な表現を見ても驚いてはならない。「ある人々は，哲学の美酒に酔って，今述べた論拠や論証に基づきながら，能動知性は第一の光で

---

　25)　この『注意すべき事柄』を読めば，トマス思想は初めてオックスフォードに伝わったとき，なかなか受けいれられなかったことが分かる——cf. M.-D. CHENU, O.P., *La première diffusion du thomisme à Oxford, Klapwell et ses « notes » sur les Sentences*, dans *Archives d'histoire doctrinale et littéraire du moyen âge* 3 (1928), p. 185-200。

　26)　Cf. P. GLORIEUX, *Comment les thèses thomistes furent proscrites à Oxford* (1927), p. 259-291.

　27)　こうした否定的で批判的な態度はある意味で歴史的背景から説明がつくが，マーストンが自分で長々と引用するほどまで同時代人に注目していたことは，かなり独自の態度なので強調に値する。

1 導 入　235

あることを否定する。こうした人々は，不変の光や永遠
の法に関するアウグスティヌスのあらゆる文章を偏向的
に解釈して，アウグスティヌスの教えをゆがめるのである
……」[28]。マーストンは，厳密な意味での信仰主義——反理
性主義的な——を奉じていたので，どんな新しい考え方も
退け[29]，トマスについては，あまりにも世俗的哲学を気に
かける神学者であり，理性はキリスト教の啓示に基づかな
くても真の哲学に到達できると考えているとして非難して
いる[30]。

　また，マーストンはトマスを，誤った道に迷い込んでい
るとして精妙に非難している。すなわち，このことを直接
かつ辛辣に述べるのではなく，トマスの言っていることを
理解できないふりをしている。つまり，わたしは素朴なの
でこうした高次の哲学は理解できないとか，到達したいと
思っているこのような見解は誤っていると述べているので
ある[31]。「トマスの示す論拠が非常に緻密であり，あらゆる
哲学的で世俗的な知恵を含んでいるとしても，こうした論
拠について，わたしは素朴なので何一つ理解できないし，
いかなる真理も備えていないと思う」[32]。

---

　28) « (...) quidam, philosophico nectate inebriati, praedictis
rationibus tamquam demonstrationibus innitentes, negant intellectum
agentem esse lucem primam, et omnes auctoritates Augustini de luce
incommutabili et regulis aeternis ad sensum suum intorquent, Sancti
doctrinam subvertentes (...) »（*Quaest. disp. De anima*, q. III ; p. 273）.

　29)　マーストンがどんなときも新しさを嫌っていたことは本当
である——cf. G. CAIROLA, *L'opposizione a S. Tommaso* (1954), p. 134.

　30) « Coacti sunt etiam philosophi confiteri non sine gratia,
divinitus a Deo data, posse ad veram philosophiam pervenire (...) »
（*Quaest. disp. De statu naturae lapsae*, q. II ; p. 187）.

　31)　こうした皮肉はマーストンの他の文章にも見出せる——
cf. F. PREZIOSO, *Matteo d'Aquasparta e di Ruggiero Marston* (1950), p.
298。

　32) « Quamvis ista multum subtiliter videantur dici et sapientiam

第3章 ロジャー・マーストン

　マーストンが，このように哲学を好んで真理をゆがめる
神学者をよく思っていなかったことは確かだろう。こうし
た神学者は特にアリストテレス，それゆえ異教の哲学者た
ち——アヴェロエスも含めることができる——に依拠す
る。これらの哲学者は少し悪魔的な香りを漂わせていない
だろうか。マーストンはこうした哲学者を「悪魔的人間」
と呼ぶことをためらっていない。「今日でも，哲学を好む
神学者がいる。こうした神学者が，思い上がった人間の知
恵のために，聖なる人々の堅固な素朴さを軽蔑しなければ
よいのだが[33]。哲学を好むこうした神学者は，豊かで堅固
なことが明らかな教えについて聖なる教師の知恵を退ける
と，悪魔的人間が主張する論拠に基づいて，霊魂の不滅を
証明しようとする」[34]。こうした辛辣さは，自己認識の問題

---

sapere philosophicam et mundanam, tamen aut ea non capit mea
simplicitas aut usquequaque non continent veritatem » (*Quaest. disp. De
anima*, q. I ; p. 208).

　　33)　ここで言う素朴さは徳の一種であり，福音にしたがった
素朴さと反理性主義の間に位置する。« Ego in simplicitate mea ista
nunquam capere potui et nec adhuc quidem intelligo »〔わたしは素朴な
ので，こうしたことはまったく理解できなかったし，今でも理解で
きない〕(*Quaest. disp. De emanatione aeterna*, q. VII ; p. 136). « Haec
videantur multum sequi doctrinam philosophi (...), et licet magnis videntur
necessaria, simplicitati meae sunt suspecta (...) »〔思うに，こうしたこと
は，哲学者の教えに忠実に従うことであり……，偉大な人々には必要
であっても，わたしのような素朴な人間には疑わしいものだ〕(*Quaest.
disp. De anima*, q. VII ; p. 362). Cf. G. CAIROLA, *L'opposizione a S.
Tommaso* (1954), p. 136-137.

　　34)　« Sunt adhuc theologi philosophantes, qui, utinam non ex fastu
humanae sapientiae Sanctorum solidam simplicitatem contempsissent
! dum spreta vel neglecta sacrorum doctorum sapientia, in hac materia
copiosa et irrefragabili, sicut puto, ad probandum animae immortalitatem
infernalium hominum rationibus innituntur » (*Quaest. disp. De anima*, q.
VII ; p. 360). 悪魔的人間と呼ばれているのは，トマスではなく古代
の哲学者たちである。「ここで問題になっているのは，特殊例ではあ

1 導 入   237

でも見られるが，オックスフォードの論争的背景を考慮に
入れてはじめて説明のつくものとなる——たとえ正当化は
できないとしても。

1.2　マーストンのテキストの独創性

　オックスフォードの論争的背景を見れば，なぜマースト
ンはトマスのテキスト，特に『神学大全』第 1 部 87 問 1
項を詳しく検討し，一般的な論証と同時にこのテキストが
持つ精神に対しても反対しようとするか，その理由が分か
る[35]。

　定期討論集『霊魂について』（Quaestiones disputatae De
anima）第 1 問は，自己認識についてどんな著述家も提起
するような伝統的な問題を取り上げている。事実，マース
トンは，いかにして霊魂は自分自身と自分自身のうちにあ
る習慣を認識するのか，その方法を明らかにしようとして
いる。それは霊魂と習慣の本質を通じてか，それともそれ
らとは異なる何らかの形象を通じてか[36]。以上のようにし
て，まったく伝統的な表現で提起されたこの問題の全体的
枠組みは定まる[37]。しかし，指摘すべきことは，自己認識

るが，真理を意味する素朴さと，偽を主張する悪魔的人間の区別であ
る。その中間に，哲学を好む神学者がいるが，こうした神学者は啓示
を受けているので真理を認識する機会を得てはいるが，世俗的な哲学
に身を任せ，その誤りを受け入れ，こうして空想に耽っているのであ
る」（G. CAIROLA, *L'opposizione a S. Tommaso* (1954), p. 140）。

　35)　マーストンは，本質的に『神学大全』第 1 部に注目してい
るようだ。もっとも，ギョーム・ド・ラ・マールの『矯正』について
も事態は同じであり，『矯正』の 117 の命題のうち 47 の命題は第 1 部
に関するものである。

　36)　« Et primo quaeritur quo modo anima se ipsam cognoscit et
habitus in se existentes, utrum videlicet per essentiam ipsius animae et
habituum, an per aliquam speciem ab eis differentem »（*Quaest. disp. De
anima*, q. I ; p. 201）.

　37)　単純化するために，習慣に関する補足的な問題は避け，霊

238   第3章　ロジャー・マーストン

に関するこの問題は『霊魂について』の最初の問題であるという点である。マーストンは，個物認識の方法（第2問）や永遠の光の役割（第3問）などを問う前に，自己認識の問題を論じているが，このかなり珍しい事実を説明する様々な理由が考えられるだろう。実際，マーストンの神学的な関心を見れば，おそらくこうした態度は十分説明がつくに違いない。すなわちマーストンは，自己認識について，もっぱら哲学的側面を論じたり分析したりするよりも，むしろ一般的な問題をアウグスティヌス的な霊性に結びつけようとしていたのであり，その証拠に冒頭では人間霊魂における三位一体の像を探究したいと述べている。マーストンは，自分の計画はまったく哲学的なものではないとはっきり宣言しているのである。「神的ペルソナの発出の問題を論じた後では，理性的精神そのものを探究する必要がある。というのも，人間は鏡のような理性的精神を通じて，言い表しがたい三位一体へと象徴的な仕方で上昇するからである」[38]。以上が，マーストンの「哲学的」計画である。すなわち，神の象徴にして像である人間精神——鏡に例えられる——を考察することで，言い表しがたい三位一体へと象徴的な仕方で上昇することである。こうした像——人間精神が自分自身を考察するときに自分自身のうちに見出せるような——よりもはっきりと神の三位一体を反映する像はどこにもない[39]。それゆえ，こうした認識，すなわち自分自身を認識することで聖なる三位一体の言い

魂の自己認識の問題だけを検討しよう。

　　38)　« (...) post investigationem habitam circa emanationem personarum in divinis quaerenda sunt quaedam de ipsa mente rationali, qua sicut per speculum ad ineffabilia Trinitatis symbolice consurgamus »（*Quaest. disp. De anima*, q. I ; p. 201）.

　　39)　« (...) quia nusquam ipsius imaginem expressius mens reperit quam in se ipsa (...) »（*Quaest. disp. De anima*, q. I ; p. 201）.

1　導　入

239

表しがたい神秘へと象徴的な仕方で上昇することは，人間精神に取っておかれた最高の「自然本性的」認識だと思われる。そして，マーストンは聖アンセルムスの『モノロギオン』も引き合いに出している。「理性的精神は，熱心に自分自身を認識すればするだけ，三位一体の認識へとうまく上昇できる」[40]。

こうして，枠組みは定まり，マーストンは，アウグスティヌス，アンセルムス，ボナヴェントゥラの忠実な弟子として，自己認識に大きな重要性を認めていたことが明らかになった。同時に，マーストンがこれほど貴重な三位一体の像を貶める考え方にはことごとく厳しい態度をとった理由も理解できるだろう。しかし，マーストンによれば，トマスとトマスの弟子たちは「哲学の美酒に酔い」，こうした像を汚したのである。

まず，マーストンにとってふさわしく，何よりも重要だと思えたのは，哲学を好むこうした神学者たち——悪魔的人間の意見に従うために聖なる偉人がたどってきた道から離れたとされる——の誤りを指摘することだった。マーストンのトマスに対する批判は，どれほど理由があり論拠に支えられたものであっても，暴力的で過激であると言わざるをえない。この批判は第1問の大部分を占めているが，これは最初に驚かされる点である。

実際，討論された問題は，執筆されると，ふつう次のような構成になる。著者は，最初に異論を，次に反対異論を示す。それから，教授自身の解答，すなわち議論の決定が続き，最後に異論解答で締めくくられるが，場合によって

---

40)　« Quoniam, sicut dicit Anselmus, *Monologion*, c.66, "mens rationalis quanto studiosius ad se discendum intendit, tanto efficacius ad Trinitatis cognitionem ascendit (...)" »（*Quaest. disp. De anima*, q. I ; p. 201）.

240　　　　第3章　ロジャー・マーストン

は反対異論に対する解答が追加されることもある[41]。マーストンの第1問はこの伝統的な図式に従っているが，議論の決定の構成はもはや伝統的なものではなく，少なくとも独自の構造を備えている。

　議論の決定では，マーストンの個人的で総合的な見解が伝統的な仕方で述べられていると予想するだろう。しかしこうした見解は，解答の最後になってようやく述べられている。解答は，214から221ページまで，クアラッキ版にしてちょうど7ページに及ぶ。対して，議論の決定の最初の部分では，その全体をトマスの『神学大全』第1部87問1-4項のテキストが占めており，クアラッキ版にして1ページ以上に及んでいる。当時，批判しようとする同時代人のテキストを，これほど膨大に，しかも議論の決定の中で引用する著述家は，マーストンを除いて他にはいなかったと思われる。この長い引用の後で，引用した文章に対する詳しい批判が字句に即して展開されている。引用と批判は，クアラッキ版で207から214ページ，すなわち7ページ半を占めるが，これは本来的意味での解答よりも長い分量である。13世紀末において，権威を疑問視した同時代人の反駁にこれほど大きな紙幅を割く著述家はめったにいなかったに違いない[42]。

――――――――――

　41)　定期討論(集)については，P. GLORIEUX, *L'enseignement au moyen âge* (1968), p. 123-136；B. BAZÀN, *La Quaestio disputata* (1982), p. 31-49 を参照。

　42)　マーストンは他の箇所でも，このように，異なる二つの部分に分けて答える方法――まず否定的な仕方で他の教えを批判し，次に自分自身の証明を構築する――をとっていたようである――cf. F. PREZIOSO, *Matteo d'Aquasparta e di Ruggiero Marston* (1950), p. 284。しばしば，否定的な批判の部分は積極的な自説構築の部分よりも妥当性がある。実際，他の見解の批判は，あまり発展性のないマーストン自身の教えを十分に正当化する役割を果たしている。こうした現象は，形象の発生過程に関する Prezioso 神父の研究を見れば，はっきり分

1　導入　　　241

　ジョン・ペッカムの弟子だったマーストンのテキストの
こうした構造を見れば，ギョーム・ド・ラ・マールの『矯
正』を採用してすぐ後の時代における，オックスフォード
のフランシスコ会士たちの論争的背景がすぐに見てとれ
る。フランシスコ会士たちは，パリで流行り出した新しい
哲学動向に徹底的に反対した。というのも，こうした哲学
動向は，横柄にもアウグスティヌスを偏向的に解釈し，極
端に異教的な新しい教えを強固にするためにアウグスティ
ヌスの権威を引き合いに出していたからである[43]。こうし
た異教的な教え，おそらくアヴェロエス主義は，トマスも
激しく非難したものである。それゆえ，マーストンはジョ

かる——cf. F. PREZIOSO, *Matteo d'Aquasparta e di Ruggiero Marston*
(1950), p. 303-304. 自己認識の問題を検討すれば，ここで述べたこと
は確証できるだろう。

　　43)　マーストンは反アリストテレス主義者だったとは言えな
い。それどころか，マーストンはアリストテレスとアウグスティヌス
の思想を調和しようとしたのである。「マーストン自身は自分の教え
を，アリストテレスとアウグスティヌスを一致させる試みと定義して
いる——『すべてのものの共通の光に関する聖アウグスティヌスの教
えと，能動知性に関するアリストテレスの教えは，次のように調和で
きるだろう』。……明らかなことだが，マーストンが引き合いに出し
ているアリストテレスは，トマスが依拠するアリストテレス——能動
知性は霊魂の一部分と教える——ではない。それは，アヴェロエスが
依拠するアリストテレス——可能知性は霊魂から分離していると教え
る——でもなく，むしろアヴィセンナの依拠するアリストテレス——
可能知性は霊魂の一部分だが，能動知性は霊魂から分離していると教
える——である。もっとも，マーストンはこのことを自分自身で述べ
ている。すなわち，アヴィセンナの誤りは，離存的な能動知性は神で
あると考えなかった点にある。アヴィセンナの教えは，この点を修正
するなら，たやすくアウグスティヌスの教えと調和するだろう」(E.
GILSON, *Roger Marston* (1933), p. 40)。「しかし，マーストンの目的
は何だったのか。それは，アリストテレス主義の本質的要素をアウ
グスティヌスの教えに一致させることで，トマス主義を克服するこ
とだった」(S. BELMOND, *La théorie de la connaissance d'après Roger
Marston* (1934), p. 187)。

ン・ペッカムと心を一つにして，キリスト教の知恵としての哲学を求め[44]，アウグスティヌスにどこまでも従おうとし[45]，あまりにも異教的でアウグスティヌスに忠実でないトマスの教えには[46]，反対して戦わねばならない――というのも哲学にはいかなる自立性もないから――と確信していたのである[47]。

---

44) « Unde philosophia mundana est amor sapientiae, quae est cognitio per altissimas causas; sed philosophia christiana est amor Dei (...) »〔それゆえ，世俗的哲学は最も高次の原因を通じた認識である知恵への愛である。だが，キリスト教哲学は神への愛である〕(*Quaest. disp. De anima*, q. VI ; p. 344)．「それゆえ，マーストンにとって状況は明らかだった。すなわち，一方では決して軽蔑してはならない，堅固な素朴さを備えた聖なる教師がおり，他方では世俗的な哲学者がいるが，こうした哲学者は多かれ少なかれ何らかの仕方で，またいずれにせよ，全員が誤っているのである」(G. CAIROLA, *L'opposizione a S. Tommaso* (1954), p. 135)。

45) 「実際マーストンは，ある教えの理論的価値よりも，字句通りにアウグスティヌスに従うことの方により多く気を使っていた」(G. CAIROLA, *L'opposizione a S. Tommaso* (1954), p. 139)。「13 世紀末において，マーストンはオリヴィと並んで，アウグスティヌスの哲学を最重要視し，きわめて熱心かつ断固に――周囲が怖がるほど激しく――守ろうとした人物だったと思われる」(S. BELMOND, *La théorie de la connaissance d'après Roger Marston* (1934), p. 168)。

46) 「それゆえマーストンは，トマスの解釈はアウグスティヌスの教えに忠実ではないと懸命に注意を促していた」(G. CAIROLA, *L'opposizione a S. Tommaso* (1954), p. 139)。

47) « (...) admixtis etiam aliquibus philosophicis documentis, prout adminiculantur sanctorum assertionibus declarandis (...) »〔聖なる人々の主張を分かりやすくするために，哲学的な言明も混ぜ合わせた〕(*Quaest. disp. De anima*, q. VII ; p. 364)． キリスト教の知恵と世俗的哲学を調和することは時として可能である。こうした枠組みにおいては，E. GILSON, *Roger Marston* (1933), p. 40 が指摘するように，アヴィセンナは特権的な位置を占める。« Sic igitur vera et sancta est doctrina Augustini docentis omnia intelligi in luce aeterna, cui, ut ostensum est, consonat sapientia mundanorum. Verum est etiam verbum Philosophi ponentis species abstrahi a phantasmate. Verbum etiam

しかし，疑いないことだが，マーストンについて指摘すべきは，こうした公の論争だけではない。トマスの主張を掘り下げて分析する様子を見れば，輝かしい知性，適切な批判精神，堅固で正確で論理的な思想が見てとれるだけでなく，『神学大全』の論拠を直接検討していたこと，少なくとも暗黙的ではあるが，トマスの思想の強制力を認めていたこともはっきり分かるのである[48]。

2 トマス思想の批判

2.1 純粋可能態としての知性──『神学大全』第1部87問1項

2.1.1 トマスの論拠

『神学大全』第1部87問1項の主文は，知性の自己認識の問題をはっきり論じている。問題になる事柄は基本的なものである。マーストンは，知性の間接的自己認識というトマスの教えを，最も中心的な論拠を批判することで力強く非難しようとしている。マーストンは注意深く，こうした論拠の大要を字句通りに想起している。人間知性がそ

Avicennae, si bene intelligatur, veritatem habere potest (...)»〔それゆえ，すべてのものは永遠の光のうちで認識されると教えるアウグスティヌスの教えは真にして聖なるものであり，こうした教えは，示したように，世俗的な人々の知恵と一致する。さらに，形象は表象像から抽象されると述べる哲学者の言葉も真である。また，アヴィセンナの言葉も，うまく理解するなら，真理を述べていることがある〕(*Quaest. disp. De anima*, q. III ; p. 264)．

48) したがって，他でもないマーストンを反理性主義者と見なすことはできない。「しかし，マーストンがこのような立場をとったからと言って，反理性主義的に信仰を重んじる狭量な態度や，理性を否定するような神秘主義的態度に至ったと考えることは間違っている」(G. CAIROLA, *L'opposizione a S. Tommaso* (1954), p. 137)．

の本質を通じて自分自身を認識できないのは、トマスによれば、現実性を欠いているからである。というのも、事物は、認識されるためには、必ず現実態になければならないからである。実際、人間知性は可知的なもののうちで常に可能態にあるが、これは第一質料が可感的なもののうちで可能態にあるのと同じである。それゆえ、知性——こうした理由から可能知性と呼ばれる——は、自分自身を通じては、それによって認識されるものになるものを得られない。知性はその現実性を形象のおかげで手に入れることができるのである。知性は、志向的働きを通じて現実化すると、まず自分が存在することを認識する。すなわち、人間は思考するやいなや、自分が知的霊魂を有していることを知覚する。しかし、人間は自分の知性が何であるかも認識できる。この場合、こうした認識はやはり働きに基づいて、働きの何性を考察することで得られたものである[49]。こうして、マーストンはトマスの立場を正確に描き出して

---

49) « Sciendum est ergo quod quidam dicunt quod anima se ipsam cognoscit per speciem a rebus sensibilibus abstractam, quia "unumquodque est cognoscibile secundum quod est in actu, et ideo actu coloratum est visibile, non potentia coloratum. Intellectus autem humanus est in genere rerum intelligibilium tantum in potentia sicut materia in genere sensibilium; unde intellectus ex se ipso potentiam tantum habet ut intelligat, non autem quod intelligatur, et ideo possibilis nominatur", quia se habet in potentia ad omnia intelligibilia »〔それゆえ、ある人々によれば、霊魂は自分自身を可感的なものから抽象した形象を通じて認識する。というのも、「どんなものも現実態にあるかぎりで認識されるからである。なぜなら、目に見えるものは、現実的に色のついたものであって可能的に色のついたものではないからである。しかるに、人間知性は、可知的なもののうちで純粋な可能態にあるが、これは質料が可感的なもののうちで純粋な可能態にあるのと同じである。それゆえ知性は、自分自身から認識する力は得るが、認識される力は得られず、ここから可能知性と呼ばれるのである」。なぜなら、あらゆる可知的なものに対して可能態にあるからである〕（*Quaest. disp. De anima*, q. I ; p. 207）.

2 トマス思想の批判　　245

いる。

　マーストンによれば，この教えの問題は，知性と第一質料の比較にある。すなわち，知性も第一質料もともに，それぞれ可知的世界と可感的世界で可能態にあるとされている。

　実際[50]，トマスによれば，質料は，可能態にあるので，質料を現実化するもの，すなわち形相を通じてはじめて認識されるものになる。類比により，知性についても同じように言える。すなわち，知性は可感的事物の形象を通じてはじめて可知的なものになるのであり，形象こそが知性を現実化するのである。それゆえ，この比較は明解である。しかし，『神学大全』でも『真理論』でも，トマスの論証は，知性と第一質料のこの比較だけに基づいて展開されている[51]。最後に，霊魂は間接的にしか自分自身を認識しないという考え方を支えているのは，まさにこの比較なのである。

2.1.2　批　判

　しかし，第一質料との比較によるこの論証は，マーストンには強制力があるとは思えなかった。なぜなら，重大な曖昧さ，すなわち「現実態」という言葉に関する曖昧さに基づいているからである[52]。トマスがまったく考慮しなかったこと——そこにトマスの誤りはあるのだが——は，知性について異なる二つの現実態を区別する必要があることだった。知性が論じられるとき，そこではまず第一現実

---

50)　マーストンはこうした文脈の中で，『真理論』10問8項にある同じような論拠を想起している。

51)　この比較については，R. LAMPERT, *A Textual Study of Aquinas' Comparison of the Intellect to Prime Matter* (1982), p. 80-99 を参照。

52)　« Ista namque deductio videtur peccare per hoc quod in ea fit aequivocatio de actu »（*Quaest. disp. De anima*, q. I ; p. 208）.

態，すなわち存在することの現実態が意味されている。知
性はこうした第一現実態を固有の本性にしたがって明確に
所有しているのであり，こうした現実態を生み出している
のは神に他ならない[53]。次に，現実態という言葉で意味さ
れるのは，知性の第二現実態である。トマスが知性は可知
的形象を通じて現実化すると述べるときに論じようとして
いるのは，この第二現実態と考えて間違いない。事実，こ
うした現実化を第一現実態の意味で理解することは不可能
である。なぜなら知性は，自分自身を通じて存在すると同
時に，人間という複合体に自存性を与えてもいるので，そ
の第一現実態，すなわちその存在を，付帯的な仕方で受け
とった形象から得ることはできないからである。トマス思
想においては，形象は第二現実態にしたがってのみ知性を
形成すると考えざるをえない[54]。以上が，トマスが使う「現
実態」という言葉の二つの意味の第一のものである。すな
わち，トマスは知性について，第二現実態の意味で理解し
つつ論じているのである。

　知性と比較されている第一質料を取り上げるなら，曖昧
さはもっとはっきりする。というのも，そこでは，「現実
態」という言葉は第一現実態の意味で理解されているから
である。実際，マーストンによれば，アリストテレスが，

　53）　サットンのトマスは，知性は自分自身を通じて，存在す
ることの現実態にあるという考え方を徹底的に退けている——cf.
THOMAS DE SUTTON, *Quaest. ord.*, q.22, ad 19-21 ; p. 618-620。

　54）　« Quando enim dicit quod intellectus fit in actu per speciem
intelligibilem, constat quod hoc non habet veritatem de actu primo, qui
est existere : talem enim actum habet ex propria natura formaliter et
efficienter a Deo. Intellectus enim humanus, cum per se sit natus existere
et composito subsistentiam dare, impossibile est quod per speciem aliquam
accidentalem et accidentaliter advenientem habeat esse primum, sed solum
in esse secundo constituitur per speciem » (*Quaest. disp. De anima*, q. I ;
p. 208).

2 トマス思想の批判　　　　　　247

『神学大全』でしばしば指摘される原理，すなわち事物が可知的になるのは現実態にあるときだけである，それゆえ知性が可知的になるのは受けとった形象を通じてのみであると述べるとき，ここで「現実態」という言葉が第二現実態の意味で理解されていることは明らかである。対して，質料は形相を通じて認識されると言う場合，形相は質料に存在，すなわち第一現実態も与えると理解するのが普通である[55]。

それゆえ，知性と第一質料について，どちらも現実態にあるときにだけ認識されるとして両者の比較を持ち出す場合，一方で知性の第二現実態である形象について，他方で質料の第一現実態である形相について論じようとしている。したがって，『神学大全』第1部87問1項の論証は，明らかに詭弁的である。なぜなら，「現実態」という言葉を曖昧に使うことではじめて成立するからである。すなわち，知性については第二現実態を，第一質料については第一現実態を論じているのである[56]。そして，トマスは論証の中でこの二つの意味を区別していない。

ここでは，この批判の有効性について議論することはできない[57]。しかし，マーストンの狙いは歴史的に見て正し

---

55) « Et cum ulterius assumit de Philosopho : "Unumquodque est intelligibile secundum quod est in actu, et ideo intellectus speciem rei sensibilis intelligitur", patet manifeste quod verbum Philosophi intelligitur de actu primo. Ideo enim materia per formam intelligitur, quia per formam habet esse, esse, inquam, primum » (*Quaest. disp. De anima*, q. I ; p. 208).

56) « Et sic patet luce clarius dictum processum esse sophisticum, quia aequivocat actum, in prima propositione accipiens eum pro actu secundo, in secunda vero pro actu primo » (*Quaest. disp. De anima*, q. I ; p. 208-209).

57) マーストンが，自己認識に関するトマスの教えの主要な問題点を指摘したことは明らかである。最近でも，知性と第一質料の比較の価値について論じた研究がある――cf. R. LAMPERT, *A Textual*

かったと言わねばならない。すなわち，マーストンはトマスの教えのうち，当時異議を唱えられていた点に言及している。実際マーストンは，可知的世界の中で最下の位置にある知性と，可感的世界の中で最下の位置にある質料との有名な比較は，アリストテレスから直接受けとった遺産ではなく，アヴェロエス自身が確立した考え方であることを知っていたに違いない[58]。この比較——『神学大全』第1部87問1項と『真理論』10問8項の要となっている——の哲学的価値がどうであれ，マーストンは当時の多くの思想家の目に弱点と映ったはずの点を見事に暴いて見せている。そして，この比較の着想をもたらしたのはアヴェロエスだった。アヴェロエスは，ブラバンのシゲルスやダキアのボエティウスだけでなく，マーストンが哲学を好む神学者と非難するトマスにも影響を与えたのである。教父の教えから逸脱してしまうのは，純粋な哲学の美酒に酔っているからである。マーストンがトマスを非難するのは，トマスがアヴェロエスに[59]，ほとんどアヴェロエスだけに依拠しているからである。別の文脈ではあるが，マーストンはこのことを示唆している。「管見では，いかにして完全に霊的な能力が質料的なものに自己を多数化する能力を伝えられるのか，しかも自分自身を通じて，自分の光によってそうできるのか，理解できない。というのも，霊的な能力は質料的なものの完成では絶対にないからである。なぜな

Study of Aquinas' Comparison of the Intellect to Prime Matter (1982), p. 80-99。

　　58)　Cf. AVERROÈS, *In III De anima*, comm.66 ; p. 387-388. サットンのトマスは，この比較の起源はアヴェロエスにあることを何度も繰り返し述べている——cf. THOMAS DE SUTTON, *Quodl.*, I, 14 ; p. 93-94。

　　59)　こうした背景を知れば，「転倒した人間」や「悪魔的人間」といった蔑称は，おそらくアリストテレスよりもアヴェロエスに向けられたものだったことが分かる。

2 トマス思想の批判　　　　249

ら，完全に霊的なものは物体を，付帯性が実体に内属する
ようには形成できないからである。このようなわけで，こ
の有名なアヴェロエスの言葉[60]——それによれば，能動知
性と表象像や可能知性との関係は光と色や透明体との関係
に等しい——をあらゆる人々が解釈する様子は，驚きなく
して見ることができない」[61]。マーストンによる批判は多く
の点で適切だと思われる[62]。

60）　こうしたアヴェロエスの言葉が，同様に有名な他の定式と
同じように，実は « Fantasmata se habent ad intellectum sicut colores ad
uisum »〔表象像と知性の関係は色と視覚の関係に等しい〕のような
スコラ学の格言であったかもしれないことについて，問うことはで
きる——cf. R.-A. GAUTHIER, *Introduction*, dans THOMAS D'AQUIN,
Sentencia in libri de anima (1984), p. 272*。

61）　« Nec enim capit sensus meus quo modo virtus aliqua penitus
spiritualis possit per se vel per aliquam sui lucem rei alicui corporali,
cuius non est perfectio, virtutem tribuere se multiplicandi, cum res omnino
spiritualis nequaquam possit corpus aliquod informare per modum quo
accidens adhaeret subiecto. Et satis est mirabile quo modo sensus omnium
captivavit dictum Commentatoris de intellectu agente, quod sic se habet ad
phantasma et intellectum possibilem sicut lux ad colores (...) » (*Quaest.
disp. De anima*, q. IX ; p. 420)．

62）　この批判の間接的影響はフォンテーヌのゴドフロワに見出
せるのであり，実際ゴドフロワは 1290 年に，『任意討論集』第 7 巻
のある問題をすべて使って，知性の可知性を論じている——« Utrum
intellectus humanus antequam actu intelligat sit talis res vel natura quod
sit secundum se intelligibilis »〔人間知性は，実際に認識する以前には，
それ自体を通じて可知的である事物や本性であるか〕(GODEFROID
DE FONTAINES, *Quodl.*, VII, q.9 ; p. 369)。サットンのトマスは，ト
マスを弁護しようとして，可能知性の認識について同じ問題を取り
上げている——« Utrum intellectus humanus habeat ex se per essentiam
suam antequam speciem alicuius rei receperit, unde sit intelligibile vel
unde intelligatur »〔人間知性は，何らかの事物の形象を受けとる前
に，自分自身や自分の本質を通じて，自分が可知的になったり認識さ
れたりする根源を所有しているか〕(THOMAS DE SUTTON, *Quodl.*,
I, q.14; p. 92, l. 1-3) ; « Quaeritur, utrum intellectus animae nostrae, qui
dicitur possibilis, sit de se intelligibilis »〔可能知性と呼ばれる，人

2.2 自己認識の原理と多数の同時的働きの不可能性
——『神学大全』第1部87問3項

『神学大全』第1部87問全体についての詳細な批判は、人間が有する習慣の認識を論じている第2項の分析へと続いている。しかし、この問題は興味深いものの、本研究の本筋には関わらない。対して、第3項の批判は大きな利点を備えている。というのも、その論証は強制力があるし、トマスに見出せる諸原理——直接的働きと立ち帰りの関係、天使の知性との比較、自己認識の様々な種類、多くの異なる働きは同時に成立するかという問題——を残らず検討しているからである。

2.2.1 トマスの論拠

『神学大全』第1部87問3項は、知性の働きの間接的認識の教えの基本原理を指摘している。マーストンの分析と批判を分かりやすくするために、この第3項を二つの部分に分けてみよう。ある部分は、神、天使、人間における自己認識の様々な形態を論じている。これは、マーストンの第二の批判——トマスの天使論に対する——の主題となるだろう[63]。

第3項のもう一つの部分は、マーストンの第一の批判の対象となる部分だが、もっと一般的に、自己認識の原理そ

間霊魂の知性は、それ自体として可知的であるか〕(THOMAS DE SUTTON, *Quaestiones ordinariae*, q.22 ; p. 593, l. 1-2)。実のところ、ゴドフロワとサットンのこれらのテキストは、マーストンの批判とはあまり関係がなく、どちらもマーストンの論拠を字句通りに取り上げて非難しているわけではない。それゆえ、「現実態」という言葉の曖昧さに関するマーストンの批判が、歴史的に見てゴドフロワやサットンに知られていたのかどうかと問うことは正しい。この二人以外にも、マーストンに答えた人物がいたのだろうか。しかし、マーストンの批判から生じうる議論を綿密に追っているようなテキストは見つけられなかった。

63) 下記 2.3 節 261-272 ページ参照。

のものとそうした原理の人間への適用を論じている。まず
以下で，第3項のトマスのテキスト——マーストンはこ
れを文字通りに引用している——を想起しよう。マースト
ンは，アリストテレスの一般的原理——それによれば，問
題となる知性の働きは，感覚から得られる可知的形象を通
じてはじめて認識される——から出発している⁽⁶⁴⁾。こうし
た間接的認識の真理は，トマスがあらゆる知性に妥当する
一般的原理に基づいて証明しようとしたものである。それ
からトマスは，人間知性は感覚から得られる形象を通じて
自分の働きを認識することではじめて，こうした原理に従
うことができると述べている。

　ここで言う一般的原理は有名で，「事物は現実態にある
ときだけ認識される」である。しかるに，知性の最終的な
完成はその働きである。というのも，ここで問題になって
いるのは，移行する働きではなくとどまる働きだからであ
る。また，働きは知性のうちにその現実態としてとどま
る。それゆえ，人間が知性について最初に認識するのが認
識の働きであることは自明である⁽⁶⁵⁾。

　しかし，この原理は，神の知性——その認識の働きと同
一である——⁽⁶⁶⁾，天使の知性——その本質は最初の対象で

　64）« Actus vero ipsius intellectus, ut dicunt, cognoscit anima per
speciem rei intelligibilis a sensibus acceptam »〔彼らによれば，霊魂は
知性そのものの働きを，感覚から得られる可知的なものの形象を通じ
て認識する〕(*Quaest. disp. De anima*, q. I ; p. 207).

　65）« Dicunt enim quod "ultima perfectio intellectus est eius
operatio", quia manet in intelligente, "non tendens in alterum", sicut in
aedificativo. "Primum ergo quod de intellectu intelligitur est intelligere" »
(*Quaest. disp. De anima*, q. I ; p. 207).

　66）« Sed diversi intellectus circa hoc diversimode se habent.
Nam intellectus divinus est ipsum suum intelligere, et ideo in ipso idem
sunt suum intelligere et quod se intelligat, quia suum intelligere est sua
essentia »〔しかし，このことは様々な知性にしたがって様々に実現す
る。すなわち，神の知性はその認識の働きそのものであり，それゆえ

ある——[67]，人間知性——その本質と同一ではなく，その本質も固有対象ではない——について様々に実現する。人間知性の固有対象は質料的事物の本性ないし何性であり，最初に認識されるのはこうした本性である。第二に認識されるものは，それによって知性が対象を捉える働きである。そして，こうした働きに基づいてはじめて，第三に知性——その完成は働きである——が認識される。以上が，対象は働きの前に，働きは能力の前に認識されると主張するアリストテレスが言わんとすることに他ならない[68]。

神においては，その認識の働きと，自分自身を認識することは同一である。なぜなら，神の認識の働きは神の本質だからである〕（*Quaest. disp. De anima*, q. I ; p. 207）．

67) « "Angelicus vero intellectus non est suum intelligere, sed tamen essentia sua est primum obiectum sui intellectus : unde intelligere suam essentiam est propria eius perfectio; simul autem et uno actu intelligitur aliquid cum sua perfectione : unde simul et uno actu intelligit suam essentiam et suum intelligere" »〔対して，天使の知性はその認識の働きと同じではない。しかし，天使の本質は天使の知性が最初に向かう対象である。それゆえ，天使にとって，自分の本質を認識することはその固有の完成なのである。しかるに，あるものとその完成は一つの働きによって同時に認識される。したがって，天使は自分の本質と自分の認識の働きを一つの働きによって同時に認識する〕（*Quaest. disp. De anima*, q. I ; p. 207-208）．

68) « "Intellectus vero humanus nec est suum intelligere nec sua essentia est proprium obiectum suum, sed natura rei materialis; et primum cognitum ab intellectu humano est tale obiectum, secundarium vero actus quo tale obiectum cognoscitur (...)" »〔人間知性はその認識の働きと同一ではないし，その固有対象は自分の本質ではなく質料的事物の本性である。人間知性が最初に認識するのはこうした対象であり，その後でこうした対象を認識する働きを認識する〕（*Quaest. disp. De anima*, q. I ; p. 208）．『神学大全』のテキストは次のように続いている。«(...) et per actum cognoscitur ipse intellectus, cujus est perfectio ipsum intelligere. Et ideo Philosophus dicit, quod objecta praecognoscuntur actibus, et actus potentiis »〔知性そのものは，その認識の働きでもって完成するが，働きを通じて認識される。またそれゆえ，哲学者によれば，対象は働きより先に，働きは能力より先に認識される〕（*ST*, 1a

2 トマス思想の批判 253

2.2.2 批判の一般的方向性

マーストンは，トマスが認めるこうしたアリストテレスの原理に基づくかぎり，直接的働きに固有の本質は認識できないということについて，異議を唱えようとしている。人間はまず対象を，次に知性の働きを，最後に能力を認識するというアリストテレスの定式を取り上げるなら，異論が出るのは，厳密に言えば，最後の要素ではなく最初の要素である。トマスの原理にしたがえば，何らかの対象の認識により，認識の働きに固有の本質が認識できるなどということは決してない。こうしたことは不可能であり，可能なのは，せいぜい知性の働きの一般的本質を抽象的に認識することだけである。しかし，これこれの具体的働きは絶対に認識できないのである。

言い換えれば，こうした討論の一般的問題は，自己認識の形相的原理を明らかにすることである。著述家はみなこの点で一致している。しかし，トマスはこれに答えようとして，霊魂ないし知性の本質は能力の働きを通じて，働きそのものは対象を通じて認識されると述べている。このアリストテレスの原理は，抽象的認識の意味で理解するなら，まったく何の問題も引き起こさない。これは，アウグスティヌス主義者も同意し，アウグスティヌス自身も認めている考え方である。この意味で，次のように言うことはできる。すなわち，多様な知的経験により，働きの本性一般に関する抽象的で演繹的な認識を得ることができ，次にこの一般的な哲学的認識に基づいて，知的能力とその本質に関するいくつかの帰結を導き出せる。そして，こうした認識は抽象的認識の限界を超え出るものではない[69]。

---

q.87 a.3）．

69）« Nam sicut potentia et habitus cognoscuntur per actus, sic actus per obiecta; constat autem quod obiectum non est formale principium cognoscendi actum, sed per ipsum obiectum devenimus per

しかし，問題はここにあるのではない。抽象的な自己認識が様々な経験を通じて生じることについて，疑う人は誰もいなかった。アウグスティヌス主義者もアリストテレス主義者も，このことには同意している。しかし，これこれの霊魂が自分自身を認識するときの形相的原理は何かという真の問題を考えるなら[70]，事態はまったく変わってくる。この場合，トマスの原理に従うなら，袋小路に陥るだろう。この点について，マーストンは『神学大全』第1部87問3項とは正反対の立場をとっている。以上が，マーストンの批判の一般的な狙いである。

2.2.3　批判の詳細

批判の大まかな方針は述べたので，マーストンが訴える論拠の詳細を見ていこう。疑いないことだが，自己認識の検討は，すでに1250年以降，霊魂の自己認識を可能にする形相的原理は何か，その探究に集中していた。霊魂は自分自身をその働きを通じて認識するという主張は，結局は成り立たない。しかし，マーストンによれば，これはトマスの主張である。しかるに，人間は自分自身をその働きを通じて認識すると述べることは誤りである。なぜなら，自己認識の形相的原理が直接的働きであることは絶対にない

---

modum quemdam collativum in cognitionem naturae actus, et similiter ab actu decurrimus in potentiam cognoscendam, et sic ulterius in essentiam »〔能力と習慣は働きを通じて認識されるが，同じように働きは対象を通じて認識される。しかるに，対象が働きを認識する形相的原理でないことは明らかである。われわれは対象そのものを通じて何らかの推論により働きの本性を認識するに至るのであり，同じく働きを通じて能力を認識し，さらには〔能力の〕本質まで進む〕（Quaest. disp. De anima, q. I ; p. 209）.

70)　« Hic autem est quaestio de illo quo cognoscit anima formaliter se ipsam et suos habitus »〔ここにこそ，霊魂が自分自身と自分の習慣を形相的に認識するのはいったい何によってかという問題がある〕（Quaest. disp. De anima, q. I ; p. 209）.

からである。実際，一方で働きの形相的原理は働くものの
うちにとどまるが，他方で働くものは働きを考察するた
めに，こうした形相的原理を通じていわば外へと出てい
く。言い換えれば，直接的働きは自己認識の形相的原理で
あるとか，霊魂は自分自身をその働きを通じて認識すると
か考えるなら，こうした考えは袋小路に陥るだろう。すな
わち，働きは知性の内的な完全性として精神に内在すると
同時に，精神を超越する必要が出てくるだろう。というの
も，志向的働きは認識対象になるからである。それゆえ，
実際に区別される二つの働きが必要になる。まず精神の外
部にあるものに向かう志向的で直接的な働きと，次にこう
した直接的働きの認識を可能にする立ち帰りの働きであ
る[71]。

　これら二つの働きは，同一でないだけでなく，同時的で
もない。「霊魂のうちに同時に，霊魂が可感的実体を認識
する働きと，自分自身を認識する働きが存在することはな
い。なぜなら，これら二つの働きは異なっており，それと
いうのもその対象——霊魂と可感的実体——はまったく異
なるからである。このようなわけで，霊魂がこれら二つの
対象を同時に認識することはない」[72]。

71）« Hic autem est quaestio de illo quo cognoscit anima formaliter
se ipsam et suos habitus. Tale vero formale principium non potest esse
actus, quia omne illud, quo formaliter elicitur aliqua operatio, manet in
ipso agente, et agens mediante tali principio exserit se in actum suum »
〔ここにこそ，霊魂が自分自身と自分の習慣を形相的に認識するのは
いったい何によってかという問題がある。こうした形相的原理は働き
ではない。なぜなら，何らかの働きを形相的に引き起こすものは何で
あれ，働くものそのもののうちにとどまるからであり，働くものはこ
うした原理を媒介としてその働きへと移行するからである〕（*Quaest.
disp. De anima*, q. I ; p. 209-210）.

72）« Non potest autem simul esse in anima actus quo cognoscit
substantiam sensibilem et actus quo se ipsam cognoscit, cum actus ipsi sint
omnino diversi sicut et ipsa cognita, id est anima et substantia sensibilis,

256 第3章 ロジャー・マーストン

　二つの働きは同一でも同時的でもない。これは，直接的働きは自己認識の形相的原理であるという見解から出てくる帰結である。すなわち，直接的働きは対象であり，抽象的認識の対象である。実のところ，トマスの原理に従うなら，抽象的ではないあらゆる認識を否定せざるをえなくなる。ところが，この反論できない帰結はトマスの意図から外れている。それゆえ，自己認識のプロセスを説明するために持ち出されたこうした哲学は失敗に終わると考える他ない。

　しかしマーストンは，たった今示した批判が新しいと言うことは控えている。反対に，この批判はアウグスティヌスを参照すればすぐに分かるものである。アウグスティヌスの原理によれば，霊魂が自分の直接的働きを，こうした働きの固有の本質にしたがって認識することは絶対にできない。すなわち，対象を認識することと，事物認識の働きを認識することは，対象が異なるので，それぞれ異なる働きである。アウグスティヌスは，アカデミア派の徹底した懐疑主義を反駁する際に，このことを明らかにしている[73]。『三位一体論』の論証は有名である。すなわち，すべ

---

sunt penitus disparata, et ideo simul ab anima cognosci non possunt »
(*Quaest. disp. De anima*, q. I ; p. 210).

　73) « Ex quo patet ulterius quod anima actum, quo cognoscit
rem materialem, non per ipsius actus essentiam novit, sicut in praedicta
deductione supponitur, quia cognoscere obiectum et actum, quo obiectum
cognoscitur, est cognoscere diversa ut diversa sunt, sicut patet manifeste
per Augustinum, *De Trinitate*, XIV, c.13, arguentem contra Academicos,
qui nihil ponebant posse sciri, sed omnia esse incerta »〔ここから，さらに以下のことが明らかになる。霊魂は質料的事物を認識する働きを，働きそのものの本質を通じて認識する──先の推論が想定しているように──のではない。なぜなら，対象を認識することと，対象を認識する働きを認識することは，まったく異なるものを認識することだからである。このことは，アウグスティヌスが『三位一体論』第15巻13章で，何ものも認識できず，すべてのものは不確実であると主

2 トマス思想の批判　　257

ての人間は自分が生きていることを知っている。なぜな
ら，このことについて誤っても，自分は生きていると信じ
ることで生きているからである。というのも，誤るものは
みな生きているからである。誤らないとしても，生きてい
ることに変わりはない。だから，わたしは，自分は生きて
いることを知っている場合，すでに一つのことを認識して
いる。次にわたしは，自分は生きていることを知っている
ことを知っているなら，すでに二つのことを認識してい
る。これを続けるなら，わたしは最初の二つの認識を知っ
ているが，加えて第三の認識も有することになり，以下同
様となる。結論は明らかである。一つのことを知っている
人間は，最初の認識の働きに立ち帰りさえすれば，無限に
認識を増やせるのである[74]。

　しかし，ここでマーストンの関心を引いているのは，懐
疑主義の教えに対するアウグスティヌスの論拠の歴史的な
目的ではなく，むしろ論証を有効している条件である。実
際，アウグスティヌスの証明は，全体として次の基本的真
理，すなわち「何かを知ること」と「何かを知っているこ
とを知ること」は実際に区別される異なる認識であるとい
う真理に基づいている。他方，唯一の同じ能力は実際に異
なる二つの働きを同時に生み出せないので，次の一般的結
論に達する。すなわち，霊魂が何かを直接的働きを通じて

張するアカデミア派を論駁している箇所を読めば，はっきり分かる〕
（*Quaest. disp. De anima*, q. I ; p. 210）.

　74)　« Contra quos arguit sic : Omnis homo scit se vivere, quoniam
sive fallatur credendo se vivere, vivit, quia omnis qui fallitur vivit, sive
non fallatur, semper sequitur quod vivat; si autem scio me vivere, unum
aliquid scio. Proinde si dicat 'scio me scire me vivere', duo scit; iam vero
"quod <scit> haec duo, tertium scire est, sic potest addere quartum et
quintum et innumerabilia", et ita qui scit unum, potest etiam scire infinita
per reflexionem actus super actum sciendi » （*Quaest. disp. De anima*, q. I;
p. 210）.

認識すると同時に，この働きそのものを別の立ち帰りに
よる働きを通じて認識することは不可能である[75]。「それゆ
え，霊魂がまず主要な対象に向かう働きは直接的働きなの
で，霊魂が直接的働きに立ち帰る働きは反省的な働きであ
る。だから，これら二つの働きは，直接的働きと立ち帰り
による働きとしてまったく異なるので，唯一の同じ能力が
同時に生み出すことはできない」[76]。

　以上のことに基づいて，トマスに直接向けられた批判を
検討してみよう。直接的働きと立ち帰りによる働きは異な
るもので，同時に実現しないので，こうした真の違いや区
別があるかぎり，ただ一つの同じ働きが唯一的に生じるこ
とはありえない。必ず，一つの働きが実現するとすぐに，
もう一つの働きは中断せねばならない。あらゆる被造物に
ついて言えることだが，立ち帰りによる働きが始まるやい

---

　75) « Si ergo ista diversa scibilia, 'scio hoc' et 'scio me scire hoc',
alioquin nihil valeret argumentum Augustini, sequitur necessario quod
non potest anima simul aliquod obiectum cognoscere per actum directum,
tendendo in obiectum, et ipsum actum, quo in obiectum tendit, per actum
reflexum : impossibile est enim quod ab eadem potentia simul et semel
egrediantur duo actus diversi »〔それゆえ，もし「このことを知ってい
ること」と「自分がこのことを知っていることを知っている」ことが
異なる知なら──さもなければアウグスティヌスの論証は成り立たな
くなるのだが──，必然的に次のことが帰結する。すなわち霊魂は，
対象に向かう直接的な働きを通じて何らかの対象を認識しながら，同
時に立ち帰りによる働きを通じて対象に向かう働きそのものを認識す
ることはできない。というのも，異なる二つの働きが同一の能力から
同時に生じることはありえないからである〕（Quaest. disp. De anima,
q. I ; p. 210）.

　76) « Cum ergo actus, quo tenditur primo in principale obiectum,
sit actus directus, actus vero quo super actum directum reflectitur, sit actus
reflexus, et sint omnino diversi sicut actus directus et reflexus, impossibile
est quod ab una potentia simul et semel exserantur » （Quaest. disp. De
anima, q. I ; p. 210）.

2 トマス思想の批判　　259

なや，直接的働きは中断せねばならない[77]。

　したがって，知性の直接的働きはそれ自体を通じて認識できると考えることは不合理である。というのも，認識されるやいなや中断するのだから。働きはその本質を通じて認識されると主張するとき，直接的働きと立ち帰りによる働きは同一であるか，あるいは少なくとも同時に実現することが想定されている。しかし，立ち帰りによる働きが直接的働きを中断するなら，直接的働きはその固有の本質を通じて認識されないのであり，それというのももはや存在しないからである。「立ち帰りによる働きが始まるなら，直接的働きは止まねばならない。こうして，知性のどんな働きもその本質を通じては認識できないことになる」[78]。

　批判は途中で中断しているが，マーストンにはこれで十分だった。批判をうまく理解するには，批判の帰結を指摘するだけでよい。二つの働き，すなわち直接的働きと立ち

---

77) « Sic ergo patet quod nulla creatura simul potest cognoscere aliquod obiectum et actum quo tale obiectum cognoscit, tum quia obiectorum diversitas et disparatio hoc non patitur, quia haec non potest plura simul cognoscere, tum quia actuum vera distinctio non permittit : impossibile est enim quod ab una potentia duo distincti actus egrediantur in uno indivisibili. Cum ergo actus reflexus incipit, necesse est actum directum terminari et cessare (...) »〔それゆえ明らかなことに，どんな被造物も何らかの対象とこうした対象を認識する働きを同時に認識することはできない。一つの理由は，対象が異なっているかぎり，こうしたことは不可能——複数のものを同時に認識することはできない——だからであり，もう一つの理由は，働きが異なっているかぎり，こうしたことは不可能だからである。すなわち，異なる二つの働きが，一つの能力から，ただ一つの働きとして生じることはありえないのである。それゆえ，立ち帰りによる働きが始まるなら，直接的働きは止まねばならない〕（Quaest. disp. De anima, q. I ; p. 210-211）.

78) « Cum ergo actus reflexus incipit, necesse est actum directum terminari et cessare, et ita sequitur quod nullus actus intellectus per essentiam suam potest cognosci »（Quaest. disp. De anima, q. I ; p. 211）.

帰りによる働きは，トマスの原理に従えば，区別されるものである。一方が実現すれば，他方は止む。それゆえ，知性の働きはその本質を通じては認識できないのである。ところが，トマスが自己認識の形相的原理を探究するときに主張したのは，能力の本質は働きを通じて認識されるということである。しかし実際，働きは本質を通じては認識できず，固有のものとして認識されることもない。こうしたことは，トマスの理論そのものに照らして不可能なのである。だから，固有の働きは，絶対に認識できないので，自己認識の形相的原理となることは決してないが，トマスが『神学大全』第1部87問3項で誤って想定しているのはこのこと，すなわち働きは自己認識の形相的原理だということである。

　それゆえ，トマス思想には，具体的働きの固有の認識のための場所はない。反対に，唯一の種類の自己認識，すなわち抽象的分析だけが論じられている。これは，あらゆる知的働きに共通な点にしたがった働きの認識に基づく哲学的認識のことである。しかるに，抽象的認識の可能性を疑った者は誰もいなかったのであり，問題はそこにはない。マーストンも，忠実なアウグスティヌス主義者としてこのことを指摘している[79]。結論として，働きを通じた自己の具体的認識を基礎づけようとするトマスの試みは失敗に終わると言える。

　79）　« Nam sicut potentia et habitus cognoscuntur per actus, sic actus per obiecta; constat autem quod obiectum non est formale principium cognoscendi actum, sed per ipsum obiectum devenimus per modum quemdam collativum in cognitionem naturae actus, et similiter ab actu decurrimus in potentiam cognoscendam, et sic ulterius in essentiam. Hic autem est quaestio de illo quo cognoscit anima formaliter se ipsam et suos habitus » (*Quaest. disp. De anima*, q. I ; p. 209) ──注69, 70 参照．

2　トマス思想の批判　　　261

2.3　天使の自己認識——『神学大全』第1部87問3項

　マーストンが『神学大全』に反対して打ち出した批判は他にもいくつかあるが，第二の批判は自己認識を問題としながらもトマスの天使論に関係するものである。マーストンは，上で指摘した結論において，「知性のどんな働きもその本質を通じては認識できない」[80]と主張するが，この否定的な命題に普遍的な意味を与えているはずである。実際，こうした普遍的な意味は，上で「いかなる被造物も対象と，その対象を認識する働きを同時に認識することはできない」[81]と言われているときに明言されている。言葉が正しく使われているなら，またマーストンが被造物という言葉で人間だけを意味しているのでなければ，天使の自己認識の問題は，人間知性と比較するだけで，自ずから解決していると言わねばならない。このことこそ，マーストンの分析が確証しようとしていることである。「さらにここから，彼ら——特にトマスを理解すべきである——が言っていること，すなわち『天使は同じ働きを通じて自分の本質と，自分の本質を認識する働きを認識する』は誤っていることが分かる。実際，一方は直接的働きで，他方は立ち帰りによる働きである。すでに述べたように，この二つの働きの対象はまったく異なるので，自分の本質を認識することと，自分の本質を認識していることを認識することは異なるが，これはアウグスティヌスに基づいて証明したとおりである」[82]。

80）　« (...) ita sequitur quod nullus actus intellectus per essentiam suam potest cognosci » (*Quaest. disp. De anima*, q. I ; p. 211) .

81）　« Sic ergo patet quod nulla creatura simul potest cognoscere aliquod obiectum et actum quo tale obiectum cognoscit (...) » (*Quaest. disp. De anima*, q. I ; p. 210) .

82）　« Ex quo sequitur ulterius falsum esse quod dicunt "angelum eodem actu cognoscere suam essentiam et actum quo suam cognoscit essentiam", cum unus sit actus directus, alter vero reflexus, et similiter

2.3.1　トマスの論拠

　トマスは注意深く，人間を世界の中心に位置づけると同時に，霊の階層秩序の最下の位置に置いている。すなわち，人間は質料的世界の経験に基づいてはじめて自己認識を得ることができる。トマスは，このことをもっと正確に理解してもらうために，人間の自己認識について，神の完全な自己認識との無限の隔たりと，天使の自己認識との大きな差異を明らかにしている。それゆえ，天使の認識の検討は，トマスの教えの主要部分を成すものなのである。例えば，『神学大全』第1部87問1項の議論は，霊の世界のうちに置かれた人間というこうした考え方に基づいている。マーストンが非難するのは，まさに霊の階層秩序に関するこうした解釈であり，これを行うために，批判の対象になるのは天使の認識の教えだと述べている。マーストンは，『神学大全』第1部87問3項の，天使に関係する短い一節を指摘することから始めている。トマスによれば，神の本質の言い表しがたい完全性について起こることとは反対に，天使の知性はその認識の働きと同一ではない。しかし天使自身の本質は，天使の知性の第一の対象であり，本性的に天使の知性にふさわしいものである。このようなわけで，天使の知性は自分の本質を実際に認識するときにはじめて，自然本性的な完成に至る。すなわち，本質を通じて自分自身を認識することこそ，天使の知性の内的な完成であり，何かを認識するときの様態なのである。以上のようにして，天使は唯一の働きを通じて，自分の本質と，こうした本質の自然本性的完成——これは認識の働きである——を同時に認識する。「天使は唯一の働きを通じて自

---

cum sint obiecta diversa penitus cognoscere suam essentiam et cognoscere se cognoscere suam essentiam, ut probatum est per Augustinum »（*Quaest. disp. De anima*, q. I ; p. 211）．

2 トマス思想の批判   263

分の本質と自分の認識を同時に認識する」が，こうしたことは人間には当てはまらない[83]。

　天使の自己認識に関するこうした考え方はきわめて中心的なものである。なぜなら，これによりトマスは，神から無限に隔たっているとはいえ天使の特権と，天使と比べたときの人間の不完全性を明らかにできたからである。したがって，自己の直接的認識という特権を人間に認めようとする哲学者たちは，まさしく人間の境位と天使の境位を混同し，人間を受肉した天使と見なしていることが分かる。マーストンは，天使の自己認識に関するトマスの教えを批判することで，トマスの人間論の第二の主要部分を問題にしていることを意識していたに違いない。

　このようなわけで，マーストンは『神学大全』のテキストを指摘することで，トマスの論拠はいささか厳しい批判を前にしては強制力を失い，形式面でも内容面も誤っていることを明らかにしている。まず，論拠の形式が不正確である。次に，内容も誤っており，批判に耐えるものではない。マーストンは批判するにあたり，まず内容の問題を取り上げ，次に論拠の論理形式を問題にしている[84]。

　83）« "Angelicus vero intellectus non est suum intelligere, sed tamen essentia sua est primum obiectum sui intellectus : unde intelligere suam essentiam est propria eius perfectio; simul autem et uno actu intelligitur aliquid cum sua perfectione : unde simul et uno actu intelligit suam essentiam et suum intelligere" »〔天使の知性はその認識の働きと同一ではないが，天使の本質は天使の知性の第一の対象である。それゆえ，自分の本質を認識することは，天使の知性にとって固有の完成である。しかるに，あるものは同一の働きを通じてその完全性とともに認識される。だから，天使は同一の働きを通じて自分の本質と自分の認識の働きを認識する〕（*Quaest. disp. De anima*, q. I ; p. 207-208）.

　84）« Argumentum, quo probatur quod eodem actu cognoscit suam essentiam et suum actum, nihil valet, quia, cum dicit quod "essentia angeli est proprium obiectum sui intelligere, et ita intelligere suam essentiam est eius propria perfectio, quia intelligere est ultima perfectio intellectualis

2.3.2 第一の批判――内容的誤り

　ここでも，マーストンの批判は非常に厳密で，トマスが考えていたような天使の認識の核心部分に触れている。マーストンの批判は，あらゆる的確な批判と同じように，敵対者であるトマスの教えの外部にある原理から出発するのではなく，トマスのテキストそのものが対立し，相互に矛盾し，さらには哲学的に見ていくつかの重大な不整合を含んでいることを明らかにしようとしているので，それだけ深刻で影響力の大きなものだと言える。論証は緻密なので，理解するには分析の構成を知っておく必要がある。

　批判の目的は，天使は自分の本質と，自身の完成である自分の働きを同時に認識する――というのも，天使の知性の固有の完成は天使自身の本質を認識することだから――というトマスの主張が有効ではない点を示すことにある。しかるに，マーストンによれば，天使の本質は天使の知性の固有対象であると考えることは誤っている。以上が，第一の批判の道筋である。

2.3.2.1　天使の本質は天使の知性の固有対象ではない

　マーストンは，トマスの論拠について内容的な第一の誤りを明らかにする――これによりトマスの天使論の全体は

---

creaturae, simul autem intelligitur aliquid cum propria perfectione, et ita simul intelliget angelus suam essentiam et suum actum, qui est eius propria perfectio", habet calumniam quoad materiam et quoad formam, quia tam in materia quam in forma peccat praedictum argumentum »〔同じ働きを通じて自分の本質と自分の働きを認識することを証明する論拠は，まったく有効ではない。なぜなら，「天使の本質は天使の認識の固有対象なので，自分の本質を認識することは天使にとって固有の完成である。というのも，認識することは知性的被造物にとって究極的な完成であり，あるものはその固有の完全性とともに認識されるからである。それゆえ，天使は自分の本質と，固有の完成である自分の働きを同時に認識する」という主張は，実のところ内容的にも形式的にも誤っているからである〕(*Quaest. disp. De anima*, q. 1 ; p. 211).

2 トマス思想の批判 265

根本的に疑問視できる——ために，トマスの原理そのもの
に由来する二つの論拠を示している。

　2.3.2.1.1　第一の論拠　　トマスは，「天使の本質は天
使の知性の固有対象である」——これはマーストンによれ
ば誤りである——ことを示すために一つの論拠に訴えてい
るが，この論拠はトマス自身の結論を破壊してしまうもの
である。トマスは『神学大全』の多くの箇所で[85]，様々な
認識能力の固有対象を区別し，それにより何が天使の知性
の対象であるかを明らかにしている[86]。まずは感覚であり，
感覚は質料的なものを質料的な仕方で認識する。次に天使
であり，天使は非質料的なものを非質料的な仕方で認識す
る。最後に人間であり，人間は質料的なものを非質料的な
仕方で認識する[87]。この区別は妥当で有効だと見なせるだ
ろう。しかし，帰結は予想とは異なる。この区別を受け入
れるなら，質料的実体の何性こそが複合体である人間の知
性の固有対象であり，付帯的形相は感覚の固有対象だとい
うことになる。論理的帰結として，天使の知性の第一の対
象は，いかなるものであれ無差別に非質料的なものだと結
論するしかなくなる[88]。もしこうした非質料的なもの一般

---

85)　Cf. par exemple *ST*, 1a q.12 a.4 ; 1a q.84 a.2 ; 1a q.85 a.1.

86)　« Nam quando dicit quod "essentia angeli est proprium
obiectum sui intellectus", hoc convincitur simpliciter esse falsum ex verbis
eiusdem alibi, quia distinguendo obiecta potentiarum cognitivarum (...) »
〔「天使の本質は天使の知性の固有対象であるという主張は，同じ箇所
の言葉から，端的に誤りだと分かる。というのも，認識能力の対象を
区別することで……」〕（*Quaest. disp. De anima*, q. I ; p. 211）.

87)　« (...) dicit quod sensus cognoscit res materiales et materialiter,
angelus vero res immateriales immaterialiter, homo vero res materiales
immaterialiter »（*Quaest. disp. De anima*, q. I ; p. 211）.

88)　« Si ergo hic bene distinguuntur obiecta potentie sensitivae et
cognitivae, tam angelicae quam humanae, sequetur quod sicut quidditas
substantiae materialis est per se obiectum intellectus humani ut est
coniunctus, et formae accidentales ipsius sensus, sic res immaterialis

をみな天使の本質だけに還元するとすれば，ひどい誤りを犯すことになろう。これはちょうど，感覚の固有対象は白色や黒色だと述べたり，人間知性の固有対象は馬の何性や石の何性だと述べたりして，認識の対象をその種のうちの一つのものだけに還元するのと同じようなことである。トマスがここで犯しているのはこうした誤りである。トマスは，自分自身の原理に従えば，天使の知性の対象は非質料的なもの一般だと主張すべきだが，反対に天使の知性の固有対象は天使の本質だと述べることで，自分自身の原理に対立してしまっている。トマスは，理由づけも正当化も行わないで，天使の知性の対象をただ一つの種，すなわち天使自身の本質に限定してしまっている。天使自身の本質は，非質料的なものの全体においては，一つの種にすぎないのである[89]。

　トマスの誤りは明白である。この見解，すなわち天使の

─────────────

vel eius quidditas, in quantum talis, erit obiectum primarium intellectus angelici » (*Quaest. disp. De anima*, q. I ; p. 211).

89) « Unde sicut dicens quod proprium obiectum sensus visus esset color albus vel niger vel quod proprium obiectum intellectus humani esset quidditas hominis aut lapidis, falsum diceret, eodem modo a vero deviaret qui diceret essentiam angeli esse proprium obiectum intellectus. Et sicut erraret dicens habere tres angulos aequales duobus rectis esse propriam passionem isocelis, qui est species trianguli cui per se convenit praedicta passio, sic etiam male diceret qui proprium obiectum intellectus angelici assignaret angeli propriam essentiam, quae species est rei immaterialis sicut isoceles trianguli (...) »〔それゆえ，視覚の固有対象は白色や黒色であるとか，人間知性の固有対象は人間や石の何性であるとかいう主張が誤っているように，天使の本質は天使の知性の固有対象であるという主張も誤っている。また，二直角に等しい三つの角を有することは二等辺三角形に固有の事象であるという主張が誤っている──こうした事象はどんな三角形にも共通だから──ように，天使自身の本質は天使の知性の固有対象であるという主張も誤っている。なぜなら，天使にふさわしい形象は非質料的なもの一般であり……〕(*Quaest. disp. De anima*, q. I ; p. 211-212).

2 トマス思想の批判   267

本質は天使の知性の固有対象であるという見解を，問題と
なっているのは天使の本質一般であって自分自身を認識す
る個別的天使自身の本質ではないと主張することで正当化
できるかもしれない。同じことだが，ひょっとすると，ト
マスの意図は，天使の知性の固有対象は天使の本質一般
──非質料的実体であるかぎりでの──と主張することに
あったと解釈できるかもしれない[90]。

　しかし，このように精妙に解釈してみても，結論を正当
化することはできない。実際，今述べた考え方によれば，
天使の知性にとって，その固有の完成は他の天使の本質を
認識すること以上に自分の本質を認識することにあるとは
言えなくなる。それゆえ，トマスがそうするように，天使
は自分の本質を認識することで自分自身の完成に至る，そ
れゆえ自分の本質と，固有の完成である自分の働きを同時
に認識するとは結論できなくなる[91]。『神学大全』で述べら
れている原理そのものに従えば，どのように考えても，天
使は自分の本質と自分の働きを同時に認識できないと結論
するしかない。なぜなら，もはや自己認識の働きは，質料
的なものに関する，何であれ他の働きよりも固有の完成を
実現するとは言えなくなるからである。実のところ，こう
した不合理は，天使の本質は天使の知性の固有対象である
と考える誤りに由来しているのである。

　しかし，今述べた，トマスの天使論に正面から対立する
批判は，第二の論拠を通じても主張できる。

90）« (...) nisi forte, cum dicitur quod essentia angeli est eius
proprium obiectum, intelligi velit naturam angelicam in communi, ut sunt
substantiae immateriales »（*Quaest. disp. De anima*, q. I ; p. 212）.

91）« Sic autem intellecto verbo praehabito, sequitur quod non plus
est propria perfectio angeli intelligere propriam essentiam quam essentiam
alterius angeli, et sic non sequitur ulterius quod angelus intelligendo suam
essentiam intelligat suum actum »（*Quaest. disp. De anima*, q. I ; p.
212）.

2.3.2.1.2　第二の論拠　　いつものように，マーストン
はトマス自身の原理から出てくる矛盾を明らかにすること
でトマスを論駁している。もし天使の各知性の対象がその
天使自身の本質なら，こうした様々な対象は唯一の観点の
下で認識されることはないだろう。実際，人間の目が見る
ものはすべて，色や光といった唯一の観点の下で見られる
からこそ，色や光は視覚の対象だと言えるのである。天使
の知性と天使の固有対象についても事態は同様である。す
なわち，唯一の観点がなくてはならず，こうした観点は知
性の対象であり，その下ですべての対象が捉えられるので
ある。しかし，もし天使の各本質が天使の各知性の固有対
象なら，こうしたあらゆる本質が含まれる共通の観点は存
在しないことになる。それゆえ，天使はその認識様態にお
いて真に共通なものを何一つ有しないことになるが[92]，こ
れは不合理である。

　したがって，以上の二つの論拠に従えば，天使の本質は
天使の知性の固有対象ではありえないという同じ結論に達
する。これは，マーストンがトマスに対して打ち出した，
内容面での第一の批判である。

2.3.2.2　自己認識は天使にとって固有の完成ではない

　内容に関する第二の批判は，『神学大全』第 1 部 87 問 1
項の議論を標的とするものである。マーストンは，まず天
使の本質は天使の知性の固有対象であるという主張を退け
たが，今度は最初の主張と結びついた他の主張，すなわち

---

　92)　« Item, si cuiuslibet intellectus angelici esset proprium
obiectum sua essentia, sequeretur quod non convenirent omnes angeli
in intellectualitate, nisi omne quod intelligitur ab eis sub una ratione
intelligeretur, sicut omne quod videtur, sub ratione coloris vel lucis
sentitur, et ideo lux et color sunt visus obiecta; et similiter oportet esse
de intellectu angelico et eius obiecto » (*Quaest. disp. De anima*, q. I ; p.
212).

2 トマス思想の批判　　　269

天使が自分の本質を認識することは天使にとって固有の完成であるという主張を非難しようとする[93]。

とりわけ天使の本質は天使の知性の固有対象ではないことから，天使が自分以外のものも認識することは明らかである。この事実は否定できない。しかし，天使が何か他のものを認識する場合，もはや自分自身のことは認識していない。なぜなら，天使は互いに異なる他のいくつかのものを，まさにそれらが異なるかぎりにおいては，同時に認識できないからである。だから，天使は，他のものを認識しているとき，自分自身のことは認識できない。もし自己認識が天使にとって固有の完成なら，天使は自分自身を認識するのをやめることで，固有の完成を失うことになるだろう。しかしそれでは，天使はいかにして固有の完成のうちにあり続けることができるだろうか。実際，これは不可能なのである。それゆえ，残すところ，自己認識は天使にとって固有の完成ではないと考えるほかない[94]。

それゆえ，トマスの論拠は二つの点で誤っており，マーストンはさしあたり内容面に限ってこの二点を非難したと言えるだろう[95]。

---

93) « Ex iam dictis sequitur ulterius falsum esse quod postea inferunt, videlicet quod "propria perfectio angeli est intelligere suam essentiam". Si enim sua essentia non est proprium obiectum eius, ut ostensum est, intelligere ipsam non potest esse eius propria perfectio » (*Quaest. disp. De anima*, q. I ; p. 212).

94) « Si enim sua essentia non est proprium obiectum eius, ut ostensum est, intelligere ipsam non potest esse eius propria perfectio. Quo modo enim possibile est quod res aliqua possit subsistere sine propria perfectione ? Constat autem quod angelus potest alia a se intelligere; tunc autem se non intelligit, quia plura non intelligit simul ut sunt disparata. Quando igitur a se disparatum intelligit, se ipsum intelligere non potest, et sequitur quod suam essentiam intelligere non sit eius propria perfectio » (*Quaest. disp. De anima*, q. I ; p. 212).

95) « Sic igitur patet quo modo praedicta deductio multipliciter

2.3.3 第二の批判——論理的誤り

トマスの論拠の切り札の一つは，おそらく次の主張だろう。すなわち，一方で天使の本質は天使の認識の働きと同一ではないが，他方で天使の本質と働きは唯一の働きのうちで捉えられるのであり，それというのも認識の働きは本質の固有の完成だからである。それゆえトマスは，この場合には，また一般的に言っても，事物はその完全性とともに認識されると考えていた[96]。

論拠の弱点は，「完成ないし完全性」という言葉が曖昧に使われている点にある。マーストンは，先に人間知性について論じるときに「現実態」という言葉が曖昧に使われていることを指摘したが，ここでも「完全性」という言葉を一つの意味で理解することの誤りを強調している。反対に，完全性は二種類あることを知らねばならない[97]。

完全性は，第一の意味では，あるものの第一の存在のうちにある。ちょうど理性的霊魂は人間の第一の存在にした

---

peccat in materia »（*Quaest. disp. De anima*, q. I ; p. 212）.

96) « Est etiam alius intellectus, scilicet angelicus, qui non est suum intelligere, sicut supra dictum est, sed tamen primum obiectum sui intelligere est ejus essentia. Unde etsi aliud sit in angelo, secundum rationem, quod intelligat se intelligere, et quod intelligat suam essentiam; tamen simul et uno actu utrumque intelligit; quia hoc quod est intelligere suam essentiam, est propria perfectio suae essentiae; simul autem et uno actu intelligitur res cum sua perfectione »〔さらに，他の知性，すなわち天使の知性は，すでに述べたようにその認識の働きと同一ではないが，その第一の対象は天使の本質である。それゆえ，天使において，自分の認識の働きを認識することと，自分の本質を認識することは，観点にしたがって異なるかもしれないが，天使は両者を同一の働きを通じて認識する。なぜなら，自分の本質を認識することは天使の本質の固有の完成だからである。実際，あるものは同一の働きを通じてその完全性とともに認識される〕（THOMAS D'AQUIN, *ST*, 1a q.87 a.3）.

97) « Deficit etiam (argumentum) in forma. Nam quando dicit quod "simul intelligitur aliquid cum sua perfectione", sciendum est quod duplex est perfectio »（*Quaest. disp. De anima*, q. I ; p. 213）.

2　トマス思想の批判　271

がって人間の完全性であると言われるように。これは完全
性という言葉の最も存在論的な意味である。この場合，ト
マスが主張していることは正しい。すなわち，あるものは
必ずその固有の完全性とともに認識される。しかし，今問
題になっているのはこうした事態ではない。なぜなら，認
識の働きが天使をその第一の存在にしたがって完成すると
は言えないからである。反対に，天使はこうした第一の存
在を，何らかの認識の働きを通じてではなく，その自然本
性の原理を通じて所有しているのである[98]。

　したがって，「完全性」という言葉には第二の意味もあ
り，それは第二の存在のうちにある完全性のことである。
ちょうど能力はその習慣や働きのうちに完全性を見出すと
言われるように。この第二の意味においては，こうした完
全性は完全性が内属するものとともに認識されないし，さ
れえないと言わねばならない。実際，ここでは，完成され
るものと完全性は本質的に一致せず，両者は主体と付帯性
の関係にあるにすぎない[99]。完全性の第一の意味，すなわ
ち本質的完全性の意味においては，完成されるものと完全
性は，同じ何性を構成し，同時に認識されるほどにまで一
致している。しかし，第二の意味では，一致は付帯的なも
のにすぎないので，完成されるものと完全性は同時に認識

---

98)　« Una quae est in esse primo, sicut anima rationalis perficit
hominem, et talis perfectio simul intelligitur cum suo perfectibili. Constat
autem quod actus intelligendi angeli, licet poneretur eius perfectio,
nunquam tamen diceretur eius perfectio in esse primo, cum esse primum
habeat ex principiis naturae suae » (*Quaest. disp. De anima*, q. I ; p.
213)．

99)　« Alia est perfectio in esse secundo, ut potentia perficitur per
habitus et actus suos, et talis perfectio nec intelligitur nec intelligi potest
simul cum suo perfectibili, quia ex ipsis non fit unum per essentiam, sed
tantum sicut ex subiecto et accidente » (*Quaest. disp. De anima*, q. I ; p.
213)．

されないのである[100]。

それゆえ、トマスの推論における論理的誤りは明らかになった。すなわち、「完全性」という言葉は曖昧に使われており、トマスは、天使の本質はその固有の完全性とともに認識されると主張するとき、本質的完全性と付帯的完全性を混同している[101]。

2.4 結 論

マーストンの論争的調子はどれほど辛辣でも、厳密で的

---

100) « Quia enim ex perfectione et perfectibili primo modo acceptis fit per essentiam unum, simul possunt intelligi, quia constituunt unam quidditatem; sed secundo modo acceptis perfectione et perfectibili non fit ex eis unum nisi secundum accidens, et ideo non simul intelliguntur » (*Quaest. disp. De anima*, q. I ; p. 213).

101) « Et sic patet quod in suo processu aequivocat perfectionem » (*Quaest. disp. De anima*, q. I ; p. 213). マーストンは、すでに述べた分析とかなり似た分析を通じて、トマスの誤りを明らかにしようとしている。なぜならトマスは、天使の知性の働きは天使の本質にとっては付帯的にすぎず、天使は自分の本質を認識するときに自分の働きを認識するわけではないことを理解していなかったからである。« Item, licet simul cognoscantur res et sua propria perfectio in quantum constituunt unum et unum perficit aliud, tamen in quantum utrumque essentiam propriam habet, quamvis non per se existentem, necesse est quod diversa principia vel diversas species habeant quibus cognoscantur. Oportet igitur quod, cum actus angeli accidens sit suae essentiae, quia advenit et recedit, quod per aliud cognoscatur actus in quantum res quaedam est, sicut hic proponitur quaestio de ipsius cognitione, et per aliud angeli essentia » 〔さらに、事物とその固有の完全性は、一つのものを構成し一方が他方を完成するかぎりで同時に認識されるとしても、両者はそれぞれに固有の本質——自体的に存在しないこともある——を有するかぎりで、認識されるためには異なる原理や形象によらざるをえない。それゆえ、天使の働きは天使の本質にとっては付帯性にすぎない——生じたり消えたりするから——ので、天使の働き——これは、天使の認識に関する問題で示されているように、何らかの事物である——と天使の本質は別のものを通じて認識されると言わねばならない〕(*Quaest. disp. De anima*, q. I ; p. 213).

2 トマス思想の批判 273

確な批判を損なうものではなかった。こうしてマーストン
は，しばしば一面的に示されるのとはかなり異なるイメー
ジで新たに現れることになる[102]。マーストンは，アウグス
ティヌスの教えを歪めるように思われた，トマスの基本的
な見解を退けるために，まずトマスのテキストそのものを
入念に読解しようとしている。こうして，引用が文字通り
で正確なことから，マーストンは批判の相手であるトマス
のテキスト，特に『神学大全』第1部を自ら所有してい
たことが分かる。

　他にも確認できることがある。当時のオックスフォード
は『矯正』に関する争いのために論争的雰囲気があった
が，マーストンは立派にも，ギョーム・ド・ラ・マール
の『矯正』――ストラスブールで開かれたフランシスコ会
の総会は『矯正』の使用を命じたばかりだった――に対し
てどこまでも忠実であろうとはせず，きわめて独創的な批
判を繰り広げたのだった。それどころか，自己認識に関す
るマーストンの批判のうちに，『矯正』の何らかの影響を
読みとることは難しいと言えるだろう。実のところ，その
理由は簡単で，『矯正』は自己認識の問題を掘り下げて論
じていないのである[103]。それゆえ，マーストンはすべてを
考え出す必要があった。マーストンは，確かにギョームに
倣ってトマスの思想を徹底的に攻撃する態度をとったが，
賢明にも自分の批判を資料に基づく独創的な分析で堅固に

　102）　例えば，以下を参照。G. CAIROLA, *L'opposizione a S.
Tommaso* (1954), p. 132-144 ; E. GILSON, *La philosophie au moyen
âge* (1962), p. 452-453 ; JEAN JOLIVET, *La philosophie médiévale en
Occident*, dans *Encyclopédie de la Pléiade, Histoire de la philosophie*, t. I,
dir. BRICE PARAIN, Paris 1969, p. 1434-1435.

　103）　ギョーム・ド・ラ・マールのテキストそのものに見出せる
示唆と，クラップウェルと（ないし）サットンのトマスの解答――P.
GLORIEUX, *Le Correctorium Corruptorii « Quare »* (1927), p. 3-4, 10-
11, 172-174――を参照。

することも忘れなかったのである。

　さらに，この批判は間接的認識というトマスの教えの本質的な点に関わるものであり，実際のところトマスの主要な弱点を指摘している。しかしマーストンは，まったく外的で他の哲学的観点に基づいて大ざっぱに反対する代わりに，トマス自身の原理を引き合いに出し，トマスの教えが自己矛盾に陥ることを明らかにしている。

　もっと厳密に人間の自己認識に関わる事柄においては，標的となっているのはトマスの教えの核心部分である。というのも，知性の間接的自己認識というトマスの考え方は，もっぱら，知性は完全な可能態にあるという論拠のみに基づいているからである。それゆえ，マーストンは論証の要点，すなわち知性と第一質料に関する，アヴェロエスの有名な比較を取り上げ，『神学大全』第1部87問1項の推論は言葉を曖昧に使うことで成り立っていることを明らかにしたのである。

　自己認識のもっと一般的な次元に関して言えば，マーストンはさらに，直接的働きと立ち帰りによる働きは決して同時には存在せず，天使においてもそうであることを明らかにした。これにより，トマス思想の一分野は完全に崩壊すると思われるのであり，すなわち霊魂は自分自身を対象化せず，直接的働きは自己認識の働きと同一であると考えるような思想世界はまったく成り立たなくなるだろう。こうした世界は，遠くはアウグスティヌスとプロクロス（Proclus）に遡るのだが，前反省的意識，習慣的認識，厳密な意味での完全な立ち帰りを含むものである[104]。マース

　　104）　私は，姉妹編 *Le sens de la réflexion chez Thomas d'Aquin* (1991)〔『トマス・アクィナスの自己認識論』〕において，トマス思想におけるこれらの概念を正確にまた詳しく定義しようとした。それぞれの概念に対応して，p. 105-116, 92-100, 148-208〔166-186, 144-158, 241-349頁〕を参照。トマスの持ち出す，知性と第一質料の比

トンに従うなら，こうした世界はもはや考察されず，哲学思索の領域から消え去ってしまうだろう。

　理解できるように，自己認識に関するトマスの教えは，このように抽象的分析にだけ還元してしまうと，アウグスティヌスを読むことに慣れた人々を満足させることはできないのである。いっそうアウグスティヌスを好む哲学者たちは，誤っていようが正しかろうが，トマスとトマス主義者たちは自己認識を抽象的分析という生彩のない影のようなものに還元したと考えたので，新しい解決策を提案せねばならなかった。すでに見たように，アクアスパルタのマテウスは自己の直接的で無媒介的な認識に一定の意味を回復するよう努めたし，オリヴィは直接的認識という考え方を，自己の直観というより新しい教えと結びつけることで徹底的に掘り下げようとした。以下では，オックスフォードにおける「新アウグスティヌス主義」の真の代表者であるマーストンが，自己の直接的認識についてどのように考えていたかを見ていこう。

3　マーストンの教え

3.1　導　入

3.1.1　一般的枠組み

　マーストンは，議論の決定の大部分を使ってトマスのテキストを文字的に批判した後で，自己認識の形相的媒介は何かという問題について，自分自身の解答を練り上げる必要があった。これは定期討論集『霊魂について』第1問

較という特殊な問題については，p. 76-77, 82-83, 211-213〔114-117, 125-127, 354-359 頁〕を参照。この比較は今日でも多くの問題を提起している——cf. R. LAMPERT, *A Textual Study of Aquinas' Comparison of the Intellect to Prime Matter* (1982), p. 80-99。

が扱っている問題である。すなわち,「いかにして霊魂は自分自身と自分のうちにある習慣を認識するのか。霊魂そのものと習慣の本質を通じてか,それともこうした本質とは異なる何らかの形象を通じてか」[105]。

マーストンは,アクアスパルタのマテウスに倣って,自己認識には形象が不可欠であると主張している。しかし,そこで問題になっているのは次のような哲学である。すなわち,形象の必要性を認めながら,一方で媒介となる形象は感覚を起源とするものではないという理由でトマス思想に正面から対立し,他方でマテウスの穏健な立場とも著しく異なる,そのような哲学である。自己認識に関する論争をうまく理解するために,認識の一般的形態について,マーストンの基本方針を簡単に確認しておこう。

ジルソンは,マーストンの問題提起を13世紀の問題全体の中に位置づけ,マーストンがいかにして伝統的なアウグスティヌスの教えのアヴィセンナ的解釈を採用するに至ったかを明らかにしている[106]。「13世紀のアウグスティヌス主義者たちは,概念の教えの必要性をアリストテレスから学んだので,アウグスティヌスの著作の中にこうした教えを探したが,見出せなかった」[107]。しかし,たとえトマス思想の中に質料的対象と人間知性の一致を保証する抽象理論があるとしても,「反対に霊魂は身体を超越しているという原理を徹底して守ろうとすることは,アウグス

---

105) « Et primo quaeritur quo modo anima se ipsam cognoscit et habitus in se existentes, utrum videlicet per essentiam ipsius animae et habituum, an per aliquam speciem ab eis differentem » (*Quaest. disp. De anima*, q. I ; p. 201).

106) E. GILSON, *Roger Marston* (1933), p. 37-42 ; cf. E. GILSON, *Sur quelques difficultés de l'illumination augustinienne*, dans *Revue néo-scolastique de philosophie* 37 (1934), p. 321-331.

107) E. GILSON, *Sur quelques difficultés de l'illumination augustinienne* (1934), p. 325.

3 マーストンの教え

ティヌス主義のきわめて根本的な要求の一つである。こうした原理は，身体や物体は決して霊魂に働きかけないと考えることで，また物体的なものに対する霊魂のあらゆる受動性を否定することで得られる」[108]。それゆえ，マーストンが他のアウグスティヌス主義者と同じように必然的にぶつかった第一の困難については次のように言える。認識するものと質料的なものの志向的な一致を抽象理論に訴えることで理解できないなら，いかにして概念の形成を説明するのか。霊魂は身体の影響を絶対に受けないとするなら，認識のプロセスをどのように説明するのか。こうした気遣い——霊魂の超越性を守り，霊魂について事物の世界に対するあらゆる受動性を否定するような——は，アウグスティヌスの影響を受けた思想では常に見出せるもので，大きく広まったものでもある。しかし，マーストンは今述べたような気遣いを断固として強調している[109]。

したがって，もし霊魂が本質的に能動的で，外部のものから何一つ受けとらず，にもかかわらず形象を生み出すとすれば，人間の概念にはどのような価値があるのだろうか。人間の概念にどんな客観性や認識論的価値を要求できるだろうか[110]。「しかし，対象や物体から何の影響も受

---

108) E. GILSON, *Sur quelques difficultés de l'illumination augustinienne* (1934), p. 325.

109) このことは，まさにアクアスパルタのマテウスの思想とマーストンの思想を比較することで分かる——cf. F. PREZIOSO, *Matteo d'Acquasparta e Ruggiero Marston* (1950), p. 282s.

110) Prezioso 神父は，霊魂の能動性を強調する教えを脅かす論理的帰結を明らかにしている。「さて，マーストンとアクアスパルタの試みは，志向的形象の発生において主体と対象の影響範囲を混同することなく正確に限定することを可能にするだけでなく，もっと興味深いことに，まったくもって次のような印象を与える。すなわち，主体を自分自身のうちに閉じ込め，外部の，意識の外にあるものを捉える可能性を排除するような印象を与える」(F. PREZIOSO, *Matteo d'Acquasparta e Ruggiero Marston* (1950), p. 309)。

278   第3章　ロジャー・マーストン

けないというアウグスティヌスの教えがその真理性を神か
ら得ていることを考え合わせるなら、さらなる問題が生じ
る。また、概念は形成されるときに対象から切り離される
ので、何ら本質的な必要性がないことになる。このような
わけで、アウグスティヌスの照明説はいつも概念を排除し
てきたのである」[111]。

　マーストンは、この二つの問題を解消し、こうした哲学
的方向性を脅かす懐疑主義を避けるために、精神を酔わせ
る純粋な自然哲学だけで満足せず、真なる認識の究極的な
根拠を神学の次元に求めることを提案している[112]。このよ

---

　111)　E. GILSON, *Sur quelques difficultés de l'illumination
augustinienne* (1934), p. 326. Gilson は、このように問題を提起した後
で、次のように結論づけている。「こうした教えからどのような帰結
が導き出せるか分かるだろう。もし、アクアスパルタのマテウスが言
うように、問題に最終的な判断を下すのは神学であり、神学だけが真
の認識を根拠づけることができるなら、どんな哲学も、哲学であるか
ぎり、懐疑主義となるのであり、こうした懐疑主義は信仰主義を通じ
てはじめて克服されるのである。自然的であると同時に必然的である
ような唯一の真理はない。なぜなら、どんな必然性も神に由来する超
自然的な働きを前提としているからである。このようなわけで、ボナ
ヴェントゥラ以後の思想家たちが時にオッカム主義に似た立場を表明
することがあっても、驚くに値しない」(*Ibid.*, p. 330)。この有名な結
論は、明らかにアクアスパルタのマテウスを対象にしているが、ボナ
ヴェントゥラ以後の哲学的方向性——このように分類するのは早急か
もしれない——全体に当てはめることができるだろう。この結論は、
マテウスについて議論されるなら、マーストンにはもっと妥当するは
ずである。

　112)　E. GILSON, *Sur quelques difficultés de l'illumination
augustinienne* (1934), p. 330. この主張は、アウグスティヌスに哲学の
首位を与えるようなマーストンの態度決定から、必然的に導き出せ
る だ ろ う。« Haec dixerim contra calumniatores Sanctorum nostrorum
asserentes eos Physica ignorasse. Cuius rei, si quis scire voluerit veritatem,
legat libros Augustini studiose, et inveniet ibi omnem mundanam
sapientiam sub verbis theologicis occultatam. Et secure dico, plus veritatis
inveniet et profunditatis quam in libris omnium gentilium ethnicorum »

3　マーストンの教え　　　279

うに簡単に素描した枠組みの中で，マーストンの認識論の
根本特徴を考察し，それから自己認識に関するマーストン
自身の教えを検討しよう。

3.1.2　認識論の諸原理

　マーストンは，アウグスティヌス主義者の教えと一致し
て，霊魂は質料的作用者からいかなる影響も受けないこと
を明らかにしようとしている。しかし，形象の必要性を指
摘する点で，ガンのヘンリクスよりもアクアスパルタのマ
テウスに従っている[113]。マーストンは，一方で認識プロセ
スにおける可知的形象の必要性を強調するが，他方でこう
した形象は表象像に由来するわけではないと主張してい
る。こうして，アウグスティヌス主義の根本原理の一つ，
すなわち霊魂は可感的なものからいかなる影響も受けない
という原理に忠実に従っていると言える。

　プレッチオーゾ（Prezioso）神父がはっきり要約してい
るように[114]，マーストンにとって，知性は可感的なものや，

〔わたしがこう言うのは，われわれの聖なる教師たちについて，自然
学を知らないとして中傷する人々に反対するためである。こうした事
柄の真実を知りたいと思う者は，アウグスティヌスの著作を熱心に
読めばよい。そうすれば，神学用語に覆われた形ではあっても，あ
らゆる世俗的な知恵をそこに見出せるだろう。また確言してもよい
が，そこに見出せる世俗の知恵は，どんな異教の書物におけるよりも
深い真理を備えているのである〕（*Quodl.*, q.19 ; p. 58, l. 9-14）. Cf. F.
PREZIOSO, *Matteo d'Acquasparta e Ruggiero Marston* (1950), p. 283 ; G.
CAIROLA, *L'opposizione a S. Tommaso* (1954), p. 139.

　113)　F. PREZIOSO, *Matteo d'Acquasparta e Ruggiero Marston*
(1950), p. 294-300. 明らかなことだが，マーストンはアエギディウス・
ロマヌスやトマス・アクィナスにも対立している。というのも，ア
エギディウスやトマスは，正当にも形象が果たす役割の重要性を認め
ているが，形象は表象像に基づく抽象で得られると考えているから
である——cf. F. PREZIOSO, *Matteo d'Acquasparta e Ruggiero Marston*
(1950), p. 300-302。

　114)　F. PREZIOSO, *Matteo d'Acquasparta e Ruggiero Marston*
(1950), p. 303-308.

可感的なものの代わりになる表象像を通じては，絶対に形
成されない。すなわち，表象像のどんな働きによっても影
響を受けない。知性ができるのは，せいぜい表象像からの
刺激に反応して，自分自身のうちに可知的形象——どれほ
ど普遍的でも表象像に一致する——を生み出すことだけで
ある。「こうして表象像は，質料因でも，作用因——主要
な意味でも道具的な意味でも——でもなく，可知的形象の
機会因や範型因の役割を果たすにとどまる」[115]。

　霊魂の能動性を強調する考え方（une conception
activiste）[116]——照明説に基づく[117]——だけが，形象の発
生を説明し，同時にアウグスティヌスの教えと一致できる
ものである。感覚的形象はすでに，外的事物が生み出すも
のではない。というのも，人間霊魂は形象のすべての原
因，すなわち主要な作用因にして質料因であり，対象は
機会因や範型因の役割しか果たさないからである[118]。同様

---

115)　F. PREZIOSO, *Matteo d'Acquasparta e Ruggiero Marston*
(1950), p. 303. Cf. *Quaest. disp. De anima*, q. IX ; p. 420-426.

116)　この言葉については，F. PREZIOSO, *Matteo d'Acquasparta
e Ruggiero Marston* (1950), p. 272-275 を参照。

117)　Gilson は，アリストテレスの抽象理論のような概念の教
えから出発して照明説に合流する——トマスやスコトゥスの場合の
ように——ことは可能だが，その逆の進み方は難しいだけでなく不
可能でもあることを明らかにしようとしている。Cf. E. GILSON, *Sur
quelques difficultés de l'illumination augustinienne* (1934), p. 326-327.

118)　「次のように要約できる。一方アクアスパルタによれば，
外部の対象が身体器官に刻み込んだ変化や形象は，感覚的能力による
形象形成のプロセスにおいて，質料因や道具的原因の役割を果たす。
対してマーストンによれば，こうした変化や形象は，単なる機会因や
誘因として働くにとどまる。アクアスパルタにとっては，身体器官の
うちに存在する形象は素材であり，こうした素材から感覚的能力はそ
の形象を生み出す。マーストンにとっては，形象はむしろ範型因であ
り，こうした範型にしたがって感覚的能力は，自分自身のうちに，自
分自身の実体から，自分の実体に似た他の形象を生み出す。それゆ
え，アクアスパルタによれば，主体のうちに受容性や受動性のような

3 マーストンの教え   281

に，マーストンは可知的形象——可感的形象に依存してそ
こから生じるわけではない——も知性だけに由来すること
を明らかにしようとしている。実際，知性は自分自身で表
象像の働きかけに反応するのである。「知性が認識する媒
介である形象は，その起源を事物ではなく，作用因として
の霊魂そのもののうちに，知性を刺激して働かせる感覚的
能力のうちに有する」[119]。ここからマーストンは，自然の
領域では，思考する主体は自分で自分自身のうちに志向的
形象を生み出すと結論づけている。「形象が霊魂のうちに
生じるのは，創造を通じてでも，多数化を通じてでも，何
であれ外部のものの働きかけ——あたかも作用因として霊
魂から形象を引き出すかのように——を通じてでもない。
すでに述べたように，形象は，自然の領域では，霊魂が
自分で自分自身のうちに生み出すのである」[120]。それゆえ，
完全に能動的な霊魂こそが，事物を認識するために，自分
自身を表象像に一致させるのである[121]。

性質が生じるのであり，こうした性質のせいで主体の能動性は結果的
に低下することになる。対してマーストンによれば，形象の発生にお
いて，主体の能動性はいっそう際立ち，より強く働くことになる」（F.
PREZIOSO, *Matteo d'Acquasparta e Ruggiero Marston* (1950), p. 292）。

 119）« Ad decimum tertium, quod species, qua intellectus
cognoscit, originata est non a re, sed ab ipsa anima effective et ab ipsa
potentia sensitiva ut excitante ipsum et movente quoquo modo » （*Quaest.
disp. De anima*, q. IX, ad13 ; p. 429）.

 120）« Ad decimum dicendum quod species fiunt in anima (...) non
per creationem nec per multiplicationem, nec per actionem alicuius agentis
extrinseci educentis eam effective de ipsa anima, sed, prout dictum est,
ipsa naturali ordine format eas in se ipsa (...) » （*Quaest. disp. De anima*,
q. IX, ad10 ; p. 428）. もっとも，指摘できることに，ここで強調され
ている知性の能動性は，神の照明に対する同じ知性の真の受動性と両
立する——cf. F. PREZIOSO, *Matteo d'Acquasparta e Ruggiero Marston*
(1950), p. 304, n.1。

 121）反対に，アクアスパルタのマテウスにとっては，霊魂が
形象に一致するのではなく，形象が段階的な同化を通じて霊魂に一致

3.2 自己意識と自己の何性の認識

こうして，マーストンの認識論の一般的要素をいくつか指摘した後では，マーストンが自己認識という個別的事例について採用した基本方針は理解しやすくなっただろう。実際，先に見たマーストンの批判と，今指摘した認識論の基本主題を考えあわせれば，自己認識に関するマーストンの考え方の大まかな方向性を見定めることは可能である。にもかかわらず，マーストンの分析はかなり緻密であり，一つ一つ詳しく検討する必要がある。

最初に提起された問題は自己認識の形相的媒介についてだったことを忘れてはならない。霊魂が自分自身を認識するのは，自分の本質を通じてか，それとも形象を通じてか。同じ問題は習慣についても提起される。この問いに答えるためにまず知るべきは，問題となっているのはいかなる自己認識かということである。すなわち，問題となっているのは，霊魂の存在や，霊魂の存在についての意識なのか，それとも霊魂の本質や，霊魂の本質一般についての認識なのか。自己認識の形相的媒介は何かという問題に答えるとき，霊魂について，存在するかどうかを問う場合と，何であるかを問う場合とで，解答は異なってくるだろう[122]。

するのである。「すでに見たように，アクアスパルタの立場は，霊魂の能動性を強調する思想家たちの立場とはかなり異なる。こうした思想家たちによれば，霊魂の方が，対象が身体器官に刻み込んだ形象に一致するのだが，アクアスパルタによれば，形象の方が，霊魂の能力の形相を受けとることで霊魂に一致するのである」（F. PREZIOSO, *Matteo d'Acquasparta e Ruggiero Marston* (1950), p. 278）。

122）« Ad huius itaque difficultatis explanationem sciendum quod circa rei incomplexae cognitionem duplex est quaestio, videlicet quaestio "si est" et quaestio "quid est" »〔この問題を説明するには次のことを知らねばならない。すなわち，複合されていない事物を認識する場合，「存在するかどうか」と「何であるか」という二つの問題が生じる〕

3.2.1 自己意識の直接性

　マーストンは，第一の場合，すなわち霊魂が自分自身の存在を意識するときに形象は必要かどうかを知る場合，ためらうことなく否定的に答えている。霊魂や霊魂の習慣のような，純粋に可知的なものの場合，霊魂が自分の存在を意識するために，可知的形象は一切必要ない[123]。

　可知的形象は，せいぜい，霊魂や，精神や，正義や愛といった習慣は何であるかを一般的ないし普遍的な仕方で知るために必要となるだけである。しかし，霊魂が存在の意識を有するためには，可知的形象は一切必要ない。反対に精神は，存在していることを意識するために霊魂の働きを見るが，そうすると直ちに自分が存在していることを理解できる。例えば，人間は自分の認識の働きを見るやいなや，自分が存在し，霊魂を有していることを知る。習慣についても事態は同様である[124]。自己意識は，各生命活動の

（*Quaest. disp. De anima*, q. I ; p. 214）.

　123)　« Si ergo quaeratur hic utrum res mere intelligibiles cognoscantur "an sint" per speciem aliquam intelligibilem quae sit species ipsius rei qua cognoscitur "an sit" : dico quod non oportet aliquam speciem esse apud cognoscentem qua rem cognoscat esse (...) »〔純粋に可知的なものは，何らかの可知的形象——その事物の形象であり，その事物が存在するかどうかを教えてくれる——を通じて存在するかどうかが知られるのか。この問いには，認識者は何らかの形象——事物が存在することを教えてくれる——を得る必要はないと答えることができる〕（*Quaest. disp. De anima*, q. I ; p. 214）.

　124)　« (...) dico quod non oportet aliquam speciem esse apud cognoscentem qua rem cognoscat esse, sed statim ex actibus animae vel habitibus fertur mens super illud quod nomine habitus vel animae intelligit, arguens tale quid esse, cum cognoscit actus tali habitui vel essentiae convenientes ab eis procedere, sicut quilibet cognoscit se habere animam, cum videt quod intelligit et cognoscit animam, vel se iustitiam habere, cum in eo videt frequenter et faciliter exerceri opera iustitiae »〔認識者は何らかの形象——事物が存在することを教えてくれる——を得る必要はない。そうではなく，精神は霊魂の働きや習慣を見れば，直

中で一度に与えられており，対象のいかなる形象も必要としない。対象の形象が必要になるのは，人が霊魂や習慣という言葉を使って語っている事柄について，名称の意味を一般的に知るときだけである[125]。

それゆえ，自己認識の形相的媒介は何かという問題は，単なる存在の意識の場合には提起されない[126]。単なる自己意識よりも重要であり，マーストンが大部分の同時代人と一致して気にかけていたのは，霊魂が自分自身を通じて知る何性の認識において，形象はいかなる役割を果たすかである。人間霊魂は，自分自身を自分の本質を通じて認識する場合，形象を必要とするのだろうか。

3.2.2 自己の何性の認識における形象の必要性

実際，自己の何性の認識が問題となる場合には，問題はまったく異なる仕方で提起される。マーストンによれば，この場合，完全に可知的なものは可知的形象という形相的媒介を通じてはじめて認識される[127]。マーストンは，このことを明らかにするために，注意深く探究の範囲を限定し

ちに習慣や霊魂の名で理解しているものを捉えるのであり，その存在を知るに至る。こうした習慣や本質から出てくるそれらに対応した働きを認識すれば，習慣や本質の存在が分かるのである。これはちょうど，誰しも，自分が霊魂を認識していることを見れば，自分が霊魂を有している事実を知ったり，自分が頻繁かつ容易に正しい業を行うのを見れば，自分が正義の徳を有している事実を知ったりするのと同じである〕（*Quaest. disp. De anima*, q. I ; p. 214）．

125）« Ad cognoscendum igitur de re "si est" non oportet cognoscentem habere speciem rei cognitae nisi in universali, ut sciat quid significetur per nomen animae vel habitus »（*Quaest. disp. De anima*, q. I; p. 214-215）．

126）もっとも，マーストンは自己意識という事実について，進んで検討していないし，ほとんど強調もしていない。

127）« Si autem loquamur de cognitione qua de re cognoscitur "quid est", aestimo quod omnia mere spiritualia mediante specie intelligibili cognoscantur »（*Quaest. disp. De anima*, q. I ; p. 215）．

3 マーストンの教え 285

ている。すなわち，ここで問題となっているのは，観念の
発生の問題を全体として取り上げることでも，いかにして
形象が形成されるかを詳しく明らかにすることでも決して
ない。こうしたことのためには，マーストンの認識論の一
般的原理を参照するだけで十分だろう[128]。マーストンは，
第1問では，次の例を指摘するだけにとどめている。「外
部の色はわたしの目のうちに，わたしがこうした色を見る
形象を生み出し，こうしてこの形象と対象を結びつける概
念が生じる。これと同じように，霊魂のうちにある信仰や
何らかの徳は，知性のうちに自分自身の似像を生み出し，
この似像を通じて信仰は認識される。これこそ，多くの
人々が主張し，間違いなくアウグスティヌスが言わんとし
たことである」[129]。

　マーストンが形象の具体的発生の問題を強調的に論じな
かったのは，このように推論を進めるならあまりにも多く
の問題が生じただろうからである。すなわち，こうした推
論は目的に適っておらず，ここでの目的は自己の何性の認
識において形象が必要であることを明らかにすることだけ
である。霊魂の自己認識においてこうした形象が必要であ
ることを示すためには，形象の産出に関する教えの全体を
取り上げるよりも簡単な方法がある。それゆえ，マースト
ンはまったく異なる方法を提案するのであり，その方法と

---

128) « Nec intendo hic de illa specie loqui quae formatur in acie
intelligentiae ex illa quae in memoria »〔ここでは，記憶の中にある形
象に基づいて知性のまなざしのうちに形成される形象について論じる
つもりはない〕(*Quaest. disp. De anima*, q. I ; p. 215).

129) « Verbi gratia, sicut color exterius facit speciem in oculo
meo, qua ipsum colorem video, cum adest intentio copulans speciem
cum obiecto, sic fides, quae est in anima, vel aliqua virtus gignit sui
similitudinem in acie intelligentiae qua fides cognoscitur, ut dicunt multi,
et manifeste videtur intentio Augustini » (*Quaest. disp. De anima*, q. I ; p.
215).

は，出発点として，形象の発生プロセスではなく認識獲得
の様々な方法を検討するものである。こうした方法を採用
することで，習慣や霊魂の何性の認識は形象という形相的
媒介を通じてはじめて得られることを明らかにできるだろ
う[130]。

3.3 何性の認識を獲得する三つの方法

霊魂の自己認識は人間の認識全体の特殊例である。しか
るに，こうした事物の認識を得るには三つの方法がある。
霊魂は事物を，外部のものによってか，内部のものによっ
てか，上級のものによって認識する[131]。以下では，知識を
得る三形態のそれぞれを注意深く考察することから始め，
次に霊魂の自己認識の位置を確認し，最後にこうした自己
認識には必ず形象の媒介が必要であることを理解しよう。

3.3.1 外部のものによって得られる認識

---

130) « Sed in solvendo hanc quaestionem, ista via praetermissa,
quia magnam et specialem habet difficultatem, dico quod, cum anima vel
sui vel alicuius habitus mere spiritualis cognoscit quidditatem sive "quid
est", ista cognitio est formaliter aliqua specie mediante »〔この問題を解
決するために，この方法は採用しなかった。なぜなら，多くの個別的
な問題が生じただろうからである。霊魂が，純粋に霊的な自分自身
の，あるいは純粋に霊的な何らかの習慣の何性，あるいは何であるか
を認識する場合，こうした認識は何らかの形象を介することで生じる〕
(*Quaest. disp. De anima*, q. I ; p. 215).

131) « Ad cuius evidentiam sciendum est quod anima tripliciter
acquirit rerum notitiam : vel ab exteriori vel ab interiori vel ab superiori,
secundum quod Philosophus, in libro *De causis*, dicit in omnia anima
nobili triplicem esse operationem, videlicet animalem, rationalem et
divinam »〔このことを明らかにするには次のことを知るべきである。
霊魂は事物の知を三つの仕方で，すなわち外部のものによってか，内
部のものによってか，上級のものによって得るが，これは哲学者が
『原因論』の中で，すべて高貴な霊魂には三つの働き，すなわち動物
的働き，理性的働き，神的働きがあると言っていることによっている〕
(*Quaest. disp. De anima*, q. I ; p. 215).

3　マーストンの教え　　　287

　霊魂は，外的な対象を認識するとき，感覚と表象像を介
して行っている。この点について様々な理論は互いに対立
している。特に，可知的なものは表象像から抽象されると
主張するアリストテレスの教えと，こうした変容は霊魂の
働きであり，霊魂こそが自分自身のうちに事物認識を可能
にする似像を生み出していると説くアウグスティヌスの教
えは対立している。マーストンの思想の一般的枠組みは，
強調する必要がないほどすでに十分に明らかにした。さら
にマーストンは，この問題を論じている他の箇所を参照す
るにとどめている。なぜなら，ここで重要なのは，完全に
可知的なものである霊魂をいかにして認識するかという問
題だからである。それゆえ，外部の質料的事物に関する認
識形態は問題にはならないのである[132]。マーストンがこう
した認識形態を指摘しているのは，区別を網羅的に示すと
いう目的のためだけである[133]。

3.3.2　内部のものによって得られる認識

---

[132]　指摘できることに，マーストンは，アクアスパルタのマテ
ウスやオリヴィと同様に，自己認識を外的なあらゆる感覚的起源から
故意に切り離しているが，対してトマス・アクィナスは他のものの認
識と自己認識が連続していることを強調しようとした。

[133]　« Ab exteriori autem devenit anima in rerum cognitionem
per sensus et phantasmata, et a phantasmatibus abstrahendo intelligentia,
secundum viam Philosophi, vel, secundum viam Augustini, per
transformationem qua in se format rerum similitudines quibus cognoscit,
de quibus viis aliquid propono tangere in sequentibus. De iis enim modis
veniendi in rerum cognitionem non est ad praesens quaestio, cum hic fiat
sermo tantum de rebus mere intelligibilibus »〔霊魂は外部のものにより，
哲学者によれば，感覚と表象像を通じて，表象像から可知的なものを
抽象することで，あるいはアウグスティヌスによれば，自分自身のう
ちに認識する事物の似像を形成して変化することで，事物を認識する。
これらの認識方法については，後で言及するつもりである。ここでは
これらの認識方法は問題にならない。というのも，ここでは，純粋に
可知的なものについてだけ論じるつもりだからである〕(*Quaest. disp.
De anima*, q. I ; p. 215).

288 第3章 ロジャー・マーストン

　重要なのは，もちろん内部のものを通じた認識であり，霊魂の自己認識はこうした認識の特権的な形態である。では，こうした認識はどのようなものなのか。実際，ここで問題になっているのは，理性的次元の認識であり，人間はこうした認識のおかげで，精神や理性の内的な推論を通じて何らかのものを認識できるのである[134]。

　しかし，こうした認識プロセスは，はっきり異なる二つの仕方で理解できる。一つは，霊魂が，何らかの働きを知覚するやいなや，こうした働きの出どころである習慣の何性を認識するに至る場合である。もう一つは，霊魂が，自分の生み出すいくつかの働きを認識し，このことに基づいて，推論と様々な経験により，自分自身と自分が所有する習慣の何性を認識するに至る場合である。それゆえ，内的認識には二種類あることになる。一つは直接的な内的認識であり，もう一つは様々な経験と理性〔的推論〕に基づく内的認識である。マーストンはこの二つの内的認識をそれぞれ分析し，自己認識の事例に適用している。

3.3.2.1　直接的な内的認識　自己認識の内的過程を理解する第一の方法がある。すなわち，人間は働きの存在を知覚するやいなや，本質を通じて，霊魂のうちにある習慣——働きの起源として想定される——を直接認識する[135]。

---

　134)　« Ab interiori autem secundum virtutem rationalem devenimus in rerum cognitionem » (*Quaest. disp. De anima*, q. I ; p. 215).

　135)　« Hoc autem potest intelligi dupliciter : aut ita quod ab actu feratur anima statim in habitus cognitionem, hoc est videndo in nobis actum aliquam procedentem ab habitu, ut actum iustitiae vel prudentiae egredientem a iustitia vel prudentia, continuo ex actu feratur ad ipsum habitum per essentiam cognoscendum qui praesens est in anima, ut supponitur, quia actus ab ipso dicitur procedere » 〔このことは二つの仕方で理解できる。一つは，霊魂が働きを通じて直ちに習慣を認識する場合である。すなわち，霊魂は賢慮や正義といった習慣から出てくる何らかの働きを自分自身のうちに見ることで，こうした働きから習慣

3 マーストンの教え 289

霊魂の認識についても事態は同様であり，霊魂は自分自身を直接知覚する。

実のところ，これほど完全な直接的認識の様態は実現しない。そして，マーストンはいくつかの論拠を示して，もし実現するなら，人間はみな，例えば自分が愛を有しているかどうかを直ちに知ることになると述べている。しかし，こうした認識は，神学的観点からも哲学的観点からも受け入れられないものである。

あまり重要ではない論証もいくつかあるが，次の論拠は指摘しておくべきだろう。すなわち，ある人々が主張するように，もし霊魂が自分のある働きを見るやいなや，自分の本質や，何であれ自分の習慣を認識するのなら，このことは結果のうちに原因を見るようにして起こるはずである。しかるに，結果が原因を明らかにすると言えるのは，原因に完全に対応する場合だけである。それゆえ，働きの原因を完全に認識するためには，この働きは習慣の完全な力にしたがって生み出されたものでなければならない。しかし，習慣が自分の完全な力にしたがって働くことはめったにない。さらに，こうしたことはありえないのである。このようなわけで，習慣が全体として認識されることはきわめてまれであるだけでなく，不可能だと言わねばならない[136]。

そのものを本質を通じて認識するに至る。習慣は霊魂のうちにあるとされるが，それというのも働きは習慣から出てくるとされているからである〕（*Quaest. disp. De anima*, q. I ; p. 215-216）.

136) « Item, si ab actu statim fertur anima in essentiam suam vel habitus cognoscendam, hoc non potest esse nisi quatenus effectus ducit in cognitionem suae causae; sed effectus in causam non ducit nisi in quantum est eidem proportionatus; ergo nullus actus ducit in perfectam cognitionem habitus nisi qui procedit ex toto conatu ipsius habitus; ergo, cum raro aut nunquam contingat quod habitus ex tota sua virtute in actum se exserat, raro aut nunquam posset totus habitus cognosci » （*Quaest. disp. De*

異なる価値を持つ別の論拠に従っても，次の結論は変わらない。働き——媒介なく，すなわち形象という形相的媒介なく自己認識を享受できるような——を生み出す根源は，働きを通じては直接認識できない。この第一の意味においては，内的認識は不可能である。なぜなら，人間は自分自身について，無条件的に直接的な何性の認識を持つことは絶対にできないからである。

このようなわけで，マーストンはむしろ認識の内的起源を検討する第二の方法に注目を促している。こうして，マーストンが先の論拠よりも説得力のある論拠を通じて明らかにしようとしているのは，どんな自己認識も形象の媒介を必要とすることである。

3.3.2.2　経験と理性　「思うに，働きに基づいて習慣や能力の本質を直接認識することはできない。形象を措定する必要があり，こうした形象の媒介を通じて習慣や能力は認識されるのである」[137]。マーストンはこの主張を強化するために，理性的認識なるものについて繰り返し述べている。理性的認識とは，様々な経験に基づきつつ，自分のうちに自分自身を通じて，認識対象に一致する形象を形成できるものである。テキストを正確に理解するためには，霊魂の能動性を断固として強調するマーストンの態度を念頭に置く必要がある。

問題になっている理性的認識のプロセスは，外的事物の知性的認識を参照することで，またこうした知性的認識を自己認識の次元に類比的に適用することで理解できるようになる。人間霊魂の能力である知性の固有対象は，まさに

---

anima, q. I ; p. 216-217).

137)　« Aestimo igitur quod impossibile sit quod ab actu statim fertur in essentiam habitus vel potentiae cognoscendam, sed necesse est ponere aliquam speciem, qua mediante habitus vel potentia cognoscatur » (*Quaest. disp. De anima*, q. I ; p. 217).

3 マーストンの教え   291

可感的実体の何性である。人間がこうした対象を認識する
のは，抽象——マーストンはアウグスティヌス的な意味で
この言葉を使っている——の働きを通じてである[138]。要す
るに，知性は普遍的本性——様々な個物の経験のうちで発
見される——を抽象し，抽象した形象を通じて可感的実体
を認識する[139]。

　理性を通じた自己認識は，質料的事物の認識と同じよう
に進行する。非質料的なもの——この場合，霊魂，能力，
習慣——が生み出した働きに基づきつつ，綿密に探究する
ことで（studiosa inquisitio），こうした可知的なものの何
性を認識できる。これは同時代の多くの教授たちの見解で
もある。すなわち，人間は理性的推論を通じて，働きの固
有性から可知的なものの本性へと認識を進めることができ
る[140]。

　138）　それゆえ，自己認識に関するマーストンの考え方は，オッ
カム的な意味での直観でも，アリストテレス的な意味での抽象でもな
く，人間の生命活動の観察から得た要素の比較である。にもかかわら
ず，こうした自己の何性の認識には，形相的媒介としての形象の存在
が必要である。これこそ，マーストンが明らかにしようとしているこ
とである。

　139）　« Sicut enim quidditatem substantiae sensibilis cognoscit
anima in praesenti per intellectum tamquam suum primarium obiectum,
in cuius notitiam devenit per hoc quod naturam universalis, repertam
in pluribus individuis, abstrahit ut per talem speciem sic abstractam
substantiam sensibilem cognoscat (...) »〔現在の生では，霊魂は知性を
通じて，自分の第一の対象である可感的実体の何性を認識する。すな
わち，様々な個物に見出せる普遍的本性を抽象し，こうして抽象した
形象を通じて可感的実体を認識する〕（*Quaest. disp. De anima*, q. I ; p.
217）.

　140）　« (...) ita puto fore neccessarium quod sic ex actibus rerum
intelligibilium per studiosam inquisitionem deveniatur in cognitionem
quidditatis rei intelligibilis, sicut communiter dicitur a Magistris, et hoc
per deductionem rationis discurrendo a proprietatibus actuum in naturam
rei intelligibilis »（*Quaest. disp. De anima*, q. I ; p. 217）.

292　　　　第 3 章　ロジャー・マーストン

　質料的事物の認識でも自己認識でも，抽象あるいはむし
ろ推論のプロセスは同じである。すなわち，人間は事物や
働きの固有性に基づいて，事物や働きの何性や本性を認識
するに至る。それゆえ，抽象のプロセスは様々な経験を前
提としており，こうした経験に照らして普遍化の作業は行
われる。すなわち，精神は様々な経験に基づいて，自分自
身のうちに抽象された普遍的なものを生み出すのである。
したがって，これはトマスの抽象理論とはかなり違う。な
ぜなら，マーストンによれば，こうして抽象された普遍的
なものは，実際の何性とはまったく異なるからである。こ
うした普遍的なものはむしろ，認識の媒介として役立つ知
的な再現であり，こうした再現こそ形象と呼ばれるもので
ある[141]。

　自己認識でも事態は同様である。霊魂が働きに基づいて
形成した習慣の本性は，本質的に言えば習慣そのものでは
なく，むしろ習慣の認識を可能にする形象である[142]。した
がって，明らかなことに，習慣の認識は習慣を有している
者と有していない者とで同じプロセスに従うが，そこには
次の微妙な差異がある。すなわち，習慣を有していない者
は，自分自身のうちにではなく他の人々のうちに，他の
人々の様々な働きに基づいてのみ，総合という方法を通じ
て可知的形象を判別するのである[143]。霊魂の自己認識の場

─────────

　　141）« Et sicut universale abstractum non est quidditas substantiae,
cum rei quidditas sit in ipsa re, sed tale abstractum est species qua res
exterior cognoscitur (...) »〔抽象した普遍的なものは実体の何性ではな
い。なぜなら，事物の何性は事物そのもののうちにあるが，このよう
に抽象したものは外的事物を認識する媒介となる形象だからである〕
（Quaest. disp. De anima, q. I ; p. 217）．

　　142）« (...) natura habitus, qualis in anima ex actibus colligitur, non
est essentialiter ipse habitus, sed magis species quaedam qua ipse habitus
cognoscitur »（Quaest. disp. De anima, q. I ; p. 217）．

　　143）« Unde patet quod eodem modo devenit in cognitionem

3 マーストンの教え　　　　293

合も分析はまったく同じである。

　理性による内的認識を通じた自己認識では，霊魂そのものの普遍的知識を得ることができるが，こうした知識はわれわれが行う働きを認識することに基づいている。一見すると，問題となっているのはまさにアリストテレス的意味での抽象だと思えるかもしれない。しかし，マーストンは，その一般的教えからして，反対のことを主張していたようである。認識は，可感的なものに基づく抽象を通じてではなく，可感的なものをきっかけとした抽象を通じて構成される。マーストンは，ここで認識や抽象に関する自分の教えを展開しようとしているのではなく，ここでもトマスの見解からふさわしい距離をとるために，こうした教えを活用しているのである。「しかし，わたしがたった今抽象について述べたことは，一つの例として示したにすぎない。なぜなら，後で明らかにするように，アリストテレスのこうした方法はアウグスティヌスの方法に対立すると考えるからである」[144]。

　この二つの哲学の違いは，アリストテレスによれば知的認識は感覚を起源とするが，マーストンはアウグスティヌスの権威に基づいてこうした考え方に異議を唱えるところにある。実際，実体を認識できるのは理性だけである。なぜなら，感覚は実体を絶対に認識できないからである。だから，実体のイメージや，実体に一致する表象像などといったものは存在しない。さらに，どんな個別的感覚も実

---

habitus habens eum et non habens, nisi quod habens in se cernit actus ex quibus, ut dictum est, species colligitur qua huiusmodi habitus cognoscitur, carens vero habitu talia in se non videt » （*Quaest. disp. De anima*, q. I ; p. 217）.

144）« Hoc autem, quod dixi de abstractione, exempli causa positum est; nam illam viam Philosophi contrariam reputo Augustino, ut inferius demonstrabitur » （*Quaest. disp. De anima*, q. I ; p. 217）.

体を捉えられない。なぜなら，各感覚に固有の可感的なものが属するのは，質のカテゴリーであって実体のカテゴリーではないからである[145]。したがって，表象像は事物の実体を認識する媒介とはならない。それゆえ，実体を認識するような場合に，認識が感覚的認識に起源を有するといったことは絶対にない。

　今述べたことは，可知的な実体についてよりいっそう妥当する。すなわち，精神はこうした可知的実体を，働きに拠りつつ本性を推論することで，すなわち理性的次元における証明や論証——様々な経験に基づく——を通じて認識する[146]。このようなわけで，感覚的認識が一般的意味での認識や，個別的意味での自己認識の構成要素になることは絶対にない。マーストンが心がけていたのは，理性的精神に固有のプロセスからあらゆる感覚的な要素を排除することである。というのも，マーストンによれば，霊魂は身体から，精神は質料から，知的な働きは質料から完全に独立しているからである。この意味で，内的推論を通じた霊魂の自己認識はきわめて典型的なものである。なぜなら，こうした自己認識は感覚的認識に依存せず，必ず事物認識より先のものだからである。マーストンは，少なくともこの意味において，アウグスティヌス『三位一体論』の有名な一節を解釈している[147]。「霊魂は何であるかについて，わ

---

145) « Sicut etiam per actum rationis devenitur in cognitionem substantiae, quia ipsa nullo sensu vel virtute sensitiva cognoscitur – unde nullum est ipsius substantiae phantasma – nec sensu aliquo particulari apprehenditur, quia omne sensibile proprium est in tertia specie qualitatis (...) » (*Quaest. disp. De anima*, q. I ; p. 217).

146) « (...) similiter in actibus rerum intelligibilium conspicit mens ipsarum rerum notitiam, quarum naturam ex ipsis actibus colligit rationabiliter argumentando » (*Quaest. disp. De anima*, q. I ; p. 217-218).

147) Cf. *De Trinitate*, VIII, 6, 9 ; trad., p. 49.

3 マーストンの教え   295

れわれは確実にそれを知っていると思う。というのも，われわれも霊魂を有しているからである。われわれは自分の目で霊魂を見たことはなく，霊魂の類的ないし種的な観念を，知っている他人の霊魂の類似性に基づいて形成することもできない。しかし，すでに述べたように，われわれはこうしたことを知っているのであり，それというのもわれわれも霊魂を有しているからである。霊魂そのものは，それを通じてあらゆる他人の霊魂を知るものというよりは，自分自身の存在をうまく知覚するものとして，より深く知られているのではなかろうか。なぜなら，身体的運動はわれわれ以外の他人が生きていることを教えてくれるものだが，われわれはこうした身体的運動ですら，自分自身の運動と比較することではじめて見分けることができるからである」[148]。

正当にまた実際に，自己認識が他のものの認識に先立つことは，これ以上うまく説明できないだろう。マーストンは，アウグスティヌスのきわめて有名なテキストを活用することで，次のことを示したのである，すなわち，反アリストテレス主義的なこうした霊性は，1280 年頃のオックスフォードで幾人かのフランシスコ会士たちが断固とし

---

148) « Et quod per hunc modum devenit animus in sui et alterius notitiam, docet Augustinus diffuse, *De Trinitate*, libro VIII, c.9 per totum, ubi dicit : "Animus quidem quid sit non incongrue nos dicimus ideo nosse quia et nos habemus animum. Quid enim tam intime scitur seque ipsum esse sentitur quam id quo etiam cetera sentiuntur ? Nam et motus corporum, quibus praeter nos alios vivere sentimus, ex nostra similitudine agnoscimus, quia et nos ita movemus corpora vivendo sicut illa corpora moveri advertimus". Et infra, in fine capituli : "Non tantum sentimus animum, sed etiam scire possumus quid sit animus consideratione nostri; habemus enim animum". Hoc autem novimus, sicut ipse dicit, "ex motibus corporis, idque statim atque facillime quadam conspiratione naturali" » (*Quaest. disp. De anima*, q. I ; p. 218) .

て守ろうとしたものだが，アウグスティヌスの権威のうちにその起源と保証があったのである。それゆえ，アウグスティヌスとアリストテレスの教えは，決して調和しないものに見えるだろう。

3.3.3　上級のものに基づく認識

3.3.3.1　照明説　残すところ，こうしたアウグスティヌス的なより先なる認識と，アウグスティヌスに忠実などんな思想にも見出せるような照明の教えの核心とがどのように関係しているか，はっきり述べなければならない。「照明」とは，人間知性とその原因の関係を述べるときに使われる比喩である。ここでは，人間知性の原因は神であり，人間知性はその存在と認識を神から得ている。「人間知性は真の原因であり，それゆえあらゆる力を備えているが，同時にこうした力を神から得ている。問題は，こうした境界の間で，神の影響と人間の働きとがどのように関係しているか，そのふさわしい実態を明らかにすることである」[149]。

マーストンは，概念形成の理論——そのままの形ではアウグスティヌスのテキストには見出せない——を提示した後で[150]，こうした理論と，不変の真理と絶対的確実性[151]

---

149)　E. GILSON, *Sur quelques difficultés de l'illumination augustinienne* (1934), p. 322.

150)　E. GILSON, *Sur quelques difficultés de l'illumination augustinienne* (1934), p. 322-323. マーストン自身は，アウグスティヌスにおいてこうした概念の教えは見出せなかったと述べている。« Perplexum nihilominus me reddit aliquantulum quod nusquam reperio Augustinum expresse suam intentionem in hac materia declarantem. Nam ubicumque loquitur in libris suis, quos legere potui et diligenti indagine perscrutari nusquam occurrit passus vel sententia in quibus, tangens modum specierum in anima fiendarum, aliquid exprimat de intellectu, sed tantummodo de anima sensitiva, in qua communicamus cum brutis (...) » 〔にもかかわらず，わたしは多少困惑したが，それというのもアウグスティヌスがこの主題について自分の意図をはっきり明らかにしてい

3 マーストンの教え 297

——必然的で普遍的な判断がみな含んでいるような——を調和せざるをえなくなった。言い換えれば，マーストンがたった今述べた，理性による内的認識の分析は，そのままの形ではアウグスティヌスには見出せないのである——たとえマーストンがこうした分析をアウグスティヌスの教えから引き出せると考えていたとしても。しかし，「必然的な判断が真理であることの根拠を示し」[152]，真理の普遍性を説明する必要がある。これを行うためには，アウグスティヌスの多くのテキスト——人間の判断の確実性は不変の光の下で永遠の理念について観想された真理に由来することを主張している——を参照すべきだろう[153]。それゆえ，残すところ，「照明」と呼ばれるものについての絶対的確実性と，概念に関する新しい理論——マーストンがたった今アリストテレス的な抽象理論に反対して展開したような——を調和せねばならない。ボナヴェントゥラに続く思想家たちによれば，真理の必然性，普遍性，不変性は，神が何らかの仕方で知性に現前するかいなかにしたがってはじめて説明されるので，こうした照明の教えと認識する精神の働きを調和する必要が出てくるのである。

　こうした調和はすでにトマスにとって非常に難しいもの

る箇所を見出せなかったからである。すなわち，アウグスティヌスの著作で，わたしが読んで入念に調べることのできたすべての箇所において，霊魂のうちで生じる形象の様態に関して，知性について何かを説明している一節や文章は一つもなかったのである——たとえもっぱら人間と動物に共通の感覚的霊魂について言及している箇所はあったとしても〕（*Quaest. disp. De anima*, q. IX ; p. 412）.

　151）　実際，確実性の程度の差は，神の光ではなく，認識が向かう質料に由来するものである——cf. G. BONAFEDE, *Il problema del "lumen" in frate Ruggero di Marston* (1939), p. 29。

　152）　E. GILSON, *Sur quelques difficultés de l'illumination augustinienne* (1934), p. 323.

　153）　Cf. par ex. AUGUSTIN, *De Trinitate*, IX, 6, 9.

298   第3章　ロジャー・マーストン

だったのであり，このことを確証するには，『真理論』10
問8項——まさにマーストンが指摘した『三位一体論』の
箇所を参照している——のいくつかの問題点を見るだけで
よい。トマスにとって，アリストテレス的意味での抽象理
論を認め，霊魂の自己認識が外的事物に関する感覚的認識
に根ざしていることを断固主張し，にもかかわらずアウグ
スティヌスの直観に忠実であろうとすることは，大変難し
いことだったのである。

　マーストンは，自己認識において可感的なものや表象像
が構成的な役割を果たすことをことごとく退けるなら，困
難は著しく緩和することを的確に見てとっていた。実際
マーストンは，「身体のあらゆる働きかけや，物体の霊魂
への影響や，物体的なものに対する霊魂の受動性をすべて
否定することで」[154]，偶然的な働き，生起するもの，時間
のうちで変化し移ろいゆくものにはいかなる原因的影響も
ないことを明らかにし，霊魂は超越的なものに基づいては
じめて自分自身を自分自身を通じて認識できることを示し
たのである。というのも，霊魂は自分自身のうちで永遠の
理念や不変の原理を観想するのだが，こうした理念や原理
に依拠してはじめて，自己の何性の認識は確実で絶対的な
ものになるからである。

　アウグスティヌスの意図は本当にこうしたものだったの
か。このような観点から『三位一体論』のテキストを読み
直すなら，今述べたような意味でアウグスティヌスの照明
説と，概念に関する新しい教え——アリストテレスの教え
に大きく対立する——を結び合わせるのは可能だというこ
とが分かるだろう。したがって，マーストンの考えでは，
一方で感覚的なものの介入をことごとく排除することで，

---

　154)　E. GILSON, *Sur quelques difficultés de l'illumination
augustinienne* (1934), p. 325.

3 マーストンの教え 299

霊魂の自己認識について不変の確実性を保証することがア
ウグスティヌスの暗黙的な意図だったのであり，他方でア
ウグスティヌスのテキストを4世紀には存在しなかった
概念の教えを使って説明することはアウグスティヌスの考
え方を超え出ることだった。それゆえマーストンは，自分
の反トマス的な解釈がアウグスティヌスのテキストに文字
通り合致するのを見て誇らしく思ったはずである。「霊魂
が自分自身を愛し認識するとき，霊魂が愛し認識している
のは不変の存在ではない。各人が自分の個別的霊魂のうち
で生じていることに注目して，それを言葉で言い表したも
のと，各人が人間霊魂について種的ないし類的認識を通じ
て定義したものは異なる。だから，ある人が自分にとって
霊魂はどういうものであるかをわたしに語るなら，これこ
れのことを理解したとかしないとか，これこれのことを愛
しているとかいないとか述べるなら，わたしはこうした言
明を信じるのである。しかし，ある人が人間霊魂の種的な
いし類的本質について真理を述べるなら，わたしはこうし
た言明を認めるのである。それゆえ，明らかなことだが，
自分自身のうちに，他人が見ることはできないが言葉を通
じて信じることができるものを見ることと，他人も観想で
きるようなものを真理そのものにおいて見ることは別の事
柄である」[155]。以上が，マーストンが引用するアウグスティ

---

155) « Sed cum se ipsam nouit humana mens et amat se ipsam,
non aliquid incommutabile nouit et amat. Aliterque unusquisque homo
loquendo enuntiat mentem suam quid in se ipso agatur attendens; aliter
autem humanam mentem speciali aut generali cognitione definit. Itaque
cum mihi de sua propria loquitur, utrum intellegat hoc aut illud an
non intellegat, et utrum uelit an nolit hoc aut illud, credo; cum uero de
humana specialiter aut generaliter uerum dicit, agnosco et approbo. Unde
manifestum est aliud unumquemque uidere in se quod sibi alius dicenti
credat, non tamen uideat; aliud autem in ipsa ueritate quod alius quoque
possit intueri (...) » (*De Trinitate*, IX, 6, 9 ; p. 301, l. 1-11 ; trad., p. 91-

ヌスの一節であり，ここでアウグスティヌスは，霊魂の自己認識について個別的認識と普遍的認識を区別している。次に以下で示すのは，マーストンの説く概念の教えとアウグスティヌスの照明説は調和できることを証拠づけるようなアウグスティヌスのテキストである。「第一の認識——個別的認識——の対象は時間のうちで生起するものであるのに対し，第二の認識——普遍的認識——の対象は永遠不変に自存するものである。なぜなら，われわれが人間霊魂の種的ないし類的な認識を得るのは，肉眼で多くの霊魂を見，似たような特徴を総合することによってではないからである[156]。しかし，人間は不可侵の真理の直観を有しており，こうした直観に基づいて，これこれの人間の霊魂はいかなるものかではなく，霊魂は永遠の理念に即していかなるものであるべきかをできるだけ完全に定義するのである」[157]。

3.3.3.2　解釈　私がここまで従ってきたジルソンの解釈は，次のことを前提としている。すなわち，マーストンは照明説のおかげで，神は霊魂の自己認識の形相そのもの

93）．

156）　アウグスティヌスのこの箇所を読めば，自己認識のプロセスにおいて感覚的なものに訴える必要がないことは分かるが，少なくともここでは概念に関する積極的な理論は何一つ明らかになっていない。マーストンは，自分の教えがアウグスティヌスの教えを追い越している点を発見したり，霊魂の能動性に基づく，概念の新しい教えを提案したり，こうした教えはアウグスティヌスの真の意図に一致すると主張したりしているが，本当に不手際なく行えているのだろうか。

157）　« (…) quorum alterum mutari per tempora, alterum incommutabili aeternitate consistere. Neque enim oculis corporeis multas mentes uidendo per similitudinem colligimus generalem uel specialem humanam mentis humanae notitiam, sed intuemur inuiolabilem ueritatem ex qua perfecte quantum possumus definiamus non qualis sit uniuscuiusque hominis mens, sed qualis esse sempiternis rationibus debeat »（*De Trinitate*, IX, 6, 9 ; p. 301, l. 12-17 ; trad., p. 92）．

3 マーストンの教え

を直接生み出すと述べることができた。すなわち，霊魂が
自分自身を認識するのは霊魂そのものを通じてだが，その
普遍的な表現は神が永遠の原理にしたがって霊魂のうちに
注ぎ入れるものと同じなのである。しかし，マーストンの
教えには非常に極端な狙いがあったのではないかと疑うこ
ともできる。このことは，トマスが採用した見解と簡単に
比べるだけで明らかになる。トマスはアウグスティヌスの
テキストを，マーストンの述べる意味とはかなり異なる意
味で解釈している。トマスにとって，自分自身に関する判
断の真理は，人間精神が永遠の原理という不変の真理を分
有し，第一原理が自ずから人間精神に明らかになること
で保証される[158]。トマスは，人間知性における神の光の照
明が直接認識をもたらすという考え方に常に反対してい
た。照明が人間の認識に必要な条件であるのは，知性に存
在を与え，知性を認識の働きのうちに保つからである。さ
らに，永遠の光の分有である能動知性の照明は知性認識に
とって十分な条件ではなく，それというのも可感的対象も
必要になるからである[159]。「この場合，人間霊魂はすべて
のものを永遠の理念において認識すると言わねばならな
い。人間は永遠の理念を分有することではじめてすべての
ものを認識できる。なぜなら，人間のうちにある知性の光
は，永遠の理念を包摂する造られざる光の分有に他ならな
いからである。……しかし，質料的事物を認識するために
は，知性の光に加えて，こうした事物から引き出した可知
的形象も必要である。プラトン主義者はイデアの分有だけ
で十分だと考えたが，事物の永遠の理念の分有だけでは十
分ではないのである。……アウグスティヌスは，『すべて
のものは永遠の理念ないし不変の真理において認識され

---

158) Cf. *De veritate*, 10, 8.

159) Cf. par exemple *De spir. creat*., q.un, a.10 ad8.

302 第3章 ロジャー・マーストン

る』と述べるとき，人間は永遠の理念そのものを見ると理
解していたわけではなかった」[160]。それゆえ，トマスとマー

---

160) « Cum ergo quaeritur, utrum anima humana in rationibus
aeternis omnia cognoscat; dicendum est quod aliquid in aliquo dicitur
cognosci dupliciter. Uno modo sicut in obiecto cognito, sicut aliquis videt
in speculo ea quorum imagines in speculo resultant; et hoc modo anima
in statu praesentis vitae non potest videre omnia in rationibus aeternis;
sed sic in rationibus aeternis cognoscunt omnia beati, qui Deum vident,
et omnia in ipso. Alio modo dicitur aliquid cognosci in aliquo sicut in
cognitionis principio; sicut si dicamus quod in sole videntur ea quae
videntur per solem. Et sic necesse est dicere quod anima humana omnia
cognoscat in rationibus aeternis, per quarum participationem omnia
cognoscimus. Ipsum enim lumen intellectuale, quod est in nobis, nihil
est aliud quam quaedam participata similitudo luminis increati, in quo
continentur rationes aeternae. (...) Quia tamen praeter lumen intellectuale
in nobis exiguntur species intelligibiles a rebus acceptae ad scientiam
de rebus materialibus habendam; ideo non per solam participationem
rationum aeternarum de rebus materialibus notitiam habemus, sicut
platonici posuerunt quod sola idearum participatio sufficit ad scientiam
habendam. (...) Quod autem Augustinus non sic intellexerit, omnia
cognosci in rationibus aeternis, vel in incommutabili veritate, quasi ipsae
rationes aeternae videantur (...) » 〔それゆえ，人間霊魂はすべてのもの
を永遠の理念のうちで認識するかどうかが問われる。答えて次のよう
に言うべきである。あるものがあるものにおいて認識されると言われ
るのに二つの仕方がある。一つは，ちょうど鏡に映った像の本体を鏡
のうちに見ると言われる場合のように，あるものが認識された対象の
うちにある場合である。霊魂は，現在の生の状態では，こうした仕方
ですべてのものを永遠の理念のうちで見ることはできない。こうした
仕方ですべてのものを永遠の理念のうちで認識しているのはむしろ至
福者たちであり，至福者たちは神を見，神のうちですべてのものを見
ているのである。あるものがあるものにおいて認識されるもう一つの
方法は，あるものが認識の根源のうちにある場合である。ちょうど
太陽によって見られるものは太陽において見られると言う場合のよう
に。……〕（ST, 1a q.84 a.5）.「トマス思想では，質料的対象——その
本質は可知的形相を通じて決定されている——と人間知性——それ自
体身体の形相である——は厳密な対応関係にある。知性は感覚の働き
を通じてこうした対象と関わり，対象から真に可知的なものを抽象し，

3 マーストンの教え 303

ストンはアウグスティヌスの同じテキストを解説している
とはいえ，両者の解釈の違いを理解するためには，トマス
において，一方で人間の認識は質料的なものに根ざしてい
ることを，他方で能動知性は神の光の自然本性的な分有で
あることを指摘するだけでよい。すなわちトマスによれ
ば，人間知性が分有する永遠の理念は，人間精神にとって
まさしく認識の条件だが，遠因でしかなく，直接的な原因
は能動知性の自然本性的な照明と，複合体である人間の感
覚的経験だった。というのも，感覚的経験は，第一原理の
認識を含めたあらゆる認識に最初の内容をもたらす，認識
の構成要素に他ならないからである。

対してマーストンは，アウグスティヌスの照明説の根本
的な方向性を維持しつつも[161]，極端な見解――不変の原理
を通じた照明は形式だけでなく，あらゆる真の認識の内容
ももたらすと考えるような[162]――を避けようとしている。

可知的なものを真の判断において第一原理の光の下で活用する」（E.
GILSON, *Sur quelques difficultés de l'illumination augustinienne* (1934),
p. 325)。

161) Cf. G. BONAFEDE, *Il problema del "lumen" in frate
Ruggero di Marston* (1939), p. 30.

162) しかしこれは，Gilson がアウグスティヌスの照明説に
与えようとしていた意味である――cf. E. GILSON, *Roger Marston*
(1933), p. 37-42 ; E. GILSON, *Sur quelques difficultés de l'illumination
augustinienne* (1934), p. 321-331。もっとも，このマーストンの批判
と同じ批判は，すでに中世においてアウグスティヌスの照明説に向
けられていた――cf. G. BONAFEDE, *Il problema del "lumen" in frate
Ruggero di Marston* (1939), p. 17-19。Bonafede は，いかにして多くの
人々がこの照明説を，認識の働きを超自然的な助けに依存させるもの
と見なしていたかを説明している。最後に，この照明の問題こそは，
多くの歴史家が注目し，神と同一視される能動知性の働きと人間の可
能知性の働きの関係を明確に述べようとしてきたものである。「判断
の確実性が，究極的なものについて神の光が照らす明証性に本質的に
基づくとしても，霊魂がこうした確実性の最初の原理であることに変
わりはない」（M. DE WULF, *Histoire de la philosophie médiévale*, t. II

第3章　ロジャー・マーストン

神の光は，知性が何かを認識する，例えば感覚的認識が知
性にデータを提示する場合にだけ明らかになる[163]。このよ
うなわけで，神の光と知性は真に共働するのである[164]。こ
の明確な点について述べれば，ジルソンが示唆したことと

(1925), p. 140）。Cf. S. BELMOND, *La théorie de la connaissance d'après
Roger Marston* (1934), p. 161-168 ; G. BONAFEDE, *Il problema del
"lumen" in frate Ruggero di Marston* (1939), p. 16-30 ; F. COPLESTON,
Hitoire de la philosophie, t. II, *La philosophie médiévale* (1964), p. 474-
475.

[163]　« Ad nonum concedo quod omnis veritas creata in luce aeterna
cernitur sicut omnis color in lumine corporali; nec tamen obiective et
ut movens intellectum videtur lux increata (...). Ipsa enim lux increata,
quamvis sit praesens intellectui ut ostendens alia, non tamen est informans
et movens intellectum ad cognoscendum se ipsam (...) »〔第九について
は，次のように言わねばならない。ちょうど色が物体的な光において
見分けられるように，あらゆる被造的真理は永遠の光のうちで見分け
られる。しかし，造られざる光は，対象でも，知性を動かすものでも
ないと思われる……。というのも，造られざる光そのものは，他のも
のを明らかにするものとして知性に現前していても，知性が自分自身
を認識するために，知性を形成したり動かしたりするものではないか
らである〕（*Quaest. disp. De anima*, q. III, ad9 ; p. 266-267）．このよう
なわけで，事物を真に認識するためには表象像が必要である。「精神
に現前するこうした神の光のうちで，人間はあらゆるものを認識する
と言える。認識はみな神の光の助けがあってこそ生じるのだが，途
上にある人間の具体的な認識の働きは，神の光や，すべてのものがそ
のうちで造られた永遠の理念の他に，経験をもたらす感覚的影響や認
識の素材がなければ生じえない——このことは検討すべきもう一つの
基本的側面である。実際，哲学者によれば経験に由来する可感的形象
から，アヴィセンナによれば分離した能動知性や神に由来する可知
的形象から，何らかの仕方で唯一の形象が形成されるのである」（G.
BONAFEDE, *Il problema del "lumen" in frate Ruggero di Marston* (1939),
p. 26）。

[164]　« Non enim ponimus quod tota operatio intellectus sit a Deo,
sed etiam ipsa anima cooperatur, ut saepius dictum est »〔しばしば述べ
たように，知性の働きはことごとく神に由来するのではなく，霊魂そ
のものも共働すると言わねばならない〕（*Quaest. disp. De anima*, q. III,
ad25 ; p. 272）．

3 マーストンの教え

は反対に，マーストンの思想はトマス思想とほとんど変わるところがないと言えるだろう。

しかし，他の点では違いもある。第一の違いは，マーストンが理解するようなアウグスティヌスの照明は，神と同一の光に直接由来するものであって，人間霊魂の一部分である能動知性に由来するものではないことである。アリストテレスのように能動知性について論じたいというなら，能動知性をアヴィセンナ的な意味で解釈し，能動知性は神そのものであると述べるしかないだろう[165]。したがって，マーストンのすべての努力は次のことを示すことにあった。すなわち，一方で人間の認識の働きを照明する光は神そのものであり，他方で人間におけるこうした光の存在は自然本性的で，いかなる超自然的な恩恵に訴える必要もない[166]。それゆえ，マーストンはトマスとは反対に，神の光

---

165) Cf. S. BELMOND, *La théorie de la connaissance d'après Roger Marston* (1934), p. 163-168 ; G. BONAFEDE, *Il problema del "lumen" in frate Ruggero di Marston* (1939), p. 21-22.

166) 「マーストンは，これとは異なる，何らかの神の光の影響が人間のうちにあることを否定する。その理由は，一つはアウグスティヌスの教えに忠実に従おうとしたからであり，もう一つはこうした影響は何らかの被造的なものなので，人間の認識の絶対性と客観性を保証できないと考えたからである。それゆえマーストンは，神の側から見て，光と神的真理を神と同一視しようとしたのである。他方でマーストンは，事物を永遠の理念のうちで見ることを否定する人々が神の現前を超自然的な恩恵と見なすような態度も避けようとし，こうした現前は自然本性的で，万人に共通であり——ある意味で神の意志を反映しているが，万人に伝えられた賜物でもある——，人間霊魂のうちに消し去ることのできない仕方で刻まれた刻印であると主張する。指輪のうちにある像は指輪のうちにあり続けながら蝋に刻まれるが，それと同じように神の光は神のうちにとどまりながら人間霊魂を形成する。実際，神は人間のうちに本質ではなく力を通じて存在しており，われわれに受動的影響を伝え，他のものを認識するよう霊魂を導く。この受動的影響は霊魂の照明において神が行使する能動的影響を反映し，それに一致するかぎりで，認識を可能にしている」（G.

の自然本性的な媒介である能動知性を取り上げずに済ませている。

第二の違いは，マーストンが感覚的経験の役割を制限し，霊魂をあらゆる経験的な要素から守っている点にある。この意味で，真にして必然的な認識の「素材」は，自らのあらゆる認識の内容を生み出す知性そのものによってもたらされる。このことは，対象そのものが精神の内部にある自己認識の場合にいっそう明らかとなる。マーストンによれば，自己認識では，照明は理性的認識と両立する。すなわち，内部のものによる推論的認識は上級のものによる認識と密接に結びついており，両者は切り離せない関係にある。それゆえ，概念形成のプロセスを本質的に支えているのは照明の働きなのである。このようなわけで，自己認識は，もし自己完結的なものであるなら，マーストンが理解するようなアウグスティヌス主義にとってはいかなる意味もなくなるだろうし，もし神の照明から切り離して考えるなら，「いかなる必然性も備えない」[167]認識になるだろう。

3.3.3.3 結論 こうして，マーストンがトマスに対して様々に反対していることが明らかになった。マーストンは，厳密にアウグスティヌス的な意味での照明説の価値を保つと同時に，アリストテレス主義者が誤って可感的なものと単なる抽象のプロセスに認めたあらゆる堅固さと必然性に徹底的に反対した[168]。ボナヴェントゥラと，それに続

BONAFEDE, *Il problema del "lumen" in frate Ruggero di Marston* (1939), p. 26)。

167) E. GILSON, *Sur quelques difficultés de l'illumination augustinienne* (1934), p. 328, n.5.

168) 「例えば，ボナヴェントゥラは『説教』 ――S. BONAVENTURE, *Sermo*, dans *Anecdota*, pp. 75-77――の中で，真理の条件は被造的なもののうちにはなく――造られたものはみな可変的だから――，被造知性のうちにもない――『こうした光は被造知性の

3 マーストンの教え

くジョン・ペッカム，アクアスパルタのマテウス，オリヴィ，今問題にしているマーストンは，実に様々な仕方で[169]，「知性は事物そのものから抽象を通じて，事物が含む以上のもの，すなわち必然性や真理といったものを引き出してくることは絶対にできないこと」[170]を明らかにしようとした。こうして，マーストンはトマスの教えに対し，二次的原因の力を別様に考えることで反対しようとした。すなわち，神の照明，あるいは上級のものによる認識は，被造物に対する神の一般的影響だけと同一視できるものではなく，神による存在の保持に還元できるものでもない。したがって，神の存在は人間知性が分有によって自分自身のうちに見出せるような自立性を備えており，こうした自立性は認識の働きとその必然性の十分な原因である。マーストンによれば，照明は，絶対に真であり，不変的で普遍的で必然的な真理に到達できるあらゆる認識に必要な保証である[171]。なぜなら，神は存在の原因であると同時に，部

光ではない』と言われているように，認識の確実性は知性の本性を超えているから――ことを明らかにしている。そして，このことから，『それゆえ人間は，永遠の御言の光に訴えず，被造知性の光だけを頼りにするのでは，いかなる事物も確実には認識できない』と結論づけている。同じ観点はアクアスパルタのマテウス――MATTHIEU D'AQUASPARTA, *Quaest. de fide et cognitione*, éd. cit., pp. 255-258――も採用している」（E. GILSON, *Sur quelques difficultés de l'illumination augustinienne* (1934), p. 328, n.6）。

169）Cf. par exemple F. PREZIOSO, *Matteo d'Acquasparta e Ruggiero Marston* (1950), p. 259-326.

170）E. GILSON, *Sur quelques difficultés de l'illumination augustinienne* (1934), p. 328.

171）« Sciendum est quod in cognitione propositionum immutabilium aliquid est quasi materiale, apprehensio scilicet extremorum, puta totius et partis, et hoc est phantasmatibus vel speciebus, quae sunt in memoria intellectuali; aliud est formale, videlicet veritatis infallibilis evidentia, quae ex hoc habetur completive quod rationes aeternae aliqualiter attinguntur. Igitur talia incommutabilia convenit

308 第3章 ロジャー・マーストン

分的であるとはいえ認識の直接的原因だからである。

　この結論は自己認識にはよりいっそう妥当する。内部
のものを通じた自己認識が個別的意識という単なる偶然
性を超え出て，絶対的真理に到達するためには，上級の
ものに基づく自己認識と結合する必要がある。こうして，
マーストンはアウグスティヌスの照明説を回復すると同時
に，感覚的次元に訴えることをことごとく退けることがで
きた。自己の何性の認識は，「内部のものによる」と同時
に「上級のものによっている」[172]。それゆえ，自己認識を
このように考えることは，絶対的真理の照明に支えられた
真の「能動主義」を主張することである。したがって，霊
魂はある意味で能動的だが，別の意味では受動的なものに
なる。すなわち，形象や概念の産出においては能動的だ
が，神の照明に対しては受動的なのである[173]。マーストン

---

considerare vel secundum quod repraesentantur in speciebus vel secundum
quod repraesentantur in rationibus aeternis. Primo modo sunt mutabiles,
sicut anima, secundo modo sunt immutabiles » 〔不変の命題を認識する
場合には，あるものはほとんど質料的なものとして役立つ。すなわち，
知的記憶のうちにある表象像や形象に基づいて全体や部分といった名
辞の意味を理解するのがこれにあたる。他のものは形相的なものとし
て役立つ。すなわち，真理の誤りえない明証がこれにあたるが，こう
した明証は何らかの仕方で永遠の理念に到達することで完全に所有さ
れるのである。それゆえ，こうした不変の命題は，形象において理解
される場合と，永遠の理念において理解される場合とに分けて考察で
きる。前者の場合，霊魂を例にとれば分かるように可変的であり，後
者の場合は不変的である〕〔*Quaest. disp. De anima*, q. III ; p. 262〕．

　172）　Cf. S. BELMOND, *La théorie de la connaissance d'après
Roger Marston* (1934), p. 162.

　173）　Cf. F. PREZIOSO, *Matteo d'Acquasparta e Ruggiero Marston*
(1950), p. 304, n.1.「しかし，次のことは指摘に値する。すなわち，
マーストンの考えでは，理性の非受動性は全体として認識の最初
の段階を述べたものであり，理性は後に神に対して受動的なものに
なる。というのも，理性は認識を完成させる概念を自分自身だけに
よっては獲得できないからである」(S. BELMOND, *La théorie de la*

は，ボナヴェントゥラやアクアスパルタのマテウスが格闘したのと同じ問題に取り組んでいるが，アウグスティヌスの照明説を維持することと，一方で自然的な次元での懐疑主義と，他方で信仰主義を避けることの間で揺れ動きつつ，「この問題を，照明は人間知性と切り離せない共通の影響だが，超自然的なものではないと述べることで解消した」[174]。自己認識，すなわち可感的なものにまったく依拠しないほど内的で，上級のものに基づく認識に支えられた認識は，厳密な意味でのアリストテレス哲学を超え出る様子が特に顕著に確認できる事例と言えるだろう[175]。

3.4　あらゆる何性の認識における形象の必要性

考えられる三つの起源にしたがった人間の認識，すなわち外部のものによる認識，内部のものによる認識，上級のものに基づく認識を明確に規定した後では，最初の問題を答えることに立ち戻り，提起した問題を解決することは容

---

connaissance d'après Roger Marston (1934), p. 168）。

174）E. GILSON, Sur quelques difficultés de l'illumination augustinienne (1934), p. 330, n.7. しかし，Gilson は自分の解釈を議論に値するものとして再検討している。「残すところ，このような場合には，自然的真理を基礎づけるために，その起源と本性を維持した超自然的働きが必要になる。……神は人間の身体のうちに人間霊魂を注いだように，絶えず人間のうちに真理を注ぎ込んでいる。要するに，真なる認識はその全体が自然本性だけに由来するものではないのである」（Ibid.）。こうして，次のような結論になる。「真なる認識の究極的根拠は，哲学ではなく神学の次元に見出せる」（E. GILSON, Sur quelques difficultés de l'illumination augustinienne (1934), p. 330）。

175）照明というこの難しい問題を先に進めるために，ボナヴェントゥラ以後の思想家について論じている次の Gilson の言葉を分析，延長し，様々な哲学者に応じて微妙な差異を付け加える必要があろう。しかし，この言葉をマーストンに適用することは可能だと思われる。「こうした思想家たちは，認識論のすべての重点を，知性と事物の関係から知性と神の関係に移した」（E. GILSON, Sur quelques difficultés de l'illumination augustinienne (1934), p. 330）。

易だろう。すなわち，霊魂が自分自身を認識するのは，自分自身を通じてか，それとも形象を通じてか。マーストンはこの問題に最終的な解答を与えるために，考えられる三つの起源にしたがった人間の認識を検討し，これら三つの認識はどれも形象を必要とすることを明らかにしている。こうした形象は問題となる認識に応じて異なる。認識の起源が外部のものの場合，形象は「抽象されたもの」であり，内部のものの場合，「集められたもの」であり，上級のものの場合，「抱かれたもの」となる。

　ここで，第一の場合，すなわち「抽象された」形象――こうした形象を介して知性は外部のものを認識する――の場合は度外視できる。なぜなら，一方でマーストンはこうした抽象の問題について第2問で本格的に論じているからであり[176]，他方で今問題となっているのは自己認識であって外部のものの認識ではないからである[177]。

　内部のものによる認識は形象の現前を必要とするが，こうした形象は抽象的であることに加えて，「集められたもの」でもある。マーストンの理解によれば，あらゆる形象の場合と同じく，霊魂こそが形象を自分自身のうちに生み出すのだが，自分が意識する働きに基づいてそうするのである。霊魂は，こうした働きに基づいて，認識対象である霊的なものの本性や何性を集める。霊魂は，自分が観察した多くの働きをきっかけとして，自分で自分自身のうちに形象を生み出す。霊魂が知覚する多くの働きは，霊魂に

---

　176)　« De hoc tamen prolixius tractabitur inferius (...) »〔しかし，このことについては，もっと後で詳しく論じるつもりである〕（Quaest. disp. De anima, q. I ; p. 219）.

　177)　« De isto modo acquirendi speciem nihil ad praesens, quia nunc non quaeritur nisi de cognitione rerum mere spiritualium »〔こうした仕方で形象を得る方法については，さしあたり論じない。というのも，今は純粋に霊的なものを認識する方法を問題にしているからである〕（Quaest. disp. De anima, q. I ; p. 219-220）.

3 マーストンの教え

とって，「集められた」形象——こうした形象のおかげで
霊魂は認識対象である霊的なものの本性を捉えることがで
きる——を生み出す機会と言えるかもしれない。こうし
た形象は，知性の内部で生み出されると，真の概念にな
る。マーストンは，不節制に関するアウグスティヌスの教
えを延長して，引用しながら次のように書いている。「不
節制とは何かを定義することは，不節制に関する言葉を生
み出すことである。なぜなら，わたしはまず不節制が存在
する事実を理解し——経験に相当する——，次に働きに基
づいて不節制の何性を『集め』——形象の産出に相当する
——，最後に自分の精神のうちにこうした何性を得て，節
制を認識する言葉を生み出すからである」[178]。経験，「集め
られた」形象の形成，言葉の産出は，あらゆる霊的なもの
をはっきり認識するための不可欠な三つの段階であり，そ
れゆえあらゆる自己認識——一方で経験に，他方で推論に
基づく——に不可欠な段階でもある。したがって，内部の
ものによる自己認識も「集められた形象」と呼ばれる形象
を必要とするが，こうした形象の存在はそれだけで，霊魂
がその本質を通じて自分自身を認識するわけでないことを
十分に示していると言えよう。

最後に，照明を通じた上級のものに基づく認識を検討し
よう。精神は，こうした光を観想すると，「抱かれた」形
象と呼ばれる形象を生み出す。実際，「われわれはこの永
遠の真理——これにしたがって時間的なものはみな創造さ
れた——において，霊魂のまなざしでもって，われわれの
存在の範型となる形相，われわれが真で正しい理由にした

---

178) « "(...) Definire", inquit, "quid sit intemperantia, et hoc est
verbum eius; prius namque apprehendo de intemperantia quod est, et
deinde ipsius quidditatem ex actibus colligo et hoc est verbum quo
intemperantiam cognosco, cum ipsius quidditatem in mente mea primitus
acquiro" » (*Quaest. disp. De anima*, q. I ; p. 220).

がって自分自身と身体において行うすべての事柄の範型と
なる形相を見る。この永遠の真理のおかげで，われわれは
自分自身のうちに事物の真なる認識を得るが，こうした認
識はわれわれが事物について内的に語ることで生み出す
言葉のようなものである」[179]。これこそ，知性が永遠の光
——人間を知恵へと導く——に基づいて抱く形象である。
精神は，こうした可知的理念に到達すれば，「そこにとど
まることはできず，あまりのまぶしさにそこから追い出さ
れる。こうして，人間は移ろいゆかないものに関する一時
的な観念を得る。しかしこうした観念は，霊魂を教導する
教えを通じて繰り返されると，記憶の中に入る。それゆ
え，一時的な観念は戻ってくる場所を得ることになる」[180]。

　マーストンがこうした議論と回り道から引き出す結論は
数語にまとめられる。実在を認識する方法は三つあるとし
ても，人間精神が自分自身や完全に霊的な何らかのものを
認識する際に役立つのは，そのうちの二つだけである。精
神が今述べたことを行えるのは，こうした実在を明らかに
する働きそのものを検討したり，こうした実在について真

---

179)　« "In illa", inquit, "aeterna veritate ex qua temporalia facta
sunt omnia, formam, secundum quam sumus et secundum quam vel in
nobis vel in corporibus vera et recta ratione aliquid operamur, visu mentis
aspicimus atque inde conceptam rerum veracem notitiam tamquam
verbum apud nos habemus et dicendo intus gignimus" » （*Quaest. disp. De
anima*, q. I ; p. 220）——この箇所は AUGUSTIN, *De Trinitate*, IX, 7,
12 ; trad., p. 97 を引用している。

180)　« De ista etiam specie, quae a luce aeterna per intellectum
concipitur, dicit idem Augustinus, <*De*> *Trinitate* XII, c.14. Loquens enim
de regulis aeternis ait : Cum pervenerit mens ad eas "quantum fieri potest,
non in eis manet ipse perventor, sed, veluti acie ipsa reverberata repellitur,
et fit rei non transitoriae transitoria cogitatio; quae tamen cogitatio,
transiens per disciplinas quibus eruditur animus, memoriae commendatur,
ut sit quo redire possit quae cogitur inde transire" » （*Quaest. disp. De
anima*, q. I ; p. 220-221）.

で確実な認識をもたらしてくれる永遠の光や理念を観想することによってである。このいずれの場合でも，霊魂が完全に霊的なものや自分自身を認識できるのは，霊魂とは異なる形象を通じてである[181]。こうして，直接的なものを含むどんな形態の自己認識も形象の存在を前提としていることが分かる[182]。

4　結　論

たとえ大まかにではあれ，13世紀末の様々な思想の中でマーストンの思想が果たした役割を見定めることは難しい。というのも，マーストンの著作は，散発的に取り上げられることはあっても，中世哲学の歴史家の関心を引くことはほとんどなかったし，今のところはいかなる総合的研究も行われていないからである[183]。しかし，マーストンの

181）« Sic igitur patet quo modo mens dupliciter acquirit speciem qua cognoscit res mere spirituales et se ipsam : vel negotiando circa ipsos actus talium rerum vel inspiciendo regulas et lucem aeternam et ex eis concipiendo rerum veracem notitiam. Concedo igitur quod res mere spirituales non possunt cognosci ab anima nisi per speciem aliquam a se differentem » (*Quaest. disp. De anima*, q. I ; p. 221).

182）しかしながら，この結論は，その根拠づけがあまりに簡単すぎるので，マーストンの他のテキストを参照してはじめて理解できると思われる。また，ここには驚くに値する点がある。すなわち，トマスに対する批判は，厳密で，論理的で，正確であるのに対し，建設的な部分——マーストンの教えを説明し，自己認識は決して直接的なものではないことを明らかにすることで形象の無条件的な必要性を主張している箇所——では，その論証は当を得ていても，もっぱらアウグスティヌスの権威に依拠しているだけなのである。マーストンのやり方は，論争を避けようとしているとしても，ここではアウグスティヌスのテキストを反トマス的に解釈しているだけだと言わざるをえない。

183）「マーストンの定期討論集が1932年に出版されて以来，イ

占める思想史的位置はほとんど重要なものではないと思われていたとしても，この事実状況は思想史の埋めるべき空白に由来しているのか，それともマーストンは本当に，当時，またすぐ後に続く人々にとって特別な位置を占めていなかったのか，この問題について簡単に判断を下すことはできない。ベリュベ神父は，第二の方向性にしたがって，すなわちマーストンは思想史において特別な位置を占めていなかったと考えて，個物認識に関するマーストンの考えを簡単に指摘している。「マーストンは，個物認識の歴史においても，フランシスコ会の思想史においても，重要な道標ではなかった。マーストンは，専門用語を曖昧に使い，アウグスティヌス主義とアリストテレス主義を様々に混合している。マーストンの立場は，アクアスパルタのマテウスに似ていることもあれば，オリヴィにも似ていることもある」[184]。

定期討論集『霊魂について』の第1問をざっと見れば，あまりにもラディカルなこの判断は様々な点で誤っており，マーストンの思想を研究すればもっと多くの利益を得られることが分かるだろう。実際，マーストンの教えには，肯定的側面と批判的側面にしたがった二つの利点があ

ギリスのフランシスコ会士にしてジョン・ペッカムの弟子であるこのマーストンは，中世哲学の歴史家の間でときどき関心の的になるだけだった。管見によれば，マーストンのテキストが公刊されてから現れた論文の中で，独創的なものは一つだけであり，マーストンの認識論を論じたものだった。1932年以降に出版されたほとんどの『哲学史』は，マーストンの認識論を，ほとんどそれだけを集中的に論じている」（ETZKORN, *The Grades of the Forms According to Roger Marston OFM* (1962), p. 418)。

184) C. BÉRUBÉ, *La connaissance de l'individuel* (1964), p. 106. 別の見方については次を参照。「アウグスティヌスとボナヴェントゥラの権威や，大司教ペッカム，ギョーム・ド・ラ・マール，ロジャー・マーストンの影響は，いわゆる伝統主義者にとって大きな支えとなったに違いない」（F. ROENSCH, *Early Thomistic School* (1964), p. 17)。

4 結論

る。一方で，マーストンは自己認識の教えを構築すること
に長けており，その教えはボナヴェントゥラ以後のアウグ
スティヌス主義に従いながらも，同時代のフランシスコ
会士の諸見解とははっきりと異なるものである。他方で，
『霊魂について』第1問は歴史的に見て第一級の価値があ
る資料であり，それというのも反トマス主義の思想を含ん
でおり，トマスのテキストそのものを入念に詳しく分析し
ているからである。こうした構造，すなわち肯定的で構築
的な側面と否定的で批判的な側面という二つの基本軸を
持つ構造のおかげで[185]，マーストンのテキストは豊かなも
の，あるいは少なくとも独創的なものになっているのであ
る。

　構築的側面から検討を始めるなら，マーストンの思想は
明らかに急進的なアウグスティヌス主義の方向性に属して
おり，自己認識の分析では，形象を媒介とした霊魂の直接
的自己認識という現実を基礎づけようとしている。微妙な
差異はあるもののこの意味で，マーストンはボナヴェン
トゥラ以後の同じ学問的方向性――アクアスパルタのマテ
ウスやオリヴィはその優れた代表者だった――に属してい
ると断言できる。しかし，この学派は霊感の面では一致し
ていても，すべての構成員が同じ見解を主張していたわけ
ではない。このようなわけで，ある研究者が指摘したよう
に[186]，マーストンはいくつかの点で，特に自己認識の教え
に関して，アクアスパルタのマテウスから距離をとってい
る。

　マーストンは，マテウスが注意深く明らかにしたことと
は反対に，霊魂の自己認識は先行する感覚的働きが引き起

　185）　Cf. F. PREZIOSO, *Matteo d'Acquasparta e Ruggiero Marston*
(1950), p. 284.

　186）　F. PREZIOSO, *Matteo d'Acquasparta e Ruggiero Marston*
(1950), p. 259-326.

こすものではないと考えた。実際，マテウスによれば，自己の直接的認識の働き——その最初の要素は必ず経験的なものである——は，霊魂が自分自身を直接見るための可能条件だった。たとえ自己認識を実際に引き起こすのは感覚の働きではないとしても，感覚的働きはやはり不可欠な遠因なのである。対して，マーストンによれば，自己認識は厳密な意味で内的なものであって，何性の認識であってもそうである。なぜなら，自己の何性の認識は霊魂の働きに基づく推論を通じて生じるからである。確かに，霊魂のこうした働きは感覚的働きも含むのだが，自己認識自体は完全に内的なものにとどまる。このことは，次のことを考え合わせれば，簡単に理解できるだろう。すなわち，マーストンによれば，マテウスとは違い，質料的事物はいかなる認識の素材も霊魂にもたらさないのである[187]。したがって，マーストンにとって，内部のものによる自己認識がマテウスの考えていた以上に完全な仕方で霊魂に内在するものだったことは間違いない。

さらにマーストンは，照明説に訴えることで，完全に内的な自己認識を強化している。すなわち，いかなるものであれ内部のものによる何性の認識は，同時に上級のものである神の光による認識であり，この神の光が霊魂に真理への必然的な衝動を与えるのである。霊魂は，神そのものに照らされると，自分自身を確実で誤りえない仕方で認識する。なぜなら，自分自身を永遠の原理という不変の真理の

---

187) 「実際マーストンは，認識主体における過度の受動性や受容性という性格を克服しようとして，認識主体に，いわば認識の形象を作り出せる能動的な力を与えた……。対してアクアスパルタは……次のように主張している。主体は，志向的形象の発生において，対象が人間の感覚器官に刻み込んだ形象を，自分自身に一致させ，自分の実体において変容させ，こうした形象に自分自身の形相を与える」(F. PREZIOSO, *Matteo d'Acquasparta e Ruggiero Marston* (1950), p. 308-309)。

4 結論

うちで見るからである。マテウスは，照明というこの考え方をマーストンや同じ学派の多くの教師と共有しているが[188]，照明説が自己認識において果たす役割を強調することはなかった。対してマーストンは，自己認識がその目標である真理にしたがって完成するには，永遠の原理という真理にまで遡る必要があることを強く主張したのである。

しかし，第三の点について言えば，マーストンはあらゆる認識——直接的な自己認識であっても——において形象の存在が不可欠であると考えるかぎりで，マテウスの考え方に合流している。実際，マーストンはオリヴィやガンのヘンリクスに倣って，アウグスティヌスの『三位一体論』を無条件的でラディカルな意味にしたがって解釈したと予想する人もいるかもしれない。すなわちマーストンは，霊魂はどんな形象も使わずに自分自身を自分の本質を通じて認識すると主張したのではないかと疑う人はたくさんいるだろう。しかし，事実はまったく異なるのであり，マーストンはこの問題についてきわめて明確に答えている。このことは，ある異論解答を読めば，別の角度からも分かる。

実際，ある異論が『三位一体論』に拠りつつ示唆するところでは，霊魂は自分自身を霊魂そのものを通じて，すなわち霊魂の本質を通じて，形象を介さずに認識する。アウグスティヌスは次のように書いていないだろうか。「霊魂は物体的なものに関する認識を身体的感覚を使って集めるが，それと同じように非物体的なものに関する認識を自分自身を通じて集める」ので，「自分自身についても非物体的なものである自分自身を通じて認識する」[189]。マースト

---

188) Cf. S. MARRONE, *Matthew of Aquasparta* (1983), p. 257-271.

189) « Mens ergo ipsa sicut corporearum rerum notitias per sensus corporis colligit sic incorporearum per semetipsam. Ergo et se ipsam per se ipsam nouit quoniam est incorporea » 〈*De Trinitate*, IX, 3, 3 ; p. 296,

ンは，アウグスティヌスのこのテキストを文字通りに解釈し，人間霊魂は自分自身を本質を通じて認識すると主張できたかもしれない。しかし，事実はまったく異なるのであり，それというのも反対にマーストンは，どんな認識でも形象は絶対に必要だと述べているからである。こうして，マーストンは，マテウスと同じく，独自の立場を明らかにしている。すなわち，マーストンはボナヴェントゥラ以後のアウグスティヌス主義者たちとは違って，自己認識の十分条件としての霊魂の自己現前の絶対的優位をまったくもって受け入れず，同時にトマスにも反対して，形象が感覚的経験に由来することも認めていなかった。それゆえマーストンは，彼の言う「哲学を好む神学者」の誤りに陥ることは決してなかったのである。実際，トマスは『神学大全』において，すでに引用した『三位一体論』のテキストを次のように解釈している。「アウグスティヌスのテキストから導き出せることは，人間精神が非物体的なものについて得る知識は，精神が自分自身について有する認識から生じるということである。これは実に正しい主張であり，哲学者たちによれば，霊魂に関する知識は離存実体を認識する出発点を成している。実際，人間霊魂が非物体的な実体に関する何らかの認識を得ることができるのは，自分自身を認識しているからに他ならない。しかしこのことは，霊魂は自分自身を認識することで非物体的実体を完全に認識するという意味ではない」[190]。マーストンは，異論

---

l. 16-19 ; trad., p. 81）. Cf. R. MARSTON, *Quaest. disp. De anima*, q. I, obj.5 ; p. 203.

190）« Ad primum ergo dicendum, quod ex illa auctoritate Augustini haberi potest, quod illud quod mens nostra de cognitione incorporalium rerum accipit, per seipsam cognoscere possit. Et hoc adeo verum est, ut etiam apud Philosophum dicatur, quod scientia de anima est principium quoddam ad cognoscendum substantias separatas. Per hoc enim quod anima nostra cognoscit seipsam, pertingit ad cognitionem

4 結 論   319

解答を書き始めるときにまさにこのトマスの解釈を要約
し[191]，ためらうことなくそれに同意している。なぜなら，
霊魂に関する認識が何であれ霊的なものに関する認識の出
発点を成すことは自明だからである。対して，マーストン
が異議を唱えるのは，『神学大全』の解釈に従えば，『三位
一体論』のテキストの意味がきわめて平凡な事柄に還元さ
れてしまうことについてである。マーストンによれば，解
釈はもっと根本的なものでなければならない——もっとも
こうした解釈はトマス主義者の解釈とは対立するのだが。
アウグスティヌスが言わんとしたのは，人間霊魂は自分自
身を，いかなる感覚的働きを使うこともなく認識すること
である。霊魂が自分自身を認識するのは，たとえこうした
認識プロセスにおいて形象が不可欠だとしても，自分自身
を通じてである。「トマスの述べたことが正しいとしても，
アウグスティヌスの言葉を正確に理解している者にとっ
て，トマスの主張がアウグスティヌスの意図でないことは
明白である[192]。むしろアウグスティヌスが言わんとしたこ

---

aliquam habendam de substantiis incorporeis, qualem eam contingit
habere; non quod simpliciter et perfecte eas cognoscat cognoscendo
seipsam »（*ST*, 1a q.88 a.1 ad1）．

191）« Ad quintum dicunt quidam quod Augustinus non plus
intendit in illo verbo nisi quod mens a se ipsa incipit assurgere ad
cognitionem rerum incorporearum, ita quod rerum spiritualium quasi per
quamdam similitudinem, cum ipsa sit mere spiritualis, a sui ipsius notitia
ducitur in notitiam »〔第五についてある人々が述べるところでは，こ
うしたことを述べるアウグスティヌスの意図はただ次のことを主張す
ることにあった。すなわち，霊魂は自分自身に基づいて非物体的なも
のの認識へと上昇するので，自分が完全に霊的であることから，いわ
ば何らかの似像を通じて，自分自身の認識から霊的なものの認識へと
導かれるのである〕（*Quaest. disp. De anima*, q. I, ad5 ; p. 223-224）．

192）アウグスティヌスの意図は，霊魂に関する認識はそれ以外
の霊的なものに関する認識の出発点を成していると述べることだけに
とどまらなかった。

とは，精神は，感覚を通じて質料的事物の認識を得るのと同じように，自分自身に立ち帰ることで，自分自身を通じて，いかなる感覚的働きも使わずに，自分自身と非物体的なものを認識するということである」[193]。こうして，マーストンはトマスの見解からはっきり距離をとっている。なぜならマーストンは，トマスが自己認識における形象に割り当てている起源も役割も認めていないからである。しかしマーストンは，形象の存在という不可避の事実を認めていたので，霊魂の自己認識を無条件的に考えようとする，もっとラディカルな「新アウグスティヌス主義者たち」の見解とも明らかに一線を画している。

このようなわけで，マーストンがボナヴェントゥラの流れを汲むアウグスティヌス主義の代表的人物だったことは間違いないが，しかし「新アウグスティヌス主義者たち」の他の教えから距離をとっていることも事実である。最終的な判断基準はアウグスティヌスだったのであり，アウグスティヌスは神学と哲学における様々な領域で権威だった[194]。にもかかわらず，マーストンはアウグスティヌスの言いなりになるのではなく，13世紀の思想界を揺さぶっていた新しい問題に直面して，アウグスティヌスとアリストテレスを調和するためのいくつかの方法を考案した。ここで問題になっているのは，もちろんアウグスティヌスを

---

193) « Quamvis hoc habeat veritatem quod hic dictum est, constare tamen potest omni volenti legere dicta Augustini quod haec non est eius intentio, sed potius quod sicut per sensus acquirit notitiam rerum corporearum, sic introrsus in se ipsa et <per> ipsam sine operatione sensuum devenit in notitiam sui ipsius et rerum incorporearum » (*Quaest. disp. De anima*, q. I, ad5 ; p. 224).

194) 「聖なる人々のうちではアンセルムスが優勢だったが，アウグスティヌスはそれ以上に尊重されていた。マーストンにとっては，哲学的な問題を論じるときにも，アウグスティヌスは最高の権威だった」(F. PELSTER, *Roger Marston* (1928), p. 550)。

4 結 論 321

アリストテレスを通して解釈することではなく，むしろア
リストテレスをアウグスティヌスの教えと一致するよう
に解釈できるかどうかを見極めることである[195]。「それゆ
え，わたしはある見解について，機械的に支持したり，家
畜のように言いなりになったりするのではなく，理性的に
熟慮した後で従うつもりである。思うに，多くの命題は，
もしうまく解釈するなら，教父の見解と一致し，世の哲学
者の知恵とも調和するのである」[196]。したがって，哲学と
キリスト教の知恵を調和することは可能だが，調和を方向
づけたり，分析を導くのはあくまでアウグスティヌスであ
る[197]。このようなわけで，ペルスター（F. Pelster）が指摘

195）「ここでは，非常に面白い状況が現れる。すなわち，トマ
スはアウグスティヌスをアリストテレスにしたがって解釈している
が，マーストンはアリストテレスと哲学者たちをアウグスティヌス
にしたがって解釈している」（F. PELSTER, *Roger Marston* (1928), p.
551）。

196）« Non ergo ut bestiae propter consuetudinem adhaereamus
opinioni, sed rationaliter ponderantes sententias, teneamus quod magis
est Sanctis consonum et a mundanorum sapientia non discordat, si tamen
exponatur, ut praetactum est » （*Quaest. disp. De anima*, q. VIII ; p. 395-
396）.

197）« Si igitur vera et sancta est doctrina Augustini docentis
omnia intelligi in luce eterna, cui, ut ostensum est, consonat sapientia
mundanorum. Verum est etiam verbum Philosophi ponentis species
abstrahi a phantasmate. Verbum etiam Avicennae, si bene intelligatur,
veritatem habere potest, dicentis quod formae intelligibiles manant super
intellectum nostrum per modum impressionis, sicut dictum est (...) »〔そ
れゆえ，すべてのものは永遠の光のうちで認識されるというアウグス
ティヌスの教えが真にして聖なるものなら，明らかにしたように，世
の知恵はアウグスティヌスの教えに一致する。形象は表象像から抽
象されるという哲学者の言葉も真であり，すでに述べたように，可知
的形相は人間知性の上に刻印という仕方で流れ出ると教えるアヴィセ
ンナの言葉も，うまく理解するなら，真理性を備えている〕（*Quaest.
disp. De anima*, q. III ; p. 264）.

しているように[198]，マーストンは，確実な読解方法に基づいてアウグスティヌスのテキストを完全にかつ深く認識していたのであり，このことのためにアウグスティヌスのテキストと意図を熟知する偉大な識者の一人だったのである。

アウグスティヌスのテキストと意図を綿密な分析を通じて調べようとするのと同じ気遣いは，マーストンが同時代の著述家のテキストを扱う方法にも見てとれる。『神学大全』に関する詳しい分析はこの典型例であり，こうした方法はマーストンのテキストに見出せる最も目立つ独自性だと確言できる。要するにかなり輝きのない肯定的・構築的部分よりも，トマスに力強く反対している批判的部分の方が，定期討論集『霊魂について』第1問の独創的部分なのである。知るかぎり，討論している問題の議論の決定において，同時代人に対する批判にこれほど多くの紙幅を割いている著述家はほとんどいない。さらに，同じ議論の決定において『神学大全』からの長い抜粋がたっぷりと引用されているが，これも当時の慣例ではない。『矯正』に関する論争という文脈を見れば，ひょっとするとマーストンの反トマス的な態度は説明できるかもしれないが，なぜマーストンが批判相手のテキストをこれほど多く文字通りに引用しているかについては説明がつかないだろう。マーストンは，なぜこうしたことを行ったのか。良識に照らせば，少なくとも次のように推測できるだろう。すなわち，マーストンが『神学大全』の長い文章を完全に再現しようとしたのは，トマス思想に対する批判が的確で信用に値すると見なされるためだったのである。

そして，批判は多くの点で的確だった。実際，マーストンは自己認識に関するトマスの教えの真の弱点を指摘して

198）　F. PELSTER, *Roger Marston* (1928), p. 553-555.

4 結 論

いる。すなわち，間接的認識——霊魂は自分自身を他のものを認識するように認識する——を主張する論拠はみな，ほとんど可能知性と第一質料との比較——質料が可感的なものの中で最下にあるのと同じく，人間霊魂は可知的なものの中で最下にある——だけに基づいている。それゆえ，質料と知性は，それらの現実態——質料の場合は形相，知性の場合は形象——を通じてはじめて認識される。ところが，マーストンによれば，形相は質料の第一現実態であるのに対し，形象は知性の第二現実態である。したがって，この比較は不適切である。

すぐに分かることだが，アヴェロエスに由来するこの比較は，直ちに理解できるほど明らかなものではなく，今日でも多くの問題を提起しているものである[199]。このことに関連して，霊魂と知性の関係をめぐる問題も困難を作り出している。なぜ知性を純粋な可能態と見なすことができるのか。知性と霊魂の関係はいかなるものか。今日でも，トマスに見出せると思われている古典的解釈に批判が向けられており，ウェベル（E.-H. Wéber）神父の著作が引き起こした最近の論争も知られている[200]。しかし，すでにマーストンがこの同じ問題を提起している事実を指摘しておくことは重要である。マーストンはこの問題を，『神学大全』のテキストを注意深く読むことで提起し，歴史的意味よりも教えの観点にしたがって論じている。

このマーストンの批判は，影響力があったとすれば，どれほどの影響を与えたのだろうか。反響はいかなるものだったのか。パリやオックスフォードで教えていた同時代の教授たちに支持されたのだろうか。アウグスティヌス主

---

199)　Cf. R. LAMPERT, *A Textual Study of Aquinas' Comparison of the Intellect to Prime Matter* (1982), p. 80-99.

200)　Cf. E.-H. WÉBER, *La controverse de 1270* (1970).

324   第3章　ロジャー・マーストン

義者とトマス主義者が繰り広げた大きな論争の一争点に
なったのだろうか。マーストンに関する現在の研究状況か
らして，こうした問いに答えることはできないと思われ
る。しかし，このマーストンの批判，あるいはおそらく
もっと影響力のある別の教授の批判は，かなり大きな影響
を与えたに違いない。というのも，初期のトマス主義者で
あるサットンのトマスは，マーストンの反論そのものに対
してではなくても，少なくともトマス・アクィナスの論拠
に反対する一般的批判に対して，間接的な仕方で答えてい
るからである。実際サットンは，トマス思想において混乱
したままである，少なくとも三つの側面を説明せざるをえ
なくなったが，この三つの側面はまさにマーストンがその
批判で言及した点だった。サットンは，第一に第一質料と
可能知性の比較の意味を説明している[201]。第二に，霊魂と，
純粋可能態と見なされた知性との関係を明確に述べようと
している[202]。第三に，霊魂の自己認識の問題と可能知性の
自己認識の問題を注意深く区別している[203]。実のところ，

---

201)　Cf. THOMAS DE SUTTON, *Quaestiones ordinariae*, q.22 ; p.
607s.

202)　Cf. THOMAS DE SUTTON, *Quaest. ord.*, q.22 ; p. 607s, 619-
620 ; *Quaest. ord.*, q.3 ; p. 76s. ; D.E. SHARP, *Thomas de Sutton* (1934), p.
335-338.

203)　知性の自己認識については，以下を参照。« Utrum
intellectus humanus habeat ex se per essentiam suam antequam speciem
alicuius rei receperit, unde sit intelligibile vel unde intelligatur »〔人間知
性は，何らかの事物の形象を受けとる前に，自分自身から自分の本
質を通じて，それによって自分自身が可知的になったり認識された
りするものを有しているか〕（THOMAS DE SUTTON, *Quodl.*, I, 14 ;
p. 92, l. 1-3）；« Prima quaestio fuit utrum intellectus possibilis animae
nostrae semper actu intelligat essentiam animae, cuius est potentia et
omnia materialia »〔以下が第一の問いである。人間霊魂の可能知性
は，可能態にあり，あらゆる質料的なものを含むにもかかわらず，常
に現実態において霊魂の本質を認識しているか〕（*Quodl.*, II, 14 ; p.

4 結 論

この三つの説明は，直接マーストンを標的とするものではなくても，実際にはマーストンの厳しい批判に間接的に答えるものになっている。マーストンとサットンの間に何らかの関係があったとすれば，こうした関係は将来の歴史的研究を通じておそらく明らかになるだろう。しかし，すでに明らかなことは，マーストンが間接的自己認識に有利になるようなトマスの論拠の核心を的確な仕方で指摘し，この批判は今でも有効性を失っていないということである。

にもかかわらず，マーストンの批判は，他の点では同じように正しいものではない。マーストンは，確かにトマスのテキストは綿密に分析しているが，自己認識の問題に関するトマスの見解を残らず考慮に入れているわけではない。実際，すでにアクアスパルタのマテウスがそうであったように，マーストンはトマスにおけるきわめて中心的な他の観点，すなわち具体的次元での自己意識——習慣的認識，前反省的意識，完全な立ち帰り——についてまったく言及していないのである。もっとも，当時の初期のトマス主義者たちについても事態は同様だったのだが。マーストンは，こうした態度を通じ，トマスは自己認識を自己を対象化する抽象的認識だけに還元するために，自己の具体的意識のあらゆる形態を取り除いたと，誤って信じ込ませたのである。こうして，マーストンの思想の重要性を認めようが否定しようが，マーストンは，13世紀末以降，霊魂

270, l. 5-7）．霊魂の自己認識については，以下を参照。« Quaeritur, utrum anima humana cognoscat se ipsam per suam essentiam tamquam per formale principium vel per speciem abstractam a phantasmatibus »〔人間霊魂が自分自身を認識するのは，形相的原理としての自分の本質を通じてか，それとも表象像から抽象した形象を通じてか〕（*Quaest. ord.*, q.3；p. 64, l. 1-3）；« Quaeritur, utrum intellectus animae nostrae, qui dicitur possibilis, sit de se intelligibilis »〔可能知性と呼ばれる人間霊魂の知性は，それ自体として可知的であるか〕（*Quaest. ord.*, q.22；p. 593, l. 1-2）．

そのものの深みにある隠れた霊的世界——直前にトマスがこの世界に至るいくつかの方法を明らかにしたばかりだった——をまったく正しく評価しない，たくさんいる思想家の一人だった。実際，マーストンはその批判の中で，トマスの見解を自己を対象化する抽象的認識に還元している。こうした解釈は，以後の哲学の世界では恒常的に現れることになる。

　しかし，無視できないことに，こうして心理的生の全体が哲学的探究の領域から消え去ってしまうのであり，同時にアウグスティヌスのきわめて偉大ないくつかの直観も排除されてしまうのである。ボナヴェントゥラに続く哲学的傾向性に属する思想家たち——マーストンも含まれる——は，重要な自己の具体的認識が失われることに最初に気づき，トマスのテキストの中に見出せるものを忘れて，おそらく自分でこうした要求を満たすものを作り出そうとしたのである。

　このようなわけで，マーストンは次の二つの解決策のどちらかを選ぶように論争を規定した。すなわち，すべてを抽象的認識に還元する——これはサットンのトマスをはじめとする 13 世紀末のトマス主義者の多くが共有していた見解である——か，あるいはこうした抽象的認識の事実を受け入れつつ，自己の直接的意識の新たな形態——直接的であっても常に自己を対象化する，ほとんど直観的とも言える自己認識——を考え出すかである。後者の方法は，アクアスパルタのマテウスやオリヴィから始まって，スコトゥスやオッカムへと発展していくことになる。

　一方で自己認識を抽象的認識に還元することと，他方でもっと直観的な別の種類の認識を追求することにより，自己を他のものとして対象化しない，前反省的意識や完全な立ち帰りの世界全体，すなわちトマスがかろうじてその一覧を描き出している，アウグスティヌス的な世界全体は，

4 結 論

すぐに忘れ去られ，不本意ながら正しく評価されないこと
になった。しかし，同時にこうした流れは 14 世紀とそれ
に続く時代の思想に少なくとも重要な影響をもたらすこと
になる。

第 4 章

サットンのトマス

1　導　入

　ドミニコ会士サットンのトマスは，13 世紀から 14 世紀
の変わり目において，当時盛んだった様々な思潮を特によ
く観察し，イギリスでトマス思想の普及に努めたきわめて
才能のある中心人物だった。サットンは，トマスの教え
を，通俗化したり歪めたりせずに，真理を明らかにするこ
とで広め守ろうとした。しかしその際，表現を和らげた
り，当時のオックスフォードでしばしばトマス主義を敵視
していた哲学思想と妥協したりはしなかった[1]。サットン
は，著作の中で展開する独自の哲学を通じてトマスを見事
に弁護しているが，この成功の理由は，トマスに忠実であ
るための唯一の方法は，できるだけ，自分がトマスを読ん
で発見した真理を守り，新たに出てきた問題に対する新し
い解答を少しだけ自由に模索することだと理解していた点
にある。要するに，周知のことだが，サットンはトマスに
奴隷的に従うことを不毛なことと見なし，避けたのであ

---

1)　Cf. PALÉMON GLORIEUX, *Thomas de Sutton*, dans
Dictionnaire de théologie catholique, t. XIV, (1939), col.2867-2873.

1 導入 329

る。

しかし，13 世紀末にこうしたことを行うのは向こう見ずだった。なぜなら，特にオックスフォードでは，トマスが導入した新しい考え方は異議を唱えられていたからである。フランシスコ会士はもちろんのこと，独立的な思想家や宗教的な権威者，ドミニコ会の有力者からも疑問視されていたのである。このことは，いくつかの出来事を見ればすぐに分かる[2]。1277 年 3 月 7 日，タンピエはトマスが主張したいくつかの命題を断罪したが，同じ流れの中で 11 日後には，ドミニコ会士で当時カンタベリーの大司教だったロバート・キルウォードビーがもっとはっきりと同じような断罪を行っている[3]。同じ動きの中で，1279 年のパリでは，ガンのヘンリクスがサットンに反論される独自の主張を通じて，トマスの命題を非難している。1282 年には，フランシスコ会が，ギョーム・ド・ラ・マールが 1278 年に作成した有名な『修道士トマスの矯正』を，トマスの誤りに対するいわば解毒剤として採用している。ちょうどこの頃，ロジャー・マーストンは，トマスのいくつかのテキストを字句を追いつつ徹底的に批判し始めている。こうし

---

[2] Cf. P. GLORIEUX, *Comment les thèses thomistes furent proscrites à Oxford (1284-1286)*, dans *Revue thomiste* 32 (1927), p. 259-291 ; MARIE-DOMINIQUE CHENU, O.P., *La première diffusion du thomisme à Oxford, Klapwell et ses « notes » sur les Sentences*, dans *Archives d'histoire doctrinale et littéraire du moyen âge* 3 (1928), p. 185-200 ; FREDERICK J. ROENSCH, *Early Thomistic School*, Dubuque Iowa 1964 ; P. GLORIEUX, *Pro et Contra Thomam, Un survol de cinquante années*, dans *Sapientiae Procerum Amore, Mélanges médiévistes offerts à Dom Jean-Pierre Müller O.S.B.*, Rome 1974, p. 255-287.

[3] 「この断罪は，キルウォードビーがドミニコ会に属していたことを考えれば，ますます過酷なものになる。キルウォードビーは，タンピエの断罪を全面的に支持し，ドミニコ会の教師による反論できない保証を与えた」（P. GLORIEUX, *Pro et Contra Thomam* (1974), p. 260)。

330   第4章　サットンのトマス

た激しい攻撃がトマスの体系に大きな損害を与えるように
なるのは，1284 年にフランシスコ会士ジョン・ペッカム
——キルウォードビーの後任として大司教に任ぜられた
——が，トマスのきわめて重要な考え方を直接問題視し始
めたときである[4]。そして，この争いは 14 世紀の初めまで
続いた。それゆえ，その頃サットンがロバート・カウトン
（Robert Cowton）やスコトゥスの反トマス的な考え方を非
難するのを見ても，何ら驚くに値しない。

　こうして，サットンは新しい時代のドミニコ会士——ア
ルベルトゥス・マグヌスとトマス・アクィナスの思想に
したがって教育された——の一員であり，ますます大き
くなるドミニコ会総会の後援の下で[5]，ギョーム・ド・ラ・
マールの『矯正』に強く反対する一派を形成し，トマスの
教えを激しく攻撃する人々を打ち負かそうとしていた[6]。
これらの著述家のある人々——ほぼ全員がドミニコ会士で
ある——は分かっており，彼らは徐々に最初のトマス学派
を首尾よく形成していくことになる。オックスフォードで
は，ウィリアム・オタム（William Hothum），リチャード・
クラップウェル，オーフォードのロバート，マックルズ
フィールドのウィリアム（Guillaume de Mackelsfield），ニ
コラス・トリヴェット（Nicolas Trivet），トマス・ウィル
トン（Thomas de Wylton）[7]，コレルトトのロバート（Robert

---

　4)　Cf. P. GLORIEUX, *Comment les thèses thomistes furent
proscrites à Oxford* (1927), p. 259s.

　5)　1278 年のミラノ，1279 年のパリ，1286 年のパリの総会が果
たした役割が知られている。Cf. P. GLORIEUX, *Pro et Contra Thomam*
(1974), p. 260-261 ; MICHAEL SCHMAUS, *Einleitung*, dans THOMAS
VON SUTTON, *Quodlibeta*, hrsg. MICHAEL SCHMAUS, MARIA
GONZALES-HABA, München 1969, p. IX-XI.

　6)　『矯正』に対する著作については，特に P. GLORIEUX, *Pro et
Contra Thomam* (1974), p. 261-270 を参照。

　7)　トマス・ウィルトン，あるいはイギリス人トマスが『弁護の

1 導入　　　331

de Collertoto), サットンのトマスがいて, パリではレシー
ヌのアエギディウス (Gilles de Lessines), オーヴェルニュ
のペトルス (Pierre d'Auvergne), ジャン・キドール, オー
ヴェルニュのベルナルドゥス (Bernard d'Auvergne), クレ
ルモンのベルナルドゥス (Bernard de Clermont), ヘルウェ
ウス・ナターリス (Hervé de Nédellec), ベルヴュのアル
マンドゥス (Armand de Bellevue), ギョーム・ピエール・
ゴドラン (Guillaume Pierre Godlin), トリリアのベルナル
ドゥス (Bernard de Trilia), ラ・パリュのペトルス (Pierre
de la Palud) がいた[8]。

　トマス主義を最初に確立したこれらの著述家たちは, 決
して取るに足らない人々ではなかったが, その中でもサッ
トンは, 『矯正』に関する論争の指導者の一人だったこと
もあって[9], まったく特別な位置を占めていると思う[10]。最
近, ミヒャエル・シュマウス (Michaël Schmaus), マリ
ア・ゴンザレス・ハバ (Maria Gonzáles-Haba), フランシ

書』(Liber Propugnatorius) の著者であることは間違いない。この著
作は, 時にサットンのトマスが書いたとされてきたが, 著者でないこ
とが明らかになっている。Cf. JOHANNES SCHNEIDER, *Einleitung*,
dans THOMAS VON SUTTON, *Contra quodlibet Iohannis Duns Scoti*,
hrsg. JOHANNES SCHNEIDER, München 1978, p. 16-20.

　8) Cf. FREDERICK J. ROENSCH, *Early Thomistic School*,
Dubuque Iowa 1964.

　9) おそらくサットンは, Correctorium Corruptorii « Quare »
の著者か共著者である。Cf. *Les premières polémiques thomistes. I.
Correctorium Corruptorii « Quare »*, éd. critique P. GLORIEUX, Kain
1927.

　10) ある研究者によれば, サットンは「注意深い著述家であり,
その思想は問題を次々と説明していくことにおいて発展の余地があ
る。サットンは, ガンのヘンリクスを十分に打ち負かしたので, オッ
クスフォードにおける初期のトマス学派の中で特別な位置を占めて
いると言える」(FRANCIS E. KELLEY, *Two Early English Thomists :
Thomas Sutton and Robert Orford vs. Henry of Ghent*, dans *The Thomist*
45 (1981), p. 387)。

332 　　　第4章　サットンのトマス

ス・ケリー（Francis E. Kelley），ヨハネス・シュナイダー
（Johannes Schneider）の仕事のおかげで，サットンの大部
分のテキストは簡単に参照できるようになったが[11]，この
事実以外にも，ここでサットンを取り上げるのにはいくつ
かの理由がある。

　本書で扱う13世紀末の著述家の一覧の中で，トマスの
弟子の少なくとも一人は取り上げる必要があった。しか
るに，あらゆる理由からして，オックスフォードで盛ん
だったトマス主義を指摘するのがよいと思った。なぜな
ら，当時のオックスフォードでは，パリやイタリアより
も，激しくトマス思想に反対する雰囲気があったからであ
る。さらに，オックスフォードにおけるこうした論争を
背景として，オッカム，シャトンのグアルテルス（Walter
Chatton），アダム・ウォデハム（Adam Wodeham）の哲学
を生むことになる思想動向が徐々に形成されていったこと
も忘れてはならない。他方，サットンは，オックスフォー

---

11) THOMAS VON SUTTON, *Quodlibeta*, hrsg. MICHAEL
SCHMAUS, MARIA GONZALES-HABA, München 1969 ;
THOMAS VON SUTTON, *Quaestiones ordinariae*, hrsg. JOHANNES
SCHNEIDER, München 1977 ; THOMAS DE SUTONA, *De generatione
et corruptione*, hrsg. FRANCIS E. KELLEY, München 1976 ;
THOMAS VON SUTTON, *Contra quodlibet Iohannis Duns Scoti*, hrsg.
JOHANNES SCHNEIDER, München 1978 ; cf. aussi THOMAS DE
SUTTON, *Quaestiones de reali distinctione inter essentiam et esse*, éd.
FRANCISCUS PELSTER, S.J., München 1928 ; OSMUND LEWRY, *Two
Continuators of Aquinas : Robertus de Vulgarbia and Thomas Sutton on
the « Perihermeneias » of Aristotle*, dans *Medieval Studies* 43 (1981), p.
58-130 ; FRANCIS E. KELLEY, *Two Early English Thomists : Thomas
Sutton and Robert Orford vs. Henry of Ghent*, dans *The Thomist* 45 (1981),
p. 345-387 ; ALESSANDRO D.CONTI, *Thomas Sutton's Commentary on
the Categories according to MS Oxford Merton Colledge 289*, dans *The
Rise of British Logic, Acts of the Sixth European symposium on Medieval
logic and semantic, Oxford 19-24 june 1983*, éd. P. OSMUND LEWRY,
Toronto 1983.

1 導 入   333

ドで優勢だった古い「アウグスティヌス主義」に基づい
てトマスに反対する人々を多く目にしており，「新アウグ
スティヌス主義」的な哲学に正面から何度も反対してい
る。サットンは闘争心が強かったので，特に知的論争を
好んだと思われる。その証拠に，サットンの著作を読め
ば，サットンが当時盛んになりつつあった思潮を驚くほど
批判的に分析していることが分かる。こうして，サット
ンの著作は，13世紀末の哲学論争を理解する上で最適な
ものと言える。このようなわけで，サットンは非常に激し
い論争の中心にいて，トマス思想の堅実な解釈を主張しよ
うとし[12]，トマス思想をまったく独自の方向に深めたので
ある[13]。明晰な異論に明晰に解答し，問題を順序立てて解
消し，教えを入念に組織化して堅固にした。サットンには
明解に説明する才があったのであり，おそらくトマス以上
に，うまくバランスの取れた文章——そこでは，比較，比
喩，イメージがきわめて緻密な議論と調和している——を
書く能力に恵まれていた。また，トマスの重要な主張を取
り上げてもっと明晰に説明し，『神学大全』にある不明瞭
さを巧みに解消することもしばしばだった。その代わり，

---

12) サットンはトマスの著作をすべて所有していたわけではな
かったようだ——cf. FRANZ PELSTER S.J., *Thomas von Sutton O.Pr.,
ein Oxforder Verteidiger der thomistischen Lehre*, dans *Zeitschrift für
katholische Theologie* 46 (1922), p. 389。

13) 今日に至るまで，中世哲学史家たちは，サットンの重要
性を指摘するにあたり，知性の受動性の教えと，本質と存在の区
別の教えの発展だけに注目してきた——cf. surtout M. DE WULF,
Histoire de la philosophie médiévale, t. II (1925), p. 44-47 ; E. GILSON,
La philosophie au moyen âge (1962), p. 542. 私見では，サットンの
思想と，トマス主義に対するその独自性を論じたもっと完全な研究
が必要である。とはいえ，D.E. SHARP, *Thomas of Sutton, O.P., His
Place in Scholasticism and an Account of his Psychology*, dans *Revue
néoscolastique de philosophie* 36 (1934), p. 332-354, et 37 (1935), p. 88-
104, 219-223 という研究はある。

第4章 サットンのトマス

このように体系化してしまうと、トマスのテキストが暗に
含む豊かさを見失ってしまう恐れがあった。この点に関し
て言えば、自己認識の問題は典型的事例である。見てとれ
ることに、サットンは見事に敵対者に反論し、トマス思想
における暗黙的で不明瞭に見える部分を易々と発展させて
いる。しかし、こうした不明瞭さが研究対象の内実に関わ
るものであるとき[14]、すなわち霊魂とその自己現前の隠れ
た根源が問題になるところでは、あまりに厳密な体系化の
せいで、柔軟で少しばかり混乱した内容は見失われること
になる。こうした柔軟な内容は、トマスの分析の豊かさの
一部を成すものであり、考えられる様々な解明をできるか
ぎりそのまま保とうとするものなのである。

　さらに、サットンは手ごわいトマスの弁護者だった。ト
マス主義は色々な方面から反対を受けたが、こうした反対
はトマス思想という新しい哲学がますます活気を帯びてい
く明らかな証拠だったと同時に、サットンに自分の才能を
発揮する機会を与えた。しかし、サットンという人物は、
トマスの弁護者でありながら、トマス思想の凝り固まった
解釈を疑い、恐れずに刷新していく偉大な哲学者でもあっ
た。サットンは、真の探究者の素質を備えており、必要な
ら自分の師でも批判する覚悟があったので、こうした独立
的な態度そのもののために、思想史の中で興味深い位置を
占めており、ただのトマスに関連する人物にとどまらない

　14）「読者は、いくらか理解しようとした後で、ある文章が不
明瞭のままなら、高価な宝石がみな透明なわけではまったくないこと
を考えてみなさい。つまり、まさに不明瞭なものとして表現された
不明瞭さと、不明瞭に表現された明晰なものは全然違う。一方は土く
れに、他方はギリシャ人の知性や稲妻に似ている。一方は言うべきこ
とや言えることについての的確な説明だが、これは事柄そのものに完
全に見合った高貴な表現である。他方は素人芸にしてただの誇張であ
る」（ERNST BLOCH, *Sujet-objet, éclaircissements sur Hegel*, trad. M.
DE GANDILLAC, Paris 1977, p. 18）。

1 導 入　　　　335

い存在だったのである[15]。

　終わりに，サットンを検討しようと思った最後の理由
は，サットンが今日簡単に入手できる著作の中で自己認識
の問題を論じているからである。自己認識を明確に論じて
いる問題は四つあるが，二つは『任意討論集』（Quodlibet）
に，二つは『定期討論集』（Quaestiones ordinariae）に見
出せる。すなわち，一方は『任意討論集』第 1 巻第 14 問
と第 2 巻第 14 問であり[16]，他方は『定期討論集』第 3 問と
第 22 問である[17]。この四箇所を分析するだけにとどめるつ

---

　15)　F.J. Roensch は，トマス主義を最初に弁護する際，サット
ンの功績は多大だったと述べている。「サットンは，哲学的主題に関
する解説的論考を通じて，イギリスのドミニコ会士の中で最もトマス
主義の拡大に貢献した。サットンの著作は論争的で，トマスを弁護し
た点では他のイギリスのドミニコ会士と同じだったが，教えの解説は
群を抜いて優れている。……オックスフォードにおけるサットンの価
値は，パリにおけるジャン・キドールに匹敵する。サットンはトマ
ス主義の発展において画期的な人物であり，トマスの教えの分析の点
では，同時代のイギリスのドミニコ会士の中で最も優れている」（F.J.
ROENSCH, *Early Thomistic School* (1964), p. 51）。

　16)　« Utrum intellectus humanus habeat ex se per essentiam suam
antequam speciem alicuius rei receperit, unde sit intelligibile vel unde
intelligatur »〔人間知性は，何らかの事物の形象を受けとる前に，自
分自身から自分の本質を通じて，それによって自分自身が可知的に
なったり認識されたりするものを有しているか〕（*Quodl.*, I, 14 ; p. 92,
l. 1-3）; « Prima quaestio fuit utrum intellectus possibilis animae nostrae
semper actu intelligat essentiam animae, cuius est potentia et omnia
materialia »〔以下が第一の問いである。人間霊魂の可能知性は，可能
態にあり，あらゆる質料的なものを含むにもかかわらず，常に現実態
において霊魂の本質を認識しているか〕（*Quodl.*, II, 14 ; p. 270, l. 5-7）

　17)　« Quaeritur, utrum anima humana cognoscat se ipsam per suam
essentiam tamquam per formale principium vel per speciem abstractam a
phantasmatibus »〔人間霊魂が自分自身を認識するのは，形相的原理と
しての自分の本質を通じてか，それとも表象像から抽象した形象を通
じてか〕（*Quaest. ord.*, q.3 ; p. 64, l. 1-3）; « Quaeritur, utrum intellectus
animae nostrae, qui dicitur possibilis, sit de se intelligibilis »〔可能知性と
呼ばれる人間霊魂の知性は，それ自体として可知的であるか〕（*Quaest.*

336   第4章　サットンのトマス

もりだが，この四箇所について歴史家はまだ正確な成立年代を明らかにできていない。実際，サットンが1250年から1260年の間に生まれ[18]，『任意討論集』の最初の二巻が『定期討論集』よりも先に成立したとすれば，ここで扱う『任意討論集』の二箇所は1280年と1295年の間——グロリユー（Glorieux），ペルスター，エールレの見解——か，1298年と1305年の間——シュマウスの見解——に書かれ[19]，おそらく『定期討論集』は1305年と1315年の間に成立したと推測できる。最後に指摘すべきことに，もっと後の時代のテキスト——1311年以降に成立した『ヨハネス・ドゥンス・スコトゥスの任意討論を駁す』（Contra Quodlibet Iohannis Duns Scoti）と『任意討論集』第3-4巻[20]——だけがロバート・カウトンやスコトゥスに言及しているが，これらの著作では自己認識の問題はまったく論じられていないので，ここでは検討しない。したがって，少なくとも自己認識に関するかぎりでのサットンの思想を

───────────

ord., q.22 ; p. 593, l. 1-2)

18)　サットンは1274年9月20日に助祭に叙階されているので，この情報に基づいておおよその年齢を推測できる。

19)　実際，Schmaus によれば，サットンは1298年になってようやく正教授になった——cf. M. SCHMAUS, *Einleitung*, dans THOMAS VON SUTTON, *Quodlibeta* (1969), p. XI-XX。この年代決定に反対する有名な異論——J. HOFFMANS, *La table des divergences et innovations doctrinales de Godefroid de Fontaines*, dans *Revue néoscolastique de philosophie* 36 (1934), p. 412-436——があり，そこではフォンテーヌのゴドフロワが自身の『任意討論集』第7巻——1290年か1292年に成立——の中でサットンを批判しているとはっきり言及されている（p. 429）。ゴドフロワが批判しているのは，まさしく『任意討論集』第1巻第14問である。したがって，明らかなことだが，J. Hoffmans の業績が信頼できるなら，サットンは『任意討論集』第1巻第14問の討論を1290年より前に開いたのであり，1290年の時点ですでに正教授だったとせねばならない。

20)　Cf. M. SCHMAUS, *Einleitung*, dans THOMAS VON SUTTON, *Quodlibeta* (1969), p. XXI.

1 導 入

スコトゥス以前の哲学として検討し，サットンをまだ13世紀にとどまる思想家と見なすことは正しい[21]。

　『任意討論集』第1巻と第2巻の成立年代がまだ確定しておらず，シュマウスの仮説も蓋然的であることから，ここで検討する『任意討論集』と『定期討論集』はおそらく約10年という短期間に書かれたと考えられる。成立年代が正確に知られていないかぎり，サットンの思想について何らかの発展段階を明らかにしようとすることは無駄である。このようなわけで，さらなる歴史的情報が明らかになるまでは，言及した四つのテキストは同一の思想を表現するものと見なせるのであり，可能的な発展を考慮に入れずにそれぞれのテキストについてサットンの思想をたどることができる。この方法は，自己認識の問題に関するサットンの立場がおそらくほとんど変わらなかったことを考え合わせれば，ますます正当化できるだろう。せいぜい，いくつかの強調点の違いを指摘できるだけである。というのも，サットンは霊魂の可知性の事実を強調することもあれば，知性の可知性の問題に取り組むこともあり，また問題を非常に一般的次元で論じることもあるからだ。それゆえ，ここで行うテキストの分析は，四つのテキストがおそらく同一の思想を述べているという先入観に基づいてい

21）「サットンの著述活動は，1274年のトマスの死から1323年のトマスの列聖までの間に行われたが，二つの期間に分けることができる。サットンは，長い第一の期間では，同時代人のいわゆるアウグスティヌス主義と対決し，ガンのヘンリクスの著作も批判した。第二の期間では，スコトゥスやロバート・カウトンと対決した。サットンの著作の大部分は，1278年頃から14世紀の初めまでの第一の期間に書かれている」（F.J. ROENSCH, *Early Thomistic School* (1964), p. 47)。言うまでもないことだが，サットンは後の時代には自己認識の問題を論じていないようなので，ここで検討するのは第一の期間に書かれた著作である。

338   第4章　サットンのトマス

る[22]。

　この自己認識の問題に取り組むためには，当然ながら，
13世紀末には古典的なものになった問題を検討する必要
があり，サットンもそうしている。「人間霊魂が自分自身
を認識するのは，形相的原理としての自分の本質を通じて
か，それとも表象像から抽象した形象を通じてか」[23]。これ
は，サットンが『定期討論集』の中で提起している問題で
あり，トマスが1257年に『真理論』の中で[24]，もっと後に

　　22)　いずれにせよ，慎重になる必要がある。というのも，次の
ようにも考えられるからである。すなわち，思想的発展があったとい
う仮説は，「絶えず批判的に適用されるが，根本的にはわれわれのも
とでは誤っている原理——人間は書いている瞬間には書いていること
しか考えていない——に基づいているからである。……歴史家がある
哲学の発展と見なすものは，時としてある哲学の表現の発展でしかな
い。また，ある哲学者は最初に考えたことをしばしば最後に述べるの
である」(E. GILSON, L'esprit de la philosophie médiévale (1969), p. 42-
43, n.1)。
　　23)　« Quaeritur, utrum anima humana cognoscat se ipsam per suam
essentiam tamquam per formale principium vel per speciem abstractam a
phantasmatibus » (Quaest. ord., q.3 ; p. 64, l. 1-3)。
　　24)　« Octavo quaeritur utrum mens se ipsam per essentiam
cognoscat aut per aliquam speciem »〔第八に，精神が自分自身を認識
するのは，本質を通じてか，それとも何らかの形象を通じてかが問わ
れる〕(THOMAS D'AQIUN, De veritate, 10, 8 ; p. 318, l. 1-3)。指摘で
きることに，ここでトマスは「精神」について，サットンは「人間霊
魂」について論じている。さらに，サットンは「自分の本質を通じて」
という表現で理解していることを明確に述べている。トマスはこのこ
とを解答の中でだけ明言している——« Dicendum quod, cum quaeritur
utrum aliquid per suam essentiam cognoscatur, quaestio ista dupliciter
intelligi (…); alio modo ut referatur ad id quo aliquid cognoscitur, ut sic
intelligatur aliquid per suam essentiam cognosci quia ipsa essentia est quo
cognoscitur, et hoc modo ad praesens quaeritur utrum anima per suam
essentiam intelligat se »〔次のように言わねばならない。あるものがそ
の本質を通じて認識されるかどうかが問われる場合，この問いは二つ
の仕方で理解できる。……もう一つの仕方では，本質はあるものが認
識される媒介である。あるものがその本質を通じて認識されることは，

1 導 入　　　　　　339

は『神学大全』の中で挙げている定式とほとんど同じである。しかし、トマスの時代以降、学問的状況は大きく変わり、自己認識に関する伝統的な問題は、新しい争点や付随する問題——おそらくトマスがまったく考慮に入れなかったか、少なくとも一度も明確に論じなかった——によって豊かになった。こうして、自己認識の問題は新たに増えることになったのである。これは、厳密に哲学的な要請によって起こったのか。トマス思想に直接向けられた批判のために生じたのか。どんな理由にせよ、サットンは自己認識の形相的媒介は何かという古典的で伝統的な問題を、他の二つの問題からはっきり区別しようとした。すなわち、第一の問題は、人間霊魂の自体的可知性と、可能知性が霊魂を認識する方法に関するもので、『任意討論集』第2巻第14問が扱っている。第二の問題は、可能知性の自体的可知性に関するもので、『任意討論集』第1巻第14問と『定期討論集』第22問が論じている。霊魂ではなく知性の可知性に関するこの第二の問題は、アヴェロエスの有名な知性と第一質料との比較——この比較はトマスも取り上げており、ロジャー・マーストンはそれが無効なことを明らかにしようとした——の妥当性に関する分析を伴っている。

　明らかなことだが、この三つの問題、すなわち自己認識の形相的媒介、霊魂の可知性、可能知性の可知性に関する問題は、密接に結びついており、しばしば一致するものなので、互いに切り離して考えることはできない。にもかかわらず、この三つの問題は区別できるのであり、こうした区別を通じて、自己認識に関するサットンの見解を総合す

このように理解できる。というのも、本質そのものは認識の媒介だからである。ここで、霊魂がその本質を通じて自分自身を認識するかどうか問われているのは、この仕方に従っている〕（*De veritate*, 10, 8 ; p. 321, l. 186-199)。

る以下の計画が得られる。

第 2 節：自己認識の形相的媒介は何か——これは一般
　　的問いである。

第 3 節：なぜ精神は自体的に可知的である霊魂を常に
　　認識していないのか。

第 4 節：可能知性は自体的に可知的か。アヴェロエス
　　とトマスがした知性と第一質料との比較は妥当か。

第 5 節：自己認識のプロセスと立ち帰りの意味をまと
　　めた後で，「自分を通じて自分自身を認識する」とい
　　う表現の様々な意味を明らかにする。こうして，トマ
　　スの分析が非常に拡大されているのが分かるだろう。

2　トマス主義における一般的解答

2.1　新アウグスティヌス主義における古典的反論の
　　　指摘

　自己認識の形相的媒介を論じた『定期討論集』第 3 問
の主要な利点は，精神はその本質を通じて自分自身を認識
するという新アウグスティヌス主義の主張を支える論拠を
見出せる点にある。これらの論拠は，たくさん挙がってい
るが，それ自体討論の形式——「答えて言う」という表現
がサットンの考え方そのものを弁護するために使われてい
る——で論じられており，サットンの反論も併せて読ませ
るものとなっている。このサットンの解答部分は議論を新
たに詳しく展開するためのきっかけを与えている。要する
に，討論の中にさらに討論が含まれているのである。こ
れらの論拠の大部分は霊魂の可知性の問題を[25]，他の論拠

---

25)　*Quaest. ord.*, q.3, arg.7 à 14, 16 et 17 ; p. 66-71.

2 トマス主義における一般的解答　　341

は習慣的認識と現実的認識の関係を[26]，最後に別の論拠は
様々な問題を扱っている。言うまでもなく，本書ではすべ
ての議論の展開を追うことはできない。ここでは，すべて
の議論はアウグスティヌスの権威，『三位一体論』にある
古典的になった非常に有名なテクストに基づいていること
をまとめて指摘しておくだけで十分である。実際，アウグ
スティヌスが主張することに，またこれは中心的な論拠な
のだが，精神は，「非物体的なので，それ自体を通じて自
分自身を認識する」[27]。非物体的な実体はみなその本質を通
じて自分自身を認識するので，人間精神も，それ自体非物
体的であることから，同様にそれ自体を通じて自分自身を
認識するはずである[28]。もっと正確に言えば，人間精神は
自己を直接認識するのに必要な条件をすべて満たしている
と思われる。実際，人間精神は一方で本質的に非質料的で
あり，他方で知性に現前している[29]。このことは，再びア

---

26)　*Quaest. ord.*, q.3, arg.2 à 6 ; p. 64-66.

27)　« Ergo et (mens) se ipsam nouit quoniam est incorporea » (*De Trinitate*, IX, 3, 3 ; p. 296, l. 16-18).

28)　« Augustinus IX l. c.4 *De trinitate* dicit quod mens "se ipsam per se ipsam novit, cum sit incorporea". Ex hoc habetur quod, sicut aliae substantiae incorporeae cognoscunt se per suas essentias, ita et mens, cum sit incorporea» (*Quaest. ord.*, q.3, obj.1 ; p. 64, l. 5-8).

29)　« Praeterea unumquodque est intelligibile per hoc, quod habet esse immateriale praesens intellectui. Istud patet inducendo in omnibus quae intelliguntur. Sed mens nostra habet esse immateriale per suam essentiam, et est praesens intellectui seu menti, quia nihil est magis praesens menti quam ipsamet sibi. Ergo ipsa mens nostra est intelligibilis per suam essentiam a se ipsa et non per speciem » 〔さらに，あるものが
可知的になるのは，知性に現前する非質料的な存在を有することに
よってである。このことは，認識されるあらゆるものについて見るに，
明らかである。しかるに，人間精神はその本質を通じて非質料的な存
在を有しており，知性や精神に現前している。というのも，精神その
ものよりも精神に現前しているものはないからである。それゆえ，人
間精神そのものが可知的になるのは，その本質を通じて，自分自身

342 第4章 サットンのトマス

ウグスティヌスの権威で確証できる。「いずれにせよ，精
神は自分自身に現前しているものしか認識できないが，精
神そのものほど精神に現前しているものはない」[30]。しか
し，このアウグスティヌスの主張は次の場合には誤ってい
ることになる。すなわち，アリストテレス主義者たちの主
張するように，精神が自分自身を認識するのに何らかの形
象に依存している場合には。アリストテレス主義者たちの
この仮説によれば，精神はまず自分自身よりも精神の外部
にあるものを認識するが[31]，これは少なくとも驚くべきこ

によってであり，形象を通じてではない〕(*Quaest. ord.*, q.3, obj.2 ; p. 64, l. 9-14) .

30) *De Trinitate*, XIV, 4, 7.

31) « Contra : Quod hoc sit contra mentem Augustini, videtur. Ipse enim dicit in XIV l. c.4 *De trinitate* : "Nihil tam novit mens quam id quod sibi praesto est. Nec menti magis quidquam praesto est quam ipsa sibi". Ergo mens sic novit se ipsam, quod nihil magis novit quam se ipsam. Haec est ratio ipsius. Sed ista ratio nihil valeret, si non posset se ipsam cognoscere, nisi prius cognosceret aliud per speciem, quia sic prima propositio quam assumit esset falsa et similiter conclusio. Ergo secundum mentem Augustini oportet dicere quod mens cognoscat se per se ipsam, antequam habeat speciem, et quod non reducatur ad actum cognoscendi se per speciem aliquam. Alioquin illud aliud, quod mens primo cognoscit per speciem, erit sibi magis notum quam ipsa mens, quae posterius cognoscitur » 〔対して言わねばならない。このことはアウグスティヌ
スの意図に反しているように思われる。というのも，アウグスティヌ
スは『三位一体論』14巻4章の中で次のように言っているからであ
る。「精神は自分自身に現前しているものを最も認識する。しかるに，
精神そのものよりも精神に現前しているものは何もない」。それゆえ，
精神は自分自身を認識するが，それというのも自分自身を最も認識す
るからである。これがアウグスティヌスの論拠である。しかし，この
論拠は，もし精神が他のものを形象を通じて認識する前に自分自身を
認識できないなら，無効となろう。というのも，その場合，大前提も
結論も誤っていることになるから。このようなわけで，アウグスティ
ヌスの意図にしたがって次のように言わねばならない。精神は，形象
を有する前に，自分自身を通じて自分自身を認識する。この働きは，
何らかの形象を通じて自分自身を認識する働きには還元できない。事

2　トマス主義における一般的解答　343

とだろう。というのも，精神自身の本質は精神に対して，どんな外的な形象よりも近くにあるからである[32]。それゆえ，次のように言わねばならない。精神の自己認識を可能にする形相的原理は，精神に現前しているものであり，この原理こそが自己認識の十分原因である。しかるに，自己認識の十分原因であるこの原理は，精神自身に他ならない。その証拠に，再びアウグスティヌスの言明そのものを引き合いに出せる。「人が精神に『あなた自身を認識しなさい』と言うなら，精神は『あなた自身』という言葉を聞いた瞬間に自分自身を認識する。このことは単純な理由によっており，それというのも精神は自分自身に現前しているからである」[33]。また，あるものを認識する形相的原理がその認識を生み出すものなら，精神は自己認識の形相的原理であると認めねばならない。というのも，精神は自分自身でこの認識を生み出すからである[34]。

態がこうでないなら，精神が形象を通じて最初に認識する他のものは，後で認識される精神そのものよりも精神に知られていることになるだろう〕（*Quaest. ord.*, q.3, obj.3 ; p. 65, l. 26-37）.

32) « Praeterea ad principale : Sicut dictum est, secundum Augustinum "mens nihil tam novit quam id quod sibi praesto est". Sed nihil est intimius menti nec magis praesto quam ipsa sibi. Ergo nihil intimius novit mens quam se ipsam. Cum igitur essentia mentis sit maxime intima sibi, sequitur quod mens cognoscat se per suam essentiam; plus enim est ipsa intima sibi quam aliqua species » （*Quaest. ord.*, q.3, obj.14 ; p. 69, l. 142-148）.

33) Cf. *De Trinitate*, X, 9, 12. « Praeterea per illud formale principium mens cognoscit se, quod est praesto menti tamquam sufficiens causa cognoscendi se. Sed tale est ipsa mens, quia dicit Augustinus X c.9 *De trinitate* quod, "cum dicitur menti : cognosce te ipsam, eo ictu quo intelligit quod dictum est te ipsam, cognoscit se ipsam, nec ob aliud quam eo quod sibi praesens est". Ergo per suam essentiam tamquam per rationem formalem cognoscendi cognoscit se » （*Quaest. ord.*, q.3, obj.20; p. 71, l. 198-204）.

34) « Praeterea anima est perfectior quam aliquod accidens rei

344   第4章　サットンのトマス

　他にも多くある中のこれらの理由は，人間精神がその本
質を通じて自分自身を認識することを信じさせるものであ
り，アウグスティヌスの権威で支えられていればいるほ
ど，いっそう強力なものである。それゆえ，サットンが著
述活動を行った時代に，こうした見解を支持する人々がか
なり多くいたとしても，ほとんど驚くには値しない。「今
日では，人間精神はその本質——形相的原理の役割を果た
す——を通じて自分自身を認識すると主張する人々がた
くさんいる」[35]。しかし，この見解はサットンに言わせれば
誤っている。サットンによれば，この見解は誤っているだ
けでなく，アウグスティヌス自身もそう考えていたかのよ
うに信じさせるものである。

　それゆえ，哲学的な問題は非常にはっきりと提起されて
いる。サットンは自分の解答を構築することで，すべての
反論と，またそうした反論が含む様々な点と対決してい
る。結局，サットンが明らかにしようとしたのは以下のこ

---

materialis, quia propinquior est primo principio. Sed accidens ignis, ut
calor est principium formale immediatum calefactionis; et similiter est de
aliis accidentibus. Ergo et anima est immediatum principium formale suae
cognitionis absque omni specie »〔さらに，霊魂は，第一の根源にいっ
そう近いので，質料的事物の何らかの付帯性よりも完全である。しか
るに，熱のような火の付帯性は，熱することの直接的な形相的原理
であり，他の付帯性についても同様である。それゆえ，霊魂もどん
な形象にも頼らずに自分自身を認識する直接的な形相的原理である〕
(*Quaest. ord.*, q.3, obj.21 ; p. 72, l. 205-209) .

　35）« Respondeo : Quia his diebus multi tenent quod mens nostra
cognoscit se per suam essentiam tamquam per formale principium, et hoc
dicunt esse de mente Augustini (quorum utrumque reputo esse falsum) »
〔答えて言わねばならない。というのも，今日では，人間精神はその
本質——形相的原理の役割を果たす——を通じて自分自身を認識する
と主張する人々がたくさんおり，こうした人々はこの主張がアウグス
ティヌスの意図に適っていると言っているからである。思うに，この
主張は誤っており，アウグスティヌスの意図にも一致しない〕(*Quaest.
ord.*, q.3 ; p. 72-73, l. 227-230) .

2 トマス主義における一般的解答 345

とである。

先に述べた考え方は誤っており，経験にまったく即していない（2.2 節）。

なぜ誤っているか，そして精神は実際にはどのように自分自身を認識するか（2.3 節）。

「自分自身を通じて自分自身を認識する」という表現についていくつかの異なる意味を区別することで，問題は解決できる（5.3 節）。

こうして，アウグスティヌスのテクストは非常にうまく違ったふうに解釈できるのであり，アリストテレスの思想と調和させることができる（5.4 節）[36]。

---

36) « (…) ideo tria volo manifestare : Primo ostendam ex his quae manifeste apparent, quod non cognoscit se per suam essentiam formaliter, ut tenentes contrariam opinionem percipiant eam repugnare his quae manifeste apparent; et ista probatio erit a posteriori. Secundo declarabo causam, propter quam non potest mens nostra cognoscere se per suam essentiam, quia nihil perfecte cognoscitur, nisi causa eius cognoscatur; et haec declaratio erit a priori. Tertio exponendum est, quid Augustinus senserit, cum dicit mentem cognoscere se per se ipsam et per sui praesentiam, quia per hoc apparebit, quomodo sententia Augustini non repugnat sententiae Aristotelis »〔それゆえ，三つのことを明らかにしたい。第一に，誰の目にも明らかな事柄を通じて，人間精神がその本質を形相的原理として自分自身を認識するのではないことを示したい。こうして，対立する主張を奉じる人々は，自分たちの主張が誰の目にも明らかな事柄を通じて反駁されるのを見るだろう。この証明は経験に基づくものである。第二に，人間精神がその本質を通じて自分自身を認識できない理由を明らかにしたい。というのも，物事を完全に認識したいなら，その原因を知る必要があるから。この証明は演繹によるものになろう。第三に，アウグスティヌスが，「精神はそれ自体を通じて，自己現前を通じて自分自身を認識する」と言うときに何を考えていたか，説明する必要がある。というのも，この考察により，アウグスティヌスの言明がいかにしてアリストテレスの言明と対立しないか，明らかになるからである〕（*Quaest. ord.*, q.3 ; p. 73, l. 230-239）.

346　　　　　　第4章　サットンのトマス

2.2　経験，ならびに新アウグスティヌス主義の見解の誤り

　新アウグスティヌス主義の見解は，サットンが長く説明し，ここで短く指摘したものだが，誤っており，ごく一般的な経験とほとんど一致していない。経験は三つの点でこの見解に異議を唱える。実際，霊魂が本質を通じて自分自身を認識するなら，まずその本質は万人に知られているはずである。次に人はこの主題について誤る恐れはなく，最後に各人は自分の霊魂をそれが創造されるやいなやたやすく認識できるだろう。しかし，最も明白な事実に照らせば，この三つの主張は誤っていることが分かる。まず，霊魂の本性は万人に知られていないし，それどころか多くの人はそれを知らない。次に，周知のとおり，哲学者，それも霊魂の本性を熱心に探究した哲学者の多くは誤った意見を述べたのであり，アリストテレスとアウグスティヌス自身の証言によれば，霊魂は火，空気，水などからできていると述べたのである。最後に指摘できることに，霊魂の本性を認識することは難しく，こうした認識は最も難しい学知の一つである。これら三つの事実は否定できないものであり，古典的な新アウグスティヌス主義の主張を論難するものである[37]。

---

　37)　« De primo accipiendum est pro manifesto, quod natura animae non est per se nota omnibus; immo a multis est ignota. Similiter etiam manifestum est quod multi philosophantes, qui laboraverunt studiose ad sciendum naturam animae, erraverunt a veritate, quia sicut dicit Augustinus in X *De trinitate* et philosophus in I *De anima*, quidam dixerunt animam esse ignem, quidam aerem, quidam ex corporibus indivisibilibus compositam; et multi alii errores fuerunt circa eam. Et ex hoc sequitur tertium manifestum quod difficile est cognoscere naturam animae, sicut et philosophus dicit in principio libri *De anima* : "Omnino difficillimorum est accipere aliquam fidem de ipsa". Si autem anima cognosceret se per suam essentiam formaliter, sua essentia esset omnibus

2 トマス主義における一般的解答　　347

　分かるように，サットンは伝統的になった論拠を少し詳しく説明している。すなわち，霊魂の本性について，いくつかの哲学的考え方は誤っているという論拠である。サットンが述べるように，ここにあるのは経験的事実だけだが，これらの事実だけで十分である。サットンは，何人かの哲学者の誤りの例を明晰に説明しているが，その際，報告した事実とこれらの事実の理論的な正当化を注意深く区別している。こうして，アウグスティヌスとアリストテレスは二人ともこうした経験を認めていること，そして反対の立場は弁護できないことを同時に明らかにしている。

　実際，霊魂はそれ自体を通じて自分自身を認識すると主張することはできない。というのも，その場合にはいかなる誤りも考えられないだろうから。知的な誤りが入り込むのは，三段論法による推論か，経験から原理への帰納においてである。しかるに，感覚的与件に直接由来する認識の場合，いかなる誤りも生じない。自明の原理の認識についても事態は同様である。さらに，この二つの認識は少しも難しくない。また，感覚を通じて得られるのではない認識を想定するなら，こう言ってよければ，誤りはもっと生じないだろう。ここで検討している事例の場合，もし霊魂がその本質を通じて自分自身を認識するなら，これは三段論法によるものでも，帰納によるものでも，感覚を通じたものでもないだろう。反対に，霊魂は本性的に，また正しい仕方で自分自身を再現しており，こうして霊魂の本性は直接かつ本性的に明らかで，いかなる誤りも困難も免れており，どんな原理よりもはっきり認識できるだろう。しかし，経験は正反対のことを示している。それゆえ，新アウ

---

per se nota; nullus etiam erraret circa ipsam, sed ab omnibus cognosceretur sine omni difficultate statim a principio suae creationis »（*Quaest. ord.*, q.3 ; p. 73, l. 240-253）．

348   第4章　サットンのトマス

グスティヌス主義者たちの見解は，こうした経験的事実を
前にして無効となる[38]。

---

38) « Istud probatur sic : Error vel difficultas non convenit
in cognitione intellectiva, quae habetur absque omni syllogismo, et
absque hoc quod ex multis sensibus fiat memoria, et ex multis memoriis
experimentum, et ex multis experimentis universale principium. Si enim
aliqua cognitio intellectiva statim habeatur ex sensu, sicut quod totum
est maius parte, circa talem cognitionem nullus potest esse error, nulla
difficultas, sed tale est intellectui per se notum. Si autem aliquid posset
cognosci ab intellectu absque omni cognitione sensitiva, illud adhuc esset
magis per se notum intellectui, et minus posset esse error vel difficultas
circa eius cognitionem. Sed si anima cognosceret se per suam essentiam
formaliter, eius cognitio non acquireretur per syllogismum, neque per
sensus multiplicatos et memorias et experimenta, immo neque per
sensum; ipsa enim praesens sibi repraesentaret se sibi naturaliter. Et cum
sit praesens sibi secundum omnem sui rationem, omnem rationem suam
repraesentaret sibi, et nullam aliam repraesentaret quae sibi convenit.
Ergo natura animae esset cuilibet per se nota naturaliter a principio magis
quam quodcumque principium, cuius termini cognoscuntur per sensum,
sine omni errore, sine omni difficultate. Sed manifeste experimur opposita
horum, ut dictum est. Ergo opinio, quae ponit mentem cognoscere se per
suam essentiam, tamquam per formale principium sui repraesentativum,
repugnat his quae manifeste apparent » 〔このことは次のように証明で
きる。知的認識に誤りや困難が入り込むのは，三段論法による認識
か，次の場合だけである。すなわち，多くの感覚から記憶が生じ，多
くの記憶から経験が生じ，多くの経験から普遍的原理が生じる場合で
ある。全体は部分より大きいというような，感覚から直ちに生じる知
的認識がある場合，こうした認識はどんな誤りも困難も含まず，知性
にとって自明である。知性がどんな感覚的認識も介さずに認識するも
のがあるとするなら，こうしたものは知性にとってよりいっそう自明
であり，その認識について誤りや困難が生じることはもっと少ないだ
ろう。しかし，もし霊魂がその本質を形相的原理として自分自身を認
識するなら，その認識は三段論法によるものでも，多くの感覚や記憶
や経験によるものでも，それどころか感覚を通じたものでもないだろ
う。霊魂は自分自身に現前しながら自分に対して自分自身を本性的に
再現する。また，霊魂はそのあらゆる理念にしたがって自分自身に現
前しているので，そのあらゆる理念を自分自身に再現し，自分にふさ

2 トマス主義における一般的解答　　　349

　これらの経験的事実は，新アウグスティヌス主義の論拠
が誤っていることをはっきり強調するものだが，哲学者を
満足させるものではないだろう。というのも，現象の理解
を教えてはくれないからである。それゆえ，残る課題は，
最も重要なことだが，他の霊的実体の場合とは反対に，人
間精神が自分の本質を形相的原理として自分自身を認識す
るわけではないことの深い理由を明らかにすることであ
る[39]。読者はこの問題を通じて，サットンとともに肯定的
な哲学的分析に取り組むことになるが，この分析は最も明
白な事実を理論的に正当化しようとするものである。

2.3　理論的正当化

　最初の一般的な解答を検討することで，問題に近づくこ
とができる。なぜ人間精神はその本質を通じて自分自身を
認識しないのかと問うとすれば，かなり古い——というの
も，元々アリストテレスに由来し，とりわけアヴェロエス
が主張したものだから——比較を考慮に入れねばならな
い。問題となっているのは，人間知性——完全な可能態に
あり，それゆえ自分自身を通じて可知的ではない——と第
一質料——可感的世界の中で完全な可能態にある——との
比較である。質料が可感的世界の中で完全な可能態にある

わしくない他の理念は何一つ再現しない。それゆえ，霊魂の本性はど
んなものにも本性的に初めから知られており，感覚を通じて用語が
理解されるどんな原理よりも知られている。そして，誤りや困難が入
り込む余地はない。しかし，述べたように，われわれはこれらの正反
対のことを経験している。したがって，次の見解，すなわち精神はそ
の本質——精神を再現する形相的原理の役割を果たす——を通じて自
分自身を認識するという見解は，明らかな経験的事実に反している〕
(*Quaest. ord.*, q.3 ; p. 74, l. 254-275)．

　39)　« Hoc habito, secundo declaranda est causa, quare mens nostra
non intelligit se per suam essentiam formaliter, sicut aliae mentes se ipsas
intelligunt per se ipsas »（*Quaest. ord.*, q.3 ; p. 74, l. 276-278）．

350 　　　　第4章　サットンのトマス

のと同じく，人間知性は可知的世界の中で完全な可能態に
ある。それゆえ，人間知性は，現実態において知的なもの
でも，現実態において可知的なものでもない。人間知性
は，あらゆる知性の中で最下に位置するが，アリストテレ
ス以来何度も言われてきたように[40]，完全な可能態にある。
元来，完全に可能的で，可知的なものの領域において現実
態にはないのだ。それゆえ，アリストテレスは人間知性
を何も書かれていない書字版に例えたのである[41]。しかし，
サットンがしばしば忘れずに指摘していることだが，人間
知性を第一質料——それ自体として可感的世界の中で完全
な可能態にある——に比べたのはアヴェロエスである[42]。
しかるに，完全な可能態は自分からはどんな働きも生み出
せない。人間知性も自分からは何も認識できない。という
のも，働きを生み出すには自分以外のものを必要とするか
らである。現実態にある他のものを必要とするのである。

　この事例から，知性が自分自身を認識できないことは
うまく理解できる。というのも，知性は完全な可能態に
あり，可知的ではないからである。しかし，この主張は
知性の場合にしか当てはまらない。避けられない別の問題
が残っている。すなわち，可能知性は，確かに可能態にあ
るとしても，霊魂を通じて直接現実化しないのか。霊魂の
本質は，知性とは反対に常に現実態にあるので，直接知性
の対象になりえないのか。知性を直接形成できないもの
なのか。霊魂の本質は，現実態において可能知性に現前
し，可能知性を現実化する十分原因とはならないのか。そ
れゆえ，問題は知性の可知性から霊魂の可知性に置き換わ
る[43]。そして，この問題は重要である。ところが，かなり

---

40)　Cf. *De l'âme*, III, 4, 429a22-24.

41)　Cf. *De l'âme*, III, 4, 430a1-2.

42)　Cf. AVERROES, *In* III *de anima*, comm.66 ; p. 387-388.

43)　Cf. *Quaest. ord.*, q.3 ; p. 74-75, l. 277-290.

2 トマス主義における一般的解答　　351

奇妙なことに、サットンはこの問題に対し、ぞんざいで、不完全で、何も説明していない近道を通じてしか答えていない。『定期討論集』第3問では、断固たる調子で次のことだけを主張している。「霊魂の本質は、現実態において可知的であることは認められるが、その知性を現実化することはない。それゆえ、知性は霊魂をその本質を通じて認識しない」[44]。さしあたり、サットンはいかなる詳しい説明もしていない。にもかかわらず、問題は提起されており、これは二つの異なる問題の違いを強調するのに役立つだろう。こうした問題の区別は、特にトマス・アクィナスが明らかにしなかったものである。

1. 霊魂は、可知的なら、なぜ自己認識の形相的媒介にならないのか。なぜ知性は霊魂に直接向かわないのか。
2. 可能知性は可知的か。

　言い換えれば、自己認識は、霊魂を考察するか知性を考察するかにしたがい、二つの異なる次元で考えられている。こうした考え方はまったく新しいものだった。というのも、第一に、霊魂の自己認識は可能知性の自己認識からはっきり区別されるからである。しかし、『定期討論集』第3問には詳しく根拠づけられた解答がないので、他のテキストに訴える必要がある。なぜなら、サットンはどちらの問題についても、違う箇所で――霊魂の可知性については『任意討論集』第2巻第14問で、可能知性の可知性については『任意討論集』第1巻第14問と『定期討論集』第22問で――はっきり論じているからである。このようなわけで、『定期討論集』第3問の内容を追う前に、これ

---

44)　« Quamvis enim detur quod essentia animae sit actu intelligibilis, tamen quia non actuat intellectum suum, non intelligitur ab intellectu suo per se ipsam »（*Quaest. ord.*, q.3 ; p. 75, l. 290-292）.

352   第 4 章　サットンのトマス

らの異なる解答とその展開を検討しよう。

3　霊魂の可知性──『任意討論集』第 2 巻第 14 問

　第一の問題，すなわち霊魂の可知性の問題から始めるな
ら，トマス・アクィナスの言明は相当曖昧でほとんど明確
ではないことを思い出せるだろう。トマスの言明の中に，
人間霊魂が可知的になることを妨げている深い理由を探し
ても無駄に終わる。もっと正確に言えば，トマスは「なぜ
霊魂は可知的でないのか」と問いながら，霊魂の問題から
離れて，可能知性とその可知性の欠如の問題へと話を移
しているのである[45]。これは重大な議論のすり替えであり，
詭弁的にすら見える。というのも，トマスは，霊魂は自分
自身を認識しないことを言い表そうとして，知性の可能態
性を論じ，そうしてアヴェロエスの有名な比較を持ち出し
ているからである。わたしはこのトマスの議論は明らかに
厳密でないと驚いたので，トマス思想の現代の解説者，特
にガルデイユ（A. Gardeil）神父に助けを求めるしかなかっ
た。ガルデイユ神父は問題を精妙に解決しようとし，霊魂
の認識を妨げているものは，対象としての霊魂の側ではな
く，主体としての霊魂，すなわち可能知性の側に求めるべ
きことを明らかにした[46]。わたしはこの解釈をトマスのテ
キストそのものを通じて確証しようとし，分離霊魂の自己
認識の教えを検討したのだが，その結果，いかにして自己
認識を妨げているものが主体や対象の側から取り除かれる

---

　45)　Cf. par ex. *De veritate*, 10, 8.

　46)　Cf. *Le sens de la réflexion chez Thomas d'Aquin* (1991), chap.
II, 1.2.2, p. 77-79〔『トマス・アクィナスの自己認識論』第 2 章 1.2.2
節，117-120 頁〕.

3 霊魂の可知性 353

かをうまく明らかにできた[47]。こうして，ガルデイユ神父の結論はトマスのテキストそのものにより首尾よく確証されたのである[48]。

　しかし，次のことは特に注目に値する。すなわち，サットンは，トマスの死後約20年しか経っておらず，トマスの著作をすべて所有していたわけでもなかったのに，この問題に完全に気づいていた。さらに，サットンは二つの問題をうまく区別しただけでなく，明晰な解答も与えたのであり，トマスの精神にしたがって，自己認識を妨げているのは主体としての霊魂，すなわち人間精神の認識様態でしかないことを明らかにした。それゆえ，『任意討論集』第2巻第14問「人間霊魂の可能知性は，霊魂——可能知性はその一能力である——の本質を現実態において常に認識しているか」[49]において，この主題が誰にも明らかな仕方で論じられているのは驚くべきことである。

　言うまでもなく，こうした問題設定は，霊魂の本質と霊魂の能力は実在的に区別されるという哲学的考え方を前提としている。これは，サットンが異論の余地なく明らかにした既知事項と見なすことができる[50]。

---

　47)　特 に，*Le sens de la réflexion chez Thomas d'Aquin* (1991), chap. II, 1.2.3.1, p. 80-81〔『トマス・アクィナスの自己認識論』第2章1.2.3(1)節，121-123頁〕を参照。

　48)　この確証については，*Le sens de la réflexion chez Thomas d'Aquin* (1991), chap. II, 1.2.3.2, p. 81-82〔『トマス・アクィナスの自己認識論』第2章1.2.3(2)節，123-125頁〕を参照。

　49)　« Prima quaestio fuit, utrum intellectus possibilis animae nostrae semper actu intelligat essentiam animae, cuius est potentia » (*Quodl.*, II, 14 ; p. 270, l. 5-7)．

　50)　「ここから，霊魂の能力は霊魂と同一視できないことが帰結する。というのも，霊魂は実体の類に属するからである」(D.E. SHARP, *Thomas of Sutton* (1934), p. 336)。

3.1 新アウグスティヌス主義の論拠

　それゆえ，問題は知性が霊魂の本質を直接認識できない
理由を知ることにある。しかるに，新アウグスティヌス主
義者たちが常に主張するところでは，霊魂はそれ自体を通
じて可知的であり，霊魂を直接認識することを妨げるもの
は何もない。たとえサットンがこれらの論拠を非常にアリ
ストテレス的な用語を使って提示しているとしても，そこ
にあるのは古典的な新アウグスティヌス主義の支持者の諸
見解である。実際，人間霊魂をその本質において考察する
人にとって，霊魂の可知性のすべての条件が完全に実現し
ていることは疑いない。第一に，人間霊魂は，少なくとも
部分的に一つの次元においては非質料的であり，質料を超
えて高められている。そして，それ自体としては非質料的
実体である。第二に，人間霊魂は，同様に非質料的である
可能知性とは反対に，現実態にある。すなわち，認識され
るために十分な現実性を備えている[51]。最後に第三に，人

　51）« Ad principale : Unumquodque est cognoscibile per hoc
quod est in actu; verbi gratia, coloratum in actu est sensibile, non autem
coloratum in potentia. Sed anima per suam essentiam est in actu, quia
per suam essentiam est actus. Ergo per suam essentiam est cognoscibilis,
sed non a sensu; ergo ab intellectu cognoscitur per suam essentiam. −
Sed dicebat quod anima, licet sit in actu, quia tamen est infima in genere
intelligibilium, ideo non sufficit sua actualitas ad hoc quod intelligatur,
quia debilem actualitatem habet propter vicinitatem eius ad res materiales.
− Contra : Ista corpora materialia, ut lapis, plumbum, ferrum, quae
sunt inferiora quam anima, et per consequens minorem actualitatem
habent quam anima, sufficientem actualitatem habent ad hoc, quod
sint intelligibilia, hoc excepto quod non habent esse immateriale apud
intellectum. Unde quam cito per actionem intellectus agentis acquirunt
esse immateriale apud intellectum, fiunt actu intelligibilia. Sed mens
humana maiorem actualitatem habet quam quodcumque corpus, cum sit
spiritus praestantior omni corpore, et habet de se esse immateriale praesto
sibi.Ergo non obstante quod sit infima in genere mentium, ipsa habet
sufficientem actualitatem ad hoc quod intelligatur »〔主要な論拠につい

3 霊魂の可知性   355

間霊魂は常に知性に現前している[52]。非質料性，現実性，

――――――――――――――――

て。どんなものも現実態にあるかぎりで認識されうるものになる。例
えば，感覚されうるのは，現実態にある色のついたものであって，可
能態にある色のついたものではない。しかるに，霊魂はその本質を
通じて現実態にある。というのも，その本質を通じて現実態だから
である。それゆえ，霊魂は感覚を通じてではなくその本質を通じて認
識されうるものになるので，その本質を通じて知性により認識され
る。――しかし，次のようにも言われる。霊魂は，現実態にあるとは
いえ，可知的なもののうちで最下にあるので，その現実性は認識され
るために十分ではない。というのも，霊魂は質料的なものの近くにあ
るので，少ない現実性しか有しないからである。――対して言わねば
ならない。石，鉛，鉄といったこうした質料的物体は，霊魂よりも下
位にあり，それゆえ霊魂よりも少ない現実性しか備えていないが，知
性のもとで非質料的存在を有するところまではいかなくても，可知的
であることのためには十分な現実性を有している。それゆえ，こうし
た物体は，能動知性の働きを通じて知性のもとで非質料的存在を得る
と，すぐに現実態において可知的なものになる。しかるに，人間精神
はどんな物体よりも大きな現実性を備えており――というのも霊はど
んな物体よりも優れているから――，自分自身に現前する非質料的存
在を有している。それゆえ，人間精神は，諸精神のうちでは最下にあ
るにもかかわらず，認識されるためには十分な現実性を有している〕
(*Quaest. ord.*, q.3, obj.7 et 8 ; p. 66-67, l. 71-90) .

52) « Arguitur quod sic : Quia intelligere est esse formae
intelligibilis apud intellectum. Sed essentia animae est semper praesens
apud intellectum, et est actu intelligibilis, quia est forma elevata supra
materiam, sicut essentia angeli est actus immaterialis semper praesens
apud intellectum suum. Essentia enim animae est aliquid in actu in
intelligibilium, licet intellectus possibilis sit tantum in potentia in genere
illo. Ergo sicut angelus semper actu intelligit suam essentiam, ita et
anima. Idem arguitur de rebus materialibus, quae sunt infra animam, quia
secundum commentatorem XII *Metaphysicae* forma motoris primi est
quodammodo omnis forma, quia movet ad omnem formam. Sed intellectus
agens movet ad esse intelligibile omnem formam materialem. Ergo
intellectus agens continet secundum actum intelligibilem omnem formam
materialem, intellectus agens est semper perfectio intellectus possibilis,
sicut lumen est perfectio diaphani, secundum commentatorem III *De
anima*. Ubi etiam dicit quod intellectus speculativus nihil aliud est quam
perfectio intellectus materialis per intellectum agentem. Ergo quaelibet

356   第4章　サットンのトマス

現前性というこれら三つの条件は，人間霊魂について実現
している。それゆえ，人間霊魂はそれ自体を通じて可知的
であるはずであり，こうして知性が霊魂を直接認識するこ
とを妨げるものは何もない[53]。

forma materialis semper est secundum esse intelligibile apud intellectum
possibilem et per consequens semper actu intelligitur »〔次のように論証
できる。すなわち，認識することは可知的形相が知性のもとに存在す
ることである。しかるに，霊魂の本質は常に知性に現前しており，現
実態において可知的である。というのも，質料を超えて高められた形
相だからであり，これは天使の本質が常にその知性に現前する非質料
的な現実態であるのと同じである。霊魂の本質は可知的なもののうち
で現実態にある何かである——ただし可能知性だけは可知的なものの
うちで可能態にある。それゆえ，天使が常に現実態において自分の本
質を認識しているのと同じく，霊魂もそうである。同じことは，霊魂
よりも下位にある質料的事物についても論証できる。註解者の『形而
上学』第12巻によれば，第一動者の形相はある意味ですべての形相
である。というのも，第一動者はあらゆる形相へと動かすからである。
しかるに，能動知性はあらゆる質料的形相を可知的存在へと動かす。
それゆえ，能動知性は可知的な働きにしたがって，あらゆる質料的形
相を含んでいる。しかるに，註解者の『霊魂論』第3巻によれば，能
動知性は常に可能知性の完成であり，これは光が透明体の完成である
のと同じである。さらに，註解者は同じ箇所で，思弁的知性は質料的
知性が能動知性を通じて完成することに他ならないと言っている。そ
れゆえ，どんな質料的形相も可知的存在にしたがって常に可能知性の
もとにあり，それゆえ常に現実態において認識される〕(Quodl., II, 14
; p. 270-271, l. 8-26).

   53) « Contra : Haec est causa, quare res materiales, quando
abstrahuntur, determinant intellectum, quia habent determinatam naturam
generis determinati et speciei determinatae; intellectus autem de se est
indeterminatus. Sed ista causa reperitur in anima; ipsa enim est natura
determinata constituens speciem determinatam, scilicet speciem humanam.
Ergo sicut species lapidis potest determinare intellectum ad intelligendum
lapidem, ita anima nostra potest determinare intellectum ad cognoscendum
se ipsam »〔対して言わねばならない。質料的事物が，抽象されたと
きに知性を規定するのは次の理由によっている。すなわち，知性は自
分自身について未規定だが，質料的事物は特定の類と種による特定の
本性を有しているからである。ところで，この理由は霊魂にも当て

3 霊魂の可知性 357

　それゆえ，こうした霊魂の自己認識を妨げるものは何も
ない。とりわけ霊魂が質料と結びついていることも霊魂の
自己認識を妨げない。このことをもっとよく理解するため
に，分離霊魂の事例と比べ，その論拠を，本質を通じて自
己を直接認識することを理解するのに役立ててみよう。実
際，これには異論がないだろうが，身体から分離した霊魂
は，表象像から抽象した形象を通じて自分自身を認識する
わけではない。というのも，分離霊魂はもはやこうした表
象像と何の関係もないからである。それゆえ，分離霊魂は
その本質を通じて自分自身を認識する。このことが可能な
のは，分離霊魂の本質が現実態において可知的だからに他
ならない。したがって，霊魂が現実態において可知的なの
は，その本性によるものである。さらに，霊魂は，分離し
ているときよりも，身体と結びついているときの方が，よ
り完全な状態にある。というのも，全体のうちにある部分
はどれも，全体から切り離された部分よりも完全だからで
ある。トマス・アクィナス自身もこの見解には賛成するだ
ろう。このようなわけで，結論として次のように言える。
身体と結びついている霊魂は，現実態にあり，それ自体と
して可知的なので，その本質を通じて自分自身を認識す
る[54]。

はまる。霊魂は特定の種，すなわち人間という種を構成する特定の本
性である。それゆえ，石の形象が石を認識するために知性を規定でき
るように，人間霊魂も自分自身を認識するために知性を規定できる〕
(*Quaest. ord.*, q.3 ; p. 68, l. 120-127).

　54) « Praeterea anima separata non cognoscit se per speciem quae
abstrahatur a phantasmatibus, quia non habet connexionem ad phantasmata
secundum illum statum. Ergo cognoscit se per suam essentiam. Sed hoc
non posset esse, nisi sua essentia esset de se actu intelligibilis. Ergo cum
hoc conveniat animae naturaliter, quod sit de se actu intelligibilis, et ipsa
sit perfectior corpori unita quam a corpore separata, sicut omnis pars in
suo toto est perfectior naturaliter quam separata a toto, anima corpori

第4章　サットンのトマス

　霊魂がそれ自体を通じて自分自身を認識することは明らかに見える。これはかつて，暗黙的にではあったが，トマスも直面した問題である。サットンの長所は，この問題を明確に表現し，堅固な論拠を通じて説明した点にある。最後に，この霊魂の自己認識の考え方は，ある人々がアウグスティヌスの『三位一体論』に見出せると信じたものである。というのも，アウグスティヌスは，一方で精神は非物体的なのでそれ自体を通じて自分自身を認識すると言い[55]，他方で精神は自分に現前しているものを一番よく認識するが，精神そのものよりも精神に現前しているものは何もないと主張したからである[56]。それゆえ，サットンによれば，ある人々は，人間精神は常に現実態において自分自身を認識していると結論づけた。こうした人々は，経験から分かることに霊魂が常に自分自身を認識していることを知覚している人は誰もいないと反論されるなら，再びアウグスティヌスを拠りどころにしながら次のように答えるだろう。こうした自己認識は明らかではなく，深く隠れたものなので，われわれはそれを知覚できないのだと[57]。

---

unita est actu intelligibilis de se, et ita cognoscit se per suam essentiam » (*Quaest. ord.*, q.3 ; p. 70, l. 161-169) .

　　55)　Cf. *De Trinitate*, IX, 4, 4.

　　56)　Cf. *De Trinitate*, XIV, 4, 7.

　　57)　« Una positio est quod anima semper actu se ipsam intelligit, et ista positio videtur ortum habuisse ex verbis Augustini libro *De trinitate*, quia IX l. 4 c. dicit quod mens se ipsam per se ipsam novit, cum sit incorporea. Et l. XIV 4 c. dicit : "nihil tam novit mens, quam id quod sibi praesto est; nec menti magis quidquam praesto est quam ipsa sibi". Ex istis verbis videtur aliquibus quod mens semper actu cognoscat, quia semper actu est praesto sibi. Sed quia nulla anima humana percipit se semper intelligere se ipsam, et sic videtur haec positio esse contra id, quod nos omnes experimur. Et ideo dicunt ad hoc, quod illud intelligere quo anima semper se intelligit, non est intelligere manifestum, sed abditum, ita quod non percipitur, sicut dicit Augustinus XIV l. *De trinitate* c.7 : "admonemur

3　霊魂の可知性　　　　　　　　　　359

新アウグスティヌス主義者たちの論拠は以上のようなものである。しかし，サットンはこれらの論拠を認めないだろう。

3.2　なぜ知性は常に霊魂を認識しないのか

　サットンは，『任意討論集』第2巻第14問において，まずこうした新アウグスティヌス主義の考え方は矛盾していると言い[58]，次にアウグスティヌスの誤った解釈に基づいていることを示し[59]，最後に上で報告した論拠はまったく有効ではないことを明らかにしている[60]。反駁の詳細はここではあまり関係がない。もっと重要なのは，続く説明と論拠——知性が常に現実態において霊魂の本質を認識できない理由を述べている——である。

　最初の問題は，自己認識を妨げているものをいわば明確にすることである。霊魂の本質は，常に可知的であるように見えるにもかかわらず，常に現実態において認識されていないなら，その理由は対象としての霊魂と主体としての霊魂のいずれに求めるべきなのか。すなわち，可知性の欠如と，人間知性の認識様態のどちらに求めるべきなのか。

　この問題に関して，『定期討論集』第3問は，その異論解答において，簡潔ながら望ましい明晰さで次のように主張している。欠陥はもっぱら認識の人間的様態に由来するのであり，認識対象としての霊魂の実体には絶対に由来しない。自己認識を妨げているものは，霊魂の可知性の側ではなく，主体としての霊魂の側に求めるべきである。

3.2.1　一般的主張

---

nobis esse in abdito mentis quarundam rerum quasdam notitias" etc. »
(*Quodl.*, II, 14 ; p. 271, l. 34-46)．

58)　Cf. *Quodl.*, II, 14 ; p. 273, l. 69-83.
59)　Cf. *Quodl.*, II, 14 ; p. 273-275, l. 84-121.
60)　Cf. *Quodl.*, II, 14 ; p. 275-278, l. 122-195.

360   第4章　サットンのトマス

　実際サットンは，上で報告したすべての論拠について，
霊魂の実体は可知的世界のうちで現実態にあることを認め
ている[61]。しかし，霊魂の本質が霊魂の一能力である知性
を直接現実化しないことは，第8異論解答にあるように現
実性の欠如のためでも，第11異論解答にあるように非質
料性の欠如のためでもない。むしろその理由は，「知性が
向かえるのが，霊魂の本質ではなく，質料的事物の表象像
のみだ」[62]という点にある。霊魂の実体は，確かに非質料
的で現実態にあるが，知性を現実化する形相とはなりえな
い。そしてこのことは，知性の働きの様態，すなわち知性
は自分自身に対応した対象——能動知性に照明された質料
的事物——にしか向かえないという理由によっている。そ
れゆえ，人間知性は，非質料的な実在を即座に認識するこ
とはできないのである[63]。

　しかし，問題へのこうした最初のアプローチは曖昧で不
明確にとどまる。この研究方法は，確かに主体としての霊
魂，すなわち人間知性の働きの様態の側を掘り下げていこ

---

　61)　トマスはサットンとは違い，自己は直接認識できないとい
う主張を弁護するために，可能知性は可知的世界のうちで可能態にし
かない事実を強調した——cf. par ex *De veritate*, 10, 8。トマスはこう
することで，霊魂の可知性の問題から知性の可知性の問題に話をすり
替えている。対して，サットンはこうしたことはしていない。

　62)　« Ad septimum dicendum quod, quamvis concedatur quod
substantia animae sit aliquid in actu in genere intelligibilium, tamen illa
actualitas non actuat intellectum animae, quia intellectus non potest se
convertere ad essentiam animae, sed ad phantasma rerum materialium »
(*Quaest. ord.*, q.3, ad7 ; p. 84, l. 517-520).

　63)　« Ad octavum dicendum quod non est ex defectu actualitatis
animae, quod non intelligitur ab intellectu suo, sed quia actualitas animae
non actuat intellectum tamquam forma intellectus, quia intellectus non
convertit se ad immaterialia, sed ad materialia, quae sunt obiecta sibi
proportionata per lumen intellectus agentis » (*Quaest. ord.*, q.3, ad8 ; p.
84, l. 521-525).

3 霊魂の可知性 361

うとする利点はあるが，知性が霊魂の本質をその本質その
ものを通じて直接認識する——新アウグスティヌス主義者
たちはこう考えた——ことを妨げている根本的な理由を教
えてくれるものでは決してない。こうした根本的な理由を
知りたいなら，『任意討論集』第2巻第14問を参照する
必要がある。というのも，この箇所だけが完全に満足のい
く解答を教えてくれるからである。サットンが展開してい
る詳しい説明は，明晰でうまく構築されているので，テキ
ストの議論を追うだけでよく，説明の構成もそのまま採用
できる[64]。

3.2.2 人間の認識様態の自然本性的限界

3.2.2.1 人間の本性　ここで問題となるのは，人間の
条件をはっきりさせることである。人間では，霊魂は身体
の現実態である。霊魂は，このかぎりで，すなわち質料の
形相であるかぎりで，現実態において可知的ではない。理
性を備えていない動物の霊魂はなおさらである。しかし，
反対に霊魂を，質料を超越したものと考えるなら，霊魂は
それ自体として現実態において可知的である[65]。これは異
論の余地のない事実である。だが，こうして霊魂が現実態
において可知的だからと言って，それがそのまま自己の直
接的認識をもたらすわけではない。実際，人間知性が霊魂
を認識できるのは，形象を介してであって，霊魂の本質を

---

64)　強調すべきことに，サットンの体系化は非常に優れており，
自分の教師であるトマスとも十分な距離をとりつつ論じている。こう
してサットンは，自分の思想を明晰に，自由に，革新的に説明でき
たのである。このような特徴は，初期のトマス学派の多くの著述家に
はっきり認められる。

65)　« Ad primum principale quod probat oppositum, dicendum est
quod anima humana est actus corporis. Et quantum ad hoc non est actu
intelligibilis, sicut nec anima bruti, sed tamen in quantum ipsa est elevata
supra materiam, est actu intelligibilis » (*Quodl.*, II, 14 ; p. 278, l. 196-
199)．

通じてではない。知性が霊魂を認識するのは、まさに他の
ものを認識するときである。なぜか。なぜなら、人間知性
は本性上、どんなものについても、表象像に向かうことに
よってしか認識しないからである。表象像を通じた認識
は、人間知性にとってまったく自然本性的であり、これは
ちょうど身体と結びついていることが人間知性にとって自
然本性的なのと同じである。反対に、人間知性が身体から
完全に切り離されることは、自然本性の外部で起こること
である。こうした分離は、分離霊魂の場合のように、自然
本性に従わない出来事である。同じ理由から、表象像に向
かわない認識は、自然本性を外れており、人間本性の厳格
な法則を守っていないと言える。このようなわけで、知性
は、それ自体として現実態において可知的である非質料的
な霊魂の本質に向かえないのである。それゆえ、新アウグ
スティヌス主義者たちの見解は明らかに誤っている。すな
わち、霊魂は霊魂そのものを形相として自分自身を認識し
ないし[66]、自分自身を常に現実態において認識することも
ない[67]。

---

66) サットンは、霊魂は霊魂そのものを形相として（formaliter）
自分自身を認識すると注意深く述べている。トマスは、『真理論』10
問8項で、こうした形相因の方向性において自己の直接的認識の問題
を提起したが、「自分自身を通じた自己認識」という表現がもつ様々
な意味を分析することはなかった。トマス以来、多くの著述家が同じ
問題を取り上げ、哲学思想は目覚ましく発展した。サットンは先ほど
の表現の様々な意味を指摘している——cf. *Quaest. ord.*, q.3 ; p. 81。

67) « Non tamen intelligitur ab intellectu nostro nisi per speciem,
sicut intelliguntur materialia et hoc est, quia intellectus noster naturaliter
intelligit convertendo se ad phantasmata, dum anima unitur corpori
naturaliter. Sicut enim animam esse unitam corpori est naturale, ita et
modus intelligendi per conversionem ad phantasmata corporea est ei
naturalis. Et sicut esse separatum a corpore est praeter naturam animae, ita
intelligere sine conversione ad phantasmata est praeter naturam animae,
quia igitur intellectus in intelligendo non convertit se ad essentiam animae,

3 霊魂の可知性 363

　人間知性が何らかのものを現実態において捉えるには，
可知性の二つの条件——対象の現実性と非質料性——だけ
では十分でない。対象が現前していることに加えて，さ
らに知性が対象に向かうこと（conversio）が必要である。
この転回の働きは不可欠であり，もしこうした働きがなけ
れば，人間知性は自分が形象を所有しているものはすべて
同時に認識することになろう。しかし，これは明らかに事
態に反している。知性はすべてのものに同時に向かうこと
はできず，同時にはただ一つの対象しか認識できない[68]。
人間知性は，その本性よりして，表象像に向かうために，
まさに霊魂の本質から遠ざかってしまうのである[69]。

　こうして，サットンはわれわれに次の事実を示そうとし
た。すなわち，人間知性は本性上表象像を通じて認識する
しかなく，このことは存在論的には霊魂と身体が自然本性
的に結びついていることに基づいている。

　しかし，この事実はうまく認められるほど明らかではな

---

in quantum est actu intelligibilis, prout scilicet est elevata supra materiam.
Ideo anima non intelligit se per se ipsam formaliter, nec semper intelligit
se actu »（*Quodl*., II, 14 ; p. 278-279, l. 199-210）.

　68）　このことも人間知性と天使の知性の違いの一つである。と
いうのも，天使の知性は認識する際に自分の本質に向かうからである。

　69）　« Ad hoc enim quod aliquid actu intelligatur, non sufficit quod
habeat esse immateriale in actu apud intellectum, sed requiritur conversio
intellectus supra ipsum; alioquin intellectus noster simul intelligeret
omnia, quorum species penes se habet. Sed non est ita propter hoc, quod
non simul convertit se intellectus super omnia illa, sed super unum tantum,
et propter hoc non est simile de angelo et de anima. Intellectus enim angeli
semper convertit se super essentiam angeli, et propter hoc angelus semper
intelligit essentiam suam, sicut semper est; quia habere essentiam actu
intelligibilem super quam convertitur intellectus, hoc est intelligere eam.
Intellectus autem noster non sic intelligit essentiam animae semper, quia
avertit se ab ea naturaliter et convertit se supra phantasmata »（*Quodl*., II,
14 ; p. 279, l. 210-221）.

いので，次のように定式化できる反論が少なくとも持ち上がるだろう。霊魂は本性上身体の形相であることから，知性は本性上表象像に向かうことは確かに認められるが，このことは霊魂の本性のすべてではない。すなわち，同じく本性上，霊魂は物体的本性を超越している。では，なぜ霊魂はこれも本性的に霊魂の本質に向かわないのか。二つの転回の様態，すなわち表象像への転回と自分自身への転回は，本性上，互いに排除し合うものではない。さらに，霊魂にとっては，それ自体として可知的なものに向かう方が明らかに望ましいことである[70]。こうして，問題ははっきり規定されたので，サットンは自分なりに答え，少しの疑いもないような仕方で明確に説明せねばならない。また，この批判的議論により，サットンはトマスが提案しなかったような説明をトマスよりも正確に行うことになるだろうが，これは有益である。

3.2.2.2 表象像を通じた認識の自然本性的完全性
一言で言えば，サットンは後で証明する命題を述べることによって始めている。すなわち，人間知性にとっては，上位の対象に向かうよりも表象像に向かうことの方が，より善くより完全である。表象像を通じた人間の認識様態は，結局のところより完全である[71]。そして，サットンは自説の

---

70) « Sed adhuc restat dubium. Potest enim rationaliter quaeri, cum anima humana partim sit in corpore, et sic non sit actu intelligibilis, et partim sit elevata supra corpus, et sic sit actu intelligibilis, quare intellectus non convertit se naturaliter ad essentiam animae, ut elevata est, et sic intelligat eam per se ipsam, sicut convertit se ad phantasmata propter unionem animae ad corpus. Videtur enim quod utroque modo deberet se convertere, et potius ad essentiam animae quam ad phantasmata, quia melior modus intelligendi est per conversionem ad intelligibilia simpliciter quam per conversionem ad inferiora, cuius sunt phantasmata » (*Quodl.*, II, 14 ; p. 279-280, l. 222-231).

71) « Et dicendum est ad hoc, quod perfectio(r) modus intelligendi

3 霊魂の可知性 365

正しさをたっぷりと弁護している。

このことを理解するには，問題を少し高いところから捉え直し，人間が世界でどのような位置を占めているかを考察し，被造物にとっては最も高次のものが必ずしも最も完全なものではないことを確認する必要がある。実際，知的な光は，その根源である第一原理から遠ざかれば遠ざかるほど，それだけ弱くなり効力を失う。天使の階層秩序を考えてみよう。下位の天使は上位の天使よりもたくさんの形象を必要とし，よりいっそう効力を持たない仕方で認識する。もし下位の天使が上位の天使と同じほど普遍的な形象を有していたら，これほど完全な認識は享受できず，反対に一般的で不明確な認識しか持てなかっただろう[72]。

この事実は，知的な賜物をより多くあるいはより少なく受けている人間の違いを考察すれば，もっとはっきり理解できる。より劣った精神は，理解力に優れた他の人間が有するのと同じほど普遍的な概念を有するなら，誰かにすべてを詳細に説明してもらうのでないかぎり，完全な認識は持てないだろう[73]。このようなわけで，人間の教師は，物

---

est in nobis per conversionem ad phantasmata, quam posset esse per conversionem ad superiora » (*Quodl.*, II, 14 ; p. 280, l. 232-234).

72) « Et hoc est sic videre : quanto lumen intellectuale est magis distans a primo principio a quo derivatur, tanto est debilius et minus efficax, et propter hoc inferiores angeli per plures species minus efficaciter intelligunt ea, quae superiores efficacius cognoscunt per species pauciores, in quantum inferiores efficacius cognoscunt per species pauciores, in quantum inferiores deficiunt a lumine intellectuali superiorum. Unde si inferiores angeli haberent species in illa universalitate, in qua habent superiores(,) non haberent perfectam cognitionem de rebus, quia non sunt tantae efficaciae intelligendo. Et ideo per illas species universales intelligerent in quadam confusione et communi cognitione » (*Quodl.*, II, 14 ; p. 280, l. 234-243).

73) « Exemplum huius apparet in hominibus; illi enim, qui sunt debilioris intellectus per universales conceptiones illorum, qui acutius

366 第4章 サットンのトマス

事を少ない言葉で理解していても，他の人々を教えるとき
には，彼らの能力に自分を合わせ，多くの区別を用いて説
明するのである。要するに，知性は，下位のものになれば
なるほど，必要とする形象もよりいっそう普遍的ではなく
なるのだ[74]。

では，話題を戻し，人間霊魂とその本性について考察し
てみよう。サットンが示そうとするのは次のことである。
驚くべきことに，人間知性は本性上，その対象や存在様態
に適応できるのであり，こうしてその本性の次元そのもの

---

intelligunt, non habent perfectam cognitionem, nisi singula eis explicentur
in speciali » (*Quodl.*, II, 14 ; p. 280, l. 243-246).

74) « Ex hoc patet quod quanto intellectus est inferior, tanto
requirit species minus universales. Et hoc est causa, quare angeli
inferiores intelligunt per species minus universales quam superiores,
sicut dicit auctor De causis. Et huic concordat dictum Dionysii loquentis
de illuminatione 15 c. *Caelestis hierarchiae*. Dicit quod "unaquaeque
substantia intellectualis datam sibi a diviniore uniformem intelligentiam
provida virtute dividit et multiplicat ad inferioris sursum ductricem
analogiam". Vult dicere quod superiores angeli cognitionem suam
universalem dividunt et multiplicant, secundum capacitatem inferiorum
quos illuminant, sicut etiam apud nos illud, quod doctores in paucis
capiunt, multipliciter distinguunt, quando docent alios providentes
capacitati eorum »〔ここから明らかなように，知性は下位のものにな
ればなるほど，それだけ普遍的ではない形象を必要とする。そして，
この理由から，下位の天使は上位の天使が用いるよりも普遍的ではな
い形象を通じて認識するのであり，これは『原因論』の著者が言って
いるとおりである。ディオニュシオスが『天上位階論』第15章で照
明について述べていることも，これに一致する。すなわち，「どんな
知的実体も，より神的な予見の力によって自分に与えられた単一な認
識を，下位のものを上方に導くために，分割し，多様化する」。ディ
オニュシオスがこの言明で言わんとしているのは，上位の天使はその
普遍的な認識を，自分が照明する下位の天使の受容性にしたがって，
分割し，多様化するということである。これは，人間のもとでも，わ
ずかな言葉で物事を理解している教師が，自分以外の人々を教えると
きに，彼らの能力に配慮して，多くの区別を用いて説明するのと同じ
である〕(*Quodl.*, II, 14 ; p. 280-281, l. 246-257).

3 霊魂の可知性

367

にしたがって自分自身を完成できる。しかるに，人間霊魂は知的実体のうちで最下にある。もし神が人間霊魂を，本性的に天使——たとえ最下の天使であっても——にふさわしい様態にしたがって認識できるようにしたなら，人間霊魂は完全な認識を享受できず，反対にその光の弱さからして，混乱した，非常に一般的で不明確な認識しか持てなかっただろう。事実，人間知性は神がそのうちに注入した形象を通じて認識すると仮定してみよう。こうした形象は種に属するすべての個物を表しており，人間知性の能力はこれほど多くの個物を，厳密に言って普遍的で一般的な仕方以外では，同時に認識できないので，われわれはふさわしい認識を享受できず，非常に混乱した認識しか持てないことになるだろう。

実際，こうしたことは人間霊魂には当てはまらない。というのも，自然本性は常により善いものに秩序づけられているからである。このようなわけで，人間霊魂は本性上，身体と結びつくように[75]，また可感的事物の認識を事物そ

---

75) サットンはこのように論じることで，自分がトマスの精神に忠実に従っていると自覚していた。というのも，最高のものは必ずしも最善のものではないと理解していたからである。トマスは今問題になっている論証の一般的な方向づけをすでに行っていたのであり，特に『神学大全』第1部問89第1項の中で，人間霊魂が身体と結びついているのはその固有の完成のためであるとはっきり述べている。この点について，Olivier Lacombe の解説を引用しよう。「思うに，この点についてトマスの思想を解明するためには，天使の神認識——受肉した霊魂も少なくとも手に入れることができる——を，霊魂が身体と結びついていなかったときに有していた神認識と比べるのがよい。すなわち，霊魂が身体なしに真に明確に認識できるのは自分の本質だけである……〔身体と結びついていない〕霊魂は，自分よりも高次にある天使の本性については，非常に混乱した概念しか持てず，物体的世界についても同様であり，これは上で説明した理由によっている。それゆえ，霊魂は神を観想するために，非常に劣った鏡，すなわち中心は明るくきれいだが，周りがぼやけた鏡しか持っていないこと

のものから得るように創造されているのである。こうして，人間知性は，これこれの個物を表す表象像に向かうことで，個物を，普遍的で曖昧な仕方だけでなく明確に限定された仕方でも認識できるのだ[76]。

3.2.2.3　フクロウの比喩

こうして，人間知性の本性を特に次の点について明確に理解することができる。すなわち，人間の認識様態は可感的事物の表象像と固く結びついており，人間の認識の自然本性的完全性を損なうもの——どれほど上位のものであろうと——に向かうことはできない。完全に可知的なものに対する，知性のこうした欠陥は，はっきり理解しようとするなら，対象の完全性や不完全性ではなく，まさに人間知性の光の本性的弱さに由来していると言える。どんな光も目にとって有益なのではなく，明るくなればなるほど必ず人間の視力が向上するわけではない。このことについて，サットンは以下のように理

になる。対して，受肉した霊魂の認識はもっと規模が大きく，包括的で，明確である。知性はもはやその働きにおいて——本質を通じてではなく——自分自身を認識するだけでなく，多くの事物も認識する。受肉した霊魂が神について持つ鏡はより完全である」（OLIVIER LACOMBE, *La critique des théories de la connaissance chez Duns Scot*, dans *Revue thomiste* 35 (1930), p. 36）。

76) « Patet igitur quod, si anima humana, quae est infima substantia intellectualis, sic esset instituta a deo, ut intelligeret secundum modum illum, quo competit angelo etiam infimo, non haberet cognitionem perfectam, sed tantum confusam in communi, propter debilitatem sui luminis. Si enim intelligeret per speciem infusam a deo, cum illa repraesentaret omnia individua unius speciei et virtus intellectiva non posset tot individua simul cognoscere, nisi in universali, numquam haberet perfectam cognitionem, sed confusam per talem speciem. Propter hoc igitur, quia natura semper ordinatur ad id, quod melius est, sic instituta est anima, ut uniatur corpori, ut a rebus sensibilibus propriam cognitionem earum recipiat, ut sic intellectus per hoc, quod convertit se ad phantasma huius individui, cognoscat determinate hoc individuum, et sic de aliis » (*Quodl.*, II, 14 ; p. 281, l. 257-269).

3 霊魂の可知性 369

解している。

　人間知性は，自分に注入された形象を通じて認識することで上位のものに向かうのではなく，手に入れ受け入れた形象を通じて認識することで下位のものに向かう。このことの理由は，人間霊魂のうちにある知性の光が弱いからである。実際，人間知性は能動知性の弱い光が照らした表象像のかすかな光に向かうことで，次の場合よりも完全な仕方で認識する。すなわち，神の造られざる光が自分のうちに注入した形象に向かったり，神が直接創造した自分自身の本質に向かう場合よりも完全な仕方で認識するのである。今述べた二つの事例では，受けとった光は人間知性にまったく対応しておらず，それというのもあまりにも強力だからである。このようなわけで，完全に非質料的な対象はどれも，人間知性に直接対応していない。こうした知性は，穴の中にいるフクロウにたとえられる。フクロウは，太陽の光が明るすぎるために，太陽の光が直接当たっている部分の色を見られない。だから，穴の内側の部分——色が陰で見やすくなり，フクロウの視力に対応するものになっている——を見る[77]。このフクロウの比喩は，サッ

　77）《 Haec igitur est causa, quare non convertit se intellectus noster ad superiora, ut intelligat per species infusas, sed ad inferiora, ut intelligat per species acquisitas, scilicet debilitas luminis intellectualis in anima humana. Quia propter hoc melius cognoscit, quidquid cognoscit, convertendo se ad umbram phantasmatum illuminatorum debili lumine proprio, scilicet intellectu agente, quam si converteret se ad superiora, ut ad species infusas per lumen increatum, vel ad essentiam suam quae immediate est a deo, qui est lumen sibi improportionatum propter suam excellentiam. Propter quod nihil immateriale est animae humanae proportionatum obiectum, sicut est de vespertilione sedente in suo foramine; non potest videre colores, qui sunt illuminati lumine solis ex illa parte, qua intrat, propter excellentiam luminis solis. Et ideo convertit se ad aliam partem interiorem et colores ibi obumbratos videt, quos illuminat proprio lumine debili, et ita sunt sibi proportionati 》（*Quodl.*, II, 14 ; p.

370　　　　　第4章　サットンのトマス

トンが特に好むものだが[78]，元々はアリストテレスのもので[79]，トマスも何度か取り上げている[80]。この比喩を知れば，なぜ人間霊魂が自分自身を間接的にしか認識できないかをはっきり理解できるだろう。人間は自分自身を直観的に直接認識できない。それは，人間霊魂が可知性を欠いているからではなく——事実，人間霊魂は非質料的で現実態において可知的である——，反対に知性の弱さに比べてあまりにも可知的でありすぎるからである。霊魂の本質が知性にとって闇であるのは，それがあまりにも輝かしく，弱い目では見られないからである。霊魂の本質の光は，フクロウがかすかな光を通してしかものをうまく見られないように，何らかの仕方で和らげられる必要がある。人間知性のかすかな光とは，質料的事物の本質あるいは何性のことである。自己認識は必ず質料的事物の認識を介して起こる。人間の弱い知性の光には，質料的事物の認識が必要なのである。おそらく人はこのことを残念に思うだろう。とはいえサットンは，この回り道そのもののうちに，人間の最も完全な認識様態——最も高次のものではないとしても——を見ていたのである。

　人間知性は，その認識様態の弱さのために，可知的霊魂の本質に向かい，それを認識することができない。このことの理由はたった今述べた。的確に理解せねばならないのは，こうして霊魂の本質を認識することは，人間の認識の完全性ではないということである。実際，認識能力は自分に対応する対象がある方向にだけ向かう。しかるに，人間知性の固有対象は質料的事物の何性であり，何らかの他の本質ではない。なぜなら，こうした質料的事物の何性こそ

281-282, l. 269-283）.

　　78）　Cf. *Quaest. ord.*, q.3 ; p. 28-80.
　　79）　Cf. ARISTOTE, *Métaphysique*, II, c.1, 993b9-11.
　　80）　Cf. par ex. *In* II *met.*, l.1, n.279-286.

3 霊魂の可知性　　　　　　　　　　　　371

が人間知性に対応しているからである[81]。このことにおい
て，人間霊魂は普遍的法則に従っているのであり，それと
いうのも能力とその対象の対応関係は世界全体に見出され
るからである。すなわち，身体器官のうちにある感覚的能
力には質料に内在する形相である対象が，質料とは何の関
係もない天使の知性には質料から完全に切り離された形相
である対象が対応している。最後に人間知性は，質料的器
官のうちにないとはいえ，身体の形相である霊魂の一能力
なので，「その固有対象は質料に内在する形相──質料に
内在するかぎりでの形相ではなく，質料から抽象されたか
ぎりでの形相──でなければならない」[82]。そして，サット
ンは天使の認識と人間の認識を比べることで次のように結
論づけている。「天使は質料的事物を認識するとはいえ，
非質料的実在である自分自身を通じてのみそれらを見る。
同様に人間知性も，霊魂が身体を超越しているかぎりで霊
魂の本質を認識するとはいえ，質料的実在である表象像を

---

81) « Ex hoc etiam patet causa, quare anima non convertit se
ad intelligendum se per suam essentiam. Oportet enim quod virtus
cognoscitiva quaecumque ad illam partem se convertat in omni sua
cognitione, ex qua parte animae est suum obiectum sibi proportionatum.
Obiectum autem proprium intellectus nostri est quidditas rei materialis. Et
hoc etiam necesse est ponere, propter hoc quod talis quidditas et non alia
est sibi proportionata » (*Quodl.*, II, 14 ; p. 282, l. 284-290).

82) « Semper autem proprium obiectum cuiuslibet virtutis
cognoscitivae proportionatur eidem, sicut virtutis sensitivae, quae est in
organo materiali, obiectum est forma, prout est in materia. Intellectus
autem angelici, qui non est aliquo modo coniunctus materiae obiectum, est
forma omnino separata a materia. Intellectus autem humanus quamvis non
sit in organo corporali, est tamen virtus quaedam animae, quae est forma
corporis; et ideo oportet quod eius proprium obiectum sit forma in materia
existens, non tamen ut est in materia, sed ut abstracta est a materia»
(*Quodl.*, II, 14 ; p. 282, l. 290-298).

通じてのみそれを見ることができる」[83]。

3.2.2.4 結論　　こうして，人間霊魂の可知性に関する
この長い問題は決着がつく。霊魂は，ある仕方では可知的
世界においてまさしく現実態にあるにもかかわらず，質料
と結びついているかぎりで，その本質を通じて自分自身を
認識しない。なぜか。なぜなら，知性の認識様態のせい
で，質料的事物の何性という媒介が必ず必要となり，これ
を経ずには霊魂は自分自身に向かえないからである[84]。そ
れゆえ，新アウグスティヌス主義者たちが取り上げるのを
常とするこの難しい問題には，一般的には以上のように答
えることができる。この一般的解答には，トマスがこのよ
うに示さなかったことを明らかにするという利点がある。
すなわち，このはっきりした事例では，限界は霊魂の可知
性の欠如ではなく，人間知性の自然本性的認識様態に由来
する。さらに，サットンは最も高次のものが必ずしも最も
完全なものではないことを指摘することで，人間が世界の
うちでどのような位置を占めているかについて，すなわち
質料的物体と霊的実体の間にある人間について，トマスの
最も重要な直観を巧みに体系化しようとしている。そし
て，人間知性を暗くしている闇の一つは，対応していない
可知性を前にした知性の弱さであることを明らかにしてい
る。サットンのこうした態度は，神秘の闇のうちに入る近

---

83)　« Et ideo, sicut licet materialia cognoscat angelus, tamen
non intuetur ea nisi in immaterialibus, scilicet in se ipso, ita intellectus
humanus coniunctus licet cognoscat essentiam animae, prout elevata est
supra corpus, non tamen potest eam intueri, nisi in re materiali, scilicet in
phantasmatibus »（*Quodl.*, II, 14 ; p. 282-283, l. 298-302）.

84)　« Et ideo anima non cognoscit se per essentiam suam,
dum manet coniuncta corpori, quamvis ipsa sit aliquo modo in actu
in genere intelligibilium, quia non potest convertere supra se, nisi per
speciem quidditatis rei materialis. Istud sufficiat de primo articulo huius
quaestionis»（*Quodl.*, II, 14 ; p. 283, l. 302-306）.

3 霊魂の可知性　　　　　373

道と言えるだろう[85]。

3.3　付随する問題——能動知性と可能知性

　この霊魂の可知性の問題と関連する付随的な問題があり，サットンはそれをついでに論じている。能動知性は，霊魂と同じく，現実態にあり，非質料的であるならば，なぜ受動知性は能動知性を直接認識しないのか。これは，潜在的な問いであり，サットンのテキストでも常に説明が求められるものと言えるが，トマスのテキストでも隠れた問いである。実際，トマスは『真理論』10問8項で，知性が自分自身を認識しないのは第一質料のように完全な可能態にあるからだと説明しているが，その場合，当然，どのようにして同じ論拠が能動知性にも妥当するのかと問えるだろう。トマスは問いを提起することすらしていない。フライベルクのディートリヒと，とりわけ初期のブラバンのシゲルスを除けば[86]，これまで本書で見た著述家の誰もこの問いを提起しておらず，トマスの立場に反対する論拠として利用しようともしていない。この問題について言えば，サットン自身は明らかな仕方では論じていないが，人間の質料的事物の認識を考察することを通じて間接的に答えている。この問題に関する短い示唆は，『任意討論集』第2巻第14問の簡単な異論解答の中に見出せる。

　サットンいわく，目下のところ考えるべきは，能動知性がすべての質料的形相を現実態において含むわけではないことである。能動知性があらゆる質料的形相を含むといわれるのは，まさにこうした形相に一般的非質料性を付与して可知的なものにするかぎりにおいてである。言い換えれ

---

　85)　Cf. C. JOURNET, *Le mal* (1961), p. 24-25.
　86)　ブラバンのシゲルスは，ヴィタル・デュ・フールと同じく，別の研究で扱う予定である。

ば，能動知性は，可知性という共通の様態の原因であるか
ぎりで，あらゆる質料的形相を含むのである。能動知性は
こうした形相に志向的な非質料性を与え，現実態において
可知的なものにする。しかし，能動知性があらゆる質料的
形相を，それらが互いに区別され固有の仕方で可知的であ
るかぎりで，自分自身のうちに現実態において含むと考え
ることは完全に誤っている。こうした形相に固有の可知的
な特徴を与えるのは能動知性ではない。こうした形相に共
通の可知性，すなわち非質料性の場合とは違い，質料的な
形相それぞれに固有の可知性は，能動知性を通じてではな
く，様々な形相に固有の表象像を通じてわれわれにもたら
される。そして，能動知性が非質料性，つまり可知性を付
与するのは，こうした固有の表象像に対してなのである。
要するに，能動知性ができるのは，可能知性が受容した形
象を非質料化することだけである。これこれの形象がこれ
これの事物に対応しているという事実は，表象像に基づい
ている[87]。

---

87) « Ad argumentum cum dicitur : intellectus agens videtur
continere intelligibiliter omnem formam materialem etc., dico quod
intellectus agens continet secundum esse intelligibile omnem formam
materialem, quantum ad aliquid quod est commune omni formae materiali,
secundum quod intelligitur, quantum scilicet ad immaterialitatem. Et
quantum ad hoc movet omnem formam materialem ad esse intelligibile,
vel movere potest; causat enim immaterialitatem talis formae, sine qua
non esset actu intelligibilis. Sed intellectus agens non continet actualiter
secundum esse intelligibile aliquam formam materialem, quantum ad ea,
quae sunt propria sibi, secundum quae intelligitur distincta ab aliis formis
materialibus, nullam formam materialem sic continet, nec movet ad esse
intelligibile. Sed quantum ad hoc movent propria phantasmata diversarum
formarum, quamvis hoc non possint, nisi in virtute intellectus agentis
moventis ad immaterialitatem. Unde intellectus agens non dat speciei
existenti in intellectu possibili, quod sit similitudo talis naturae, sed tantum
quod sit immaterialis; quod autem species sit determinata similitudo talis

3 霊魂の可知性 375

　なぜ受動知性は能動知性を直接認識しないのか，その理由は光との類比を通じて理解できる。すべての類比と同じく，ここでも類似性と非類似性がある。類似性は周知のものである。すなわち，能動知性の形象に対する関係は，太陽の光の色に対する関係に等しい。色のついた対象があってこそ，わたしの視覚はこうした色の形象を受容できる。光だけでは，色を見ることは可能にならない。色のついた対象が存在していてこそ，わたしの視覚はこうした色の形象を受容できる。同様に，能動知性も，質料的形相の認識を可能にする十分原因ではない。加えて，既知の対象の形象そのものが人間知性に受けとられる必要がある。以上が，能動知性と光の類似性である[88]。しかし，この類比について，サットンの関心を引いたのは非類似性，すなわち違いの方である。違いは次の点にある。物体的な光は目に見え，どんな他の色なしにも見ることができるが，それというのも物体的な光も視覚の固有対象だからである。対して，能動知性の光は，質料的事物の形象を介してはじめて，受動知性によって見られる。そして，このことの理由は，可能知性が能動知性の光に向かえるのは，固有対象の

---

naturae, hoc habet ex phantasmate, a quo processit, quia igitur intellectus agens nullam formam materialem continet quantum ad id, quo distinguitur ab aliis. Ideo nulla forma materialis potest distincte cognosci per intellectum agentem »（*Quodl*., II, 14 ; p. 283-284, l. 312-331）.

　88）« Ideo nulla forma materialis potest distincte cognosci per intellectum agentem. Ita enim se habet intellectus agens ad formas materiales sicut lumen ad colores. Unde sicut praesentia luminis non sufficit ad videndum aliquem colorem, nisi species coloris perveniat ad visum mediante lumine, ita non sufficit praesentia huius luminis, quod est intellectus agens, ad intelligendum aliquam formam materialem. Sed requiritur quod perveniat species illius formae ad intellectum mediante isto lumine, quae sit propria similitudo illius formae, quae intelligitur »（*Quodl*., II, 14 ; p. 284, l. 330-338）.

376 第4章 サットンのトマス

　形象という間接的媒介を通じてのみだという点にある[89]。
　サットンは，このテキストの中では，この問題について
これ以上述べていない。可能知性は，その固有対象である
質料的事物の何性に向かうのであり，能動知性を直接認識
することは絶対にできない。しかし，思うに，サットンは
別の説明を加える必要がなかった。すなわち，サットンは
上の数頁にわたって説明を展開し，可能知性は霊魂を直接
認識できないことを明らかにしたが，その説明はここでも
そのまま有効である。可能知性が，非質料的で現実態にあ
る能動知性を直接認識しないのは，対象が可知性を欠いて
いるからではなく，可能知性の側の自然本性的な認識様態
──まずは質料的対象の何性に向かう──のためである。
ここでも，障害は事物認識における人間的様態にある。こ
うして，能動知性の可知性についての問いは，確かに正当
ではあっても，人間霊魂の可知性についての問いに同じよ
うに答えることで解消される。サットンの功績は，問題を
提起し，その問題を，可能知性が現前する非質料的なもの
とどう関係するかについてのより一般的な解答を参照しつ
つ解消したことである。この重要な問題は，トマスのテキ
ストを理解するのも難しくしていたものだが，このように
解決できた。問題が解消したことで，サットンは別の問題
──可能知性そのものの可知性──に自由に取り組むこと
ができた。

---

　89)　« In hoc tamen est differentia inter lumen corporale et istud
lumen, quantum ad cognitionem quod lumen corporale videre potest
absque omni colore. Sed lumen intellectus agentis non potest ab intellectu
nostro videri nisi per speciem rei materialis. Et causa dicta est, quia
intellectus possibilis non potest se convertere ad lumen istud nisi per
speciem proprii obiecti. Visus autem corporalis convertit se ad lumen
corporalem ut ad proprium obiectum » (*Quodl*., II, 14 ; p. 284, l. 338-
344).

4 可能知性の可知性
——『――任意討論集』第――1 巻第 14 問, 『定――期討論集』第――22 問――

先に述べた理由は人間知性の認識様態について強調していたが, それに対し可能知性が自分自身を認識できないことを示す理由は, 認識対象の側に求めるべきである。この場合に問題となるのは, もはや認識の人間的様態ではなく, これまで重要視されていなかった可知性の条件である。

サットンは問題のこの新しい側面を二つの主要な箇所で論じている。第一のテキストは, 『任意討論集』第 1 巻第 14 問であり, あまり完全ではないがうまく構成されている。第二のテキストは, 『定期討論集』第 22 問であり, 浩瀚である。二つの解答が同じ直観に基づいていることは自明だが, ここで導きとするのは『任意討論集』第 1 巻第 14 問であり, 必要な場合に限り, 『定期討論集』のいくつかの要素を借用するつもりである。サットンの大部分のテキストと同じく, ここでも解答の構成はそのまま採用できるのであり, 他の説明を加える必要はない。

4.1 あらゆる可知性の二つの条件

知性の可知性の問題は, 霊魂の可知性の問題とは異なる仕方で提起される。人間知性は, 何らかの形象を受けとる前に, それ自体として可知的であり, 自分自身を本質を通じて認識するか[90]。サットンは, もはや知性の認識様態を

---

90) « Quaeritur utrum intellectus animae nostrae, qui dicitur possibilis, sit de se intelligibilis »〔可能知性と言われる, 人間霊魂の知

理解しようとしているのではなく，知性の可知性の程度を
突きとめようとしている。知性の可知性に関するこの問題
は，霊魂の可知性の問題と同じく，非常に古くからある。
すでにアリストテレスは，この問題を提起し，自分で解答
を与えているが[91]，この解答は知性の本性に関する一般的
な考え方に基づいている。ここでは，人間知性に関する二
つの本質的特徴を指摘するだけで十分であり，一般的な問
いに対する解答は，次のように単純なものである。すなわ
ち，人間知性は一方で受動的能力であり，他方で非質料的
である[92]。

　サットンは，これらの前提事項に基づいて，知性の可知
性の問題を詳しく分析している。もっとも，自分の解釈を
アヴェロエスの解釈で確証することも忘れていないが。さ
らにサットンは，これから述べる説明が必要不可欠で，そ
れゆえ原理をたっぷりと説明することは重要であることも
自覚していた。なぜなら，原理に関する些細な誤りは，研

性は自分自身を通じて可知的かどうかが問われる〕（*Quaest. ord.*, q.22
; p. 593, l. 1-2）．« Utrum intellectus humanus habeat ex se per essentiam
suam antequam speciem alicuius rei receperit, unde sit intelligibile vel
unde intelligatur »〔人間知性は，何らかの事物の形象を受けとる前に，
自分自身により自分の本質を通じて，可知的になったり認識されるよ
うになったりするものを有しているか〕（*Quodl.*, I, 14 ; p. 92, l. 1-3）．
この二つの問いは完全に同じものではなく，ここから，『任意討論集』
の方は認識と可知性の関係をより強調していることが分かる。しかし，
解答の中心になる点は両者で同じであり，あらゆる可知性に関する二
つの本質的な条件——非質料性と現実態性——を明らかにしようとし
ている。

　91）　Cf. ARISTOTE, *De l'âme*, III, 4, 429a27 s.

　92）　« Respondeo : Istam quaestionem movet philisophus in III De
anima et solvit. Et hoc est signum utilitatis et difficultatis ipsius. Et ad
eius solutionem duo sunt supponenda, quae Aristoteles declarat, antequam
quaestionem istam moveat, scilicet quod intellectus est virtus passiva et
quod est immaterialis »（*Quodl.*, I, 14 ; p. 93, l. 25-29）．

4 可能知性の可知性　　　　　　　379

究の最後になって非常に大きな誤りをもたらすからである[93]。実際，先に述べた，人間知性の二つの主要特徴，すなわち受動性と非質料性を適切に理解するなら，知性が可知性を欠いている理由が分かるだろう。知性は，可感的事物とは違って，あらゆる可知性の第一の条件である非質料性は満たしているが，同じく可感的事物とは違って，現実態性という条件は満たしていない。事実，注意深く考察するなら，ここにはあらゆる可知性に不可欠な二つの条件を見出せる。すなわち，可知的なものは，一方で非質料的であり，他方で現実態になければならない。それゆえ，上で指摘した知性の二つの特徴を一つずつ検討する必要がある。この考察を通じて，知性は，一側面では，実在の可知性の条件を満たしていないことが分かるだろう。このようなわけで，サットンはこれら二つの条件を，まずは非質料性，次に現実態性について分析している[94]。

---

93)　« Nam sicut dicit commentator in principio III De anima, "Aristoteles declaravit haec duo de intellectu, scilicet ipsum esse in genere virtutum passivarum, et ipsum non esse transmutabilem, quia neque est corpus neque virtus in corpore. Nam haec duo sunt principium omnium, quae dicuntur de intellectu. Et sicut Plato dicit, maximus sermo debet esse in principio. Minimus enim error in principio est causa maximi erroris in fine, sicut dicit Aristoteles" »〔というのも，註解者は『霊魂論』第 3 巻の註解の冒頭で次のように述べているからである。アリストテレスが知性について明らかにしたのは次の二点である。一点目は知性は受動的能力の一つであること，二点目は，知性は身体でも身体のうちにある能力でもないので，変化するものではないことである。この二点は知性に関するあらゆる説明の原理を成している。実際，プラトンは最も重要な説明を最初にすべきだと言ったし，アリストテレスは，初めのちょっとした誤りは終わりには非常に大きな誤りを引き起こすと述べた〕(*Quodl.*, I, 14 ; p. 93, l. 29-36)．

94)　現実態性と非質料性という二つの条件は，あるものが可知的であることの十分理由である。しかし，この条件を満たしたからと言って，人間知性があるものを現実態において認識できるわけではない。周知のように，サットンによれば，あるものを現実態において認

380   第4章　サットンのトマス

4.1.1　知性の非質料性

　サットンは，事物の可知性の第一の条件である非質料性
を説明し，人間知性がこの条件を満たすことを明らかにす
るために，より一般的な観点を採用し，存在界と可知的世
界の対応関係を持ち出してくる。サットンいわく，存在す
るものは二種類あることに注意すべきである。一つは質料
的であるがゆえに可感的なものであり，これらは感覚が認
識する。もう一つは質料から切り離されているがゆえに可
知的なものであり，これらは知性が認識する。一方で質料
的形相は質料の限定を受けており，他方で可知的形相は質
料から切り離され，より豊かで，ある意味で無限である。
このようなわけで，可知的形相はより完全で，可感的形相
に比べて優位にある[95]。しかるに，質料の中にある形相は
どれも，その質料に完全に結びついている。しかし，一つ
だけ例外がある。すなわち，人間霊魂は質料的形相と非質
料的形相の境界に位置している。実際，人間霊魂は，身体

────────────────
識するためには，上の二つの条件に第三の条件が付け加わる必要があ
る。すなわち，人間知性はあるものに向かう，あるいは向かえる状態
になければならない──cf. *Quaest. ord.*, q.3, ad7, ad8, et p. 80。知性が
霊魂を認識する場合，霊魂はそれ自体として可知的なので，非質料性
と現実態性という二つの条件は満たされているが，第三の条件が欠け
ている。というのも，人間知性は霊魂の本質に直接向かうことはでき
ず，そうするためには可感的事物や表象像の何性という媒介を必ず必
要とするからである。
　95)　« Haec sunt verba commentatoris. Ulterius est attendendum
quod duo sunt genera entium, scilicet sensibilia, quae sunt materialia
et cognoscuntur sensu, et intelligibilia, quae sunt a materia separata et
cognoscuntur intellectu. Sensibilia sunt magis coar(c)tata et magis limitata
et ideo magis imperfecta quam intelligibilia. Forma enim materialis
limitatur per materiam. Formae autem separatae a materia, quae sunt
intelligibiles, sunt magis amplae et quodammodo illimitatae, et ideo magis
perfectae. Unde intelligibilia sunt supra sensibilia, quae sunt materialia in
ordine entium, sicut intellectus est superior virtus quam sensus » (*Quodl.*,
I, 14 ; p. 93, l. 37-46).

4　可能知性の可知性　　　　　381

の現実態であるかぎりである仕方では質料的形相と結びついているが，他の観点によれば非質料的である。なぜなら，人間霊魂の知的能力と意志は身体を超越しているからである[96]。ここに逆説的な状況がある。すなわち，人間霊魂は，身体の形相であると同時に，身体を超越している。トマスもすでにこのことを述べていた。そして，サットンが明言するところでは，霊魂が非質料的なのは，とりわけ霊魂の一能力である知性を通じてである。事実，知性は物体ではない。ここから帰結することに，知性は非質料的であり，まさに可知的世界に属しているが，階層的には最下の位置を占めている。この主張はアヴェロエス以来繰り返されてきたものである。「知性は可知的世界の中で最下の位置を占めており，これは第一質料が可感的世界の中で最下の位置を占めているのと同じである」[97]。

　サットンは，ためらうことなく，知性と第一質料とのこの比較はアヴェロエスが最初に主張したとしている[98]。しかし，この比較は，すぐに分かるほど明らかなものではなく，まさにロジャー・マーストンが激しく抗議したものでもあった。ここでは，この問題の複雑な分析には触れずとも，いくつかの重要な情報を指摘できる。哲学者アリストテレスは知性と第一質料のこの比較を受け入れざるをえない。実際，知性は非質料的な能力なので，可知的なものに

---

96)　« Omne autem formae, quae sunt in materia, sunt totaliter alligatae materiae, excepta anima humana quae est in confinio formarum materialium et immaterialium. Ipsa autem est quodammodo materialis, cum sit actus corporis, et quodammodo immaterialis, quia habet virtutem aliquam elevatam supra corpus, virtutem scilicet intellectivam » (*Quodl.*, I, 14 ; p. 93, l. 46-51).

97)　« Ex quo sequitur quod intellectus humanus sit infimum ens in genere intelligibilium, sicut materia prima est infima in genere sensibilium» (*Quodl.*, I, 14 ; p. 93-94, l. 51-53).

98)　Cf. AVERROÈS, *In* III *de anima*, comm. 66 ; p. 387-388.

382 第4章 サットンのトマス

属するはずである。また，知性は可感的なものと可知的な
ものの境界にある形相の能力なので，可感的世界のすぐ上
位にあるものの能力だと言える[99]。これら二つの事実から，
知性は確かに可知的だが，可知的世界の中では最下に位置
すると言わねばならない[100]。こうしてサットンは，「知性
は可知的世界の中で最下に位置するものである」という古
典的な主張をどういう意味で理解すべきかを明らかにした
のである。そして，ここでは，第一質料との比較にこだわ
ることなく，今挙げた文章の一般的解釈を行っている。知
性は，非質料的であり，それゆえあらゆる可知性の二つの
条件の第一のものを満たしているが，それを最も低い段階
で実現している。

　知性は，非質料的であるかぎり，事物の可知性の条件の
第一のものを満たしている。それゆえ，次に可能条件の第
二のものに進んで，なぜ知性はそれ自体を通じて可知的で
ないのか，あるいは結局同じことだが，なぜ知性は可知的
世界の中で最下の段階を占めるのかを理解してみよう[101]。

99）　思うに，この箇所の文章の転写は誤っており，次のように
修正すべきだろう。« (…) intelligibilium, primum(,) scilicet ens (et non
eius) in quo excedit (…) »（*Quodl*., I, 14 ; p. 94, l. 56）．とはいえ，この
ように修正してみても，文法的な構成がどうなっているかは判然とし
ない。対して，テクストの大まかな意味ははっきりしている。

100）　« Et hoc commentator dicit et hoc necesse est dicere, quia cum
sit virtus immaterialis, oportet quod pertineat ad genus intelligibilium,
et cum sit virtus illius formae, quae est in confinio sensibilium et
intelligibilium, primum scilicet ens in quo excedit genus sensibilium,
oportet quod sit infimum in genere intelligibilium »（*Quodl*., I, 14 ; p. 94,
l. 53-57）．

101）　『定期討論集』第22問におけるサットンの解答は，『任意
討論集』第1巻第14問の解答と同じである。『定期討論集』でも，事
物の可知性の本質的な二条件——非質料性と現実態性——が明らか
にされている。サットンは，これらの条件の第一のものをもっと詳し
く論じて，なぜ非質料性が可知性に不可欠なのかについても明らか

4　可能知性の可知性　　　　　　　　　　383

4.1.2　知性における現実態性の欠如

　事物の可知性の本質的な第二の条件は，事物の現実態性である[102]。上で述べた第二の原理，すなわち知性は受動的能力であることを考えるなら，知性が可知性の第二の条件を満たしていないことはすぐに分かるだろう。知性は受動

にしている。しかし，なぜ身体の形相としての霊魂の質料性がこの可知性の条件を損なうのかについては一言も述べていない。二つのテキストを比較してみてもよい。« Advertendum est autem quod ad hoc , quod aliquid sit intelligibile respectu intellectus nostri, oportet quod habeat esse immateriale apud intellectum, et cum hoc oportet quod sit aliquid in actu, istas condiciones oportet ipsum habere : Oportet quod habeat esse immateriale, et hoc satis manifestum est. Quia enim substantiae sensibiles non sunt de se immteriales, ideo non sunt de se intelligibiles, sed fiunt intelligibiles per intellectum agentem, qui abstrahit eas a materia causando species earum immateriales, quas recipit intellectus possibilis, et sic per illas species immateriales intelliguntur substantiae materiales, quarum sunt species. Substantiae autem superiores, quae sunt secundum naturam separatae a materia, sunt de se intelligibiles, quamvis ab intellectu nostro non intelligantur secundum suas essentias propter debilitatem luminis intellectualis in nobis »〔注目すべきことに，あるものが人間知性に対して可知的であるためには次の要件が必要である。すなわち，あるものは，知性のもとで非質料的な存在を持つことと，現実態にあることという条件を満たさねばならない。非質料的存在を持つ必要があることについては，十分明らかである。すなわち，可感的実体は，それ自体を通じて非質料的ではなく，それゆえそれ自体を通じて可知的でもない。そうではなく，能動知性を通じて可知的なものになる。能動知性が可感的実体を質料から切り離し，それらの非質料的な形象を産出し，こうした非質料的形象を可能知性が受容することで，これらの形象を通じて，形象を内含する質料的実体は認識される。対して，上級の実体は，本性上質料から切り離されているので，それ自体を通じて可知的である。とはいえ，人間知性はその光の弱さのために，そうした上級の実体をその本質にしたがって認識することはできない〕(*Quaest. ord.*, q.22 ; p. 603, l. 269-281)．

　102)　« Advertendum est autem quod ad hoc , quod aliquid sit intelligibile respectu intellectus nostri, oportet quod habeat esse immateriale apud intellectum, et cum hoc oportet quod sit *aliquid in actu* (…) »（*Quaest. ord.*, q.22 ; p. 603, l. 269-271）．

384 第 4 章 サットンのトマス

的能力である。それゆえ，知性は受動的能力であるかぎ
り，可知的世界の中で可能態にあることしかできない。実
際，受動的能力はそれ自体，現実態性を有していない[103]。
このようなわけで，アリストテレスが述べるように[104]，知
性は考える前には現実態における実在とは言えないのであ
る。この能力は，可能態にあるという本性しか持たないの
で，たとえ非質料的であっても，可知的世界の中で最下の
位置を占めている。その理由は，知性がそれ自体としては
もっぱら可能態にあるところに求められる[105]。知性は純粋
な可能態なので可知的世界の中で最下の位置を占めるとい
う主張をこの方向性で解釈していけば，知性はそれ自体を
通じては自分が認識されるようになるものを持たないとい
う主張に行き着く。これは，第一質料は純粋な可能態にあ
るので，それ自体を通じては自分が感覚されるようにな
るものを持たないこととまったく同じである。実際，ア
リストテレスの有名な原理によれば[106]，あるものが認識さ
れるようになるのはそれが現実態にあるかぎりにおいてで
あり，サットンはこの原理を次のようにはっきり述べてい

---

103) Cf. ARISTOTE, *Métaphysique*, IX, c.1, 1046a15-30.

104) ARISTOTE, *De l'âme*, III, c.4, 429a22-23.

105) « Adiungamus ad hoc aliud principium, scilicet quod intellectus est potentia passiva et habebimus quod ipse intellectus est tantum in potentia in genere intelligibilium, quantum est de se, quia omnis potentia passiva, quantum est de se, nihil habet actualitatis, sicut etiam philosophus dicit de intellectu quod non est in actu aliquod entium, antequam intelligat. Est igitur intellectus sic infimum ens in genere intelligibilium, quod tantum est in potentia ex se » (*Quodl.*, I, 14 ; p. 94, l. 58-64).

106) ARISTOTE, *Métaphysique*, IX, c.9, 1051a21 s. « Et ex hoc sequitur quod non habet de se, unde intelligi possit, cum sit omnino in potentia, sicut materia prima non habet de se, unde sentiri possit. Nihil enim est cognoscibile, nisi secundum quod est in actu, sicut declarat philosophus IX *Metaphysicae* » (*Quodl.*, I, 14 ; p. 94, l. 64-68).

4 可能知性の可知性   385

る。あるものは現実態にあるからこそ働くことができる。
対象は現実態にあるからこそ知性を現実化できる[107]。感覚
的認識の場合を考えてみよう。感覚は，知性と同じく，受
動的能力である。それゆえ，感覚的能力は，受動的能力で
あるかぎり，現実態にある可感的なものしか認識できな
い。例えば，視覚が捉えるのは，可能態にある色のついた
対象ではなく，現実態にある色のついた対象である。同様
に，人間知性は，質料的事物の本質を認識できるのだが，
認識対象が現実態にあるかぎりでそれらを認識できる[108]。

したがって，知性と第一質料の有名な比較の意味はいっ
そう理解できるようになっただろう。人間が第一質料を認
識できるのは，第一質料が形相と関係するかぎりにおいて
である。例えば，われわれは液体の気化のような変化を見
れば，二つの継起的な化学的状態を知覚していることにな
る。そして，目で見た形相に基づいて，継起して生じたこ
れらの形相の基体があるはずだと結論づける。この基体こ
そ，第一質料——可能態においてしか存在しない——と呼
ばれるものである。第一質料は，決して現実態にはないの
で，それ自体を通じて可知的ではない。第一質料が可知的
になるのは，形相と関係するかぎりにおいてであり[109]，こ

---

107) « Et ideo oportet obiectum esse in actu, ut possit agere et
ducere intellectum de potentia ad actum. Quod enim non est in actu, non
potest agere, et propter hoc (…) » (*Quaest. ord.*, q.22 ; p. 603, l. 285-
287).

108) « Quod enim non est in actu, non potest agere, et propter hoc
sensus etiam, qui est virtus passiva, non cognoscit nisi sensibile in actu.
Unde visus non videt coloratum in potentia, sed tantum coloratum in actu.
Et similiter intellectus noster, qui est cognoscitivus rerum materialium,
non cognoscit rem materialem, nisi secundum quod est in actu » (*Quaest.
ord.*, q.22 ; p. 603, l. 287-291).

109) サットンはもっと後で，形相は質料を表すものではないと
明言している。しかし，人間は形相を認識することで，そこから第一
質料の存在を推論できる——4.2 節，390-394 頁参照。

386　　　第4章　サットンのトマス

うした形相が第一質料を現実化するのである。それゆえ，
人間が第一質料を捉えられるのは，第一質料の現実化であ
る形相を通じてのみである[110]。受動的能力である人間知性
についても，まったく同じことが言える。知性もそれ自体
としては完全な可能態にあり，可能態にあるかぎり認識さ
れえない[111]。可感的ではない第一質料の場合と同じく，人
間知性の純粋な可能態性こそが，知性がそれ自体を通じて
可知的であることを妨げている[112]。人間知性は確かに非質
料的なので可知的だが，純粋な可能態にあるのでそれ自体
を通じて可知的にはならない。こうして人間知性は，霊的
なものと質料的なものの境界の位置する霊魂の一能力と
して，「可知的世界の中で最下の位置」を占めるという逆
説的な状況にある。したがって，霊魂の本質が可知性の二
条件を両方とも満たしつつも，人間知性の認識様態のせい
で認識されえなかったのとは違い，人間知性が可知的なも
のではないのは客観的な理由によっている。すなわち，知
性はそれ自体として現実態性を欠いている。知性が霊魂を
認識できないのは知性の働きの様態のせいだったが，知性
が自分自身を認識できないのは知性が現実態にないからで
ある。知性が霊魂を認識できないのは主観的理由のためで

110)　« Nam materiam primam non cognoscit nisi secundum
proportionem ad formam. Per hoc enim quod cognoscimus aquam
et aerem, videmus transmutationem aquae in aerem. Et e converso
concludimus quod in transmutatione illa est aliquid subiectum diversis
formis successive , et illud subiectum vocamus materiam primam, quae est
potentia tantum. Non enim potest transmutatio esse sine subiecto. Et sic
materia prima, quae de se non est in actu (…) » （Quaest. ord., q.22 ; p.
603-604, l. 291-298）.

111)　« Cum igitur intellectus noster sit virtus passiva totaliter de
se in potentia nullam habens actualitatem, oportet quod non sit de se
intelligibilis (…) » （Quaest. ord., q.22 ; p. 604, l. 302-304）.

112)　したがって，人間知性は，それ自体を通じて可知的ではな
く，他のものに即して可知的であることしかできない。

4 可能知性の可知性　　　　387

あり，自分自身を認識できないのは客観的理由のためである。

　このようなわけで，自己認識を可能にする他の媒介項を見つける必要がある。これこそ，サットンがここで説明しようとしていることである。

4.2　知性は「他のものと同じように」可知的である
4.2.1　質料的事物の認識と自己認識における形相的　　　　　原理の同一性

　サットンは，あらゆるものの可知性の二つの条件を指摘した後で，知性と質料的事物が可知的になるのはどのようにしてか，その方法を巧みに比べている。そして，いずれの場合でも問題になるのは同じ原理であることを明らかにし，こうして知性は他のものと同じように可知的であることを証明している。

　非質料性と現実態性はあるものの可知性の二つの条件である。この「あるもの」が質料的事物か知性そのものかに応じて，それぞれ非質料性か現実態性を欠いている。第一の条件である非質料性は，質料的実体に欠けているが，可能知性には欠けていない。対して，第二の条件である現実態性は，可能知性には欠けているが，質料的実体には欠けていない。それゆえ，質料的実体も可能知性も，自分自身を通じては実際に可知的ではない。両者が可知的であるのは，自分以外の何ものかを通じてしかありえない[113]。しか

---

113)　« Unde advertendum est quod ad hoc, quod aliquid sit intelligibile in actu, duo necessario requiruntur in ipso. Unum est quod sit immateriale, et istud deficit substantiis materialibus, sed non deficit intellectui possibili. Aliud est quod sit aliquid in actu, et istud deficit intellectui possibili, sed non deficit substantiis materialibus. Et ideo tam substantiis materialibus quam intellectui possibili acquiritur quod sint actu intelligibiles per aliquid alterum ab ipsis » (*Quodl*., I, 14 ; p. 94, l. 68-74).

388　　　　　第4章　サットンのトマス

し，質料的実体を実際に可知的なものにする，すなわち非
質料的存在を付与する，この他のものとはいったい何か。
可能知性を現実化し，実際に可知的なものにする，この他
のものとはいったい何か。注意深く考察するなら，この他
のもの，すなわち可知性の原理は，両者においてまさしく
同一であることが分かるだろう。ただ一つの同じ原理しか
なく，この原理が一方で質料的実体を，他方で可能知性を
実際に可知的なものにしている。この原理とは，能動知性
が抽象した形象のことである。一見すると，形象というた
だ一つの同じ原理を，知性と質料的事物というこれほど異
なるものの可知性の根源と認めることは奇妙に思えるだろ
う。しかし，形象は両者において同じ仕方で可知性の原理
であるわけではないことに注目すべきである。形象は様々
な理由により両者の可知性の原理なのだ。すなわち形象
は，一方で質料的事物の場合は非質料的に存在することの
根源であり，他方で可能知性の場合は現実態において存在
することの根拠である。

　実際，質料的実体の場合は，能動知性が抽象した形象に
より，非質料性，すなわちこう言ってよければ[114]，知性の
中で非質料的にあることがもたらされるのだが，こうした
非質料的存在は質料的実体が自分自身を通じては持ちえな
かったものである。もっとも，質料性こそが質料的実体の
可知性を妨げていたのだが。知性の場合，ここでもこれら

―――――――――――
　114）　指摘できることに，サットンの表現によれば，質料的事物
は知性のうちでは別の存在――自分のうちで有している存在でも霊的
実在の存在でもなく，ある観点にしたがった存在――を得ると理解さ
れるかもしれない。こうしたテキストによれば，サットンが概念的存
在を新しく独自の何性とし，概念的存在は存在するものの存在で豊か
になった知性の働きにとどまらないと理解しているように見える。し
かし，こうしたテキストでは，働きを何性に還元していると推測する
必要がある。こうした還元により，自己認識の概念に関する帰結がい
くつか生じるだろう。

4 可能知性の可知性   389

同じ形象が，可能知性に，現実態において存在することを
与えているのだが，可能知性はそれ自体を通じては純粋な
可能態なのだった[115]。このようにして，知性は自分の可知
性のために欠いていたもの，すなわち現実態性を得るのだ
が，そのときに働く同じ原理を通じて，質料的実体もその
概念的非質料性と可知性を得る[116]。それゆえ，いずれの場
合でも，抽象された形象という同じ原理が，それぞれに欠
けていた可知性の条件を付与しているのである。この結論
は，熟した果実のように手に入ったもので，これにより
サットンは，アリストテレスとアリストテレスに従うア
ヴェロエスが，知性は「他のものと同じように」（sicut et
alia），すなわち質料的実体が可知的であるのと同じよう
に可知的であると主張するときの意図を理解できた。質料
的実体が人間にとって可知的になるのは形象を通じてであ
る。可能知性が可知的になるのもこの同じ形象を通じてで
あり，その固有の本質を通じてではない。知性が可知的に
なるのは自分のうちに存在する形象を通じてであり，この
形象を通じて知性は他のものを認識するのである[117]。

---

115)　« Et si bene advertamus per illud idem substantiae materiales
fiunt actu intelligibiles, per quod intellectus possibilis fit actu intelligibilis,
scilicet per speciem abstractam per intellectum agentem, quia per illam
speciem substantia materialis habet esse immateriale, quod non habet de
se, et per eandem speciem intellectus fit in actu, cum de se non sit in actu »
(*Quodl.*, I, 14 ; p. 94-95, l. 74-79) .

116)　« Et ita acquirit intellectus per illam speciem illam
condicionem, quae sibi deficiebat ad hoc, quod esset intelligibilis,
scilicet actualitatem, et substantia materialis per illam speciem acquirit
illam condicionem intelligibilitatis, quae sibi deficiebat de se, scilicet
immaterialitatem » (*Quodl.*, I, 14 ; p. 95, l. 79-83) .

117)　« Et propter hoc philosophus solvens quaestionem dicit
quod intellectus est intelligibilis sicut et alia, scilicet sicut substantiae
materiales, quia per speciem existentem in eo, sicut glossat commentator,
et per talem speciem alia intelliguntur, scilicet lapis lignum et huiusmodi

390　　　　　第4章　サットンのトマス

　このサットンの論証は，金銀細工師の仕事のように精密
で，自己認識の根本的な一般問題をいとも簡単に解決して
いると言わねばならない。すなわち，知性，あるいはもっ
と正確言ってこの知性の担い手である人間は[118]，自分自身
を，その本質を通じてではなく，可感的なものから抽象し
て得た形象を通じて認識する。それゆえ，知性は自分自身
を，質料的事物を認識するのと同じ仕方で認識するのであ
り，他のものと同じように認識するのである。

4.2.2 「他のものと同じように」という表現

　先の論証は，新アウグスティヌス主義を奉じるすべての
人々に答えるものであり，知性は他のものと同じように可
知的である，すなわち形象という媒介が必要であるため
に，その本質を通じて自分自身を認識できないことを明ら
かにしている。しかし，「他のものと同じように」という
表現に与えるべき意味について，誤解してはならない。知
性は形象を通じて自分自身を認識すると言うとき，次のよ
うに誤って理解するかもしれない。すなわち，形象は知性
を表しており，抽象された形象は質料的事物を指し示すか
のようにまさしく知性を指示しており，この抽象された形
象において，知性は他のものを認識するのと同じように自
分自身を認識すると理解する恐れがある。

　こうした誤解を避けるために，ここでは知性が問題に
なっていることを確認しておこう。この場合，形象が質料

---

substantiae materiales, quae intelliguntur a nobis »（*Quodl.*, I, 14 ; p. 95, l.
83-88）．

　　118）« Species autem intelligibilis in intellectu non est subsistens,
sed est forma intellectus, per quam intellectus intelligit, vel magis proprie,
per quam homo intelligit, quia homo subsistit, non autem intellectus »〔知
性のうちにある可知的形象は自存するものではなく，知性の形相であ
る。この形相を通じて，知性，あるいはもっと本来的に言えば人間は
認識する。というのも，自存するのは知性ではなく人間だからである〕
（*Quodl.*, I, 14 ; p. 96, l. 110-113）．

4 可能知性の可知性 391

的対象を表すように知性を表すことは絶対にない。このことは，再び第一質料との比較に目を向ければ，もっと簡単に理解できる。第一質料は現実態になく，それゆえ可知的ではない。しかし，受けとる形相を通じて可知的になる。その意味は，形相が質料を表しているということではない。こうした見解は誤っており，不合理でもあるだろう。実際，第一質料を直接認識することなど絶対にできない。しかし，ではわれわれはどのようにして第一質料を認識するのか。サットンが別の箇所で述べているように[119]，われわれは液体の気化を知覚する，すなわち二つの化学的な状態，継起して生じる二つの形相を知覚する。そして，この事実に基づいて，こうした様々な形相に対しては，第一質料と呼ばれる基体がなければならないと結論する[120]。この場合，これらの形相は決して質料を表しているわけではない。そうではなく，「質料的形相を認識する知性が，推論を行い，その結果質料を認識するに至ったのである」[121]。質料は形相によって認識されると言う場合，形相が質料を表すと理解してはならない。そうではなく，人間が形相を認識することで，推論や演繹を通じて，第一質料について何らかのことを認識するようになるのである。

---

119) Cf. *Quaest. ord.*, q.22 ; p. 603-604, l. 291-299.

120) « Nam materiam primam non cognoscit nisi secundum proportionem ad formam. Per hoc enim quod cognoscimus aquam et aerem, videmus transmutationem aquae in aerem. Et e converso concludimus quod in transmutatione illa est aliquid subiectum diversis formis successive , et illud subiectum vocamus materiam primam, quae est potentia tantum. Non enim potest transmutatio esse sine subiecto »(*Quaest. ord.*, q.22 ; p. 603-604, l. 291-297).

121) « Et sic materia prima, quae de se non est in actu, non est de se intelligibilis, sed per formam per quam est in actu, non tamen ita quod forma repraesentet materiam; sed intellectus cognoscens formam materialem discurrit conferendo, et pervenit ad cognitionem materiae » (*Quaest. ord.*, q.22 ; p. 604, l. 297-301).

392　　　　　第4章　サットンのトマス

　知性の自己認識についても事態は同様である。知性は自
分自身を可感的形象を通じて他のものと同じように認識す
ると主張するとき，形象が知性を表すと理解してはならな
い。そうではなく，知性は形象を通じて外的事物を認識す
ることで，自分の働きを認識し，そこから推論を通じて自
分自身を認識するに至るのである。「人間知性は受動的能
力なので，それ自体を通じては完全な可能態にあり，いか
なる現実態性も有していない。それゆえ，必然的に自分
自身を通じては絶対に可知的にならないのである。しか
し，知性は受けとる形象を通じて自分の働きを認識し，そ
の結果推論を通じて自分自身を認識するに至る。これは哲
学者が『霊魂論』第3巻で言っていることだが[122]，同時に
その箇所でこの問題を解決している。知性は他のものと同
じように，すなわち人間が認識する他の可知的なものと同
じように，可知的である。なぜなら，同じ箇所に関して註
解者が言っているように，人間知性は自分のうちにある形
象を通じて，質料的実体と同じように認識されるからであ
る」[123]。形象が知性に与えるのは，可知的であるために知
性に欠けていたもの[124]，すなわち現実態性である。しかし，

---

　122)　Cf. *De l'âme*, III, 4, 430a2-3.

　123)　« Cum igitur intellectus noster sit virtus passiva totaliter de
se in potentia nullam habens actualitatem, oportet quod non sit de se
intelligibilis, sed per speciem suam quam recipit, cognoscit actum suum
et sic devenit ad sui ipsius cognitionem. Et hoc est quod dicit philosophus
III *De anima* solvens illam quaestionem, scilicet quod intellectus est
intelligibilis sicut et alia, scilicet intelligibilia quae a nobis intelliguntur,
quia per speciem in intellectu existentem intelligitur intellectus sicut et
substantia materialis, sicut ibi dicit commentator » (*Quaest. ord.*, q.22 ; p.
604, l. 302-310).

　124)　« Illa enim species dat actualitatem intellectui, qui propter
defectum actualitatis non est de se intelligibilis, et ideo species illa facit
intellectum intelligibilem, quia facere eum in actu est facere ipsum
intelligibilem »〔すなわち，件の形象が知性に現実態性を与える。知

4 可能知性の可知性 393

サットンが明言するように，こうした現実態性は知性の本性のうちにはなく，知性から出てくるものでもない。それは受けとられ，獲得され，分有されるものである。「確かに形象がもたらすこの現実態性は知性を表す似像ではないが，にもかかわらず知性が自分自身を表す似像に到達できるのはこの現実態性のおかげである。そして，このことは推論を通じて生じるのであり，それというのも知性は理性的能力だからである」[125]。サットンはこの事実にこだわり，もっと後で何度も繰り返しながら，このように理解した自己認識が抽象的分析という特徴を持つことを強調している。「事物から抽象した形象は，知性の本性からあまりにもかけ離れているので，知性を表す似像として知性の認識に導くことはない。もっと正確に言えば，形象は知性の働きであるかぎりで知性の認識に導くと言える。なぜなら，現実化した知性は，自分の働きに向かうことができ，自分自身を認識するところまで推論を進めることができるからである」[126]。

性は現実態性を欠くために，自分自身を通じては可知的ではなかったのである。それゆえ，件の形象が知性を可知的なものにする。というのも，知性を現実態に置くことは，知性を可知的なものにすることだからである〕（*Quaest. ord.*, q.22 ; p. 604, l. 310-313）.

125) « Ad septimum dicendum quod illa actualitas, qua intellectus est intelligibilis primo, non est de natura intellectus, quia tunc semper intelligeret se, sed aliunde recepta. Et quamvis non sit illa actualitas repraesentativa similitudo intellectus, tamen per ipsam pervenit intellectus ad similitudinem sui repraesentativam ratiocinando, cum sit potentia rationalis » (*Quaest. ord.*, q.22, ad7 ; p. 614, l. 572-577).

126) « Ad decimum tertium dicendum quod, quia species abstracta a re est multum remota a natura intellectus, ideo non ducit in cognitionem intellectus tamquam similitudo repraesentans intellectum. Ducit tamen ad cognitionem intellectus, in quantum est actus intellectus, quia intellectus factus in actu potest convertere se super actum suum, et sic discurrere ad cognitionem sui ipsius » (*Quaest. ord.*, q.22, ad13 ; p. 616, l. 644-649).

394 　　　　第 4 章　サットンのトマス

　それゆえ，知性の自己認識は絶対に直観的認識ではない。それは間接的認識でしかなく，推論の結果として得られる抽象的認識なのである。こうした推論は抽象された形象に基づいているが，形象を通じて知性は質料的実体を直接認識する[127]。知性は自分自身を他のものと同じように認識するというアリストテレスの有名な表現は，一般的に言ってこのように理解すべきである。

4.3　知性と質料の比較
4.3.1　一般的問題とその解決

　先の論証の要は，知性と第一質料との有名な比較に他ならない。知性は可知的世界で最下にあるが，これは第一質料が可感的世界で最下にあるのと同じである。両者ともに，推論を通じて，形相——知性の場合は可知的形象，第一質料の場合は可感的形相——がもたらす現実態性のおかげで認識可能なものになる。

　しかし，この比較は，トマスの論証でも要を成していたものだが，トマスはほとんど説明しておらず[128]，また何らかの説得性を持ち，批判に耐えるにはかなり脆弱なものにすら見える。1283-84 年，ロジャー・マーストンはこの比較を徹底的に批判し，その有効性を完全に否定した。マーストンいわく，この比較はひどい曖昧さに基づいている[129]。マーストンによれば，この曖昧さはまさに「現実態」という言葉をどういう意味で使うかに関係している。すな

　127）　指摘すべきことに，サットンは少なくともこれらのテキストの中では，知性の本性に関する哲学的で抽象的な分析以外の自己認識の形態をほとんど考慮していないようである。この印象は後に確証されるだろう。

　128）　Cf. *De veritate*, 10, 8 ; *ST*, 1a q.87 a.1.

　129）　Cf. ROGER MARSTON, *Quaest. disp. De anima*, q. I ; p. 213.

4 可能知性の可知性 395

わち，第一質料はその現実態である形相を通じて捉えられるが，同様に可能知性もその現実態である，可感的事物の形象のおかげで可知的になると言う場合，現実態という言葉で何を理解するかである。実際，知性には異なる二つの現実態があるが，マーストンによればトマスもその弟子たちもそのことにまったく気づいていない。すなわち，知性が存在することを可能にする第一現実態と，知性が認識の働きを通じて対象を捉えることを可能にする，まったく付帯的な第二現実態がある。この説明に基づいて知性と第一質料の比較を検討するなら，ここでもマーストンの言うように，この比較は第一現実態と第二現実態にまつわる曖昧さに基づいていることが分かるだろう。質料は形相のおかげで可知的になると言うとき，こうした形相は質料の第一現実態である。ところが，トマスの論拠──特に『神学大全』の──によれば，知性は第二現実態にあるかぎりで可知的であるとはっきり述べられている。それゆえ，「現実態」という言葉はひどく曖昧に使われているのであり，第一質料と知性の比較は完全に無効だということになる。

　確認しておく必要があるのは，サットンのテキストはこのマーストンの批判に直接解答したものではないという点である。おそらくサットンは，『定期討論集』を書いた頃には，この批判を知らなかっただろう。にもかかわらず，『定期討論集』には，正確で詳しい解答の要素を見出せるのである。実際，マーストンの批判は，可能知性の中に異なる二つの現実態を区別できることを想定している。すなわち，それを通じて可能知性が存在する第一現実態と，認識の働きである第二現実態──これは付帯的に生じる──である。このような考え方によれば，知性はある観点では現実態にあり，別の観点では可能態にあることになろう。しかし，サットンにしたがえば，こうした見方は誤っている。なぜなら，可能知性は完全な可能態にあり，何かを認

第4章　サットンのトマス

識する前にはいかなる現実態性も持たないからである。こ
のことは以下のように説明される。認識能力について言え
ば，現実態性は認識される事物の似像以外の何ものでもな
い。さもなければ，認識能力の現実態性は認識には何一つ
役立たないことになろう。それゆえ，認識能力の現実態性
を措定しても，この現実態性が認識の働きでないのなら，
こうした措定は無意味というほかないだろう[130]。はっきり
と確認しておくべきは，人間知性は，あらゆる受動的能力
と同じように，それ自体を通じてはいかなる現実態性も持
たないということである[131]。さもなければ，こうした能力
は，自分が持ちうるあらゆる現実態性をそれ自体を通じて
持つことになり，それゆえ認識を通じて新たに得るものは
何もないことになるだろう。このことは矛盾をはらんでい
る。なぜなら，この考えられない事例においては，受動的
能力は真に受動的な能力ではなくなってしまうからであ
る[132]。サットンは，このことを詳しく検討するために，ま
ず一般的観点から，現実態にあるものはそのようなもので
あるかぎり可能態にはないことを指摘する。次に，可能知
性が純粋な可能態として「存在する」ことはいかにして可
能かを説明している。

130）《 Cum enim cognitio nihil aliud sit quam assimilatio
cognoscentis ad cognitum, si actualitas virtutis cognoscitivae esset
aliquid aliud quam similitudo suorum cognoscibilium, illa actualitas nihil
faceret ad cognitionem, et ita frustra poneretur esse actualitas virtutis
cognoscitivae 》（*Quaest. ord.*, q.22 ; p. 607, l. 383-387）.

131）《 (…) intellectus noster (est) pura potentia nihil habens de se
actualitatis. Et hoc idem dicendum est de qualibet potentia passiva, quod
nihil habeat de se actualitatis 》（*Quaest. ord.*, q.22 ; p. 607, l. 393-395）.

132）《 Alioquin sequitur quod semper habeat omnem actualitatem
quam potest habere, et ita nihil reciperet, et per consequens non esset
potentia passiva illa, quae ponitur potentia passiva (…) 》（*Quaest. ord.*,
q.22 ; p. 607, l. 396-398）.

4 可能知性の可知性 397

4.3.2 現実態と可能態の一般的説明

　知性のような受動的能力は現実態にあると主張する人々
は，存在するという現実態性を有するとだけ主張するとし
ても，矛盾している。サットンがここで念頭に置いている
のは，間違いなくガンのヘンリクスである。しかし，この
ことは間接的にではあれ，マーストンの批判にも関係して
いる。

　実際，受動的能力であるかぎりでの受動的能力の中に現
実態が存在すると考えることは矛盾を含んでいる。事実，
アリストテレスもすでに述べているように[133]，可能態と現
実態は異なる原理であり，互いに対立している。すなわ
ち，可能態の本性とは現実態を受けとりうることであり，
現実態こそが可能態の完成である。あるものが可能態だけ
でなく現実態でもあるのは，その現実態のおかげである。
したがって，単一な本性においては，可能態と現実態は両
立しない。そして，可能態と現実態はまさしく単一な本性
なので，可能態は現実態ではありえない。さもなければ，
単一な本性は二つの両立不可能な固有性の基体になってし
まうだろう[134]。また，単一な本性は異なる関係性の下では
可能態にあると同時に現実態にもあると考えてもならな

---

　133)　Cf. ARISTOTE, *Métaphysique*, IX, 3, 1046a17-19.

　134)　« Potentia enim et actus habent oppositas proprietates, quia de
ratione potentiae est, ut sit receptiva actus, qui sit eius complementum et
perfectio, et ut per ipsam res possit esse tantum. De ratione vero actus est,
ut sit ipsa perfectio et complementum, per quod res actu est, non tantum
in potentia. Illae sunt generales proprietates potentiae et actus, quae non
compatiuntur se in una simplici natura, et per consequens, cum potentia
sit una simplex natura et similiter actus sit una simplex natura, potentia
non potest esse actus, quia tunc una sinplex natura haberet incompossibilia
in sua natura, scilicet differentias oppositas. "Potentia enim et actus sunt
differentiae valde oppositae", secundum commentatorem in prooemio *De
anima* » (*Quaest. ord.*, q.22 ; p. 607-608, l. 400-411).

398 第 4 章 サットンのトマス

い。反対に，可能態の一般的性質はどんな現実態にも対立
するものであり，それというのも現実態の性質はあるもの
を現実的存在へと確立することだからである。それゆえ，
可能態という本性は現実態ではない。このようなわけで，
可能態と現実態が見出されるところでは，両者は混ざり合
わず，むしろ複合体を形成している。純粋現実態である神
は絶対に可能態にはなく，純粋可能態にある本性は絶対に
現実態にはない[135]。

　確かに，現実態と可能態から複合されている具体的なも
のは，あるものとの関連では可能態，別のものとの関連で
は現実態といったように，可能態にも現実態にもありう
る。しかし，このことは複合された具体的なものについて
のみ妥当する。可能態は可能態にあるかぎりで現実態であ
るとは言えないのである[136]。しかるに，ここで問題になっ

---

135) « Sed dicet aliquis quod respectu eiusdem una natura non
potest esse potentia et actus. Hoc est verum. Sed respectu diversorum nihil
prohibet unam naturam esse potentia et actum, ut quod una natura simplex
sit potentia receptiva unius rei, et ipsa eadem sit actus productivus alterius
rei. Istam imaginationem multi habent. Sed falsa est imaginatio, quia
generalis ratio potentiae repugnat cuilibet actui, scilicet facere rem esse
in potentia tantum in suo genere, hoc est de ratione cuiuslibet potentiae.
Hoc repugnat cuilibet actui, quia de ratione cuiuslibet actus est quod per
ipsum constituatur res in esse actuali sui generis. Ergo illa natura, quae est
potentia, nullus actus est. Et propter hoc potentia et actus, ubicumque sunt,
faciunt compositionem. Et ideo in deo, quia nulla est compositio, nulla
ponitur potentia passiva, sed est actus purus sine permixtione potentiae »
(*Quaest. ord.*, q.22 ; p. 608, l. 412-424).

136) « Quia ergo illa natura, quae est potentia, nullus actus est,
impossibile est quod ipsa natura, quae est potentia respectu unius, sit actus
respectu alterius, quamvis aliquod compositum sit per potentiam ens in
potentia respectu unius, et per actum sit in actu respectu alterius, ita quod
in concreto potest dici quod ens in potentia uno modo est in actu alio
modo. Sed in abstracto dici non potest quod potentia sit actus, sicut non
potest dici in abstracto quod aliqua bonitas sit malitia aliomodo, quamvis

4　可能知性の可知性　　　399

ているのは，可能知性——可能態にあり，単一な本性であ
り，複合されていない——である。それゆえ，可能知性は
純粋可能態以外の何ものでもない[137]。知性は，それ自体と
して純粋な可能態なら，どんな関係性の下でも絶対に現実
態にはない。認識の次元では可能態にあり，存在の次元
では現実態にあるといったこともありえない。こうして，
マーストンが批判する際に引き合いに出した論拠に対して
答えることができる。マーストンは，知性について，現実
態という言葉の二つの意味——存在の現実態，すなわち第
一現実態と認識の現実態，すなわち第二現実態——に注
目したのだった。知性は，純粋な可能態なら，それ自体
としては絶対に現実態にはなく，このことは第一現実態に
話を限っても妥当する。サットンは，マーストンに直接答
えることが目的ではなかったのではっきり結論づけていな
いが，以上より次のように結論できるだろう。知性にとっ
て，「存在する」ことは「認識する」ことである。知性に，

---

in concreto verum sit dicere quod bonum uno modo est malum alio modo
»〔それゆえ，可能態という本性は現実態ではないので，この本性が
ある観点では可能態，別の観点では現実態であることは不可能である。
とはいえ，何らかの複合されたものは，ある観点で可能態，別の観点
で現実態にあり，こうして具体的なものについては，ある仕方で可能
態，別の仕方で現実態にあると言うことができる。しかし，抽象的な
ものについては，可能態は現実態であるとは言えないのであり，これ
は抽象的なものである何らかの善性が別の仕方では悪性だとは言えな
いのと同じである。とはいえ，具体的なものについては，ある仕方
で善いものが別の仕方では悪いものだと言うことはできる〕（*Quaest.
ord.*, q.22 ; p. 608-609, l. 424-433）．

137）«（…）cum potentia sit simplex natura, non potest esse aliud
quam potentialitas, et cum actus sit simplex natura, non potest esse aliud
quam actualitas, et ita si potentialitas non est actualitas, nec potentia est
actus »〔可能態は単一な本性なので可能態性以外の何ものでもなく，
現実態も単一な本性なので現実態性以外の何ものでもない。こうして，
可能態性が現実態性でないなら，可能態も現実態ではない〕（*Quaest.
ord.*, q.22 ; p. 609, l. 437-440）．

常に手に入れるべき現実態性をもたらしてくれるのは，認識だけなのである。

　しかし，この結論は補足的説明を要する。なぜなら，この第一の論証だけで満足することは難しいからである。この結論を確証するためには，知性の本性を検討し，純粋可能態にあるという事実が何を意味するかをはっきりさせ，いかなる現実態性も備えていない純粋可能態が霊魂の能力でありうるのはいかにしてかを説明する必要がある。

4.3.3　純粋可能態としての知性の存在様態

　霊魂とその能力の関係を分析することは，非常に複雑な議論になる恐れがある。ここでは，サットンが生み出した一般的な考え方を指摘し，『定期討論集』第22問でこの問題を論じている様子を検討するだけでよい[138]。

　サットンによれば，もっともこのことは霊魂の認識と知性の認識を区別していることから少なくとも明らかになることだが，霊魂の能力は霊魂の実体と同じではない。霊魂の実体と霊魂の能力は実在的に区別される。サットンは，『神学大全』第1部77問1項以来の伝統的な論拠をいくつか簡単に指摘している。まず，能力と働きは実体という類には属さない。すなわち，働きは，能力の現実態なので能力と同じ類に属し，霊魂のような実体ではなく，質の類に属している。次に，これは『神学大全』から借用した第二の論拠なのだが，霊魂の本質は働きの直接的根源ではありえない。実際，霊魂が現実態なら，働きが霊魂に直接依存している場合には，働きも同じく現実態であるだろう。もしそうなら，例えば霊魂を有するものは常に現実態において生命活動を行っているはずだが，これは明らかに誤っ

---

　138)　もっと詳しく知りたいなら，D.E. SHARP, *Thomas of Sutton* (1934), p. 335-338 を参照。

4 可能知性の可知性　　　401

ている[139]。サットンは，霊魂がその能力と同じではないことを証拠づける論拠をさらに二つ提示しているが[140]，ここではあまり重要ではない。

　以上のことを確認した上で，霊魂とその能力，特に霊魂と純粋可能態である可能知性との関係を正確に突きとめる必要がある。シャープ（D.E. Sharp）によれば，「サットンはこの問題について自分の意見を述べ，能力がいかなる点で霊魂の本質と異なるかを明らかにしようとしているが，彼の貢献はそれほど劇的なものではない」[141]。この見解については，『定期討論集』第 22 問の簡単な言明をいくつか指摘することで判断できるだろう[142]。知性の場合，その受動性や可能態性を見れば，霊魂の本質と異なることははっきり分かる。さもなければ，認識の働きには霊魂で十分だということになり，霊魂は理解したり感じたりするために，いかなる外的な寄与も介さずに自己充足できることになろう[143]。

　霊魂と知性の関係というこの精妙な問題を説明するためには，あるものは別のものから三つの仕方で区別されることを知る必要がある。誰もが最初に思い浮かべる最も明白な方法は，二つの働きが互いに区別される場合である。もっと正確に言えば，二つのものはその働きを通じて区別される。第二に，二つの能力は，異なる働きに秩序づけられているという事実により区別される。最後に，能力と働きは，互いに対立しているという事実により区別される。

---

139)　Cf. D.E. SHARP, *Thomas of Sutton* (1934), p. 335-336.

140)　Cf. D.E. SHARP, *Thomas of Sutton* (1934), p. 336.

141)　D.E. SHARP, *Thomas of Sutton* (1934), p. 336.

142)　指摘すべきことに，サットンによれば，能力は霊魂の部分ではありえない。なぜなら，もしそうなら，霊魂の本質的単一性が成立しなくなるからである。むしろ「固有性」とか「力」とかと言うべきだろう。

143)　Cf. D.E. SHARP, *Thomas of Sutton* (1934), p. 337.

例えば，知的能力はその働きから区別されるが，何らかの現実態性を有しているからではなく，それ自体として現実態性を欠いているからである。知性とその働きを区別するのはこうした現実態性の欠如であり，霊魂と可能知性の違いもこの現実態性の有無にあると見なせるだろう[144]。こうして，霊魂と知性は二つのもの，二つの働きや二つの能力として区別されるのではなく，現実態にあるものが純粋可能態から区別されるように区別されるのである。

しかし，人は知性がいかなる現実態性も含まない純粋可能態であることをどのようにして真に理解できるのか。サットンによれば，こうした理解は可能なだけでなく，知性は純粋可能態だと措定しなければならない[145]。実際，認識の場合，変化は霊魂のうちで生じるが，こうした変化は付帯的なものにすぎない。こうした付帯的変化を受ける実体は，現実態にあるものである。しかるに，こうした現実態にある実体は，そのようなものであるかぎり，可能態にはない。それゆえ，こうした実体は付帯的な現実態を通じ

---

144) « Ad vicesimum dicendum quod ea quae sunt in actu, distinguuntur suis actibus. Potentia autem una distinguitur ab alia per hoc, quod una est ordinata ad alios actus genere quam alia. Et sic potentiae distinguuntur specie, potentiae autem eiusdem speciei distinguuntur per quantitatem, prout distinguitur materia ignis a materia aeris. Potentia autem et actus distinguuntur se ipsis tamquam differentiae contrariae, et sic potentia intellectiva distincta est ab actu suo non per aliquam actualitatem, sed per hoc quod est de se carens actualitate et ordinata ad eam. Et ita patet quod non omne, quod distinguitur ab alio, distinguitur per actualitatem intraneam ab eo » (*Quaest. ord.*, q.22, ad20 ; p. 619, l. 714-723). 認めるべきことに，サットンはここで，能力とその固有の働きの間に見出せる区別について論じている。次注の第21異論解答は次の事実を確証している。可能知性が現実態性を欠いていることは，可能知性と，現実態にある霊魂の本質を区別する根本的な理由である。

145) « (…) necessario potest concludi quod intellectus sit pura potentia » (*Quaest. ord.*, q.22, ad21 ; p. 619, l. 726-727).

4 可能知性の可知性   403

て直接働きかけられることができないのである。このこと
の理由は，現実態にあるものは，まさに現実態にあるかぎ
りで，他の現実態を受けいれる可能態にはないというとこ
ろにある[146]。しかしそれでは，現実態にある霊魂がまった
く知らない何かを認識し，こうして付帯的な次元で変化を
受けることが可能であるという事実はどのように説明すれ
ばよいのか。この問題を解決する唯一の方法は，次のよう
なものを措定することである。すなわち，現実態にある実
体に内属すると同時に，それ自体は現実態にはなく，もっ
ぱら可能態にしかないものを。実体に内属するこうした純
粋可能態を通じてこそ，実体は付帯的な現実態を受けい
れて変化することができると言えよう[147]。また，この純粋
可能態は実体に内属する付帯性なので，付帯的現実態の基
体となることはできない。厳密に言えば，能力は「それを
介して実体が付帯的現実態を受けとるところのもの」であ
る。それゆえ，付帯性がそれに内属する，複合された実体
こそが変化の基体と言えるが，こうした変化は受動的能力
——そのようなものであるかぎり現実態にはない——を介
してはじめて生じる[148]。

---

146) « Sed in transmutatione, quae est secundum accidentia,
substantia quae transmutatur accidentaliter, est ens in actu; ideo secundum
se non est in potentia ad actum accidentalem recipiendum. Quod enim est
in actu, non est in potentia ad ulteriorem actum, in quantum est in actu »
(*Quaest. ord.*, q.22, ad21 ; p. 619, l. 731-735).

147) « Et ideo oportet ponere aliquid inesse substantiae in actu,
quod non sit actus, sed tantum potentia, ut per illam potentiam dicatur
substantia posse recipere actum accidentalem per transmutationem »
(*Quaest. ord.*, q.22, ad21 ; p. 619, l. 735-738).

148) « Et quia illa potentia est accidentis inhaerens substantiae,
ideo non potest esse subiectum sui actus, proprie loquendo de subiecto,
quia unum accidens non terminat dependentiam alterius. Sed potentia
illa est id, mediante quo substantia recipit actum accidentalem. Et ita
substantia composita est subiectum transmutationis accidentalis mediante

404   第4章　サットンのトマス

　ガンのヘンリクスがそう主張したように，またマースト
ンの批判の前提になっているように，この受動的能力は現
実態だと考えるなら，不合理に陥ることになる。実際，こ
の受動的能力が現実態なら，実体は，実体であるかぎり，
他の現実態を受けとることのできる可能態にはない。とい
うのも，実体の能力がすでに現実態にあるから。それゆ
え，現実態を受けいれる他の能力を措定する必要が出てく
るが，こうして無限背進が起こる。だから，こうした無限
背進を避けるために，受動的能力は純粋可能態だと言わね
ばならない[149]。したがって，この議論を霊魂と知性の場合
に当てはめるなら，次のように言える。「知性は可能態で
あり，この可能態を通じて霊魂は形象を受けとる。しか
し，知性を介して形象の基体となるのは本来的に言って霊
魂である」[150]。このようなわけで，次のように主張せねば
ならない。知性は純粋可能態なので，純粋可能態である第
一質料と比較しても何の問題もない。マーストンがそうし
たように，知性には第一現実態と第二現実態があると考え
ることは誤りである。知性は純粋可能態である。

　知性と霊魂の関係を問うこの難しい問題は[151]，実際，知
性の純粋な可能態性を説明することが要点になっている

---

potentia passiva, quae non est actus » (*Quaest. ord.*, q.22, ad21 ; p. 619-620, l. 738-744).

　149)　« Quia si esset actus, substantia per ipsam non esset in potentia ad recipiendum, et tunc oporteret ponere aliquid aliud, per quod esset in potentia receptiva, et esset procedere in infinitum, nisi potentia passiva poneretur potentia pura » (*Quaest. ord.*, q.22, ad21 ; p. 620, l. 744-747).

　150)　« Dico igitur quod intellectus est potentia mediante qua anima recipit speciem, quae quidem anima proprie est subiectum speciei mediante intellectu » (*Quaest. ord.*, q.22, ad21 ; p. 620, l. 747-749).

　151)　Cf. F.E. KELLEY, *Two Early English Thomists* (1981), p. 371-380.

4 可能知性の可知性　　　　　405

が，他の箇所でも，まったく別の文脈の中で取り上げられ
ている。サットンは，そこでも知性の純粋な可能態性につ
いて論じているが，問題に答えるにあたっては，知性を感
覚と比較し[152]，人間知性を表す，有名なフクロウの比喩を
深く掘り下げている[153]。ここで，このフクロウの比喩を検
討することは興味深い。なぜなら，知るかぎり，トマス主
義者たちの中で，これほど大胆に，そしてとりわけ自己認
識の問題を究明するためにこの比喩を利用した人はほとん
どいなかったからである。

4.4　知性の純粋な可能態性とフクロウの比喩
　　──『定期討論集』第3問

　再び，霊魂と知性の関係を問う必要がある。実際，可能
知性の不可知性を理解しようとするときに本質的な問題に
なるのは，知性は純粋可能態であるというアリストテレス
の主張である[154]。知性は，ある観点では現実態，別の観点
では可能態にあると考え続けることは理に適っているよう
に見えるかもしれない。なぜなら，知性は完全に可能態に
あると主張することは難しいからである[155]。知性は質料的
事物に対しては可能態にあるが，自分に現前している霊魂
の本質との関連では現実態にあると言えるのだろうか[156]。

---

152)　Cf. *Quaest. ord.*, q.3 ; p. 76-79.

153)　Cf. *Quaest. ord.*, q.3 ; p. 77-80.

154)　Cf. ARISTOTE, *De l'âme*, III, 4, 429a22-23.

155)　« Cum enim infimus intellectus angelicus sit totaliter in actu,
rationabile videtur quod intellectus humanus sit quantum ad aliquid in
potentia, et quantum ad aliquid in actu, et non sit totaliter in potentia »
(*Quaest. ord.*, q.3 ; p. 77, l. 348-351).

156)　« Et ita videtur quod, cum essentia animae sit naturaliter ei
praesens, quantum ad ipsam sit in actu, et sic anima debeat intelligere se
per essentiam suam, sed quod intellectus noster sit in potentia respectu
specierum materialium, quarum cognitionem acquirit per sensus »(*Quaest.*

406 第4章　サットンのトマス

それゆえ，問題は二つあることに気づくだろう。なぜなら，問いがこのように立てられると，知性は純粋可能態にあるという問題と同時に，知性は霊魂の本質をどのように認識するかという問題も検討されるからである。この問題の利点は先の諸問題の利点とは少しばかり異なっている。なぜなら，第一に疑念はまさしく知性の純粋な可能態性に関わっており，第二にサットンは人間知性とフクロウの目の比較を独自の仕方で展開しているからである。

4.4.1　フクロウの比喩の再検討

この問題を解決し，知性は本当に純粋可能態なのかという疑念を完全に取り除くためには，次のことを知るべきである。すなわち，諸知性のうちで最下にある人間知性が，造られたときから何らかの仕方で現実態にあることは不可能である。人間知性は，神が直接造った諸形相のうちで，ただ一つの形相——われわれの場合は人間霊魂——へと開かれているとしても[157]，同じ理由から同種の他の形相にも開かれている[158]。これは，フクロウの目が日中の光の下ではどんな色も知覚できないのと同じである。フクロウの目は様々な色のうちでただ一つの色を捉えることができるとしても，別の色も見ることができるのであり，他のすべての色，そして日の光の下で見られるものなら何でも見ることができると言えよう。同じように，人間知性は神という非質料的な太陽が照らした形相のうちでただ一つの形相を

---

ord., q.3 ; p. 77, l. 351-355）．

157)　指摘できることに，サットンによれば，認識能力にとって現実態にあることは認識することを意味するのであり，他のいかなることも意味しない。

158)　« Sed ad hanc dubitationem tollendam, dico quod non est possibile quod infimus intellectus, scilicet humanus, sit aliquo modo in actu in principio in sui condicione, quia qua ratione esset capax unius formae a deo immediate productae, eadem ratione esset capax aliarum » （*Quaest. ord.*, q.3 ; p. 78, l. 356-359）．

4 可能知性の可知性　407

捉えることができるとしても，別のあらゆる形相も捉えられるだろう。しかるに，このように考えるなら，神はすべてのものに対してその自然本性的な受容性を満たすように配慮しているので，人間知性は造られたときから可知的形相に満たされていることになり，こうして認識できるものなら何でも認識できることになろう。しかし，こうしたことはもはや人間知性には当てはまらない。すなわち，人間知性は身体と結びついているので，少しずつ事物の認識を得ていくしかないのであり，もし上述のようなことができるなら，もはや最下の知性ではなくなってしまうはずである。上述のような形相に満ちた知性とは天使のことに他ならない[159]。

　しかし，形相に満ちていることは，諸知性のうちで真に最下のものである人間知性の本性ではない。このようなわけで，「人間知性は必ず，初めは可能態にしかなく，決して現実態にないのである。知性は純粋可能態だからこそ，本性的に身体と結びつくことができ，その結果働きを首尾よく行える。この同じ理由のために，人間知性は自分に対比的な表象像に向かう必要があるのだ。それゆえ，アリストテレスは，霊魂は表象像なしには何一つ認識しないと主

---

159)　« Sicut oculus verspertilionis non potest recipere aliquam speciem coloris ex illustratione lucis diei, quia qua ratione esset capax unius, et alterius et omnium, et sic posset videre quodcumque visibile in lumine solis in die, eodem modo intellectus noster, si esset capax unius formae per illustrationem solis immaterialis, qui deus est, eadem ratione esset capax aliarum specierum per eandem illustrationem influxarum a principio. Et sic, cum deus provideat unicuique rei materiali secundum suam capacitatem, intellectus noster a principio suae creationis esset plenus formis intelligibilibus, quibus omnia cognosceret, et per consequens non esset unibilis corpori ad acquirendum scientiam rerum, nec esset intellectus infimus, sed esset intelligentia separata plena formis » (*Quaest. ord.*, q.3 ; p. 78, l. 359-370) .

408 第4章 サットンのトマス

張したのである」[160]。こうして，アリストテレスが人間知性をフクロウの目に比べたことは簡単に理解できるだろう[161]。フクロウが太陽の光の下では事物を見られないように，人間知性も神が注入した形象を通じては事物を認識できない。フクロウがぼんやりとでも知覚できるのは薄明りの中であるのと同じく，人間知性は表象像——離存する可知的なものに比べれば薄明りのようなもの——に働きかける。アウグスティヌス自身も，表象像は雲，濃霧のように不明瞭なものと言っているではないか[162]。フクロウはこのようにして薄明りの中で色を見るのだが，それというのも薄明りに適応しているからである。人間知性についても事態は同様であり，人間知性は自分の本性に近い表象像を照らして見るのであり，表象像は質料という闇の中に存在しているのである。能動知性は弱い光を通じてこうした表象像を照らすことで，表象像を可能知性に適合させると同時に，自分自身を表象像に合わせるのである[163]。

---

160) *De l'âme*, III, 7, 431a16-17. « Cum igitur manifestum sit intellectum nostrum esse infimum, necesse est quod in principio sit tantum in potentia et nullo modo in actu. Et quia tantum est in potentia, ideo naturaliter est unibilis corpori, ut perficiatur quantum ad suam operationem; et ideo etiam naturaliter habet convertere se ad phantasmata, quae sunt obiecta sibi proportionata. Et ideo dicit philosophus quod anima nihil intelligit sine phantasmate » (*Quaest. ord.*, q.3 ; p. 78, l. 371-377).

161) Cf. ARISTOTE, *Métaphysique*, II, 1, 993a9-11.

162) Cf. « Unde convenientissime comparat philosophus intellectum animae nostrae ad oculum verspertilionis, qui est oculus debilissimus, quia sicut oculus verspertilionis non potest videre per species illustratas a sole, ita intellectus noster non potest videre per species effluxas a deo; et sicut oculus verspertilionis videt in tenebris, licet debiliter, ita intellectus noster intelligit in phantasmatibus, quae sunt quasi tenebrae respectu intelligibilium separatorum. Unde et Augustinus IX *De trinitate* c.7 vocat phantasmata velut quoddam nubilum et caliginem et densissimas nebulas » (*Quaest. ord.*, q.3 ; p. 78-79, l. 377-385).

163) « Et sicut oculus verspertilionis species colorum

4　可能知性の可知性　　409

　こうして，人間知性の弱さがはっきり見えてくる。フク
ロウは自分の視界に入る事物を見るとき，混乱した不完全
な仕方でしか見ていないが，これには主観的理由と客観的
理由がある。すなわち，主観的理由とは視覚の弱さであ
り，客観的理由とは和らいだ薄明りを通して色が不完全に
なっていることである。同様に，人間知性は，他の知性と
比べて，認識可能な事物を不完全にしか認識していない
が，これは主観的には知性が弱いために，客観的にははっ
きり照らされていない形象がうまく事物を表せていないた
めに起こる[164]。人間知性が置かれている自然本性的な状況
はこのようなものであり，人間知性は非質料的実在と質料
的事物の境界に位置づけられる。人間知性は自分の能力に
対応しない非質料的実在には向かえないが，それゆえに質
料的事物という薄明りに向かうことになる。穴の中にいる
フクロウは，適応していないために見れない太陽の光と，
弱い力にしたがって事物を見るために向かう薄明りの中間
に置かれているが，人間知性もその偉大さと弱さの中間に

---

propinquorum in tenebris existentium illuminat aliqualiter luce oculorum
intrinseca, ut possit movere visum suum modo debili sibi proportionato,
ita intellectus animae nostrae phantasmata, quae sunt sibi maxime
propinqua, tamquam in tenebris materiae existentia, quia sunt in virtute
organica, illuminat aliqualiter luce menti intrinseca, scilicet intellectu
agente, qui est ut lumen secundum philosophum; per quam illustrationem
fiunt proportionata ad movendum intellectum possibilem » (*Quaest. ord.*,
q.3 ; p. 79, l. 386-393) .

164) « Et sicut oculus verspertilionis confusam et imperfectam
cognitionem habet de his quae videt, tum propter debilitatem visus, tum
propter imperfectionem specierum debiliter illustratarum, ita intellectus
noster imperfectam cognitionem habet de his quae intelligit, per
comparationem ad alios intellectus, tum propter imbecillitatem ex parte
intellectus, tum propter defectum perfectae repraesentationis ex parte
specierum debiliter illustratarum » (*Quaest. ord.*, q.3 ; p. 79, l. 394-
400) .

置かれているのである。

4.4.2 知性が純粋可能態であることの重要性

　自己認識について長く回り道をしてきたが，これにより可能知性が純粋可能態であることの問題を再検討できた。確かに，人間霊魂は自分自身をその本質を通じて明確に認識するわけではないと認めねばならない。もっとも，これは霊魂の自己認識の問題に対する解答でもあったのだが，それに立ち戻る必要はない。しかし，この事実の深い理由は，さしあたり強調しておくべきだろう。すなわち，人間知性は，造られた当初は，純粋可能態でしかない。現実化するためには，霊魂には向かえないので，自分に対応した対象である表象像を考察する必要がある[165]。

　ここで，フクロウの比喩がより的確な理解のために寄与した一般的結論が得られる。知性が霊魂を直接捉えられないことと，知性が初めから純粋可能態にあることは，ただ一つの同じ理由によっている。すなわち，知性の固有で自分に対比的な対象は，表象像が表す質料的事物の何性である。人間知性が質料の中にある形相に向かうのは，身体の現実態である人間霊魂の一能力だからである。この理由から，人間知性は，少しずつ自分の認識を獲得していく必要があるので，純粋可能態で，それ自体としては不可知的で，自己を通じて自分自身を認識できず，自分自身も，自分が能力として内属する霊魂の本質も認識できない。こうして，人間の自己認識はその糧や内容を，自分に非常にう

　165）《 Habemus igitur causam, quare anima nostra non cognoscit se per suam essentiam formaliter, quia scilicet ipse intellectus animae nostrae a principio est tantum in potentia, et sic non actuatur per essentiam animae ad intelligendum, et propter hoc naturaliter convertit se ad phantasmata, ut ab eis perficiatur ad intelligendum. Et per consequens anima, quamvis sit praesens intellectui secundum esse, non tamen est praesens conspectui suo, quia non convertit se ad eam, sed phantasmata rerum materialium 》(*Quaest. ord.*, q.3 ; p. 80, l. 407-414).

まく対応している質料的世界の中に求める必要があるの
だ。

5　形象を通じた自己認識

5.1　人間の立ち帰りの位置づけと様態

　サットンは，事実や論拠を挙げつつ，霊魂も知性も本質
を通じて自分自身を認識できないことを明らかにすること
で，自己認識の問題を解決しようとしてきた。霊魂は自己
認識の形相的根拠になりえないが，それは可知性を欠いて
いるからではなく，反対に知性が対応できないほど大きな
可知性を有しているからである。知性は霊魂以上に自己認
識の対象にはなりえないが，この場合は可知性を欠いてい
るからである。すなわち，知性はあらゆる可知性に必要な
現実態性を欠いている。ここから，サットンは，知性は自
分自身を「他のものと同じように」，すなわち抽象して得
た形象を通じて認識すると結論づけた。この既成事実の理
由は人間霊魂と知性の本性にある。すなわち，こうした本
性は，逆説的ではあるが，天使のような非質料的実在と質
料的事物の境界において造られたのである。自己認識の問
題が占める位置は，世界の階層秩序というこの文脈の中で
ある。このようなわけで，サットンはトマス・アクィナス
に倣って[166]，人間の認識様態と天使の認識様態をはっきり
区別しようとする。

5.1.1　天使の認識との比較

　天使の知性は，純粋可能態である人間知性とは違い，存
在し始めたときから現実態にある。なぜなら，本性を通じ
て認識できるすべてのものを所有しているからである。い

---

166)　Cf. *ST*, 1a q.87 a.1.

つか獲得できる可知的なものをすべて，自分自身の中にすでに持っているのである。この天使の知性は絵がびっしり描かれた板に見立てることもできるだろう。なぜなら，どんな天使の知性も「形相でいっぱい」であり，可知的形象に満ちているからである。この意味で，天使の知性は，認識する対象の違いにしたがって二つの仕方で完成する。すなわち，自分以外のものを認識する場合には，注入された形象を通じて完成する。自己認識の場合には，天使固有の本質を通じて完成する。このようなわけで，人間とは違い，天使は自分自身をその固有の本質を通じて常に認識している。なぜなら，天使の本質は天使の知性の働きを常に完成しているからである。それゆえ，天使が自分自身を認識するのは，他のものを認識する場合のように形象を通じてではなく，自分の本質を通じてである[167]。

このような認識様態は，人間知性に当てはまるものではない。上で述べた理由から明らかなように，人間霊魂は人

---

167) « E contrario est de intellectibus angelicis. Quilibet enim intellectus angelicus a principio est in actu perfectus omnibus intelligibilibus; unde potest comparari materiae corporum caelestium, si ponantur composita ex materia et forma. Illa enim materia a principio fuit perfecta formis suis, et non est in potentia tantum respectu alicuius formae quam acquirat, sicut materia istorum inferiorum, quae nullam formam habet, nisi quam acquirit per generationem. Unde potest comparari intellectus angelicus tabulae plenae picturis, quia omnis intelligentia est plena formis, id est speciebus intelligibilibus, ut dicitur *Libro de causis*. Et sicut intellectus angeli perficitur speciebus ad intelligendum alia a se, ita perficitur per ipsam essentiam angelicam, cuius est potentia, ad intelligendum ipsam essentiam. Unde angelus se ipsum intelligit per suam essentiam et semper intelligit se, quia sua essentia semper perficit suum intellectum, sicut corpus solis, quia semper habet lucem nec recipit eam aliunde, ideo semper lucet. Quia igitur essentia angeli est forma intellectus sui, ideo angelus non intelligit se per speciem, sicut intelligit alia per species, sed intelligit se per suam essentiam » (*Quaest. ord.*, q.3 ; p. 75-76, l. 293-309).

間知性の形相ではない。このようなわけで，人間知性が自
分自身を認識するのは，その固有の本質を通じてではな
く，反対に他のものを認識する場合と同じように，すなわ
ち形象を通じてである。アリストテレスは知性についてこ
のことを述べている。すなわち，知性は他のものと同じよ
うに可知的であり，他のものの認識を可能にする形相的原
理そのもののおかげで可知的になる。形象を通じて，知性
は精神の外部にあるものを認識し，こうしたものを認識し
ていることを知っているという事実を通じて，自分自身を
認識する。こうして，人間知性が天使の知性とは違って純
粋可能態にあるからこそ，霊魂は自分自身を霊魂そのもの
を通じて認識できないのである[168]。

5.1.2　抽象的認識としての立ち帰り

5.1.2.1　形象を通じた認識，あるいは働きを通じた認識

それゆえ，知性は自分自身を，何であれ可知的なものを
認識するように，すなわちアヴェロエスの言葉を借りれ
ば，自分のうちに存在する概念を通じて認識する。知性
は自分自身を，自分の本質ではなく形象を通じて認識す
る[169]。すでに述べたように，このただ一つの同じ形象のお

---

168)　« Et e contra, quia anima humana non est forma intellectus
sui, ideo non intelligit se per suam essentiam, sed intelligit se sicut et
alia, scilicet per speciem. Et hoc est quod philosophus dicit in III *De
anima* quod intellectus est intelligibilis sicut et alia, quasi dicens : per
idem intelligitur a se, per quod intelliguntur alia. Per species autem
intelligit alia, quorum sunt species, et per hoc quod cognoscit se intelligere
illa, cognoscit se ipsum. Haec igitur est causa, quare anima nostra non
cognoscit se per ipsam formaliter, quia intellectus eius est totaliter in
potentia »　(*Quaest. ord.*, q.3 ; p. 76, l. 310-318) .

169)　« Oppositum arguitur per philosophum, qui dicit III De
anima quod intellectus est intelligibilis, sicut et alia intelligentia, scilicet
per intentionem in eo existentem, ut exponit commentator. Sic enim
alia intelligibilia intelliguntur, scilicet non per suam essentiam, sed per
speciem »　(*Quaest. ord.*, q.3 ; p. 72, l. 222-226) .

414 第4章　サットンのトマス

かげで，知性は他のものを認識できると同時に，自分自身
も認識できる。にもかかわらず，他のものの認識と自己認
識の場合で，認識対象への関係は同じではない。外的な対
象を認識する場合には，形象は対象を表すものである。自
己認識の場合には，こうした形象は知性の現実化に役立つ
が，それ自体は決して知性を表すものではない。サットン
はこのことを何度も強調している。すなわち，人間精神が
自分自身を見るのは，あたかも獲得した形象が自分自身
を表す似像であるかのようにしてではない[170]。精神が受け
とった形象は，決して自己認識の認識内容をもたらさな
い。形象の受容は，むしろ知性の現実化に不可欠な可能条
件のようなものである。そして，こうした現実化に基づい
てはじめて，知性は自分自身を認識できる。

　それゆえ，サットンにとって，知性は自分自身を形象を
通じて認識すると述べることは，知性は自分自身を自分の
働き——その可能条件は形象である——を通じて認識する
と述べることに等しかったと言える。「精神は自分自身を，
形象を通じてと同時に自分の働きを通じても認識すると言
わねばならない。精神が自分自身を認識するとき，形象は
霊魂を表す似像のようなものではなく，それ自体として可
能態にある知的霊魂を現実化する霊魂の働きとしての役割
を果たす。その結果，そこから霊魂は自分自身を認識する
に至る」[171]。獲得した形象は，霊魂を表すのではなく，知
性を現実化する。それゆえ，こうした働きに基づいてはじ

---

170)　« (Mens) non videtur per aliquam similitudinem quae sit sui
repraesentativa (⋯) »（*Quaest. ord.*, q.3, ad23 ; p. 89, l. 639-640）.

171)　« Ad decimum quintum dicendum quod mens cognoscit se et
per speciem et per actum suum. Per speciem quidem, non tamquam per
similitudinem animae quae ipsam repraesentet, sed tamquam per quendam
actum animae, quo anima de se in potentia existens reducitur ad actum, ut
possit ex hoc ad sui cognitionem pervenire »（*Quaest. ord.*, q.3, ad15 ; p.
86, l. 564-568）.

5 形象を通じた自己認識 415

めて，知性は可知的になり，自分自身を認識できる。こうして，形象を通じた自己認識と呼ばれるものと，働き——アリストテレスが理解するような意味における[172]——を通じた自己認識は，同一の事実を指している。

5.1.2.2　抽象的認識か，前反省的意識か　　自己認識のプロセスにおいて，知性は，現実化するとすぐに，認識の働きに立ち帰る。それから，霊魂は働きの認識に基づいて，自分自身が存在し，自分の働きを生み出していることを意識する。それゆえ，立ち帰りのプロセスのこの第一段階において，三つの認識が継起して生じている。第一は働きの認識，第二は自分の存在の認識，第三は働きの根源であることの認識である。トマスは前反省的意識というただ一つの同じ事象だけがあると考え，これを現実的認識（cognitio actualis）と呼んだ。では，サットンの見解はいかなるものか。サットンはこの主題をあまり説明しようとしなかったが，賢明な仮説をいくつか述べている。

　『任意討論集』第 2 巻第 14 問によれば，自分自身の存在に関する霊魂の認識は，トマスと同じく前反省的意識であるように見えるだろう。このことは，「自分が存在していることを知覚する」（percipere se esse）というサットンの表現からも推測できる。「精神は何かを認識するたびに，自分が認識していることを知覚し，そして自分自身を実際に認識する。というのも，精神は自分が存在していることを知覚するからである」[173]。「知覚する」という表現は『定

---

172) 「しかし，これらの各能力の本質，例えば知的能力や感覚的能力や栄養摂取能力の本質を定義しようとするなら，まずもって，思考の働きや感覚の働きを定義する必要がある。というのも，論理的観点からすれば，現実態や働きは可能態や能力に先立つからである」（ARISTOTE, *De l'âme*, II, 4, 415a16-20）。Cf. THOMAS D'AQUIN, *De anima*, q.un, a.16, ad8.

173) « Habitus enim est, quo quis potest uti, cum voluerit; quandocumque enim aliquid cognoscit, percipit se ipsam esse

期討論集』第 3 問にもあるが, その使用法からして異な
る解釈を示唆している[174]。すなわち, 人間が自分の存在に
ついて持つ認識は, 単なる意識ではないようであり, むし
ろ推論の結果として得られるものである。それゆえ, こう
した認識は抽象的な推論による認識を通じて得られると言
えよう。「霊魂は, 自分の働きを見ることで, 何らかの推
論を通じて, 自分が存在していることを知覚する」[175]。

推論とは, 知られている原理を初めは知られていない結
論へと導くことである。理性による推論は, 論証を通じて
未知の状態から既知の状態への進む理性的精神に固有のも
のである。しかるに, サットンが別の箇所で述べているよ
うに, こうした推論の方法によってこそ, 人間精神は自分
自身が, 自分の生み出す働きの根源であることを知ってい
る。これもまた前反省的意識の事実ではない。すなわち
「精神は, こうした推論の方法により, 外的事物をその形
象を通じて認識しているという事実に基づいて, 自分の働
きに立ち帰り, 自分の働きをいったん認識すると, さらに
進んで自分自身がこうした働きを生み出している根源であ

---

cognoscentem, et tunc actu novit se, quia percipit se esse » (*Quodl.*, II, 14
; p. 278, l. 185-187). 現実的認識ないし前反省的意識の概念について
は, *Le sens de la réflexion chez Thomas d'Aquin* (1991), p. 105-116〔『ト
マス・アクィナスの自己認識論』, 166-186 頁〕を参照。

174) この解釈は, 校訂者である M. Schneider の文章の区切り
方が正しいかぎりで, 変わってくる。« (…) percipiendo suum actum
percipit se esse per quendam discursum; actum autem suum cognoscit alio
actu sequente, qui non est simul cum actu cognito » (*Quaest. ord.*, q.3,
ad15 ; p. 86, l. 570-572). この読み方で驚くべきは, 同じ認識の形態
を表わすのに, 知覚と推論という言葉が結びつけて使われているこ
とである。次のように読むこともできるだろう。« (…) percipiendo
suum actum percipit se esse; per quendam discursum, actum autem suum
cognoscit alio actu sequente, qui non est simul cum actu cognito »

175) « (…) percipiendo suum actum percipit se esse per quendam
discursum (…) » (*Quaest. ord.*, q.3, ad15 ; p. 86, l. 570-571).

5 形象を通じた自己認識　　417

ることを認識する」[176]。

　サットンにとって働きの根源という意味の自己認識が推
論による認識と言えるなら，また自分の存在についての認
識も完全に前反省的な意識ではないとするなら，知性が自
分の働きについて持つ直接的認識についてはほとんど何も
判明していないことになる。これは前反省的意識なのか。
それとも抽象的で哲学的な分析なのか。ここでも，サット
ンは自分の立場をあまり明確にしていない。あるときに
は，知性は現実態になるやいなや自分の働きを知覚すると
主張しているが[177]，ここから前反省的意識が問題になって
いると推測できるだろう。あるときには，知性が自分の働
きに立ち帰ることについて論じ，知性は事物を認識するや
いなや自分の働きに立ち帰ると主張しているが[178]，こうし
た立ち帰りは絶対に直接的意識ではないだろう。サットン
は自己そのものの認識についてどのように考えていたの
か。

　5.1.2.3　自分の働きに関する抽象的認識　テキストの
全体を考慮に入れるなら，進んで次のように考えることが
できると思う。すなわち，サットンは前反省的意識という
こうした可能性そのものを考えておらず，立ち帰りについ
てもその最も単純な形態，すなわち抽象的分析の形態しか

---

　176)　« (…) quia cum mens nostra sit rationalis, potest discurrere ab
uno cognito ad aliquid sibi incognitum, sicut a principiis ad conclusiones.
Et isto modo, per hoc quod cognoscit rem extra per suam speciem,
reflectitur super suum actum, et a suo actu cognito discurrit ulterius ad
cognoscendum se esse, ex quo talem actum producit » (*Quaest. ord.*, q.3 ;
p. 81, l. 430-435).

　177)　« (…) percipiendo suum actum percipit se esse (…) » (*Quaest.
ord.*, q.3, ad15 ; p. 86, l. 570). Cf. *Quodl.*, II, 14 ; p. 278, l. 185-187.

　178)　« Et isto modo, per hoc quod cognoscit rem extra per suam
speciem, reflectitur super suum actum (…) » (*Quaest. ord.*, q.3 ; p. 81, l.
432-433).

第4章　サットンのトマス

考察していない。少なくとも『定期討論集』第3問では，サットンは次の事実を強調している。すなわち，他のものに向かう働きの認識ですら，働きを認識対象として措定する抽象的認識である。知性は自分の働きを知覚し，それから自分の存在を知覚すると言えるだろう。しかし，知性は自分の働きを，最初の働きとは区別されそれに続いて生じる別の働きを通じて認識する。この二つの働きは，決して同時に生じるものではなく，なおのこと同一のものでもない。「人間は自分の働きを続いて生じる別の働きを通じて認識するのだが，この別の働きは最初の働きと同時に生じるものではない」[179]。しかるに，同一の主体における知的な二つの働きは，同時に生じるものでない場合，必ず続いて生じるのであり，最初の働きが認識されると，この最初の働きはもはや記憶の中にしか存在しなくなる[180]。それゆえ，問題になっているのは間違いなく抽象的認識であり，いかなる前反省的意識——直接的働きと直接的働きの意識の同一性を前提とする——でもない。実際，前反省的意識の特徴は，他のものに向かう働きがその出どころである意識に一度に与えられる点にある。このことを可能にするのは，自己意識と直接的働きの同一性である。ここでは反対に，意識は問題になっていない。もっぱら問題となっているのは，他のものに向かう働きが，最初の働きと区別されそれに続いて生じる第二の働きを通じて働きとして知られ

---

179) « (…) actum autem suum cognoscit alio actu sequente, qui non est simul cum actu cognito » (*Quaest. ord.*, q.3, ad15 ; p. 86, l. 571-572).

180) « (…) actum autem suum cognoscit alio actu sequente, qui non est simul cum actu cognito. Unde actus primus cognitus non est nisi in memoria, quando cognoscitur secundo actu, et sic non sequitur quod, quando cognoscitur primus actus, quod tunc eius cognitio non sit, sed sequitur quod tunc ipse actus cognitus non sit nisi in memoria, et hoc non est inconveniens » (*Quaest. ord.*, q.3, ad15 ; p. 86, l. 571-576).

5 形象を通じた自己認識 419

ることである。このプロセスは，相関項を対象化する抽象的認識の特徴にそのまま当てはまる。ただし，ここで対象は記憶の中だけに保存されている。

5.1.2.4 抽象的認識か，立ち帰りか 知性の働きに関するこうした抽象的認識に基づいてこそ，霊魂はまったく抽象的な仕方ではあるが，自分自身をその本質において認識できる。サットンのテキストを検討すれば，自己認識や自己意識の他のあらゆる形態を犠牲にして，こうした自己の抽象的認識を優先していることがはっきり分かる。このことは，例えばアリストテレスに関する次の解釈にも見てとれる。「哲学者が，精神は自分自身を精神そのものではなく形象を通じて認識すると述べるときに言わんとしているのは，形象が最初に知性を現実化し，この現実態性に基づいてはじめて，知性は推論を通じて自己を認識するに至るということである……」[181]。ここで問題になっているのは，まさしく演繹や推論である。同様に，サットンはアウグスティヌスを解釈するときにも，自己認識をもっぱら抽象的な哲学的分析に還元しているようだ。すなわち，サットンによれば，アウグスティヌスの言明は次のような意味にしたがって理解すべきである。「自分で自分の働きを生み出せる精神は，自分のものであるこうした働きを通じて自分自身を認識できる。実際，精神は，自分の働きを認識しているという事実よりして，自分自身に立ち帰り，自分がこうした働きを生み出せる存在であることを知るに至る。しかし，……精神はいつも自分の働きに立ち帰るわけではない……」[182]。知性が常に自分の働きに立ち帰れない

---

181) « Quod autem philosophus dicit quod cognoscit se per speciem et non per se ipsam, intendit quod species est illud, per quod primo intellectus est in actu, propter quam actualitatem potest discurrere ad sui cognitionem (…) » （*Quaest. ord.*, q.3 ; p. 83, l. 469-472）.

182) « (…) mens per se ipsam producentem actum suum, potest

420   第4章　サットンのトマス

のは，またこの立ち帰りの働きが選択の対象であるのは，
まさに立ち帰りが知性の向かう最初の直接的働きから区別
された働きだからだと言って間違いない。こうして，立ち
帰りはうまく抽象的認識に還元できるようだ。その証拠
に，『定期討論集』第22問の次のテキストも挙げておこ
う。「推論をその特徴とする人間知性は，可感的実体の認
識を通じてはじめて，自分の働きに向かい，自分の本質に
向かうことで，本性的に自分自身を認識するに至る」[183]。
人間知性の特徴は推論にあるとはっきり述べられているこ
とから，サットンは立ち帰りを抽象的推論に還元していた
ことが分かる。

　自己認識のプロセスを検討しても，結論は変わらない。
まず，知性は事物認識を可能にしている形象を通じて現実
化する。こうした現実態性に基づいてはじめて，知性は自
分自身を認識し，自分の存在を発見し，自分が自分の働き
の根源であることを知り，最後に自分の本質を認識する。
それゆえ，外部から得た形象は自己認識の条件である。し
かし，すでに述べたように，またサットンが強調するよう
に，得た形象は知性を直接表すものではない。形象は自己
認識の可能条件にすぎない。「感覚を通じて受容した形象
は精神そのものを表す似像ではない」[184]。「反対に，精神は

―――――――――――――――――――

per illum actum suum cognoscere se. Per hoc enim quod cognoscit actum
suum, reflectitur ad cognoscendum se esse talem, ut possit talem actum
elicere. Sed quia non semper reflectitur supra actum suum (…) » (*Quodl.*,
II, 14 ; p. 274, l. 107-110) .

　183) « Et ideo per cognitionem substantiarum sensibilium natus
est intellectus noster, qui est discursivus, pervenire ad sui cognitionem,
convertendo se super actum suum et super essentiam suam » (*Quaest.
ord.*, q.22, ad24 ; p. 622, l. 798-801) .

　184) « (…) species collecta a sensu non est similitudo
repraesentativa ipsius mentis » (*Quaest. ord.*, q.22, ad5 ; p. 613, l. 553-
554) .

5 形象を通じた自己認識　　　　421

自分自身に現前しているので，自分の認識の働きを捉え，
それに基づいて，自分自身は知的能力だと結論づける。そ
して，こうした推論を通じて，精神は自分のうちに新しい
形象——今度は自分自身を表す——を生み出すが，この形
象を通じて自分の何であるかを認識する」[185]。

　したがって，この自己認識のプロセスについて，まった
く起源の異なる二つの形象を区別できる。まず可感的事物
を表す形象であり，これは感覚，表象像，能動知性を介し
て得られる形象である。この第一の形象は決して精神を表
すものではなく，可感的事物だけを表し，知性を現実化す
る。知性はこのように生じた自分の働きを認識すること
で，自分のうちに，自分自身を表すまったく新しい別の表
示や形象を生み出す。この第二の形象は決して感覚を通じ
て生じるものではない[186]。

　こうして自己認識のプロセスを分析すると，二つの結論
が得られる。第一の結論は，外部の形象を介した認識は，
自己認識の本質的条件には違いないが，自己認識の内容は
何一つもたらさず，もっぱら可能条件の役割しか果たさな
いということである。第二の結論は，自己認識は形象を通
じた認識だということであり，このことは二つの仕方で理
解できる。すなわち，形象を通じた認識という方向性の中

---

185)　« Sed ipsa mens per sui praesentiam ad se ipsam cognoscit
actum suum intelligendi, et ex hoc concludit se esse virtutem intellectivam,
et per collationem resultat in eo species, quae sit repraesentativa sui, et
per illam cognoscit se quid est » （*Quaest. ord.*, q.22, ad5 ; p. 613, l. 554-
557）.

186)　« Ad sextum dicendum quod per sensus corporis mens colligit
notitias rerum corporearum, quae sunt similitudines illarum rerum.
Sed similitudines rerum incorporearum non apprehenduntur per sensus
corporis, sed ad cognitionem rerum corporearum consequitur in mente
per collationem ipsius similitudo rei (incorporeae), quae numquam fuit in
sensu » （*Quaest. ord.*, q.22, ad6 ; p. 613-614, l. 562-567）.

で，もちろん，知性は何よりもまず，受容した形象を通じて現実化する必要がある。しかし，同じく形象を通じた認識という方向性の中で，知性は新しい形象を通じてはじめて自分自身を見ることになる。このようなわけで，サットンによれば，自己認識は必然的に，数ある形態のうちのただ一つの形態，すなわち自分自身の本質に関する抽象的で哲学的な認識に還元できると考えられる。

　にもかかわらず，サットンの他のテキストを考慮に入れ，サットンがそれらの箇所でトマスに倣って，本来的意味での立ち帰りや厳密な意味での完全な自己還帰（reditio completa）——推論を通じて得られる抽象的分析には還元できない——に場所を割いている様子を見るなら，問題は複雑になる。何よりもまず，サットンは『定期討論集』第3問の中で，簡潔ながらも次のように述べている。「立ち帰りによる認識——それにより精神は自分自身を認識する——を論じる場合，『形象を通じて生じる対象の認識を除けば』，ただ精神だけがその認識を生み出すと言わねばならない……」[187]。二重括弧の表現は二つの仕方で解釈できる。第一の解釈は次の事実を強調するものである。すなわち，精神だけが自己認識の根源だが，この主張は，知性を現実化する上で対象の形象が果たす外的な寄与を考慮に入れないという条件の下で妥当する。この第一の解釈は，一番直接的な解釈とも言えるものだが，あらゆる問題をすべて解消する。もっと精妙な別の解釈は，他の方向性を主張するものである。すなわち，サットンは自己認識には二種類あると考えていたのであり，一つは形象を通じた抽象

187）《 Ad vicesimum secundum dicendum quod, loquendo de cognitione reflexa, qua mens cognoscit se (excludendo cognitionem obiecti, quae est per speciem), sola mens est parens notitiae suae (…); tamen illam cognitionem habere non potest, antequam fuerit in actu per speciem obiecti 》（*Quaest. ord.*, q.3, ad22 ; p. 88-89, l. 633-637）.

5 形象を通じた自己認識   423

認識であり，もう一つは異なる形態の下で実現する，純粋
な立ち帰りを通じた認識である。二重括弧の表現におい
て，抽象的認識——形象を通じて生じ，相関項を措定す
る，すなわち自分自身を対象化する——を除外するなら，
抽象的ではない，立ち帰りによる認識だけが残ることにな
ろう。

『定期討論集』第22問の次の驚くべきテキストを見れ
ば，この第二の解釈は少なくとも強制力を持っているよう
に思えるだろう。「非質料的である受動的能力は，自分の
働きと自分の本質に立ち帰ることができると言わねばなら
ない。というのも，こうした立ち帰りは非質料的な働きへ
の転回に他ならないからである。反対に，感覚のような質
料的能力は自分の本質に立ち帰ることができないが，身体
器官のうちに存在するからである。それゆえ，プロクロス
は[188]，『自分自身に立ち帰ることのできるものはみな非物
体的である』と主張したのである。この理由は，何らかの
ものに立ち帰れるものはそのものと隔たりなく結びついて
いるというところにある。こうして，もし物体が自分自身
に立ち帰れるなら，物体のどの部分も媒介なく互いに結び
ついていることになり，その結果，物体のある部分と別の
部分の間にはいかなる隔たりもないことになり，いかなる
広がりも成立しないことになろう。こうして，物体は不可
分のものになるが，これは不可能である。したがって，次
のように言わねばならない。知性は，受動的能力だとして
も非質料的能力なので，意志の命令を通じて自分の働きに
立ち帰ることができる……」[189]。

---

188) « Omne quod ad seipsum conversivum est, incorporeum est »
(PROCLUS, *Elementatio theologica*, prop.15 ; p. 271) .

189) « Ad vicesimum secundum dicendum quod virtus passiva,
quae est immaterialis, potest reflecti super actum suum et super essentiam
suam, quia illa reflexio non est aliud quam conversio super operationem

424   第4章　サットンのトマス

　知るかぎり，これはサットンが立ち帰りの意味について
よりはっきり説明している唯一の箇所である。これを読め
ば，サットンが隔たりのない立ち帰りのようなもの，すな
わち自己を対象化しないような認識に一定の場所を用意し
ているように見えるかもしれない。プロクロスを参照して
いることからも，抽象的分析に還元できず，相関項を対象
化しない自己認識の可能性が見えてくる[190]。

---

immaterialem. Sed virtus materialis, cuiusmodi est sensus, non potest
convertere se super essentiam suam, quia est in organo corporeo. Unde
Proclus dicit : "Omne quod ad seipsum conversivum est, incorporeum
est". Et huius ratio est, quia quod convertitur super aliquid, copulatur illi
ad quod convertitur sine distantia. Et ita, si corpus converteretur super se,
omnes partes eius copularentur omnibus partibus sine medio, et ita non
esset distantia partis a parte in corpore et per consequens nec extensio, et
sic corpus esset indivisibile, quod est impossibile. Dico igitur quod, quia
intellectus est virtus immaterialis, potest per imperium voluntatis reflecti
super actum suum, licet sit virtus passiva (⋯) » (*Quaest. ord.*, q.22, ad22;
p. 620, l. 750-763).

　190)　サットンが明言するところでは，知性はこうした直観
の能動的原因ではなく，立ち帰りの受動的原因にすぎない。« Ad
vicesimum primum dicendum quod intellectus possibilis non est actus,
quia si esset actus, nihil reciperet, sed est potentia pura in sui natura,
nec gignit cognitionem intuitivam sui ipsius nisi passive tantum. Quod
autem dicit Augustinus quod mens, cum se ipsam cognoscit, sola parens
est notiae suae, sic intelligendum est quod nullum agens active gignit
immediate illam notitiam, sed habetur per reflexionem ad obiecto usque
ad suum actum, et ab actu usque ad ipsam potentiam. Unde ipsa sola est
parens suae notitiae non agendo, sed tantum patiendo »〔第 21 について
は，次のように言わねばならない。可能知性は現実態にはない。とい
うのも，もし現実態にあるとすれば，何も受容できないからである。
そうではなく，本性的に純粋可能態にあり，受動的な仕方以外では自
分自身に関する直観的認識を生み出せない。アウグスティヌスは，精
神は，自分自身を認識するとき，それだけが自分自身に関する知を生
み出せるものであると言っているが，この言明は次のように理解すべ
きである。いかなる能動的作用者も精神に関する知を直接生み出すこ
とはできない。そうではなく，精神に関する知は，対象から自分の働

5　形象を通じた自己認識　425

5.1.2.5　抽象的分析への還元　おそらく，サットン
が「立ち帰り」という言葉に与えた正確な意味について，
はっきりしないと思う人がいるだろう。しかし，私見で
は，サットンは完全な自己還帰という概念も，前反省的意
識という概念も，思い浮かべることすらなかったに違いな
い。反対に，サットンはある仕方では，知性が可知的でな
いことや，知性が霊魂を認識しないことについて，トマス
の正統な考え方をいくつか掘り下げることができたが，別
の方向性では，自己認識の類比的な意味を見失い，自己認
識をもっぱら自己を対象化する抽象的認識へと還元してし
まったと言える。サットンにとって，自分自身を認識する
ということは，最終的な分析においては，霊魂と知性の本
性を哲学的に認識することを意味している。

　テキストそのものから浮かび上がってくるこうした考え
方を最終的に確証するものとして，別の一節を引用できる
のであり，その一節がうまく明らかにするところでは，精
神は自分自身を認識するとき，自分の本質を対象化して認
識している。こうして，サットンが考えていた立ち帰り
は，わたし自身であるこの本質を哲学的にはっきりと認識
することであり，こうした認識はまったくもって抽象的な
推論，分析，探究を通じて得られると確言できるだろう。
件の一節では，「立ち帰り」という言葉が自己の哲学的で
抽象的な分析——推論により形象の本性の認識を通じて精
神の本性を認識するに至る——を表すために使われている
のがはっきり見てとれる。「精神は対象化した自分の本質
にしたがって自分自身を認識するのであり，この認識は外
的事物の形象——精神の本質を表さない——を通じたもの

きへ，働きから能力そのものへ立ち帰ることではじめて得られる。そ
れゆえ，ただ精神だけが自分自身に関する知を生み出せるのだが，そ
れは働きかけることによってではなく，ひとえに受動することによっ
てである〕（*Quaest. ord.*, q.16, ad21 ; p. 472, l. 552-560）．

ではないと言わねばならない。しかし，精神は外的事物を
その形象を通じて認識することで，自分自身を認識するた
めに立ち帰り，自分が存在することだけでなく，自分の何
であるかも認識する。実際，精神は諸本性を普遍的な仕方
で認識することで，探究を通じて，自分の認識手段である
形象は非質料的だと知覚し，……その後で精神は非質料的
だと知覚する」[191]。

　このテキストを読めば，サットンの使っていた用語が
はっきり分かり，持ち上がってくるであろう立ち帰りに関
する問題を避けることができる。実際，疑いないことだ
が，この箇所で叙述されている方法は，知性と霊魂の非質
料性を認識するための哲学的で抽象的な方法である。理性
によるこうした探究を表すために使われている用語は，確
かに「立ち帰り」や「知覚」といった語彙だが，それらの
意味は抽象的分析を指し示すものである。それゆえ，サッ
トンは抽象的認識以外の自己認識の形態を思い浮かべるこ
とすらなかったのであり，抽象的認識を前反省的意識や本
来的意味での立ち帰りと混同している。語彙のために混乱
が生じることはあっても，すべてを考え合わせれば，サッ
トンが意識と自己認識を抽象的分析というただ一つの認識
に還元していることは確証できる。

　さらに，完全を目指すために，サットンが自己の習慣的
認識についてどのように考えていたかを見ていこう。

─────────────
　191）« Ad decimum quartum dicendum quod mens cognoscit
se secundum suam essentiam in ratione obiecti et non per speciem rei
extra, quia non repraesentat essentiam mentis. Sed tamen cognoscendo
rem extra, per suam speciem reflectitur ad cognoscendum se, non solum
quia est, sed etiam quid est. Ex hoc enim quod mens cognoscit naturas
in universali, percipit investigando quod species, per quas intelligit, sunt
immateriales, (…) et ex hoc percipit ulterius quod mens est immaterialis »
(*Quaest. ord.*, q.17, ad14 ; p. 487, l. 405-413).

5 形象を通じた自己認識　　427

5.2　習慣的認識の位置づけ

　確かにサットンは抽象的認識を特別視し，もはや前反省的意識にも，厳密な意味での立ち帰りにもほとんど場所を割いていない。しかし，習慣的認識の意味については，若干言及している。

　知性は，どんな働きであれ行う前には，純粋可能態にある。それゆえ，それ自体としては可知的ではなく，霊魂の本質も自分自身も認識できない。自分を認識するためには，外部の形象が必要である。こうした形象は確かに知性を表すものではないが，知性の自己認識を可能にするものである。しかし，この場合でも，実際に立ち帰りが実現するためには意志の命令が必要である。ここから，次のように結論できる。外的事物の形象を受容することはあらゆる自己認識の可能条件だが，十分条件ではない。まだ，意志された知的な働き，自己に立ち帰る働きが欠けている。したがって，自己認識は三つの異なる次元で考察できる。第一の次元では，知性はまったく現実化していない，純粋可能態として考えられている。第二の次元では，知性は現実態にある，すなわち認識の働きを行っている。第三の次元では，知性は純粋可能態と現実態の中間にあり，これは習慣的認識と呼ばれるが，習慣的認識は知性が形象を受容するやいなや可能となる。第一の次元では，自己認識は絶対に存在しない。なぜなら，知性はまったくもって可知的でないからである。第二の次元では，自己の抽象的認識が成立しうる。中間にある第三の次元では，自己の習慣的認識しか存在しない。「……精神は，形象を受容する前には，純粋可能態にしたがって自己を認識する。形象を受容したときには，習慣的な仕方で自己を認識する。なぜなら，望むときに，自分が存在し生きていることを現実態において

428   第4章　サットンのトマス

考察できるからである」[192]。

　習慣的認識に関するこうした考え方は，トマスの考え方
とははっきり異なる。トマスによれば，自己の習慣的認識
が実現するためには，霊魂が自分自身に存在論的に現前し
ていることだけで十分だった[193]。次に，霊魂は働きを行う
やいなや，自己の現実的意識を享受できた[194]。対してサッ
トンによれば，習慣的認識のためには，単なる自己現前だ
けでは十分でなかった。というのも，そこには純粋可能態
があるだけだから。また，知性は，形象を受容しただけで
は，まだ自己の現実的意識は有せず，もっぱら習慣的認識
を享受しているにすぎない。人は意志による立ち帰りを通
じてはじめて，こうした習慣的認識を最終的に現実化し，
真の自己認識を実現することができる。

　このようにトマスとサットンでは考え方が大きく違う
が，その理由は非常に簡単な点にあるに違いない。すな
わち，サットンはあらゆる前反省的意識を否定し，自己
認識を純粋な抽象的分析に還元しているのである。それゆ
え，サットンにとっては，習慣的認識は抽象的分析のため
の近接的な可能条件にすぎない。人間は，哲学的推論を行
わない場合，その知性がすでに現実化しているなら，現実
態において自分自身を認識する可能性だけを有している。
したがって，サットンとトマスでは考え方は非常に違う
が，使われている言葉も同じ意味を表わしていない。トマ
スが「現実的認識」という言葉で理解しているものは，あ

　192）　« Ad sextum dicendum quod bene procedit et concludit quod,
antequam mens speciem habeat, cognoscit se in potentia pura ; quando
autem habet speciem, cognoscit se habitualiter, quia potest considerare se
esse et vivere, cum voluerit »（*Quaest. ord.*, q.3, ad6 ; p. 84, l. 513-516）.

　193）　Cf. *De veritate*, 10, 8.

　194）　問題になっているのは，『真理論』10 問 8 項が論じている
ような，前反省的意識ないし現実的認識である。

5 形象を通じた自己認識 429

らゆる人間が有することのできる前反省的意識に他ならないが，サットンによれば，現実的認識は哲学者だけが有することのできる抽象的分析である。トマスによれば，人間は見たり知覚したり理解したり愛したりするやいなや，見たり知覚した理解したり愛したりしている意識を持つが，サットンによれば，形象を受容して何かを理解するという事実は，哲学的で抽象的な分析を通じて自分の本質を認識する可能性を人間に開くだけである。トマスによれば，他のものに向かう働きは習慣的認識，すなわち霊魂の自己現前を，現実的認識や前反省的意識において直接現実化するが，サットンによれば，他のものに向かう働きは確かに純粋可能態にある知性を現実化するが，これはまだ自己の習慣的認識にすぎず，現実的認識や抽象的分析の前段階である。トマスとサットンについて同一の事柄を論じることはできない。同じ理由で，霊魂の存在論的な自己現前は，トマスにとってはすでにそれだけで習慣的認識が成立するが，サットンにとっては習慣的認識ではなく，純粋可能態に還元される事態である。結局，非常に論理的な帰結ではあるが，習慣的認識の考え方は自己認識をどう考えるかにかかっている。すなわち，自己認識は，サットンによれば抽象的分析だが，トマスによれば前反省的意識，立ち帰り，分析をみな含んでいる。この解釈は，サットンの別のテキストを通じても間違いなく確証できるものである。

　トマスは，習慣的認識のためには，霊魂の自己現前だけで十分だと考えていた。サットンは正反対のことを主張している。すなわち，自己に対する現前だけでは十分でなく，形象の寄与が必要である。「自己認識に関する習慣の固有性質は，形象を受容する前の精神には適合しない。しかし，精神は何らかの形象を受けとるやいなや，習慣的な仕方で常に自分自身を認識できるようになる。そして，現実態において自分自身を認識するために，続けて別の何ら

430 第 4 章 サットンのトマス

かの形象を受けとる必要はない」[195]。これは，次のように
うまく理解できるだろう。習慣的認識は獲得されるもので
あり，単なる決意を通じて現実化しうるものである。建築
家は，最初は自分の仕事を認識しておらず，純粋な可能態
にある。建築を学んだ後では，認識を有することになる
が，こうした認識は，例えば眠っているときや音楽を演奏
しているときなどは，習慣的な仕方で彼のうちに存在す
る。この場合，建築家は確かに可能態の状態にあるが，純
粋な可能態にはない。というのも，建築の習慣的認識を有
しているからである。彼は望むときに，こうした習慣的認
識を現実化できるのであり，再び学ぶ必要はない。単なる
決意だけで現実化できるのである[196]。同様に，「認識する
ことは現実態において形象を有することに他ならない。し
かし，精神は常に現実態において形象を有しているのでは
なく，例えば眠っているときのように，時として習慣にお
いてのみ形象を有している。このようなわけで，精神は常
に現実態において認識しているわけではない」[197]。ここか
ら分かることに，サットンによれば，「形象のおかげで可
知的であること」や「習慣的な仕方で自分自身を認識する
こと」は，知性にとってまさに同じ事態を意味するのであ
る。「しかし，知性は外部の形象を受容することで，習慣
的な仕方で認識可能なもの，すなわち可知的なものにな

---

195) « Ad quintum dicendum quod menti non convenit proprie ratio
habitus respectu cognitionis sui, antequam aliquam speciem receperit : sed
statim habita quacumque specie, cognoscit se ipsam semper in habitu. Nec
oportet ulterius aliquam speciem recipere ad hoc, quod actu cognoscat se
ipsam » (*Quaest. ord.*, q.3, ad5 ; p. 84, l. 508-512).

196) Cf. *Quaest. ord.*, q.22, ad26 ; p. 622, l. 809-812.

197) « Ad vicesimum sextum dicendum quod intelligere nihil aliud
est quam habere speciem in actu, sed non semper habet speciem in actu,
sed quandoque tantum in habitu, sicut convenit in dormiente, et ideo non
semper actu intelligit » (*Quaest. ord.*, q.22, ad26 ; p. 622, l. 809-812).

5 形象を通じた自己認識　　　431

る。なぜなら，初めは可能態にしかなかったが，こうした
形象のおかげで現実化するからである」[198]。

　最後に，次のテキストを読めば[199]，習慣的認識に関する
こうした解釈の正しさと，サットンが習慣的認識に認めた
独創的な位置づけを確認できるだろう。「習慣的認識を所
有している精神は，自分自身を現実態において考察するこ
とで，習慣的認識を完全な現実態へともたらすことができ
る。確かなことだが，自分自身の認識を生み出す精神はす
でに現実態にある。しかし，こうした現実態性は，精神が
その固有の本性を通じて所有しているものではなく，他の
ところから受けとるものである。それゆえ，ここから，精
神はそれ自体として現実態にあるとは結論できない。だ
が，指摘すべきことに，知性の認識が習慣的である場合，
知性は本質的な可能態にはなく，付帯的な可能態にあるに
すぎない……。このようなわけで，精神は，自分の認識を
習慣から現実態へともたらして生み出すとき，自分自身の
うちに何も刻印しない。また，同じ理由から，精神はあた
かも以前所有していなかった新しい認識をもたらすかのよ
うに，自分自身を通じて自分の認識を生み出す作出因でも
ない。反対に，精神は記憶の中に潜んでいた自己認識を呼
び覚まして明らかにする。この順序にしたがって，本性的
に次に続くのは，精神が呼び覚ました現実的考察である。
こうして，精神は自分自身についての認識を生み出すと言
われるが，それは光源が以前光のなかったところに光を生
み出すようにではない。実際，精神は，光源が光の形相を
生み出すように認識の形相を生み出すわけではない。反対
に，精神が自己認識を生み出すと言われるのは，こうした

---

　198)　« Tamen per speciem receptam ab extra est cognoscibilis
habitualiter sive intelligibilis, quia per ipsam fit in actu, cum prius esset in
potentia »（*Quaest. ord.*, q.22, ad5 ; p. 613, l. 559-561）.

　199)　*Quodl.*, II, 14 ; p. 272-277, et surtout p. 278 の言明も参照。

432   第4章　サットンのトマス

認識が習慣から現実態に向けて精神から流れ出るかぎりに
おいてであり，その結果こうした認識は以前記憶の中に
あったときよりも完全な仕方で知性を形成するのである。
このようにして，知性は言葉を形成すると言われるが，そ
れはこうした言葉が記憶の中に潜んでいた形相とはまった
く別の形相だからではなく，記憶の中にあったときの様態
とは別の存在様態を持つからに他ならない。この理由のた
めに，言葉は生み出されるとか，言葉は精神から流れ出る
と言われるが，これはより完全な存在様態がより不完全な
存在様態から生じるのと同じである」[200]。

　このテキストは，前述した分析の全体をうまく確証して
くれるだろう。一方で，習慣的認識は形象を受容すること
ではじめて可能になる。知性が自分自身を認識できるの

---

　　200)　« Ad octavum dicendum quod mens habens suam cognitionem
in habitu gignit eam in actu perfecto, actu considerando se, et verum est
quod mens gignens sui cognitionem est in actu, sed non habet actualitatem
illam ex propria natura, sed recipit eam aliunde, et ideo non sequitur quod
de se sit aliquid in actu. Est autem advertendum quod, quando cognitio
intellectus est in habitu, tunc non est in potentia essentiali, sed tantum in
potentia accidentali. (⋯) Et ideo, cum mens gignit suam cognitionem de
habitu in actum, mens nihil in se imprimit, et ideo non est causa efficiens
per se suae cognitionis, tamquam gignens de novo notitiam prius non
habitam, sed imperat sui cognitionem, quae latet in memoria, ut prodeat in
manifesto. Et ad istud imperium sequitur naturaliter actualis consideratio,
quae imperatur. Et sic dicitur mens gignere sui cognitionem, non sicut lux
gignit lumen, ubi prius non erat lumen, quia mens non producit formam
cognitionis, sicut lux producit formam quae est lumen, sed dicitur mens
gignere sui cognitionem, in quantum cognitio emanat ex ipsa de habitu
ad actum, ut informet intellectus perfectius quam prius in memoria. Et
sic dicitur intellectus formare verbum, non quod verbum sit quaedam alia
forma absolute quam quae latebat in memoria, sed alium modum essendi
habet quam in memoria; et propter hoc dicitur gigni, tamquam emanans a
mente ex imperfectiore modo essendi ad modum perfectiorem »（*Quaest.*
ord., q.22, ad8 ; p. 614-615, l. 578-601）.

は，知性が現実化したときからである。この第一の現実化より前には，知性はそれ自体としてまったく可知的ではない[201]。他方で，現実的な自己認識は言葉を生み出すものだが，こうした自己認識の対象は，習慣的な仕方で記憶に保存されている，知性の第一の直接的な働きである。ここで問題にしている自己認識は，長い哲学的推論の成果である抽象的分析でしかありえない。ここでも，あらゆる現実的な自己認識は，抽象的で哲学的な認識を超えるものではない。

5.3 「自分自身を通じて自分自身を認識する」という 表現の様々な意味

これまで，サットンが考えたような自己認識の理論を分析してきたが，それを終えるにあたり，いかにしてサットンがアウグスティヌスとアリストテレスの一見矛盾するように見える考え方を総合しようとしているか，明らかにすることは興味深いだろう。問題は難しいものだった。サットンがアウグスティヌスの権威を疑問視できなかったとすればなおさらである。アウグスティヌスは，『三位一体論』の中で[202]，精神は自分自身を通じて自分自身を認識するが，それというのも非物体的なものとして最も自分自身に現前しているからであると何度も主張している。それゆえ，いかにしてサットンは，アウグスティヌスに反して，精神は他のものを通じて自分自身を認識すると主張できた

---

201)　確言できることだが，このようにサットンは知性が可知的ではないと徹底して主張しているが，これは知性が完全に受動的であるという彼の考え方と密接に結びついている。サットンにおける知性の完全な受動性については，大部分の歴史家たちが強調している——cf. par exemple, M. DE WULF, *Histoire de la philosophie médiévale*, t. II (1925), p. 44-47; E. GILSON, *La philosophie au moyen âge* (1962), p. 542。

202)　Cf. *De Trinitate*, X, 9, 12.

のか。実際，サットンの詳しい分析が示すところでは，人間精神は自分自身を通じて自分自身を認識するのではなく，他のものである形象を通じてはじめて自分自身を捉えるのである。サットンは大胆にもアウグスティヌスの権威に公然と反対したのだろうか。

いかにしてサットンが，アウグスティヌスの思想とアリストテレスの非常に深い考え方を調和しているかを正確に理解するためには，「自分自身を通じて自分自身を認識する」という表現が複数の異なる意味を持ちうることを知る必要がある。こうした区別の試みは新しいものではない。というのも，すでにトマスが[203]，少し後には少なくともアクアスパルタのマテウスと[204]，オリヴィが[205]，この表現についてすでに二つの意味を，さらには三つの異なる意味を区別しているからである。サットンもこの表現について二つの意味を提案しているが，この二つの意味は部分的には，先行する人々の提案する意味とは異なるものである。

「自分自身を通じて自分自身を認識する」という表現は，何よりもまず，自分自身を認識する精神は自己認識の形相的根拠であることを意味する。トマスは，自己認識に関する最も重要な問いはこのような言葉で定立できると考えたが，否定的に答えている。アクアスパルタのマテウスもトマスと同意見である。対してオリヴィは，このような言葉で問題を定立する必要はそもそもないとし，それというのもこうした探究そのものが無益で馬鹿げているからだと主張した。最後に，トマス主義者サットンの解答は容易に予想できる。「自分自身を通じて自分自身を認識する」（cognoscere se per se ipsum）という表現の二つの意味の第

203）　Cf. *De veritate*, 10, 8.

204）　Cf. *Quaestiones disputatae de cognitione*, q.5 ; p. 333.

205）　Cf. *Quaest. in II Sent.*, q.76 ; t. III, p. 149.

5　形象を通じた自己認識　　　　　435

一のものにしたがえば，「前置詞 per はこうした認識にお
ける形相的原因性の関係を表しており，こうして，石の形
象が知性を石の認識へと規定するように，精神は精神を
自己認識へと規定する形相的根拠であることになる」[206]。
サットンによれば，この意味にしたがって人間精神が自分
自身を通じて自分自身を認識すると考えることは完全に
誤っている。反対に，サットンのすべてのテキストを考え
合わせれば，サットンは自己認識の形相的根拠は外部から
得られるもので，それは形象に他ならないことを明らかに
していると言える。

　次に，「自分自身を通じて自分自身を認識する」という
表現について，人が自然と思い浮かべる第二の意味は，
トマスも[207]，マテウスも[208]，オリヴィも強調したものだ
が[209]，知性は抽象的認識の対象という仕方で，認識の「対
象」であり，分析の中間項だというものである。トマスも
他の著述家たちも，上の表現をこの第二の意味で理解する
なら，自分自身を通じた自己認識が存在することをはっき
り認めている。奇妙なことに，サットンは上の表現につい
てこの第二の意味が可能なことについて論じていない。し
かし，サットンがこうした認識の可能性を認めていたと推
測できるのであり，立ち帰りをまさにこの種の認識，すな
わち精神や霊魂や知性を認識の対象として措定するよう
な認識に還元していたとすればなおさらである。しかし，

---

　206)　« Circa ad hoc advertendum est quod dupliciter potest intelligi
quod mens cognoscit se per se ipsam : Uno modo, ut haec praepositio *per*
denotet habitudinem causae formalis ipsius cognitionis, ut scilicet mens
sit principium formale determinans intellectum ad intelligendum se ipsam
eo modo, quo species lapidis determinat intellectum ad intelligendum
lapidem » (*Quaest. ord.*, q.3 ; p. 80-81, l. 417-422).

　207)　Cf. *De veritate*, 10, 8.

　208)　Cf. *Quaestiones disputatae de cognitione*, q.5 ; p. 333.

　209)　Cf. *Quaest. in II Sent.*, q.76 ; t. III, pp. 148-149.

436　　　　　第4章　サットンのトマス

サットンはこの第二の意味にほとんど関心を示さなかった。

　対して，サットンは「自分自身を通じて自分自身を認識する」という表現の第二の意味を指摘しているが，この意味はトマスにもマテウスにも見出せないが，オリヴィの考え方にはある程度近いものである。すなわち，人間精神が自分自身を通じて自分自身を認識するのは，精神がこうした認識の作出因であるという意味においてである[210]。非常に正確に言えば，サットンは「作出因」について論じてはいないのだが，「精神は自分自身を通じて自分自身を認識する」という表現は，精神が次のようなプロセスを司る根源であることを意味しうると主張している。すなわち，精神は受容した形象に基づいて自己の認識に至るのだが，こうした自己は認識し，自己認識の働きを生み出す根源に他ならない。それゆえ，以上指摘してきた三つの意味の中で，サットンは第一の意味と第三の意味だけに言及している。すぐ見るように，このようにしてサットンはアリストテレスとアウグスティヌスの意図を理解し，多くの人々の

―――――――――――

　210)　« Alio modo potest intelligi quod mens novit se per se ipsam, ut haec praepositio *per* denotet habitudinem principii cognoscitivi pervenientis per discursum ad sui cognitionem per reflexionem super actum suum, per quem cognoscit se ipsam, quia cum mens nostra sit rationalis, potest discurrere ab uno cognito ad aliquid sibi incognitum, sicut a principiis ad conclusiones. Et isto modo, per hoc quod cognoscit rem extra per suam speciem, reflectitur super suum actum, et a suo actu cognito discurrit ulterius ad cognoscendum se esse, ex quo talem actum producit. Sed istum discursum numquam faceret, nisi prius aliquid directe cognosceret per speciem. Isto modo intelligendi cognoscit per se ipsam omnia incorporea quae cognoscit, sed maxime se ipsam, quia propter praesentiam sui ipsius producentis actum, statim cum voluerit, potest se ipsam cognoscere quia est; non autem sic statim potest nosse alia incorporea absentia, ut Cherubim et Seraphim » (*Quaest. ord.*, q.3 ; p. 81, l. 427-440).

予想とは違って，両者は決して両立不可能ではないことを
明らかにできたのである。

5.4　アウグスティヌスとアリストテレスの調和

　「自分自身を通じて自分自身を認識する」という表現に
ついて，自分自身が自己認識の形相的根拠であるという意
味と，自分自身が立ち帰りの働きの根源であるという意味
を区別するならば，アウグスティヌスの『三位一体論』の
テキストを正確に理解できるようになる。この考察によ
り，まず新アウグスティヌス主義者たちの解釈の誤り——
これまでたっぷりと指摘してきた——が明らかになる。次
に，アウグスティヌスとアリストテレスの見解は，対立す
るところか，むしろ補完的であることが明らかになる。そ
こには，神学者と哲学者の意図の違いだけが存在するので
ある。実際，アウグスティヌスのテキストを正確に解釈す
ると，アウグスティヌスはアリストテレスに対立しない
ことが分かる。アウグスティヌスが『三位一体論』の中
で，精神は他の何らかの原理を通じてではなく，「自分自
身を通じて自分自身を認識する」のであり，それというの
も自分自身に現前しているからであると述べるとき，「彼
はアリストテレスの主張——知性は自分自身ではなく形象
を通じて自分自身を認識する——に決して対立していな
い」[211]。しかし，新アウグスティヌス主義者たちの誤解を
避けるために，アウグスティヌスの意図を正確に理解する
ことが重要である。アウグスティヌスが，精神は自分自身
を通じて自分自身を認識すると主張するとき，この表現は

　211）　« Patet etiam ex dictis quod sententia Augustini dicentis
quod "mens cognoscit se per se ipsam et non ob aliud, quam eo quod sibi
praesens est", non repugnat sententiae philosophi, qui dicit intellectum
intelligere se per speciem et non per se ipsum » (*Quaest. ord.*, q.3 ; p. 82,
l. 460-463).

438 第4章 サットンのトマス

その第一の意味——あたかも精神が認識の形相的根拠であるかのように理解する——ではなく，サットンが認めた第二の意味——精神は認識の働きの根源であるとだけ主張する——にしたがって理解すべきである。言い換えれば，アウグスティヌスは，精神は他のものを通じて自分自身を認識するわけではないと書くとき，次のような考えだけを遠ざけようとしていた。すなわち，自己認識は感覚に由来する形象という形相的媒介を通じて実現するのであり，こうした形象は知性そのものを表しているといった考えを。知性を表せるのは外部の形象ではない。それができるのは，もっぱら知性そのものの自発性から出てきた形象だけである[212]。精神は自分自身を通じて自分自身を認識するという言明は，ここでは，精神は自分自身を表す内容そのものを自分の外部には見出せないことを意味している。アウグスティヌスのこうしたテキストの中に，これ以外の主張を見出すことはできない。

　それゆえ，アウグスティヌスのこうした考え方は，アリストテレスの考え方——精神は自分自身ではなく形象を通じて自分自身を認識すると主張する——に何一つ対立しない。アリストテレスがここで言っているのは，抽象的形象が知性を現実態において可知的なものにするということだけである。アウグスティヌスと同じく，アリストテレスはこうした形象が知性や精神を表すなどとは主張していない。反対に，形象は現実態における知性の可知性を実現す

　212）« Quando enim dicit Augustinus quod cognoscit se mens per se ipsam, haec praepositio per denotat habitudinem principii cognoscitivi sui ipsius et etiam habitudinem principii productivi operationis per quam cognoscitur. Et quod dicit Augustinus quod non ob aliud cognoscit se, vult negare cognitionem mentis de se ipsa esse per speciem per sensus collectam, quae species mentem repraesentet »（Quaest. ord., q.3 ; p. 82-83, l. 463-469）.

5 形象を通じた自己認識 439

る条件にすぎず，知性はこの可知性のおかげで，自分自身
を通じて，抽象的に自己に立ち帰り，推論を経て自分の本
質を認識できるようになる[213]。それゆえ，アウグスティヌ
スとアリストテレスの見解は同じであり，決して対立しな
い。アウグスティヌスが主張しているのは，外部の形象
——もっともその必要性はアリストテレスが明らかにして
いる——は知性を表せないことだけである。しかるに，ア
リストテレスも，外部の形象が知性を表すことを認めな
い。したがって，アウグスティヌスとアリストテレスの主
張は完全に一致しているのである[214]。

しかし，アウグスティヌスとアリストテレスの意図が
違っており，それにしたがって論じ方も異なっていること
も非常に明らかである。というのも，両者は精神の自己認
識を論じるにあたって，同じ目的を共有していないからで
ある[215]。哲学者が求めるのは，知性が自分自身を認識する
方法について真理を述べることであり，知性がその現実化
に基づいて自分の働きを，そして自分の本性を認識するの
はいかにしてかを明らかにすることである。分析は厳格に
認識論的で，霊魂論に関するものでもある[216]。以下が少な

---

213) « Quod autem philosophus dicit quod cognoscit se per
speciem et non per se ipsam, intendit quod species est illud, per quod
primo intellectus est in actu, propter quam actualitatem potest discurrere
ad sui cognitionem, et quod non est intellectus in actu per se ipsum absque
specie, ut possit se cognoscere » (*Quaest. ord.*, q.3 ; p. 83, l. 469-473) .

214) « Et sic Augustini et philosophi una est sententia in nullo
discordans » (*Quaest. ord.*, q.3 ; p. 83, l. 473-474) .

215) « Tamen aliter loquitur Augustinus quam philosophus,
quia alium finem intendebat ex cognitione mentis Augustinus quam
philosophus » (*Quaest. ord.*, q.3 ; p. 83, l. 475-477) .

216) « Philosophus enim non intendebat alium finem quam tradere
doctrinam veram de cognitione qua intellectus cognoscit se, quantum ad
hoc quod ducitur in actum ad cognoscendum se » (*Quaest. ord.*, q.3 ; p.
83, l. 477-479) .

440 第4章　サットンのトマス

くとも哲学者の望みである。すなわち，認識プロセスに関
する真理をできるだけ正確に述べ，形而上学的な条件を
はっきり説明することである。神学者の望みはまったく異
なる。アウグスティヌスが『三位一体論』の中で明らか
にしようとしているのは，三位一体の像——これは，精
神，特に精神が自分自身を認識するという事実のうちに見
出せる——である。こうした観点からして，アウグスティ
ヌスは，精神の自己認識はこうした認識を生み出す精神そ
のものに似ていることを明らかにする必要があった。それ
ゆえ，常に不適切な何らかの外部の形象ではなく精神こそ
が，ここでは認識の根源や起源の役割を果たすことを示さ
ねばならなかった。というのも，自己認識は獲得した形象
ではなく精神に似ているからである。アウグスティヌス
は，精神こそが，ただそれだけが自己認識の根源であるこ
とをうまく示すために，精神は自分自身を通じて自分自身
を認識すると主張した。ただし，この表現の意味は，精神
は自己認識の形相的媒介であるということではなく，精神
そのものこそが自己認識の完全な作出因にして根源だとい
うことである[217]。問題になっている表現をこうした意味に
したがって理解することで，アウグスティヌスの意図は
はっきり分かってくるだろう。アウグスティヌスの意図は
アリストテレスの意図とは違うが，決してそれに対立する
ものではない。分析の次元だけが異なるのである。

　この考察により，同時に，新アウグスティヌス主義者た

---

217) « Augustinus autem intendebat declarare imaginem trinitatis
in mente, prout mens cognoscit se, et ideo habuit docere, quomodo notitia,
qua mens novit se est similis menti sicut proles parenti; et ideo necesse
habuit ponere mentem tamquam parentem, non autem speciem, quia
notitia, qua mens novit se, non est similis speciei, sed menti est par et
similis et identidem, sicut Augustinus dicit; et ideo dicit quod mens novit
se per se ipsam » (*Quaest. ord.*, q.3 ; p. 83, l. 479-486). Cf. *Quaest. ord.*, q.22 ; p. 610.

ちが報告している，最も重要な権威的論拠も無効にできるだろう。すなわち，彼らは『三位一体論』のこうした文章に基づいて，精神が自分自身を通じてほとんど直観的で直接的な認識を持つという考え方を支える拠りどころを作ったのだった。こうした見解は，誤っているだけでなく，アウグスティヌスのテキストを誤って解釈することで生じている。アウグスティヌス自身は自己の直接的認識の可能性を一度も弁護しなかったのであり，少なくともこの点では，トマスに反対する新アウグスティヌス主義者たちは偉大なアウグスティヌスの権威を誤って引き合いに出していると言わざるをえない。

6 結 論

6.1 立ち帰りのプロセスの体系化

こうして，サットンが自己認識の主題を明確に論じているテキストを読んできたわけだが，ここにきて読者はきっとサットンの性格に驚くだろう。サットンは研究者や弁護者としてだけでなく，体系化の才能を備えた思想家としても現れている。サットンは，トマス・アクィナスの反対者たち——時に論争的な態度に終始せざるをえなかった——に対しても，明晰に答えている。

自己認識の問題に関するサットンの主要な発見の一つ——誕生したばかりのトマス学派における新しい発見だったが，おそらくその後忘れられた——は，霊魂の自己認識と知性の自己認識の明確な区別である。サットンは，この二つの問題を注意深く区別することで，トマスの分析に重くのしかかっていたひどい曖昧さを取り除くことができた。同時に，サットンはさらに深い次元で，認識主体と認識対象の対比性という中心的事実を強調している。第一

に，知性が可知的でないのは，可能態にあるからである。すなわち，知性には可知性の条件である現実態性が欠けている。この意味で，知性がそれ自体として可知的でないのは，知性が下級のものだからである。第二に，霊魂が知性にとって可知的でないのは，反対に霊魂が上級のものだからである。実際，霊魂はそれ自体として現実態にあり，ある仕方では非質料的であるので，それ自体として可知的である。しかし，霊魂は人間知性が直接捉えるにはあまりにも上級のものでありすぎるのであり，これは昼間に見られる色がフクロウの目には明るすぎるのと同じである。第一の場合では対象の側の欠如のために，第二の場合では対象の側の超過のために，人間精神は自分自身を通じて自分自身を認識できない。第一の場合では，知性は，唯一自分自身に対比的でありうるものだが，可能態にしかない。第二の場合では，対象の側の可知性は実現しているのだが，人間知性がその対象に適合していない。第一の場合では，知性はそれ自体として非質料的であり，人間の力にも対比的だが，いかなる現実態性も有していないので，可知性を欠いている。第二の場合では，主体が知的能力を欠いている。いずれにせよ，人間精神はそれ自体を通じて直接可知的ではないのであり，これは知性が問題になるか霊魂が問題になるかに応じて，反対の理由によっている。こうして，人間は知的な糧を感覚を通じて求めていくしかないのだが，それは，第一の場合では純粋可能態にある知性を現実化するためであり，第二の場合では霊魂の可知的な光をいわば和らげて，知性を質料的対象——薄明りと言えるだろう——に向けるためである。

　サットンはこのことをうまく説明するために，自己認識の非常に複雑なプロセスを体系化しようとする。まず，知性は純粋可能態であり，トマスが考えたこととは違って，知性の自己現前はいかなる認識も，習慣的認識すらも生み

出さない。第二に，人間はその知性を通じて直接的働きを
行い，表象像に基づいて形象を得るが，この形象は知性を
表さず，精神の外部にある対象を表すだけである。この段
階では，知性は現実態にある。それゆえ，知性は可知的で
あるために欠けていたもの，すなわち現実態性を手に入れ
るが，まだ自分自身を認識してはいない。もっと正確に言
えば，知性はこの段階では習慣的な仕方でのみ自分自身を
認識している。最後に，人間は自分が望むときに，先行す
る，他のものに向かう働き——記憶の中に保存されている
——に立ち帰ることができ，こうして第二の働きを通じて
第一の働きの諸条件を認識する。その結果，人間は，例え
ば形象は非質料的だと知ることで，自分の存在や自分の本
質や霊魂の本質についての現実を，抽象的に推論し，哲学
的に演繹するのである。例えば，霊魂は非質料的であり，
身体の形相であり，したがって質料的実在と非質料的実体
という二つの世界の境界に位置していることを認識する。
以上が，人間の霊魂と知性についての哲学的分析のプロセ
スである。

6.2　自己認識の類比的意味の消失

　トマスを引き合いに出せるとはいえ，サットンの描く認
識プロセスはトマスと同じではなく，少なくとも二つの点
で区別できる。

　第一に，習慣的認識の考え方は異なっている。トマスに
よれば，自己の習慣的認識は霊魂の本質的な認識能力であ
り，その成立には霊魂の本質が霊魂に対して存在論的に現
前するだけでよかった。習慣的認識は，わたしの霊魂の隠
れた根底であり，人間における神の計り知れない現前の
隠れた根源である。対して，サットンはこれを認めない。
もっと正確に言えば，こうしたことを論じていない。すな
わち，自己に対する現前だけでは習慣的認識は成立しな

い。もともと知性が純粋可能態であり，こうしたものとして，いかなる種類の自己認識も享受していないとすればなおさらである。習慣的認識そのものが実現するためには，あらかじめ外部のものを認識することが必要である。人間は，知性の直接的な第一の働きを行うときにだけ，そしてこうした働きを記憶の中にとどめるときにだけ，習慣的な仕方で自分自身を認識している。別の働き，すなわち立ち帰りの働きは，人間がそれを望むときに実現できる。それゆえ，外部の形象は，第一の働きの成立条件，知性の現実化の条件，それゆえ立ち帰りの可能条件の役割を果たすだけである。形象を通じて習慣的認識は成立する。知性は，形象を受けとるやいなや，習慣的な仕方で自分自身を認識する。しかし，形象は立ち帰りの働きの内容を構成するものとはならず，立ち帰りの実現を可能にするだけである。

　第二に，たった今述べたことと無関係ではないが，サットンはもはや抽象的認識以外の自己認識の形態を考えることができなくなった。実際，サットンは，トマスが理解していたような習慣的認識を取り除いたので，前反省的意識のようなものに場所を残しておくことができなくなったのである。同様に，完全な自己還帰の可能性もなくなってしまった。というのも，サットンによれば，習慣的認識は第一の働きを記憶の中にとどめることでしかなく，人間は記憶の中にある第一の働きに基づいて第二の立ち帰りの働きを行い，この第二の働きを通じて第一の働きの諸条件を抽象的に分析するからである。

　したがって，自己認識における知的生命は，完全に理性的で抽象的なプロセスに還元されることになる。精神が自分自身に対して，存在論的に，あるいは立ち帰りを通じて現前することから出てくる生き生きとした働きは，単なる抽象的分析のために消失してしまう。他のものに向かう働きが意識や立ち帰りに対して存在論的に先行することにつ

6 結論

いてのトマスの重要な意味は，第一の働きがそれに続く働きに対して時間的に先行するといった理解に還元されることになる。こうして，私見では，サットンにおいては，想像力の強い影響から出てきた空間的な構図が決め手となって，立ち帰りが知性の抽象的な働きの単なる継起に還元されてしまったのである。相次いで生じる同じ本性の働きは容易に想像できるからである。しかし，その場合，立ち帰りの形而上学的で類比的な意味は，ただ一つの同じ認識形態に道を譲ることになる。すなわち，そのとき自己認識は，抽象的認識や哲学的分析——その働きはほとんど時間的な継起にしたがって関連し合っている——をモデルにした一義的なものになってしまうのである。

自己認識をこのように一義的に考えることは，二つの帰結を引き起こすのであり，こうした帰結はサットンのテキストからはっきり読みとれる。

第一に，働きの継起という隠れた考え方のせいで，自己認識は，どんな形態のものでも，真理や確実性の根源であるとは言えなくなる。というのも，立ち帰りという第二の働きの真理性は，必ず第一の他のものに向かう働きの真理性を前提としているからである。さもなければ，無限遡行せざるをえなくなるのであり，この理由は単に，認識のすべての働きが抽象的認識という一義的形態にしたがって考えられているからである。

トマスは，『真理論』1問9項の中で，精神が完全に自分自身に立ち帰らないなら，知性はいかなる真理も認識しないと述べているが，これを思い出せば，トマスの述べることは立ち帰りを抽象的分析のようなものと見なさないかぎりで実現可能だと分かるだろう。すなわち，トマスは精神の深い自己現前——自分の本質まで具体的に立ち帰る——の事実を強調することでこそ，精神に固有のことは自分のうちにある真理を認識することであり，精神はまず自

446   第4章　サットンのトマス

分自身をその本性について認識しないなら何も認識できな
いと矛盾なく主張できたのである。この意味で，トマスは
自己認識という言葉を，それが完全な立ち帰りを表す場合
には，抽象的認識や哲学的分析のようなものとしては決し
て使っていなかった。トマスはこのように認識のリアリズ
ムを保証することで，完全な立ち帰りと抽象的分析を注意
深く区別している。対して，サットンが行ったように，も
しあらゆる自己認識を抽象的分析というただ一つの形態に
還元するなら，もはや完全な立ち帰りのようなものに場所
を残しておくことはできないだろう。すなわち，その場
合，自己認識は単なる哲学的分析になり，判断の真理を根
拠づけることがまったくできなくなる。こうして，立ち帰
りは一方を他方に向かわせる異なる働きの継起に還元され
る。この意味で，自己認識は真理を根拠づけられなくなる
だろう。なぜなら，どんな真理でも確証しようと思えば，
真理のうちで自分自身を認識する必要があるが，この自己
認識の真理は先行する自己認識を通じて根拠づけられねば
ならず，こうして無限に進むからである[218]。自己認識につ
いてある種の優位性を認める唯一の方法は，立ち帰りを，
哲学的で抽象的な分析ではなく，完全な自己還帰と見なす
ことである。サットンはこのことを行わなかったし，同時
に，表示を通じて実現する認識理論を認めざるをえなく
なった。実際，サットンの言う自己認識は自己を対象化す
る。この意味で，人間は自分自身について，自己を表す観
念を生み出す。そして，こうした表示が対象に一致するか
どうかをいつまでも問い続けることになる[219]。

───────────

　　218）　それゆえ，サットンは自己認識を扱ったテキストの中で，
一度も真理について論じることができなかった。なぜなら，トマスの
『真理論』1問9項に見出せる考え方とは違って，サットンによれば，
真理の認識は自己認識に先立つからである。
　　219）　こうした哲学が真理の根拠を自己認識以外のところに求め

6 結 論

　第二の帰結は第一の帰結と結びついている。自己認識を抽象的分析というただ一つの形態に還元することで，人間の真の霊的生活の全体がサットンの注目から逃れることになった。すなわち，自己認識において抽象的でないものはみな，完全に無視されることになったのである[220]。サットンは，意識や自己認識の類比的な豊かさを残らず抽象的認識というただ一つの形態にはっきり還元することで，トマス的霊感を備えた思想を完全に合理化してしまったのであり，このような方向性の中では人間の知的生活の貴重な部分は忘れ去られることになった。実際，これが，偉大な哲学者を引き合いに出す学派が行った徹底的な合理化の運命だったかどうかを知ることはあまり重要ではない。いずれにせよ，サットンが認識の問題をただ一つの方法を通じてしか提起できなくなった，そしてその流れを作ったきわめて重要な著述家の一人であることに変わりはない。すなわち，サットンは霊魂や知性を認識の「対象」にしたのである。

　霊魂を，他の多くのものの中の一つであり，推論の末に

なければならなかった理由は分かるだろう。トマスの思想から遠ざかるなら，真理の根拠を，例えば直観的認識に求める他ないのである。言い換えれば，トマス以降，アクアスパルタのマテウスとサットンは，二人とも立ち帰りの問題領域から真理の問題を除外している。かなり根本的なこうした無視は，13 世紀末の全体を支配していたものだが，スコトゥスによるまったく新しい反動を引き起こしたと考えられないだろうか。すなわち，スコトゥスは，自己認識を単なる分析に還元するようなこうした流れに反対して，自分自身の働きの認識は第一原理と霊魂の非質料性に関するあらゆる確実性の根拠であるという事実を強調したが，これは歴史的に見て決定的な一歩だった。この仮説は，さしあたり検証することが難しいが，スコトゥスとオッカムの思想をうまく位置づけてくれるだろう。

　220)　新アウグスティヌス主義が衰退すると，次にスコトゥスとオッカムは自己認識を認識論の中心課題の一つに据え，真理と確実性の根源と見なした。

発見される対象としか見なさなくなったときには，二つの可能性しか残っていないように思われる。すなわち，熟慮の上ですべてのものをまさしく抽象的認識の方法のみによって考察するか，あるいは自己認識を抽象的分析だけに還元するこうした哲学の欠陥を理解し，こうした欠陥を埋め合わせるために，自分自身を対象として認識する霊魂は直観的な仕方で自分自身を認識できると考えるかのいずれかである。サットンのように第一の解決方法を採用するなら，人間の知的生活の重要な部分を無視することになろう。第二の解決方法を採用するなら，自己認識についてまったく別の考え方を受け入れざるをえなくなる。こうした考え方は，トマスからは大きく隔たっており，むしろ13世紀末の30年間における新アウグスティヌス主義の伝統から出てきたものである。以後の哲学研究が明確な形をとり始めるのは，自己の直観的認識というこの新しい考え方をめぐってである。すなわち，この新しい考え方は，スコトゥスから始まり，すぐにオッカムに至り，14世紀の自己直観の偉大な哲学を経て，近代まで影響を与えることになる。

第5章

フォンテーヌのゴドフロワ

---

1 導 入

歴史家たちは，13世紀末の哲学思想を研究するのに必要な枠組みを定めるために，1277年のエティエンヌ・タンピエによる断罪があったことで，はっきりした様々な思想傾向が明確に対立し始めたと，ずっと以前から主張してきた。便宜的に「新アウグスティヌス主義者」と呼ばれている人々は，新しい流行哲学——パリやオックスフォードの人々を魅了していたと思われる——の誕生に対し，概して批判的だった。この衝突の主要な論争が「矯正的著作」であることは疑いない。矯正的著作を通じ，中でもギョーム・ド・ラ・マール，ジョン・ペッカム，ミドルトンのリカルドゥス（Richard de Middleton），ロジャー・マーストンといったフランシスコ会士たちは，トマス・アクィナスの思想を非常に辛辣に批判したので，リチャード・クラップウェル，トリリアのベルナルドゥス，レシーヌのアエギディウス，ジャン・キドール，サットンのトマス——こうした人々はドミニコ会総会での多くの決定により少しずつ支持を得た——からの明確な反動を蒙ることになった。こうした，新アウグスティヌス主義と，誕生したばかりのト

マス主義と言えるものとの対立は，偉大な神学者の著作からも，公的機関による検閲——中でも 1277 年のパリとオックスフォードにおける断罪はきわめて大きな反響があった——からも，はっきり読みとれる。

しかし，このように 13 世紀末の思想動向を二つに分けて考えることは，どれほど正しく有益でも，微妙な差異を欠いており，また簡単すぎる。微妙な差異を欠いているというのは，これらの各思想傾向の背後に，かなり異なる知的性質を備えた思想家がいるからである。すなわち，アウグスティヌス主義に限っても，アクアスパルタのマテウス，オリヴィ，ロジャー・マーストンの違いを考えてみるだけで，13 世紀末の数十年間においていくつかの側面を区別できるのであり，ある人々による反トマス主義的態度だけには還元できないことが分かる。トマス主義とアウグスティヌス主義というこの二分法は，このように微妙な差異を欠いているが，同時に簡単すぎるものでもあり，それというのも 1277 年から 1305 年までの学問生活の全体をまったくカバーできていないからである。このことを確信するには，次のことを思い出すだけで十分だろう。すなわち，当該の時代には，ダキアのボエティウスや初期のシゲルスにおいて完全なアリストテレス主義が残っていたし，ペトルス・ヒスパヌス（Pierre d'Espagne）以来の論理学者や文法学者も重要だし，フライベルクのディートリヒやマイスター・エックハルト（Maître Eckhart）における新プラトン主義の影響は否定できないし，ピエール・ド・マリクール（Pierre de Maricourt）やロジャー・ベーコン（Roger Bacon）による経験主義の方向性も存在していたのである。

自己認識の問題という観点からも，こうした知的多様性を示している人物たちを指摘できる。実際，非常に独立的で互いに異なる多くの著述家がいたのであり，彼らは二つの学派や二つの托鉢修道会を対立させていた論争に加わる

1 導 入　　　　　　　451

ことよりも，非常に個人的な哲学を練り上げ，新しい解釈
の方向性を描き出すことに関心があった。おそらく，一方
でヴィテルボのヤコブス，他方でガンのヘンリクスはこう
した多様性を代表する人物だが，私見では中でもフォン
テーヌのゴドフロワは独創的で独立的な思想家であり[1]，
動乱に満ちたこの時代で最も影響力があり最も有名な著述
家の一人だった。

　20世紀初頭以降，歴史家たちはゴドフロワの生涯と思
想に関心を寄せてきた。モーリス・ド・ヴルフはゴドフ
ロワに関する見事な伝記を最初に発表した歴史家だが[2]，
彼の推進の下で，『任意討論集』——ド・ヴルフ，ペル
ツァー，ホフマンス，ロッタンによる校訂[3]——の出版事
業が企てられ，ゴドフロワに関する研究も進展した[4]。そ

---

　1)　この言葉は，NORBERT F. GAUGHAN, *Godfrey of Fontaines
- An Independent Thinker*, dans *The American Ecclesiastical Review* 157
(1967), p. 43-54 から借用した。

　2)　MAURICE DE WULF, *Un théologien-philosophe du XIIIe
siècle, Etude sur la vie, les œuvres et l'influence de Godefroid de
Fontaines*, Bruxelles 1904.

　3)　GODEFROID DE FONTAINES, *Les quatre premiers
Quodlibets de Godefroid de Fontaines*, éd. M. DE WULF et A. PELZER,
Louvain 1904 ; *Les Quodlibets cinq, six et sept*, éd. M. DE WULF et
J. HOFFMANS, Louvain 1914 ; *Le huitième Quodlibet, Le neuvième
Quodlibet, Le dizième Quodlibet*, éd. J. HOFFMANS, Louvain 1924;
Les Quodlibet onze et douze, Les Quodlibets treize et quatorze, éd.
J. HOFFMANS, Louvain 1932 ; *Le Quodlibet XV et trois Questions
ordinaires de Godfroid de Fontaines*, éd. O. LOTTIN. ; *Etude sur les
manuscrits des Quodlibets*, par J. HOFFMANS et A. PELZER, Louvain
1937.

　4)　もっと完全な文献表は，R.J. ARWAY, *A Half Century of
Research on Godfrey of Fontaines*, dans *The New Scholasticism* 36
(1962), p. 192-218 を参照。それ以降の研究は，JOHN F. WIPPEL,
*The Metaphysical Thought of Godfrey of Fontaines, A Study in Late
Thirteenth-Century Philosophy*, Washington 1981, p. 387-400 を 参 照。

452 第5章 フォンテーヌのゴドフロワ

れゆえ，次のことが分かっている。ゴドフロワは，1250年の少し前に，リエージュ公国の，おそらく貴族に属するフォンテーヌ城——オゼモン伯の所有だった——において生まれた。もしゴドフロワが最初の任意討論を1285年にパリで開いたとすれば，ここから推測できるのは，彼が1277年より前に神学を修め，1270年の初め頃から哲学の研究に取りかかったことである[5]。他方で，ゴドフロワは自分の手で，当時重要だった多くの著作，特にトマス・アクィナスの『世界の永遠性について』を書き写したことが知られている[6]。ゴドフロワが1270年の動乱に巻き込まれていたことは確実であり，トマスやアブヴィルのゲラルドゥスの講義を聞くことも可能だったかもしれないが，本格的に学問を修めたのは数年後のことであり，モン・サン・テロワのジェルヴェ（Gervais du Mont-Saint-Eloi）とかいう人物と，とりわけガンのヘンリクス——1285年頃の数年間にわたり同僚になった——の指導を受けた。こうして，ゴドフロワの大学におけるキャリアは1285年から1298/99年に及び，コレージュ・ド・ソルボンの栄誉とま

1981年以降の特に注目すべき研究は，EDITH S. SYLLA, *Godfrey of Fontaines on Motion with respect to Quantity of the Eucharist*, dans *Studi sul XIV secolo in memoria di Anneliese Maier*, éd. A. MAIERU et A. PARAVICINI BAGLIANI, Rome 1981, p. 105-141; JOHN F. WIPPEL, *The Role of the Phantasm in Godfrey of Fontaines' Theory of Intellection*, dans *L'homme et son destin au moyen âge, Actes du septième congrès international de philosophie médiévale (30 août - 4 septembre 1982)*, éd. CHRISTIAN WENIN, vol. II, Louvain-la-Neuve 1986, p. 573-582 である。

5)　J.F. WIPPEL, *The Metaphysical Thought of Godfrey of Fontaines* (1981), p. XVI-XVII.

6)　J.F. WIPPEL, *The Metaphysical Thought of Godfrey of Fontaines* (1981), p. XVII- XVIII ; PALÉMON GLORIEUX, *Un recueil scolaire de Godefroid de Fontaines*, dans *Recherches de théologie ancienne et médiévale* 3 (1931), p. 37-53.

1 導　入　　　453

で言われたが，それは異論の余地のない才能の豊かさと，大学に遺贈することになる膨大な写本のためだった[7]。ゴドフロワは，教会の職にも恵まれ，リエージュやトゥルネーの参事会員，ケルンのプレヴォ，トゥルネーの司教になったが，司教職は重大な抗議の結果として離職した。1303-04 年頃にはパリ大学の正教授になっている[8]。1306年頃か，あるいはおそらく 1309 年までには亡くなったと考えられている[9]。

　ゴドフロワは独立的な思想家であり，当時論争の的になっていた諸問題についても進んで自分の見解を明らかにし，例えばずっと後になってからも 1277 年の禁令がまだ無効になっていない事実に憤慨している。『任意討論集』のいくつかのテキストのために，在俗の教授だったゴドフロワの名声は高まった。ゴドフロワは，1281 年から始まった論争において托鉢修道会の特権に公然と反対すると同時に[10]，微妙な差異とともにトマスの哲学的見解を弁護して，トマスは断罪された 219 の命題を権利の点でも事実の点でも免れており，こうした哲学的主題に関する真理の探究は自分の権力を乱用するいかなる権威にも妨げられてはならないことを示そうとした。1286 年，ゴドフロワは托鉢修道会とその主張——教皇が支持し，いくつかの権利を行使しようとした——に公然と反対したが[11]，だからと言っ

---

7) Cf. JOHANN-JOSEPH DUIN, *La bibliothèque philosophique de Godefroid de Fontaines*, dans *Estudios Lulianos* 3 (1959), p. 21-36, 137-160.

8) Cf. M.DE WULF, *Un théologien-philosophe du XIIIe siècle, Godefroid de Fontaines* (1904), p. 25-31.

9) Cf. J.F. WIPPEL, *The Metaphysical Thought of Godfrey of Fontaines* (1981), p. XXI.

10) Cf. M.DE WULF, *Un théologien-philosophe du XIIIe siècle, Godefroid de Fontaines* (1904), p. 50-55.

11) Cf. J.F. WIPPEL, *The Metaphysical Thought of Godfrey of*

てタンピエやペッカムの一方的な見解に与することは一度もなかった[12]。

例えば，ゴドフロワが最初に介入したのは1290年だが，そこではタンピエによる1277年の断罪にへつらうようなことはほとんどしていない。問題になっているのは救済に直接関わらない哲学的問題なので，「こうした破門や断罪は誤っていると思う。というのも，そうした破門や断罪は真理の探究と認識を妨げるからである。……こうした高位聖職者に対しては，断罪や破門を取りやめるよう執拗に頼む必要があろう。なぜなら，こうした断罪や破門を維持すれば，救済に不都合なことは生じないかもしれないが，知識人にとっては悪が生じるからである。というのも，知識人にとって真理はきわめて重要な完全性だが，そうした真理を自由に探究できなくなるからである。そして，問題になっている高位聖職者の無知と素朴さのせいで，信仰と両立可能な事柄を誤っているとか信仰に反するとか考えることほど，相手が信徒であってもなくても，つまずきをもたらすことが他にあるだろうか……」[13]。

Fontaines (1981), p. XIX-XX.

12) ゴドフロワは，特に1290年か1291-92年の公開討論において，断罪にまつわるこうした問題を何度も論じている。そこではタンピエと，その後継者の一人であるパリ司教シモン・ド・ビュシー（Simon de Bucy）——ゴドフロワが活躍した時代に，1277年以来継続していた状況を立て直そうとしなかった——が直接標的になっている。

13) « (…) videtur talis excommunicatio et condemnatio erronea, quia per illam impeditur inquisitio et notitia veritatis. (…) sed esset instandum apud praelatum quod talem condemnationem et excommunicationem revocaret. Quamvis enim malum contra salutem ex hoc non eveniat, tamen malum contra perfectionem intellectus ex hoc contingit; nam homines non possunt libere tractare veritates quibus eorum intellectus non modicum perficeretur. – Item, scandalum evenit exinde apud infideles et etiam apud multos fideles de ignorantia et simplicitate

1 導　入　　　　455

　数年後の 1295 年頃，ゴドフロワは今度はもっと論争的
な調子で，当時のパリ司教だったシモン・ド・ビュシーを
攻撃しているが，そこでも上と似たような特徴を再発見で
きる。ゴドフロワは，検閲——思想を束縛し，対照するこ
とで生じる光を妨げる——がもたらすつまずきを指摘して
いる[14]。ゴドフロワが言わんとしているのは，禁じられて
いるいくつかの命題は間違いなく断罪の対象から外すべき
だということである。どの命題かといえば，トマス・ア
クィナスの命題である。

　ゴドフロワはトマスの思想を忘れずに賞賛し，1277 年
の断罪はあまりに素朴な人々を支えようとしているが，実
際にはトマスの強力な教えを認識できなくしていることを
はっきり明らかにしている[15]。「私は，幾人かの博士たちを
尊敬しているにもかかわらず，また聖なる人々や権威とし
て引き合いに出される人々を除けば，修道士トマスの教え
は有用性と価値の点で他の教えを凌駕していると思う。こ

---

talium praelatorum in hoc quod illud reputatur erroneum et fidei
contrarium quod tamen non repugnat fidei nec bonis moribus (…)»（*Quodl.*,
VII, q.18, p. 403-404 ; trad. M.DE WULF, *Un théologien-philosophe du
XIIIe siècle, Godefroid de Fontaines* (1904), p. 40-41）.

　14）« Quia cum aliqua materia est sic indeterminata incertitudine
veritatis, quod absque periculo fidei et morum licet circa hoc diversimode
opinari absque temeraria cuiuscumque partis assertione, ponere vinculum
vel ligamen, quo homines circa talia ad unum (unam) opinionem
immobiliter detinentur, est impedire notitiam veritatis (…) » （*Quodl.*, XII,
q.58 ; p. 100-101）.

　15）« Sunt etiam in detrimentum non modicum doctrinae
studentibus perutilis reverendissimi et excellentissimi doctoris, scilicet
Fratris Thomae quae ex predictis articulis minus juste aliqualiter
diffamatur »〔また，非常に有益で，尊敬に値し，きわめて優れた教
師である修道士トマスの教えも大きく損なわれる。実際，トマスの
教えはすでに述べた禁令のせいで不当にも中傷されてきたのである〕
（*Quodl.*, XII, q.5 ; p. 102）.

うした教えの著者にこそ，主が使徒に向けて語った言葉
——「あなたは地の塩である。塩に塩気がなくなれば，何
によって塩気をつけられよう」——は特にふさわしいだろ
う。実際，トマスの教えは他の博士たちの教えを矯正する
のに役立つのであり，それらを味わい深いものにする。ト
マスの教えが消えてしまったら，生徒は他の何を読んでも
ほとんど味を感じられないだろう」[16]。

　ゴドフロワはタンピエの断罪に言及しようとしないシモ
ン・ド・ビュシーも非難しているが，その様子は率直で大
胆で厚かましくもある。「シモンという人間は教会法と市
民法に精通しているが，神学的知識はそれほど深いもので
はないので，主題に関する専門家の意見を聞かずには，断
罪された命題を修正できないでいる。しかし，この問題に
関する専門家の意見は様々であることから，司教が回避し
ようとするのも無理はない。ところが，シモンは，当然の
ことだが，前任者による禁令を中止することで，知識人に
平和を回復できたはずである。私は，こうしたことを行わ
なかったことについて彼を断罪しようとは思わないが，こ
うした怠慢を赦すことは難しいと言わざるをえない」[17]。

---

　16)　« (…) salva reverentia aliquorum doctorum, excepta doctrina
sanctorum, et eorum quorum dicta pro auctoritatibus allegantur, praedicta
doctrina (fratris Thomae) inter caeteras videtur utilior et laudabilior
reputanda, ut vere doctori qui hanc doctrinam scripsit, possit dici in
singulari illud quod Dominus dixit in plurali Apostolis, *Matth.*, quinto:«
Vos estis sal terrae »; et cetera, sub hac forma : « Tu es sal terrae, quod
si sal evanuerit, in quo salietur » ? Quia per ea quae in hac doctrina
continentur quasi omnium doctorum aliorum doctrinae corriguntur,
sapidae redduntur et condiuntur; et ideo si ista doctrina de medio
auferretur, studentes in doctrinis aliorum saporem modicum invenirent »
(*Quodl.*, XII, q.5 ; p. 103 ; trad. M.DE WULF, *Un théologien-philosophe
du XIIIe siècle, Godefroid de Fontaines* (1904), p. 45) .

　17)　« Cum ergo quaeritur, utrum episcopus peccet, et cetera,
dicendum quod, licet Dominus *Episcopus Parisiensis* sit homo eminentis

ド・ヴルフはこのエピソードを次のように注釈している。
「これは明確で辛辣な批判である。特にシモン・ド・ビュ
シーに対しては。ゴドフロワは，騎士道精神を身につけて
いたので，死者よりも生者を，また断罪という状況を作り
出した者よりもそれを改善しようとしない者を厳しく非難
している。ゴドフロワは，神学部の中心人物であり，尊敬
を集めていたが，好都合な状況を捨て，お世辞を言ったり
卑劣なことをしたりせず，他の多くの人々がかろうじて考
えていたことを公然と言ってのけた」[18]。

　こうして，1277 年の出来事とその反響——1290-95 年
のパリ界隈における——について少し回り道をしたが，こ
れは無駄ではない。なぜなら，この回り道のおかげで，ゴ
ドフロワ思想の基本方針が判明するからである。最初に確
認できることに，1295 年に 1277 年の断罪をめぐる激しい
議論がまだ残っていたことから，トマス思想の影響が死後
もなおパリで持続していたことが分かる。加えて言えば，
禁令も，フランシスコ会士たちが 1282 年から始めた論争
も，パリでは有効ではなかった。「ここでも確認できるこ
とに，禁令によっては，諸思想の運動を一度も食い止める

---

literaturae in jure canonico et civile, et etiam sufficientis in theologica
facultate, quia tamen in ista non tantum studuit, quin ad correctionem
dictorum articulorum indigeret consilio magistrorum qui in dictis articulis
non sunt bene concordes, a correctione illorum potest aliqualiter excusari.
Sed cum sententiam sui proedecessoris ad dictos articulos appositam
posset sine periculo ad pacem et utilitatem plurimorum faciliter amovere,
licet non videam quomodo in hoc valeat sufficienter excusari, ipsum tamen
in nullo audeo condemnare. Sed concedo quod praedicti articuli essent
merito corrigendi » (*Quodl.*, XII, q.5 ; p. 103 ; trad. M.DE WULF, *Un
théologien-philosophe du XIIIe siècle, Godefroid de Fontaines* (1904), p.
46).

18)　M.DE WULF, *Un théologien-philosophe du XIIIe siècle,
Godefroid de Fontaines* (1904), p. 47.

458   第5章　フォンテーヌのゴドフロワ

ことはできなかった」[19]。

　第二に確認できることは，ゴドフロワの微妙な立場に関係している。すなわち，ゴドフロワは一方でトマス，そして間接的にはドミニコ会の方針全体を支持しているが，他方で托鉢修道士と在俗の教授との争いにおいては同じドミニコ会の特権に激しく反対している。それゆえ，ある研究者がゴドフロワを「独立的な思想家」と見なすことは正当であり[20]，ゴドフロワはトマス思想に敬意を払うと同時に，トマスのいくつかの命題に対しては批判的だったと考えることもまた正しい[21]。実際，ゴドフロワは大学の政策の次元でも，教えの次元でも独立的だった。トマスをしきりに褒める一方で，恐れることなく頻繁に反対してもいる。ここで再び自己認識の問題に立ち帰れば，こうしたゴドフロワの態度は非常にうまく理解できるだろう。

　19）　M.DE WULF, *Un théologien-philosophe du XIIIe siècle, Godefroid de Fontaines* (1904), p. 44. ドミニコ会士に対するペッカムの辛辣な態度は，少なくとも 1288 年のオックスフォードでは，和らいでいたと思われる。ペッカムの検閲に関して言えば，ゴドフロワの態度から，パリでは有効でなかったことが分かる。Cf. M.DE WULF, *Histoire de la philosophie médiévale*, t. II (1925), p. 52.

　20）　N.F. GAUGHAN, *Godfrey of Fontaines, An Independent Thinker* (1967), p. 43-54.

　21）　「ゴドフロワは，トマスの体系に何も付け加えず，またそこから何も取り除かなかったほどにまで，トマスの忠実な弟子だったと言うつもりはない。実際，ゴドフロワはトマス以上のことを言うこともあれば，トマスに及ばないこともある」（ODON LOTTIN, *Le thomisme de Godefroid de Fontaines en matière de libre arbitre*, dans *Revue néoscolastique de philosophie* 40 (1937), p. 561）。今日では，ゴドフロワをトマスの弟子と見なすことは難しい。

2 認識と自己認識に関する理論

2.1 トマス主義に対する批判的忠実性

　ゴドフロワは偉大な教師たちの思想をよく知っており，いくつかの著作を書き写すことすらしている[22]。偉大な教師とは，ブラバンのシゲルス，ダキアのボエティウス，アエギディウス・ロマヌス，アブヴィルのゲラルドゥス，そしてもちろんトマス・アクィナスのことである。ゴドフロワはトマスに崇敬の念を抱いており，このことは上で指摘した賛辞を見れば誰の目にも明らかである。もっとも，ゴドフロワはトマスのいくつかの主張を敬意を示しつつ受け入れているが，こうした崇敬はまったく奴隷的なものではなかったことも知られている。ゴドフロワの思想と生涯を論じた研究のほとんどは，様々な仕方でゴドフロワの独創性を強調している。

　歴史家たちは，あるときはきわめて一般的な命題について，あるときはいくつかの考え方について，ゴドフロワがトマスに忠実であり，必要な場合にだけトマスを退けていると主張してきた。ド・ヴルフの主張は，哲学史の著作のほとんどがそのまま繰り返している。「ゴドフロワの学問的中心はトマス主義である。ゴドフロワは，教会の領域ではドミニコ会への断固たる敵対者だったが，トマスの哲学思想には最高の賛辞を送っている。しかし，ゴドフロワのトマス主義は微妙な差異を有している。まず，未解決の問題について独自の解決をいくつも示している。次に，大学における有名な同時代人の教授たち——アエギディウス・

　22）　Cf. P. GLORIEUX, *Un recueil scolaire de Godefroid de Fontaines* (1931), p. 37-53.

ロマヌス，ヴィテルボのヤコブス，サットンのトマス，とりわけガンのヘンリクス——に対して異議を唱えている。最後に，トマスがスコラ学にもたらした革新について留保したり躊躇したりしている」[23]。ゴドフロワのトマス主義とゴドフロワの自由意志論を論じた研究もあるが[24]，自由と自由意志に関するこの研究はド・ヴルフと同じ結論に達している。「……ゴドフロワはトマスを追い越しているが，トマスに忠実でなかったとは言えない」[25]。「しかし，ゴドフロワを不忠実な弟子と見なすことはできない」[26]。「……ゴドフロワはトマスの原理に一致しない命題は一つたりとも主張していない。弟子は教師を追い越しているが，これは決して裏切りではない」[27]。そして，次のように結論づけている。「それゆえ，自由意志の主題に関するゴドフロワのトマス主義がどのようなものだったかについて，結論は出た。トマス主義者という言葉で，トマスの思想をまったく裏切らず，多かれ少なかれ文字通りにテキストを書き写すだけの哲学者を理解するなら，ゴドフロワはトマス主義者ではなかったと言わねばならないだろう。もしそうなら，ジャン・キドール，ニコラス・トリヴェット，サットンのトマスについても同じことを言わねばならなくなる。

---

23) M.DE WULF, *Histoire de la philosophie médiévale*, t. II (1925), p. 52-53 ; cf. E. GILSON, *La philosophie au moyen âge* (1962), p. 432-433 ; F. VAN STEENBERGHEN, *La philosophie au XIIIe siècle* (1966), p. 505 ; J. JOLIVET, *La philosophie médiévale en Occident* (1969), p. 1426-1427.

24) O. LOTTIN, *Le thomisme de Godefroid de Fontaines* (1937), p. 554-573.

25) O. LOTTIN, *Le thomisme de Godefroid de Fontaines* (1937), p. 560.

26) O. LOTTIN, *Le thomisme de Godefroid de Fontaines* (1937), p. 561.

27) O. LOTTIN, *Le thomisme de Godefroid de Fontaines* (1937), p. 562.

2 認識と自己認識に関する理論　　　461

しかし，今挙げた三人の教師たちについて，トマスの真正
の弟子であり，トマスのテキストからかなり離れた表現も
見られるものの，トマスの思想も体系的論理も裏切らな
かったと考えるなら，次のように結論する必要がある。ゴ
ドフロワは上の三人と同じく真のトマス主義者であり，自
由意志の領域では，14 世紀初めのオックスフォードにお
けるトマス主義の創始者だったとまで言えるだろう」[28]。最
後の主張はおそらく言い過ぎだろうが，次のことは疑い
ない。すなわち，1937 年までの多くの歴史家たちは，ゴ
ドフロワは偉大な教師と見なしていたトマスに対して忠誠
——たとえ批判的な忠実性であっても——を示していたと
考えていたのである。

　もっと最近では，ある研究者は次のことを明らかにし
た。ゴドフロワは，トマスに多くを負っていることも，新
アウグスティヌス主義に断固として反対したことも疑いな
いが，当時流行していたアリストテレス主義の影響も強く
受けており，ブラバンのシゲルスのような哲学者を真似て
粋に振る舞っていたと考えることすらできる[29]。ウィッペ
ル（Wippel）はゴドフロワのアリストテレス主義の方向
性について，他の歴史家よりも次のことを強調している。
すなわち，ゴドフロワのアリストテレス主義は確かにトマ
ス思想から着想を得てはいるが，新プラトン主義の影響は
少なく[30]，むしろ正統なアリストテレス主義よりも急進的
なアリストテレス主義に近い。こうして，13 世紀末に支

---

28)　O. LOTTIN, *Le thomisme de Godefroid de Fontaines* (1937), p.
573.

29)　J.F. WIPPEL, *The Metaphysical Thought of Godfrey of
Fontaines* (1981), p. 383.

30)　J.F. WIPPEL, *The Metaphysical Thought of Godfrey of
Fontaines* (1981), p. 382.

配的だった四つの方向性を区別できるかもしれない[31]。ガンのヘンリクスやヴィテルボのヤコブスに代表される新アウグスティヌス主義，トマス的なアリストテレス主義，急進的なアリストテレス主義，そしてゴドフロワに固有のアリストテレス主義である。このように，ゴドフロワは，1274 年にトマスが死んでから，世紀の変わり目にスコトゥスがパリとオックスフォードで独創的な思想を作り出すまでにおいて，最も強力なアリストテレス的な形而上学をパリで作り上げた人物だったと言えるだろう[32]。

存在と本質の区別の問題を論じている，もっと最近のインバッハの研究が明らかにするところでは，ウィッペルを超えて，ゴドフロワは少なくともこの問題では，ふつう言われるよりも，アヴェロエス，また特にブラバンのシゲルスに多くを負っていると考えることができる[33]。たとえ歴史家たちがゴドフロワの思想をまったく同じように位置づけないとしても，様々なニュアンスの違いはあれ，ゴドフ

---

31) Cf. J.F. WIPPEL, *The Metaphysical Thought of Godfrey of Fontaines* (1981), p. 381-385.

32) J.F. WIPPEL, *The Metaphysical Thought of Godfrey of Fontaines* (1981), p. 385.

33) 「ゴドフロワは，存在と本質の関係の問題について言えば，シゲルスが実在的区別に反対して用意した反論を繰り返しているためにシゲルスに依存しているだけでなく，問題に対して自分自身の解答を述べる際にも，その本質的な部分をシゲルスに負っている。このことは，ゴドフロワが，シゲルスが行った『形而上学』に関する講義を聞いてノートに記録したことを考慮に入れれば，驚くべきことではない」(RUEDI IMBACH, *Averroistische Stellungnahmen zur Diskussion über das Verhältnis von « esse » und « essentia », Von Siger von Brabant zu Thaddaeus von Parma*, dans *Studi sul XIV secolo in memoria di Anneliese Maier*, éd. A. MAIERÙ e A. PARAVICINI BOGLIANI, Rome 1981, p. 319)。この一つの研究だけを見ても，13 世紀末の主要な傾向性に関するウィッペルの結論は不十分であることと，存在と本質にまつわるこの主題について，ゴドフロワはトマスの独立的な弟子だったと簡単に考えられないことが分かる。

2 認識と自己認識に関する理論 463

ロワがアリストテレス主義者だったことは全員が一致して認めている。すなわち，ゴドフロワの思想は13世紀のアリストテレス主義のきわめて独創的な形態と見る人もいれば，シゲルスに多くを負っていると考える人もいれば，初期トマス学派――批判的でありながら忠実な――に含めようとする人もいる。

ゴドフロワの思想がしばしばトマスの思想と異なっている事実を疑う人はいないのであり，二人の意見が異なる主題も明らかになっている。すなわち，ゴドフロワは，被造物における本質と存在の区別を否定し[34]，自由意志の領域では倫理的知性主義を強調し[35]，知性は根本的に受動的だとしてアウグスティヌスの照明説に反対し，形相の複数性の問題については態度を決めかねている。これらの主題をすべて考え合わせれば，ゴドフロワの独創性は十分理解できる。しかし，知性の自己認識の問題を検討すれば，ゴドフロワを当時の知的論争の中にうまく位置づけることがで

---

34) この主題は特に研究された。Cf. J.F. WIPPEL, *Godfrey of Fontaines and the Real Distinction between Essence and Existence*, dans *Traditio* 20 (1964), p. 385-410 ; J.F. WIPPEL, *Godfrey of Fontaines and Henry of Ghent's Theory of Intentional Distinction between Essence and Existence*, dans *Sapientiae Procerum Amore, Mélanges médiévistes offerts à Dom Jean-Pierre Müller O.S.B.*, dans *Studia Anselmiana* 63 (1974), p. 289-321 ; J.F. WIPPEL, *The Metaphysical Thought of Godfrey of Fontaines* (1981), p. 39-99 ; R. IMBACH, *Averroistische Stellungnahmen* (1981), p. 319-322.

35) O. LOTTIN, *Le libre arbitre chez Godefroid de Fontaines*, dans *Revue néoscolastique de philosophie* 40 (1937), p. 213-241 ; O. LOTTIN, *Le thomisme de Godefroid de Fontaines en matière de libre arbitre*, dans *Revue néoscolastique de philosophie* 40 (1937), p. 554-573 ; M.DE WULF, *L'intellectualisme de Godefroid de Fontaines d'après le Quodl. VI, q.15*, dans *Beiträge zur Geschichte der Philosophie des Mittelalters*, Supplementband I (1913), p. 287-296 ; J.DE BLIC, *L' intellectualisme moral chez deux aristotéliciens de la fin du XIIIe siècle*, dans *Miscellanea moralia in honorem ex. Dom Arthur Janssen*, Louvain 1948, p. 45-76.

き，ゴドフロワはトマスの真正の弟子であるとはいえ，新アウグスティヌス主義と，生まれたばかりのトマス主義に反対する独立的な思想家であり，アヴェロエスとブラバンのシゲルスの影響を強く受けた哲学者とまで見なせることが分かるだろう。

たとえ歴史的次元にとどまるとはいえ，自己認識の問題を検討することには多くの利点がある。実際，知るかぎり，ゴドフロワがこの主題を論じている最も豊かな問題は，『任意討論集』第7巻第9問である[36]。『任意討論集』第7巻は，十中八九，グロリユーによれば1290年，ウィッペルによれば1290-92年に書かれている。この第7巻には，ゴドフロワが初めてパリ司教に対して公に態度決定したテキストが含まれており，それを読めば，当時のゴドフロワの知的特徴がはっきり分かる。

『任意討論集』第7巻第9問は，注で言及する校訂版の指摘を信じるなら，サットンのトマスに反対して書かれている[37]。しかし，たとえまさにサットンが問題になっているとしても，ド・ヴルフとホフマンスの参照箇所は誤っていると思われるのであり，これには二つの理由がある。校訂者たちはサットンの『定期討論集』第21問を参照しているが，この参照は誤っている。なぜなら，一方で結局取り上げるべきは自己認識を論じている第22問だろうし，他方で最近の年代学によれば，ゴドフロワがサットンの『定期討論集』を参照したとは考えられないからである。というのも，サットンの『定期討論集』がゴドフロワの『任意討論集』よりも後の著作であることは疑いないからである。すなわち，サットンの『定期討論集』はおそら

---

36)　GODEFROID DE FONTAINES, *Les Quodlibets cinq, six et sept*, éd. M. DE WULF et J. HOFFMANS, Louvain 1914, p. 369-375.

37)　GODEFROID DE FONTAINES, *Les Quodlibets cinq, six et sept*, éd. M. DE WULF et J. HOFFMANS, Louvain 1914, p. 371, n.1.

2 認識と自己認識に関する理論　　　465

く 1305-15 年に書かれ，他方でゴドフロワの『任意討論集』第 7 巻は 1290 年か，せいぜい 1292 年までに成立しているのである。いずれにせよ，問題になっているのはまさしくサットンのトマスである。実際，ゴドフロワの思想は，16 世紀から 20 世紀まで忘れ去られていたとしても，フランス，イギリス，イタリアのあらゆる知識人から好評を得ていたのであり，このことはゴドフロワの写本の数，要約，学術的な梗概を見れば，十分に分かる。これら数多くの資料の中に，特に独創的で興味深いテキストがあるが，それはゴドフロワの思想と有名な同時代人の教授たち――ガンのヘンリクス，トマス・アクィナス，ヴィテルボのヤコブス，アエギディウス・ロマヌス，サットンのトマス――の思想を梗概にしたものである[38]。この梗概の初期の写本は 14 世紀の初めに遡るが[39]，おそらく信用できる。しかし，梗概では，はっきりとサットンが参照されており，ゴドフロワは自己認識の問題の固有の点についてサットンに反対していたことが明らかになっている[40]。ここから推測できることに，ゴドフロワは 1290 年に書いた『任

---

38) J. HOFFMANS, *La table des divergences et innovations doctrinales de Godefroid de Fontaines*, dans *Revue néoscolastique de philosophie* 36 (1934), p. 412-436.

39) J. HOFFMANS, *La table des divergences et innovations doctrinales de Godefroid de Fontaines* (1934), p. 420.

40) « Item, quaestione nona, contra SUTTONEM, quod potentia intellectiva ante intelligere non est potentia pura in gradu entis, sed est actus et perfectio. Et ibi tangit unam opinionem et improbat quae ipsam puram potentiam ponit »〔さらに，ゴドフロワは第 9 問の中でサットンに反対している。すなわち，知的能力は，認識する前には，存在の次元では純粋な可能態にはなく，現実態にあり，完全である。そして，ゴドフロワは，同じ第 9 問の中で，知的能力を純粋可能態と見なすある意見を取り上げ，それを非難している〕〔J. HOFFMANS, *La table des divergences et innovations doctrinales de Godefroid de Fontaines* (1934), p. 429〕.

466   第5章　フォンテーヌのゴドフロワ

意討論集』第7巻第9問の中でサットンを非難している。
しかし，その際ゴドフロワが参照したのは，『定期討論集』
ではなく，『任意討論集』，非常に正確に言えば『任意討論
集』第1巻第14問であり，この著作はずっと以前の1280
年代まで遡るのである[41]。このサットンへの言及は，ゴド
フロワが教授時代に遭遇した最初のトマス学派とどのよう
な関係にあったかを明らかにする上で，大変興味深いもの
になるだろう。しかし，ゴドフロワがトマスやサットンと
いかなる関係にあったかを明らかにする前に，ゴドフロワ
がトマスやサットンと同じ立場から新アウグスティヌス主
義を一般的に批判する様子を見ておこう。

2.2　新アウグスティヌス主義への反対
2.2.1　新アウグスティヌス主義の主張する能動主義

　ゴドフロワは1290年代に，新アウグスティヌス主義の
多くの支持者に遭遇している。これらの哲学者は認識プロ
セスについて非常に特異な考え方を作り上げていた。実
際，アクアスパルタのマテウス，ペトルス・オリヴィ，ロ
ジャー・マーストン，ヴィテルボのヤコブス――ヤコブス
はゴドフロワの明確な批判対象となった[42]――は，異なる

---

　41)　哲学的に分析してみると，ゴドフロワが取り上げ批判して
いるテキストは，まさにサットンの『任意討論集』第1巻第14問で
あることがはっきり分かる。しかし，ただテキストの字句を比較して
も，このことは確証できない。
　42)　このようにゴドフロワが新アウグスティヌス主義を批判
しようと思ったのは，ヴィテルボのヤコブスの思想がきっかけであ
る。このことは，ヤコブスが梗概の中で名を挙げて引用されてい
ることを考えれば，なおさら確証できる。« Item, (nono Quodlibet),
quaestione *undevicesima*, contra unam opinionem quae ponit actum
intelligendi fieri in intellectu non virtute obiecti nec virtute speciei, sed se
ipso si adsit obiectum. Et ibi dicitur contra speciem quod non sit ponenda
alia praeter actum et quantum ad modum speciei communem et quantum
ad modum quod ponit eam JACOBUS. Et ibi generaliter quod nihil ducit

2 認識と自己認識に関する理論 467

仕方ではあれ，人間の認識は，知性によるものも感覚によるものも，本質的に言って能動的現象だと主張した。事実，これらの哲学者の全員は，霊魂は身体から実体的に区別されるのでどんな物体的なものによっても影響を受けないというアウグスティヌスの原理で満足していたのである。したがって，認識されるものが認識プロセスの中に入るのは，原因としてではなく，ひとえに単なるきっかけや認識プロセスに不可欠な条件としてである。こうした考え方によれば，認識は純粋に能動的なプロセスである。

---

se de potentia ad actum. Et ibi improbat unam positionem de duplici immutatione in sensu : una ratione organi, quae non est sensatio; et alia potentiae quae est ipsa sensatio. Et est positio JACOBI primo quodlibet suo. Et ibi nota quomodo intelligere est pati secundum rem et agere secundum vocem et secundum modum significandi solum; multa optime. Et, ut dictum est supra, triplicem causam quare intelligere dicitur actio manens in agente, cum tamen sit passio. Et materiam huius quaestionis nota supra decimo quodlibet, quaestione duodecima, multum diffuse » 〔さらに，ゴドフロワは『任意討論集』第 9 巻第 19 問の中で，認識の働きが知性のうちに生じるのは，対象や形象の力によるのではなく，対象が示されるかぎりで，知性そのものの力によってであるという見解に反対している。また，同箇所で，形象の共通の様態に関しても，ヤコブスの言う様態に関しても，働き以外の形象を措定すべきでないという見解にも反対している。もしそうなら，一般的に言って，可能態から現実態に移行させるものが何もないことになろう。さらに，同箇所で，感覚において二つの変化を措定する見解も非難している。一つのは感覚の働きではない感覚器官による変化であり，もう一つは感覚の働きそのものである能力による変化である。この見解は，ヤコブスが『任意討論集』第 1 巻の中で論じたものである。また，これに関して注意すべきは，いかにして認識の働きは，事物にしたがっては受動であり，言葉や表示の様態に限れば能動であるかという問題である。さらに，上で述べたように，認識が，受動と言われながら，働くもののうちにとどまる働きとされるのには，三つの理由がある。この問題は，『任意討論集』第 10 巻第 12 問の他，多くの箇所で論じられている〕〔J. HOFFMANS, *La table des divergences et innovations doctrinales de Godefroid de Fontaines* (1934), p. 433〕.

468 第5章　フォンテーヌのゴドフロワ

　以下で，ゴドフロワがヴィテルボのヤコブスの示した新アウグスティヌス主義的な見解をどのように理解したのかを見てみよう[43]。「ある人々によれば，対象の力は知性のうちに形象も認識の働きも生み出さず，このように対象が示されるかぎりで，知性は自分自身を通じて自分のうちに，現実態において認識する力を有している。……知性はそれ自体として何らかのものであり，一つの本性だが，これは知性の形相と働きによっている。形相にしたがえば，知性は常に第一現実態にある。さらに，知性は自分自身を通じ，この第一現実態に基づいて，第二現実態——実際に認識すること——を実現できる。ただし，このためには対象が知性に現前している必要がある。こうした対象は，知性のうちに何らかのものを生み出す作用者ではなく，知性の働きの終局点のようなものである」[44]。ゴドフロワのこうした理解を見れば，認識に関する能動主義的な考え方——当時の幾人かの新アウグスティヌス主義者たち，すなわちヴィテルボのヤコブスやロジャー・マーストンやオリヴィに見出せるような——と，対象と終局因と見なす考え方を発見できる[45]。

---

　43)　Cf. M.DE WULF, *Un théologien-philosophe du XIIIe siècle, Godefroid de Fontaines* (1904), p. 89.

　44)　« Respondeo. Dicendum quod videtur aliquibus quod virtute obiecti nec species nec actus intelligendi fiunt in intellectu, sed ipse intellectus habet esse in actu intelligendi se ipso, si adsit obiectum huiusmodi sui actu. (…) intellectus secundum se sit aliqua res et natura secundum formam et actum, secundum quem semper est in suo actu primo, et etiam ex se ipso ex huiusmodi actu primo nata est exire in actum secundum, qui est intelligere in actu, praesente obiecto non quidem ut agente aliquid in ipsum intellectum, sed ut id in quod terminatur actio intellectus » (*Quodl.*, IX, q.19 ; p. 270-271).

　45)　こうしてゴドフロワは，長い伝統に支えられた理論に出会ったが，可能知性の自体的可知性の問題を論じるときに，この理論を別の仕方で再び見出すことになる。

2 認識と自己認識に関する理論 469

2.2.2 新アウグスティヌス主義への反対

ゴドフロワは，上で述べたような，認識に関する能動主義的な考え方に同意しない。ゴドフロワの念頭には，異議を唱えられた，アリストテレスとアヴェロエスの権威があり，トマス・アクィナスの権威もあった。しかし，ゴドフロワが特に訴えているのは，普遍的な形而上学的原理である。すなわち，一つの能力が現実態に移行できるのは，それ自体として現実態にある動因に動かされるかぎりにおいてであるということは明らかだと思われる。

この命題は，新アウグスティヌス主義者たちと，特にガンのヘンリクスにとっては，物体的なものだけに妥当する。対して，霊的なものや，理性や意志のような人間の能力は，外的に動かされることなしに，動因である現実態にあるものなしに，霊的な働きを実現できる。ゴドフロワは，より経験主義的なアリストテレスの伝統にしたがって，この主張をそのあらゆる形態とともに退け[46]，いかなる能力も，異質の部分から複合されているのでないかぎり，自分自身を通じては現実化しないことを繰り返し明らかにしている。しかし，この原理は，ヘンリクスの考えとは反対に，物体的なものにも霊的なものにも妥当するのであり，それゆえ被造物の全体に対して有効である。ここにあるのは，アリストテレスに由来する原理であり，アリストテレス思想の全体にとって基本となるものである。すなわち，同じものは，同じ観点から，自分で直接，自分自身を動かすことができない[47]。この原理を拒むことは，矛

---

46) Cf. GODEFROID DE FONTAINES, *Quodl.*, VI, q.7 ; p. 150s.

47) « (…) nihil per se (potest) se ipsum movere (…) »〔自分で自分自身を動かせるものはない〕(*Quodl.*, VI, q.7 ; p. 157-158)。「要するに，いかなるものも自分自身を可能態から現実態に引き出せない。ゴドフロワはこの原理を現在の議論に直接適用している。人間知性は，認識することに対して時に可能態のみにあり，時に現実態におい

盾に陥ることであり，矛盾する命題を受け入れることである。認識の働きを行う知性について何が起こるかを考えてみれば，この普遍的原理の必要性と，知性の受動性の真の意味が分かるだろう。このことについて，ゴドフロワは次のように理解している。「認識の働きが例えば知性から知性を通じて生じる働きであることは不可能だろう。そこには必ず，それ自体を通じて知性に働きかける対象が必要である。実際，可能知性は認識の働きに対してはそれ自体として可能態にあるので，自分自身をこれこれの可知的な働きにもたらすことは絶対に不可能だと思われる。そうするためには，現実態にある何らかのものが可能知性に働きかけて，これこれの認識の働きへと移行させることが必要である」[48]。言い換えれば，知性があらかじめ所有していた完全性を得ることは，矛盾的であるがゆえに，不可能である。

したがって，知性は自己充足的な能力ではない。知性が働くためには，対象や真の作用者，すなわち知性を形成する原因——対象そのものであろうと形象が出てくる感覚的像であろうと——が必要である。それゆえ，知性は受動的能力であり，それは認識現象の影響が真の原因として働く対象に由来するからに他ならない。ゴドフロワが言わんと

て認識するので，可能態から現実態に移行することは明らかである。いかなるものも自分自身を可能態から現実態に引き出せないなら，知性は認識することについて，自分以外のものによって可能態から現実態に引き出されるとせねばならない」（J.F. WIPPEL, *The Role of the Phantasm in Godfrey of Fontaines' Theory of Intellection* (1986), p. 574）。

48) « Sed videtur inconveniens quod intelligere sit actio sic procedens ab intellectu et intellectu per se nihil agente obiecto respectu intellectus. Cum enim intellectus possibilis de se sit in potentia ad actum intelligendi, nullo modo videtur quod possit se ipsum reducere in actum intelligendi hoc intelligibile vel illud, nisi aliquid fiat in actu virtute cuius possit prosilire in talem actum intelligendi » （*Quodl.*, IX, q.19 ; p. 271）.

2 認識と自己認識に関する理論　　　471

しているのは，知性はその働きの根源ではないとか，知性
は働かないということではない。彼がひとえに強調してい
るのは，知性は自分以外の原因による規定に依存している
ということである。すなわち，ここで受動性は受動的な可
能態性という意味であり，このことで新アウグスティヌス
主義の二つの主張は明確に否定される。二つの主張とは，
霊魂の能動主義と，対象を単なる条件や機会，さらには認
識プロセスの終局因と見なす考え方のことである。

　しかし，ゴドフロワは，能動知性であれ受動知性であ
れ，知性の役割を極端に小さくし，認識の働きの真の原因
は対象や表象像のみにあると主張している。ところが，そ
うすると重大な問題が生じる。すなわち，対象が同じ本性
の能力に働きかける原因性は確かに認められるが，物体的
なものや感覚的表象像が可能知性のような霊的能力に直接
影響を及ぼすとは考えられない。なるほどアリストテレス
の体系によると，可知的なものはそれ自体としては精神の
外部の世界に存在せず，表象像が示す対象は働きの根源で
ある能動知性が受動知性に適合させる必要がある。このこ
とは認めねばならない。問題は，アリストテレスとそれに
従う人々の考えだけによっては解消しないのである[49]。

---

　49)　« Et secundum hoc ad videndum quid intellectus agens faciat
circa phantasmata, quia ipsa spiritualia secundum se intelligere non
possimus, declaratur hoc nobis per quasdam similitudines et metaphoras,
et dicitur quod intellectus agens est quasi lumen intellectuale se habens ad
intellectum possibilem et phantasma sive ad obiectum repraesentatum in
phantasmate, sicut lux sensibilis ad medium et organum et ad colorem; (…)
− Sed adhuc non quiescit intellectus (…) »〔このことによれば，能動
知性は表象像に対して何ができるかを考察せねばならない。というの
も，霊的なものそのものは，それ自体としては人間に認識されえない
ので，何らかの似像や比喩を通じて明らかにされる必要があるからだ。
こうして，能動知性はいわば知的光として，可能知性や表象像や表象
像が表す対象に関係するのだが，これは可感的な光が媒体や身体器官
や色に関係するのと同じである。……しかし，これで終わりではない〕

472 第5章 フォンテーヌのゴドフロワ

　ゴドフロワは，一つの問題を丸々割いて，能動知性が表象像に対していかなる役割を果たすかというこの問題を論じている[50]。そして，能動知性は表象像に積極的な仕方で働きかけることができないと結論づけている[51]。なぜなら，表象像のうちに生じた結果はまだ有機的に個別性を含みつつ受容されており，そのままでは受動知性に影響を与えることはできないからである。それゆえ，能動知性の役割を別様に考える必要がある。ゴドフロワによれば，能動知性の働きは完全に否定的なものである[52]。すなわち，能動知性は分離という働きを行うだけであり，ある要素を抽象し，それを取り去り，個別的固有性から本質を引き離す[53]。もちろん，こうした抽象が実現するのは事物におい

(*Quodl.*, V, q.10 ; p. 36-37)．

　　50)　Cf. *Quodl.*, V, q.10 : « Utrum intellectus agens efficit aliquam dispositionem circa phantasma » p. 35-40.

　　51)　Cf. J.F. WIPPEL, *The Role of the Phantasm in Godfrey of Fontaines' Theory of Intellection* (1986), p. 575-576.

　　52)　« (…) quia omnis dispositio possibilis esse in phantasmate vel in phantastico est singulare et modum singularis habens, cum tali autem dispositione non potest phantasma movere intellectum, ideo videtur dicendum quod huiusmodi actio vel operatio intellectus agentis non est positiva sic quod faciat aliquam dispositionem positivam et formalem subiective in phantasmate (…) »〔……あらゆる考えられる状態が，表象像や表象されたもののうちに，個別的な仕方で存在している。それゆえ，このような状態においては，表象像が知性を動かすことはできない。したがって，こうした能動知性の働きは積極的なものではなく，基体としての表象像のうちに何か積極的で形相的な状態を作り出すものではないと言わねばならない〕(*Quodl.*, V, q.10 ; p. 37)．

　　53)　「それゆえ，ゴドフロワは最終的に，能動知性の表象像に対する働きは，表象像や基体のうちに何か積極的で形相的な状態をもたらすというような，積極的なものではないと結論づけている。能動知性が表象像に働きかけるのは，むしろある要素を別の要素から引き離したり抽象したりするためである。このことは，もちろん実在の次元で起こることではなく，抽象したものが可能知性を動かせるようにするために生じる」(J.F. WIPPEL, *The Role of the Phantasm in Godfrey of*

2 認識と自己認識に関する理論 473

てではなく，認識の志向性において，すなわち事物が可能知性を形成するかぎりにおいてである[54]。

認識プロセスを詳しく分析したり[55]，こうした抽象という考え方に必要な形而上学的前提を確認したりすることは[56]，ここではあまり重要ではない。重要なのは，ゴドフ

Fontaines' Theory of Intellection (1986), p. 576-577）。

[54] « (……) sed est huiusmodi operatio vel actio per modum cuiusdam remotionis et abstractionis vel sequestrationis unius ab altero, non quidem secundum rem, sed secundum immutandi rationem »（Quodl., V, q.10 ; p. 37）.

[55] 興味深いことに，ゴドフロワの説く，能動知性と，その表象像との関係についての教えは，アヴェロエスから着想を得たものである──cf. J.F. WIPPEL, The Role of the Phantasm in Godfrey of Fontaines' Theory of Intellection (1986), p. 578-579。

[56] 例えば，もし能動知性が，表象像のうちに先在する普遍的本質を，個別的固有性を考慮に入れずに取ってくるだけの役割しか有していないなら，ゴドフロワは本質と存在の関係について，トマスよりもアヴィセンナに近い独自の考え方を主張したことになる──cf. J.F. WIPPEL, The Metaphysical Thought of Godfrey of Fontaines (1981), p. 39-99。実際，ゴドフロワが，アヴィセンナと，アヴィセンナの説く未規定の本性の理論から影響を受けていることは確実である──cf. Quodl., V, q.10 ; p. 38-39。アヴィセンナが果たした役割のいくつかの側面については，ETIENNE GILSON, Avicenne et le point de départ de Duns Scot, dans Archives d'histoire doctrinale et littérale du moyen âge 2 (1927), p. 89-149 を参照。Gilson によれば，スコトゥスは自分で，ゴドフロワによるアヴィセンナの解釈を参照し，それを論駁している（p. 146, n.2）。にもかかわらず，他の箇所を読めば，この主張に微妙な差異を持たせることができる。« Hoc tamen, scilicet ut absque diversitate numerali ipsa quidditas secundum se absolute comprehendatur, fit contactu luminis intellectus agentis praeter condiciones individuantes ipsam quidditatem in se attingentis, ut dictum est ut sic ipsum universale secundum formalem rationem sit in intellectu subiective, quia ipse conceptus intellectus est universalis et abstractus (……). Non sic autem universale est secundum formalem rationem in re extra (……) sed materialiter est universale in rebus (……) » 〔しかし，このこと，すなわち数的な多性なしに何性そのものがそれ自体として無条件的に捉えられることは，能動知性──個別的な条件を度外視して何性そのもの

ロワが知性の受動性の考え方を徹底的に弁護しようとして
いることであり，知性の役割を小さくしてまで，目的因，
形相因，作出因というほとんどすべての原因性を，対象や
表象像に割り当てようとしていることである。実際，能動
知性は認識の働きの真の作出因ではない。真の原因は，対
象や，能動知性が抽象した表象像だけである。すなわち，
表象像のみが認識の能動的原因である[57]。「知性の働きに関
するあらゆる原因性は対象に移る」[58]。しかし，「ゴドフロ
ワはさらに先に進み，刻まれた形象を無益で何の役割も果
たさないものと見なす。認識の働きそのものとは違うこう
した形象を発見した人々は，可能知性はこうした働きに対
して一定の能動性を発揮すると考えるだろう。しかし，可
能知性はそれ自体として未規定なので，彼らは，認識を引
き出す前に，可能知性が対象の似像で規定されると考えざ
るをえなくなる。だが，上で述べたことが本当なら，こう

それ自体に達する——の光の接触によって生じる。こうして，述べた
ように，普遍的なもの自体は形相的理念の形で基体としての知性のう
ちにある。というのも，知性の概念そのものは普遍的で抽象的だから
である……。それゆえ，普遍的なものは形相的理念の形では外部のも
ののうちにはない。普遍的なものが事物のうちにあるのは，質料的な
仕方においてである〕（*Quodl.*, V, q.10 ; p. 39-40）．

57）　もっとも，スコトゥスは誤っていない。スコトゥスは，知
性について受動的役割しか認めないこうした考え方を，霊魂の価値を
下げるものだと批判している。すなわち，こうした見方は，「霊魂の
本性を大いに貶める」。なぜなら，可能知性は完全に受動的なものに
なり，能動知性もほとんどいかなる能動性も備えなくなるからであ
る。Cf. « Hoc videtur inconveniens, quia vilificat valde naturam animae»
（JEAN DUNS SCOT, *Ordinatio*, I, d.3, pars 3, q.2 ; p. 261, l. 10）; E.
GILSON, *Jean Duns Scot, Introduction à ses positions fondamentales*,
Paris 1952, p. 526-528 ; OLIVIER LACOMBE, *La critique des théories
de la connaissance chez Duns Scot*, dans *Revue thomiste* 35 (1930), p.
150-157.

58）　O. LACOMBE, *La critique des théories de la connaissance
chez Duns Scot* (1930), p. 153.

2 認識と自己認識に関する理論 475

した主張を支えている要件は消失する。もっとも，この
ような刻まれた形象——もしそれがあるなら——は，彼ら
の説よりもわれわれの理論を証明することになりはしない
か。すなわち，こうした形象は対象の不完全な似像であ
り，認識の働きは完全な似像なので，自分自身について不
完全な似像を生み出し，それを完全なものにすることが対
象の役割であると断言できるだろう」[59]。

ここでゴドフロワは，知性の純粋な能動性に関する新ア
ウグスティヌス主義の理論に徹底して反対している。ゴド
フロワは断固として，トマス・アクィナス以上のアリスト
テレス主義者であろうとしており，認識は「ある種の受
動」(quoddam pati) だと主張している。このようなわけ
で，知性の能動性をできるだけ制限し，対象だけがすべて
を司っていると倦むことなく主張している。

容易に理解できることに，知性とその働きに関するこう
した考え方は，自己認識の問題についても一般的な枠組み
として役立つだろう。自己認識の問題に関する基本方針は
新アウグスティヌス主義の方針と対立しているからであ
る。しかし，ゴドフロワの着想がどれほどアリストテレス
的であっても，こうした見解はトマス・アクィナスの考
え方とは違うと言わざるをえない。もっと正確に言えば，
『任意討論集』第 7 巻第 9 問が直接対立しているのはサッ
トンのトマスだが，サットンは自己認識に関してはトマス
の教えに忠実であり，このサットンとの関係において，ゴ
ドフロワはトマス主義から距離をとるのである。サットン
とゴドフロワの違いを詳しく考察することで，いかなる点
でゴドフロワが，トマス主義の影響を受けていない，自由
な，あるいは少なくとも独立的な思想家を自負しているか

---

59) O. LACOMBE, *La critique des théories de la connaissance chez Duns Scot* (1930), p. 152.

分かるだろう[60]。

2.3　トマス主義に対する独立性[61]

　ゴドフロワの思想を 13 世紀末の哲学的潮流全体の中に位置づけようとすることは魅力的な試みであり，自己認識の主題——認識に関するあらゆる問題の個別事例にすぎない——に注目することも可能だろう。しかし，一般化して述べることは難しいと思われる[62]。というのも，ゴドフロワは問題をたっぷりと論じておらず，集中的に考察して明確に論じている唯一の問題は，可能知性の自体的可知性だけだからである。実際のところ，慎重になる必要がある。なぜなら，ゴドフロワは自己認識の問題を，一般的にも体

---

60)　F. Roensch は，初期トマス学派に関する著作の中で，ゴドフロワをトマスの弟子とは見なしておらず，なおさらサットンの弟子とは見なしていない。というのも，サットンは，ゴドフロワが本質と存在の関係についてまさしくトマス的ではない主張をしたことに対し，はっきり反対しているからである。「〔本質と存在の関係について，〕ゴドフロワが実在的区別を否定したことと，ガンのヘンリクスとスコトゥスが志向的区別を提案したことにより，サットンと彼の同時代人たちはこうした区別の実在性を明らかにしようと躍起になった」(F.J. ROENSCH, *Early Thomistic School* (1964), p. 240)。Cf. R. IMBACH, *Averroistische Stellungnahmen* (1981), p. 319-322.

61)　新アウグスティヌス主義という概念が歴史的にうまく定義できないように，トマス学派という概念も不明瞭である。なぜなら，トマス学派という表現で，トマスを師と仰いで忠実に従っていたこの初期の学派を意味しようとするなら，この初期の学派を 19 世紀や 20 世紀の新トマス主義から区別する必要があるからだ。「同時に，これら 13 世紀末と 14 世紀初めの著述家たちが従っていたトマス主義は，19 世紀の新トマス主義ではないことも確認しておく必要がある」(F.J. ROENSCH, *Early Thomistic School* (1964), p. 315)。

62)　この調査により，ゴドフロワをトマスの弟子と見なした O. Lottin の評価とはかなり異なる判断に到達できるだろう。この判断の正しさは，すでに見た梗概の一節を参照するだけで十分確証できる——注 40 参照。

2　認識と自己認識に関する理論　　　　477

系的にも論じていないからである。ゴドフロワは考察を次の問題だけに限っているが，この問題はサットンがオックスフォードにおいて『任意討論集』第1巻の中で論じたばかりだった。「人間知性は，現実態において認識する前には，それ自体として可知的な事物や本性であるか」[63]。

　ゴドフロワは，新アウグスティヌス主義者たちに反対して，知性はそれ自体としては可知的ではないことを確信していた。この点で，ゴドフロワはトマス・アクィナスやサットンと同意見である。しかし，問題の利点は別のところにある。実際，こうした可知性を妨げている原因を探す必要がある。すなわち，いかなる理由のために，知性はそれ自体として可知的でないのか。ここに至って違いが現れてくる。ゴドフロワもトマス主義者たちも，知性はそれ自体を通じて直接可知的ではないことに同意するだろうが，その理由を明らかにする段階に至ってはもはや一致しな

---

63)　« Utrum intellectus humanus antequam actu intelligat sit talis res vel natura quod sit secundum se intelligibilis »（*Quodl.*, VII, q.9 ; p. 369）．この文言は，まさにサットンの『任意討論集』第1巻第14問——« Utrum intellectus humanus habeat ex se per essentiam suam antequam speciem alicuius rei receperit, unde sit intelligibile vel unde intelligatur »〔人間知性は，何らかの事物の形象を受けとる前に，自分自身により自分の本質を通じて，可知的になったり認識されるようになったりするものを有しているか〕（THOMAS DE SUTTON, *Quodl.*, I, 14 ; p. 92, l. 1-3）——を意識して書かれている。実際，サットンの『任意討論集』は，ゴドフロワの『任意討論集』よりも先に成立している。しかし，このことはサットンの『定期討論集』には当てはまらない。J. Hoffmans は，1914年にゴドフロワの『任意討論集』第7巻を編集する際に，ゴドフロワとサットンの問いの定式が似ていることから，サットンの『定期討論集』——« Quaeritur utrum intellectus animae nostrae, qui dicitur possibilis, sit de se intelligibilis »〔可能知性と言われる，人間霊魂の知性は自分自身を通じて可知的かどうかが問われる〕（*Quaest. ord.*, q.22 ; p. 593, l. 1-2）——を参照せねばならないと思い込んでいた。テキストの内的批判の後では，Hoffmans の態度が誤っていたことは疑いない。

い。

トマス・アクィナスによれば，知性はそれ自体を通じて可知的ではない。それゆえ，自己認識のためには知的能力が外的対象に向かって展開する必要があるが，外的対象の可知的形象こそ立ち帰りのプロセスにおいて媒介の役割を果たすものである。しかし，トマスは人間霊魂の可知性の問題と知性の可知性の問題をはっきり区別しなかった。だから，『真理論』10問8項の中で，人間霊魂がそれ自体として可知的でないのは，知的実体のうちで最下の位置にあるからだと主張した。このことの根本的な理由は，可能知性は純粋可能態であり，可知的形相のうちでは，可感的世界における第一質料のような位置を占めていることにある[64]。霊魂と知性の正確な関係がどうであれ，また第一質料と可能知性との比較が有効であろうとなかろうと，論証の核心が次の確信にあることに変わりはない。すなわち，知性が可知的でないのは，純粋可能態だからである[65]。

トマスのこの主張は，ゴドフロワがはっきりと非難した。もっと正確に言えば，批判はサットンという回り道を通じてなされた。実際，トマスの非常に混乱した意図を明確にし，その内容をはっきり示したのは，サットンの功績である。サットンは自己認識について二つの問題を明確に区別している。すなわち，霊魂の可知性の問題と知性の可知性の問題は実のところ異なっており，それぞれの問題に対する解答も少なくとも異なる解決を提案するものであ

---

64) « Anima enim nostra in genere intellectualium tenet ultimum locum, sicut materia prima in genere sensibilium, ut patet per Commentatorem in III De anima : sicut enim materia prima est in potentia ad omnes formas sensibiles, ita et intellectus noster possibilis ad onmes formas intelligibiles (…) » (*De veritate*, 10, 8 ; p. 322, l. 258-264).

65) « (…) unde in ordine intelligibilium est sicut potentia pura ut materia in ordine sensibilium (…) » (*De veritate*, 10, 8 ; p. 322, l. 264-266).

2 認識と自己認識に関する理論　479

る。しかし，ゴドフロワの『任意討論集』第7巻が成立した頃には，サットンは第二の問題，すなわち知性の可知性の問題に取り組んでおり，この問題はトマスも解決の方針を示したものだった。サットンは『任意討論集』第1巻第14問の中で，知性の可知性というただ一つの問題を集中的に論じている。このようなわけで，サットンのこの『任意討論集』第1巻第14問は，数年後にゴドフロワが抱いたのと同じ目的を有していたのだが，霊魂ではなく人間知性がそれ自体において直接可知的であることを妨げる原因を特定しようとするものだった。

　サットンはこの原因を見出すために，あるものの可知性には共働する二つの条件が必要だと非常にはっきり強調している。一方であるものは非質料的でなければならず，他方でこのものは現実態になければならない。サットンいわく，こうした非質料性と現実態性という二つの条件を満たしてはじめて，あるものの可知性は実現する。

　サットンによれば，自己認識において第一の条件は実現している。すなわち，知性は，質料に根ざす霊魂の能力とはいえ，まさしく非質料的能力である。人間霊魂は確かに身体の形相だが，特に知性のおかげで，身体を超えて高められている。この知性は，非質料的能力であり，そのようなものであるかぎり，たとえ可知的世界で最下の位置にあるとしても，可知的である[66]。対して，知性の自体的可知性に欠けているのは第二の条件である。知性は，質料的条件を免れているかぎりで可知的だが，自分自身を通じては現実態になれない。サットンによれば，人間知性が現実態性を欠いていることこそが，それ自体において直接可知的であることを妨げているのである。知性は，受動的能力として，もっぱら可能態にある。また，それ自体としては純

---

66)　Cf. THOMAS DE SUTTON, *Quodl.*, I, 14 ; p. 93-94.

480 第5章 フォンテーヌのゴドフロワ

粋可能態であり，可知的ではないので，実際に自分自身を
認識するためには形象に訴える必要がある[67]。

　ゴドフロワは『任意討論集』第7巻第9問の中で，サッ
トンに非常に似た言葉遣いで，この同じ問題を検討してい
る。ゴドフロワは，サットンと一致して，知性は非質料的
で受動的な能力であることを認めている。さらに，あるも
のが認識の対象になるには，知性の形成に必要な現実態性
を自分自身のうちに持つ必要があるという確信も共有して
いる[68]。また，質料は可知性を実現できないのであり，形
相を持つものが質料に根ざしているかぎり，こうした形相
は認識されえないという確信もサットンと同じである[69]。

---

67) Cf. THOMAS DE SUTTON, *Quodl.*, I, 14 ; p. 94. この主題は，
何年か後に，*Quaest. ord.*, q.22 ; p. 603-604 で再び取り上げられてい
る。

68) « Circa hoc est intelligendum quod, cum obiectum
intellectus sit ens secundum quod sua actualitate potest esse motivum
et informativum intellectus, quicquid est actu ens per se, vel quia est
forma et actus simplex per se subsistens, vel quia, licet in se contineat ens
secundum potentiam sive potentiale, illud tamen est perfectum per actum
simpliciter quo totum compositum est ens simpliciter et per se in actu (…)
» 〔このことについては次のことを理解すべきである。すなわち，知
性の対象は，その現実態性により知性を動かしたり形成したりできる
存在なので，何であれそれ自体を通じて現実態にあるものでなければ
ならない。つまり，こうした存在は，それ自体を通じて自存する形相
や単一な現実態であるか，自分のうちに可能的な存在を含んでいたと
しても，現実態——どんな複合体も現実態のおかげで端的に存在し，
それ自体として現実態にある——を通じて端的に完成されているかの
いずれかである〕（*Quodl.*, VII, q.9 ; p. 369）.

69) « Omne, inquam, tale potest esse actu intelligibile, nisi forte
per accidens, in quantum scilicet secundum esse quod habet in rebus, non
existit nisi contractum et determinatum accidentibus designativis, quae
non sunt per se obiecta secundum talem modum essendi intellectus » 〔思
うに，こうしたものはみな現実態において可知的である。ただし，次
のものは付帯的な仕方でのみ可知的と言えるだろう。すなわち，事物
のうちに有する存在にしたがって，そのものを表す付帯性——付帯

2 認識と自己認識に関する理論 481

加えて，質料的なものは，個別的なものであるかぎり，知
性の対象にはなりえず，それに対応するのは感覚だけであ
る点もサットンと同意見である[70]。ゴドフロワはサットン
とともに，知性が質料的なものに到達できるのは，それら
をその質料的条件や個別的条件から独立的に考察する場合
だけであることを認めている[71]。そして最終的に，サット

的に存在するかぎりそれ自体として知性の対象にならない——により
制限されたり規定されたりして存在するものがそれである〕（*Quodl.*,
VII, q.9 ; p. 369）.

70) « Talia autem sunt omnia singularia materialia secundum esse
quod habent ut determinata per hic et nunc; ut sic enim sunt obiecta solum
sensus, et ideo non possunt esse per se obiectum intellectus, quia illud
quod est per se obiectum alicuius virtutis apprehensivae sensitivae et
organicae non potest esse per se obiectum virtutis apprehensivae alterius
rationis, quae scilicet est abstracta non utens organo » 〔こうしたものは
みな，有している存在にしたがって，「いまここ」に規定されたもの，
個別的で質料的なものである。こうしたものは，感覚だけが対象に
できるので，それ自体として知性の対象にはなりえない。というの
も，それ自体として，感覚器官を通じた，ある感覚的把捉能力の対
象であるものは，それ自体として，感覚器官を使わない，理性によ
る抽象的な認識能力の対象とはなりえないからである〕（*Quodl.*, VII,
q.9 ; p. 369-370）. 奇妙なことに，Bérubé 神父は，*La connaissance de
l'individuel* (1964) の中で，ゴドフロワを検討していない。たった今引
用した主張は，13 世紀末の一般的な思想動向，すなわち Bérubé 神父
の言う「個物への注目」の方向性から外れるものだろう。

71) « Illa tamen natura quae sic existit particulariter et divisa
secundum tales condiciones accidentales, quia vere est ens in actu aut
verum actum importans, per abstractionem a talibus condicionibus virtute
luminis intellectus agentis nata est intelligi et considerari ab intellectu
secundum se absolute commnuni et universali apprehensione absque
talibus condicionibus » 〔このように個別的に，かかる付帯的条件によ
り分割されて存在する本性は，真に現実態において存在するか，真の
現実態を含んでいるので，能動知性の光を通じてこうした条件から切
り離されるかぎりで，それ自体として無条件的に，こうした条件を度
外視した一般的で普遍的な仕方で，知性により認識される〕（*Quodl.*,
VII, q.9 ; p. 370）.

ンと一致しながら，あるものが認識されるには二つの条件
が必要であり，それは一つに現実態にあり，もう一つに質
料的でないことであると結論づけている。

このように，知性の可知性の問題は厳密に分析され，そ
の方法はサットンのやり方に非常によく似ている。「それ
ゆえ，知性がそれ自体として可知的なものでないのは，そ
れ自体としてまったく現実態になく，存在や働きに対して
純粋可能態にあるからか，あるいは複合体の現実態とし
て，すでに述べた質料的条件によって個別化され規定され
た存在にしたがって，質料を完成する役割を担っているか
らのいずれかである」[72]。これは，サットンが指摘した二条
件と同じであることが分かる。すなわち，いかなる可知性
にもその対象の現実態性と非質料性が同時に必要である。

ゴドフロワは，サットンと同じく，非質料性の問題から
論じ始め，同じ結論を引き出している。サットンとの違い
が明らかになるのは，第二の条件――現実態性，もっと正
確には知性の現実態性の欠如――の分析においてである。

2.3.1 知性の可知性と非質料性

サットンと同様，ゴドフロワによっても，あらゆる可知
性の第一の条件，すなわち非質料性は知性に欠けておら
ず，この観点から現実態における知性の可知性を妨げるも
のは何もない。ゴドフロワはこの問題を，人間霊魂の本性
を考察することで説明している。すなわち，ここで知性と
呼ばれているものは，人間霊魂の本質に他ならない。とい
うのも，人間霊魂は知性と呼ばれる認識能力の基体だから

---

72) « Si ergo intellectus secundum se non sit aliquid intelligibile,
aut hoc est quia secundum se nihil est in actu, sed est pura potentia ad
aliquod esse vel ad aliquem actum, vel quia est actus alicuius compositi
perficiens materiam secundum esse particulatum et determinatum per
condiciones materiales sive accidentales praedictas » (*Quodl.*, VII, q.9 ; p.
370).

2 認識と自己認識に関する理論 483

である[73]。しかるに，偉大な思想家，神学者，哲学者がそろって明らかにするところでは，知性の働き——本質的には身体器官に依存していない——の条件を分析すれば，知性はそれ自体，その本質において非質料的本性であると推論できる。知性は，その存在について質料に依存していないという意味で，非質料的である[74]。

それゆえ，こうした知的本性は，質料から切り離されており，本性的にあらゆる質料的形相を超越している。このようなわけで，質料なしに自存できるのである。この意味で，こうした知的本性は，離存実体である天使と共通なところがあるが，完全な複合体の形相になるべく本性的に造られている[75]。ゴドフロワはここから，トマス・アクィナ

---

73) « Sed non videtur repugnare intelligibilitati propter hoc secundum dictum, quia per intellectum intelligimus ad praesens substantiam animae rationalis secundum quod in ea est potentia cognoscitiva quae dicitur intellectus »（*Quodl.*, VII, q.9 ; p. 370）．

74) « Nunc autem, ut probatur et a sanctis et a philosophis, ex eius operatione quae non determinat sibi aliquam partem organicam in corpore, oportet quod ipsa secundum suam essentiam sit natura sic immaterialis quod non dependeat in esse suo a materia, quia nec de potentia materiae extensae et determinatae per generationem compositi per se educitur, nec etiam per corruptionem eiusdem compositi per se corrumpitur, nec in potentia materiae resolvitur (…) »〔しかるに，聖なる人々や哲学者たちも証明しているように，知性の働きは身体のいかなる器官も規定しないので，知的本性はその本質にしたがって非質料的であり，その存在について質料に依存していないと言わねばならない。なぜなら，複合体の生成に伴って広がりのある特定の質料の可能態からそれ自体として引き出されるわけでも，同じ複合体が滅べば自分も滅びるわけでも，質料の可能態へと解消されるわけでもないからである〕（*Quodl.*, VII, q.9 ; p. 370）．

75) « (…) sed est quaedam natura sic abstracta ex se a materia et omnes formas materiales excedens et etiam naturaliter, id est absque miraculo, nata est per se existere sine omni materia, et in hoc cum substantiis separatis quas angelos dicimus conveniens, quamvis etiam cum hoc sic sit ad materiam habens habitudinem sive aliqualem dependentiam,

スとサットンのようなトマス主義者が非常に大切にする表現でもって，こうした形相の役割においてこそ，知的霊魂はその最も大きな完全性を実現すると結論づけている。知的霊魂にとって，質料の形相であることはより善くより完全である。なぜなら，部分は部分よりも全体においてより大きな完全性に与るからである[76]。知的霊魂，すなわち知性は，質料的複合体の部分であるかぎりにおいて，他の離存実体と同じ完全性や現実態性を有していない[77]。ゴドフロワは自分の説明から次のような結論を引き出している。「知性は質料を完成するとはいえ，この役割のせいで知性の可知性が損なわれるわけではない。なぜなら，知性はその存在に関しても可知性に関しても質料に依存していないからである」[78]。こうしてゴドフロワは，知性は非質料的で，そのようなものであるかぎりそれ自体として可知的であると考える点で，完全にサットンと一致している。

　したがって，知性の自体的可知性を妨げている原因を探すべきは，この非質料性の方向ではない。サットンは知性の可知性の欠如の原因を見つけるために，たどるべき道筋を示した。すなわち，可知性の第二の条件こそ，知性が満たせていないものであり，それというのも現実態にないからである。ゴドフロワはサットンと同じ考えに従い，サットンの論拠を示しているが，その有効性は否定している。

---

quod nata est in ratione formae convenire ad constitutionem compositi perfecti »（*Quodl.*, VII, q.9 ; p. 370）．

76) « Ex quo contingit quod in suo esse separato quandam imperfectionem habet, cum pars perfectiorem modum essendi habeat in toto quam secundum se (⋯) »（*Quodl.*, VII, q.9 ; p. 370）．

77) « (⋯) in quo deficit a perfectione et actualitate aliarum substantiarum separatarum »（*Quodl.*, VII, q.9 ; p. 370）．

78) « Unde licet, perficiat materiam, tamen propter hoc non impeditur eius intelligibilitas; quia sicut in eius esse non dependet a materia, ita nec in eius cognoscibilitate »（*Quodl.*, VII, q.9 ; p. 370）．

2.3.2 知性の可知性と現実態性

2.3.2.1 ゴドフロワによるサットンの解釈 ゴドフロ
ワはサットンの論拠を提示しているが，サットンの文言を
そこに見出すことはいささか難しい。ゴドフロワはサット
ンから，しかしトマスやアヴェロエスからも，ほとんど古
典的になった論拠を受けとっている。問題となっているの
は，質料的なものと非質料的なものとの比較である。すな
わち，可感的なものの世界では，いかなる現実態性を持た
ない最下のものが存在するが，これは純粋可能態としての
第一質料である。同様に，知的実体の世界でも事態は同様
だと思われる[79]。しかるに，知的実体の世界で最下の位置
を占めるのは人間霊魂に他ならない[80]。したがって，ここ
から推論できることに，理性的霊魂，すなわち知性はいか
なる現実態性も持たず，反対に知的実体の世界では純粋可
能態にあると言わねばならない[81]。

第一質料と知性の比較はよく知られており，アリストテ
レスとアヴェロエスから着想を得ている著述家なら誰にで
も見出せるものである。しかし，サットンは特にこの比較
にこだわっている。しかるに，ゴドフロワがここではっき
り指摘していることに，サットンは知性と第一質料の比較
を少しも疑わなかったようであり，この比較についてアリ

---

79) « Quia, cum sint duo genera entium, scilicet materialia quae
et sensibilia dicuntur, et immaterialia quae intelligibilia vocantur, sicut in
genere materialium est aliquod ens infirmum (infimum) nihil actualitatis
importans, sicut materia prima quae dicitur pure (pura) potentia in genere
substantiarum compositarum sive materialium, – ita videtur quod debeat
esse in genere substantiarum intellectualium »（*Quodl.*, VII, q.9 ; p. 370-
371）.

80) « Sed illud quod infimum gradum entitatis tenet in genere
intellectualium est natura animae rationalis »（*Quodl.*, VII, q.9 ; p. 371）.

81) « Ergo ipsa nihil actualitatis importat, sed est pura potentia in
illo genere »（*Quodl.*, VII, q.9 ; p. 371）.

486 第5章 フォンテーヌのゴドフロワ

ストテレスとアヴェロエスを引き合いに出しつつ次のよう
に説明したはずである[82]。アリストテレスとアヴェロエス
によれば，知性は認識する前にはまったく可知的なもので
はない。実際，サットンが述べるように，知性は，他のも
のを認識する前にもそれ自体として可知的なものだったな
ら，必ずや，他のものを認識する前にも自分自身と他の非
質料的なものを認識していただろう[83]。しかるに，ここで
もサットン——ゴドフロワが解釈するような——によれ
ば，知性がこのような自己認識の働きを行うことは真では
ないのであり，それというのも認識の働きは複合体である
人間全体の働きであって，肉体から切り離された精神の働
きではないからである。このようなわけで，どこにおいて
もこのような事実は確認できない。すなわち，質料的なも
のに向かう認識の働きに先立つ，非質料的なものに向かう
働きは人間のうちには確認できないのである。真であり，
われわれが間違いなく経験していることはこれとは正反対
である。すなわち，人間は，あらかじめ表象像を介して質
料的なものを捉えていなければ，自分の知性も他の離存実
体も認識できない[84]。人間が自分自身を直接認識できない
のは，まさに知性がそれ自体を通じて現実態において可知

---

82) « Et hoc videtur aliquibus propter auctoritatem Philosophi et
Commentatoris in tertio de Anima (…) » (*Quodl.*, VII, q.9 ; p. 371).

83) « (…) in tertio de Anima, ubi dicitur quod intellectus nihil est
eorum quae sunt ante intelligere. Et hoc arguitur ratione quia, si intellectus
secundum se sit aliquid intelligibile in actu antequam alia intelligat, −
cum, ut dictum est, sit res separata a materia dicto modo, − ergo se
ipsam et per consequens alias res immateriales intelligeret antequam alia
intelligeret (…) » (*Quodl.*, VII, q.9 ; p. 371).

84) « (…) quod non videtur, quia intelligere est ipsius totius
coniuncti. Nos etiam talem actum in nobis non percipimus, immo nec
ipsum nostrum intellectum nec alia etiam separata intelligere possumus,
nisi prius materialia per phantasmata intelligamus » (*Quodl.*, VII, q.9 ; p.
371).

2 認識と自己認識に関する理論　　　487

的になっていないからであり，それゆえ純粋可能態だからである。以上が，ゴドフロワが理解したところの，サットンの論証である[85]。

2.3.2.2　サットンに対する批判　　　サットンは，『任意討論集』第 1 巻第 14 問の中で，知性は純粋可能態なので，この現実態の欠如のせいで自分自身を直接認識できなくなっていると述べている。知性は，純粋可能態なので，非質料的ではあるが，あらゆる可知的の第二の可能条件，すなわち現実態性を欠いている。ところが，ゴドフロワによれば，サットンの論証は全体として，知性の現実態性の欠如という唯一の事実に基づいており，他の原因をまったく考慮に入れていない。実のところ，この論証は全体として誤っており，それというのもサットンが援用する論拠はまったく有効でないからである[86]。そして，ゴドフロワはその理由を明らかにしている。

ゴドフロワによる第一の批判は，ロジャー・マーストンによる批判——知性と第一質料についての同じ比較に対する——とある意味で一致することになる[87]。トマスはこの比較を正当化したが，マーストンは，トマスの論拠は実の

---

85)　実を言えば，サットンは，質料的なものに向かう働きが知性に向かう働きに先立つというような，人間の認識の働きの継起についてわれわれが経験することを，このように強調してはいない。にもかかわらず，たとえサットンにおいて論証がこのように書かれていなくても，ゴドフロワがここで要約しているような一般的見解は，まさしくサットンの主張である。サットンが非常に気遣っていたのは，あらゆる自己認識を感覚的経験に根づかせ，知性認識が複合体としての人間全体の働きであることを確認し，知性は純粋可能態であることを明らかにすることだった。

86)　« Et ideo restat inquirendum utrum hoc ei repugnet propter primum, et videtur quod sic. (⋯) Sed ista non valent »（*Quodl.*, VII, q.9 ; p. 370, 371）.

87)　ROGER MARSTON, *Quaestiones disputatae De anima*, q.1, p. 208-209.

ところ「現実態」という言葉をひどく曖昧に使うことで成り立っていると反論した。同じように，ゴドフロワは，この知性と第一質料の比較はまったく無効だと主張する。この比較によれば，可感的世界における質料であれ，可知的世界における知性であれ，純粋可能態が問題になっている。

　実際，ゴドフロワによれば，質料的なものであれ非質料的なものであれ，実在の全体が含むことができるのはただ一つの純粋可能態だけである。これはちょうど，ただ一つの純粋現実態しかありえないのと同じである。この理由は簡単である。二つのものが区別されるのは，それらの形相か働きによってである。それゆえ，純粋可能態，すなわちあらゆる働きと形相を実際に排除するものにおいては，いかなる区別もありえない[88]。仮説的に純粋可能態であるとする二つのものをまったく区別できないのは，ただ一つの純粋可能態しかないからである。すなわち，存在する唯一の純粋可能態は第一質料に他ならない。しかるに，言うまでもないことだが，人間知性は実際，第一質料と同じものではない。それゆえ，知性は純粋可能態ではないと結論しなければならない。さもなければ，第一質料と同一視されてしまうだろう。加えて言えば，知性が受容した形相を通じて完成する場合，志向的にのみならず実体的にも完成するなどと言うことは，まったく馬鹿げている[89]。

---

88) « Non enim potest intelligi in natura entis quod aliquid habeat rationem purae potentiae nisi unum solum, sicut nec potest intelligi quod aliquid habeat rationem actus puri nisi unum. Nam, cum solus actus et forma distinguat, in eo quod omnem rationem actus et formae excludit, nulla potest intelligi distinctio, prout est alibi declaratum » (*Quodl.*, VII, q.9 ; p. 371).

89) « Ergo patet quod intellectus non potest importare entitatem quae sit pura potentia, quia tunc non differet realiter a substantia materiae primae, et sic perficeretur substantialiter et non intentionaliter per formas

2 認識と自己認識に関する理論   489

　ゴドフロワははっきり述べていないとしても，ここから
次のように推論できる。知性と第一質料の比較は，マース
トンが批判した同じ曖昧さに基づいている。すなわち，質
料は確かに純粋可能態だが，実体に関わる第一現実態の次
元においてである一方，知性は実体的には現実態にあり，
志向的な次元においてのみ可能態にある。

　人間知性を他の形相と比較するなら，同じ結論——これ
はサットンの論証に対するゴドフロワの第二の批判である
——に達する。知性は人間霊魂の形相にして完全性であ
るが，人間霊魂は他のどんな形相よりも完全な本性であ
る。また，これら他の形相は可能態ではなく現実態にある
ので，質料に根ざす形相について真であることは，人間霊
魂についてはなおさら真であるだろう。しかるに，他の形
相は，可能態ではなく現実態にあるので，無条件的に現実
態にあり，複合体に存在を与えている。現実態にあるかぎ
り，正当にも可知的であり，質料に由来する妨害を蒙る
だけである[90]。質料的形相についてこのように言えるなら，
この結論はなおさら人間霊魂や知性に妥当するだろう。す

---

materiales »（*Quodl.*, VII, q.9 ; p. 371）. Cf. « (…) intellectum est
perfectio intelligentis; non quidem secundum suam substantiam, sed
secundum suam speciem, secundum quam est in intellectu; ut forma et
perfectio ejus »〔認識されたものは認識するものの完成である。ただ
し，こう言われるのは，認識するものの実体ではなく形象に関してで
あり，認識されたものは形象のかたちで，認識するものの形相や完全
性として知性の中にある〕（THOMAS D'AQUIN, *ST*, 1a q.14 a.5 ad2）.
当該の論争において，誰もこのトマスの主張に言及していないのは驚
くべきことである。

　90）« Praeterea, cum intellectus sit forma et perfectio nobilioris
naturae, scilicet humanae, et perfectiones aliarum specierum entis non sunt
purae potentiae, sed actus simpliciter, quia dant esse simpliciter － pura
enim potentia cum pura potentia non facit compositum esse in actu － et
essent intelligibiles de se nisi impedirent condiciones materiales (…) »
（*Quodl.*, VII, q.9 ; p. 371）.

なわち，知性は卓越した形相として，純粋可能態ではなく，どんな質料的形相をも超越しており，実体の世界で無条件的に現実態にある[91]。

したがって，サットンのように，現実態性の欠如こそが知性の自体的可知性を妨げていると主張することは馬鹿げているので，別の理由を探す必要がある。

2.3.2.3 アヴェロエスに対する批判[92] アヴェロエスの有名な論拠を注意深く分析すれば，同じ結論が得られる。アリストテレス主義者の中には，この論拠を自説のために役立て，知性の純粋可能態性を弁護しようとした者もいた。アリストテレスの文言に従っているアヴェロエスによれば，ある知識を得るものは，こうした知識を欠いていなければならない。さもなければ，同じものは自分のうちに自分自身を受けとることになるが，これは馬鹿げている。しかるに，知性は，その認識活動を通じて，あらゆる可知的形相を集める場である。それゆえ，知性はこうした可知的形相を完全に欠いていなければならない[93]。この論

---

91) « (…) multo magis hoc debet poni de anima humana; quare manifestum est quod intellectus prout de ipso loquimur, non potest esse potentia simpliciter, sed est actus simpliciter »（*Quodl.*, VII, q.9；p. 371）．

92) 言うまでもないことだが，こうした批判が完全な意味を持つのは，アヴェロエスのテキスト——1290年代に理解されていたような——に関してである。ここでも，本研究の欠落部分が明らかになるのであり，それというのもアラビアの哲学者，特にアヴェロエスが13世紀の思想史全体に及ぼした影響は，狭いアリストテレス主義者のグループにとどまらずきわめて根本的だったことが，今日明らかになってきているからである。Cf. par exemple R.-A. GAUTHIER, *Introduction*, dans THOMAS D'AQUIN, *Sentencia in libri de anima* (1984), p. 218*-235*.

93) « Item, arguit Commentator sic : recipiens debet esse totaliter denudatum a natura recepti, alioquin idem reciperet se ipsum. Sed intellectus est receptibilis secundum actum intelligendi omnium formarum

2 認識と自己認識に関する理論　　　491

拠は，アリストテレス主義の方向性では伝統的なものだ
が，知性は純粋可能態であることを明らかにするために，
多くの人々に利用された。しかし，実のところ，この論拠
を通じて到達できるのは，正反対の結論である[94]。

　ゴドフロワいわく，このことをよく理解するためには比
較を用いる必要がある。可能態である質料的なものが存在
することは確かに真であり，さらにこの質料的なものは可
能態にしかなく，可感的次元で質料的なものを完成する質
料的形相との関係でも絶対に現実態にはない。同様に，可
知的形相との関係で可能的なものも存在する。非常に正確
に言えば，こうしたものは，可知的で普遍的なものと見な
されるかぎりでの質料的形相との関係で可能態にある。質
料的形相は，志向的な存在にしたがえば，可能態にある主
体を完成するのである[95]。この比較と，上で示したアリス
トテレスやアヴェロエスの論拠を比べるなら，質料的形相
のどんな普遍的規定に対しても可能態にあるものは，第一
質料のように個別的形相を集める場ではなく，普遍的形相
を集める場であり，認識を行える本性であることがよく分
かるだろう[96]。しかるに，質料は，個別的な質料的形相を

---

intelligibilium. Ergo ab omnibus debet esse denudatus » (*Quodl.*, VII, q.9;
p. 371).

　94) « Nec valet simile, immo magis est ad oppositum » (*Quodl.*,
VII, q.9 ; p. 371).

　95) « Nam verum est quod, sicut est aliquid potentiale materiale,
immo quod est vere et solum potentia et materia nullo modo actus respectu
formarum materialium secundum esse materiale et perfectibile per eas,
ita etiam est aliquid potentiale respectu formarum intelligibilium, id est
respectu formarum materialium sub ratione intelligibilis et universalis
considerabilium, et sic secundum esse intelligibile illud potentiale
perficientium » (*Quodl.*, VII, q.9 ; p. 371-372).

　96) « Sed, prout arguit Commentator, illud quod est in potentia ad
omnes intentiones universalium formarum materialium et recipit formas
universales et non singulares, est natura cognoscens et formas ipsas

個別的な仕方で集める場であり，この理由のために質料的形相を絶対に認識できないのである[97]。結論は自ずから明らかである。「したがって，知性の本性は純粋質料の本性ではないので，純粋可能態ではない」[98]。だから，トマスが提示し，サットンが発展させ，アヴェロエスに由来する考え方は，以上の分析に対立しない。アリストテレスとアヴェロエスによれば，何かを受けとるものはその何かを欠いていなければならないので，純粋可能態であるのは第一質料であって知性ではない。したがって，アヴェロエスとアリストテレスの論拠は，多くの人々が彼らに言わせようとしたこととは反対のことを証明するために利用できるのである。

しかし，知性は，純粋可能態ではなく第一質料に比べられないとすれば，いったい何なのか。ゴドフロワはここでも，上で示したのと同じ結論を述べている。「反対に，知性は実在的に，実体的に，それ自体として現実態になければならないが，質料的形相をその可知的存在にしたがって，普遍的で抽象的な様態にしたがって受容することについては可能態になければならない」[99]。すなわち，知性がこうした形相をその個別的存在にしたがって受容することはない。

2.3.2.4 アリストテレス，アヴェロエスと知性の可能態

---

distinguens » （*Quodl.*, VII, q.9 ; p. 372）.

97) « Materia autem est receptiva formarum materialium singularium et particulariter, propter quod eas non cognoscit » （*Quodl.*, VII, q.9 ; p. 372）.

98) « Ergo natura intellectus non est natura purae materiae, nec est pura potentia (…) » （*Quodl.*, VII, q.9 ; p. 372）.

99) « (…) sed oportet quod (intellectus) sit sic in actu realiter et substantialiter secundum se, quod etiam sit in potentia receptiva formarum materialium secundum esse intelligibile, id est secundum rationem universalis et abstracti » （*Quodl.*, VII, q.9 ; p. 372）.

2 認識と自己認識に関する理論 493

性　　『任意討論集』第7巻第9問の目的を見失ってはな
らない。それは依然として，人間知性はそれ自体を通じて
可知的ではないことを明らかにすることにあった。ゴドフ
ロワはサットンの見解を指摘してそれに反対しているが，
サットンは，人間知性の不可知性の理由は知性における現
実態性の欠如にあると考えていた。この考え方はすでにト
マスが主張したものだったが，もっと昔に遡ることができ
るのであり，ゴドフロワはアリストテレスの様々な解釈
――その中には最も有名な解釈の一つとしてアヴェロエス
のそれがあった――を指摘している。問題ははっきりして
いる。たとえある人々が，知性はそれ自体として可知的で
あり，それというのも可知性の根源である，存在に関する
形相を所有しているからだと主張したとしても[100]，これは
まったくもってアリストテレスや彼に従うアヴェロエスの
見解ではないのではないか。というのも，アリストテレス

---

100)　« Et arguitur quod sic; quia illud in quo invenitur ratio primi
intelligibilis sive prima ratio intelligendi est intelligibile. Sed in ipso
intellectu, etiam antequam intelligat, invenitur ratio primi intelligibilis sive
prima ratio intelligendi; ergo et cetera. Maior patet. Minor declaratur, quia
secundum Avicennam, prima ratio intelligendi est ens, sive ens secundum
quod est ens est primum intelligibile. Sed ratio entitatis invenitur in ipso
intellectu, etiam antequam intelligat, nam ipsa anima intellectiva non
solum est ens quod sit pura potentia sicut materia, sed ens actuale, quia est
forma specifica hominis; quare et cetera »〔また，次のように論じられ
る。最初に認識される性質や，認識の第一の原理は，可知的なものの
うちにある。しかるに，知性そのもののうちには，認識する前にも，
最初に認識される性質や，認識の第一の原理がある。それゆえ，等々。
大前提は明らかだが，小前提は明らかにする必要がある。すなわち，
アヴィセンナによれば，認識の第一の原理は存在するもの，あるいは
存在するかぎりでの存在であり，これは第一の可知的なものである。
しかるに，存在の性質は，知性そのもののうちに，認識する前にも，
見出せる。すなわち，知的霊魂そのものは，質料のように純粋可能態
である存在であるだけでなく，人間を種的に規定する形相として現実
態にある存在でもある。それゆえ，等々〕(*Quodl.*, VII, q.9 ; p. 369).

494 第 5 章 フォンテーヌのゴドフロワ

は『霊魂論』第 3 巻の中で，正反対の考え方を主張して
いるからである[101]。この点についてアリストテレスがどの
ように考えていたかは，トマスやサットンがしているよう
に，様々な説明や解釈を受け入れるものである。実際，ゴ
ドフロワは，サットンがアリストテレスとアヴェロエスの
テキストについて行った解釈を退けているので，件のテキ
ストについて納得のいく意味を説明しなければならなく
なった。

　アリストテレスが，人間知性はただ可能態にあるという
本性しか有しておらず，認識する以前は現実態におけるい
かなるものでもないと主張するとき[102]，アヴェロエスはこ
の有名な文章を説明して，知性はあらゆる質料的形相に対
して可能態にあり，それゆえ質料的形相ではないと述べて
いる。アヴェロエスはさらに続けて，知性は認識する前に
はいかなる質料的形相も有していないと主張している。こ
のことの証明は，知性に内的な形相があれば，知性は外的
な形相を受容できなくなるところにある。こうして，人間
知性は質料的形相の本性を備えていないが，このことはま
さに次のことを言わんとしている。知性はあらゆる質料的
形相を受容することについて可能態にあり，こうした質料
的形相を認識する前にはこれらの形相のいかなるものでも
ない。それゆえ，ここで論じられている純粋可能態性は認
識の次元におけるものである。アリストテレスの推論が明
らかにしているのは，どんな認識も獲得を通じて生じると
いうことだけである。アリストテレスは，知性そのものの
実体についても，こうした実体の現実態性についても，何
一つ述べていない[103]。ここでもまた，アリストテレスの論

　101）　« Contrarium videtur dicere Philosophus et Commentator,
tertio de Anima »（*Quodl.*, VII, q.9 ; p. 369）.

　102）　Cf. ARISTOTE, *De l'âme*, III, 4, 429a20-25.

　103）　« Ad argumentum in oppositum est dicendum quod, cum

2 認識と自己認識に関する理論 495

拠を利用して，知性は存在の次元において純粋可能態にあるとは言えないのである。

　問いは自ずから定まる。もし以上のような事態なら，知性とは何なのか。答えは簡単である。たった今明らかにしたように，知性は質料的形相の類に属するものではなく，質料と混じらず，質料から切り離された形相であり，現実態において存在している[104]。知性は，認識の次元では可能態にあっても，そこから存在や実体の次元でも可能態にあるとは絶対に言えないのである。

　アリストテレスのテキストそのものに曖昧な部分があると分かるのであり，この曖昧さのせいでトマスやサットンは誤りに陥った。よく注意して検討するなら，アリストテレスの主張——可能知性は，第一質料のように，質料的形相に対して可能態にある——は曖昧で疑いを招くことが判明する[105]。知性は認識の次元では可能態にあるとしても，だからと言って，第一質料と同じように実体の次元でも純

---

dicit Aristoteles quod intellectus nullam habet naturam nisi hanc quod est possibilis, et quod nihil est in actu eorum quae sunt ante intelligere, respondet ad hoc Commentator quod intellectus est in potentia ad omnes formas materiales, et propter hoc non est aliqua forma materialis, nec ante intelligere habet aliquam de formis materialibus, quia intus apparens prohiberet extraneum, et obstrueret et sic intellectus nullam habet naturam de formis materialibus nisi hanc quod est possibilis, id est nisi hanc quod est in potentia ad omnes formas materiales, et nihil est eorum quae sunt de formis materialibus ante intelligere, id est antequam eas intelligat » (*Quodl.*, VII, q.9 ; p. 375).

　104) « Et, quanquam non sit unum de genere entium materialium est tamen unum entium de formis non mixtis et abstractis in actu existentibus » (*Quodl.*, VII, q.9 ; p. 375).

　105) « Unde passio et potentia intellectus possibilis respectu formarum materialium et ipsius materiae est multum aequivoce dicta, ut patet per dicta Commentatoris et Philosophi » (*Quodl.*, VII, q.9 ; p. 375).

496 第5章 フォンテーヌのゴドフロワ

粋可能態にあるとは言えない。実際，もしそうなら，実際に認識された，質料的事物の形相が可能知性の実体的形相の役割を果たすことになり，可能知性は自分自身を通じてはこうした形相をまったく所有できないことになる。こうして，知性は，こうした形相に対しては，第一質料と同じ状況にあると言わざるをえなくなり，それゆえ何度も実体的に生成したり消滅したりするほかなくなるだろう。しかし，このようなことはまったく馬鹿げている[106]。

　このゴドフロワの反論と解答は次のことに役立つ。すなわち，まずゴドフロワがサットンを批判した理由がよく分かるようになる。次に，アヴェロエスのいくつかの解釈に強く反対できるようになる。最後に，より積極的な意味で，ゴドフロワが知性という言葉で何を理解していたかがより明確になる。それゆえ，ゴドフロワは先と同じ結論に立ち帰るのだが，その前にアリストテレスが言わんとしたことについて真の解釈を提案している。そして，この解釈は，トマスやとりわけサットンによるトマス主義的な解釈とは大きく異なっている。すなわち，アリストテレスが言わんとしたのは，知性は純粋可能態の一種であり，形相を認識して受容することで自分の存在を受けとるということでは絶対にない。こうした考え方は，アリストテレスをそのように解釈できると考えた人もいたが，有効ではない。なぜなら，いわゆる曖昧さに基づいているからである[107]。

---

106) « Quod autem formae rerum materialium, secundum quod actu intellectae, sint sicut forma substantialis intellectus possibilis nullam formam de se habentis, sicut dicitur de materia respectu earundem formarum, et sic multotiens substantialiter generaretur et corrumperetur intellectus, est omnino ridiculosum » (*Quodl.*, VII, q.9 ; p. 375) .

107) « Unde non est intelligendum quod Philosophus, dicendo quod intellectus nullam habet naturam nisi hanc quod est quid possibile vel aliquid consimile, voluit intelligi illud quod intellectus quaedam substantia sit quae est pura potentia recipiens esse substantiale in actu per formam

2 認識と自己認識に関する理論 497

こうした考え方を取り除くには，非常に明確に次のことを
示した先の解釈に立ち帰る必要がある。すなわち，知性
は，認識の次元に限って可能態にあり，存在の次元ではそ
れ自体として現実態にある。

　これまでの議論の筋道を要約しておこう。ゴドフロワ
は，人間知性はそれ自体を通じて直接可知的ではないこと
を確信している。サットンと同じように，こうした可知性
を妨げている原因を探究し，それが知性の非質料性の欠如
ではないことを確認する。この点について，サットンとゴ
ドフロワの意見は同じである。しかし，サットンは，可知
性を妨げている原因は知性の現実態性の欠如にあると考え
た。この点に至って，ゴドフロワはサットンから離れるこ
とになる。ゴドフロワはサットンの論拠の有効性を疑問視
し，別の方向に原因を探さざるをえなくなった。この解答
は，ゴドフロワの独創的な寄与であり，独自の発見だと言
えるだろう[108]。

---

intellectam, sicut forte aliqui opinantur ipsum intellixisse. Sed modo
praedicto intelligenda sunt talia »（*Quodl.*, VII, q.9 ; p. 375）.

　108）　ゴドフロワが主張した哲学的方針は間違いなくアリストテ
レス的なものであり，知性の受動性という方向性をどこまで押し進め
たかも分かっている。しかし，ゴドフロワが，一方でこうした受動性
を強調し，他方で知性を純粋可能態と見なすことを根本的に拒んでい
ることは，どう解釈すればよいのか。むしろ正反対の立場が予想でき
るのではないか。すなわち，知性の受動性の考え方は，一見すると，
知性は純粋可能態だと説く，トマスやトマス主義者の見解が正しいこ
とを確証しているように見える。知性の受動性の教えと，知性は純粋
可能態ではないという主張の対立から生じるこの逆説を確実に解消し
ようと思えば，ゴドフロワと一致して，トマス主義的なアリストテレ
ス解釈は唯一妥当なものではないと考えるしかない。どんな認識もあ
る種の受動だという意味で，知性のある種の受動性を主張しながら，
にもかかわらず知性を純粋可能態と見なさないことは可能である。『任
意討論集』第7巻第9問の続きを読めば，こうした解釈の理解が深ま
るだろう。

3 知性の自己認識

ゴドフロワは，知性と第一質料の比較——トマスとサットンが理解していたような——の有効性を完全に否定すると同時に，知性が可知的でないことを説明するためにサットンが引き合いに出した理由も受け入れようとしない。知性が可知的でないのは，純粋可能態だからではない。もしそうなら，別の仕方でその理由を説明する必要がある。知性は，非質料的で実体的に現実態にあるにもかかわらず，なぜそれ自体を通じて可知的でないのか。知性がそれ自体を通じて可知的であることを妨げている原因は，現実態性の欠如でないなら，正確に言っていったい何なのか。ゴドフロワはこの問いに解答しようとするが，同時に自己認識に関する自分の教えを説明している。

3.1 知性の二つの様態

このように立てられた問いに答えるためには，また知性は純粋可能態であるというトマス主義の解決法を退けた後では，知性の本性に立ち帰り，人間が世界の中では逆説的な状況にあることを思い出す必要がある。一方で，知性は質料から切り離されているという意味で非質料的本性であり，こうした本性は自然本性的に自存できる。他方で，知性は人間の完全性であるという意味でまさしく質料的本性であり，完全な複合体である人間を構成するように自然本性的に造られている。こうした複合体である人間の只中でこそ，知性は最も完全な存在様態を見出すのである。したがって，知性の自己認識を論じる場合，いかなる存在様態が問題になっているかを常に明確にする必要がある。問題になるのは，質料から切り離されているかぎりでの知性な

3 知性の自己認識 499

のか，それとも人間という複合体を実現するかぎりでの知性なのか[109]。いずれの観点を採用するかによって，分析は違ってくるだろう。

3.1.1 分離した本性としての知性

知性は，まず離存実体として，すなわち自存する主体として考察できる。この場合，正確に言えば，知性は主体や人格ではないのだが，にもかかわらず質料的条件が課す限界を免れている。それゆえ，知性は，自分自身にとっても，他の離存実体にとっても，それ自体として可知的である。さらに進んで次のように言うこともできる。加えて，分離した知性は他の離存実体を認識することができる。それゆえ，自分自身と他の離存実体を認識する天使に比べられる。分離した知性と天使を比較することは，次の条件の下で正当である。すなわち，分離霊魂の認識様態は天使の認識様態よりも不完全であり，それというのも霊魂は知的本性の中で最も不完全だからである[110]。

---

109) « Descendendo igitur et applicando ad propositum est intelligendum quod, quamvis intellectus sit natura sic abstracta quod natus est per se existere sine materia, et cum hoc etiam sic sit materialis quod perficiendo materiam natus est constituere compositum perfectum quod est homo, possumus loqui de intellectu secundum hunc duplicem modum essendi diversimode » (*Quodl.*, VII, q.9 ; p. 372).

110) « Nam loquendo de ipso secundum primam eius considerationem, sic est quaedam substantia separata et quoddam suppositum, id est quoddam secundum se existens et subsistens, licet non habeat perfecte rationem suppositi et personae. Et sic est dicendum quod etiam est intelligibile quoddam de se, eo quod est actus non limitatus nec contractus secundum condiciones materiales supradictas, et est intelligibilis ab aliis substantiis separatis et a se ipso et natus intelligere alias substantias separatas, sicut aliae substantiae separatae, scilicet angeli nati sunt intelligere se et alia separata, licet imperfectiori modo haec conveniant animae separatae quam angelis, quia est quid imperfectissimum in genere intellectualis naturae » (*Quodl.*, VII, q.9 ; p. 372).

ここでゴドフロワが従っているのはトマス主義の伝統である。実際，トマスと同じくゴドフロワにとっても，分離霊魂はそれ自体として可知的である。それゆえ，分離霊魂はそれ自体を通じて本質により自分自身を直接認識する。この意味で，分離霊魂の認識方法は確かに非常に完全である。というのも，可能な限り，天使の認識に近づくことができるからである。にもかかわらず，サットンも次の考えに賛成しているのだが，分離霊魂の認識様態がどれほど高次のものであろうと，分離霊魂の存在様態は人間という複合体に内在するときよりも不完全である。全体として見れば，霊魂にとっては，身体から離れた状態で自己認識を行うよりも，複合体の形相として存在する方が完全である。

ゴドフロワによるこの簡潔な指摘は，トマスとサットンの後では，ほとんど独創的ではないと思われる。また，どれほど重要な指摘であっても，霊魂と知性が複合体の中でどのような状態にあるかを研究する哲学者の関心はあまり引かないだろう。

3.1.2 人間という複合体の形相としての知性

ゴドフロワはサットンに対する批判の続きに必ずしも解答していない。知性が純粋可能態でないなら，知性は本質を通じて自分自身を認識しないことをどのように主張すればよいのか。ここでは，分析の三つの次元を区別する必要がある。分離霊魂の場合には，知性は本質を通じて直接自分自身を認識すると主張せねばならないのであり，これにはいかなる疑いもない。人間という複合体の形相であるかぎりの霊魂や知性の場合には，さらに区別が必要であり，論じているのが，途上における現在の状態の知性なのか，それとも人間という複合体の中にありながらも至福の状態において霊的なものになった知性なのかを確認せねばならない。至福の状態にある場合には，霊魂は自分自身を通じて可知的なものをみな認識でき，身体も自己認識に有

3 知性の自己認識 501

効な助けとなる[111]。これは驚くべき指摘だが，哲学者には二次的にしか関わらない。というのも，哲学者の主たる関心は，知性が，途上において現在の状態にある人間という複合体の形相として自分自身を認識する方法にあるのだから[112]。

---

111) « Unde loquendo de anima secundo modo qui convenit ei pro statu beatitudinis, cum ut sic nullo modo a corpore impediatur ex modo intelligendi per phantasmata et ex occupatione circa illum modum intelligendi, quin possit etiam per se intelligere ea quae per se sunt intelligibilia, sicut ponit Commentator possibile esse in vita ista, quod tamen est falsum, − sic anima est intelligibilis a se et ab aliis et etiam alia separata sunt ei intelligibilia, non autem in vita praesenti quia, licet sit eiusdem rationis secundum essentiam, non tamen secundum essendi modum. Unde, sicut anima separata a corpore non potest habere illum modum intelligendi quem habet in corpore, ita etiam existens in corpore animali non potest habere illum modum quem habet in corpore spirituali » 〔それゆえ，至福の状態にある霊魂について論じる場合には，すなわち霊魂が，表象像を通じた認識方法やこうした認識方法に必要な事柄において，決して身体に妨げられない場合には，霊魂は自分自身を通じて自体的に可知的なものも認識できる。アヴェロエスは，このことは現在の生において可能だと言っているが，これは誤っている。こうして，霊魂が自分にとっても他のものにとっても可知的であり，他の分離実体をも認識できるのは，現在の生においてではない。というのも，霊魂は本質的には同じ性質を保っているとしても，存在様態は同じではないからである。それゆえ，身体から分離した霊魂が身体において有していたような認識様態を持てないのと同じく，生きている身体のうちにある霊魂は，霊的身体において有するような認識様態を持てない〕(*Quodl.*, VII, q.9 ; p. 374-375).

112) « Loquendo autem de ipsa secundo modo, quia ut sic est pars cuiusdam compositi cuius est per se elicere operationes modo convenienti sibi, distinguendum est, quia istud compositum potest considerari ut continet quantum ad alteram partem corpus animale et corruptibile animae non omnino et perfecte obediens et subiectum, sed aliquo modo impediens ipsam, et hoc pro statu vitae praesentis; vel ut continet corpus spirituale et incorruptibile animae omnino perfecte obediens et ipsum nullo modo impediens, sed potius adiuvans » 〔霊魂について第二の仕方で論じる場合には，すなわち霊魂がある複合体の部分であり，こうした複合体が

3.1.2.1　自己の間接的認識　　知性と人間霊魂を，現在
の状態において，途上にある人間という複合体の形相とし
て考察するなら，霊魂の働きは実のところ複合体全体の働
きであることがはっきり分かるだろう。しかし，身体は，
現在の状態では，霊魂そのものにとって最高に有益で欠陥
のない助けとなるには，完全性を欠いている。もっと正確
に言えば，身体は霊魂と共働してその働きを生み出すが，
働きが行われる真の身体器官の役割を果たすわけではな
い。身体は，外部の対象が知性に実際に現前するのに必要
で不可欠な道具にすぎないのである[113]。

　こうして，身体は対象を知性に現前させ，知性が対象を
捉えられるようにするのに不可欠な道具の役割を果たす。
このようなわけで，知性は，「感覚と表象像の助けなしに，
最初にまた自分自身を通じて何かを認識する」[114]ことはで
きない。実際，ゴドフロワが『任意討論集』の中で，知性
の受動性を強調するときに何度も様々に指摘し続けていた

自分にふさわしい仕方で自分自身を通じて働ける場合には，区別が必
要である。すなわち，こうした複合体は，現在の生の状態において，
他の部分として，生きた可滅的な身体──完全には霊魂に従わないの
で，何らかの仕方で霊魂を妨げる──を含んでいるのか，それとも
〔将来の生において，〕霊的で不可滅の身体──霊魂に完全に従い，霊
魂を妨げず，むしろ助ける──を含んでいるのかに応じて，別様に考
察できる〕（*Quodl.*, VII, q.9 ; p. 372）.

113）« Loquendo de ipsa anima primo modo, cum ut sic sit
perfectio corporis cuius adminiculo indiget in suis operationibus quae
sunt totius coniuncti, ita quod corpus subiectum cooperetur animae in sua
operatione, non quidem ut organum in quo exerceatur huiusmodi operatio
(…) »〔霊魂そのものについて第一の仕方で，すなわち現在の生の状
態にあるかぎりで論じる場合には，霊魂は身体の完全性であり，複合
体全体の働きにおいて身体の助けを必要とすると言える。このように
して，基体としての身体はその働きにおいて霊魂と共働するが，こう
した働きを行う身体器官としてではない〕（*Quodl.*, VII, q.9 ; p. 372）.

114）« (…) sic non est nata intelligere primo et per se aliquid nisi
adminiculo sensuum et phantasmatum (…) »（*Quodl.*, VII, q.9 ; p. 372）.

3 知性の自己認識 503

のはこのことである。すなわち，知性が認識プロセスの中で真に能動的な原因の役割を果たさず，対象こそが認識を規定する作用者なら，質料的対象が知性に現前し，知性を現実化する必要がある。したがって，こうした道具的ではあるが決定的な役割を果たし，対象を知性に現前させるのは身体である。それゆえ，知性が最初に認識するのは，表象像が示し現前させた外的事物である[115]。人間が最初に捉えるのは，表象像を介して自分に現前したものだけであり，「このようなわけで，霊魂は，表象像によって何らかの仕方で示されるのでないかぎり，それ自体としては自分自身を通じて可知的ではない」[116]。しかし，霊魂が，質料的事物のように，直接表象されることは不可能である。というのも，まさに霊魂そのものを表す固有の表象像を通じて，霊魂が人間に現前することはありえないからである[117]。

どんな認識にも常に不可欠な表象像が霊魂を表せないのなら，霊魂の自己認識が間接的にしか生じないことは自明である。というのも，認識には表象像があるものを示すことが必要であり，このもの——ここでは霊魂のことである——は固有の表象像では示されないとすれば，人間は別の表象像——必然的に質料的事物を表す——に訴えることが必ず必要になるから。したがって，知性は，自分自身を認識しようとする前に，質料的事物を普遍的な仕方で認識す

---

115) 表象像が果たす役割については，J.F. WIPPEL, *The Role of the Phantasm in Godfrey of Fontaines' Theory of Intellection* (1986), p. 573-582 を参照。

116) « (…) et ideo non est (anima) intelligibilis a se ipsa ut sic, nisi in quantum cadere potest aliquo modo sub phantasmate » （*Quodl.*, VII, q.9; p. 373）.

117) « Et quia non potest habere phantasma proprium (…) » （*Quodl.*, VII, q.9 ; p. 373）.

ることから始めなければならない[118]。

しかるに，質料的事物は，知性——こうした事物を普遍的な相の下に捉える——に固有の働きを通じて知られ認識される。知性は非質料的能力だからこそ，この最初の認識の働きに立ち帰り，それによって自己認識に加わることができる[119]。したがって，『任意討論集』の最初に立てられた一般的問いに対する解答が得られる。「知性はこのようなものであるかぎり，自分以外の何かを捉える前には，自分自身を通じて可知的ではない。しかし，最初に他のものを認識する自分の働きを通じれば，自分自身をも認識できる」[120]。

3.1.2.2　主体としての知性の働きの様態の限界　　こうして，ゴドフロワは自己の間接的認識というアリストテレス的な，またトマス的な考え方に一致しているが，自己の直接的認識を妨げるのは知性の可能態性ではないと違った主張をしている。知性の可能態性こそが自己の直接的認識を妨げているという主張は，トマスやサットンが大切にしていたものだが，なぜ人間知性が媒介なしに真に自己を認識できないか，その理由を教えてくれるだろう。サットンによれば，知性が直接自己を認識できないのは，霊魂の認識とは反対に，認識対象としての知性の側に原因があるからである。これはサットンが提案する説明の基本方針の一つである。実際，サットンによれば，人間霊魂はそれ自体

---

118)　« (…) oportet quod mediante phantasmate alicuius formae materialis intelligatur, ut sic primo oporteat intelligi aliquod materiale sub ratione universalis (…) »（*Quodl.*, VII, q.9 ; p. 373）.

119)　« (…) et sic, cum intellectus sit potentia abstracta potens reflecti super suum actum proprium et res per suum actum nata est cognosci et intelligi (…) »（*Quodl.*, VII, q.9 ; p. 373）.

120)　« (…) ideo ut sic intellectus non est a se intelligibilis antequam aliquid aliud intelligat, sed per actum suum quo primo aliud intelligit potest etiam seipsum intelligere »（*Quodl.*, VII, q.9 ; p. 373）.

3 知性の自己認識 505

としては人間の能力にとってはあまりにも可知的である。
反対に，知性は，志向的認識を通じて現実化していないな
ら，可知的でなさすぎる。

まったく違った方針だが，ゴドフロワはサットンが人間
霊魂に残したものを知性に帰している[121]。知性がそれ自体
を通じて直接可知的でないのは，客観的な可知性の欠如の
ためでも，純粋可能態とされる，対象としての知性の脆弱
性のためでもない。反対に，複合体である人間の現在の状
態における主体としての知性の認識様態こそが，知性の直
接的自己認識を妨げているのである。人間の認識様態は質
料性に損なわれているので，表象像があらゆる認識に欠か
せない媒介として必要になる。どんな表象像も非質料的で
ある知性を表せないので，自己認識はまず質料的事物を認
識するという道をとらざるをえない。自己の間接的認識と
いう主張は，トマスの主張に近いが，この事実の正当化
は，ゴドフロワの場合，まったく異なる道筋をとる。

この方向性において，途上にある複合体の形相としての
人間霊魂の存在様態にしたがえば，一方で人間の身体は完
全な自己認識をある意味で妨げるものになる。他方で，認
識の働きは人間全体の働きであり，単なる知性の働きにと
どまらない。この二つの真理は，認識の様態と，自己を認
識する主体としての知性に関わるものだが，ゴドフロワが
はっきり説明しているものである[122]。

一方で，身体はここで障害の役割を果たす。ゴドフロワ
は，自分の最も明白な主張に対立することになるので，身

121）　明らかなことに，ゴドフロワは問題をこのように提起し
ていない。サットンによるこの精妙な区別を知らなかったのならなお
さらである。というのも，サットンがこの区別をはっきり用いるのは
『定期討論集』においてだが，サットンの『定期討論集』はゴドフロ
ワの『任意討論集』第7巻第9問よりも後に書かれたからである。

122）　Cf. *Quodl.*, VII, q.9 ; p. 373.

体はそれ自体として人間霊魂を妨害するものであるとは決して言わないが，動物的で可滅的な身体は人間霊魂の命令に完全には従わないとだけ主張する。そして，その程度は，現在の状態においては，身体がある意味で霊魂を妨害すると言えるほどである。もっと正確に言えば，身体は知性の働き方に限界を定めるのであり，その結果として知性は絶対に自分自身を直接認識できないのである[123]。他方で，認識は知性の働きにとどまらず，複合体である人間全体の働きである。さらに言えば，認識の働きは複合体全体の働きにとどまらず，身体も表象像を利用してそこに共働する。このようなわけで，身体も人間全体が生み出すこうした認識の働きの主体と言えるのである[124]。

　この最後の指摘を検討すれば，なぜゴドフロワが自己の間接的認識という教えにこれほどこだわったのか，その理由をうまく理解できるだろう。認識の働きは，複合体である人間の働きなので，この世では身体と表象像を介してはじめて実現する。したがって，知性の働き方は必然的に，身体がそこに関与することを前提としており，その程度は身体のせいで知的能力が自分自身を直接認識できないほどである。最後に，ゴドフロワは身体によるこうした妨害の理由をはっきり定式化している。すなわち，知性が自分自

---

123)　« (…) distinguendum est, quia istud compositum potest considerari ut continet quantum ad alteram partem corpus animale et corruptibile animae non omnino et perfecte obediens et subiectum, sed aliquo modo impediens ipsam, et hoc pro statu vitae praesentis; vel ut (…)» (*Quodl.*, VII, q.9 ; p. 372).

124)　« Et haec quidem vera sunt loquendo de modo intelligendi quam habet intellectus ut coniunctus corpori animali et corruptibili et de actu intelligendi qui est totius coniuncti per se, sic quod et corpus ad hoc cooperatur phantasmata ministrando, et etiam sic sit subiectum illius actus quod totus homo sic per se intelligat quod actum illum et obiectum apprehendat » (*Quodl.*, VII, q.9 ; p. 373).

3　知性の自己認識

身を間接的にしか認識できないのは，サットンが誤って想定したように，認識対象としての知性における可能態性や現実態性の欠如のためではない。知性が自分自身を直接認識できない理由は，認識主体としての知性の側に，知性の途上における働き方——表象像と身体の助けを必要とする——の側に求めるべきである。したがって，これでゴドフロワとサットンの違いは明確になっただろう。

3.2　異論と解答

ゴドフロワは，知性の自己認識について理解していたことを説明した後で，またサットンに反対して知性が可知性を欠いている理由を述べた後で，いくつかの問題を取り上げる。これらの問題は，当時の大学で論争の的になっており，互いに根本的に対立する権威に基づいている見解に関わるものだった。第一の問題は疑わしいアヴェロエスの権威に由来するものである。第二の問題はそれよりはるかに伝統的なもので，それというのもアウグスティヌスの『三位一体論』のよく知られたテキストを引き合いに出しているからである。

3.2.1　アヴェロエスと分離知性の考え方

アヴェロエスによれば，知性は現実態にある形相であり，質料的形相を認識できる。しかし，知性にとっては，質料的形相に加えて，非質料的形相，したがって能動知性をも認識することがふさわしいと思われる[125]。このことが言わんとしているのは，知性は非質料的なものを認識するためには，それゆえ分離知性としての自分自身を認識するためには，必ずしも表象像を必要としないということであ

---

125) « Sed quia, ut dicit Commentator, tertio de Anima et iam etiam declaratum est, intellectus est aliqua forma in actu et intelligit formas materiales, dignius videtur quod intelligat intellectum agentem et formas non materiales » (*Quodl.*, VII, q.9 ; p. 373).

る。これは，アヴェロエスによる能動知性の解釈を聞い
て，ゴドフロワが直面した問題である[126]。

　ゴドフロワは，アヴェロエスのこれらの主張の一解釈を
提案している。その解釈を知れば，何よりもまず，自己認
識について，アヴェロエスに見出せると思われるこうした
考え方と，新アウグスティヌス主義者たちが引き合いに出
すアウグスティヌスの考え方を混同してはならないことが
分かる。たとえアヴェロエスとアウグスティヌスの両方
が，いくつかのテキストの中で，知性は自分自身を通じて
自分自身を認識すると主張しているとしても，この共通の
主張の理由は実のところ両者でかなり異なっている[127]。

　アヴェロエスによれば，唯一で普遍的な知性は，それ自
体においてか，われわれのものであるかぎりにおいて，す
なわち個別的人間と一致して働くかぎりにおいて考察で
きる。ゴドフロワの関心を引いたのは，後者の意味であ
る[128]。アヴェロエスは，知性をこの意味で，すなわちわれ
われのものとして解釈することで，知性は他のものを捉え
ることなしには自分自身を認識できないと言わんとしてい
るようだ[129]。したがって，この意味では，知性は最初に自
分自身を認識できず，離存実体も直接認識できない。ゴド

―――――――――

　126)　Cf. « (…) utrum intellectus possibilis agentem intelligat »
(SIGER DE BRABANT, *In III de anima*, q.13 ; p. 43s)．「今日では，ゴ
ドフロワが個人的に，『形而上学』に関するシゲルスの講義に出席
していたことが明らかになっている」(J.-J. DUIN, *La doctrine de la
providence dans les écrits de Siger de Brabant*, Louvain 1954, p. 167)。

　127)　« Et ad hoc est intelligendum quod circa hoc videntur
Commentator et Augustinus aliquo modo idem sentire et aliquo modo
aliud » (*Quodl.*, VII, q.9 ; p. 373)．

　128)　これに似たシゲルスの見解――SIGER DE BRABANT, *In
III de anima*, q.13 ; p. 44-46――を参照。

　129)　« Nam Commentator videtur sentire quod intellectus noster, ut
dictum est, prout noster est et prout nos ab initio per eum intelligimus, non
intelligit se ipsum, nisi intelligat aliud (…) » (*Quodl.*, VII, q.9 ; p. 373)．

3 知性の自己認識 509

フロワが強調するところでは、アヴェロエスのように、知性を、われわれのものとして、われわれがそれを通じて認識するものとして、われわれと一致して働くものとして見なすなら、自己の直接的認識は成立しない。なぜなら、この場合、知性は認識するために、必ず表象像を必要とするからである。それゆえ、分離知性が、われわれと一致して働くかぎりで、自分自身を通じて自分自身を直接認識できず、まず他のものを捉える必要があることの理由は分かっただろう[130]。すなわち、必ず表象像の媒介が必要であるというのがその理由である。

しかし、アヴェロエスによれば、知性は違ったふうに、すなわち一つの実体として、述べたように離存実体としても考察できる。この意味では、知性は常に自分自身を、また能動知性と[131]、他の離存実体をも認識していることは真である[132]。しかるに、こうした認識は表象像の媒介によらずに実現する。それゆえ、こうした認識はわれわれの認識ではない。問題になっている分離知性やその認識様態はわれわれのものではない[133]。というのも、人間が最初に認識の働きを生み出せるのは、ひとえに表象像の媒介を通じて質料的事物に対してだからである。したがって、こうした

---

130) « (…) et per consequens patet quod nec potest intelligere ut sic substantias separatas, eo quod ut sic, ut scilicet noster est et nos per eum intelligimus et nobis communicatur, non intelligit nisi mediantibus phantasmatibus; nunc autem intellectus non habet phantasmata nisi propter suam operationem quae est intelligere »（*Quodl.*, VII, q.9 ; p. 373-374）.

131) Cf. « Dico quod intellectus noster possibilis intellectum agentem potest intelligere (…) »（SIGER DE BRABANT, *In III de anima*, q.13 ; p. 44）.

132) « Sed quia etiam intellectus noster est substantia dicto modo separata, secundum Commentatorem, semper intelligit se et intellectum agentem et alias substantias separatas (…) »（*Quodl.*, VII, q.9 ; p. 374）.

133) Cf. « (…) sed secundum actionem istam non continuatur nobis»（SIGER DE BRABANT, *In III de anima*, q.13 ; p. 44）.

認識様態は，死すべき人間の条件に縛られたわれわれのものではない[134]。たとえアヴェロエスが，個人の生の終わりに，人間が完成に至るときに，われわれは何らかの仕方でこうした超越的認識に与ることを認めて，自分の主張に微妙な差異を持たせているとしても，上で述べたことは真にとどまる[135]。以上，ゴドフロワがアヴェロエスの考え方を解釈する様子を簡単にまとめた。アヴェロエスの考えでは，ある意味では，知性は自分自身をまさに直接的に認識する。しかし，ここでゴドフロワはまったく独創的な見解を付け加えているのであり，その見解はアヴェロエスが採用した観点においてしか理解できないものである。

実際，ここでゴドフロワは，当時重要な役割を果たしていたアヴェロエスの考え方を解釈するというよりは，アヴェロエスのこうした教えをアウグスティヌスのテキスト——知性は自分自身を通じて自分自身を直接認識すると主張している——と簡単に比較しようと思っていた。ゴドフロワが特に明らかにしたかったのは，アヴェロエスとアウグスティヌスの二つの考え方が，一見すると自己の直接的認識という主張において一致するように見えても，実は根本的に異なっており，真に似通ったものではまったくないということだった。

3.2.2 アウグスティヌスと自己の習慣的認識

134）« (…) sed quia hoc non est per phantasmata, ideo tale intelligere non communicatur nobis quamdiu circa intellectum materialium per phantasmata occupamur, scientias diversorum scibilium acquirendo » (*Quodl.*, VII, q.9 ; p. 374). この解釈とシゲルスの解釈——SIGER DE BRABANT, *In III de anima*, q.13 ; p. 43s——は驚くほど似ている。

135）« Sed cum hoc ponit quod in postremo, scilicet quando omnino completa est generatio, intellectus qui est secundum habitum scientiarum dicitur haberi intellectus adeptus, et communicatur nobis etiam in hac vita mortali illud intelligere quod prius erat ipsius intellectus secundum se » (*Quodl.*, VII, q.9 ; p. 374).

3 知性の自己認識 511

　アウグスティヌスが『三位一体論』のいくつかの箇所で
弁護している見解は，一見するとたった今指摘したアヴェ
ロエスの見解に近いように見える[136]。実際，知性は形相で
あると同時に現実態である。このようなものとして，知性
は本質を通じて，自分とは異なる質料的形相を認識でき
る[137]。しかし，霊魂は二つの異なる状態において身体と結
びつくことができる。すなわち，祖国における至福の状態
では，霊魂と身体から成る人間は，他の離存実体を知的に
見て捉えるだろうが，こうした実体には表象像の媒介を通
じては到達できない[138]。もう一つの状態は，現在の生でわ
れわれが享受している状態である。しかるに，身体と結び
ついた霊魂の本性は，身体から分離しているときも異なら
ず，霊魂は常に自分自身に現前しており，それどころか他
のいかなる本性よりも自分自身に現前しているので，霊
魂はそれ自体を通じて可知的であり，自己認識のために
前もって他のものを認識する必要はないと思われる[139]。ア

---

　136)　« Et ex hoc etiam potest argui, sicut videtur sentire Augustinus
in libro de Trinitate in pluribus locis, scilicet decimo et decimo quarto (…)»
(*Quodl.*, VII, q.9 ; p. 373).

　137)　« (…) cum intellectus sit forma et actus et possit intelligere
formas materiales et ab ipsa essentialiter differentes et distantes (…) »
(*Quodl.*, VII, q.9 ; p. 373).

　138)　離存実体に関するこうした直接的認識は，自然の次元で生
じるので，至福直観と混同してはならない。

　139)　« (…) cum etiam in patria homo totus compositus ex corpore
et anima visurus et intellecturus sit alias substantias separatas quae non
possunt intelligi per phantasmata, et hoc cognitione naturali qua dicuntur
res cognosci non in verbo, sed in propria natura, et anima coniuncta
sit eiusdem rationis cum est in corpore secundum vitam praesentem et
futuram, et ipsa, prout dicit Augustinus, semper sit sibi praesens, immo
praesentior quam aliqua alia natura, − videtur quod ipsa etiam secundum
se sit intelligibilis a se ipsa etiam praeter hoc quod intelligatur per
intellectum aliorum » (*Quodl.*, VII, q.9 ; p. 373).

512 第5章 フォンテーヌのゴドフロワ

ウグスティヌスの思想に関するゴドフロワのこの紹介は，
『三位一体論』のいくつかの箇所——13世紀の読者にはよ
く知られていた——の中心主題に注目を促すものである。
すなわち，人間知性は，質料的事物を認識できるのなら，
なおさら自分自身のことを認識できる。というのも，霊魂
は自分自身に親密な仕方で現前しており，自分自身を認識
することは人間に与えられた自然本性的可能性だからであ
る。

　ゴドフロワは，アウグスティヌスのこれらのテキストの
意図をめぐる解釈が，アヴェロエスが採用した見方とは非
常に異なっており，アヴェロエスから出てきた伝統とも相
容れないものであることを一度も疑わなかった。実際，ア
ウグスティヌスによれば，霊魂は常に自分自身に現前して
いるので，常に自分自身を認識（intelligere）していると
思われる[140]。しかし，霊魂は，人間の現在の状態では，ま
た人間の身体的条件のために，外部の可感的対象と全体的
に結びついており，こうした対象に基づいて複合体である
人間が享受できる認識を手に入れるのである。この理由の
ために，アウグスティヌスの主張するところでは，霊魂は
常に自分自身を認識（cogitare）しておらず，霊魂を他の
本性から区別するものを直接はっきりと認識しているわけ
ではない。言い換えれば，人間霊魂は明確な仕方で現実態
において自分自身を認識しているのではなく，間接的に，
他のものに向かう認識の働きを通じてそうしているにすぎ
ない。それゆえ，人間が自分の霊魂を認識するには，表象
像に基づいて認識を形成することがどうしても必要なので
ある[141]。

---

　140)　« Augustinus autem videtur sentire quod anima, quia semper
sibi praesens est, semper se intelligit »（*Quodl.*, VII, q.9 ; p. 374）.
　141)　« Tamen, quia secundum condicionem corporis animalis circa
exteriora sensibilia occupatur, et etiam ex illis sumit anima cognitionem

3 知性の自己認識 513

　しかしそれでは，アウグスティヌスは，人間霊魂は常に明確に自分自身を認識（cogitare）しているわけではないが，常に自分自身を認識（intelligere）していると主張することで，何を言わんとしているのか。それゆえ，こうした自己認識は，本能的なものではないにせよ，霊魂にとって本性的であるということなのか。こうした自己認識を，アヴェロエスが論じるような分離知性の認識と同一視することはできないだろう。なぜなら，分離知性の認識は，完全性についての含意も含めて，人間が現在の生で享受できるものではないからである。せいぜい，後の世で，動物的な身体を脱ぎ捨てて，完全に霊に従いつつ霊的な働きを完璧に行えるような霊的身体を得た場合に，希望できるだけのことである[142]。したがって，将来人間に実現する認識に関する，この非常に特殊で制限された意味においては，アウグスティヌスの権威にしたがって，身体と結びついている知性は他のものを認識する前にもそれ自体として可知的であると主張できる。しかしこれは，人間が霊的身体を有することになる，祖国における将来の自己認識である。こうした認識は，現在の生の状態では，人間に決して与えられない[143]。

---

convenientem toti coniuncto, ideo dicit quod non semper se cogitat nec se discernit ab aliis, id est non se intelligit distincte in actu nisi per actum quo anima intelligit, id est de ipsa non communicatur nobis cognitio secundum cursum communem, nisi illa quam ex phantasmatibus habemus » (*Quodl.*, VII, q.9 ; p. 374).

142)　« Sed non exprimit quod illam perfectam cognitionem quam ponit Commentator in hac vita habere valeamus, sed illam in patria expectamus, cum iam non habebimus corpus animale sed spirituale, id est spiritui plene obediens et ad suas operationes aptum » (*Quodl.*, VII, q.9 ; p. 374).

143)　« Et secundum hoc videtur posse dici etiam, secundum Augustinum, quod intellectus corpori coniunctus aliquo modo est intelligibilis antequam intelligat aliqua naturalia, licet non communicetur

514 第5章 フォンテーヌのゴドフロワ

　それゆえ，別の解釈を活用する必要があるが，この解釈
はよりもっともらしく，アウグスティヌスの意図に間違い
なくより近いもので，同時にもっと伝統的なものである。
アウグスティヌスは，霊魂はそれ自体に常に現前している
かぎりで，常に自分自身を認識していると主張している
が，そのとき念頭にあるのは，現実態における認識の働き
という第二現実態ではなく，第一現実態，すなわち霊魂の
存在論的自己現前とだけ同一視できる習慣的認識なのであ
る。しかるに，習慣的にのみ成立するこうした認識は，人
間に自己についての現実的で明確な認識をもたらしてはく
れない。可能性として考えられるのは，自己認識は，習慣
的で恒常的だが明確なものではないか，時々起こる現実的
で明確なものだが間接的にしか生じないかのいずれかであ
る。このようなわけで，人間が獲得できる，自己について
の現実的な認識は，間接的認識に限られるのであり，こう
した認識には必ず表象像が必要である[144]。

　ゴドフロワの解釈ははっきりしている。すなわち，人間
知性が自己認識を享受できるのは，知性の働きが表象像に
向かうかぎりにおいてである。それゆえ，自己の現実的認
識はすべて，少なくとも現在の状態においては，人間に
とっては間接的にのみ生じる。分離霊魂の認識様態と，霊
的身体と完全に合一し，霊の命令に完全に従うようになっ
た霊魂の認識様態を除けば，霊魂が享受できる直接的自己
認識は習慣的認識だけである。この習慣的認識について，

---

nobis talis actus intelligendi in via »（*Quodl.*, VII, q.9；p. 374）．

　144）《 Vel Augustinus intelligit quod anima intelligit se semper,
quia sibi semper praesto est, non referendo hoc ad actum secundum qui
est intelligere in actu, sed ad actum primum qui est intelligere in habitu
ex huiusmodi praesentia, quae tamen non sufficit secundum cursum vitae
praesentis ad habendam cognitionem ipsius in se actualiter nisi praedicto
modo »（*Quodl.*, VII, q.9；p. 374）．

ゴドフロワは別の箇所でもその意味を決して明らかにしていないが，『三位一体論』の有名なテキストではいくつか記述がある。すなわち，霊魂の完全な霊的自己現前は，自己認識の存在論的基礎を成している。習慣的認識は，表象像を介して生じる他のものに向かう働きがその現実化を駆り立てないなら，潜勢的なものにとどまる。ゴドフロワは，習慣的認識についてこれ以上はほとんど何も述べていないが，こうした習慣的で直接的な認識は，アヴェロエスが示したような分離知性の自己認識とはまったく関係がないと説明している。この点について，アウグスティヌスとアヴェロエスの見解の一致は見かけ上の一致にすぎなかったと言わねばならない[145]。

4 結 論

ゴドフロワの『任意討論集』第7巻第9問の目的は，自己認識という広大な問題領域について網羅的な教えを展開することではない。ゴドフロワがそこで述べているのは，なぜ人間知性はそれ自体を通じて現実的な仕方で直接可知的ではないのか，なぜ自己認識はその成立条件を質料的事物の認識に求める必要があるのか，この二点だけである。ゴドフロワが強調することに，知性は自分自身を認識するために必ず表象像に訴える必要があり，また知性が自分自身について得る認識は必ず間接的である。表象像が知

---

145) 一致が見かけ上のものにすぎないとしても，ゴドフロワはどの解釈を真と見なしていたかについて述べていない。ゴドフロワがアヴェロエスに対して採用した見解はどのようなものか。なぜゴドフロワはここまでして，アヴェロエスの方針をアウグスティヌスの方針から切り離したのか。誰に対して答えようとしたのか。ゴドフロワがここで論駁している異論は，シゲルスが主張したものなのか。

性のうちに他のものに向かう認識の働きを引き起こし，この他のものに向かう働きが，必ず媒介を必要とする自己認識に対して，仲介の役割を果たすのである。

しかし，ここで問題になっているのは，どのような種類の自己認識なのか。間違いなく，ここでも抽象的分析が問題になっている。この結論を確証するのに，三つの論拠ないし証拠がある。

第一の証拠は，ゴドフロワの明白なテキストに基づいている。その中の非常に一般的な一つの指摘は，形而上学との関連における自己認識の位置づけに関わっている。実際，周知のとおり，多くの思想家にとって，霊魂の自己認識はあらゆる形而上学的探究の最初の契機であるという非常に重要な役割を果たす。すなわち，非質料的なものに関する認識はどれも，ある意味でこの最初の契機に基づいており，自己認識は形而上学的知識の原型のようなものになっている。ゴドフロワにとっても，霊魂の自己認識は形而上学の基礎として役立つ。もっと正確に言えば，自己認識の様態は，他の霊的なものに関する認識様態の原型のようなものである。しかるに，人間知性は，表象像を通じて認識することで，自分の本性に固有の働きを通して自分自身を認識する。そして，その働きを通して自分自身を認識することで，自分と同種の諸知性に固有の活動様態を知る。しかし，人間知性は同時に，他の離存実体を同じ仕方ではまったく認識していないことも知っている。なぜなら，他の離存実体に固有の働きをまったく認識していないからである。人間知性は離存実体を，その固有の働きを通じては認識しておらず，自分自身との類比を用いてはじめて認識できるのである[146]。

---

146) « Et ideo, licet se possit cognoscere per suum actum sibi sive suae naturae proprium, non tamen sic potest cognoscere separata, sed

4 結 論　　　　　　　　　517

このように，人間知性は自分自身を自分に固有のものを
通じて，他の離存実体をひとえに類比にしたがって認識す
る。この指摘は，それ自体として非常に興味深いものだ
が，同時にゴドフロワが自己認識をどのように理解してい
たか，その証拠を示してくれる。実際，ゴドフロワは，自
己認識と他の離存実体に関する認識の違いを強調してい
る。ゴドフロワの理解では，人間知性は自分自身をその働
きにより，自分に固有のものを通して，すなわち他の離存
実体が享受する認識とは種的に異なるものを通して認識す
る。しかるに，人間知性の働きと他の霊的実体の働きを種
的に区別している点は，人間知性は必ず表象像に訴える必
要があるという事実である。それゆえ，自分自身を認識す
るとは，知性の働き方と本質を，種的に区別されたものと
して認識することである。そのために，自分自身に立ち帰
る知性は，まず自分の働きを，種的な特徴を通して，すな
わち普遍的本性にしたがって捉えるが，それは表象像を用
いて認識することである。知性はこのことに基づいて，何
かを認識できるのだが，それは同じ種に属する他のあらゆ
る知性と共通に有しているものを通してである。人間知性
が自分自身を間接的に認識するのは，知性の働き——人間
に固有である——を通じて自分自身を捉えるからである。
以上，自己認識のプロセスを正確に記述してきたが，これ
は抽象的分析と呼べるものであり，『任意討論集』第7巻
第9問のほとんど全体を通して参照されている，立ち帰り
の唯一の形態と考えられる。言い換えれば，立ち帰りと呼
ばれる認識は，必ず表象像を用いて行われ，他のものに向
かう働きに還帰するのだが，人間知性を他のものと種的に
区別して認識することを可能にする。このように記述され

---

tamen per quandam analogiam et attributionem »（*Quodl*., VII, q.9 ; p.
373）．

518 第5章 フォンテーヌのゴドフロワ

る認識は，推論によるプロセスを含意しており，認識対象
としての自己の抽象的分析と呼べるものと同一視できる。

　ゴドフロワが自己認識を抽象的分析だけに還元している
と分かる第二の証拠は，サットンに対する批判そのものに
ある。実際，ゴドフロワの批判は，知性と第一質料の比較
を論難するものだが，トマスやサットンがこの比較を用い
たのは，霊魂による自分自身の抽象的分析を説明する場合
だけである。ゴドフロワはもっぱらこの比較を批判するこ
とで，自分の解釈を限定しているのであり，批判の対象と
なったのはサットンの言う霊魂の抽象的自己認識である。

　第三の証拠も結局は同じ点に関わる。自己認識の形態の
網羅的一覧——前反省的意識，習慣的認識，自己の直観，
完全な立ち帰り——を検討すれば，ゴドフロワは抽象的分
析という立ち帰りの唯一の形態だけに言及していることが
分かる。抽象的分析だけを問題にしていたとしても，自己
認識を検討する方法について詳しく述べることができただ
ろう。しかし，ゴドフロワはそのようなことを一切述べて
いない。第9問の全体を注意深く読み直せば，前反省的意
識はまったく問題になっていないことに気づくだろう[147]。

　ゴドフロワが何も論じていないのを知っていながら，完
全な立ち帰りを論じた痕跡を探すことができるだろうか。
さらに言えば，ゴドフロワが知性の受動性を論じている箇
所を読めば，霊的実体に固有のダイナミズムを説くような
教えはかなり主張しにくいことが分かるだろう。もちろ
ん，表象像へのふり返りや，意志へのはね返りについては
何の言及もない。というのも，こうした問題はゴドフロワ
が論じている主題のうちには含まれないからである。第一

————————————
　147）「立ち帰り」という言葉が，テキストの中で，一般的な自
己認識を表すために使われていることも指摘できる——cf. « Intellecta
(est) potentia abstracta potens *reflecti* super suum actum (…) »（*Quodl.*,
VII, q.9 ; p. 373）.

4 結 論 519

原理の明証についても，ゴドフロワは『任意討論集』第7
巻第9問ではほとんど論じていない。アクアスパルタのマ
テウス，オリヴィ，ロジャー・マーストンが主張したよう
な，あるいはオッカムの直観理論のような直接的認識を論
じた痕跡を探そうとしても，ゴドフロワはそのアリストテ
レス主義のために，現在の状態の人間にはそうした直接的
認識はまったく不可能だとはっきり主張したに違いない。
残るは，抽象的分析と習慣的認識だが，ゴドフロワは習慣
的認識を詳しく論じておらず，アウグスティヌスの権威を
尊重しつつ参照しているだけである。結論として，立ち帰
りについてゴドフロワの念頭にあった考え方は，知性が自
分自身について間接的に行う抽象的分析だけだったと言え
る[148]。

　また，このようなわけで，ゴドフロワの思想は当時の思
想傾向と完全に一致していると思われる。あるゆる立ち帰
り，少なくとも現実的認識としてのすべての立ち帰りを
「もの」と見なすこと，あらゆる自己認識を本質の抽象的
分析だけに還元することは，13世紀末に支配的だった傾
向性であり，1270年以前のブラバンのシゲルスと，まっ
たく異なる思想世界を生きていたフライベルクのディート
リヒを除けば，こうした傾向性を免れていた思想家を見出
すことはきわめて難しいのである。思うに，ゴドフロワ
は，立ち帰りの意味を喪失してしまったことと，自己認識

---

　148)　他の種類の自己認識を，もっと直接的に，自然と，その
上直観的に参照している唯一の箇所は，可能知性による能動知性の認
識についてアヴェロエスが述べている考え方を解釈している場面であ
る。この参照は，1265年に成立した，シゲルスの『霊魂論第3巻に
関する問題集』(Quaestiones in tertium de anima) に見出せる参照と同
じであり，同じ着想を共有している。この事実から何らかの結論を引
き出すには，アヴェロエスにおける自己認識の概念を検討し，その概
念の展開を少なくともシゲルスからディートリヒまでたどる必要があ
る。

を，アリストテレス主義者たちを支配していた唯一の形態，すなわち知性の種的特徴を通じた知性の抽象的認識に還元してしまったことの新しい証人なのである。

それゆえ，ますます明らかになることに，自己認識の問題を解明しようとした思想家たちのそれぞれの立場は，異なる二つの道をたどることになった。あるいは，サットンやゴドフロワのように，自己認識を，「もの」と見なして，「わたし」を対象化する抽象的分析としてのみ捉えるか，あるいはこうした物化，対象化を人間知性の限界と見なし，まったく違う自己認識の形態を見出そうとするかである。こうした他の形態は，いっそうアウグスティヌス主義的な伝統の中で，次第に避けられない考え方となり，スコトゥスやオッカムの直観理論として完成することになる。

しかし，どちらの場合でも共通の要素が見出せる。どんな立場を選びとろうとも，抽象的分析と自己の直視のいずれが問題になっていようとも，人間の自己認識を描こうとする哲学は，自己を物と見なして対象化せざるをえない。実際，立ち帰りを自己の抽象的認識に限定するような，ゴドフロワのアリストテレス主義的な見解を採用しようが，直観主義的な観点を採用しようが，どちらの場合でも，霊魂や知性は——一方では抽象的知識の対象として，他方では知性の直視の対象として——対象化されることになる[149]。その一方で，主体や具体的な「わたし」としての人間の内面性は，曖昧な習慣的意識——もしこうしたものを認めるなら——に還元されるように思われる。トマス・

---

149) 実際，少し単純すぎるこの二者択一を避けることのできた著述家はわずかしかいなかった。すなわち，トマスと完全な立ち帰りに関する教え，1270年以前のシゲルス，とりわけディートリヒである。ディートリヒは，自己を物と見なすこうした傾向性に気づいており，これを批判することで間接的に別の傾向性を採用することになった。

4 結 論   521

アクィナスがどれほど懸命に自己認識の様々な形態を区別
し，霊魂を物と見なしたり対象化したりしないような形態
について説明したとしても，またそのようにして，自分自
身に完全に立ち帰る精神に固有の内的ダイナミズムの偉大
さと独自性を賞賛したとしても，約20年後には，こうし
た試みの痕跡は，一般的に言ってドイツのドミニコ会学派
と，フライベルクのディートリヒ──この領域におけるト
マスの臆病さを批判している──を除けば，もはや見出せ
ないように思われる。

　自己を物と見なすこうした強調は，そうした態度を採用
しようが，退けるために参照しているだけであろうが，当
時の思想家の全員に当てはまると言えるなら，なおさら驚
くべきものになる。実際，サットンのような初期トマス学
派において，自己を物と見なすような考え方を確認した。
だからと言って，よりアウグスティヌス主義的な思想家た
ちが別の観点を採用したわけではない。すなわち，間接的
認識が問題になるなら，これはアウグスティヌス主義者た
ちにとっても，抽象的分析以外の何ものでもない。直接的
認識が問題になるとしても，霊魂はこの場合にも直視の対
象でしかない。こうした傾向は，マテウスからオリヴィや
マーストンに至るまで，簡単に確認することができる。ゴ
ドフロワも同じように確信していたが，サットンの見解に
より近い道をたどっている。

　こうして，ゴドフロワは当時のあらゆる思想家と同じ傾
向性をもつ独立的な思想家だったと言える。ゴドフロワ
は，新アウグスティヌス主義にかなりはっきり反対してい
ることから，トマス・アクィナスと，トマスを引き合いに
出す初期のトマス学派の側に属していることが分かる。認
識論の一般的方針を，トマス的なアリストテレス主義と共
有しているが，そのいくつかの特徴，例えば知性の受動性
の教えを強調している。次の主要な考え方もトマス主義と

共有している。すなわち，人間霊魂は，分離霊魂の状態よりも身体と結びついている自然本性的状態の方が，ある意味でより完全である。たとえ分離している状態では，途上では実現できない認識様態を享受できるとしても。自己認識の場合では，表象像に頼ることと，他のものに向かう働きを介する必要があることから，ゴドフロワはトマスの弟子だと考えることができる。

　しかし，少なくとも自己認識の主題に関して言えば，こうした見方は簡単すぎるだろう。ゴドフロワがトマスの独立的な弟子だと推測させる理由は，数多くある理由の中でも，二人ともアリストテレス主義という共通の基盤の上に立っていることであるのは間違いないが，ゴドフロワとトマスはアリストテレスを異なる仕方で援用している[150]。な

---

150)　歴史家の中には，ゴドフロワの精神の独立性——cf. N.F. GAUGHAN, *Godfrey of Fontaines, An Independent Thinker* (1967), p. 43-54——だけでなく，ゴドフロワが弁護したアリストテレス主義の還元不可能な独創性——cf. J.F. WIPPEL, *The Metaphysical Thought of Godfrey of Fontaines* (1981), p. 385——をも強調した人々がいる。他の人々は，ためらうことなく，もっと単純にゴドフロワはトマスの弟子だと見なした。それどころか，O. LOTTIN, *Le thomisme de Godefroid de Fontaines* (1937), p. 561 は，少なくとも自由意志の領域では，ゴドフロワはトマスにどこまでも忠実だったと結論づけ，ゴドフロワと，サットンのようなトマス主義者は，見解が似ており一致する点もあったと進んで指摘している——「ゴドフロワとサットンが，自由意志に関してこれらすべての点で一致していたことから，サットンはゴドフロワの弟子だったと認める必要がある」(*Ibid.*, p. 573)。さらに，別の人々によれば，ゴドフロワはアヴェロエスやシゲルスに多くを負っていた——「ゴドフロワは，はっきりと満足しつつ，自分の説明が『霊魂論』第3巻に関するアヴェロエスの議論とうまく整合していることを指摘している。そこでアヴェロエスが述べるところでは，想像上の志向性は，それ自体としては，可能知性を動かしたり，可能態から現実態に引き出したりするには十分でない」(J.F. WIPPEL, *The Role of the Phantasm in Godfrey of Fontaines' Theory of Intellection* (1986), p. 578)。Cf. surtout R. IMBACH, *Averroistische Stellungnahmen* (1981), p.

4 結 論

ぜなら，ゴドフロワは間違いなくアリストテレス主義者だが，トマス的なアリストテレス主義に忠実に従っているわけではないからである。このことを確証するには，他の領域で形而上学的体系——ウィッペルが概観しているような[151]——が異なっていることを確認し，知性の受動性というあまりトマス的ではない主張を想起し，あるいはさらに簡単なことだが，『任意討論集』第7巻第9問をざっと見るだけで十分である。ゴドフロワは，トマスに比べて，自己認識に認めるべき意味や一般的重要性を制限している。それゆえ，トマスよりも厳格なアリストテレス主義者なのである。ゴドフロワがサットンのように自己認識を抽象的分析に限定したことは確かだが，サットンはトマスの方針にもっと忠実に，ゴドフロワとはまったく違う仕方で自己認識の問題を考察している。実際，トマスに従うサットンによれば，知性が現実態において可知的であることを妨げているのは対象としての知性の可能態性である。ゴドフロワはこれに反し，知性の可知性を真に妨げている原因を認識プロセス——人間は表象像を介してはじめて認識できる——の側に求めている。それゆえ，ゴドフロワの批判は，直接的にはサットンが弁護するようなトマス主義の主張に対立しているが，逆説的なことに，ロジャー・マーストンの見解と一致することになった。ゴドフロワは，マーストンが『神学大全』の主要箇所を非難したのと同じ点——知性と第一質料の比較は言葉の曖昧な使用に基づいている——について，サットンをはっきり非難している。

実際，ゴドフロワの自己認識論を検討したことで，ド・ヴルフやロッタンの主張とは反対に，ウィッペルの主張を

319-322.

151) Cf. J.F. WIPPEL, *The Metaphysical Thought of Godfrey of Fontaines* (1981), p. 46-55.

524   第5章　フォンテーヌのゴドフロワ

確証できた。すなわち、ゴドフロワはトマス主義者ではない。ゴドフロワは、トマスに対して知的共感を抱いていたが、このことのおかげで、万人の認める精神の独立性を得ただけでなく、アリストテレス思想について非常に独自の仕方で考察せざるをえなくなった。そして、その態度は時にトマスよりもシゲルスの完全なアリストテレス主義にいっそう近いものであった。なぜなら、トマスのアリストテレス主義は新プラトン主義的伝統の影響を受けているからである[152]。ゴドフロワの思想は、1275年から1300年までにおいて、最も強力にアリストテレス哲学を練り上げようとした試みの一つと言っても、おそらく過言ではないだろう[153]。

　最後に、この時代の思想動向をトマス主義と新アウグスティヌス主義に二分しようとする伝統は、少なくとも不適切であり、あらゆる思想的立場の微妙な差異や豊かさを無視するものであることが分かるだろう。確かに、学派を形成し始めたトマス主義を別にすれば、新アウグスティヌス主義はきわめて重要な役割を担っている。しかし、完全なアリストテレス主義、ゴドフロワのアリストテレス主義、ドイツのドミニコ会学派を通じてライン川沿岸で生じた新しい方向性を無視するわけにはいかない。要するに、13世紀から14世紀の転換期に生じた豊かで深い思想をみな、いくつかの還元的で単純すぎるレッテルで論じようとすることは不可能だと思われる。もしそうするなら、こうしたあらゆる思想家——多かれ少なかれアリストテレス主義の影響を受けており、ゴドフロワはその中で最も重要な人物の一人である——の貢献は、正しく評価されないだろう。

---

　　152)　Cf. J.F. WIPPEL, *The Metaphysical Thought of Godfrey of Fontaines* (1981), p. 382.

　　153)　Cf. J.F. WIPPEL, *The Metaphysical Thought of Godfrey of Fontaines* (1981), p. 150.

第 6 章

フライベルクのディートリヒ

1　導　入

1.1　ディートリヒについて

　パリとオックスフォードの学派を生まれたばかりのトマス主義と新アウグスティヌス主義に分けるやり方は，数年前から便利だと思われてきたが，一方で思想の多様性をまったく考慮に入れておらず，他方で歴史的なあらゆる探究領域を 1277 年の禁令が直接影響を与えた知的領域だけに限定することになる。疑いないことだが，1277 年の禁令はオッカム哲学が発展した文化的土壌であり，したがって 14 世紀の思想史における偉大な方向性がいくつも誕生するきっかけになった出来事に他ならなかった。しかし，13 世紀末の自己認識の問題について，比較的完全な一覧を明らかにしたいなら，1277 年の禁令の周辺だけを論じるだけでは不十分だろう。実際，今日では決して無視できない思想家たちの属した学派が存在した。すなわち，「ケルンのアルベルトゥス学派」のことであり[1]，その

---

　　1)　Cf. ALAIN DE LIBERA, *Introduction à la mystique rhénane*, Paris 1985. Cf. *Albert der Grosse und die deutsche Dominikanerschule*,

526 　　　第6章　フライベルクのディートリヒ

構成員は，ふつう簡単には，ライン学派の神学者や神秘
主義者と呼ばれている[2]。『中世ドイツ哲学集成』（Corpus
Philosophorum Teutonicorum Medii Aevi）の刊行が始まっ
てからは，今日では，有名なエックハルト以外にも，スト
ラスブールのウルリヒ（Ulrich de Strasbourg）[3]，モースブ

Philosophischen Perspektiven, hrsg. R. IMBACH und C. FLÜELER,
dans *Freiburger Zeitschrift für Philosophie und Theologie* 32 (1985), p.
1-271 ; G.-M. LÖHR, *Die Kölner Dominikanerschule vom 14. bis zum 16.
Jahrhundert*, Freiburg 1946.

　　2)　この名称については，JEANNE ANCELET-EUSTACHE,
Maître Eckhart et la mystique rhénane, Paris 1956 ; MAURICE DE
GANDILLAC, *Tradition et développement de la mystique rhénane*,
dans *Mélanges de sciences religieuses* 3 (1946), p. 37-60 ; MICHEL-
MARIE LABOURDETTE, O.P., *Les mystiques rhéno-flamands*, dans
La vie spirituelle 652 (1982), p. 644-651 を参照。完全な文献一覧
は，A.DE LIBERA, *Introduction à la mystique rhénane* (1985), p.
449-461 ; RUEDI IMBACH, *Le (Néo-)platonisme médiéval, Proclus
latin et l'Ecole dominicaine allemande*, dans *Revue de théologie et de
philosophie* 110 (1978), p. 427-448 ; R. IMBACH, *Gravis iactura verae
doctrinae, Prolegomena zu einer Interpretation des Schrifts « De ente et
essentia » Dietrichs von Freiberg O.P.*, dans *Freiburger Zeitschrift für
Philosophie und Theologie* 26 (1979), p. 427-448 ; R. IMBACH, *Die
deutsche Dominikanerschule : Drei Modelle einer Theologia mystica*,
dans *Grundfragen christlicher Mystik, Wissenschaftliche Studientagung
Theologia mystica in Weingarten vom 7.-10. November 1985*, éd. M.
SCHMIDT et D.R. BAUER, Stuttgart-Bad Cannstatt 1987, p. 157-172 を
参照。

　　3)　『最高善について』（De summo bono）の新しい批判的校訂版
が進行中である——cf. ULRICH VON STRASSBURG, *De summo bono,
Liber 2, Tractatus 1-4*, éd. A. DE LIBERA, Hamburg 1987 ; *De summo
bono, Liber 4, Tractatus 1-2, 7*, éd. S. PIEPERHOFF, Hamburg 1987.
Cf. également J. DAGUILLON, *Ulrich de Strasbourg, O.P., La summa
de Bono, Livre I, Introduction et édition critique*, Paris 1930. Cf. A.DE
LIBERA, *Ulrich de Strasbourg, lecteur d' Arbert le Grand*, dans *Albert
der Grosse* (1985), p. 105-136.

1　導　入　　527

ルクのベルトルト（Berthold de Moosburg）[4]，フライベルク
のディートリヒといった複数の思想家が知られている[5]。
そして，まだ名前しか知られていないような思想家たち，
すなわちシュテルンガッセンのゲラルドゥスとヨハネス
（Gérard et Jean de Sterngassen）[6]，リヒテンベルクのヨハネ
ス・ピカルドゥス（Jean Picard de Lichtenberg）[7]，リュー
ベックのヘンリクス（Henri de Lübeck）[8]，ストラスブール

---

4)　BERTHOLD DE MOOSBURG, *Expositio super Elementationem theologicam Procli, Prop.1-13*, éd. M.-R. PAGNONI-STURLESE et L. STURLESE, Hambourg 1984 ; *Expositio super Elementationem theologicam Procli, Prop.14-34*, éd. L. STURLESE, M.-R. PAGNONI-STURLESE et B. MOJSISCH, Hambourg 1986. Cf. LORIS STURLESE, *Note su Bertoldo di Moosburg O.P., scienziato e filosofo*, dans *Albert der Grosse* (1985), p. 249-259. De libera の翻訳における著作に関する緒言と L. Sturlese の導入については，*Philosophes médiévaux* (1986), p. 335-372 を参照。

5)　THIERRY DE FREIBERG, *Opera omnia*, Tomus I, *Schriften zur Intellekttheorie*, Einl. K. FLASCH, éd. B. MOJSISCH, Hamburg 1977; Tomus II, *Schriften zur Metaphysik und Theologie*, Einl. K. FLASCH, éd. R. IMBACH, M.-R. PAGNONI-STURLESE, H. STEFFAN, L. STURLESE, Hamburg 1980 ; Tomus III, *Schriften zur Naturphilosophie und Metaphysik*, Einl. K. FLASCH, éd. J.-D. CAVIGIOLI, R. IMBACH, B. MOJSISCH, M.-R. PAGNONI-STURLESE, R. REHN, L. STURLESE, Hamburg 1983 ; Tomus IV, *Schriften zur Naturwissenschaft, Briefe.*, Einl. L. STURLESE, éd. M.-R. PAGNONI-STURLESE, R. REHN, L. STURLESE, W.A. WALLACE, Hamburg 1985. ドイツ語訳もある――*Abhandlung über den Intellekt und den Erkenntnisinhalt*, übersetzt und mit einer Einleitung herausgegeben von B. MOJSISCH, Hamburg 1980。

6)　Cf. A.DE LIBERA, *Introduction à la mystique rhénane* (1985), p. 13-15.

7)　Cf. A.DE LIBERA, *Introduction à la mystique rhénane* (1985), p. 15-16. Cf. JOANNIS PICARDI DE LICHTENBERG, *Quaestio disputata de esse et essentia ex cod. 784 Bibl. Jagellonicae*, éd. W. SENKO, dans *Mediaevalia Philosophia Polonorum* 8 (1961), p. 5-28.

8)　Cf. A.DE LIBERA, *Introduction à la mystique rhénane* (1985), p. 16-18.

528 　　　　第6章　フライベルクのディートリヒ

のニコラウス（Nicolas de Strasbourg）[9]，フリブールのヨハネス（Jean de Fribourg）に関する研究が近く期待されている[10]。

　これらの思想家は全体として，接近しにくく，テキストは難解で，研究も進行中なので，現在まとまった考えを述べることはほとんど不可能である。また，これらの著作は非常に豊かで多様なので，もっと簡単に大要を述べようとすることすらできないだろう。それゆえ，ここでも，テキストに注意深く従い，時期尚早にすぎる総合的見解を述べないようにすることが必要である。しかし，自己認識の問題に関心のある読者は，探究に関して恵まれた状況にいる。というのも，これらの著述家の中で，テキストが最近校訂され，自己認識に関する情報がたくさん手に入る著述家が少なくとも一人いるからである。問題になっているのは，有名なドミニコ会の教師フライベルクのディートリヒである。ディートリヒは，ドミニコ会やパリ大学で重要な役職に就いただけでなく，特に独創的な思想を作り上げたことでも知られている。ディートリヒの思想は，確かに力強く，1277年の禁令の影響からかなり自由に見えるのだが，少なくとも生まれたばかりのトマス主義——ドミニコ会全体で権威を持ち始めていた——に対立している。周知のとおり，こうした反トマス主義は，確かにディートリヒには当てはまるが[11]，ドイツのドミニコ会学派の全体を

9）　Cf. A.DE LIBERA, *Introduction à la mystique rhénane* (1985), p. 18-19.

10）　Cf. A.DE LIBERA, *Introduction à la mystique rhénane* (1985), p. 19-20. Cf. R. IMBACH, ULRIKA LINDBLAD, *Compilatio rudis ac puerilis, Hinweise und Materialien zu Nikolaus von Strassburg O.P. und seiner « Summa »*, dans *Albert der Grosse* (1985), p. 155-233 ; TIZIANA SUAREZ-NANI, *Noterelle sulle fonti albertine del « De tempore » di Nicola di Strasburgo*, dans *Albert der Grosse* (1985), p. 235-247.

11）　にもかかわらず，指摘すべきことに，こうした反トマス主

1 導 入　　　　　529

支配していたものではなかった。このことを確信するに
は，エックハルトを想起するだけで十分である。しかし，
ディートリヒの反トマス主義には特有の利点があり，それ
は例えばロジャー・マーストンやジョン・ペッカムのように
トマスを一方的に非難するだけの態度に陥っていないこ
とである。ディートリヒでは，むしろアリストテレスの理
論を乗り越えようとする意志がはっきり見てとれるのであ
り，そうした理論を新奇だからと言って退けてしまうこと
はなかった。なぜなら，誤っているというよりは，むしろ
人間精神の現実を限定的にしか説明できないと思われた
からである[12]。実際，ディートリヒの知性論は，ボナヴェ
ントゥラでもトマス・アクィナスでもなくアウグスティ
ヌスを大胆に解釈したものであり，一方では最重要の典
拠として『原因論』，プロクロス，偽ディオニュシオス，
特にアルベルトゥス・マグヌスを参照しているが[13]，他方
ではアフロディシアスのアレクサンドロス（Alexandre d'
Aphrodise），アヴィセンナ，アヴェロエスまでも含めたギ

義を確認できるのは，いくつかのテキスト，すなわち『至福直観につ
いて』，『知性と可知的なものについて』，特に『存在と本質について』
の中だけである——cf. K. FLASCH, *Einleitung*, dans DIETRICH VON
FREIBERG, *Opera omnia*, t. II (1980), p. XVII.

　　12)　この問題については，R. IMBACH, *Gravis iactura* (1979),
p. 369-425 の文献表を参照する必要がある。Paul Vignaux は，すでに
1958 年に，アルベルトゥスについて論じながら，大胆にも次のよう
な指摘をしているが，これに中世思想史家の大部分はすぐには関心
を示さなかった。「すでに述べたように，トマスの教師であるアルベ
ルトゥスの著作は，トマスの著作よりも豊かだった。アルベルトゥス
を経由した新プラトン主義の方向性は，ストラスブールのウルリヒや
フライベルクのディートリヒに受け継がれた」（*Philosophie au moyen
âge*, Paris 1958, p. 143)。

　　13)　Cf. KURT FLASCH, *Von Dietrich zu Albert*, dans *Albert der
Grosse* (1985), p. 7-26.

530　　　第6章　フライベルクのディートリヒ

リシャやアラビアの解釈にも訴えている[14]。これは中世の新プラトン主義の頂点とも言えるのであり，ディートリヒは非常に大胆に道を切り拓こうとしているが，こうした道は，一見予想しづらいことだが，ニコラウス・クザーヌス（Nicolas de Cuse）や，もっと後では近代のドイツ思想にもつながっていくものである[15]。

　ディートリヒは，1318-20年頃に亡くなるまで，重要な学問的キャリアを積み重ねてきた[16]。1272-75年，およそ22歳の頃，ザクセン地方のフライベルクのドミニコ会修道院で講師として働いた後で，二年間にわたり神学の研究を行うためパリに赴いた。1280年までトレーヴの講師だったが，再びパリに戻って，1281年から1283年まで『命題集』を講義した。次に，三年間ドイツ管区長を務め，1297-98年に，それゆえ46歳というかなり高齢になってから神学の教授になった。こうして，正教授としての役割を果たさざるをえなくなったが，このときに哲学と学問に関する著作の大部分を執筆したと思われる。続いて，大学でのキャリアを少なくとも1303年まで継続すると同時に，ドミニコ会の重要な仕事を任されることになった。という

　14）　結局のところ副次的な典拠の問題については，A. DE LIBERA, *Introduction à la mystique rhénane* (1985), p. 27-72 ; R. IMBACH, *Le (Néo-)platonisme médiéval* (1978), p. 427-448 を参照。

　15）　Cf. K. FLASCH, *Kennt die mittelalterliche Philosophie die konstitutive Funktion des menschlichen Denkens ? Eine Untersuchung zu Dietrich von Freiberg*, dans *Kant Studien* 63 (1972), p. 182-206 ; K. FLASCH, *Zum Ursprung der neuzeitlichen Philosophie im späten Mittelalter, Neue Texte und Perspektiven*, dans *Philosophisches Jahrbuch* 85 (1978), p. 1-18.

　16）　ディートリヒの伝記については，L. STURLESE, *Dietrich von Freiberg*, dans *Deutsche Literatur des Mittelalters. Verfasserlexicon*, Bd. 2, hrsg. W. STAMMLER, Berlin 1980, col. 127-137 ; L. STURLESE, *Dokumente und Forschungen zu Leben und Werk Dietrichs von Freiberg*, Hamburg 1984 を参照。

のも，1303 年のコブレンツ管区会議と，1304 年にトゥー
ルーズで開かれた総会に参加しているからである。

ディートリヒの著作は，たいていの場合，比較的短い論
考の形をとっている。そして，その中でも，『至福直観に
ついて』と『知性と可知的なものについて』という二つの
論考はきわめて重要である[17]。『至福直観について』は全体
を通して自己認識を扱っており，『知性と可知的なものに
ついて』は，反論もあるだろうが，『至福直観について』
の哲学思想を延長して最後まで論じている。

さらに言えば，これらの著作が書かれた年代を正確に
決定することは難しい。それゆえ，シュトアレーゼ（L.
Sturlese）の権威ある見解に従い[18]，『至福直観について』
と『知性と可知的なものについて』は同時期に書かれたと
考えよう。この二著作は両方とも，1297 年頃に書かれた
最初の著作群に属するとして間違いないだろう。

1.2 ライン学派の独創性

ディートリヒのように独創的で難解な思想を論じるにあ
たっては，争点を明らかにし，いくつかの方針を解明する
ことがふさわしいだろう。実際，いくつかのテキストを単
に示しただけでは，どのようにしてディートリヒの哲学
が 13 世紀末の思想史の中に有機的に組み込まれるのか分
からないのである。ところが，問題の重要性からして，考
え方や理論を単に並置するだけで終わらせることはできな
い。事実，ディートリヒの思想を当時の力強い思想的展開
の中に真剣に位置づけようと思えば，思想史を，プラトン
とアリストテレスの対立から始めて，次に新プラトン主

---

17) この二つの論考は，*Opera omnia*, Tomus I, *Schriften zur Intellekttheorie* (1977) の中で校訂されている。

18) Cf. L. STURLESE, *Dietrich von Freiberg*, (1980), col. 128.

532　　第 6 章　フライベルクのディートリヒ

義の展開——プロティノス（Plotin）やエリウゲナ（Scot Erigène）から，偽ディオニュシオス，プロクロス，もちろんアウグスティヌスを，そしてアプレイウス（Apulée），アヴィケブロン，ボエティウス，マクロビウス（Macrobe），『原因論』，アラビアとユダヤのプラトン主義に至るまで——を考察し[19]，最後にアルベルトゥス・マグヌスを詳しく検討する必要があろう。このような調査は，どれほど長大なものになろうとも，「ライン学派の神学」が思想史における挿話的で二次的な現象にとどまらないことを明らかにしたいなら，やはり欠かせないと言える[20]。しかし，ここでそうした調査を行うことはできない[21]。

　こうした方法上の困難を避けるために，より短くより簡単だが，厳密にはあまり歴史的でない方法を借用できる。思うに，実行できる最も簡単な方法は以下のものである。すなわち，これまで取り上げた思想家，特にトマス・アクィナスについて，不明瞭にとどまっている思想の側面，批判が疑問視している主張，1277 年の禁令が公に断罪したと思われる，アラビア起源の主題，最終的な結論まで一度も到達していない，ざっと述べられているだけの直観，最後に大部分の著述家の精神に少しも影響を与えなかったように見える考え方を指摘する。この方法により，非常に図式的にではあるが，いくつかの哲学上の問題を提起できるのだが，こうした問題を検討すれば，自己認識に関するディートリヒの思想的枠組みはうまく理解できるだろう。

1.2.1　神学と哲学

　13 世紀には，特に 1255 年にアリストテレスの全著作が

---

　19)　Cf. R. IMBACH, *Le (Néo-)platonisme médiéval* (1978), p. 430.

　20)　研究はたくさんあるが，B. MOJSISCH, *Meister Eckhart, Analogie, Univozität und Einheit*, Hamburg 1983 も指摘できる。

　21)　最初の完全な文献表については，R. IMBACH, *Le (Néo-)platonisme médiéval* (1978) を参照。

1 導　入　　　533

教養学部の授業計画に組み込まれてからは，哲学と神学の
関係について，多様でしばしば複雑な見解がいくつも生ま
れた。思想家の中には，哲学を端女の役割に限定したり，
哲学からあらゆる自立性を奪ったりする者もいれば，新し
い道を探したり，哲学を神学から切り離そうとした者もい
た。哲学は人間生活の完成だとしたダキアのボエティウス
や[22]，哲学の世俗化という重要な運動を進めたダンテも忘
れてはならない[23]。

　しかし，哲学と神学は同じだと考えることはできない
のか。哲学者の方法を通じて最高善である神の認識まで
高まることのできる哲学的神学は存在しないのか[24]。アリ
ストテレス哲学の限界を強調し，その代わりに神的なプラ
トン哲学を評価し，こうして「疲れを知らない探究者」で
あるプロクロスの偉大な哲学を活用することはできないの
か[25]。これはまさにモースブルクのベルトルトの見解だっ
た。しかし，ディートリヒは，アルベルトゥスとベルトル
トの間を行く，もっと微妙な差異を有する見解を採用し，
トマス・アクィナスの見解に明確に反対した。

---

22)　Cf. BOECE DE DACIE, *Du souverain Bien ou de la vie
philosophique*, trad. et introd. par R. IMBACH et M.-H. MÉLÉARD, dans
Philosophes médiévaux (1986), p. 158s.

23)　Cf. DANTE ALIGHIERI, *La Monarchie*, livre I, c.1-5 et
livre III, c.15, trad. et introd. par R. IMBACH et M.-H. MÉLÉARD,
dans *Philosophes médiévaux* (1986), p. 249-267 ; R. IMBACH, *Laien
in der Philosophie des Mittelalters, Hinweise und Anregungen zu einem
vernachlässigten Thema*, Amsterdam 1989.

24)　Cf. BERTHOLD DE MOOSBURG, *Expositio super
Elementationem theologicam Procli*, cité dans A.DE LIBERA,
Introduction à la mystique rhénane (1985), p. 32. De Libera のフランス
語訳についている序文については，*Philosophes médiévaux* (1986), p.
347s. を参照。

25)　Cf. A.DE LIBERA, *Introduction à la mystique rhénane* (1985),
p. 31-32.

534 第6章 フライベルクのディートリヒ

　伝統的には，哲学的神学と，キリスト教神学——われわれの学と呼ばれている——ははっきり区別されるが，これもアリストテレスの見解——神学は離存的で不動の実体に関する研究である——によっている[26]。例えば，哲学的神学とキリスト教神学は，共通しないが対立もしない神学の二形態と見なせる。どちらの学の対象も神だが，哲学的神学は存在としての神を他の実体との関係性の中で，キリスト教神学はキリストが啓示した三位一体の真理であるかぎりの神を考察する。それゆえ，神学と哲学はまさに同じ神を対象にしているわけではなく，両者では神の概念も異なっている。しかし，こうした物の見方を採用すれば，次のような危険が出てくることは明らかである。すなわち，哲学者は神を啓示された御言において考察せず，考察の目を全世界とあらゆる離存実体に向け，創造を否定したり，神が一人で媒介なしに創造した事実を認めない恐れがある[27]。

　ディートリヒによれば，哲学はまさに神から発出してき

---

　26)　Cf. ARISTOTE, *Métaphysique*, VI, 1, 1026a10-25.

　27)　Cf. « Si autem essent aliae substantiae, quas curiositas philosophorum asserit et intelligentias vocant, quarum quaelibet secundum eos est intellectus in actu per essentiam, huiusmodi, inquam, essent secundum dictos philosophos principia entium non supposito aliunde aliquo subiecto, supposita tamen actione et virtute prioris et alitioris principii, in cuius virtute et actione fundarentur et figerentur earum propriae actiones; et ideo non essent creatrices (…) »〔もし哲学者たちが好奇心からその存在を主張し，知性実体と呼ぶ他の実体——彼らによればこうした実体はみな本質を通じて現実態にある知性である——が存在するとすれば，こうした実体は，彼らの言うところでは，何らかの基体を必要としない，存在するものの根源である。ただし，こうした実体といえども，より先なるより高次の始原の働きと力を必要としており，自分固有の働きはそうした力と働きに支えられている。それゆえ，こうした実体そのものに創造する力はない〕（*De animatione caeli*, 7.(5) ; t. III, p. 18, l. 67-73）.

1 導 入   535

た世界全体を研究する。哲学的神学の対象と見なされてい
たものは，キリスト教神学の対象になる。このことが言わ
んとしているのは，ディートリヒにとって，キリスト教神
学と哲学的神学は，彼以前の多くの人々が考えていたこと
とは違って，まさに同じ対象を持っているということであ
る。異なっているのは，神とその結果の関係を考察する方
法である。神は事物を，一方では自然的摂理の次元で，他
方では意志的摂理の次元で支配している[28]。意志的摂理は
キリスト教神学の対象であり，自然的摂理は哲学的神学の
対象である。こうして，哲学者の関心の的である自然的摂
理の次元では，世界は合理的法則——信頼できる安定性を
保証している——にしたがって支配され造られている[29]。

---

28) Cf. « Quia igitur in hac scientia tractatur de tota universitate
entium − et secundum processum eorum a Deo et secundum ordinem in
ipsum et secundum dispositionem entium et proprios modos eorum inditos
ipsis entibus a Deo, et haec sive secundum ordinem naturalis providentiae
seu secundum ordinem voluntariae providentiae, secundum distinctionem
Augustini VIII *Super Genesim* − , necesse est omnia convenire in una
ratione subiecti, quod vocetur, sicut et vere est, ens divinum, quod primo
et simpliciter et essentialiter convenit primo omnium principio, reliquis
autem per attributionem ad ipsum, quantum ad modos attributionis iam
dictos »〔それゆえ，この学では存在するものの全体が論じられる。
すなわち，すべてのものが，神からの発出，神への還帰，存在する
ものの状態と，神が存在するものに刻み込んだ固有の様態，アウグス
ティヌスが『創世記註解』第8巻で行っている自然的摂理と意志的摂
理の区別にしたがって論じられる。したがって，すべてのものは一つ
の主題の観点に統一される。すなわち，神的存在と呼ばれ，真にそう
である観点である。この神的存在は，第一に，無条件的に，本質的に
すべてのものの第一の始原と，すでに述べた帰属の仕方で第一の始原
に属している残りのものを指す〕(*De subiecto theologiae*, 3.(5) ; t. III,
p. 281, l. 69-77).

29) Cf. « Scientia enim divina philosophorum considerat
universitatem entium secundum ordinem providentiae naturalis, quo
videlicet res stant in sui natura et secundum suos modos et proprietates
naturales gubernantur per principem universitatis, nec ultra hunc naturae

536   第6章　フライベルクのディートリヒ

このようなわけで，人間理性は，信仰のあらゆる次元から
独立に，世界の合理的構造を調べる。したがって，ディー
トリヒは学問的で哲学的な探究に必要な自立性を認めてお
り，知性は合理的な仕方でキリスト教神学と同じ対象を探
究する。それゆえ，ディートリヒの形而上学は，本来的な
意味での神学であり[30]，事物の神に対する関係と神そのも

---

ordinem aliquem ulteriorem finem attendit. Nostra autem divina sanctorum
scientia attenditur in entibus, secundum quod stant et disponuntur sub
ordine voluntariae providentiae, in quo attenditur ratio meriti et praemii et
ea, quae attenduntur circa bonam et sanctam vitam et adeptionem aeternae
beatitudinis et perventionem ad finem ulteriorem sive in bono sive in malo
etiam post terminem huius mundi, quando scientia divina sapientium huius
mundi destruetur, I Cor., 13 »〔哲学者たちの神学は，すべての存在を
自然的摂理の次元——この次元では，事物は自分の本性と様態にした
がって存立しており，自然的固有性は普遍性の原理によって支配され
ている——において考察し，この自然の次元を超えた何らかの目的を
検討することはない。対して，聖なる人々の学であるわれわれの神学
は，意志的摂理の次元で存立し支配されている存在を考察する。そこ
では，功績や報いの理由や，聖なる善い生や，永遠の至福の獲得や，
善人と悪人の究極目的への到達——この世の終わりの後に，この世
の知恵に基づく神学が廃れるときに到来する——が検討される〕（De
subiecto theologiae, 3.(9) ; t. III, p. 281-282, l. 100-109）．

　30）Cf. « Quamvis autem quantum ad considerationem primi
philosophi talis etiam, quae dicta est, attributio entium ad primum
principium attendatur, et propter hoc etiam potius dicitur apud philosophos
scientia divina seu theologia, quam dicatur metaphysica － considerat
enim primo et principaliter de ente divino, quod est divinum per essentiam,
consequenter autem de aliis, unde in XII talia ostendit ordinari in ipsum
tamquam in universitatis principem － , nihilominus tamen nostra scientia,
quam vere et simpliciter theologiam dicimus, distinguitur a scientia divina
philosophorum »〔すでに述べた，この最初の哲学者であるアリストテ
レスの考察に関して言えば，存在するものの第一の始原への帰属が考
察される。それゆえ，むしろ，哲学者たちにおいては，形而上学とも
呼ばれる神学は，第一に主要な仕方で本質による神的存在を考察し，
次にそれ以外のもの——『形而上学』第12巻では，普遍性の始原で
ある本質による神的存在に秩序づけられているとされる——を検討す

のの深淵を深く考察するものである。ディートリヒの哲学的神学は，キリスト教神学がすべてのものを意志的摂理の観点から見るかぎりで，キリスト教神学から区別され，事物をそれが存在するかぎりにおいて探究し，聖書が啓示している超越的目的性に縛られることなく考察する。すなわち，ディートリヒの哲学的神学は本来的に言って哲学的だが，実際その固有対象は人間理性が——トマス・アクィナスがそうしたよりも——力強く深く構成できる神学に他ならない[31]。知性と自己認識の問題を検討すれば，ディートリヒがキリスト教神学という伝統的な領域を，純粋に哲学的な理性を通じて解明しようとしている様子がはっきり見てとれるだろう。こうした微妙な差異を考慮に入れない見かけ上の混同のせいで，ディートリヒは神秘主義者という不適切なレッテルを張られてきた。ディートリヒは本来的意味での哲学者であり，その方法を通じれば，完全に自然の次元におけるある種の神秘主義に到達できるだけである[32]。

1.2.2 可能知性

可能知性は，アリストテレスが考えるように，認識する前にはいかなるものでもないのなら，そのダイナミズムや発端はどのように説明すればよいのか。可能知性は事物といかなる関係を取り結ぶのか。アリストテレス自身は，知性はすべてのものになることができ，こうして認識するものと一体化できることを認めている。しかし，こうした同

る。にもかかわらず，真にまた無条件的に神学と呼ばれるわれわれの学は，哲学者の神学から区別される〕（*De subiecto theologiae*, 3.(8) ; t. III, p. 281, l. 92-99）.

31) Cf. K. FLASCH, *Einleitung*, dans DIETRICH VON FREIBERG, *Opera omnia*, t. I (1980), p. XXII, XXIV.

32) 「自然的な神秘主義」というこうした表現が持ちうる意味については，JACQUES MARITAIN, *L'expérience mystique naturelle et le vide*, dans *Approches sans entraves*, Paris 1956, p. 264-284 を参照。

538　　　第 6 章　フライベルクのディートリヒ

一性はどのように理解すればよいのか。志向性と二次的概念という唯一の様態にしたがって理解するしかないのか。もしこのようなトマス的な見方を採用するなら，精神を犠牲にしてまで精神の外部にあるものを特別視し，精神を思考力によるまったく外的な認識に還元してしまうことになりはしないか[33]。こうして，可能知性の働きを普遍的概念——事物という真の存在の模写や再現——の産出だけと見ることは正しいのだろうか。この場合，自己認識は可能知性にとって付帯的なものにすぎなくなり，自己認識を構成する完全な立ち帰りについて論じる理由はもはや分からなくなるだろう。こうした考え方を逆転させ，可能知性こそが事物そのものを構成すると考えてはいけないのだろうか[34]。しかし，アヴェロエスの単一霊魂説を受け入れることなしに，可能知性はまず自分自身を認識することで[35]，「事物の総体を生み出す」[36]と主張するにはどうすればよいのか。そして次に，自己認識は，まさしく可能知性の働きなのか，それとも能動知性のために取っておかれているのか。

1.2.3　能動知性の無視

奇妙なことだが，トマス・アクィナスを含め，検討してきた大部分の哲学者は，自己認識の問題を論じるとき，ある主題——アリストテレスがはっきりと示唆している[37]——を無視している。実際，大部分の哲学者は可能知性の

---

33)　Cf. B. MOJSISCH, *Die Theorie des Intellekts bei Dietrich von Freiberg*, Hamburg 1977, p. 89-92.

34)　Cf. B. MOJSISCH, *Die Theorie des Intellekts* (1977), p. 77-83.

35)　可能知性は，まず自分の起源である能動知性を，次に自分自身を，最後に外的な事物を認識する——cf. A. DE LIBERA, *Introduction à la mystique rhénane* (1985), p. 227, n.108.

36)　A. DE LIBERA, *Introduction à la mystique rhénane* (1985), p. 30.

37)　Cf. ARISTOTE, *De l'âme*, III, 4, 430a2-6 ; III, 5, 430a19-20.

1 導入 539

自己認識を論じている。一見すると，能動知性そのものの
自己認識を気にかけている者はいないようである。この忘
却について言えば，1277年の禁令を持ち出してすべてを
説明することはできない。サットンと初期のシゲルスだけ
は能動知性を論じているようだが，かなり簡単に可能知性
と能動知性の関係に言及しているにすぎない。しかし，ア
リストテレスによれば，能動知性はある意味ですべてのも
のであり，霊的で永遠的なので，自分自身に立ち帰ると
考えて間違いないが，これはプロクロスが言及し，『原因
論』が再び取り上げ，トマスが受け入れた完全な立ち帰り
の理論によっている。それゆえ，能動知性は自分自身を認
識しないのか。この忘却は相当奇妙に見える。なぜなら，
精神の自己認識がその固有の実体と同一視できるなら，問
題となっているのはきわめて重要な問題だからである。し
たがって，知性は本質を通じて自分自身を認識するかどう
か，こうした運動はあらゆる霊的実体の特徴か否かと問う
ことは正しい。

1.2.4 能動知性と霊魂

この問題を延長して論じることは非常に自然である。そ
れでは，能動知性とは何で，人間霊魂といかなる関係にあ
るのか。トマスは『真理論』10問8項の中で，霊魂は諸
霊の中で最下にあるが，それは知性がそこでは純粋可能態
だからであると述べている。言うまでもなく，ここでト
マスは可能知性について論じている。しかし，ロジャー・
マーストンは忘れずにトマスを非難し，知性は現実態にあ
る形相のはずだと言っている。ところが，トマスもマース
トンも，知性をもっぱら人間霊魂の付帯性として考察して
いるようだ。だが，知性は，常に現実態にあるとすれば，
単なる付帯性に還元してよいのだろうか。トマスの主張を
疑っていけば，霊魂と知性の関係を別の仕方で考察できる
のではないか。実際，自己認識が能動知性の実体だとすれ

ば，能動知性の内的なダイナミズムは霊魂そのものの本質を構成すると言えはしないか。なぜ霊魂の根源は知性でないのか。なぜ霊魂と知性の関係を新プラトン主義的な流出の図式で理解してはいけないのか。このように考えることは狂気の沙汰だろうか。

1.2.5 能動知性と霊魂の隠れた根底

こうして開けた道が実行可能なものなら，なぜもっと先に進まないのか。なぜ哲学者たちの言う能動知性と，アウグスティヌスの言う霊魂の隠れた根底（abditum mentis）を同一視しようとしないのか。実際，アウグスティヌスによる暗黙的認識（nosse）と明白な認識（cogitare）の区別が成功したことは知られているし，トマスがそのことに基づいて習慣的認識という隠れた世界を論じ，精神の存在論的次元でこうした認識のようなものを考察したことも事実である。なぜ，こうした役割を能動知性に認め，能動知性は自己認識を通じて霊魂の隠れた根底を成すと考えてはいけないのか。なぜ能動知性を霊魂を構成する原因と見なしてはならないのか。そして，能動知性がすべてのものなら，なぜ能動知性の自己認識が，同時に，存在するものそのものに関する認識だと考えてはならないのか。形而上学が認識論に基づくような，こうした困難な方法を試みることはできないのか。

1.2.6 能動知性とその根源

トマスによれば，自己認識は，そのダイナミズムにおいてまさに神秘的な現実を隠し持っており，それというのも人間の内なる神の像の内的で隠れた秘所だからである。少なくともトマスは，こうした方向性につながるいくつかの考え方をざっと明らかにしている。こうして，哲学が哲学的神学になる瞬間を期待できるのである。まったく異なる仕方で，霊魂の隠れた根底と霊魂の起源との未分の現実を探究する道はないのか。なぜ，霊魂がそのものにおいて神

の像となり，完全にその根源に還帰する危険な冒険をあえて選ばないのか。エックハルトはこの道を進んだが，エックハルトの前にディートリヒが開拓していた。したがって，知性は本質を通じて神を受容することが明らかになる。発出と還帰の運動は，ディオニュシオスがとても大切にし，トマスにも大きな影響を与えた考え方だが，この二重の運動が一つのものにおいて混同されないのはどうしてなのか。知性がその起源から流出することは，その根源への還帰であり，それはそのまま知性の自己認識のことではないか。これはライン学派の主要テーマでもあるが，ディートリヒは出エジプトの形而上学を超えて，還帰の形而上学とも言える新しく大胆な道を開拓した。こうした形而上学では，存在論はプラトン起源の一者の形而上学から着想を得るのであり，ディートリヒ自身もその伝統を指摘している。

1.2.7　ディートリヒの独創性

こうした問いに対する肯定的な答えをディートリヒに見出せるなら，それはディートリヒの思想世界が，トマス・アクィナスやサットンの思想世界とも，ボナヴェントゥラ，アクアスパルタのマテウス，オリヴィ，ロジャー・マーストンの思想世界とも異なるからである。ディートリヒは，精神は自分自身と，事物の総体を構成できるというボナヴェントゥラ以降の思想家たちの考えに到達しただけなのか。また，実体，質，関係といったアリストテレスのカテゴリーは知性の現実を説明するのにまったく不適切であるというトマスの考えに到達しただけなのか。知性のダイナミズムは精神の外部にあるものに基づく演繹によっては説明できず，知性のうちでは実体，働き，対象は同一であるという考え方は，これまで検討してきた著述家の精神をかすめるだけだった。ディートリヒ以前に，精神の形而上学は存在の形而上学の唯一可能な基礎であるとまで考え

た思想家がいただろうか。能動知性は形相として神と結び
ついていると言ってよいと主張するところまで，アリスト
テレスを解釈しようとした思想家がいただろうか。これ
は，アヴェロエス起源の，アウグスティヌス的な伝統の影
響を受けた探究に踏み入ることだろうが，新しい仕方で読
まれたアリストテレスの弁明とも言えるだろう。少なくと
も，こうした方法が今日では独創的に見えることは疑いな
い。というのも，中世思想は今なおカント以前の哲学と
して単純化されているからである。ディートリヒの企て
は，13世紀に一般的に考えられていたような存在と精神
の関係について，根本的な見直しを行うことにあった。こ
うした探究により，実体と付帯性の関係，結果として神と
人間の関係について，まったく新しい考え方が生まれるこ
とになった[38]。今日，自己認識の歴史を論じようと思えば，
ディートリヒのこうした思想を考察せずに済ますことはで
きないのである。

2　予備的考察

　素早く提起されたいくつかの問題を見れば，ディートリ
ヒの知性論の特徴が垣間見える。しかし，簡単にいくつか
の特徴を指摘したところで，ディートリヒ思想の全体像を
ざっと描き出すことには十分でない。というのも，ディー
トリヒの思想はほとんど要約できず，その多様性のせいで
よりいっそう接近が難しくなっているからである。このこ
とを理解するには，『存在するものと本質について』のよ

---

　38)　「人間の思考による構成作用の理論は，実体と付帯性の関
係や，それを超えて神と人間の関係について，根本的な見直しをも
たらしたのではなかったか」(K. FLASCH, *Kennt die mittelalterliche
Philosophie* (1972), p. 183)。

2 予備的考察

うな論争的著作——この著作の歴史を考慮に入れなければ理解できない——が提起する解釈上の困難を確認したり，これらの著作を最初に読んだだけではディートリヒがほとんど異質とも言えるいくつかの側面を有している印象を受けることを指摘するだけで十分である[39]。しかし，説得力のある要約を避けつつも，いくつかの哲学的要点を指摘することはできる。こうした要点を知れば，『至福直観について』と『知性と可知的なものについて』の中で，自己認識について論じている多くの文章をもっと簡単に解釈できるだろう。

2.1 認識の三形態

「神のうちには知性より下位の認識能力が何かあるか」という問題は[40]，ここで検討している最初の著作群とほぼ同時期のものと思われるが[41]，認識の様々な形態を明確に区別しているという利点がある。実際，ディートリヒによれば，認識には三つの形態があり，そのうちの最後の二つは特に本論に関わってくる。すなわち，感覚的認識，理性的認識，知性的認識である[42]。これら三形態は，まずそれ自体において，しかしそれぞれの対象を通じても，働きの様態を通じても，明確に区別される。それゆえ，これら三形態は三つの観点から考察できる。

2.1.1 感覚的認識

39）予備的な研究として，R. IMBACH, *Gravis iactura* (1979) を参照。そこでは，歴史的方法の哲学的重要性が指摘されている (p. 369-376)。

40）Cf. DIETRICH VON FREIBERG, *Opera omnia*, t. III (1983), p. 283-315.

41）Cf. L. STURLESE, *Dietrich von Freiberg* (1980), col. 128.

42）« Circa primum istorum considerandum, quod triplex est genus cognitionum, videlicet sensitivum, rationale, intellectivum »（*Quaest. utrum in Deo*, 1.1.(1) ; t. III, p. 293, l. 18-19）.

544 　　　第 6 章　フライベルクのディートリヒ

　感覚的認識は，一般に認められているような感覚による
認識のことであり，外的感覚ないし内的感覚を通じて実現
する[43]。感覚的認識の対象は個物，すなわち質料的世界に
あるこれこれの個別的存在のことだが，アリストテレスの
述べるように[44]，こうした個物は全体より後のものである
質料的な部分を有している[45]。最後に，感覚的認識の働き
の様態は，「いまここで」（hic et nunc）対象に到達でき[46]，
対象の似像を直接捉えることのできるものである[47]。

2.1.2　理性的認識

　認識の第二の形態は，理性的認識と言われる。これによ
り，そのあらゆる形態の下での理性の働きに関係するすべ
ての認識を理解できる。すなわち，単純な語の単なる把握
や複雑な語の把握である。こうして，理性的認識は次のよ
うな知性の働きを意味する。単純な概念の形成，原理の把
握，推論の前提の定立，こうした原理から演繹した結論へ

　43）« Dico autem hic sensitivum communiter, sive sit sensitivum
secundum sensus exteriores sive interiores »（*Quaest. utrum in Deo*,
1.1.(2); p. 293, l. 20-21）.

　44）Cf. *Métaphysique*, VII, 10, 1035b20-22.

　45）« Obiectum enim sensitivae cognitionis est aliquid singulare
secundum Boethium, quoniam singulare, inquit, dum sentitur; et non
quocumque modo singulare, sed singulare, quod est hoc aliquid, habens
suae substantiae partes, quae sunt post totum, quod eo ipso, quod habet
tales partes posteriores toto, est individuum, et sic dicuntur partes
secundum materiam secundum Philosophum in VII *Metaphysicae*, ut
manus, pes et cetera. Secundum hoc igitur sensitivae cognitionis obiectum
est singulare individuum in eo, quod individuum »（*Quaest. utrum in
Deo*, 1.1.(6); p. 294, l. 36-43）.

　46）« (…) sensitivum cognoscit ut hic et nunc (…) »（*Quaest.
utrum in Deo*, 1.1.(9); p. 294, l. 53）.

　47）« (…) obiectum sensitivae, quando est actu, apprehensum est
ipsa vi sensitiva secundum suam similitudinem (…) »（*Quaest. utrum in
Deo*, 1.1.(10); p. 294, l. 64-65）.

2 予備的考察 545

の到達である[48]。要するに，理性的認識は，単純把捉，判断，推論という三つの働きの自覚的で外的な遂行による人間精神の認識と言える[49]。こうした理性的認識の対象は，もちろん普遍的なものである。ディートリヒは，個物は全体より後なる部分を有すると述べたアリストテレスの言葉を用いて表現することで，理性の対象である普遍的なものは全体に先立つ形相の部分であると述べるが，これは，人間について，動物であるとか理性的であるとか言われ，類や種差は種に先立つと言われるのと同じである[50]。こうして，理性的認識は普遍的なものを，無条件に普遍的な仕方で捉えることを可能にする。すなわち，その目的はまさに，事物をその形相的性質において，またこうした形相の部分にしたがって認識することである[51]。それゆえ，理性

---

48) « Rationale autem voco, quod ad ratiocinationem pertinet, sive apprehendantur incomplexa secundum rationem suarum definitionum, quod pertinet ad intellectum informativum, qui est cognitivus simplicium intentionum secundum Philosophum III *De anima*, sive cognoscantur complexa quocumque modo rationalis cognitionis, sive sint principia complexa sive sint praemissae sive conclusiones ex praemissis ratione deductae » (*Quaest. utrum in Deo*, 1.1.(3) ; p. 293, l. 22-27).

49) ディートリヒは理性的認識と知性的認識を対立させているが，これはトマスによる知性と理性の区別と一致していないことが分かる。それゆえ，自己認識の研究方法は必ず大きく違ったものになるだろう。

50) « Obiectum vero cognitivae rationalis est universale habens partes secundum formam, ut habetur a Philosopho in VII *Metaphysicae*, quod eo ipso, quod habet tales partes rationis seu principia secundum rationem, est universale, ut sunt animal, rationale et similia, quae sunt ante totum, ut ibidem dicit Philosophus » (*Quaest. utrum in Deo*, 1.1.(7) ; p. 294, l. 44-48). Cf. ARISTOTE, *Métaphysique*, VII, 10, 1035b4-6 ; 13-14 ; 33s.

51) « (…) Rationale (cognoscit) ut simpliciter et universaliter ex hoc ipso, quod cognoscit rem in sua ratione et inquantum habet partes rationis (…) » (*Quaest. utrum in Deo*, 1.1.(9) ; p. 294, l. 53-55).

的認識では，対象はその似像ではなく形相的性質にしたがって捉えられると言える[52]。

2.1.3　知性的認識

　最後に第三の認識形態があるが，これはまったく独自のものであり，ディートリヒが普遍的なものに関する理性的認識に対して知性的認識と呼ぶものである。知性的認識は，もちろん感覚的認識ではないが，自分以外のものをその他なるものの形相を介して捉える理性の働きでもない。実際，理性的認識では，対象の形相は認識する知性の形相である[53]。こうして，形相は知性に付け加わり，複雑な全体を何性について規定することになる。知性的認識では，このようなことはまったくなく，知性は完全に単一なものにとどまり，外的起源のいかなる要素も付け加わらない。したがって，知性は，一方で何ものも得ず，他のものにもならないので，すでに常に現実態にあるが，他方ですべてのものを自分自身の本質を通じて認識する。この本質は知性と同一であり，認識の媒介となる形相である。これは神や，離存知性——ギリシャやアラビアの哲学者たちが措定する必要があると考えた——の認識様態であると言ってよいだろう[54]。

　52）《 (…) Obiectum autem rationalis est in ipsa secundum suam rationem (…) 》（*Quaest. utrum in Deo*, 1.1.(10)；p. 294-295, l. 65-66）．

　53）ここで，マーストンに見出したような再現の理論に関する錯覚が明らかになる。すなわち，対象の形相は，同化を通じて，何性に関する知性の形相になる。

　54）《 Intellectivum autem volo intelligi, quo cognoscitur aliquid simplici intellectu, qui est intellectus semper in actu, non per aliquam formam sibi supervenientem, sed per suam essentiam ita, ut idem sit in eo forma, qua intelligit, et ipse intellectus, quae non sunt nisi una simplex substantia, sicut est in Deo et intelligentiis etiam creatis, si sunt, secundum positionem philosophorum 》（*Quaest. utrum in Deo*, 1.1.(4)；p. 293-294, l. 28-33）．

2 予備的考察 547

　ディートリヒが，知性的認識をどのように理解していたか，なぜそれを神や離存知性の認識と同一視したかを知ることは容易ではないと言える。こうした理論の基礎を確認する必要があろう。ここですでに，こうした認識形態は自己認識で中心的役割を果たすと推測できる。というのも，知性は知性的認識において，自分自身を認識することで他のものを捉え，自分の本質を通じて自分自身を認識するからである。また，次のことも付け加えておこう。知性的認識の対象は，個物でも普遍的なものでもない。その対象は自分自身の単一な本質であり，この本質は自分自身のうちにすべてのものを集約しており，自分自身においてすべてのものを認識し，独自の仕方ですべてのものである。他に解明すべきことはたくさんあるが，その前に次のことは確認しておこう。こうした単一な本質は，自己であり，知性の対象であり，自分自身のうちにあらゆる固有性を伴うすべてのものを有している。まったく単一な仕方で，事物における現実よりも高貴で先なる仕方で，すべてのものとその固有性を有しているのである[55]。ここでも，ディートリヒが知性と，存在するものの構成における知性の役割について考えていたことを考慮に入れなければ，理解は難しくなる。

　最後の課題は，知性的認識の働きの様態を，感覚的認識と理性的認識からうまく区別することである。実際，感覚的認識と理性的認識は，それぞれの対象を，各自個別的な仕方と普遍的な仕方に限って捉える。知性的認識はその対象を，今述べた二つの方法以外の仕方で，すなわち単一な

---

　55)　« Obiectum autem intellectuvae cognitionis est simplex essentia colligens in se totum ens, inquantum est praehabens in se modo simplici et nobiliore omnia entia et proprietates eorum, quam sint in se ipsis »（*Quaest. utrum in Deo*, 1.1.(8) ; p. 294, l. 49-51）．以下，§ 4.1, p. 637-644 を参照。

548 第6章 フライベルクのディートリヒ

知性の単一な働きを通じて捉え，対象の単一な本質を認識する[56]。それゆえ，知性的認識はその対象を，似像を通じてでも，形相的性質を通じてでもなく，固有の本質を通じて捉える[57]。

ディートリヒが「本質的原因性」という言葉で何を理解していたかについて，その要点を述べる前に，すでに次のことを指摘できる。知性に関わる認識の二形態である理性的認識と知性的認識の区別は，能動知性と可能知性に関する中心的な区別に対応している。実際，ディートリヒはこの二つの知性に新しい意味を付与しているのであり，こうした意味がアラビアの思想家たちに由来し，トマス・アクィナスの理解とはっきり対立しているとしてもそうである。すなわち，可能知性は自分以外のものを認識するかぎりですべてのものになるのであり，外的な認識を司り，認識する前にはいかなるものでもない。他方，能動知性はそれ自体を通じてすべてのものである，すなわち本質的原因としてすべてのものを生み出す。こうして，可能知性の働きは理性的で外的な認識の働きであり，能動知性の働きは

---

56) « Ex hac autem differentia trium iam dictorum sequitur alia in modo cognoscendi, videlicet quod sensitivum cognoscit ut hic et nunc; rationale ut simpliciter et universaliter ex hoc ipso, quod cognoscit rem in sua ratione et inquantum habet partes rationis; intellectivum autem in sui cognitione abstrahit ab utroque istorum modorum cognoscendi, sicut dicitur *Super XII Metaphysicae* novae translationis, quod eius scientia non universalis nec particularis, sed simplici intellectualitate versatur circa obiectum suum, quod est eius simplex essentia, non habens partes posteriores toto, quo sit individuum, nec partes priores secundum rationem, quae sunt ante totum, quo sit universale, proprie loquendo de ratione universalis, ut praemissum est » (*Quaest. utrum in Deo*, 1.1.(9) ; p. 294, l. 52-62).

57) « (…) obiectum autem intellectivae est in ipsa per essentiam » (*Quaest. utrum in Deo*, 1.1.(10) ; p. 295, l. 66-67).

2 予備的考察 549

知性的認識と同一視できることが分かるだろう[58]。

2.2 本質的原因性

ここで，本質的原因性というこの概念の歴史を新プラトン主義の典拠を遡って明らかにすることは論外だし，ギリシャやアラビアの思想が，一者から発出し，各階層にも見出せる存在論的流出というこの理論をどのように受容したかを示すことも到底できない。さらに，プロクロスや，第一原因の原因性というその考え方を詳しく論じたり，『原因論』がいかにしてこうした考え方を代弁したかを明らかにすることも不可能である。ここでは，これらの考え方がトマス思想や 13 世紀の著述家の全体に及ぼした影響を指摘しさえすれば，ディートリヒが間違いなく革新的だったとしても，彼が自分の思想を新プラトン主義，もっと言えばディオニュシオスの新プラトン主義——中世全体を通じてきわめて勢力のある思想傾向だった——にいわば接ぎ木していることは十分明らかになるだろう[59]。それゆえ，ディートリヒのテキストの中から，分有というプラトン主義ないし新プラトン主義の教えと類似していることが明らかなものをいくつか指摘するだけでよい。「本質的原因に固有なのは，自分のうちにその固有結果を，本質的かついっそう内的な仕方で，それゆえ結果がそれ自体においてあるよりも高貴な仕方で，あらかじめ含んでいるということである。こうして，本質的原因がその結果の原因である

---

58) これは当面の成果であり，特に次のことを知れば，その限界はすぐに明らかになる。すなわち，可能知性は，知性であるかぎり，事物の可知性を構成するものである。

59) 「分かるように，ディートリヒは，時にディオニュシオスが事物のイデアの始原としての神的知性に残しておいた用語を，霊魂の隠れた根底に適用している」（A.DE LIBERA, *Introduction à la mystique rhénane* (1985), p. 182）。

のは，その固有の本質を通じてである」[60]。

　すべてのものがこのような原因性を行使できないのは自明である[61]。例えば，質料的なものや物体や感覚的能力は，いかなるものをもこうした原因性を通じて生み出すことができないだろう。なぜなら，物体はその付帯性との関連においてのみ働く——あるものはその熱を通じて熱する——のであり，付帯性はある実体を卓越した仕方で含むことができないからである。というのも，実体は，アリストテレスによれば[62]，最も優れた意味における最も高貴な存在だからである[63]。それゆえ，本質的原因は知的実体以外

60）《 Quod proprium est causae essentiali, quae nobiliore modo, quia essentialiter et magis intime, praehabet in se suum causatum, quam ipsum causatum sit in se ipso, et ideo per suam essentiam est causa sui causati 》(De animatione caeli, 8.(2) ; t. III, p. 19, l. 15-18) .

61）Cf. B. MOJSISCH, "Causa essentialis" bei Dietrich von Freiberg und Meister Eckhart, dans Von Meister Dietrich zu Meister Eckhart, éd. K. FLASCH, Hambourg 1984, p. 106-114.

62）Cf. ARISTOTE, Métaphysique, IV, 2, 1003b6-10 ; VII, 1028a10-20.

63）《 Ad istud dicendum breviter, quod hoc, quod obiciendo inducebatur, quod vivere secundum sensum vel secundum imaginationem vel sic secundum aliquem conceptum est esse nobilius quacumque substantia, non habet veritatem, quia tales conceptus quidam modi accidentales sunt. — Sed omne accidens secundum se comparatum ad quamcumque substantiam secundum se ignobilius esse habet et imperfectius quam talis substantia, quia essentia accidentis est, ut sit veri entis, quod est substantia, quaedam dispositio. Substantia autem habet entitatem secundum se absolutam, et hoc est aliquid perfectionis et nobilitatis naturalis 》〔これについては簡潔に次のように言おう。異論が主張していること——感覚や想像力や，あるいは何らかの概念にしたがって生きることはいかなる実体よりも高貴である——は真理ではない。なぜなら，こうした概念はある種の付帯的様態だからである。しかるに，どんな付帯性も，いかなる実体に対してであれ，それ自体として比べると，こうした実体よりも価値の低い不完全な存在をそれ自体として有する。というのも，付帯性の本質は，実体という

2 予備的考察 551

にはありえない[64]。すなわち，本質的原因性を論じようと
思えば，知的実体を問題にするしかないのである。しか
し，知性，とりわけ人間知性が，認識するものの原因で
あることはどのように主張すればよいのか。むしろ，偉
大な伝統にしたがって，知性の働きは結果であって原因
ではないと言うべきではないのか。知性論に立ち入らな
くても，『範疇的事物の起源について』（De origine rerum
praedicamentalium）における証明を詳しく説明することが
でき，この検討により，知性論を通して見出せる本質的原
因性の意味をうまく理解できるだろう。証明は非常に簡単
である。どんな認識も必ず，能力と対象の関係性——原因
と結果の関係性とも言える——を含意している。人間知性
は，真に事物と同一ではないので，自分で事物との関係性
を構成しなくてはならない。あるいはもっと正確には，因
果関係を維持しなければならない[65]。問題は，本質的原因
性がいかなる関係性において実現するかである。

真の存在に属するためには，ある種の状態でなければならないからで
ある。対して，実体はそれ自体として完全な存在性を有するのであ
り，これは本性的な完全性や高貴さと言える〕（De cognitione entium
separatorum, 22.(3-4) ; t. II, p. 186, l. 75-83）．

64) Cf. De cognitione, 23.(1-6) ; p. 186-187.

65) « Habet etiam intellectus noster secundum se et secundum
propriam naturam per se ordinem ad ea, quae sunt. Inter potentias enim
passivas et activas et sua obiecta attenditur ordo per se. Maxime autem
hoc manifestum est de intellectu, qui per se habet habitudinem ad id,
quod est intelligibile, sicut sensus ad sensibile, ut dicit Philosophus in
V *Metaphysicae*, ubi dicit Commentator, quod in essentia intellectus
est habere talem habitudinem. Igitur res seu quiditates rerum, quae sunt
obiectum intellectus, vel sunt idem intellectui secundum praedicta, vel
erit inter ea solum ordo secundum rationem causae. Sed intellectus noster
non est idem rebus; relinquitur ergo ordo secundum rationem causae et
causati» （De origine rerum praedicamentalium, 5.(20) ; t. III, p. 185, l.
144-153）．

552   第6章　フライベルクのディートリヒ

　実際，認識能力には二種類ある[66]。第一の種類の能力の
認識は，事物が対象と原因の役割を果たす運動のようなも
のである。こうした原因性の形態が見出せるのは，知覚や
想像の働きにおいてである[67]。この場合，能力の働きの原
因となるのは事物そのものである[68]。しかし，別の種類の
認識もあり，それはこの最初のモデルにしたがっては決し
て理解できないので，むしろ考え方を逆転させる必要があ
る。こうした事例こそ知性的認識なのだ。実際，ディート
リヒが知性の本質的原因性を明らかにするために活用して
いるのは，よく知られたアウグスティヌス的および新プラ
トン主義的原理である。すなわち，知性の対象は，現実態
にある知性に対して，ほとんどいかなる原因性も及ぼせな
い。なぜなら，知性は質料から切り離されているので，物
体でもなければ，対象の原因的影響を受容できる身体的

　　66）　« Sed dicendum, quod non est similis ordo huiusmodi virtutum
et intellectus ad sua obiecta. Ad cuius evidentiam considerandum, quod
dupliciter sunt virtutes apprehensivae »（De origine, 5.(23)；p. 186, l.
174-176）.

　　67）　« Quaedam enim sunt (virtutes apprehensivae), quarum
apprehensio consistit in moveri ab aliquo, quod habet rationem obiecti,
cuius quasi quaedam physica motio pervenit per medium ad organum
sensus, et per consequens imaginationem. Quo fit, ut huiusmodi organa
sint in ultima dispositione, ut in eis fiat forma sensus in actu et phantasiae
ab aliquo formaliore intrinseco vitali principio (…) »〔ある認識能力は，
対象となるものによって動かされることで，すなわちこうした対象
のいわば物理的な運動が媒介を経て感覚器官，それゆえ想像力に達する
ことで認識する。こうして，このような器官が最終的な状態に至れば，
より本質的で内的な生命原理を通じて，器官のうちに感覚の形相や表
象像が実際に生じる〕（De origine, 5.(24)；p. 186, l. 177-181）.

　　68）　« Sive autem ita sit, sive non sit, nihilominus inveniemus res
habere rationem causae respectu harum potentiarum factarum in actu »〔い
ずれにせよ，事物は現実態になったこれらの能力に対して原因の役割
を果たすことが分かる〕（De origine, 5.(25)；p. 186, l. 189-190）.

2 予備的考察　　　553

能力でもないからである[69]。それゆえ，因果関係を逆転さ
せて考え[70]，事物は知性により知性の対象として構成され，
まさに知性こそが対象を認識対象として区別すると言わね
ばならない。したがって，知性そのものが対象に対する原
因の役割を果たすのである[71]。こうして，知性という本質
的原因は，対象であるかぎりの認識対象の原理を構成する
のだが，こうした原理は対象の形相的根拠であり，それを
介して対象が実際に可知的になるものである。それゆえ，
知性は，その認識の働きが対象によって生み出されるよう
な能力ではない。単一な形相を備えた本質的原因こそが，
認識の形相的媒介となるのである[72]。

　ここで，ディートリヒの哲学の主要テーマの一つが浮か
び上がってきた。ディートリヒによれば，知性は，能動知

---

69)　« Obiecta enim non habent rationem causae respectu intellectus
in actu, tum quia ad ipsum non pervenit motio obiecti, cum ipse nec sit
corpus nec virtus in corpore, sed quid separatum secundum Philosophum,
tum (…) »（*De origine*, 5.(26) ; p. 187, l. 215-217）．ディートリヒ
は第二の論拠を示している ——« (…) tum quia in cognoscendo non
praesupponitur obiectum secundum propriam rationem obiecti »〔もう一
つの理由は，対象が認識において固有の性質にしたがってあらかじめ
示されないことにある〕（*De origine*, 5.(26) ; p. 187, l. 217-219）．

70)　« Si igitur inter intellectum et huiusmodi sua obiecta attenditur
aliqua causalitas, necesse est ipsam inveniri potius apud intellectum
respectu rerum quam e converso »（*De origine*, 5.(21) ; p. 186, l. 165-
167）．

71)　« Et haec virtus apprehensiva est intellectus, qui secundum
hunc modum habet modum et rationem causae respectu sui obiecti »（*De
origine*, 5.(26) ; p. 187, l. 213-214）．

72)　« Est autem aliud genus apprehensionis, cuius ratio non
consistit in moveri ab aliquo obiecto, sed in essendo aliquam formam
simplicem, quae sit cognitionis principium in eo, quod determinantur
propria principia ipsi obiecto, ex quibus constituatur secundum propriam
rationem obiecti et quo cognoscibile sit »（*De origine*, 5.(26) ; p. 187, l.
209-213）．

554   第 6 章　フライベルクのディートリヒ

性と可能知性のどちらが問題になるかによって変わるが，何らかの仕方で対象を構成するのであり，こうした働きは自己認識の一部を成している。『範疇的事物の起源について』における非常に重要なこの主題は，一致の仕方は違えど，『至福直観について』と『知性と可知的なものについて』にも見出せる[73]。さしあたり，感覚的能力による対象の認識と，知性がその対象に対して行使する本質的原因性の違いに注意しておくだけで十分だろう。すなわち，原因はその結果よりも高貴なので，付帯性である下位の能力は，認識目標である実体的対象の原因とはなりえない。その原因になれるのは知性だけである[74]。この事実の説明は知性の尊厳によっているが，知性だけが，精神の外部にあるものよりも単一で優れており，対象の形相性を卓越した仕方であらかじめ含み持っているので，対象の本質的原因になることができるのである[75]。したがって，知性の本質

---

73)　『範疇的事物の起源について』と，人間知性がその対象を構成するというカントを先取りする考え方については，非常に明晰で見事な研究である K. FLASCH, *Kennt die mittelalterliche Philosophie* (1972) を参照。

74)　« Sed potest hic rationabiliter quaeri. Videmus enim similiter in aliis virtutibus apprehensivis, utpote in sensu, imaginatione et cetera, quod sunt entia formaliora suis obiectis, cum sint quaedam vitae, et esse spirituale habent, quamvis gradu inferiore ab intellectu; absurdum tamen est ponere huiusmodi virtutes habere rationem causae respectu obiectorum suorum, immo potius est e converso, ut dicit Philosophus II *De anima* » 〔ここで当然ながら次のように問える。というのも，他の認識能力でも事態は同じように見えるからである。すなわち，例えば，感覚や想像力などは，知性より下位にあるとはいえ，ある種の生命や霊的存在を分有しているので，その対象よりも形相的な存在である。しかし，こうした能力がその対象に対して原因の役割を果たすと考えることは馬鹿げている。アリストテレスが『霊魂論』第 2 巻で述べるように，むしろ事態は逆である〕(*De origine*, 5.(22) ; p. 186, l. 168-173). Cf. *De cognitione*, 22.(3-4) ; t. II, p. 186, l. 75-83──注 63 参照。

75)　« Intelligamus autem hic exempli gratia res materiales

2 予備的考察 555

的原因性をはっきり示すのは，知性が自分のうちにその結
果を，結果がそれ自体においてあるよりも高貴な仕方で，
より卓越した完全な仕方で，あらかじめ所有していること
である。そして，この結果が実体なら，その原因は実体以
外ではありえない。こうして，ディートリヒ思想の中心的
な要素が明らかになる。すなわち，知性という本質的原因
は実体でしかありえない。したがって，ここには知性は実

---

compositas ex materia et forma et earum rerum dispositiones et
circumstantias. Sed huiusmodi res non habent rationem causalis influentiae
respectu intellectus, et dico influentiam, quae est causae per se. Huius
autem ratio est, quia intellectus est ens incomparabiliter formalius et
simplicius, quam sint haec entia. Necessarium est autem causas per se,
quae sunt causae secundum rationem actus, formaliore virtute praehabere
in se suum causatum, quam sit ipsum causatum in se, alioquin non
haberent respectu entium rationem causae. Et hoc induxit Aristotelem, ut
poneret intellectum agentem in factione specierum intelligibilium, ad quod
non attingit virtus inferior intellectu : Semper enim agens nobilius patiente
et principium materia, ut ipse dicit, et Augustinus in multis locis. Si igitur
inter intellectum et huiusmodi sua obiecta attenditur aliqua causalitas,
necesse est ipsam inveniri potius apud intellectum respectu rerum quam e
converso »〔例えば，質料と形相から複合されている質料的事物や，
それらの事物の状態や状況を考えてみよう。しかるに，こうしたもの
は，知性に影響を与える原因とはなりえない。影響を与えるのは自体
的原因の働きだからである。このことの理由は，知性がこうしたもの
と比較できないほど形相的で単一であるところにある。しかるに，現
実態における自体的原因は，結果がそれ自体においてあるよりもいっ
そう形相的な力を通じて，自分自身のうちに，結果をあらかじめ含み
持っている。さもなければ，存在するものに対して原因とはなりえな
いだろう。アリストテレスも，可知的形象の産出について能動知性に
訴えているが，知性より下位の能力はこうしたことを行えないのであ
る。すなわち，必ず，働きかけるものは働きを受けるものよりも，始
原は質料よりも高貴であり，これはアリストテレスも，アウグスティ
ヌスも多くの箇所で言っていることである。それゆえ，知性と，知性
のこうした対象の間に何らかの原因性があるとすれば，それは知性に
対する事物の原因性ではなく，むしろ事物に対する知性の原因性でな
ければならない〕（De origine, 5.(21) ; p. 185-186, l. 154-167）.

556 第6章 フライベルクのディートリヒ

体であるという新しい考え方があり，自己に対する別の関
係を開いてくれるだろう。このようなわけで，あるものが
本質的原因であるための必要条件が明らかになるのであ
り，そうした条件を知性の場合について確認していこう。

——本質的原因は自分のうちにその結果をより高貴で卓
　　越した仕方であらかじめ含む必要があり，こうした
　　結果は実体なので，本質的原因は付帯性ではありえ
　　ず，必ず実体でなければならない[76]。

——生きていないものよりも生きているものの方が高貴
　　なので，本質的原因は生きている実体でなければな
　　らない[77]。

——感覚や想像の働きのような付帯性は常に外的なの
　　で，本質的原因はより高貴であるために，より内的
　　でなければならない。それゆえ，本質的原因は本質
　　を通じて生きている実体である[78]。

——知的生活は生きているものが行う最高の生活なの
　　で，本質的原因が知的次元で本質を通じて生きてい
　　る実体であることは自明である[79]。

---

76)　« Unde ista quinque requiruntur ad minus in quacumque
causa essentiali ad hoc, quod nobiliore modo et eminentiore praehabet
in se causatum suum, videlicet quod sit substantia, quia nulla substantia
secundum esse accidentale simpliciter eminentius et nobilius esse habet
secundum naturam quam quaecumque substantia quantum ad esse
substantiale »（De cognitione, 23.(1) ; t. II, p. 186-187, l. 93-97）．

77)　« Secundo requiritur, ut sit substantia viva, quia vivum
inquantum vivum ceteris paribus semper nobilius est et eminentius non
vivo »（De cognitione, 23.(2) ; p. 187, l. 98-99）．

78)　« Tertio requiritur, ut sit substantia viva essentialiter, id est
per essentiam suam, quia talis vita, videlicet quae est per essentiam, est
intimior et per consequens eminentior quacumque alia vita, quae est
secundum exteriora accidentia, puta secundum sensum vel imaginationem
vel sic »（De cognitione, 23.(3) ; p. 187, l. 100-103）．

79)　« Quarto exigitur ad rationem et ad proprietatem causae

2 予備的考察　　　　　　　　557

———最後に，本質的原因が完全であるためには，こうし
　　た知的生活は現実態における知性の働きである必要
　　がある[80]。

　このような説明を読めば，すぐに知性，特に人間知性を
考察するように促されるだろう。これら五つの条件はいっ
たいどこで実現するのか。離存実体においての他には考え
られない。すなわち，まず神において，次にプロクロス的
な意味における「諸知性」———哲学者たちは「霊魂」や
「天の動者」と呼ぶ———において，最後にもちろんディー
トリヒが論じている能動知性においてである[81]。

2.3　知性としての知性

　ディートリヒは，アリストテレスの哲学的教えも，トマ
スによる解釈も正しく評価していたが，知性について論じ
ようとするときにはこうした解釈の限界を鋭く意識してお
り，多くの説明原理を新プラトン主義から借用することに
なった[82]。本質的原因性の場合もそうだが，ここでディー
トリヒが懐念的存在（ens conceptionale）と呼ぶ，知的で
あると同時に可知的である存在の場合も同じ態度をとって

---

essentialis, ut haec vita, qua substantialiter per essentiam vivit, sit vita intellectualis. Haec enim est suprema vita in genere viventium »（De cognitione, 23.(4)；p. 187, l. 104-106）.

　80）« Quinto necessarium est, ut hic intellectualis vita sit intellectus in actu »（De cognitione, 23.(5)；p. 187, l. 107）.

　81）« Et ista quinque conveniunt substantiis separatis, scilicet Deo et intelligentiis et his, quas animas caelorum vocant, et etiam, ut sit incidenter dicere, conveniunt intellectui agenti, ut ex suo proprio loco patet »（De cognitione, 23.(6)；p. 187, l. 108-110）.

　82）　ディートリヒの哲学は，単なる反トマス主義にも，反アリ
ストテレス主義にはなおのこと，還元できない。実際，ディートリヒ
はアリストテレスの弁護者であることを自認しており，その解釈は，
アリストテレスを批判するというよりは，むしろトマス的な考え方を
乗り越えようとするものである。

558   第6章　フライベルクのディートリヒ

いる。にもかかわらず，使っている用語は多くの点でアリ
ストテレス的であり，ディートリヒは認識の形態に関する
先ほどの区別を再び取り上げているが，ここでは[83]，四つ
の観点から考察している[84]。

2.3.1　外在性から内在性へ

　ディートリヒは，内化の程度が上がることか，同じこと
だが外化の程度が下がることにしたがって，認識の分類を
明らかにしている。

　　　　——外化の程度が最も大きなところでは，認識する
　　　　　ものは感覚を通じて，認識されるものについて，
　　　　　まったく外的で付帯的で最も低次の状態だけを認
　　　　　識する[85]。

　　　　——外化の程度が少し下がるところについて言えば，
　　　　　ディートリヒは，アヴェロエスが個別的理性と呼
　　　　　んでいた[86]，個別的能力を指摘するが，ここでは

83）　*De visione beatifica*, 3.2.9.7 ; t. I, p. 97-99.

84）　こうした明らかな観点の変化は，実のところ厳密を期すた
めのものである。

85）　« Quartum genus conceptionum seu entium conceptionalium
est, quod ab intimitate praedictorum maxime rededit et est extremum
in hoc genere, scilicet cognitivum secundum sensum, quod, sicut circa
extrinsecas et extremas entium dispositiones versatur, sic et ipsum est
extremum in hoc genere et extrinsecum, quo immediate cognitivum et
res cognoscibiles secundum sui extrema sibi occurrunt in his, in quibus
cognitivum exit de potentia ad actum » 〔懐念的存在の第四の段階は，
すでに述べた事柄の内在性から最も隔たっており，この類の最下に位
置するものだが，感覚によって認識されるものである。こうしたもの
は，存在の外的で最下の状態の場合と同じように，この類の最下にあ
り外側にある。こうしたものにおいては，認識されるものや可知的な
ものは，可能態から現実態に移行させるもののうちで，最も外的な特
徴を直接明らかにする〕（*De visione*, 3.2.9.7.(5) ; p. 98-99, l. 37-42）.

86）　AVERROES, *In* III *de anima*, comm.6 ; p. 415. Cf. R.-A.
GAUTHIER, *Introduction*, dans THOMAS D'AQUIN, *Sentencia libri de
anima* (1984), p. 225*. Cf. A.DE. LIBERA, *Introduction à la mystique*

2　予備的考察　　559

思考力と名づけている[87]。これは知的な，もっと
正確には理性的な認識能力であり，概念を通じて
実在を捉え，判断し，すなわち複合したり分割し
たりし，自分以外のものをその外在性において，
表象像から抽象した概念を通じて認識するもので

---

rhénane (1985), p. 211, n.9.

87)　« Tertium secundum ordinem entitatis in hoc genere entium,
scilicet conceptionalium, quod magis ab intimitate essentiae inquantum
essentia recedit, est hoc, quod est quasi principium motivum in hoc
genere. Componit enim et dividit et distinguit et ordinat entia huius
tertii generis, id est entia concepta sub suis intentionibus simplicibus,
id est abstrahendo a suis idolis, sicut Averroes in suo tractu *De sensu et
sensato*, et est hoc cogitativum nostrum, quod etiam vim distinctivam seu
rationem particularem vocant, quod quamvis conceptivum sit intentionum
simplicium, quae in hoc genere entium conceptionalium se habent ad id,
quod habet modum essentiae inquantum huiusmodi, et ad id, quod habet
modum substantiae, quae hic praemissa sunt, quantum ad hoc genus sic,
inquam se habent ad ista, sicut qualitates virtuales se habent ad essentiam
et substantiam apud naturam, quae sunt formae superadditae substantiis
rerum deservientes generationi naturae, sicut et istae intentiones deserviunt
in hoc genere entium, scilicet conceptionalium, intellectuali inquisitioni et
apprehensioni (…) »〔懐念的存在の第三の段階，すなわち本質である
かぎりの本質の内在性からいっそう離れた段階は，いわばこの類のう
ちで運動の原理となるものである。すなわち，この第三の段階に属す
る存在を，複合したり，分割したり，区別したり，秩序づけたりする
ことで，偏見を捨象して単純な概念の下に認識する──アヴェロエス
が『感覚と感覚されるものについて』という自身の論考の中で言って
いるように──のだが，これを行うのは人間の思考力である。思考力
は，区別する力とか個別的理性とか呼ばれているが，単純な概念しか
認識できない。しかし，単純な概念は，この懐念的存在の類において
は，本質であるかぎりの本質の様態や，すでに述べた実体の様態に対
しては，ちょうど潜勢的な質が本性に即した本質や実体に対してある
ような関係にある。すなわち，こうした質は，事物の実体に付加され
る形相であり，自然本性の生成に寄与するものである。同じように，
件の単純な概念は，この懐念的存在の類においては，知的な探究や理
解に貢献するものである〕（*De visione*, 3.2.9.7.(4) ; p. 98, l. 19-33）.

ある。

——個別的理性と呼ばれる思考力は，他なるものを外在性の様態において認識するが，こうした様態は可能知性の働きには見出せない。可能知性は，全体より先なるものである形相的部分を通じて実在を認識する。例えば，わたしは「動物」と「理性的」という形相的部分を通じて人間を認識する[88]。言い換えれば，可能知性が事物を捉えたり，事物を何性存在について構成したりするのは，ひとえに内的な形相的原理——何性存在について事物を構成する——のおかげである。しかし，こうした可知的形相は外的で受容されるものにとどまっている。すなわち，可能知性が他のものを認識するのは，能動知性のように自分自身の本質を通じてではなく，自分自身の本質とは異なる形相

88) « Secundum quoad gradum et ordinem naturae in isto genere est hoc, quod invenitur in eo processus et constitutio ex aliquibus principiis, quale est cognitivum seu conceptivum nostrum quoad intellectum possibilem, cui per se proprium est intelligere, id est intus legere, sic, ut non nisi in suis principiis rem apprehendat, quae principia sunt principia secundum formam, id est partes formae, quae sunt ante totum secundum Philosophum in VII *Metaphysicae*, ut animal, rationale quae proportionaliter se habent in hoc genere entium sicut principia compositionis naturae apud naturam »〔この類における本性の第二の段階は，何らかの原理からの演繹や構成であり，これを行うのは認識したり概念を把握したりする，人間の可能知性である。可能知性にそれ自体として固有なことは，認識する，すなわち「内を読む」ことであり，ただ自分の原理を通じて事物を捉えるのだが，こうした原理は形相にしたがった原理であり，形相的部分である。アリストテレスが『形而上学』第7巻で述べているように，形相的部分は全体より先なるものであり，例えば動物とか理性的とか言われるのがこれに当たるが，こうしたものはこの第二の段階では，本性に即して本性を構成する原理の役割を果たす〕（*De visione*, 3.2.9.7.(3) ; p. 98, l. 11-18）.

2 予備的考察 561

を通じてである[89]。こうして，知性は自分のうち
に外在性の消えない痕跡をとどめている。ディー
トリヒはこの痕跡を拠りどころとして，可能知性
が自分自身を認識するのは本質を通じてではな
く，アリストテレスの言うように「他のものを認
識するようにして」[90]であることを説明しようと
する。
——さらに内化の程度が大きくなるところでは，可能
知性の状態に反して，能動知性はその本質を通じ
て認識するものになる[91]。言い換えれば，能動知
性は，自分自身を認識することでその対象を認識
するのであり，自分自身を本質を通じて認識する

---

89) « Intellectus possibilis factus in actu per speciem non est
essentia per se ipsam stans in esse absoluto, sed est forma in alio sicut
quaecumque formae superadditae substantiis, quibus explent suas
operationes, ut calor in igne, frigidum in aqua, potentiae seu virtutes
vivorum, quibus explent suas vitales operationes. Omnis autem substantia
agens suam quamcumque operationem per formam in se differentem a
substantia sua tendit sua operatione seu actione in aliud extra se »〔形象
を通じて現実態になった可能知性は，それ自体を通じて無条件的な存
在にとどまる本質ではなく，他のものにおける形相である。これは
ちょうど，何であれ実体に付加される形相，例えば火における熱や水
における冷たさ，また生きているものの能力や力のようなものだが，
こうした形相や能力は働きに必要なものである。自分の実体とは違う
形相を通じて何らかの働きを行う実体はみな，その働きを通じて自
分の外部にある他のものに向かう〕（*De visione*, 3.2.9.12.(1)；p. 103, l.
63-69）．

90) Cf. *De visione*, 3.2.9.12.(1)；p. 101；A.DE. LIBERA,
Introduction à la mystique rhénane (1985), p. 213, n.9.

91) « Primum et intimum in eis attenditur hoc, quod sunt in hoc
genere aliquid essentialiter seu per essentiam inquantum essentia, id est
aliquid cognitivum seu conceptivum per essentiam, quod pertinet ad
intellectum agentem, ut supra latius dictum est »（*De visione*, 3.2.9.7.(2)；
p. 98, l. 7-10）．

かぎりで，他のものをその固有の内在性や本質において認識するのである。

　明らかなことだが，ディートリヒの思想が理解できるようになるのは，知性，すなわち可能知性と能動知性の位置づけ，知性と人間という実体，特にその霊魂との関係，知性と，精神の外部にあるもの——経験的個別性と超越的現実性における——との関係，自分自身とその根源に向かう知性にとっての自己認識の意味をはっきり確認する場合に限られる。こうして，すでに述べた四区分，特に人間における内化の最後の二段階——これは知性としての知性の働きである——を見れば，それだけでディートリヒが広義の「懐念的存在」によって何を理解しているかが分かってくる。まったく外的なものである感覚的認識と外的な理性的認識には次の共通点がある。すなわち，両者とも複合・分割・区別し，自分のものではない原理にしたがって事物を捉えるのであり，それゆえ事物のうちに何も生みださない[92]。対して，可能知性は何性存在にしたがって事物を捉えるが，この何性存在は事物が本性的に所有していないものである。それゆえ，可能知性は，確かに能動知性から借用したものであるものの，自分の原理にしたがって認識するが，こうした原理もまだ本性的原理ではない。事物を本性的原理にしたがって認識することは，能動知性にいっそう当てはまるのであり，能動知性はすべてのものを自分自身の本質を通じて認識する。最初の事例，すなわち外在性の場合は，精神の外部にあるものは概念において表される。したがって，この認識様態によれば，存在は二つの領域，すなわち自然的存在（ens naturae）と概念的存在（ens rationis）に分割される。トマス的なアリストテレス主義が説明し認めているのは，この二つの領域だけである。し

---

92)　Cf. *De origine*, 5.(58) ; t. III, p. 198-199.

2 予備的考察　　563

かし，知性を知性として考察するなら，存在に関するこの
区分は明らかに不適切であることが分かる。というのも，
認識されるのは生み出された真の存在だからである。存在
のこの第三の領域——存在しかつ認識される，認識される
と同時に認識する，認識されるものとして存在する[93]——
こそ，ディートリヒが「懐念的存在」と呼ぶものである。

2.3.2　懐念的存在

先の四区分は，至福直観は形象を通じて認識する可能知
性の働きではありえないことを明らかにしようとするもの
だが，厳密な意味での懐念的存在の区分として理解でき
る。この区分では，人間は自分以外の何らかのものを捉え
ることができるとされる[94]。ある意味で，能動知性はまさ
に懐念的存在であり，それというのも人間は能動知性の働
きを分有できるからである[95]。しかし，広い意味では——
もっとも先の四区分では妥当しない——，能動知性そのも

93）　懐念的存在とは，B. Mojsisch の表現を借りれば，意識さ
れた存在のことである ——cf. B. MOJSISCH, *Sein als Bewusst-Sein,
Die Bedeutung des ens conceptionale bei Dietrich von Freiberg*, dans *Von
Meister Dietrich zu Meister Eckhart*, hrsg. K. FLASCH, Hamburg 1984, p.
95-105。

94）　« Conceptionale autem proprie dicitur, cum aliquod ens existens
aliquid in se praeter conceptum suum cognoscibiliter aliquid in se capit.
Unde secundum hoc concipere etiam secundum proprietatem vocabuli est
aliquid in se capere differens a substantia capientis, ut homo capit in se per
sensum sensibilia, per intellectum intelligibilia, et sic de aliis differentibus
a substantia hominis » （*De visione*, 3.2.9.8.(2) ; p. 99, l. 66-70）.

95）　« Et secundum hoc etiam intellectus agens aliquo modo potest
dici ens conceptionale in ordine ad hominem, inquantum videlicet talis
intellectus intellectio, quae est per suam essentiam, potest communicari
homini, ut sic quodammodo ab homine concipiatur, non solum quantum
ad effectum suum, inquantum ipse efficit intellecta in nobis, sed etiam ut
aliquando fiat forma nobis eo modo intelligendi, quo ipse intelligit per
suam essentiam, ut infra agetur » （*De visione*, 3.2.9.8.(3) ; p. 99-100, l.
71-76）.

564   第 6 章　フライベルクのディートリヒ

のだろうと，哲学者たちが諸知性と呼ぶ離存実体——もち
ろんそうしたものが存在すればの話だが——だろうと，知
的認識を有するものはみな懐念的存在と呼ぶことができ
る[96]。実際，懐念的存在を，トマスが概念的存在と呼ぶも
のに還元することは絶対にできない。というのも，懐念的
存在は，概念や認識されたものだけでなく，知的実在であ
るかぎりのすべてのもの——認識されたものも，認識そ
のものも，認識するものも含む——を意味するからであ
る[97]。認識されたものの場合，感覚的次元での概念や把捉
されたものは，自分の原因や起源を音や色などの自然的存
在に有しているかぎりで，自然的な事物よりも後なるもの
である[98]。この最初の領域について，伝統的には懐念的存
在が語られる。第二の場合，すなわち認識するものの場合

---

96) « Quod autem supra dictum est, quod intellectus agens, qui est
intellectus semper in actu per essentiam, sit aliquod ens conceptionale,
hoc, inquam, fere secundum aequivocationem dictum est sumendo ens
conceptionale valde communiter pro quocumque cognitivo seu cognito
qualitercumque, secundum quod etiam entia separata, quae intelligentias
vocant, si quae sunt, possunt dici secundum hoc entia conceptionalia,
inquantum habent cognitionem intellectualem et se ipsas in sui cognitione
concipiunt per indifferentiam essentiae concipientis et concepti » (De
visione, 3.2.9.8.(1) ; p. 99, l. 58-65).

97) « Ad quod intelligendum, quod ens conceptionale inquantum
huiusmodi est omne id, quod intellectualiter est, non solum quoad
rem conceptam in eo, quod concepta seu intellecta, sed quod ipsam
intellectionem seu conceptionem, quae ex hoc ipso est ens conceptionale.
Unde hoc est commune omni intellectui et convenit per se » (De visione,
4.3.4.(5) ; p. 123, l. 34-38).

98) « Quorum entium conceptionalium quaedam sunt posteriores
rebus et entibus naturae, puta apprehensiones sensitivae, posteriores,
inquam, et quantum ad sui originem a rebus naturae et quantum ad
proprietatem essentiae suae, qua sunt quidam conceptus rerum naturae
quoad exteriores dispositiones seu formas entium naturae, ut sunt soni,
colores et similia » (De visione, 4.3.4.(7) ; p. 123, l. 44-48).

は，知的認識は実在だが，事物より先なるもので，事物に内在するものである。すなわち，もはや後なるものでも外的なものでもなく，事物にとって内的である。この段階で問題になっているのは，もはや色でも音でもなく，事物の本質や何性であり，こうした本質や何性は，アウグスティヌスが述べるように[99]，永遠の理念において自存しているのである[100]。ディートリヒは次のように付け加えている。「このようなわけで，こうした知的認識は事物の本質的性質であり，自然物よりも先なるものであり，そのようなものであるかぎり，実体の本性から，量，質，十の範疇に含まれる残りのカテゴリーを除外している。しかし，思うに，こうした除外は，普遍的なものが個別や規定を考慮に入れないというようにではなく，より単一で内的で高貴なものがそうでないものを除外するように行われる」[101]。

ここからはっきり分かるのは，一方でアリストテレスのカテゴリーは，自然の次元では確かに有効かもしれないが，懐念的存在を説明することはできないことと[102]，他方

---

99) Cf. *De Trinitate*, IX, 7, 12.

100) « Conceptiones autem intellectuales quorumcumque intellectuum sunt entium quoad ea, quae sunt priora in eis et intimiora, puta essentias rerum et quiditates earum et quae secundum hoc insunt, et hoc non quocumque modo, sed prout huiusmodi fulgent et subsistunt ex ratione aeterna secundum Augustinum in quam plurimis locis » (*De visione*, 4.3.4.(8) ; p. 123, l. 49-53).

101) « Et ideo secundum hoc tales conceptiones intellectuales secundum rationem suae essentiae priores sunt entibus naturae et ideo abstrahunt inquantum huiusmodi a natura substantiae, quantitatis, qualitatis et cuiuslibet alterius generis inquantum talia genera praedicamentalia, abstrahunt, inquam, non sicut universale a particulari seu magis speciali, sed sicut simpliciora et intimiora et nobiliora ab his, quae non sunt talia » (*De visione*, 4.3.4.(8) ; p. 123-124, l. 53-58).

102) « Aliquid igitur competit talibus intellectualibus conceptionibus in eo, quod talia entia conceptionalia, quod non oportet

で懐念的存在は概念的存在だけではないことである。こうして，知性としての知性という意味での懐念的存在は実在であり，精神の外部にあるものではない。懐念的存在は，認識すると同時に認識されるものであり，存在かつ認識であり，存在の認識あるいは認識の存在であり，モイジッシュ（B. Mojsisch）の翻訳できない表現を借りれば，意識としての存在（Sein als Bewusst-Sein）である[103]。

　ディートリヒに従えば，世界はまったく違ったものになる。彼の自然的存在と懐念的存在の区別は，トマスの自然的存在と概念的存在の区別とは別物である。懐念的存在は，単なる認識内容に還元できるものではなく，あらゆる知的実在を含んでおり，こうした知的実在は実際に存在し，このようなものであるかぎり，因果関係を取り結ぶことができる。「以上のことから次のように要約できる。懐念的ないし知的存在とその認識の働きは，形相的存在であり，形相であり，それ自体として世界全体のうちにある実在である。したがって，自分たちで互いに因果関係を結ぶことができる……」[104]。こうした懐念的存在間の因果関係は，ディートリヒの哲学においてきわめて大きな役割を果

───────────

reduci in naturam substantiae vel accidentis seu materiae et formae, prout sunt principia entium naturalium, quae sunt in aliquo genere praedicamentali » (*De visione*, 4.3.4.(9) ; p. 124, l. 59-62).

　　103)　B. MOJSISCH, *Sein als Bewusst-Sein* (1984).

　　104)　« Sicut autem ex praehabitis summarie colligitur, entia conceptionalia seu intellectualia et eorum operationes conceptioneles sunt entia formalia et formae quaedam et sunt entia per se intra totalitatem universi et per consequens habent ordinem causalem per se, qui attenditur in dispositione formarum causalium ad invicem, inter quas attenditur quaedam immediatio, ut dictum est » (*De visione*, 4.3.2.(2) ; p. 114, l. 3-7). « Ad cuius considerationem duo praemittenda sunt : unum pertinens ad ordinem entium conceptionalium, in quo volo includi etiam entia intellectualia, quorum entitas est per se in universitate entium » (*De visione*, 4.3.1.(1) ; p. 111, l. 37-39).

2 予備的考察   567

たす。というのも，この考え方により，精神の外部にある
ものに対する可能知性の原因性を説明できるし[105]，能動知
性と人間霊魂の関係について新しい考え方を打ち出せるか
らである[106]。

　第二の指摘が必要である。この次元から，ディートリ
ヒがトマスに反対していることは非常に明らかである。
ディートリヒは，トマスのアリストテレス解釈の多くに反
対して，あるときはそうした解釈を笑うべきものと見な
し[107]，あるときはひどい解釈だと非難して[108]，論争を挑ん
だり，ラディカルな反トマス主義の見解を弁護したりして
いる[109]。しかし，それにとどまらず，トマスの理解にした
がったアリストテレスの形而上学では，特に懐念的存在
と，一般的に言って精神的生命を説明できないと思った。
事実，トマス的なアリストテレス主義は，存在するすべて
のものを事物，すなわち精神の外部にあるものを範型に考
察することで，精神，特に人間精神が深刻な損失を受ける
事態を招いたのである。『範疇的事物の起源について』を
読むだけで[110]，ディートリヒがトマスを次の点で非難して
いることが分かる。すなわち，トマスは存在するものを二
つの領域に，つまり一方で精神の外部にあるもの——完全
で真の存在としてより先なるものと見なされる——に，他
方で単なる概念的存在として精神の中にだけあるものに区
分し，この区分を原理や先入観として受け入れたのであ
る[111]。ディートリヒは，こうした見方に反対することで，

---

　105)　下記 § 3.1.3, p. 589-595 を参照。

　106)　下記 § 3.2.1, p. 610-614 を参照。

　107)　Cf. *De visione*, 1.1.2.3.(1), p. 24.

　108)　Cf. *De visione*, 1.1.2.2.(1).

　109)　Cf. R. IMBACH, *Gravis iactura* (1979) ; K. FLASCH,
Einleitung, dans *Opera omnia*, t. I (1977), p. XVII-XIX.

　110)　Cf. K. FLASCH, *Kennt die mittelalterliche Philosophie* (1972).

　111)　Cf. THOMAS D'AQUIN, *In* V *met.*, l.9, n.889.

別の観点を採用し，存在の精神に対する関係を根本から評価し直そうとしている。真の存在は，認識された存在に属し，概念的存在に還元できないとすれば，また事物の何性は精神が生み出すことではじめて現実のものになるとすれば，そして精神が事物をその何性の規定にしたがって構成するとすれば，トマス的な存在論が精神の価値やその生命的働きについて説明できないことは明らかだろう。

　一方で，存在の探究は精神の探究とは無関係に構築されるものではない。さらに，精神が多くの点で，事物の自然本性的存在ではなく何性の規定の面で事物を構成するのなら，存在に関する問いは精神に関する問いになり，存在論は知性論になり，存在の原理の探究は精神の原理の探究になる。実際，認識の条件と原理は，認識されるかぎりでの存在者の，すなわち存在するかぎりでの存在者の可能条件に他ならない。形而上学と第一哲学は，精神の哲学へと吸収される。

　他方で，懐念的存在はアリストテレスのカテゴリーによっては説明できない。アリストテレスのカテゴリーは自然物に対してだけ有効である。精神の現実は，伝統的に理解されてきたように，実体のカテゴリーには還元できない[112]。精神の現実はまったく別様に考える必要がある。すなわち，その構成的現実を通じて，その現実性を成す働きを通じて，精神と同一視できるダイナミズムを通じて，その範型性と，本質的原因性という様態を通じて，したがっ

---

112)　« Decem enim praedicamenta per Archytam Tarentinum ante Aristotelem constituta secundum Boethium in fine *Arithmeticae* suae secundum quandam famositatem et, secundum quod consuetum fuit dici, constituta sunt magis quam secundum veritatem. Unde secundum hoc substantiae corporales et spirituales, generabilia et corruptibilia, omnia, inquam, ad unum genus substantiae coarctantur »（*De natura et proprietate continuorum*, 4.(20)；t. III, p. 263, l. 159-164）.

2 予備的考察　　　　569

てその産出的活動性——自己認識に他ならない——を通じて考察する必要がある。

2.4　実体性，働き，関係

　先に述べたすべてのことは関係と実体性の形而上学を前提としているが，こうした形而上学はトマスの存在解釈から遠く隔たっている。ディートリヒによれば，アリストテレスのカテゴリーは，精神の外部にあるものを分析することには役立つが，懐念的存在，霊的ダイナミズム，精神の活動性を説明することはできない。実際，こうした解釈を前にして，アリストテレス——少なくともしばしば解釈されるようなアリストテレス——は，働きがその主体と同一であり，密接に関連しているとは考えもしなかっただろう。アリストテレスには，力動的実体あるいは実体的関係の存在論に根ざした知性論が欠けているのである。『至福直観について』が存在とそのダイナミズムの意味について多くの情報をもたらしてくれるなら[113]，『範疇的事物の起源について』と『知性と可知的なものについて』は関係の分析についてより明晰に論じていると言える[114]。

　なぜ回り道をしてまでこうした形而上学を論じなければならないのか。それは知性とその働きを理解するために必要だからである。例えば，トマスの立場を考えてみよう。周知のとおり，トマスによれば，知性と意志という霊的能力はその基体としての霊魂に内属している[115]。少なくともいくつかの箇所では，霊魂とその能力の関係は，実体と付帯性の関係になぞらえて示されている。ディートリヒによ

---

　113)　Cf. *De visione*, 3.2.8.1.(1-6), p. 82-83.

　114)　*De origine*, 2.(3) ; *De intellectu*, II, 1-2 ; Cf. B. MOJSISCH, *Die Theorie des Intellekts* (1977), p. 49-51.

　115)　Cf. THOMAS D'AQUIN, *De spir. creat.*, q.un, a.2, ad20 ; *ST*, 1a q.77 a.6 ad2.

570   第6章　フライベルクのディートリヒ

れば，精神に関するこうした考え方は，精神の外部にある
ものを範として示されており，精神の独自性を根本から誤
解しており，精神を外部との関係においてしか理解してい
ない。反対に，知性は，霊魂を原因としてそこから出てき
た能力ではなく，それ自体として，その働きを通じて，霊
魂という実体の原因である[116]。実際，精神の外部にあるも
のはその本質を通じて働くわけではない。そこには，その
実体とは異なる付帯的形相のようなものが見出せるのであ
り，事物はそうした形相を通じて働くのである。すなわ
ち，火はその本質ではなくその熱を通じて熱する[117]。それ
ゆえ，この火の熱は実体ではなく付帯性であり，こうした
付帯性は基体に内属するという方法でのみ存在する。熱は
実体に関係する付帯性として存在するのみであり，実体に
反しても実体の外部でも存在しえず，「自分が内属する基
体を超え出る」こともできない。このディートリヒの表現
は重要である。この表現が意味するのは，これこれの火の
これこれの熱が様々な対象を熱することができないとか，
外部に向かえないとかいうことでは決してなく，ただこれ
これの火が，そのようなものであるかぎりで，この火とは
違う別の基体に内属したり，それゆえ実体であったりする
ことはできないということである。火はその熱を通じて，
移行する働きの場合には，石や水といった他のものを熱す
ることができるが，自分自身を熱することはできない。感
覚の，内にとどまる働きについても事態は同様である。こ
うした働きが影響を与えるのは，その主体であって対象で
はないからである。それゆえ，どちらの形相も付帯的であ

---

116)　下記 § 3.2.1, p. 610-614 を参照。

117)　« In aliis autem entibus, in quibus invenitur aliquod
principium secundum formam aliud ab essentia talis entis, puta calor in
igne, quo ignis elicit et exserit suam actionem, talia, inquam, non agunt
per suam essentiam »（De visione, 3.2.8.1.(2) ; p. 82, l. 33-35）.

2 予備的考察　　　　　　　571

り，それらの基体を超え出ることはない。だから，ディー
トリヒの用語法によれば，「付帯的形相である」ことと，
「その基体を超え出ない」ことは同義である[118]。可能知性
についても同じように言える[119]。したがって，実体的では
ないものについて，いかなる付帯性もその固有の基体を超
え出ないという性質が明らかになる[120]。実体の場合は，反
対の事態になる。実際，本質を通じて働く実体的なものの
場合，その働き，もっと正確には内にとどまる働きは，そ
の存在と同一である。すなわち，本質を通じてまた介して
働くものは，その働きと同一である。存在において，働く
ものはその働きそのものである[121]。働きと本質の区別は人
間の単純な表示方法に由来するものであり，それというの
も表示におけるどんな違いも存在においてはただ一つの同
じ現実だからである。このようなわけで，こうした実体に
受容されるものはみな，実体と同一であり，付帯性として
基体に受容されるわけではない[122]。「実体としての実体が

---

118)　« Haec autem rationis deductio, si intelligatur de mente
quantum ad exterius cogitativum quoad intellectum possibilem, omnino
ridiculosa et nullius videtur efficaciae. Nosse enim se et nosse alia non
videtur importare nisi differentiam secundum obiecta, non secundum
subiecta, sicut eodem calore potest calefieri lignum et lapis. Ex hoc
tamen non sequitur, quod calor excedat subiectum suum ita, quod sit in
alio subiecto, et eodem sensu visus videtur album et nigrum nec visus
excedit subiectum suum, quamvis tendat in diversa obiecta » (*De visione*,
1.1.1.3.1.(3) ; p. 19, l. 15-22) .

119)　« Sic autem videtur se habere circa intellectum possibilem,
qui intelligit se sicut alia secundum Philosophum in III *De anima*. Sicut
igitur alia ex hoc, quod tendat in diversa obiecta, non sequitur, quod
excedat subiecta sua, sic videtur se habere circa intellectum » (*De visione*,
1.1.1.3.1.(3) ; p. 19, l. 22-25) .

120)　« (⋯) nullum accidens excedit subiectum suum (⋯) » (*De
visione*, 1.1.1.3.2.(2) ; p. 19, l. 11-12) .

121)　Cf *De visione*, 3.2.8.1.(3-4), p. 82-83.

122)　Cf *De visione*, 3.2.8.2, p. 83-85.

認識するのは，本質的に存在するかぎりにおいてである。したがって，実体以外のものですら実体と同一であり，それというのもこの他のものは基体である実体に対して付帯性として示されるわけではないからである」[123]。こうして，実体的な働きにおいては，実体，働き，実体とは違う他のものはすべて同一である。

しかし，働きが実体なら，働きはいかなる点でその基体を超え出るかを説明することが残っている。実体とその以外のものとの関係は，同一性を前提としているとしても，やはり関係の形をとらざるをえない。ここでも，関係は付帯性や二次的な存在と考えることはできない。ディートリヒが理解するような関係は，二つの懐念的存在間の本質的関係である。関係項の一方は他方の根拠や本質的原因だとしても，実体である両項は同一である。例えば，能動知性は霊魂の本質的原因だとしても，両者は本質的に同一である。こうして，二つの関係項は，実体としては二つだとしても，ただ一つの同じ本質である。これこそ，ディートリヒが「本質による関係」と呼ぶものである[124]。

これらの指摘は，能動知性と霊魂の関係だけでなく，自己認識の意味を理解する上でも大いに役立つ。すなわち，働きは実体と同一なので，能動知性の自己認識と自己愛は，実体として，真に一なるものとして，霊魂の本質と同じものとして，本質による関係項として捉えることができる[125]。それゆえ，自己愛と自己認識は，基体に受容される

---

123)　B. MOJSISCH, *Die Theorie des Intellekts* (1977), p. 48.

124)　Cf. B. MOJSISCH, *Die Theorie des Intellekts* (1977), p. 50-57.

125)　推察できることに，こうした精妙な区別は，『三位一体論』第9巻で論じられている，人間における神の像の緻密な分析をもっともらしく解釈する際にも参照できる。Cf. *De visione*, 1.1.1, p. 15-22。アウグスティヌスについては，R. TREMBLAY, *La théorie psychologique de la Trinité chez saint Augustin* (1952), p. 95-106 を参照。

ただの付帯性ではなく，霊魂という実体を超越するもので
ある。それらは基体を超え出るのであり，それ自体は人間
精神に本質的に関係する実体に他ならない。

3　知性と自己認識

　ディートリヒが結びついている哲学的伝統は，もはやカ
テゴリーに関するアリストテレスの教えを参照せずに，知
性の概念を展開しようとしてきた。すなわち，知性として
の知性は，実体や付帯性といったカテゴリーでは形容でき
ないのである。こうしたカテゴリーは，精神の外部にある
ものを直接指し示すので，もし知性に適用すれば，知性を
対象化したり，単なる「もの」と見なしたり，その根本
的な自立性を正しく評価できなかったりするのである[126]。
ディートリヒが目指すのは，知性の自立性や自発性やダイ
ナミズム――何ものも必要とせず，何ものによっても限定
されない――を弁護することである。事実，こうした目的
に適う精神の形而上学においては，知性と事物の因果関係
は逆転する。それは，自然物が精神の産物だからではなく
――このように考えることは馬鹿げているだろう――，知
性が自分自身を通じてすべてのものであったり，すべての
ものになれるかぎりで，全存在の似像であり，何性存在に
ついて事物を構成する働きだからである。
　『霊魂論』におけるアリストテレスの有名な言葉が想起

---

　126)　K. Flasch が適切にも指摘しているように，ディートリヒ
は知性をその固有の特徴である自立性や自発性や産出性にしたがって
解釈しようとしたが，その意図は，人間を「もの」を超越した境位に
高めようとする一般的な努力――これはまったく伝統的なものである
――と混同できない。Cf. K. FLASCH, *Einleitung*, dans Opera omnia, t.
I (1977), p. XI.

574   第6章　フライベルクのディートリヒ

できる[127]。すなわち，能動知性はある意味ですべてのもの
であり，可能知性はある意味ですべてのものになる。用語
は確かにアリストテレスから借用したものだが，ディート
リヒの意図はまったく異なる[128]。ディートリヒが目指すの
は，知性を原因や範型の役割において考えることであり，
それというのも知性はすべての存在を思考できるからであ
る[129]。実際，知性はこれこれの事物を対象としているので
はなく，この何性やあの何性を認識するように定められて
いるのでもない。反対に，知性はあらゆる何性を認識し，
存在をそのあらゆる豊かさにおいて包含し，存在するかぎ
りでの存在を捉えることができる。そして，このことは次
の根本的な事実によっている。すなわち，知性は本質を通
じて，普遍的で一般的で自分を通じて知的な本性であり，
すべてのものを認識できる[130]。それゆえ，知性は自分自身
のうちにすべての存在の似像を，その知性的様態にした
がって含み持っている[131]。

───────────────

127)　Cf. ARISTOTE, *De l'âme*, III, 5, 430a12-15.

128)　B. Mojsisch は，ディートリヒがアリストテレス自身の意
図をこのように解釈していたとまで主張している。「簡単に認められ
ることに，ディートリヒは知性としての知性にこうした役割を帰すこ
とで，ただアリストテレスを引き合いに出せるだけでなく，アリスト
テレス自身がその知性概念にはカテゴリーの図式を適用していないこ
とも知っていた」(*Die Theorie des Intellekts* (1977), p. 46)。

129)　« Circa tertium praemissorum, videlicet quod intellectus per
essentiam est exemplar quoddam et similitudo entis in eo, quod ens, et
omnia intelligit, considerandum »　(*De visione*, 1.1.4.(1) ; p. 28, l. 2-4).

130)　« Patet autem hoc ex eo, quoniam intellectus generalis
quaedam et universalis natura est secundum proprietatem suae essentiae
intellectualis, qua non determinatur ad hoc vel ad aliud tantum
intelligendum. Quod manifestum est ex obiecto eius, quod est quiditas non
haec vel illa, sed universaliter quaecumque quiditas et ens inquantum ens,
id est quodcumque rationem entis habens »　(*De visione*, 1.1.4.(2) ; p. 28,
l. 5-10).

131)　« Quia igitur eius essentia, quidquid est, intellectualiter est,

3　知性と自己認識　　575

　神託のようなこれらの定式を解明するためには，知性が
存在の似像であるために存在と関係する二つの仕方を区別
する必要がある。一方で，知性は可能的にあるいは可能態
においてすべての存在の似像である。このことは可能知性
を通じて実現するのであり，可能知性においてはすべての
ものが生じる（in quo est omnia fieri）。ディートリヒはこ
こでこの表現を強い意味で使っている。すなわち，すべて
のものは可能知性において何性を得る。他方で，もっとラ
ディカルな意味では，知性は現実的にあるいは現実態にお
いてすべての存在の似像である。このことは能動知性を通
じて実現するのであり，能動知性においてはすべてのもの
が生み出される（in quo est omnia facere）[132]。

　ディートリヒによれば，アリストテレスのこれらの表現
は，翻訳し直し，最も根本的な意味において理解する必要
がある。「さもなければ，すなわち二つの知性——一つは
可能知性で可能態にあり，もう一つは能動知性で現実態に
ある——のどちらも，ある意味で知的な仕方においてすべ
てのものでないなら，能動知性がすべてのものを生み出す
ことも，可能知性がすべてのものになることも不可能にな
るだろう」[133]。すべてのものは可能知性において生じうる

---

necesse ipsum intellectum per essentiam gerere in se intellectualiter
similitudinem omnis entis, modo tamen simplici, id est secundum
proprietatem simplicis essentiae, et ipsum esse intellectualiter
quodammodo omne ens »（*De visione*, 1.1.4.(2) ; p. 28-29, l. 10-13）.

　132)　これらの表現の意味と翻訳の難しさについては，B.
MOJSISCH, *Die Theorie des Intellekts* (1977), p. 46, n.2 を参照。« Quod
quidem contingit dupliciter : uno modo in potentia seu potentialiter, ut in
intellectu possibili, in quo est omnia fieri, secundum Philosophum in III
De anima, alio secundum actum, puta intellectu agente, in quo est omnia
facere »（*De visione*, 1.1.4.(3) ; p. 29, l. 14-17）.

　133)　« Alias enim, nisi uterque istorum intellectuum esset
quodammodo et intellectualiter omne ens, ille quidem in potentia,
scilicet intellectus possibilis, hic autem, id est intellectus agens, in actu,

576　　　　第6章　フライベルクのディートリヒ

が，可能知性は可能態においてすべてのものである，すなわち認識されたすべてのものになることができる。他方，能動知性はすべてのものを生み出す，すなわち認識されたすべてのものを産出することができる[134]。「ディートリヒによれば，こうした理解こそ，可能知性——あらゆる可知的なものになれる点で質料に似ている——と能動知性——あらゆる可知的なものを生み出せる点で作出因に似ている——の区別の意味だった。可能知性は可能態において，存在するすべてのものであり，能動知性は現実態において，存在するすべてのものである」[135]。こうして，存在するものの認識は自己認識から切り離せないのであり，自己認識は可能知性と能動知性で違ったふうに実現する。

3.1　可能知性

では，人間の可能知性とは何なのか。実際，ディートリヒによれば，可能知性は二つの観点から考察できる。すな

---

impossibile esset hunc quidem omnia facare, id est intellectum agentem, in illo autem omnia fieri, id est intellectu possibili » (*De visione*, 1.1.4.(3); p. 29, l. 17-21). 指摘できることに，ディートリヒのラテン語では，二つの知性の役割の違いが格の違いによってはっきり示されている。すなわち，対格で示される能動知性は，不定法の命題の主語であり，すべてのものを生み出せるものである。対して，前置詞 in と奪格で示される可能知性は，能動知性の働きを通じて存在の生成が行われる知的な場である。実際，ディートリヒによれば，能動的根源である能動知性を通じてはじめて，可能知性は現実化し，その働きを行える。

134) « Attenditur autem inter eos quasi triplex seu quadruplex ordo. Intellectus enim agens se habet ad possibilem sicut principium activum ad subiectam materiam, inquantum intellectus possibilis consideratur ut ens potentia omnia intellecta, in quo est possibile omnia fieri. Intellectus autem agens potens est omnia facere intellecta » (*De visione*, 2.1.(2) ; p. 63, l. 6-10).

135) A.DE LIBERA, *Introdunction à la mystique rhénane* (1985), p. 186.

3 知性と自己認識 577

わち，可能知性は，その構成的普遍性において知性として，あるいは懐念的存在として考察されるなら，付帯性ではなく実体である。反対に，その自然的存在に注目するなら，自然の一部であり，そのようなものであるかぎり付帯性だと言える[136]。言い換えれば，可能知性は二つの仕方で検討できる。すなわち，経験的意識としては，実体的ではない存在であり，他のものに内属しているが，超越的思考としては，事物の何性を構成するものである。このことが意味するのは，アリストテレスのカテゴリーがここでは無効であるということと，人間精神の豊かさは範疇としてのカテゴリーには収まりきらないということである。

確認したように，可能知性は，存在を個別的な仕方ではなく普遍的な仕方で認識するので，それ自体において無条件的に懐念的存在であり，実体である[137]。可能知性は，現実態にあるとき，自分自身において普遍性を実現しているが，それというのも普遍的な仕方で認識しているからである。知性は，このように普遍的で，認識すると同時に認識される存在という意味で，個物でも，自然的なものでもない[138]。しかし，可能知性は，自然的存在として，これこれ

---

136) « Quomodo intellectus possibilis habet modum substantiae in genere entium conceptionalium, quamvis in esse naturae vere sit accidens» (*De intellectu et intelligibili*, III.8 ; t. I, p. 183, l. 1-2).

137) « Modus autem substantiae invenitur in eo dupliciter : uno modo ratione separationis, quia intellectus quantum ad modum, quo intelligit, est quid separatum, quia intelligit rem ut simpliciter, non hanc vel hanc rem individuam, sicut suo modo substantia se habet, quae est quoddam ens secundum se et absolutum, non eo ens, quod sit modus vel dispositio alicuius, quod competit accidenti» (*De intellectu*, III.8.(6) ; p. 183-184, l. 30-34).

138) « Quod autem dictum est, quod intellectus possibilis est universaliter omne ens in potentia, hoc non solum verum est quantum ad hoc, quod secundum Philosophum possibile est in eo omnia fieri, sed etiam in actu factus habet universalitatem, sed conceptionaliter, quia hoc,

578 第6章　フライベルクのディートリヒ

の人間の真の能力として，個別的なものとしても考察でき
る。この意味では，可能知性は自然的存在であり，他のも
のに内属し，他のもののうちで他のものを通じてしか存在
しえないのであり，それゆえ付帯性である[139]。したがって，
可能知性の自然の現実はその働きと同じではなく，こうし
て可能知性は無条件的な仕方で，実体とも，アヴェロエ
スの説くような離存実体とも見なせないのである[140]。これ

───────────────

quod concipit, universaliter concipit, ut dictum est. (…) Secundum esse
autem conceptionale non recipit numerationem » (De intellectu, III.9.(1) ;
p. 184, l. 54-60)．個別的な自然的存在と普遍的な懐念的存在のこうし
た区別は新しいものではない。この区別は本格的な研究に値するもの
であり，その起源や，アヴェロエスの思想との親近性を明らかにする
必要がある。シゲルスの『知性について』(De intellectu) ──アゴス
ティーノ・ニフォ (Agostino Nifo) の証言を通じて間接的に知られて
いるだけである──の中には，興味深い指摘がいくつか見出せるが，
F. Van Steenberghen はそれらを，いくつかの関係の下で面食らわせる
奇妙な教えと断じている。さらに，理解したことを詳しく述べている。
「しかし，いかにして知性は，人間という種の唯一の形相であると同
時に，数多くの個人の形相でもあるのか。シゲルスの解答では，離存
実体において個体と種は一致する。なぜなら，離存実体はその何性
そのものにより個体化されているからである。したがって，可能知性
は，個的形相であると同時に，普遍的何性でもある。可能知性は，個
物であるかぎりで，各人に具体的存在を与えることができるが，普遍
的なものであるかぎりで，人間という種の形相である」(Maître Siger
(1977), p. 361)。この箇所は，BRUNO NARDI, Sigieri di Brabante nel
pensiero del Rinascimento italiano, Rome 1945, p. 18-19 を参照してい
る。

139) « Sed secundum esse naturae est quiddam particulare, et
secundum hoc numeratur in diversis » (Ibid.)．« Est tamen circa hoc
advertendum, quod intellectus possibilis, quamvis factus in actu sit vere
accidens secundum esse naturae, tamen quandoque habet modum et
proprietatem substantiae » (De intellectu, III.8.(1) ; p. 183, l. 3-5)．

140) « Ex eisdem potest concludi contra errorem Averrois de
unitate intellectus possibilis, quam ponit, additis nihilominus aliquibus
specialibus viis, quibus procedi potest contra eum. Et ad hoc prius
videndus est modus positionis eius circa substantiam intellectus possibilis

3　知性と自己認識

は，自己認識を説明するために知性を考察すべき第一の観点であり，この観点の下では，知性は自然的存在として，アリストテレスの言葉どおり，他のものを認識するように自分自身を認識する。

3.1.1　自然的存在としての可能知性

ディートリヒは，当該箇所のそれぞれにおいて，注意深く，可能知性の概念の意味を明確に規定している。すなわち，懐念的存在か，自然的存在かを区別している。可能知性を自然的存在と解釈するかぎりで，知性はある意味で受動的であり，付帯性であると主張できる[141]。事実，アリストテレスがすでに述べているように，可能知性は実際には純粋可能態にすぎず，自分のうちに積極的な現実を何も持たないのである。可能知性が現実態になるのは，能動知性から受けとった可知的形相を通じてのみである。したがっ

---

et actum eius. － Quoniam autem Aristoteles philosophus ponit in intellectuali nostro duplicem intellectum, agentem videlicet, in quo est omnia facere, et possibilem, in quo est omnia fieri, utrumque istorum ponit Averroes substantiam separatam et intelligentiam quandam.Eam, quam dicit intellectum possibilem, dicit infimam in ordine intelligentiarum, et suum intelligere, inquantum intelligentia est, tale est, quod actio eius est substantia eius. Et quia est infima et ultima in ordine intelligentiarum, constituitur quasi quidam limes inter intellectualia seu incorruptibilia ex parte una et corporalia corruptibilia ex parte altera ita, ut sit in potentia ad abstarahendum et recipiendum virtute intellectus agentis species intelligibiles a rebus etiam generabilibus et corruptibilibus, mediantibus quibus secundum sui infimum ex parte sui uniatur nobis secundum nostris supremum ex parte nostri quoad species in virtute cogitativa formatas, et sic perficitur nostrum intelligere. Et ita quantum ad hunc modum intelligendi differt actio eius a substantia eius » (*De intellectu*, III.10.(1-2); p. 185, l. 70-87).

141) Cf. *De intellectu*, I.1.(2) ; p. 137. « Intelligere enim pati quoddam est secundum Philosophum. Quod verum est de intellectu possibili, secundum quod intellectus est res et passio naturae » (*De intellectu*, I.1.(3) ; p. 137, l. 22-24).

580 第6章 フライベルクのディートリヒ

て，実のところ，可能知性は受容した可知的形相に他なら
ない[142]。しかるに，こうした形相は付帯性の次元に属する
ので，可能知性が霊魂という実体に付帯的に内属するもの
であることは明らかである[143]。

可能知性に関するこの第一の研究方法は，アリストテレ
スの意図とトマスのアリストテレス解釈に非常に近い。可
能知性は他のものに内属する形相，人間に与って存在する
形相である。「実際，認識の働きを行うのは，このような
ものであるかぎりの知性ではなく人間である。人間こそが
自分の形相である知性を通じて認識するのである」[144]。可
能知性は，このように理解されると，各個人に内属する個
別的付帯性と見なされるが，こう考えれば経験的意識につ
いては説明できるだろう[145]。

---

142) 非常に参考になることを指摘するなら，ディートリヒはア
フロディシアスのアレクサンドロスであれファーラービーであれ，ア
ラビアの哲学者やアリストテレスの初期の注釈者をはっきり参照して
いる。

143) « Constat enim, quod ipse intellectus agens est activum
principium et per se formae intelligibilis in intellectu possibili, quae
forma intelligibilis est tota essentia intellectus possibilis, sicut habemus
ab Alpharabio et Alexandro in suis libris *De intellectu et intelligibili*. Ipse
autem intellectus possibilis, secundum quod est in potentia, non est nisi
pura possibilitas sine omni natura positiva, ut alibi ostensum est satis late.
Manifestum est autem, quod huiusmodi forma intelligibilis est quoddam
accidens sive quaedam dispositio accidentalis. Intellectus autem agens agit
eam per suam essentiam eo, quod non est aliquod principium activum in se
nisi eius essentia » (*De intellectu*, II.2.(2) ; p. 147, l. 53-61).

144) « (Intellectus possibilis) est quaedam intellectualitas et forma
participata in alio, hoc est in homine. Intellectus enim talis non intelligit,
sed homo intelligit per ipsum tamquam formam eius » (*De visione*,
2.3.(10); p. 67, l. 72-75).

145) こうした経験的意識の次元では，ディートリヒは，アヴェ
ロエスが主張したような可能知性の単一性についてアルベルトゥスや
トマスが批判したことに同意している。Cf. *De intellectu*, III.12-13, p.

3　知性と自己認識

3.1.2　懐念的存在としての可能知性

3.1.2.1　可能知性の普遍性　　ディートリヒの哲学の独創性は，経験的意識を記述したり，可能知性を実体に属する付帯性として検討することにあるのではない。可能知性は，知性としては，多数に分散されず，懐念的存在として一なるものである。可能知性は，個別的なものとしては人間霊魂の付帯性だが，知性としてはあらゆる人間に同一の普遍的形相であり，認識の普遍性を保証している。こうして，ディートリヒは，経験的意識を単に記述することを超えて，認識の普遍性を保証する可能条件を明らかにしている。可能知性は，その志向性に関してだけでなく，超越的実在としても普遍的である[146]。「すでに述べたこと，すなわち可能知性は可能態において普遍的な仕方ですべてのものであるという主張は正しい。これは，アリストテレスが可能知性はすべてのものになれると言っているからだけでなく，現実化した可能知性は普遍性を備えることになるからでもある。しかし，可能知性は，懐念的存在にしたがって普遍性を有するのであり，それというのも，述べたように，あるものを普遍的な仕方で懐念するからである。……対して，可能知性はその懐念的存在にしたがえば，数的に分割されない」[147]。

186-187 ; B. MOJSISCH, *Die Theorie des Intellekts* (1977), p. 73-74.

146)　B. MOJSISCH, *Die Theorie des Intellekts* (1977), p. 74, n.14 は，次のアルベルトゥスの一節を指摘しているが，これは正しい。« Species autem consideratur duobus modis, scilicet ut ratio rei, et ut accidens animae. Et ut ratio rei est apud omnes idem : ut accidens vero animae individuatur in omnibus animalibus »〔形象は事物の性質と霊魂の付帯性という二つの仕方で考察できる。形象は，事物の性質としてはどんな人においても同一だが，霊魂の付帯性としては霊魂を持つものに応じて個体化される〕(*Summa de creaturis*, II, tract.1, q.57, a.3, ad1).

147)　« Quod autem dictum est, quod intellectus possibilis est

こうして，懐念的存在は概念的存在にとどまらない。す
なわち，可能知性にとって，普遍的な仕方で懐念すること
は，普遍的な仕方で存在することである。懐念的存在は，
概念的存在にとどまらず，認識された存在するものであ
る。このようにして，事物を普遍的な仕方で懐念するとい
う働きそのものを通じて，知性は実際に普遍的なものにな
るが，これはすべてのものを認識できるという可能態の次
元だけでなく，懐念するという働きの次元においてでもあ
る。可能知性による普遍的で一なる懐念——可能知性と同
一視できる——を見れば，可能知性は，あらゆる数的な分
化以前には，普遍的で一なるものであることが分かる[148]。

3.1.2.2 可能知性の受動性と能動性　　知性は，その自

---

universaliter omne ens in potentia, hoc non solum verum est quantum
ad hoc, quod secundum Philosophum possibile est in eo omnia fieri, sed
etiam in actu factus habet universalitatem, sed conceptionaliter, quia hoc,
quod concipit, universaliter concipit, ut dictum est. Sed secundum esse
naturae est quiddam particulare, et secundum hoc numeratur in diversis.
Secundum esse autem conceptionale non recipit numerationem » (*De
intellectu*, III.9.(1) ; p. 184, l. 53-60).

148)　« Sicut eadem species humana non distinguitur in diversas
humanas species ita, ut omnes sint eiusdem speciei humanae, sic
universalis conceptio non numeratur secundum diversas universales
conceptiones eiusdem maneriei, et hoc ex duplici causa : Quia enim
concipit universaliter, id, quod concipit, non est numerabile, ut iam
dictum est de specie humana innumerabili. Ipsa etiam conceptio talem
modum habet et sibi ipsi imponit, ne conceptionaliter numeratur, quamvis
secundum esse naturae numerari possit in diversis » 〔同じ人間の形象は，
様々な形象へと分割されず，すべての人間は同じ人間の形象を有する。
同様に，普遍的懐念は，同じような様々な普遍的懐念へと多数化され
ないが，これには二つの理由がある。まず，普遍的な仕方で懐念する
からであり，同時に懐念されるものは数えられないからであり，これ
は人間の形象が単一であることについて述べたことから分かる。さら
に，懐念の働きそのものも，自然的存在としては様々なものに応じて
数えられるが，懐念的に数えられないという性格を有しているからで
ある〕(*De intellectu*, III.9.(2) ; p. 184, l. 61-67).

3 知性と自己認識 583

然的存在においては，付帯的なものだが積極的で規定され
たものである。対して，懐念的存在においては，あるいは
知性としては，本性的に無である。アリストテレスはすで
にこのことを指摘していた[149]。すなわち，可能知性は，も
しすでに規定されていたら，他のものを認識できなかった
だろう。それゆえ，積極的な規定をことごとく免れていな
ければならない。可能知性は，認識する前には，現実態に
おいていかなるものでもない[150]。「明らかなことだが，可
能知性は，純粋に知的なものであるかぎり，単なる可能態
でしかなく，可能態においてのみ形相や可知的表象であ
る」[151]。しかし，すべてのものになる可能性がある[152]。

すでに述べたように，可能知性は，無であり，生成と同
一視できる。可能知性は固有のダイナミズムによって，能
動知性の本質的力動性に与ることで，存在するものにな
る。可能知性を実体と呼べるのは，この意味において，す
なわち懐念的存在の次元で，能動知性に与ることによって
である[153]。実体のようなアリストテレスのカテゴリーは，
精神の外部にあるものには適用できても，知性の現実を説
明することには向かない。もっと正確に言えば，精神の外
部の世界に適用できるカテゴリーは，一般的に言って懐念

---

149) Cf. ARISTOTE, *De l'âme*, III, 4, 429a30.

150) Cf. *De visione*, 3.2.4.(8-10), p. 75.

151) « Patet igitur, quod intellectus possibilis quoad hoc, quod est aliquid pure intellectuale, non est nisi possibilitas quaedam et in potentia forma vel species intelligibilis » (*De visione*, 3.2.5.(1), p. 76, l. 2-4).

152) « Haec autem non possunt convenire intellectui possibili, cum sit ens pure in potentia et nihil eorum, quae sunt, antequam intelligat, secundum Philosophum III *De anima* » (*De visione*, 1.1.1.(4), p. 16, l. 29-31) ; cf. *De visione*, 1.2.2.1.(3) ; cf. B. MOJSISCH, *Die Theorie des Intellekts* (1977), p. 74-75.

153) « Quomodo intellectus possibilis habet modum substantiae in genere entium conceptionalium, quamvis in esse naturae vere sit accidens» (*De intellectu*, III.8 ; p. 183, l. 1-2).

584 第6章 フライベルクのディートリヒ

的存在や，特殊的に言って知性に適用するときには，その意味が変わる[154]。したがって，知性や可能知性について，それは実体であると言う場合，精神の外部にある質料的事物の実体性が精神にも拡大されて適用されると理解してはならない。すなわち，精神の世界は，その実体性，個体性，原因性の点で，外部世界から非常に異なっているのである。

　今問題になっている事例では，とはいえこのことは能動知性の場合にもっと妥当するのだが[155]，可能知性の実体性はその固有のダイナミズムに他ならない。このダイナミズムは能動知性のダイナミズムと結びついており，可能知性は能動知性を通じて，懐念の働きにおいて実際に生成する。「可能知性はその働きとの関連で実体の様態を所有する……」[156]。このようなわけで，知性の実体性は次のよう

---

154) Cf. K. FLASCH, *Einleitung*, dans *Opera omnia*, t. I (1977), p. XII.

155) Cf. par exemple *De visione*, 1.2.1.1.7.(2).

156) « Alio modo habet intellectus possibilis modum substantiae ratione operationis, quia, sicut substantia constituit rem ex suis principiis secundum esse naturae, sic intellectus intelligit rem in suis principiis et sic conceptionaliter ipsam constituit determinando sibi sua principia, ex quibus talis res constat non solum naturaliter, sed etiam conceptionaliter, et hoc potissime intelligendo proprium obiectum suum, quod est quiditas rei. Et sic intellectus habet modum substantiae istis duobus dictis modis » 〔第二の観点からも，可能知性は働きとの関連で実体の様態を有していると言える。というのも，自然的存在について言えば，実体は事物をその原理に基づいて構成するが，同じように知性も事物をその原理において認識し，自分のうちでその原理を規定することで，懐念的に事物を構成するからである。こうした原理に基づいて，事物は自然的に存立するだけでなく，懐念的にも存在するのだが，懐念的に存在することは知性がその固有対象である事物の何性を強力に認識することによっている。こうして，知性はすでに述べた二つの観点から実体の様態を有している〕(*De intellectu*, III.9.(7) ; p. 184, l. 35-41) . ディートリヒは，懐念的存在としての知性を実体と見なせる第二の理由を指

3 知性と自己認識 585

な哲学に基づいて理解する必要がある。すなわち，経験的世界の実体性を拡大して知性に適用しようとするのではなく，決して対象化できないダイナミズムにおいて知性を理解しようとする，そのような哲学である。したがって，知性や懐念的存在としての可能知性の実体は，その認識の働きと固有のダイナミズム，それゆえ純粋に可能的な存在ではなく生成過程に即して理解する必要がある[157]。「実際，この意味においては，可能知性の働きはその実体や本質だと言える」[158]。

　こうした可能知性の現実化のプロセスはどのように説明すればよいのか。可能態は自分自身を通じては現実化できない。それゆえ，次のような知性，すなわち「現実態においてあらゆる可知的なものであり」，可能知性の認識の働

摘している。すなわち，知性は離存的であり，自分の対象を非質料的な普遍性において捉えるので，知性の存在は相関的なものではなく実体的実在である。« Modus autem substantiae invenitur in eo dupliciter : uno modo ratione separationis, quia intellectus quantum ad modum, quo intelligit, est quid separatum, quia intelligit rem ut simpliciter, non hanc vel hanc rem individuam, sicut suo modo substantia se habet, quae est quoddam ens secundum se et absolutum, non eo ens, quod sit modus vel dispositio alicuius, quod competit accidenti » 〔可能知性は二つの観点の下に実体の様態を有している。第一の観点は知性が離存的であることによっている。すなわち，知性は，認識様態に関するかぎり，離存的である。なぜなら，事物をこれこれの個物としてではなく，無条件的に認識するからである。こうした様態に関するかぎり，知性は実体に比べられる。というのも，実体は自体的で無条件的な存在であり，あるものの様相や状態のような付帯性ではないからである〕（*De intellectu*, III.9.(6) ; p. 183-184, l. 30-34）.

　157）« Procedamus ergo ad propositum ex praehabitis quantum ad intellectum possibilem, non prout stat in pura sua possibilitate, sed secundum quod factus est in actu » （*De intellectu*, III.26.(1) ; p. 199, l. 3-5）.

　158）« Secundum hoc enim actus suus est substantia seu essentia sua » （*De intellectu*, III.26.(2) ; p. 199, l. 6）.

586   第6章　フライベルクのディートリヒ

きを生み出す知性に訴える必要がある。ディートリヒに
よれば，能動知性は，可能知性の働きを生み出すのなら，
可能知性のダイナミズムを，それゆえその実体そのもの
——認識の働きと同一視できる——を生み出すと理解でき
る。能動知性は，可能知性と他にも様々な関係を取り結ぶ
が[159]，ここでは可能知性を現実化する作用者や作出因の役
割を果たしている。すなわち，能動知性が行うのは，可能
知性を現実態において存在させることである[160]。したがっ
て，可能知性の働き，すなわちその実体は，能動知性に依
存しており，能動知性こそが可能知性の認識と実体を真に
根拠づけているのである。

　しかし，モイジッシュが指摘しているように[161]，現実態
における知性は，認識の働きであり，それゆえ特定の内容
を認識する。ところが，知性の認識は知性の存在なので，
知性は可知的内容を認識することで，その働きを通じて自
分自身を実現し，認識と存在の点で自分を確立する。こう
して，能動知性と可能知性の関係は対になっていると考え
るべきである。すなわち，能動知性は可能知性の認識の働
きを根拠づけているが，それと同時に可能知性は根拠づけ
られた存在として自分自身を確立する。このようなわけ
で，可能知性の受動性——これはアリストテレスの有名な
考え方である[162]——は，知的な受動性であり，それゆえ
能動的な受動性である。可能知性の能動知性からの流出は

---

159)　Cf. *De visione*, 2.1, p. 63-64.

160)　« Alio modo se habet ad ipsum sicut agens ad factum seu
passum in actu, inquantum videlicet intellectus possibilis factus in
actu secundum eundem actum stat sub ordine dependentiae ad ipsum
intellectum agentem actu facientem intellectum possibilem in actu »（*De
visione*, 2.1.(3)；p. 63, l. 11-14）．

161)　Cf. *Die Theorie des Intellekts* (1977), p. 75-77.

162)　« Intelligere enim pati quoddam est (…) »（*De intellectu*,
I.1.(2)；p. 137, l. 22-23）．Cf. ARISTOTE, *De l'âme*, III, 4, 429a14.

3　知性と自己認識　　　587

可能知性の認識の働きであり，知的な受動性は知的な能動性と同じである[163]。したがって，ここでも，アリストテレスのカテゴリーは，精神の外部にあるものには有効でも，知性を説明するためにはほとんど役立たないことが分かる。

3.1.2.3　可能知性の三つの対象　　可能知性は，その普遍的原理にしたがってすべてのものを認識するのだが，その働きにおいて対象と同一視できる。このこと，すなわち本質，働き，対象の同一性は，能動知性に当てはまるが，分有により可能知性にも妥当する。ただし，それは理性的認識というまったく外的な様態についてである。

したがって，可能知性の働きにおいて三つの対象をはっきり区別できる。

可能知性は，能動知性から発出するのなら，自分の始原である能動知性に還帰するはずである。これは，よく知られた新プラトン主義の主題であり，ディートリヒも採用している[164]。存在の始原であるものは終局でもあり，発出の運動はすでに還帰の運動である。したがって，可能知性は，認識することで，すなわち能動知性から発出することで，同時に自分の始原である能動知性に還帰するのであり，こうして能動知性を自分の存在と働きの根拠として認識するのである。トマスの考えとは違って[165]，可能知性は

---

163)　« Et ita ipsa processio est intellectio et e converso »（*De intellectu*, III.36.(2) ; p. 208, l. 30-41）. Cf. B. MOJSISCH, *Die Theorie des Intellekts* (1977), p. 77.

164)　« Secundum hoc enim ostensum est supra, scilicet quod ista duplex habitudo reperitur in intellectu possibili respectu intellectus agentis. Procedit enim ab eo intelligendo ipsum, et e converso procedendo intelligit et in ipsum convertitur, ut praedictum est supra »（*De intellectu*, III.36.(2) ; p. 208, l. 36-39）. Cf. *De intellectu*, III.36.(1) ; *De visione*, 2.2.(4), p. 64.

165)　« Ad tertium dicendum, quod si intellectus agens compararetur

588 第6章 フライベルクのディートリヒ

認識の働きを通じて，自分の根拠である能動知性を対象と
して認識する。しかし，可能知性は自分の始原をその本質
そのものにしたがって認識するのではない。なぜなら，可
能知性の認識様態は，理性的で普遍的な認識様態だからで
ある。それゆえ，可能知性は自分の始原を可知的なものと
いう鏡を通して認識する。能動知性は，可能知性の働きや
実体と一体化しながら，可能知性が捉えたこれこれの普遍
的な可知的対象のうちで輝き出るのである[166]。「可能知性
に固有なことは，自分が出てきた始原を，この始原の本
質の様態ではなく，普遍的な概念の様態で捉えることであ
る。この始原は自分のあり方にしたがって自分のうちにす
べてのものを包含している」[167]。「実際，可能知性が認識す
る第一の対象は，可能知性を生み出す始原そのもの，すな
わち能動知性である。ただし，この認識は，これこれの可

---

ad intellectum possibilem, ut objectum agens ad potentiam, sicut visibile
in actu ad visum ; sequeretur quod statim omnia intelligeremus, cum
intellectus agens sit quo est omnia facere. Nunc autem *non se habet ut
objectum*, sed ut faciens objecta in actu (…) » 〔第三については次のよう
に言わねばならない。もし能動知性が可能知性に対して，能力に働き
かける対象のように，例えば視覚に働きかける，現実態にある可視的
なもののように，関係しているなら，われわれは直ちにすべてのもの
を認識することになろう。というのも，能動知性はすべてのものを生
み出す根源だからである。しかし，能動知性は可能知性の対象ではな
く，対象を現実化するものである〕（*ST*, 1a q.79 a.4 ad3）.

166) « Fulget enim secundum praehabita intellectus agens in
intellectum possibilem sub ratione cuiuscumque intelligibilis, quod
apprehenditur per intellectum possibilem, sub ratione, inquam, determinata
et propria uniuscuiusque intelligibilis » （*De intellectu*, III.36.(3) ; p. 208,
l. 42-45）.

167) « Et hoc est proprium intellectus possibilis sic apprehendere
suum principium, a quo procedit, scilicet sub ratione tali, non secundum
proprietatem essentiae ipsius principii, quae omnia in se continet suo
modo » （*De intellectu*, III.36.(3) ; p. 208, l. 45-48）.

3 知性と自己認識 589

知的対象の限定された概念の下で行われる」[168]。

　可能知性の第二の対象は，自分自身に他ならない。というのも，可能知性の表現はその働きだが，これは可能知性そのものであり，その実体なので，「可能知性が認識する第二の対象は自分自身の本質であり，可能知性はこの本質を通じて自分の始原と同様に自分自身をも認識するのである……」[169]。

　最後に，可能知性が認識する第三の対象は，精神の外部にあるものである[170]。「可能知性は，自分の本質を認識することで，第三に精神の外部にあるもの——可能知性がその範型である——を認識する」[171]。

　明らかなことだが，これら三つの認識対象は可能知性が継起的に捉えるものではない。そうではなく，可能知性の実体的働きは，同時に，精神の外部にあるものの何性を構成し，自分自身を通じて自分自身を認識し，自分の始原である能動知性に到達する。ここでは，可能知性の始原以外の二つの対象について強調する必要がある。すなわち，霊魂の外部にあるものと，とりわけ自己の構成的認識における自己自身である。

3.1.3　事物の客観性を構成する可能知性

---

　168)　« Primum enim, quod intelligit, est suum productivum principium, scilicet intellectus agens, sub determinata ratione alicuius rei intelligibilis »（*De intellectu*, III.37.(3) ; p. 209, l. 63-64）.

　169)　« Secundum autem, quod intelligit, est sua propria essentia, qua se ipsum et suum principium intelligit, sicut intellectus idem intelligit triangulum et rationem trianguli »（*De intellectu*, III.37.(1) ; p. 209, l. 58-60）.

　170)　« Tertium, quod intelligit, est res extra, puta caelum, lapis; et sic de aliis eo modo intellectis »（*De intellectu*, III.37.(5) ; p. 209, l. 69-70）.

　171)　« Intelligendo autem essentiam suam intelligit tertio res extra, quarum est exemplar »（*De intellectu*, III.37.(1) ; p. 209, l. 60-61）.

590 第6章 フライベルクのディートリヒ

　可能知性と精神の外部にあるものがどのように関係して
いるかについての研究は，間違いなくディートリヒの功績
の一つであり，最も歴史家の注目を引いてきた主題であ
る[172]。なぜなら，この主題に関するディートリヒの考え方
は，カント思想の先取りと見なせるからである。実際，数
年前まで，13世紀の哲学がこのようなコペルニクス的な
転回を先取りして行っていたとは，誰も考えなかった[173]。
ここでは，この有名な教えのいくつかの特徴を指摘する
だけで十分だろう。この思想は，その主要な主題を『範
疇的事物の起源について』が論じており[174]，その多くの
教えを『離存存在の認識について』（De cognitione entium
separatorum）が引き出しており[175]，『至福直観について』
と『知性と可知的なものについて』にあるような知性論が
参照しているものである。

　すでにディートリヒは，新プラトン主義の原理を活用し
ている。その原理によれば，物体的なものは知性に因果的
な影響を与えることができない[176]。というのも，知性は質
料的事物とは比較にならないほど高次に存在しており，物
体でも，身体の能力でもなく，離存実体なので，対象は現

　172）　特に，すでに挙げた K. FLASCH, *Kennt die mittelalterliche
Philosophie* (1972) を参照。

　173）　K. FLASCH, *Kennt die mittelalterliche Philosophie* (1972), p.
185.

　174）　*Tractatus de origine rerum praedicamentalium*, éd. L.
STURLESE, *Opera omnia*, t. III, p. 135-201.

　175）　*Tractatus de cognitione entium separatorum et maxime
animarum separatarum*, éd. H. STEFFAN, *Opera omnia*, t. II, p. 151-260.

　176）　« Sed huiusmodi res non habent rationem causalis influentiae
respectu intellectus, et dico influentiam, quae est causae per se. Huius
autem ratio est, quia intellectus est ens incomparabiliter formalius et
simplicius, quam sint haec entia » (*De origine*, 5.(21) ; t. III, p. 185, l.
155-158) . Cf. B. MOJSISCH, *Die Theorie des Intellekts* (1977), p. 82,
n.48.

3 知性と自己認識 591

実化の原理とはなりえないからである[177]。それゆえ，原因
性の秩序を逆転させ，次のように言う必要がある。すなわ
ち，認識の働きそのものにおいてこそ，各事物は対象とし
ての性格を有し始める[178]。「人間」について考えてみる場
合，そこには二つの区別があるはずである。第一の区別は
古典的なものである。全体に先立つ形相的部分は，互いに
区別される。すなわち，「人間」の場合，「動物」は「理性
的」から区別される。第二の区別は，こうした普遍的性質
と，普遍的性質が属する事物との間の区別である[179]。しか
し，注目すべきことに，自然はそれ自体を通じてはこうし
た区別を一切生み出さない。これらは，自然そのもののう
ちに見出せる区別ではない。むしろ反対に次のように言う
べきである。区別されるものが全体として一なるものであ
ることは，事物が一なるものであることを含意している。
すなわち，実際には，一つの自然的なものがあるだけであ
る[180]。それゆえ，区別されるものの区別と一性は知性の産

---

177) « Obiecta enim non habent rationem causae respectu
intellectus in actu, tum quia ad ipsum non pervenit motio obiecti, cum
ipse nec sit corpus nec virtus in corpore, sed quid separatum secundum
Philosophum, tum quia (…) » （*De origine*, 5.(26) ; p. 187, l. 215-217）.

178) « (…) tum quia in cognoscendo non praesupponitur obiectum
secundum propriam rationem obiecti, qua possit movere intellectum et
secundum hoc habere rationem causae, sed potius in cognoscendo incipit
habere obiectum propriam rationem obiecti » （*De origine*, 5.(26) ; p. 187,
l. 217-221）.

179) « Praeterea in hac hominis ratione, quae est animal rationale,
duplicem invenimus distinctionem. Unam, quae est harum formalium
partium, scilicet animal rationale, inter se; aliam, quae est istius rationis
ab ea re naturae, cuius ista est propria ratio, ut ab homine » （*De origine*,
5.(31) ; p. 189, l. 270-273）.

180) « Neutram autem istarum facit natura : Operatio enim naturae
non terminatur nisi ad rem naturae inquantum huiusmodi. Hae autem
partes inter se simul etiam cum re subiecta sunt una res naturae » （*De
origine*, 5.(31) ; p. 189, l. 273-276）.

物であり，こうして知性は自分の対象を区別すると同時に
実現しているのである。「実際，知性はこれらの要素を区
別し，この区別の働きを通じてそれらを生み出す。実のと
ころ，この場合には，区別することと生み出すことは同じ
である」[181]。したがって，知性は，事物そのものに属する
本質的部分を構成するので，原因の役割を果たしていると
言える[182]。すなわち，知性は事物そのものを，もちろんそ
れらの自然的存在ではなく，何性存在にしたがって構成す
る。知性は事物の何性存在にしたがって事物のうちに普遍
を実現する[183]。それゆえ，知性は存在を構成すると言える
が，この存在は単なる概念的存在にとどまらず[184]，まさに
真の存在である。「こうした存在は，たった今述べた様態
にしたがって，知性の働きを通じて自分の何性存在を受け
とる。なぜなら，こうした存在は，自分の何性にしたがっ
て真の存在であり，それ自体としては知性の外部の何らか

---

181) « Sunt igitur huiusmodi ab intellectu distingente et per hoc
efficiente ea : Idem enim est in huiusmodi distinguere et efficere » (*De
origine*, 5.(31) ; p. 189, l. 276-277).

182) « Cum ergo istae partes sint per se et essentialia principia
huiusmodi rei, quae est homo, patet etiam ex paulo ante dictis, quod
intellectus potius habet rationem causalis principii respectu rerum sive
obiectorum propriorum quam e converso » (*De origine*, 5.(31) ; p. 189, l.
277-280). « Oportet igitur potius inveniri causalitatem apud intellectum
respectu rei ex propriis principiis quam ex parte rei per propria principia
respectu intellectus » (*De origine*, 5.(27) ; p. 188, l. 242-244).

183) « Et hoc est, quod communiter dicitur, quod intellectus agit
universitatem in rebus. Secundum hoc enim unamquamque rem ex propria
ratione in esse quiditativo constituit » (*De origine*, 5.(33) ; p. 190, l. 309-
311).

184) « (…) apud intellectum inveniuntur quidam modi proportionati
his, quae sunt quaedam formae habentes se ex parte intellectus,
determinantes operationem intelligibilem. Et huiusmodi sunt res rationis,
quae sunt res secundae intentionis » (*De origine*, 5.(34) ; p. 190, l. 323-
326).

3 知性と自己認識　　　　　593

のものであり……，第一志向にしたがっては事物だからで
ある」[185]。知性の働きは自分以外の真の事物の原因であり，
こうした知性の産出力に驚かざるをえない。ディートリヒ
は忘れずに次の反論を指摘している。すなわち，その反論
によれば，知性は事物のうちに何も生み出せず，できるの

---

185)　« Entia igitur huiusmodi, quae secundum praedictum modum
suam entitatem capiunt ab operatione intellectus, quia sic quidificantur,
ut secundum se sint aliquid extra intellectum, quo secundum se et primo
sint obiectum intellectus, importantia nihilominus aliquam rem naturae eo,
quod sunt res primae intentionis ordinabiles in genere — quo fit, ut nullum
talium entium habens complete naturam sui generis possit esse non ens vel
convenire vel attribui non enti, ut patet discurrendo per singula, nihilque
est de ratione ipsorum nec cadit in definitiva eorum ratione, quod possit
convenire non enti — , propter hoc, inquam, sunt res primae intentionis,
quia propter ea, quae dicta sunt, secundum se et primo sunt intenta a natura
et respecta ab intellectu » (*De origine*, 5.(52) ; p. 196-197, l. 532-542).
Cf. *De origine*, 5.(54) ; p. 197. « Cum autem in entibus non sit nisi duplex
principium in genere, natura videlicet et intellectus, si huiusmodi entia
non constituuntur per actum naturae, necesse est ea alterius ordinis esse
et reduci in aliud genus causae, quod est intellectus. Non autem eo modo,
sicut ea, quae sic sunt ab operatione intellectus, quod sunt res secundae
intentionis, quae ad nullum genus entium realium pertinent determinate
: Ista enim vere sunt res primae intentionis per se secundum proprias
rationes ordinatae in genere, immo aliqua ex ipsis decem generibus ex
integro constituentes » (*De origine*, 1.(19) ; p. 142-143, l. 182-189).
非常に明確な次の二つの主張も指摘できる。« (…) non omne, quod
constituitur operatione intellectus, est res secundae intentionis» (*De
origine*, 5.(3) ; p. 182, l. 22-23). « Huiusmodi (scil. entia primae
intentionis) enim proprie loquendo non sunt in intellectu tamquam formae
rationis, sed potius ab intellectu et extra ipsum, quia eo modo sunt, quo
ab intellectu ad esse determinantur. Patet igitur aliqualiter differentia
rerum primae et secundae intentionis, quamvis utrumque istorum generum
constituatur operatione intellectus. Et per hoc patet responsio ad hoc, quod
obiectum est supra de rebus primae et secundae intentionis » (*De origine*,
5.(54-55) ; p. 197, l. 568-575).

594　　　　第 6 章　フライベルクのディートリヒ

は存在するものを認識することだけである[186]。

　実際，この反論は，トマスのような物の見方——存在を
自然的存在と概念的存在に分ける——においては，妥当す
ると言える。対して，ディートリヒによれば，知性は真の
事物を構成できるのであり，それというのも真の存在は懐
念的存在でもあるから。それゆえ，ディートリヒが先の反
論にあてた解答は非常に明晰だが，全体的原因という概念
を精妙な仕方で活用するものである[187]。「第三の異論——
知性は精神の外部にあるもののうちには何も生みだせない
——については次のように答える必要がある。時に，同一
の事物は，その全体性にしたがって，異なる種類の原因に
よって生み出される……。こうして，知性は，事物そのも
のを構成するわけでは決してなく，精神の外部にあるもの
——自然法則に従う自然的存在としての——のうちに何か
を生み出すこともない。にもかかわらず，知性はこの同じ
事物を，それが何らかのものであり，何性存在であるかぎ
りにおいて構成すると言える……」[188]。事物を構成するこ

---

186)　« Tertio, quia ex operatione intellectus nihil ponitur in re
vel circa rem extra intellectum sed, talium entitas in sola apprehensione
consistit »（De origine, 5.(7) ; p. 182, l. 33-34）.

187)　きわめて注目すべきことに，ディートリヒは「全体的原因」
という中心概念を使っているが，同一の結果について全体的原因が複
数あることを理解していた。その時代は，人々が次第に，結果は二つ
か複数の共働する「部分的原因」から生じると考え始めていた頃だっ
た。スコトゥスは，共働する部分的原因という考え方を徹底的に導
入しようとしたことに関して，13 世紀末か 14 世紀初めの最も強力な
思想家の一人だったと言える。ANDRÉ DE MURALT, Introduction et
traduction du « Commentaire du premier livre des Sentences (d.3, p.3, q.1-
2) » de JEAN DUNS SCOT et du « Commentaire des Sentences (Prol., q.1,
a.1) » de GRÉGOIRE DE RIMINI, dans Philosophes médiévaux (1986), p.
167-206, 373-404 が繰り返す主張を参照。

188)　« Ad hoc autem, quod tertio inducitur, scilicet quod per
intellectum nihil ponitur in re extra, dicendum, sicut patet ex praedictis,

3　知性と自己認識　　595

うした働きの根源は，可能知性の根拠そのものである能動知性である。なぜなら，事物をその何性存在にしたがって構成する働きは可能知性そのものだが，可能知性は自分の根拠と自分自身を認識しようとするからである。可能知性の認識の働きは，常に，そしてそれだけで自己認識なのである。

3.1.4　自己認識

3.1.4.1　知性としての自己認識　　可能知性の対象が可能知性そのものでもあることは明らかな事実である。「可能知性が捉える第二の対象は自分の本質であり，可能知性はこの本質を通じて，自分自身とその始原を同時に認識する……。そして，自分の本質を認識することで，第三に精神の外部にあるもの——可能知性はその範型である——を認識する」[189]。ディートリヒは，別の文脈の中で，こうした自己認識の可能条件を明らかにしている。知性が自分自

---

quod una et eadem res secundum se totam ex diversis genere causis aliquando produci habet, secundum quod aliterius rationis principia a diversis causis sibi determinantur; et secundum hoc non unius rationis est res secundum ordinem ad diversas sui causas. Unde quamvis intellectus non constituat rem ipsam nec faciat aliquid in re extra secundum hanc rationem, qua est ens naturae, secundum quam dependere habet a principiis naturae, constituit tamen hanc eandem rem secundum hanc rationem, qua est quid et habet esse quiditativum ex propriis sui generis principiis, ut homo ex animali et rationali, qui etiam praeter intellectum est ens naturae » (*De origine*, 5.(57) ; p. 198, l. 586-596). « Similiter etiam eadem res secundum esse quiditativum est ab operatione intellectus (…). Et sic secundum se totam est ab actu intellectus (…) » (*De origine*, 5.(37); p. 192, l. 377-381). こうして，事物の存在は全体として，何性存在にしたがって，知性により生み出される。

189) « Secundum autem, quod intelligit, est sua propria essentia, qua se ipsum et suum principium intelligit, sicut intellectus idem intelligit triangulum et rationem trianguli. Intelligendo autem essentiam suam intelligit tertio res extra, quarum est exemplar » (*De intellectu*, III.37.(1) ; p. 209, l. 58-61).

596 第6章 フライベルクのディートリヒ

身を認識する，あるいは認識できるのは，まずそれ自体と
して，規定された積極的本性を持たないからである。アリ
ストテレスがすでに述べているように，知性は，認識す
る前には，現実態においていかなるものでもない[190]。純粋
可能態であり，いかなる可知的なものでもなく，無であ
る[191]。そして，無だからこそ，自分自身を認識できるので
ある。ディートリヒは，不可能な事態を想定しつつ，こ
のことを論証している。可能知性は，仮にそれ自体とし
て，積極的に規定された何らかのものだったなら，「すで
に実在界に特定の本性を有しており，その結果すべてのも
のを認識できなかっただろう。なぜなら，自分自身を認識
できなかったはずだからである。実際，あるものを認識す
るものは，その認識対象を欠いていなければならない。し
かし，特定の事物は自分自身を有している」[192]。それゆえ，
知性は，自分自身を認識するためには，自分自身から自由
でなければならず，特定の何かであってはならず，他のも
のに対しても自分自身に対しても純粋の無でなければなら
ない。

　したがって，ここでも，可能知性の自己認識は，実体
——働きにおいて構成される——としての可能知性そのも
のと同じものになる。すなわち，自己の生成は，認識の働
き，自己認識の働きと同じである。知性にとって存在する
とは，自分自身をありのままに認識する働きを通じて，動

190）　Cf. ARISTOTE, *De l'âme*, III, 4, 429a23-24.

191）　Cf. B. MOJSISCH, *Die Theorie des Intellekts* (1977), p. 74-75.

192）　« Primo, quoniam iam haberet determinatam naturam in ordine entium, ex quo sequitur, quod non esset in potentia intelligere omnia, quia se ipsum non posset intelligere. Necessarium est enim id, quod est in potentia aliquid intelligere, denudatum esse ab eo, quod potest ab eo intelligi. Res autem non est denudata a se ipsa » （*De visione*, 3.2.4.(9); p. 75, l. 42-46）.

3 知性と自己認識　　　　　　597

的に生成することである。実際，可能知性は事物の規定を
認識するが，そうした規定をこれこれの個別的なものとし
てではなく，無条件的に認識する。しかし，無条件的に普
遍的な仕方で捉えられたこの規定は，可能知性を規定し現
実化する形象に他ならない。すなわち，この規定は，可能
知性の認識と実体性の働きそのものである。可能知性の規
定はその働きであり，同時にその本質である[193]。こうして，
可知的形相は，質料に対する形相にまさって，可能知性と
結びついていることが分かる[194]。可知的形相は，現実態に
おける可能知性そのものであり，本質を通じて知性を現実
化するものである[195]。したがって，知性は，認識するとき，
自分が認識する可知的形相——これは知性そのものである
——を通じてそうするのであり，この可知的形相を通じて
自己を実現する。すなわち，知性は，認識することで自己
を構成し，認識へと規定し，常に，そしてそれだけで自分
自身を認識するのである。

　このディートリヒの分析は，知性としての知性，あるい
は懐念的存在としての知性に当てはまるのであり，こうし
た自己認識の様態は何よりも能動知性——可能知性はこの
能動知性を本質的原因としてそれを分有する——の働きだ
と認めねばならない。ディートリヒは，可能知性の自己認
識をはっきり分析しているいくつかの短い箇所で，外在性
における可能知性と能動知性の違いを特に強調している。
言い換えれば，たいていの場合，可能知性は実体的に自存

---

193) « Secundum, quod intelligit, est intentio rei simpliciter, non
huius vel illius, quae idem est, quod species, quae est actus intellectus
possibilis et essentia eius »（*De intellectu*, III.37.(4) ; p. 209, l. 65-67）.

194) « (⋯) secundum quod magis fit unum ex specie intelligibili et
intellectu quam ex materia et forma. Species enim fit ipse intellectus per
essentiam »（*De intellectu*, III.37.(4) ; p. 209, l. 67-68）.

195) « Species enim fit ipse intellectus per essentiam »（*De
intellectu*, III.37.(4) ; p. 209, l. 68）.

598 　　　第6章　フライベルクのディートリヒ

しない自然的存在と見なされている。

3.1.4.2　自己以外のものとしての可能知性　　ディート
リヒが可能知性の自己認識を論じている文脈は至福直観の
文脈であり，ディートリヒによれば，至福直観は能動知性
の働きに他ならない。そして，能動知性の働きは実体だ
が，個物や自然的存在としての可能知性の働きは実体的な
ものではない。議論のきっかけはアウグスティヌス『三位
一体論』の一節である。アウグスティヌスによれば，霊魂
の自己認識と自己愛は，本質や実体であり，物体に内属す
る色や何らかの質のように，霊魂を基体としてそこに内在
するものではない[196]。ディートリヒの説明の目的は，霊魂
の自己愛や自己認識が実体であり，互いに関係する実体で
あるなら[197]，アウグスティヌスのこの一節は能動知性には
当てはまるが，可能知性には当てはまらないことを明らか
にすることである。言い換えれば，ディートリヒが明らか
にしているのは，可能知性の自己認識は[198]，実体ではなく，
本来的に言って付帯的な現実だということである。ディー
トリヒの難しい論証を理解するには，予備的考察として上
で述べたことを想起し[199]，『三位一体論』の論拠を検討す
る必要がある。

---

196)　« Sicut autem duo quaedam sunt, mens et amor eius, cum se
amat; ita quaedam duo sunt, mens et notitia eius, cum se nouit. Ipsa igitur
mens et amor et notitia eius tria quaedam sunt, et haec tria unum sunt
(…) » （AUGUSTIN, *De Trinitate*, IX, 4, 4 ; p. 297, l. 1-4）. « Simul
etiam admonemur si utcumque uidere possumus haec in anima exsistere
et tamquam inuoluta euolui ut sentiantur et dinumerentur substantialiter
uel, ut ita dicam, essentialiter, non tamquam in subiecto ut color aut figura
in corpore aut ulla alia qualitas aut quantitas » （*De Trinitate*, IX, 4, 5 ; p.
297-298, l. 27-31）.

197)　Cf. *De Trinitate*, IX, 4, 5-6.

198)　問題を単純化するために，霊魂の自己愛の問題は省略した。
しかし，論証は同じである。

199)　上記 § 2.4, p. 569-573 を参照。

3 知性と自己認識 599

　ディートリヒによれば，能動知性の働きはその実体と同一だが，可能知性は実体に内属する付帯性と見なすことができる。しかるに，すでに述べた意味では，いかなる付帯性もその基体を超え出ることはない。すなわち，付帯性は実体のようには存在できないのであり，基体を超えて存在することはない。こうした付帯性と実体の関係を思い出すなら，『三位一体論』におけるアウグスティヌスの一節は，能動知性について理解すべきであり，可能知性にはまったく関係のないことが分かるだろう。アウグスティヌスの一節は以下のとおりである。「さらに，こうした自己愛と自己認識は，次の事実——何らかの仕方で認識できるとして——に注目を促す。すなわち，これら自己愛と自己認識は，霊魂のうちに共存し，相互に働きながら成長し，認識され，実体，あるいはいわば本質として数えられる。それらは，色や形や，いかなるものであれ他の質や量が物体のうちに存在するのと同じように，基体としての霊魂のうちに存在するのではない。こうした色や形などの属性は自分が内属する基体において限定されている。この色やこの形は，これこれの物体の色や形であり，別の物体の色や形ではない。しかし，霊魂は，自己愛を通じて，さらに自分以外のものも愛することができる。同様に，霊魂は，自分自身を認識するだけでなく，他の多くのものも認識できる。それゆえ，愛と認識は，霊魂を基体としてそれに内属しているのではなく，それら自体も，霊魂そのものと同じように，実体としてそこに存在しているのである。なぜなら，たとえ愛と認識を互いに関係づけ，関係の様態において表現しようとも，別々に捉えれば，それらはやはり自分の実体のうちにとどまっているからである。これは，色と色のついたものになぞらえて理解できるものではない。色と色のついたものは確かに関係しているが，色は色のついたもののうちに，自分のうちに固有の実体を有することな

600   第 6 章　フライベルクのディートリヒ

く内在している。色のついたものは実体であり，色は実体
のうちに存在する。そうではなく，愛と認識の関係は，む
しろ二人の友人のようなものであり，二人の友人は二人の
人間，すなわち二つの実体である。両者に何らかの関係を
見出せるのは，彼らを人間ではなく友人という名で呼ぶと
きに限られる」[200]。霊魂が自分自身と自分以外のものを認
識するのは，同じ認識の働きを通じてなので，こうした認
識，すなわち固有の基体に限定されていない認識は，自分
自身の基体を超え出るもの，それゆえ付帯性ではなく実
体であると思われる[201]。この物体のこの色という特定の色

---

200) « Simul etiam admonemur si utcumque uidere possumus
haec in anima exsistere et tamquam inuoluta euolui ut sentiantur et
dinumerentur substantialiter uel, ut ita dicam, essentialiter, non tamquam
in subiecto ut color aut figura in corpore aut ulla alia qualitas aut
quantitas. Quidquid enim tale est non excedit subiectum in quo est. Non
enim color iste aut figura huius corporis potest esse et alterius corporis.
Mens autem amore quo se amat potest amare et aliud praeter se. Item
non se solam cognoscit mens sed et alia multa. Quamobrem non amor et
cognitio tamquam in subiecto insunt menti, sed substantialiter etiam ista
sunt sicut ipsa mens quia et si relatiue dicuntur ad inuicem, in sua tamen
sunt singula quaeque substantia; non sicut color et coloratum relatiue ita
dicuntur ad inuicem, ut color in subiecto colorato sit non habens in se
ipso propriam substantiam, quoniam coloratum corpus substantia est, ille
autem in substantia; sed sicut duo amici etiam duo sunt homines quae sunt
substantiae, cum homines non relatiue dicuntur amici autem relatiue » (*De
Trinitate*, IX, 4, 5 ; p. 297-298, l. 27-44 ; trad., p. 82-84)。この一節の分
析は，R. TREMBLAY, *La théorie psychologique de la Trinité chez saint
Augustin* (1952), p. 95-108 を参照。

201) « Adducit autem rationem ad hoc c.10, quod haec tria,
scilicet singulum eorum sit substantia et non sint in subiecto aliquo
sicut accidentia, sicut color in subiecto est corpore, dicens, quod nullum
accidens excedit subiectum suum. Eodem autem amore, quo mens amat
se, potest amare alia, et eadem notitia, qua noscit se, noscit et alia. Ergo
ista, videlicet notitia et amor, cum videantur excedere subiectum suum,
non sunt accidentia, sed substantiae » (*De visione*, 1.1.1.3.1.(2) ; p. 9, l.

3　知性と自己認識　　　　601

は，別の物体の同じ色ではありえない。これは色という付
帯性の特徴である。対して，霊魂は自分自身だけでなく他
のものも認識するので，こうした認識は基体を超え出てお
り，実体と呼べるものである。

　しかし，こうしたことを可能知性について理解するのは
馬鹿げている。可能知性は自分自身をも他のものをも認識
するが，ただ自分の働きを違う対象に向けているだけであ
る。だが，この働きは実体ではない。このことは比較を用
いればうまく理解できる。この熱は，この物体の付帯性だ
が，石や薪といった様々な対象をたやすく熱することがで
きる。にもかかわらず，この熱はそれが内属する基体を超
え出ているとは言えない。すなわち，あくまで付帯性にと
どまっている。同様に，可能知性は自分の働きを，自分自
身と他のものという二つの対象に向けることができる。に
もかかわらず，この働きはその基体を超え出ているとは言
えない。こうして，様々な対象に向かうからと言って，そ
の基体を超え出ることにはならないのである[202]。

　しかし，なぜ能動知性は実体なのに可能知性は実体でな
いのか。これは，ディートリヒが知性の自己認識について
正確に説明しただけのことである。付帯性であるだけのも

────────────

9-14）．

　202）　« Haec autem rationis deductio, si intelligatur de mente
quantum ad exterius cogitativum quoad intellectum possibilem, omnino
ridiculosa et nullius videtur efficaciae. Nosse enim se et nosse alia non
videtur importare nisi differentiam secundum obiecta, non secundum
subiecta, sicut eodem calore potest calefieri lignum et lapis. Ex hoc tamen
non sequitur, quod calor excedat subiectum suum ita, quod sit in alio
subiecto, et eodem sensu visus videtur album et nigrum nec visus excedit
subiectum suum, quamvis tendat in diversa obiecta. Sic autem videtur se
habere circa intellectum possibilem, qui intelligit se sicut alia secundum
Philosophum in III *De anima*. Sicut igitur alia ex hoc, quod tendunt in
diversa obiecta, non sequitur, quod excedant subiecta sua sic videtur se
habere circa intellectum »（*De visione*, 1.1.1.3.1.(3)；p. 19, l. 31-37）．

のがあったとして，この実体の付帯性か，それとも別の実体の付帯性かに応じて，有する関係は変わってくるだろう。すなわち，熱は，火の熱か水の熱かに応じて，同じではなくなるのである[203]。しかし，熱は，この火のこの熱であれば，石や薪といった二つの異なる対象に対して同じ仕方で関係するのである。同様に，可能知性も，この実体の付帯性なら，二つの異なる対象——自分自身であれ，自分以外のものであれ——に同じ仕方で関係する。アリストテレスの有名な定式——可能知性は自分自身を他のものを認識するように認識する——は，このように理解すべきである[204]。それゆえ，知性は，自分以外のものを認識するなら，自分自身をも同じ仕方で，すなわち自分以外のものを認識するように認識するのである。

ディートリヒは可能知性の自己認識のプロセス——外在性の影響を色濃くとどめている——をこのように説明しているが，この説明は非常に明晰であり，ここでもこうしたプロセスは自己の対象化を完全には免れていないことが分かる。可能知性は，現実態において自分自身を認識するとき[205]，自分の対象である働きを通じて自分自身を認識して

---

203) « Quamvis autem haec sententia eorum vera sit, tamen ulterius non deducunt vel ostendunt hoc, quod est de intentione Augustini, quod mens, notitia, amor substantialiter sunt in mente et singulum eorum substantia est, ut dicit. Dicendum igitur ad hoc, quod inducitur de accidentibus et de sensu visus, quod secundum intentionem Augustini hoc, quod dicit, quod nullum accidens excedit subiectum suum, intelligendum est, quod nullum accidens eo modo, quo se habet ad subiectum suum, se habet ad aliud subiectum » （De visione, 1.1.1.3.2.(2)；p. 19, l. 31-37）．

204) « Sic autem videtur se habere circa intellectum possibilem, qui intelligit se sicut alia secundum Philosophum in III De anima » （De visione, 1.1.1.3.1.(3)；p. 19, l. 22-23）．

205) 忘れてはならないことに，ディートリヒがここで論じているのは，自分の本質を構成する可能知性の現実化のプロセスではなく，現実態にある可能知性がどのように認識するかである。

3 知性と自己認識　　　　　　603

いるわけではない。すなわち，知性が認識することや，その働きにおいて自分自身を捉えることを可能にしているのは，ただ一つの同じ働きではない。実のところ，二つの働きが区別できる。ディートリヒは，このことをうまく明らかにするために，これら二つの働きを時間的順序にしたがってはっきり区別している。すなわち，可能知性は，現実態において自分自身を認識するとき，別の認識の働きを通じてあらかじめ自分自身が現実化されたことを知りつつ，自分自身を認識している[206]。そして，以上が，アヴェロエスの従うアリストテレスが，可能知性は他のものを認識するように自分自身を認識すると主張していることの意味である。知性は他のものを，それらの働き，すなわち形相を通じて認識する。知性が自分自身を認識するのも同じ仕方によっている。すなわち，可能知性は，それを介して今自分自身を認識している形象とは別の形象を通じて，あらかじめ現実化されている必要がある[207]。こうして，まさしく異なる二つの働きが存在している。すなわち，可能知性は，ある働きを通じて存在している自分自身を，別の働きを通じて認識するのである[208]。可能知性が自分以外の他のものを認識するように自分自身を認識するのはこのよう

---

206)　« Cum enim actu intelligit se, non sic intelligit se, quod ipse idem actus intelligendi sit obiectum talis intellectionis, sed intelligit se, inquantum intelligit se olim factum in actu per aliam intellectionem (…) » (*De visione*, 1.1.1.3.4.(2) ; p. 20-21, l. 68-71).

207)　« (…) et sic intelligit se sicut alia secundum Philosophum et exponit Commentator, quod, sicut alia intelligit per actus et formas suas, quibus talia sunt aliquid in actu, sic intelligit se, inquantum aliquando factus est in actu per speciem intelligibilem aliam ab ea, qua nunc intelligit (…) » (*De visione*, 1.1.1.3.4.(2) ; p. 21, l. 71-74).

208)　« (…) et sic ipse sub uno actu intellectionis existens intelligit se sub alio actu intellectionis, sub quo fuit (…) » (*De visione*, 1.1.1.3.4.(2); p. 21, l. 74-76).

にして，すなわち自分の認識の対象になるかぎりにおいて
である[209]。

　それゆえ，可能知性の認識様態は，認識の向かう先が他
のものでも自分自身でも，同一である。可能知性は，他の
ものを認識することで，自分の基体を超え出るわけではな
い。なぜなら，自分自身をも同じ仕方で認識するからであ
る。したがって，自分の基体を超え出ることを想定する必
要はない。結論は明らかである。可能知性とその働きは絶
対に実体ではなく，自己認識と自己愛の実体性について述
べたアウグスティヌスの一節は，能動知性だけを問題にし
ているのである。

　自己認識に関するこうした説明は，『至福直観について』
の中で，ある箇所に集中しているわけではなく，もっと後
の方でもその用語は見出せる。まず，可能知性による認識
の外在性の主張，次に可能知性が実体ではないことの確
認，最後に可能知性の自己認識の説明である。実際，知性
は実体に付加される形相としての形象を通じて現実化す
る。そのかぎりで，知性は本質ではなく他のものを通じて
働く。しかし，自分以外の原理を通じて働く実体はどれ
も，外部に向かう。可能知性は，こうした事例の一つであ
り，それゆえ実体ではない[210]。「このようなわけで，認識

---

　209)　« (…) et sic intelligit se sicut alia, videlicet secundum
differentiam intelligentis et intellecti » (*De visione*, 1.1.1.3.4.(2) ; p. 21, l.
76-77).

　210)　« Praeterea ad propositum, videlicet quod impossibile est per
intellectum possibilem factum in actu per speciem pertingere immediate ad
videndum Deum per essentiam, sic arguitur : Intellectus possibilis factus
in actu per speciem non est essentia per se ipsam stans in esse absoluto,
sed est forma in alio sicut quaecumque formae superadditae substantiis,
quibus explent suas operationes, ut calor in igne, frigidum in aqua,
potentiae seu virtutes vivorum, quibus explent suas vitales operationes.
Omnis autem substantia agens suam quamcumque operationem per

3 知性と自己認識　　605

する実体は，形象——知性という他のものに内属する形
相——を通じて現実化する可能知性によって働く場合に
は，自分の外部にある他のものとの関係においてのみ働
く」[211]。

　それゆえ，可能知性の自己認識はこうした認識の一般的
範型を模倣することになり，知性は自分自身を自分以外の
他のものとして認識することになる。「可能知性は時とし
て自分自身を認識すると言われるとしても，アリストテレ
スが『霊魂論』第3巻で述べるように，他のものを認識す
るように，すなわちその働きを通じて自分以外のものを認
識するように，自分自身を認識する」[212]。ここでも，ディー

---

formam in se differentem a substantia sua tendit sua operatione seu actione
in aliud extra se. Haec enim est intentio naturae in distribuendo entibus
huiusmodi formas, quibus entia in invicem tendant, unumquodque eorum
in aliud extra se, ut communicent sibi mutuo suas perfectiones vel active
vel passive vel si quis sit alius modus »〔さらに，人間は形象を通じて
現実態になった可能知性によって神の本質を直接見ることはできない
という命題については，次のように論じることができる。形象を通じ
て現実態になった可能知性は，それ自体を通じて無条件的な存在にと
どまる本質ではなく，他のものにおける形相である。これはちょうど，
何であれ実体に付加される形相，例えば火における熱や水における冷
たさ，また生きているものの能力や力のようなものだが，こうした形
相や能力は働きに必要なものである。自分の実体とは違う形相を通じ
て何らかの働きを行う実体はみな，その働きを通じて自分の外部にあ
る他のものに向かう。これこそ自然の意図であり，自然はこうした形
相を各存在に分配することで，各存在は形相を通じて互いを目指し，
自分以外のものに向かい，自分の完全性を，能動的であれ受動的であ
れ他の仕方であれ，相互に伝えあうのである〕（*De visione*, 3.2.9.12.
(1); p. 103, l. 61-72）．

　211）« Igitur per intellectum possibilem factum in actu per speciem,
qui est forma in alio, scilicet in intelligente, intelligens non operatur nisi
circa aliud extra se »（*De visione*, 3.2.9.12.(2) ; p. 103, l. 73-75）．

　212）« Et si intellectus possibilis se ipsum dicatur aliquando
intelligere, intelligit tamen se sicut alia secundum Philosophum in III *De
anima*, id est per actum suum et sicut aliud a se »（*De visione*, 3.2.9.12.(3);

606 第6章 フライベルクのディートリヒ

トリヒは，自己認識に必要な働きが二つあることを強調している。すなわち，知性はその働きを通じて自分自身を認識するが，進行中の働きではなくあらかじめ行った働きを通じて，自分自身を認識する[213]。

このようなわけで，可能知性が本来的な意味で自分自身に立ち帰ることはない。すなわち，可能知性は完全な自己還帰を行えず，それというのも固有の主体である自分自身に向かえないからである[214]。ここにこそ，可能知性の働きを歪める外在性を理解する鍵がある。すなわち，本来的に言えば，可能知性は真の立ち帰りの様態では自分自身に立ち帰らない。可能知性の認識は，外在性の影響を受けているので，本質による認識ではない。可能知性は，他のものを本質を通じて認識しないのと同じく，自分自身をも本質を通じて認識しない。反対に，自分に内属する形相を通じてはじめて働くことができる。次の比喩は理解に役立つだろう。すなわち，火がその熱を通じて働きかけるのは，この熱でも自分自身でもない。熱は自分自身にもその基体にも働きかけない[215]。可能知性についても事態は同様であり，可能知性は本質を通じて自分自身に働きかけるのではなく，自分自身を，他のものとして，他の事物を認識する

---

p. 103, l. 76-78).

213) « Non enim intelligit se per eum actum, sub quo stat, quando intelligit, sed sub quo aliquando stetit » (De visione, 3.2.9.12.(3) ; p. 103, l. 78-79).

214) « Ergo per se loquendo non convertitur intra se seu in proprium subiectum (…) » (De visione, 3.2.9.12.(3) ; p. 103, l. 79-80).

215) « Ergo per se loquendo non convertitur intra se seu in proprium subiectum, sicut nec aliqua substantia agens secundum aliquam formam in se existentem agit in ipsam formam vel in propriam suam substantiam. Ignis non enim agit suo calore in ipsum calorem nec in propriam suam substantiam, nec calor agit in se nec in suum subiectum » (De visione, 3.2.9.12.(3) ; p. 103, l. 79-83).

3　知性と自己認識

ように認識する。

　それゆえ，ディートリヒの立場は次のようにまとめられる。可能知性は，自然的存在としては，他のものを認識するように自分自身を認識することしかできない。なぜなら，本質を通じて自分自身を認識することは絶対にできないからである。この場合，自己に対する関係は，精神の純粋な内在性のそれではない。可能知性の自己認識は，外在性の影響を受けているので，自己の間接的認識に近くなる。しかし，ディートリヒが可能知性の認識について，こうした自己の対象化を重視するのは，能動知性の純粋な内在性をはっきり明らかにするためだった。この能動知性こそ，上で引用したアウグスティヌスの一節と[216]，『三位

---

216)　指摘できることに，トマス・アクィナスも，霊魂の自己愛と自己認識の働きの実体性について，このアウグスティヌスの一節を引き合いに出している。ディートリヒもこのことを知っており，言及している。ここでも，ディートリヒの反トマス的態度は，ロジャー・マーストンのそれとは違っている。なぜなら，ディートリヒはトマスの誤りを執拗に追及せず，トマス哲学固有の限界に注意を促しているからである。すなわち，トマスの分析は，多くの場合に真理と言えるが，精神の深い生命を説明することには向いていない。トマスによれば，自己愛と自己認識は，実体ではなく，本質的に言って精神ではない。それらは，精神に内属するかぎりで，他の付帯性と同じようなものである。唯一の違いは，例えば認識を通じて，精神は本質的に認識されるということである。認識と愛は，基体と同時に外的事物にも関係するので，他の付帯性とまったく同じだというわけではない。というのも，他の付帯性は，他のものに関係するには，働く必要があるから。要するに，トマスによれば，このアウグスティヌスの一節が述べているのは，自己愛と自己認識はある意味で他の付帯性と同じではないということだけである。« Ad quartum decimum dicendum quod notitia et amor dupliciter possunt comparari ad mentem : uno modo ut ad amantem et cognoscentem, et sic ipsam mentem non excedunt, nec recedunt ab aliorum accidentium similitudine; alio modo possunt comparari ad mentem ut ad amatam et cognitam, et sic excedunt mentem, quia mens non solum se amat et cognoscit sed etiam alia; et sic recedunt ab accidentium similitudine. Nam accidentia alia

608   第6章　フライベルクのディートリヒ

一体論』の全体が問題にしている主題である。どうやら，

illo respectu quo comparantur ad subiectum, non comparantur ad aliquid
extra, sed agendo comparantur ad extra, inhaerendo ad subiectum. Amor
vero et notitia aliquo uno modo comparantur ad subiectum et ad ea quae
sunt extra, quamvis aliquis modus sit quo comparantur ad subiectum
tantum; sic ergo non oportet quod amor et notitia sint essentialia menti nisi
secundum quod mens per suam essentiam cognoscitur et amatur »〔第14
については，次のように言わねばならない。認識と愛は二つの仕方で
精神に関係する。一つは，愛し認識する精神に対してである。この場
合，認識と愛は精神そのものを超え出ることはなく，他の付帯性と変
わらないと言える。もう一つは，愛され認識される精神に対してであ
る。この場合，認識と愛は精神を超え出る。なぜなら，精神が愛し認
識するのは，自分自身だけでなく，他のものもそうであるから。こう
して，認識と愛は他の付帯性と異なると言える。すなわち，他の付帯
性は，基体に対するように外部のものにも関係するわけではなく，働
くことで外部のものに，内属することで基体に関係する。対して，愛
と認識は，ある仕方では基体だけに関係するとしても，別の仕方では
基体と同時に外部のものにも関係する。それゆえ，愛と認識が精神に
とって本質的なものであるのは，精神がその本質を通じて認識され
愛される場合のみだと言わねばならない〕（De veritate, 24, 4, ad14, p.
692, l. 296-315）．ディートリヒは，この最後の主張の妥当性を認めて
いるが，アウグスティヌスの一節がこのことだけを意味しているとい
うトマスの見解には同意しない。反対に，ディートリヒによれば，さ
らに進んで，自己愛と自己認識は実体でもあると主張する必要があ
る。« Sunt autem, qui dictam rationem Augustini non ultra extendunt nisi
quod per eam ostenditur, quod notitia et amor ex hoc, quod mens noscit se
at alia et amat se et alia, ex hoc inquiunt, non sequitur notitiam et amorem
esse accidentia vel mentis vel quarumcumque rerum, quae noscuntur vel
amantur. – Quamvis autem haec sententia eorum vera sit, tamen ulterius
non deducunt vel ostendunt hoc, quod est de intentione Augustini, quod
mens, notitia, amor substantialiter sunt in mente et singulum eorum
substantia est, ut dicit »〔ある人々によれば，すでに述べたアウグス
ティヌスの見解は次のことだけを意味する。すなわち，認識と愛は，
精神が自分自身と他のものを認識し愛することから，精神の付帯性
とか，認識され愛される何らかのものの付帯性であるとは見なせな
い。こうした人々のこの見解は正しいとしても，勝手に内容を取り去
るべきではなく，次のことをアウグスティヌスの意図として示すべき
である。すなわち，アウグスティヌスが述べているように，精神，認

3 知性と自己認識 609

『三位一体論』のテキストについて，純粋な精神の内奥性，神の像，霊魂の隠れた根底，絶えざる自己現前といったテーマをアリストテレスの能動知性と密接に関連づけることで，ディートリヒのように大胆に解釈しようとした人はいなかったようである。これこそ，ディートリヒ哲学の最も大きな功績であると言って間違いない。

3.2 能動知性

ディートリヒの提案した区別を見れば，知性と知性の認識は認識の最も高次の段階を占めていることが分かる。というのも，能動知性において，知性の働きの内在性は頂点に達するからである。すなわち，可能知性はまだ外在性の影響を受けているが，能動知性は完全な内在性を実現しており，さらに言えば，能動知性では実体と自己認識の働きは同じである。こうした箇所にすべて目を通すなら，ディートリヒは，アリストテレスの言う可能知性を思考力と，能動知性をアウグスティヌスが示すような霊魂の隠れた根底と同一視していることが分かるだろう[217]。「その証拠に，アリストテレスが能動知性と可能知性について述べたことはみな，アウグスティヌスの言う霊魂の隠れた根底と外的思考力にそのまま適用できるのであり，逆もまた成り立つ」[218]。ディートリヒは続けて言う。「能動知性は，可

識，愛は，精神のうちに実体的に存在し，そのそれぞれが実体である〕（De visione, 1.1.1.3.2.(1-2)；p. 19, l. 27-33）．

217) « Istud est, quod quamvis verbis aliis, non tamen in sententia discrepans invenimus apud philosophos, qui distinguunt in intellectuali nostro intellectum agentem ab intellectu possibili, ut idem sit intellectus agens apud philosophos, quod abditum mentis apud Augustinum, et intellectus possibilis apud philosophos idem, quod exterius cogitativum secundum Augustinum » （De visione, Prooemium (5)；p. 14, l. 43-47）．

218) « Quod ex eo patet, quod, quidquid umquam Philosophus tractavit de intellectu agente et possibili, totum verificatur de abdito mentis

能知性に比べれば，比較を絶するほど優れている。存在の次元が違うのである。この能動知性こそ，神が人間本性のうちに蒔いた最高の根源であり，人間を神に近づけ，至福直観において神と合一させるものである」[219]。

ディートリヒは，能動知性をきわめて詳しく検討している。ディートリヒが明らかにするところでは，知性は実体であり，神の像の実体であり，本質的に神を受容でき，神になり，自分の働きを通じて自分の始原に還帰できるものである[220]。

3.2.1 能動知性と人間霊魂——能動知性の個的本性

ディートリヒは，能動知性を論じることで，知性の単一性の問題について，アヴィセンナ，とりわけアヴェロエス以降に生じた議論にどうしても関わらざるをえなくなった。ディートリヒは，アラビアの哲学者たちや初期のシゲルスの見解を知っていたが，同時にアルベルトゥスやトマスの立場にも通じていた。すなわち，アルベルトゥスやトマスは，能動知性は個的人間から離れた実体であるという見解を退けた。そして，能動知性を個別的な人間霊魂の一能力としたが，にもかかわらず能動知性から普遍化の能力を取り除くことはなかった。

ディートリヒによれば，認識としての認識，懐念的存在としての知性は，経験を超えた超越的な真の適用範囲を

---

et exteriore cogitativa secundum Augustinum et e converso » (*De visione*, Prooemium (5) ; p. 14, l. 47-50).

219) « (…) Intellectus agens incomparabiliter praeeminet et gradu suae entitatis excedit intellectum possibilem et quod ipse est illud supremum, quod Deus in natura nostra plantavit, et ideo, ut praemissum est, secundum ipsum immediatam approximationem ad Deum sortimur in illa beata visione » (*De visione*, Prooemium (6) ; p. 14, l. 53-56 ; trad. A.DE. LIBERA, *Introduction à la mystique rhénane* (1985), p. 178).

220) Cf. A.DE. LIBERA, *Introduction à la mystique rhénane* (1985), p. 179.

3 知性と自己認識   611

持っているのであり，その重要な一例を可能知性の構成能
力に見ることができる。対して，自然的存在としての知性
は，その固有の個別性において考察すべきものである[221]。
しかし，ディートリヒは，知性の単一性というアヴェロエ
スの見解に激しく反対し，自然の次元では能動知性は個別
的なものだとしながらも，トマスや，一般的な見解を支持
する人々（communiter loquentes）[222]——知性は霊魂という
実体の単なる付帯性だと主張する——の意見に与すること
はなかった。反対に，能動知性は，霊魂という実体に関係
しているとしても，一つの実体である。実際，ディートリ
ヒによれば，関係は付帯性にとどまらず，実体ともなりう
る[223]。今問題になっている事例では，能動知性は，霊魂と
結びついているが，霊魂の付帯性ではなく，霊魂という実
体を構成する根源であり，こうして本質的原因の役割を果
たしている。そして，このことは，知性が付帯的な仕方で
自然的存在でしかないときにも妥当する[224]。すなわち，能
動知性が本質的原因の役割を果たしているとはいえ，霊魂
とこのように結びついていることは，実のところ，懐念的
存在としての知性固有の本性ではないのである[225]。

　可能知性は，自然的存在としては，認識する前には，す
なわち自分の形相を受容する前には無である。純粋可能態
なので，自分の付帯的形相を他のものから，外部から受け

　221）　Cf. B. MOJSISCH, *Die Theorie des Intellekts* (1977), p. 54-
58. ディートリヒにおける個体化の問題については，*De intellectu*,
II.19 et II.27 を参照。

　222）　ディートリヒがこの表現に与えた意味については，B.
MOJSISCH, *Die Theorie des Intellekts* (1977), p. 14s を参照。

　223）　上記 § 2.4, p. 569-573 を参照。

　224）　« Accidentaliter in esse » ; cf. *De intellectu*, II.21.

　225）　B. MOJSISCH, *Die Theorie des Intellekts* (1977), p. 85, n.52
が指摘しているように，能動知性のこうした付帯的次元は正しく評価
されないことがしばしばだった。

とらざるをえない。可能知性は，現実化することで存在するようになるので，自分の本質を外部から，付帯的存在として受容する。ところが，こうした形相は能動知性が生み出したもので，能動知性は本質を通じてしか働かない。すなわち，能動知性では，働きは本質である[226]。こうして，能動知性は，霊魂という実体の原因であるかぎりで，可能知性を生み出すと言える。実際，霊魂は完全に知的なものではないので，その根底に，隠れた実体を，純粋知性や本質による知性を隠し持っている。知的生活は最も高次の生なので，霊魂そのものの生の原理は能動知性に他ならない。霊魂は，可能知性を通じてうまく知的な生命活動を行えるなら，自分自身のうちにこうした生活の内的根源を隠し持っていなければならない。すべての生きているものと同じように，霊魂は自分自身のうちにその生命の根源を有していなければならないが，こうした根源は知的根源でしかありえない。この根源こそ能動知性だが，もっとも能動知性を物体的なものになぞらえて考えることは馬鹿げているだろう[227]。しかるに，知性と霊魂の関係は，原因性にし

---

226)　A.DE LIBERA が次のように付加していることは正しい。「こうして，ギリシャとアラビアの認識論の中心に，プロクロスの図式を発見する。すなわち，上級のものの内在的な働きは，下級のものを外に生み出す」（*Introduction à la mystique rhénane* (1985), p. 200）。

227)　« Manifestum est, quod vivum a non vivo differt in habendo in se principium sui motus. Alioquin non dicerentur res animatae magis vivere quam inanimatae. Est autem summa vita animae rationalis vivere secundum intellectum et intellectualiter. Ergo oportet in se habere huius vitae principium, quod non est aliud quam intellectus agens, quem necessarium est intraneum esse animae rationali, si anima rationalis debet dici vivere secundum operationem intellectualem intellectus possibilis »〔明らかなことだが，生きているものと生きていないものの違いは，自分のうちに自分の運動の根源を有しているか否かにある。さもなければ，生きているものは生きていないものに優って生きているとは言えなくなるだろう。しかるに，理性的霊魂の最高の生は，知性にした

3 知性と自己認識 613

たがった関係である。というのも，能動知性は自分のうち
に，可能知性の働きを通じて霊魂がそれであるすべての
ものを，卓越した仕方であらかじめ含んでいるからであ
る[228]。したがって，能動知性は霊魂とその働きの内的根源
であり，霊魂と同一であり[229]，霊魂という実体の作出因で
ある。これこそ，まさしくディートリヒが本質的原因性と
呼んだものである。「知性の原因性は，概念的存在という
トマス的な意味での志向的原因性ではなく，実在を生み出
す原因性である。こうした実在は，可知的なものであると
はいえ，やはり真の存在なのである」[230]。能動知性のこう
した産出力は，可能知性の働きに似ている。可能知性が事
物の真の何性存在を生み出すのと同じく，能動知性も霊魂
という実体を生み出す。そして，ド・リベラは，これら二
つの側面を結びつけている点で正しい。「この点について，
ディートリヒの力強い認識論的革新は，知性には真の構成
力があるという定式に要約できる」[231]。

がって知的に生きることである。それゆえ，もし理性的霊魂が可能知
性の知的な働きにしたがって生きるべきだと言うなら，こうした生
の根源を自分のうちに有する必要があるが，この根源は，まさしく
能動知性であり，理性的霊魂のうちに内在しなければならない〕（De
intellectu, II.7.(2)；p. 150-151, l. 49-55）．

228）《 (…) sic intellectus agens non solum virtute et potestate
praecontinet essentiam animae, immo ipse est idem cum essentia animae
secundum causam praehabens eam in se nobiliore modo et existens ei
principium causale, sub ordine tamen principalis agentis producentis
ipsum et essentiam animae simul 》（De intellectu, II.10.(3)；p. 154, l. 51-
55）．

229）《 Ergo intellectus agens est idem essentialiter cum essentia
animae 》（De intellectu, II.8.(3)；p. 151, l. 65）．霊魂と知性の本質によ
る一致については，B. MOJSISCH, Die Theorie des Intellekts (1977), p.
51-52 を参照。

230）A.DE. LIBERA, Introduction à la mystique rhénane (1985), p.
202.

231）A.DE. LIBERA, Introduction à la mystique rhénane (1985), p.

614 第6章 フライベルクのディートリヒ

それゆえ，能動知性は，アウグスティヌスの述べる霊魂の隠れた根底と同一視できる。能動知性は霊魂の根底にして基礎であり，この根底は可能知性の外的な認識においてはじめて意識に対して明らかになる。しかし，根底は隠れているので，非常に困難な道を踏破する必要がある。すなわち，その道は，人間の生活を根拠づけるこの中心を探究することだが，そこには，能動知性の自己への立ち帰り，あるいは精神に固有の生が始まる自己認識だけが，ただそれだけがある。

3.2.2　実体および現実態における認識としての能動知性

ディートリヒは，知性を検討する際の二つの観点を絶えず強調している。すなわち，知性は，自然の次元では，一つの個別的現実であり人間の知的原理だが[232]，知性として見るなら，経験を超越し，あらゆる個別的なものを超えた懐念的存在と考えるしかない[233]。それゆえ，ディートリヒにしたがって，経験を超える知性としての能動知性の実体の本質は何かと問うことは有益だろう。

『至福直観について』の最初の部分は，次の事実を明らかにしようとしている。すなわち，「……アウグスティヌスの言う精神の隠れた根底は，能動知性であり，その本質において真の実体である」[234]。論証は像の概念から始まり，知性は，形相的に神の像なら，実体でしかありえないこと

202.

232) « Quod intellectus agens est singulus singulorum numeratus individualiter »（De intellectu, II.13 ; p. 155, l. 82）. Cf. De intellectu, II.31.(1-3) ; p. 169.

233) Cf. De intellectu, II.31.(1-3) ; p. 169.

234) « (…) quod abditum mentis secundum Augustinum, quod est intellectus agens, in sua essentia vere est substantia (…) »（De visione, 1.(1) ; p. 15, l. 2-4）.

3 知性と自己認識　　　　615

を明らかにしている[235]。

　ここでも，アリストテレスのカテゴリーの厳格な範型に
よっては，知性の実体性をうまく説明できないことが分か
る。知性は，一方で付帯性ではなく，他方で，知性として
は，変化に従属する実体——自然的事物を想起すればよい
——でもない。普遍性と，認識に関する必然的関係という
ただ一つの事実を見ても，認識の可能条件は，常に変化に
従属している経験の次元を超えたところに求めるべきこと
が分かる。すなわち，認識されるものは，事物認識の可能
条件である，事物認識の働きを常に前提としている。こう
した考え方から生じる問題をうまく切り抜ける唯一の方法
は，第一に能動知性が存在するすべてのものをそのままあ
らかじめ含み持っていることと，第二に能動知性の認識す
るものがみな能動知性の実体と同一であることを認めるこ
とである。第一の主張は，ディートリヒがしばしば繰り返
しているものである[236]。第二の主張は，ディートリヒが知
性の実体性を説明したり，認識と愛の実体性に関するアウ
グスティヌスの一節の意味を明らかにするために活用して
いるものである。

　実際，ディートリヒが知性の実体性を明らかにするため
に活用しているのは像の概念であり，能動知性は，形相
的に神の像なら，実体以外ではありえないと主張してい
る[237]。精神，愛，認識が互いに区別される実体であり，認
識の本質と同一であることを理解するには，『三位一体論』
の一節を参照するだけで十分である[238]。「精神，愛，認識
は，三つのものであり，それぞれが実体である。そして，

---

　　235)　Cf. *De visione*, 1.1.1, p. 15-16.

　　236)　Cf. « Intellectus est exemplar quoddam et similitudo entis in
eo, quod ens »（*De visione*, 1.1.4 ; p. 28s）．

　　237)　Cf. *De visione*, 1.1.1, p. 15-16.

　　238)　*De Trinitate*, IX, 4, 5.

616 第6章　フライベルクのディートリヒ

この三つがすべて合わさって唯一の本質や実体を構成している」[239]。

このような三一性は単なる付帯性の働きではありえないだろう。「こうした本質の一性と，起源と発出の相違に基づく三性は，精神のうちにこうした精神の一部として存在している。アウグスティヌスはこれを霊魂の隠れた根底と呼んだが，実際は能動知性のことである。したがって，能動知性が実体であることは明らかである」[240]。ディートリヒは何度も次のように強調している。多様な働きの一性こそ能動知性の実体であり，能動知性においては実体と働きは同じである[241]。これは本質による知性，本質による完全な知性と呼ばれる[242]。この点について，アウグスティヌスは十分にはっきり説明している。「……霊魂が自分自身を認識するとき，その認識は霊魂の存在より高次のものではない。すなわち，認識するのは霊魂であり，認識されるのも霊魂である。……さらに，こうした自己愛と自己認識は，次の事実——何らかの仕方で認識できるとして——に注目を促す。すなわち，これら自己愛と自己認識は，霊魂のうちに共存し，相互に働きながら成長し，認識され，実体，あるいはいわば本質として数えられる。それらは，色

---

239)　« Ecce, quod haec sunt tria et singulum eorum substantia est et omnia tria una essentia seu substantia sunt »（*De visione*, 1.1.1.3.1.(1); p. 18, l. 118-119）.

240)　« Cum igitur talis unitas essentiae et trinitas secundum differentiam originis et emanationis sit in mente quoad hanc mentis portionem, quam dicit Augustinus abditum mentis － et est secundum veritatem intellectus agens － , manifestum est ipsum esse substantiam »（*De visione*, 1.1.1.2.(3); p. 18, l. 108-111）.

241)　« Est enim ibi id, quod est intellectus per essentiam, et eius operatio est essentia eius, quod est in abdito mentis nostrae et est intellectus agens (…) »（*De visione*, 2.3.(10); p. 67, l. 70-71）.

242)　Cf. *De visione*, 1.1.2.1, p. 22-23.

3 知性と自己認識　　　　　　617

や形や，いかなるものであれ他の質や量が物体のうちに存
在するのと同じように，基体としての霊魂のうちに存在す
るのではない。こうした色や形などの属性は自分が内属す
る基体において限定されている。この色やこの形は，これ
これの物体の色や形であり，別の物体の色や形ではない。
しかし，霊魂は，自己愛を通じて，さらに自分以外のもの
も愛することができる。同様に，霊魂は，自分自身を認識
するだけでなく，他の多くのものも認識できる。それゆ
え，愛と認識は，霊魂と基体としてそれに内属しているの
ではなく，それら自体も，霊魂そのものと同じように，実
体としてそこに存在しているのである……」[243]。

　実際，どんな付帯的な働きでも，主体と対象を区別する
必要がある。述べたように，火の熱は，付帯的なものだ
が，もちろんその対象——例えばこれこれの石——に働き
かけるが，自分の基体である火を熱することはない。反対
に，感覚的認識や，内にとどまる働きの場合は，影響を受
けるのは対象ではなく主体である。要するに，付帯的形相
がその主体と対象に同時に働きかけることは絶対にない。
しかし，能動知性の場合には正反対のことが起こる。能動
知性の認識は，能動知性そのものに触れ，影響を及ぼす

---

243) « Mens uero cum se ipsam cognoscit, non se superat notitia
sua quia ipsa cognoscit, ipsa cognoscitur. (…) - Simul etiam admonemur
si utcumque uidere possumus haec in anima exsistere et tamquam inuoluta
euolui ut sentiantur et dinumerentur substantialiter uel, ut ita dicam,
essentialiter, non tamquam in subiecto ut color aut figura in corpore
aut ulla alia qualitas aut quantitas. Quidquid enim tale est non excedit
subiectum in quo est. Non enim color iste aut figura huius corporis potest
esse et alterius corporis. Mens autem amore quo se amat potest amare
et aliud praeter se. Item non se solam cognoscit mens sed et alia multa.
Quamobrem non amor et cognitio tamquam in subiecto insunt menti, sed
substantialiter etiam ista sunt sicut ipsa mens (…) » (De Trinitate, IX, 4,
4-5 ; p. 297-298, l. 19-37 ; trad., p. 83-85).

618　　　第6章　フライベルクのディートリヒ

が，同時に能動知性の認識する他のものにも働きかける。
なぜなら，能動知性が認識するものはみな能動知性そのも
のだからである。アウグスティヌスが述べるように，能動
知性の対象と主体は同じである。それゆえ，能動知性は自
分自身を通じて自分自身に働きかける。したがって，能動
知性の働きは能動知性そのものであり，こうした働きを通
じて，能動知性は自分自身に向けて超越する，すなわち自
分の基体を超え出るのだが，これはディートリヒが何度も
繰り返すアウグスティヌスの有名な表現によっている[244]。
「それゆえ，認識と愛は，それぞれの基体を超え出るよう
に思えるので，付帯性ではなく実体である」[245]。こうして，
知性は単一な認識において自分の基体を超え出る。この単
一な認識のおかげで，知性は主体であると同時に対象にな
り，自分自身において他のものを認識できるようになる。
すなわち，知性は自分自身に向かって自分自身を超え出る
のであり，わたしとわたしでないものは，知性の単一性に
おいて一体となっている。そしてそこでは，知性の働きは
本質である。「次のように定式化できる。能動知性は自分
で自分自身に働きかけることで，自分という対象に働きか
けるのであり，自分という対象に働きかけることで，自分
自身を生み出す。……これこそ生来の自己触発の働きで
ある」[246]。知性は，自分自身に働きかけることではじめて，

244）　Cf. « Quidquid enim tale est non excedit subiectum in quo
est» (*De Trinitate*, IX, 4, 5 ; p. 298, l. 31-32) ; cf. *De visione*, 1.1.1.3.1.(2);
p. 19.

245）　« Ergo ista, videlicet notitia et amor, cum videantur excedere
subiectum suum, non sunt accidentia, sed substantiae » (*De visione*,
1.1.1.3.1.(2) ; p. 19, l. 13-14) .

246）　A.DE. LIBERA, *Introduction à la mystique rhénane* (1985), p.
190. Cf. « Secundo et alia ratione patet non convenire accidenti cuicumque
dictus modus excedendi proprium subiectum, qui competit intellectui, qui
est intellectus per essentiam. Intellectus enim talis non solum in eo, quod

3 知性と自己認識 619

自分の基体を超え出て，自分自身を存在や実体として構成する。アウグスティヌスの言葉を借りれば，知性は認識を通じて認識し認識されるものとして，自分自身を通じて認識し認識される。それゆえ，純粋に知的な存在であり，知性であるかぎりでの存在であり，認識し認識されるものであり，懐念的存在である[247]。「こうして，最も本来的な意味では，能動知性は，自分の本質を通じて認識されるかぎりで，知的に存在するものである。さらに，認識するものとしても，本来的意味からは外れるが，知的に存在するものと言える。この意味は明白である。人間がそうするように，あるものがうまく認識するためには，認識という単一な働きを通じて知的に存在するものである必要はない。しかし，認識という単一な働きを通じて知的に存在するものであることは，本質を通じて常に現実態にある能動知性にそのまま当てはまる。このようなわけで，能動知性は，自分自身を認識し，自分自身を通じて認識されるかぎりで，

---

intelligit, sed in eo, quod intelligitur quasi passive, ut sic imaginemur, ipsa intellectione afficitur in sua essentia capiens et habens in hoc suam essentiam fixam in sua substantia et in esse suo, inquantum videlicet stat in sui ipsius intellectione et inquantum est quid intellectum »〔第二に，別の理由からも，すでに述べた，自分の基体を超え出る様態は，どんな付帯性にも当てはまらないことが分かる。こうした様態は知性に，それも本質による知性にふさわしいものである。こうした知性は，認識するもののうちにあるだけでなく，認識されるもののうちにもいわば受動的に存在する。事態は次のように想像できる。すなわち，知性は，自分の認識の働きにとどまり，認識されるものであるかぎりで，自分の実体や存在に根ざす自分の本質を，認識の働きそのものを通じて本質的に捉え所有するのである〕（*De visione*, 1.1.7.(3)；p. 32, l. 43-49）．

247) « Primum et intimum in eis attenditur hoc, quod sunt in hoc genere aliquid essentialiter seu per essentiam inquantum essentia, id est aliquid cognitivum seu conceptivum per essentiam, quod pertinet ad intellectum agentem, ut supra latius dictum est »（*De visione*, 3.2.9.7.(2)；p. 98, l. 7-10）．

620 　第 6 章　フライベルクのディートリヒ

自分自身と自分以外のすべてのものに同じように関係する。なぜなら，述べたように，能動知性は知的にすべてのものだからである」[248]。

したがって，実体としての能動知性は，可能知性の生成や変化——人間は可能知性を通じてあるときは認識しあるときは認識しない——に従属していない。すなわち，能動知性には，どんな経験的認識の働きにも確認できるような，可能態から現実態への移行はない。能動知性は，その実体を通じて常に同じように現実態にある。認識するなら，常に認識するのである[249]。常にすでに認識されたものであるこうした認識は，完全に知的な能動知性の実体に由来している[250]。それゆえ，能動知性は本質的に知的である。

---

248) « Sic enim propriissime est quiddam intellectualiter ens, inquantum videlicet intelligitur in sua essentia, non autem omnino ita proprie, inquantum intelligit, dicitur intellectualiter ens. Quod patet ex eo, quia aliquid potest intelligere ut homo, quod tamen ex hoc, quod intelligit, non est aliquid intellectualiter ens, sed quidquid intelligitur, eo ipso est aliquid intellectualiter ens, tale est intellectus, qui est intellectus per essentiam et semper in actu, et sic talis intellectus, inquantum intelligit se et inquantum intelligitur a se, eodem modo se habet ad se et ad omnia alia, quia, ut dictum est, ipse est intellectualiter omnia entia » (De visione, 1.1.7.(3) ; p. 32, l. 49-57).

249) « Primum istorum, videlicet quod abditum mentis semper stat in lumine suae actualis intelligentiae, patet, quoniam, cum ipsum in sua substantia sit intellectus per essentiam, quem philosophi intellectum agentem vocant, nec aliqui variationi subiciatur quantum ad exitum de potentia ad actum tam quantum ad dispositionem aliquam substantialem quam etiam accidentalem, necesse est ipsum semper fixum esse in eodem modo suae substantiae. Igitur si intelligit, semper intelligit » (De visione, 1.1.2.1.(1) ; p. 22, l. 123-129). 能動知性の唯一の可能態性は，すべてのものを可知的にしうることである——« Intellectus autem agens potens est omnia facere intellecta » (De visione, 2.1.(2) ; p. 63, l. 9-10)。

250) « Quod autem intelligat, patet, quoniam ipsum est intellectus per essentiam et eius essentia intellectualitas est » (De visione, 1.1.2.1.(2) ; p. 23, l. 10-11).

3 知性と自己認識　　　621

能動知性にとって，存在するとは認識することで，認識することは存在することである。認識をやめないことで存在し続けるのであり，認識をやめないのは，認識が自分自身だからである。能動知性は，認識し認識されるものとして，完全に自己充足している。このことが意味するのは，知性の存在は実体的に自立した認識であるかぎりで，その働きと同じだということである。「能動知性はその実体において働きである」[251]。能動知性の働き，すなわち認識の働きは，その存在や実体である。だから，能動知性は，外部からは何も受けとらず[252]，自己の経験的意識には隠れた働きであり，人間のどんなイメージをも超えた絶えざる働きである。すなわち，意識されず言葉でも表せないような自己認識に他ならない。ド・リベラの見事な表現を借りれば，「あらゆる知的生命を生み出しているのは，能動知性の隠れた，表に出ない働きである」[253]。

251）« Quod etiam manifestum est auctoritate. Dicit enim Philosophus III *De anima* loquens de intellectu agente : "Substantia actus est". Ubi secundum aliam translationem habetur : "Est in sua substantia actio". Et infra : "Idem autem est secundum actum scientia rei". Et infra: "Sed non aliquando quidem intelligit, aliquando non". Quod quidam de intellectu possibili nituntur exponere, videlicet ut, quando intellectus possibilis factus est in actu et actu intelligit, tunc non aliquando intelligit, aliquando non, sed semper, quod ridiculosum est. Sic enim posset dici de cursu Socratis, scilicet quod, quando currit actu, non aliquando currit, aliquando non, sed semper et necessario, secundum illud Philosophi in *Peri hermeneias* : "Esse, quod est, quando est, necessario est" » (*De visione*, 1.1.2.3.(1) ; p. 24, l. 57-67).

252）« Hoc enim importat proprietas et modus suae separationis et impermixtionis cuiuscumque extraneae naturae. Ens enim sic separatum, sic impermixtum nec partibus nec cuicumque extraneae naturae nitens in intraneitate suae essentiae necessario intellectualiter existit » (*De visione*, 1.1.2.1.(2) ; p. 23, l. 14-17).

253）A.DE. LIBERA, *Introduction à la mystique rhénane* (1985), p. 181.

さらに，アリストテレスがアナクサゴラス（Anaxagore）を引き合いに出しつつ述べているように，能動知性は本質による知性，混ざり合わず分離された知性である。したがって，存在するすべてのものは知的次元では本質による知性と同じであることが分かる。志向的次元と言えば，平凡なことしか述べていないが，ここで言う知的次元とは実体的にという意味である。精神における認識と愛の働き——アウグスティヌスによれば，これらは実体である——は，同時に能動知性と同一であり，能動知性は実体的に，知的次元ではこれらの働きなのである。能動知性の実体的ダイナミズムとはこうしたものを言う[254]。

しかし，能動知性は，どれほど分離され隠れたものであっても，その実体的知性性を通じて，やはり人間の認識の根拠である。すなわち，能動知性は，知的現前を通して，人間の認識とあらゆる経験の可能条件に他ならない。能動知性と可能知性の関係は次のように説明できる。

実際，能動知性は，本質による知性的なもので，本質的原因でもあるかぎり，自分自身のうちに自分が生み出すものをあらかじめ含み持っている。つまり，可能知性の働き，それゆえ可能知性が認識するもののすべてを，より高貴で卓越した仕方であらかじめ含み持っている。「したがって，残すところ，能動知性は可知的なものの始原にして本質的原因である。自分自身を通じて本質的原因であるというこの固有性や本性から，次のことが帰結する。すなわち，能動知性は自分自身のうちに自分が生み出すものを，それらがそれ自体において，つまり可能知性において存在するよりも高貴で完全な仕方で，あらかじめ含み持っている。したがって，可知的なものは，可能知性よりも能

---

254) ここからすぐに，人間における神の実体的像の研究がいかに重要か分かる。

3 知性と自己認識　　　623

動知性においての方が，より知的に，そしてより高貴で
いっそう分離された仕方で存在する。事実，さもなけれ
ば，能動知性は可知的なものの始原でも原因でもありえな
かっただろう」[255]。こうして，能動知性は，自然的存在と
しては個別的なものであっても，知性や懐念的存在として
は経験を超えており，どんな個体性や普遍性も超越してい
る。自分自身のうちに，自分がその実体性を通じて根拠づ
けるあらゆる個体性や普遍性を卓越した仕方で集約してい
るのである。このようなわけで，ディートリヒがここで知
性について述べていることは，精神の外部にあるものを最
重要視する存在論や認識論においては理解できないものだ
ろう。「能動知性の認識は，普遍的でも個別的でもない。
能動知性は，その単一性と知性性において，自分の対象に
向かう。この対象は，自分の単一な本質であり，全体より
後なる部分——個体化の原理である——も，理性にした
がった全体より先なる部分——普遍化の原理である——も
持たない。この場合，普遍的なものとは固有の意味で言わ
れている」[256]。

　ここにきて，ディートリヒの自己認識論を理解するため

255）« Relinquitur igitur intellectum agentem esse principium
intellectorum et causam essentialem. Ex quo sequitur ex proprietate et
natura, quae est per se causae essentialis, quod nobiliore et perfectiore
modo praehabet in se causata sua quam sint in se ipsis, id est quam sint
in intellectu possibili. Igitur multo magis in intellectu agente quam in
intellectu possibili, immo multo nobiliore et separatione modo huiusmodi
intellecta intellectualiter existunt. Aliter enim impossibile esset ipsum esse
principium et causam eis » (*De visione*, 1.1.2.1.(4) ; p. 23, l. 32-38).

256）« (…) (intellectivi) scientia non est universalis nec particularis,
sed simplici intellectualitate versatur circa obiectum suum, quod est eius
simplex essentia, non habens partes posteriores toto, quo sit individuum,
nec partes priores secundum rationem, quae sunt ante totum, quo sit
universale, proprie loquendo de ratione universalis, ut praemissum est »
(*Quaest. utrum in Deo*, 1.1.(9) ; t. III, p. 294, l. 57-62).

624   第6章　フライベルクのディートリヒ

に必要な要素はそろったことになる。まず，能動知性は存在するすべてのものを卓越した仕方であらかじめ含み持っている。これこそ，『至福直観について』の有名な命題──「能動知性は，ある意味で，存在するかぎりでの存在の範型や似像である」[257]──の意味である。次に，能動知性のうちではすべてが実体的なので，能動知性の本質，働き，対象はみな同じである。最後に，能動知性は，認識することで，自分自身を自分の本質を通じてすでに常に認識しており，自分自身を認識することで，すべてのものを認識する。さらに，能動知性について，可能知性について知られていること──自分自身を実現することで自分の始原に向かう──も適用できる。すなわち，能動知性は，自分自身を認識することで，神という自分の始原に向かうのであり，それゆえ神を受容でき，アウグスティヌスの言う精神の根底（abditum mentis）と同じものであることが分かる。これらは，非常に興味深い主張だが，これから検討すべきものである。

3.2.3　能動知性と自己認識

ディートリヒは，いかなる物体も霊魂に働きかけることはできないというアウグスティヌスの確信を極限まで追求し，生じうるあらゆる認識の条件である能動知性は，真に無条件的であり，認識として自己を実現するのに，自分の実体や知性性以外の何ものも必要としないことを明らかにした。能動知性は，あらゆる認識の条件として，この上なく無条件的だが，それはまさに分離し，何とも混じらず，自分のうちに，あらゆる区別を超えた卓越した仕方で[258]，

257）« Intellectus est exemplar quoddam et similitudo entis in eo, quod ens » (*De visione*, 1.1.4 ; p. 28, l. 1)．

258）知性の単一性は他の完全性を排除しない。そうではなく，知性はそうした完全性を区別のない卓越した仕方で所有しており，そこでは自分自身と自分以外のものは同一である。知性は，それ自体

3 知性と自己認識   625

自分が根拠づけるすべてのもの，すなわち可知的であるか
ぎりの可知的なものや存在するかぎりの存在を所有してい
ることによっている。

　能動知性は，無条件的だがあらゆる認識の隠れた条件と
して，常に現実態にあり，あらゆるものを可知的なものに
できる。これは，「能動知性はすべてのものを認識された
ものにできる」[259]という有名な表現によっている。能動知
性は，霊魂と認識の隠れた根源として，常に認識している
が，それというのも純粋に知的であり，常に自分自身を認
識しているからである。これこそ，あらゆる認識の隠れた
根源にして基礎であり，単一な実体だが，そこでは精神と
存在が原初的な根拠づけの働き――自己認識の働き――に
おいて一致している。ディートリヒにしたがって，人間の
経験的意識には常に隠れているこれらの道に入り込むこと
は無謀だと思う人がいるかもしれない。しかし，こうした
道においてこそ，この非常に高貴な隠れた世界が，すなわ

として，自分以外のものや自分と同じでないものと，合一している。
B. MOJSISCH は，真理についてのヘーゲルの定式――同一性と非同
一性に関する同一性――を特に好んでいる。「……根拠の同一性は，
自己同一性であると同時に，こうした自己同一性と，自己同一性の
うちに根ざす非同一性との同一性である」（*Die Theorie des Intellekts*
(1977), p. 51）。もちろん，ディートリヒは別様に表現している。《
Intellectivum autem ab utroque, scilicet rationali et sensitivo, distinguitur,
non cum exclusione eorum, sed, ut ita dicatur, cum quadam collectione
et comprehensione utriusque eorum in sui superexcedenti actualitate, quo
omnium generum entium perfectiones in eo colliguntur et per consequens
omnes modi cognitionum in ipso modo simplici uniuntur 》〔知性的なも
のは理性的なものと感覚的なものから区別される。これは，理性的な
ものと感覚的なものを排除するからではなく，両者を自分の卓越した
現実性の中にいわば集約したり把握したりするからである。こうして，
すべてのものの完全性は知性的なもののうちに集約され，それゆえあ
らゆる認識様態が知性の単一な様態において一つにされる〕（*Quaest.
utrum in Deo*, 1.2.(4)；t. III, p. 295, l. 84-88）.

　259)　*De visione*, 2.1.(2)；p. 63, l. 9-10.

ち知性——単なる意識には現れない人間精神の基礎にして，無限なる神の隠れた実体的な像——が不完全ながらも少しずつ明らかになるのである。このようなわけで，自己認識は精神の中心であると同時に存在の中心でもある。

3.2.3.1　自分自身を認識する精神の透明性　能動知性は本質による知性である。すなわち，その知性性は形相的原理であり，能動知性そのものがその知性性なのである。「本質による知性とは，本質としての知性性を通じて存在するものである」[260]。言い換えれば，能動知性は本質を通じてそれであるところのものである。すなわち，能動知性を実体として構成する，知的認識のダイナミズムそのものである。知性であることによる内的緊張こそが能動知性なのだ。そこには，運動——知的次元における能動知性という自分の対象に向かう運動——しかない。それゆえ，自己の力動的認識こそが能動知性そのものである。「本来的様態，すなわち知的な仕方で知性であることは，知性の本質

---

260)　« Similiter ergo id, quod est intellectus per essentiam, est id, quod est intellectualitate per essentiam »（*De visione*, 1.1.3.(2)；p. 26, l. 8-9）。ディートリヒはこの考え方を，自己認識の主題に組み込むことで発展させている。« Manifestum est enim ex praehabitis, quod abditum mentis, quod est intellectus agens, est intellectus per essentiam. Quiquid autem per essentiam est res in concreto, id ipsum est per essentiam formaliter sub formali abstractione; verbi gratia : Homo est homo per essentiam, et ipse est homo humanitate per essentiam. Similiter ergo id, quod est intellectus per essentiam, est id, quod est intellectualitate per essentiam. Sicut igitur in homine anima, quae est forma partis, vel humanitas, quae est forma totius, habet habitudinem et rationem principii formalis respectu totius, quod est homo, et hoc modo sibi proprio, id est modo proprio animae seu humanitatis, ita et intellectualitas modo sibi proprio, id est intellectualiter, habet rationem et habitudinem principii formalis respectu essentiae intellectus, et hoc non est nisi ipsum intellectum in se ipsum intellectualiter tendere et per hoc constitui substantiam eius et se ipsum intelligere per essentiam »（*De visione*, 1.1.3.(2)；p. 26, l. 4-16）。

3 知性と自己認識 627

に関わる形相的原理の役割を果たす。こうした関係性は，知性が自分自身に向かう知的緊張に他ならず，こうした緊張を通じて，知性の実体と，本質による自己認識は構成される」[261]。それゆえ，能動知性の自立性と自発性は全体的なものである。というのも，能動知性の実体は存在するためにその働きを必要とするが，この働きこそが能動知性であり，能動知性を構成しているからである。しかし，こうした働きは，能動知性の働きを条件づける，どんな外部の原理にも由来しない。反対に，働きは自己充足的であり，それというのも自分自身を対象とする——ただし自分自身を自分以外の他のものとして対象化するのではない——からである。この自己定立は対象化ではない。なぜなら，働きは自己と同一だからである。ディートリヒの表現では，まずこのことが意味するのは，知性の働きは，本質によるもので，むしろ自分の本質に他ならない，すなわち本質と働きは完全に一致するということである[262]。

しかし，能動知性が内的に自分自身に向けるこの働きや本質は，いかなる外部の形相も必要とせずに構成される。このようなわけで，知性のうちでは，本質，働き，対象は，透明で完全な内在性において，真に同一である。「こうして，本質による知性のうちでは，……知性の実体と，

---

261) « (…) intellectualitas modo sibi proprio, id est intellectualiter, habet rationem et habitudinem principii formalis respectu essentiae intellectus, et hoc non est nisi ipsum intellectum in se ipsum intellectualiter tendere et per hoc constitui substantiam eius et se ipsum intelligere per essentiam » (*De visione*, 1.1.3.(2) ; p. 26, l. 12-16).

262) « Intellectus enim, quidquid est et existit, est et existit intellectualiter in sua substantia. Alias non esset intellectus per essentiam. Sed cum sit quid separatum et immixtum carens partibus et quaecumque extranea natura, quod operatur, operatur per suam essentiam, et eius operatio ex parte sui est essentia sua » (*De visione*, 1.1.3.(3) ; p. 26, l. 17-21).

働き——知性は働きを通じて自分自身のうちに自分の認識を受容する——は区別されない。実際，知性の実体，その知的な働き，知的な働きの内的対象は，すべて同じである」[263]。それゆえ，ディートリヒは知性の対象の純粋な内在性をはっきり弁護するが，この対象は知性そのものと知性の働きと同一である。本質による知性のうちでは，志向的にのみならず実際にも，主体は対象であり，主体の働きは，実のところ働きが構成する主体と対象と同一である。したがって，知性の自立性は全体的なものである。「知性が本質を通じて自分自身を認識すると言うことは，知性の本質は自分自身を認識することであると言うにとどまらず，知性の本質はこうした認識そのものであると言うことでもある」[264]。言い換えれば，知性の対象は，知性そのも

---

263) « In tali igitur intellectu, qui est intellectus per essentiam, ut ex dictis colligitur, non est distinguere inter substantiam et operationem, qua in se ipsum recipit suam intellectionem. Omnia enim haec sunt idem, videlicet substantia intellectus et intellectus operatio eius et ipsum obiectum intellectualis operationis intraneum » (De visione, 1.1.3.(4) ; p. 26-27, l. 29-33).

264) A. DE. LIBERA, Introduction à la mystique rhénane (1985), p. 184. « Hinc est, quod eius operatio intellectualis, quae non est quid extraneum ab essentia sua, ut dictum est, primo et per se intra suam essentiam terminatur et intellectualiter afficit, ut ita dicam, suam essentiam, quod non est nisi intelligere suam essentiam. Hoc est enim intellectualiter afficere aliquid, id est intelligere illud, et intellectualiter affici ab aliquo, id est intelligi ab eo » 〔ここから明らかなことに，知性の知的な働きは，述べたように，知性の本質の外部にあるものではないが，第一にそれ自体として自分の本質の内部にとどまり，自分の本質に知的に働きかけると言える。これこそ，自分の本質を認識することに他ならない。実際，知的に何かに働きかけることはそれを認識することであり，知的に何かから働きを受けることはそれによって認識されることである〕(De visione, 1.1.3.1.(2) ; p. 28, l. 64-69). « Et sic directe et per se est intelligens essentiam suam, et hoc immediate et formaliter per propriam essentiam suam » (De intellectu, II.40.(1) ; p.

3 知性と自己認識 629

のを構成する，自分の認識の働きである。このことは二つ
のことを意味する。一つは，対象は対象化されたものでは
なく[265]，すなわち自分以外の他のものとして措定されたも
のではないこと，つまり自己認識の対象は特定のものでは
なく，知性のそのものを構成するダイナミズムだというこ
とである。もう一つは，知性の実体は，その後で働くため
や，さらにその後で認識したり認識されたりするために与
えられるのではなく，以前からずっと知性の知的な働きで
あり続けているということである。

3.2.3.2 伝統的見解の総合 こうして，ディートリヒ
は，トマスが哲学思想では扱いきれないとした道を力強く
開拓した。トマスは，自身が霊魂そのものの習慣的認識と
呼んだ事態の豊かさを示唆しながらも，この発見を哲学的
に探究することができなかった。ディートリヒは，トマス
が知的実体も含めたあらゆる実体を，精神の外部にあるも
のの存在様態にしたがって分析しているのを見て，こうし
た方法を批判することで間接的にトマスを非難した。トマ
スは，アリストテレスのカテゴリーの体系を精神の外部に
あるものに適用し，そうした外的事物に優位性を認めた
が，この優位性のせいで精神の神秘を深く探究すること
ができなくなった。なぜなら，精神は，実のところ，「も
の」として表現することがまったくできない対象だからで
ある。ディートリヒの目には，こうしてトマスが自分で気
づいていた道に踏み入ることを避けたように見えた[266]。し

177, l. 65-67）．

265） B. MOJSISCH, *Die Theorie des Intellekts* (1977), p. 64 は，
ドイツ語は曖昧に使われているものの，知性は認識の対象として措定
されないことを言わんとしている。

266） B. MOJSISCH は，トマス・アクィナスの名は挙げていな
いものの，カテゴリー的な図式が，思考の現実を記述することには
まったく向いておらず，知性を単なる「もの」に貶めてその価値を下
げることをはっきり明らかにしている。「ディートリヒは，知性をこ

かし，同時にトマスは，アリストテレスが知性について論じるときの深い意図から目を逸らしている。アリストテレスは精神の世界の深遠さを理解していたはずだが，こうした深遠さはトマスが哲学的な次元ではまったく考慮に入れなかったものである。そして，ディートリヒによる第二の力強い開拓は，アリストテレスの弁護者として，少なくとも自己認識の問題に関して，一見すると対立矛盾する諸哲学を総合することだった。すなわち，アウグスティヌス，アリストテレス，プロクロス——あるいはもっと正確には『原因論』——は，自己認識を論じるときには，完全に一致しているのである。これはまさに力強い一歩だった。というのも，アリストテレスとアウグスティヌスは常に対立しているように思われていたからである。実際，アリストテレスは多くの人々にとって自己の間接的認識を主張する代表者となっていたし，アウグスティヌスは精神の内面性や本質による自己認識の権利を弁護する人々に着想を与えていたのである。トマスだけが最初の総合を成し遂げたのだが，この総合はディートリヒには不十分に思えた。『原因論』とプロクロスに関して言えば，トマスはそれらをうまく活用して完全な立ち帰りという自説を支えようとしたが，周知のとおり明確に説明することはなかった。ディートリヒによれば，こうした状況を招いたのは，ここでも，トマスの体系が精神の形而上学を完成するのに不適切だったからである。

のように考えることで，表象に根ざす知性論に反対している。こうした知性論は，思考するものの個別性を明らかにする目的で，自然に理解できる個々の人間や，人間にふさわしい思考を強調するが，知性を『もの』と同じレベルに下げることに気づいていない。こうした知性論はディートリヒには受け入れがたいものだった。というのも，思考の現実そのものとしての思考する意識を，知性には当てはまらないカテゴリー的図式に閉じ込めようとするからである」（*Die Theorie des Intellekts* (1977), p. 71）。

3 知性と自己認識

それゆえ，ディートリヒは，自己認識の問題を再び取り上げることで，アリストテレス，アウグスティヌス，『原因論』ないしプロクロスの見解を徹底的に調和させようとした。

アリストテレスによれば，自然的存在としての可能知性——自分自身を他のものを認識するように認識する——を考慮に入れないなら，主体としての知性は対象としての知性と同一である。実際，『霊魂論』によれば，非質料的なものに関するかぎり，認識する主体と認識される対象は同じである。「さらに，知性はそれ自体，可知的対象が可知的であるのと同じように可知的である。実際，非質料的なものの場合，認識する主体と認識される対象は同一である。なぜなら，理論的知識はその対象と同じだからである」[267]。そして，ディートリヒは，アリストテレスのこの有名な説明に次のことを付け加えている。すなわち，認識するものは認識されるものであるだけでなく，認識し認識されるものはそれを構成する働きと同一である。「知的な働きは，認識するものと認識されるものの同一性から異なるものではない。働きのせいで，知性の実体のうちに何か外的な本性が入り込むことはない。というのも，知性はそ

---

267) *De l'âme*, III, 4, 430a3-5 ; trad., p. 81. Cf. « Unde Philosophus in III *De anima* dicit, quod in his, quae sunt sine materia, idem sunt intelligens et quod intelligitur »（*De visione*, 1.1.3.(4) ; p. 27, l. 33-34）. そのため，ディートリヒはアリストテレスが未解決のまま残した有名な問題——「人がいつも認識するわけではないことについては，その理由を調べる必要がある」（*De l'âme*, III, 4, 430a5-6 ; trad., p. 81）——に解答できたと言える。実際，ディートリヒによれば，知性は常に認識しており，原初的な働きにおいて常に自分自身を認識しているのだが，こうした認識は暗黙的で隠れており，外的な認識においては，常にまたふさわしい仕方では明らかにならない。これは，別の角度から見れば，アウグスティヌスにおける，暗黙的認識（nosse）と明白な認識（cogitare）の区別と同じである。

632 第6章 フライベルクのディートリヒ

の本質において無条件的に単一だからである」[268]。

こうして、アリストテレスの思想は、プロクロスと『原因論』——命題13と命題15——の思想と一致する。実際、認識するものと認識されるものと働きがただ一つの実体——認識するものは実体で、認識されるものも実体で、働きも実体——なら、能動知性は常に自己を認識しており、現実態において自分自身に立ち帰っている。この働きこそは、完全な自己還帰、あるいは『原因論』の有名な表現では完全な立ち帰り（reditio completa）である。「したがって、本質による知性はその知的な働きにおいて常に現実態において自分自身に立ち帰っている」[269]。これこそまさに、「『原因論』において、命題13がどんな知性もその本質を認識するとあらかじめ規定した後で、命題15があらゆる知性——現実態にある本質による知性——について、知性は完全な立ち帰りを通じて自分の本質に還帰すると説明した事柄である」[270]。完全な立ち帰りとは、認識するもの、認識の働き、認識されるものという知性の三一的なダイナミズムをプロクロスが名づけたものであり、アリストテレスの能動知性のことに他ならない[271]。

まずアリストテレスの能動知性であったものは、次にプ

---

268) « A quorum identitate non differt operatio intellectualis, quae nullam extraneam naturam importat in substantia intellectus, cum sit omnino simplex in essentia » (*De visione*, 1.1.3.(4) ; p. 27, l. 34-36) .

269) « Est igitur intellectus per essentiam in actu sua intellectuali operatione semper in se ipsum conversus » (*De visione*, 1.1.3.(5) ; p. 27, l. 37-38) .

270) « (…) dicitur in Libro de causis propositione 15 de qualibet intelligentia, quae est intellectus in actu per essentiam, quod ipse est rediens ad essentiam suam reditione completa − praemiserat autem propositione 13, quod omnis intelligentia intelligit essentiam suam (…) » (*De visione*, 1.1.3.(5) ; p. 27, l. 37-41) .

271) Cf. *De intellectu*, II.40.(2).

3 知性と自己認識　　633

ロクロスのあらゆる知性の完全な立ち帰りであることが判
明したが，この同じ現実が最後にはアウグスティヌスの言
う霊魂の隠れた根底となる。アリストテレスとプロクロス
は，アウグスティヌスの意図と一致するのである。実際，
アウグスティヌスによれば，精神は，自分に絶えず現前し
ているこの霊魂の隠れた根底において，常に自分自身を記
憶し，常に自分自身を認識し，常に自分自身を愛する。さ
らに進んで次のように言うこともできる。すなわち，精神
が自分自身を認識するのは，自分とは別の原理においてで
はなく，反対に自分自身を通じて，自分の本質を通じてで
ある。アウグスティヌスの次の一節は，この時代の著述家
にはよく知られたものだった。「こうして，霊魂は，物体
的なものについての認識は身体的感覚を通じて得るが，同
じように，非物体的なものについての認識は自分自身を通
じて得る。それゆえ，霊魂は非物体的なので，自分自身を
も，自分自身を通じて認識する」[272]。したがって，アリス
トテレス，アウグスティヌス，プロクロスは，精神はいか
なる本性を有するかについて，同じ直観を共有していた。
すなわち，精神は，主体，対象，働きという実体が区別さ
れない，自己認識のダイナミズムにより，内奥から構成さ
れているのである。

---

272)　« Mens ergo ipsa sicut corporearum rerum notitias per sensus
corporis colligit sic incorporearum per semetipsam. Ergo et se ipsam per
se ipsam nouit quoniam est incorporea » (*De Trinitate*, IX, 3, 3 ; p. 296,
l. 16-19 ; trad., p. 81). « (…) eandem etiam sententiam de intellectu
per essentiam, quem in nobis vocat abditum mentis, videlicet quod se
ipsum semper intelligit, ponit Augustinus *De Trinitate* XIV c.14 de parvis.
Secundum eum enim ibidem in abdito mentis mens semper sui meminit,
semper se intelligit, semper se amat. Et quod hoc mens faciat non aliquo
alio, sed se ipsa, dicit IX *De Trinitate* c.13, quod mens se ipsa novit et se
ipsa amat, et loquitur ibi de notitia et amore, quo mens novit et amat se
ipsam » (*De visione*, 1.1.3.(5) ; p. 27, l. 41-48).

3.2.3.3　自己認識と能動知性の対象　　ディートリヒに
よれば，実のところ能動知性は三つの対象を含んでいる。
指摘したように，知性は自分自身を認識し，自分の本質
を認識し，自分自身を本質を通じて認識する[273]。しかし，
ディートリヒが付け加えて言うことには，能動知性は自分
の始原である神をも認識し，存在の全体をも認識する。し
かし，これら三つの対象があるために，三つの認識が必要
になるわけではない。なぜなら，知性はこの三つの対象を
まったく単一な把握——知性そのものである——を通じて
認識するからである。知性は，自分の始原において自分自
身を認識し，自分自身を認識することで自分の始原を認識
する。知性は，自分自身を認識するように，自分において
他のものを認識する。言い換えれば，知性が認識するのは
自分自身だけである，あるいはもっと正確には，知性は
本質によって自分自身であるところのものしか認識しな
い[274]。知性が認識するのは，すでに知性であるところのも

---

273)　Cf. *De intellectu*, II.38.(1) ; p. 176.
274)　　ディートリヒは，確かに能動知性の主要な対象である
その始原に関する認識を特別視しているが，対象が何であれ知性は
自分自身のうちでしか認識しないと主張している。それゆえ，能
動知性の本質は能動知性の固有対象だと言える。« Quamvis autem
tria praedicta attendamus in cognitione intellectus agentis, scilicet suum
principium, a quo intelligendo procedit, et suam propriam essentiam
et tertio universalitatem rerum, hoc tamen non facit tres intellectiones,
sed unam solam, sicut etiam suum principium, a quo procedit, uno
solo actu cognitionis intelligit se et alia et, sicut colligitur ex pluribus
propositionibus *Libri de causis*, quaelibet intelligentia intelligit, quod
est supra se, hoc est causam suam, stat etiam fixa cognoscendo rediens
super essentiam suam reditione completa, intelligit etiam, quod est sub
ea, id est causatum suum, non tribus intellectionibus, sed uno simplici
actu intellectionis, in quo tamen principalissimum est in ratione obiecti
intelligere causam suam sive principium, a quo procedit, quia includit
alia duo, quae intelliguntur in ipso principio secundum modum principii,
sicut etiam ipsum principium intelligendo se intelligit etiam alia secundum

3 知性と自己認識   635

のだけであり，知性の外部では何も認識されない。なぜな
ら，知性は自分の始原を認識し，自分自身を認識し，もっ
ぱら自分自身のうちで他のものを認識するからである。実
際，自分の始原を認識することは自分自身を認識すること
であり，自分自身を認識することは他のものを認識するこ
とである。それゆえ，能動知性は自分の外部では何一つ認
識しない。「能動知性が認識する他のすべてのものについ
て言えば，能動知性はそれらを自分の本質と自分の本質の
様態を通じてのみ，あるいは自分の始原においてこの始原
の様態にしたがってのみ認識する」[275]。能動知性は，まっ
たく自分でないものは何も認識しないだろう。知性以外の
ものは，知性の実体や知性性と同一である。すなわち，知
性としての知性以外のものではありえない。というのも，

---

modum et rationem suae essentiae »〔たとえすでに述べた三つ，すなわ
ち認識することで発出してきた自分の始原，自分の本質，第三に事物
の総体が能動知性の認識のうちに見出せるとしても，このことで三つ
の認識が生じるわけではなく，ただ一つの認識が生じるだけである。
すなわち，能動知性は自分の出てきた始原と自分自身と他のものをた
だ一つの認識の働きを通じて認識する。これは『原因論』の多くの命
題を使って次のように要約できる。どんな知性も，自分より上位にあ
る自分の原因を，完全な自己還帰により自分の本質に立ち帰りつつ認
識することで確立される。また，自分より下位にある，自分が生み出
したものをも認識するが，これらを認識するのは三つではなく単一の
認識の働きを通じてである。しかし，こうした認識の働きのうちで最
も主要な対象は，自分が出てきた原因や始原である。なぜなら，始原
は他の二つのもの——自分の本質と他のもの——を含んでいるからで
ある。これら二つは，始原そのものにおいて始原の様態にしたがって
認識される。こうして，能動知性は，始原そのものを認識することで
自分自身を認識し，他のものを自分の本質の様態にしたがって認識す
る〕（De intellectu, II.38.(1)；p. 176, l. 32-44）．

    275) « (…) et quidquid aliud intelligit, non intelligit nisi per
essentiam suam secundum modum proprium suae essentiae, vel etiam
intelligit illud in suo principio secundum modum ipsius principii »（De
intellectu, II.40.(3)；p. 177, l. 75-77）．

知性としての知性は，その原初的な根拠づけの働きを通じて，自分が認識するすべてのものを形相的にあらかじめ含み持っているからである。知性としての知性，すなわち認識し認識される懐念的存在としての知性は，自分以外のものを自分自身として認識する。「すでに述べたことについてはっきり帰結することに，能動知性のような，常に現実態にある本質による知性は，他のすべてのものを，自分自身を認識するように，自分の本質を通じて，自分自身を認識する同じ様態にしたがって，また同じ単一な認識によって認識する。実際，知性はその本質を通じて，存在するすべてのものの範型であり，それゆえ知的次元では存在するすべてのものなので，本質を通じて自分自身を認識することで，それと同じ様態，同じ単一な認識にしたがって他のすべてのものを認識することは明らかである。これは，神において，その固有の様態，すなわち神的な様態にしたがって起こることと似ている。すなわち，神は自分自身を認識することで，他のすべてのものを認識するのである」[276]。

---

276) « Ex dictis etiam patet quartum eorum, quae praenumerata sunt, videlicet quod intellectus, qui est intellectus per essentiam et semper in actu, qualis est intellectus agens, sicut se ipsum, sic omnia alia intelligit per suam essentiam et eodem modo, quo se intelligit, et eadem simplici intellectione. Cum enim ipse per suam essentiam sit exemplar totius entis in eo, quod ens, et secundum hoc sit intellectualiter totum ens, manifestum est, quod intelligendo se ipsum per essentiam eodem modo et eadem simplici intelligentia intelligit totum ens, sicut suo modo, scilicet divino, se habet in Deo, videlicet quod intelligendo se intelligit omnia alia » (*De visione*, 1.1.5.(1) ; p. 30, l. 60-69).

4 自己認識から派生する諸問題

上で述べたように，自己認識は能動知性の認識様態そのものである。しかし，能動知性は，実在的で知的な実体であるかぎり，自分自身を認識するように他のものを認識する懐念的存在である。したがって，自己認識は，他のものが存在であるかぎり，自分自身における他のものの認識に他ならない。しかし，能動知性は，自分自身に立ち帰るかぎりで，神の像として神から出て，自分の根拠にして始原である神に帰るという，同じ存在論的運動のうちに置かれている。そして，自分の始原を認識するというこうした自己認識においてこそ，知性は実体的に神を受容できることが明らかになる。このようなわけで，自己認識から派生する問題は三つある。まず，能動知性には三つの対象があるが，これらの対象は能動知性がまったく単一な同一の認識において捉えるものである[277]。すなわち，第一に能動知性は自分自身を通じて自分の本質を認識するが，第二に存在の全体——すでに卓越した仕方で能動知性であり続けている——をも捉える。最後に，能動知性は，自己認識を通じてそこから発出する自分の始原を認識する。

4.1 存在するものの似像としての能動知性

これは，ディートリヒの新プラトン主義的思想に特徴的な有名な主張である。すなわち，「能動知性は，存在するもの——存在するかぎりでの——の範型や似像である」[278]

---

277) *De intellectu*, II.38.(1) ; p. 176, l. 32-44——注 274 参照。

278) « Intellectus est exemplar quoddam et similitudo entis in eo, quod ens » (*De visione*, 1.1.4 ; p. 28, l. 1) .

ので，すべてのものを認識する[279]。実際，13世紀と14世紀の著述家の大部分は，知性は存在するものに秩序づけられていることや，存在と存在するものは知性の一般的対象であり，知性の固有対象ですらあることを認めていた。こうした主張は伝統的なものである。「しかし，ディートリヒがこの主張を展開する仕方はまったく独創的なものだった。事実，ディートリヒは，存在は知性の対象であるとか，知性は存在の全体を反映できるとかいうだけでは満足せず，知性は自分の本質の単一性を通じて，ある意味では，すなわち知的次元では，存在するすべてのものであると主張している」[280]。実際，知性としての知性は，個別的な本性ではなく，これこれの何性を個別的に捉えることに秩序づけられているわけではない。反対に，知性性というその本質のために，あらゆる個別性を超えた本性なのである[281]。知性が本質的に普遍的であることは，その対象を見れば分かる[282]。すなわち，知性の対象は，これこれの何性ではなく，普遍的な仕方におけるすべての何性であり，存在するかぎりでのすべての存在，すなわち自分のうちに存在する理由を有しているすべてのものである。したがって，知性はある意味ですべてのもの，存在するかぎりでの

---

279) « Circa tertium praemissorum, videlicet quod intellectus per essentiam est exemplar quoddam et similitudo entis in eo, quod ens, et omnia intelligit, consideradum »（De visione, 1.1.4.(1)；p. 28, l. 2-4）.

280) A.DE. LIBERA, Introduction à la mystique rhénane (1985), p. 185.

281) « Patet autem hoc ex eo, quoniam intellectus generalis quaedam et universalis natura est secundum proprietatem suae essentiae intellectualis, qua non determinatur ad hoc vel ad aliud tantum intelligendum »（De visione, 1.1.4.(2)；p. 28, l. 5-7）.

282) « Quod manifestum est ex obiecto eius, quod est quiditas non haec vel illa, sed universaliter quaecumque quiditas et ens inquantum ens, id est quodcumque rationem entis habens »（De visione, 1.1.4.(2)；p. 28, l. 7-10）.

4 自己認識から派生する諸問題　　639

すべての存在である。

　しかし，知性が存在するすべてのものであるのは，知的な様態にしたがって，自分の本質を通じてである。すなわち，知性が何らかの仕方ですべてのものであるなら，この仕方は知的で本質的な仕方を意味する。それゆえ，知性は自分のうちに，その本質的で知的な様態にしたがって，すべての存在を含み持っているはずである。ただし，それは，存在するものの似像にしたがってであり，存在するもののように形相的な仕方においてではない。知性がすべてのものであるのは，自分の仕方において，まったく単一で，卓越した，高貴な仕方においてである。結論として，「知性はそれ自体，知的次元では，ある意味においてすべての存在である」[283] と言わねばならない。したがって，知性がすべての存在であるのは，より高貴でより完全な様態，すなわち本質による知性の様態にしたがえば，以前からずっとそうだったのである。こうして，能動知性は自分以外のものを，自分の内部で，自分の知的様態にしたがって認識する[284]。それゆえ，能動知性は，すべての存在——

---

283) « Quia igitur eius essentia, quidquid est, intellectualiter est, necesse ipsum intellectum per essentiam gerere in se intellectualiter similitudinem omnis entis, modo tamen simplici, id est secundum proprietatem simplicis essentiae, et ipsum esse intellectualiter quodammodo omne ens »（*De visione*, 1.1.4.(1)；p. 28-29, l. 10-13）.

284) « Nec obstat hoc ei, quod dictum est supra, scilicet quod talis intellectus nihil intelligit extra se. Principium enim substantiae suae, a quo intellectualiter fluit, magis intimum est quam ipse talis intellectus sibi ipsi, et sic intelligendo suum principium non intelligit aliquid extra se, immo plus intra se quam in eo, quod intelligit suam essentiam »〔このことは，上で述べたこと——能動知性は自分の外部では何一つ認識しない——に対立しない。というのも，能動知性という実体が知的に流出してきた始原は，能動知性にとって，能動知性そのものよりも近くにあり，こうして能動知性は自分の始原を認識することで，あるものを，自分の外部で認識するのではなく，自分の本質を認識するよりもさらに自

存在するかぎりでの——の似像や範型である[285]。

　存在と知性の関係に関するこれらの定式を見れば，必ずアリストテレスの『霊魂論』第3巻における，受動知性——すべての可知的なものになる——と能動知性——すべての可知的なものを生み出す——の区別を思い出すだろう[286]。それゆえ，ディートリヒはここでも機会を得て，対立しているように見える哲学的考え方，すなわちアリストテレス，アヴェロエス，アウグスティヌス，状況次第では大グレゴリウス（Grégoire le Grand）の考え方を調和させている。

　知性はある意味ですべてのものである。この同一視をめぐって，アリストテレスは知性が存在するものと一致することについて二つの仕方を区別している。一つは単なる可能態性にしたがってであり，もう一つは現実態にしたがってである。一方で，知性は可能態においてすべての存在である，すなわち可能知性のうちですべてのものは生じる（in quo omnia fieri）。他方で，現実態においてすべてのものである知性，すなわち能動知性は，そのうちですべてのものが生み出される（in quo omnia facere）ものである。それゆえ，可能知性は可能態においてすべての存在であり，能動知性は現実態においてすべての存在である[287]。

分の深いところで認識するからである〕（De visione, 1.2.1.1.7.(3)；p. 43, l. 24-28）．

　285）　« (…) cum ipse sit intellectus per essentiam semper in actu, ex hoc ipso est intellectualiter quasi quoddam exemplar totius entis et eorum, quae sunt entis per se, ut supra habitum est »（De visione, 1.2.1.1.7.(4)；p. 43, l. 31-33）．

　286）　Cf. De l'âme, III, 5, 430a13-15.

　287）　« Quod quidem (scil. intellectum esse intellectualiter quodammodo omne ens) contingit dupliciter : uno modo in potentia seu potentialiter, ut in intellectu possibili, in quo est omnia fieri secundum Philosophum III De anima, alio secundum actum, puta in intellectu

4 自己認識から派生する諸問題 641

ここで検討の対象になるのは能動知性である。能動知性
は，あらゆる可知的なものを生み出すかぎりで，知的な仕
方ですべての存在である。まず，知性が存在する事物であ
るのは，事物の側の存在様態にしたがって形相的にではな
く，自分の存在様態にしたがって，すなわち知的実体や懐
念的存在として，卓越した仕方ですべての存在の範型であ
るかぎりにおいてである。「……知性——本質を通じて常
に現実態にある知性——の本質のうちでは，すべての存在
が知的な仕方で輝いている。それゆえ，知性がすべての存
在を認識するのは，現実態において自分の単一な様態にし
たがって，言い換えれば，自分の本質の単一性や自分の知
的働きの単一性という様態にしたがってだと言わねばなら
ない」[288]。次に，能動知性は，すべてのものを生み出すか
ぎりで，すべてのものである。なぜなら，すでに述べたよ
うに，能動知性は可知的なものを可能知性——可知的なも
のの何性存在を構成する——のうちに生み出すが，これは
存在への真の産出と言えるものだからである。こうして，
能動知性は自分のうちに，可能知性が完全には認識してい
ないものを完全に所有している。能動知性は作出因，もっ
と正確には本質的原因であり，これこれの何性ではなく，

---

agente, in quo omnia facere. Alias enim, nisi uterque istorum intellectuum
esset quodammodo et intellectualiter omne ens, ille quidem in potentia,
scilicet intellectus possibilis, hic autem, id est intellectus agens, in actu,
impossibile esset hunc quidem omnia facere, id est intellectum agentem, in
illo autem omnia fieri, id est intellectu possibili » 〈*De visione*, 1.1.4.(3) ;
p. 29, l. 14-21〉.

288) « Quia igitur secundum iam dicta in intellectu, qui est
intellectus per essentiam et semper in actu, omnia entia intellectualiter
resplendent in sua essentia, necesse ipsum intelligere secundum actum
omnia entia modo sibi proprio, id est modo simplici, id est modo simplicis
essentiae suae et simplicis intellectualis operationis suae » 〈*De visione*,
1.1.4.(4) ; p. 29, l. 22-26 ; trad., A.DE. LIBERA, *Introduction à la
mystique rhénane* (1985), p. 186〉.

何性存在を存在として生み出すのである。これはまさし
く，能動知性は自然的存在を生み出すのではなく——とい
うのも，こうしたことはありえないだろうから——，存在
するものを，それが存在するかぎりで，また可知的である
かぎりで生み出すというように理解できる。ディートリヒ
は，あらゆる経験的意識を超えた超越的次元での能動知性
の産出的役割をこのように説明している[289]。少なくともこ
のような仕方で，ディートリヒはアリストテレスの一節を
解釈し，それをたやすくアヴェロエスの解釈に当てはめる
ことができた。ただし，ディートリヒによれば，能動知性
も可能知性も，アヴェロエスが理解したように単一なもの
ではないという条件つきではあったが。アヴェロエスは，
自分の観点にしたがって[290]，能動知性——本質を通じて常
に現実態にある知性——の範型的で産出的な役割に基づき
つつ，こうした知性が形相として人間に結びついているな
ら，人間はこの知性を通じてすべての存在を認識できるは
ずだと主張したのである[291]。またこのことは，逆説的では
あるが，大グレゴリウスの一節とも一致すると思われる。
すなわち，グレゴリウスは，聖ベネディクトゥス（Benoît）
が霊魂のある種の神秘的な上昇を通じて世界全体を見たと
語っている[292]。

---

289) われわれは，カント（Kant）以来，経験的次元と超越（論）
的次元のこうした区別に慣れている。

290) Cf. AVERROES, *In III de anima*, comm.36, p. 51.

291) « Et ex hoc arguit Commentator *Super III De anima*, quod,
si intellectus agens, qui est intellectus per essentiam et semper in actu,
aliquando uniatur nobis ut forma, per ipsum intelligemus omnia entia »
（*De visione*, 1.1.4.(5) ; p. 29, l. 27-29）.

292) « Quod videtur aliqualiter concordare cum eo, quod legitur de
sancto Benedicto, videlicet quod in quadam mentis elevatione vidit totum
universum. Sed qualiter hoc contigerit, Deo committendum iudico »（*De
visione*, 1.1.4.(5) ; p. 29, l. 29-32）.

4 自己認識から派生する諸問題 643

したがって，分離知性の単一性というアヴェロエスの主張を除くなら，能動知性はアウグスティヌスが内在性の極致として論じる霊魂の根底とまさしく同じであることがはっきり分かる。それゆえ，アウグスティヌスの思想は，ここでも，アリストテレスとその学派の見解と一致している[293]。『三位一体論』の次の一節だけを取り上げても，このことは明らかである。「むしろ，知的霊魂はその本性そのものを通じて，創造主の計画にしたがって本性的に可知的世界に属するものを見ると考えねばならない。すなわち，知的霊魂は固有の本性を有する非質料的な光を通して可知的なものを見るのであり，これは肉の目が物体的な光を通して目に映る対象を見るのと同じである……」[294]。こうして，「精神は可知的なものと事物の根拠をその隠れた根底において認識する。そして，確言できることに，このことは神という不変の真理の現前によってはじめて生じる」[295]。能動知性は，あらゆる経験的意識と外的認識から離れて常に自分自身を認識しているが，ずっと以前から，

---

293) « In eandem autem peripateticorum sententiam concordat Augustinus, ut ex multis locis librorum suorum patet » (*De visione*, 1.1.4.(6) ; p. 29, l. 33-34).

294) « Sed potius credendum est mentis intellectualis ita conditam esse naturam ut rebus intelligibilibus naturali ordine disponente conditore subiuncta sic ista uideat in quadam luce sui generis incorporea quemadmodum oculus carnis uidet quae in hac corporea luce circumadiacent (…) » (*De Trinitate*, XII, 15, 24 ; p. 378, l. 12-17 ; trad., p. 257). Cf. *De visione*, 1.1.4.(7) ; p. 30.

295) « Eadem autem ratio est de his et quibuscumque aliis intelligibilibus rebus seu rerum rationibus, videlicet quod cognita sunt menti in suo abdito. Quod quidem contingit ex praesentia incommutabilis veritatis ad mentem, quae incommutabilis veritas Deus est et etiam hac vita videtur, ut dicit *De vera religione* c.53 et 54 et multis sequentibus capitulis » (*De visione*, 1.1.4.(9) ; p. 30, l. 54-58 ; trad., A.DE. LIBERA, *Introduction à la mystique rhénane* (1985), p. 187).

存在するかぎりでの存在の先在的認識であり続けている。能動知性は，自分自身を認識することで自分のうちで他のものを認識するが，このことは，能動知性の始原である神が，能動知性そのものよりもさらに深いところで，あらゆる認識と存在の目に見えない根源として絶えず現前し認識されているからこそ可能になっている。「実際，明らかなことだが，ディートリヒの独自性はまさに，この知性——分離し，「単一で，非受動的で，いかなるものとも混じらない」知性——を霊魂の根底そのものと同一視し，こうすることで，逆説的ながら，最も遠くにあるものを自己という最も近くにある中心そのものに置き換えたことにある。この同一視こそがライン学派の神秘主義の最初の発端になった。すなわち，非受動的で，非個人的で，匿名の自己は霊魂の根底そのものに置き換わる。この霊魂の根底は，存在するかぎりでのすべての存在が自分の起源を見出し，認識が自分を外化する，すなわち自分自身を神という固有の真理に対して外的なものにするかぎりで現れるものである。それゆえ，知性，すなわち外的な認識が知性を表す前に，自分のうちですべてのものを認識し，自分を通じて自分自身を認識する知性は，その知的本質の現実態性そのものにおいて，神——自分自身を認識し，自分のうちですべてのものを認識する——の完全な像である」[296]。こうして，自己認識は常にその始原である神に向かう。この神こそは能動知性の第三の対象である。

4.2　神に還帰する能動知性

4.2.1　神から出た像としての能動知性

　自己認識としての能動知性は，常に，自分が出てくる始

---

296)　A.DE. LIBERA, *Introduction à la mystique rhénane* (1985), p. 187-188.

4 自己認識から派生する諸問題 645

原である神の認識である。ディートリヒは，この発出につ
いて慎重に述べているが，それというのもこの発出におい
て神の像が実現するからである。実際，ディートリヒによ
れば，存在するものは，四つの段階のいずれを占めるかに
応じて，神と異なる仕方で関係する。最も低い段階では，
類や種といった概念的存在は，神のうちにその形相的原因
を有している[297]。第二に，個物は個物であるかぎり，自分
の範型因としての神のイデアに関係する[298]。第三に，天使
と呼ばれる霊的実体は，知恵，知識，力，善性といった神
の実体的完全性に似ているかぎりで，神から出てくる[299]。

---

297) « Primum istorum, videlicet rerum species seu id, quod sunt
res secundum suam speciem, reducuntur in Deum sicut in principium
quoad causam formalem, quae est propria uniuscuiusque speciei ratio,
quam nos quoquo modo definitione percipimus »（De visione, 1.2.1.1.2.(1);
p. 37, l. 21-24）.

298) « Sicut autem res id, quod sunt secundum speciem, reducuntur
in Deum tamquam in principium secundum formam quantum ad
uniuscuiusque propriam speciei rationem, sic unumquodque individuum
in eo, quod indivuduum, reducitur in Deum sicut in principium secundum
formam, quae est idea et exemplar in mente divina »（De visione,
1.2.1.1.3.(1); p. 38, l. 42-46）.

299) « Tertio loco secundum praemissam enumerationem
invenimus in universitate rerum quandam manieriem sive genus entium
sublimis gradus naturae et perfectionum suarum, et huiusmodi sunt
quaedam substantiae spirituales, quas angelos nominamus, quae quantum
ad processum suum a Deo praeter iam dictos modos procedendi et
reductionis in Deum secundum aliquod formale principium repertum in
Deo concernunt quendam specialem et sibi proprium modum processionis
et reductionis suae in Deum secundum aliquid formale repertum in Deo.
Procedunt enim huiusmodi a Deo in similitudinem divinae substantiae
et suarum substantialium perfectionum, quales sunt scientia, sapientia,
bonitas, potentia, praesidentia, entium dispositio et gubernatio et si qua
sunt similia, quae suo modo communicantur dictis substantiis spiritualibus,
et sic dictae substantiae spirituales procedunt a Deo in similitudinem
divinae substantiae, quae suo modo, id est modo divino et sibi proprio,

646 第6章 フライベルクのディートリヒ

それゆえ，これらの霊的実体は神の像にかたどって造られているのである[300]。最後に，天使の段階よりもさらに高次の段階がある。天使は確かに神の像にかたどって造られているが，この最後の段階では，能動知性のような本質による知性は，もっと完全に神に似ている[301]。こうした様態は，「本質を通じて常に現実態にある知性の様態であり，そうした各知性においては神の像が本来的に完全な仕方で輝いている。というのも，こうした各知性は本質を通じて神の像だからである」[302]。この存在の段階では，神との最高の関係が見出せるのであり，それは先の各段階に存在するものが神と取り結ぶ関係を凌駕している。すなわち，その最高の関係は，「神の本質と本質による諸知性そのものの間に見出せる類似性や一致にしたがって，つまりそうした知性が起源的関係に応じて異なる三つの実体において自存す

---

talibus perfectionibus substat » (*De visione*, 1.2.1.1.4.(1) ; p. 39, l. 2-14).

300) « Iste est igitur tertius modus, quo aliqua entium reducuntur in Deum tamquam in principium quantum ad aliquod formale repertum in ipso, videlicet quantum ad similitudinem substantiae et suarum substantialium perfectionum. Circa quem modum videtur etiam in iam dictis verbis Hugonis innui, quod ex hoc modo reductionis in Deum quaelibet talium spiritualium substantiarum sit facta ad imaginem Dei » (*De visione*, 1.2.1.1.4.(5) ; p. 40, l. 39-44).

301) « Quamvis etiam quaelibet dictarum substantiarum spiritualium vere sit facta ad imaginem Dei, sed hoc est secundum altiorem gradum similitudinis ad Deum, in quo attenditur quartus modus reductionis entium in Deum sicut in principium quoad aliquid formale repertum in Deo » (*De visione*, 1.2.1.1.5.(1) ; p. 41, l. 52-55).

302) « Est autem hic modus proprius eorum entium, quae sunt intellectus per essentiam semper in actu, in quorum quolibet proprie et perfecte relucet Dei imago, inquantum quilibet eorum per suam essentiam est Dei imago, ut sic generaliter loquamur » (*De visione*, 1.2.1.1.5.(1) ; p. 41, l. 55-59).

4 自己認識から派生する諸問題　　　　647

るということにしたがって成立するのである」[303]。

　ではしかし，この像という表現は，最も完全な意味では，すなわち天使という霊的実体ではなく本質による知性に当てはまるかぎりでは，何を意味するのか。本質による知性を天使の尊厳を超えたものにするには，神の像であることは何を意味する必要があるのか。

　固有の意味では，事物は何らかの仕方で他のものによって生み出されるかぎりで，他のものの像である[304]。もっとも，どんな産出でもいいというわけではない。例えば，作出因は像の様態にしたがって結果を生み出さないのであり，それというのも作出因は必ず外部性を含意するからである。すなわち，作出因は常に自分以外のものを生み出すのであり[305]，このことは，原因が自分自身を他のもののう

───────────

303)　« Reducitur igitur tale ens, quod est intellectus per essentiam semper in actu, in Deum quoad aliquid formale repertum in Deo non iam secundum aliquod ideale exemplar nec modo secundum aliquam rationem determinantem rebus suas proprias species, quae duo, scilicet exemplar et ratio, attenditur in mente divina, ut dictum est, nec etiam secundum similitudinem divinae substantiae cum suis substantialibus perfectionibus, de quo modo immediate dictum est, sed potius secundum similitudinem et conformitatem divinae essentiae et eorum, quae ipsius sunt per se, puta subsistere in tribus hypostasibus differentibus secundum respectus originis» (De visione, 1.2.1.1.5.(2) ; p. 41, l. 61-68).

304)　« Sed adhuc istud non sufficit ad completam rationem imaginis, nisi id, quod est imago, sit expressum seu productum ab eo, cuius est imago. Ovum enim non est imago alterius ovi, quantumcumque sit simile, quia non est expressum ab eo » (De visione, 1.2.1.1.6.(1) ; p. 41, l. 2-5).

305)　« Sed nec quaecumque expressio seu productio sufficit ad completam rationem imaginis etiam cum iam dictis. Expressio enim seu productio secundum rationem efficientis et effecti inquamtum huiusmodi non sufficit, puta si sic poneremus, quod homo faceret hominem manibus suis, quantumcumque sibi similem, proprie talis homo sic factus non esset imago facientis eo, quod efficientia inquantum efficientia admittit

ちに刻み込もうとも変わらない[306]。固有の意味での像が存在するためには，さらに複数の条件が同時に成立しなければならない。

1. 像は，像のもとになっているものを，そのものの固有の本性と本質にしたがって表す必要がある。
2. 像は，像のもとになっているものから，そのものの固有の本質にしたがって生み出される，あるいは出てくる必要がある。
3. 自分の像を生み出すものは，その像において自分自身でなければならない。
4. 像を生み出すものと像は，実体でなければならない[307]。

---

quandam extraneitatem effecti ad efficiens, ne videlicet unum sit imago alterius. Efficere enim inquantum huiusmodi est extra se fluere et facere aliud a se » (*De visione*, 1.2.1.1.6.(2) ; p. 41, l. 6-13) .

306) « Imaginatum autem expressivum est suae imaginis quasi sui ipsius in altero. Igitur oportet in tali expressione attendere hoc, quod fiat secundum proprietatem naturae seu essentiae imaginati. Unde secundum hoc etiam in generatione humana filius dicitur imago patris. *Gen.* 5 dicitur, quod Adam genuit filium ad imaginem et similitudinem suam » (*De visione*, 1.2.1.1.6.(2) ; p. 41, l. 13-17) .

307) « Dicendum igitur summarie ex iam dictis, quod ad completam et propriissimam rationem imaginis in rebus creatis pertinet, ut imago eius, cuius est imago, sit repraesentativum secundum naturam seu essentiam suam id est imaginati et eorum, quae sunt essentiae per se, item, quod imago sit quid expressum ab imaginato, item, ut sit expressum secundum rationem naturae seu essentiae eius, cuius est imago − sic enim contingit imaginem esse repraesentativam sui imaginati secundum naturam seu essentiam eius et eorum, quae sunt essentiae per se −, item in exprimendo a se suam imaginem sit expressivum sui ipsius in altero, immo sit in se aliquid per suam propriam essentiam et id ipsum sit in sua imagine, secundum aliud tamen, esse ita, quod esse in sua imagine sit esse in se ipso altero, item, ut haec, quae dicta sunt, inveniantur in substantiis et quantum ad imaginem et quantum ad imaginatum » (*De visione*, 1.2.1.1.6.(6) ; p. 42, l. 40-51) .

4 自己認識から派生する諸問題 649

　いかにしてこれらすべての条件は，能動知性——その始
原は神である——の産出において実現するのか。しかし，
能動知性という本質による知性は，アウグスティヌスの言
う霊魂の隠れた根底と同じものだが，まさにここでこれら
すべての条件を満たし，神の本来的で完全な像になること
ができる[308]。このことを理解するために，ここでも，神に
よる能動知性の創造は，まったく外的で作出的原因性を通
じたものだと考えてはならない。実際，能動知性とは違う
他のものは，神により，それほど高貴でも偉大でもない仕
方で生み出される。すなわち，神が語ると，それらは存在
した[309]。対して，能動知性は，このような存在として生み
出されたのではない。能動知性の本質は，その始原である
神から，最高の本質から知的な仕方で発出するような仕方
で，形相的に流出したのである。すなわち，知性が自分の
本質を手に入れそれを把握するのは，神の本質を知的に認
識することによってである[310]。ディートリヒは何を言おう

　308）　« Haec igitur sunt, quae concurrunt ad completam rationem
imaginis in rebus creatis. Imago enim vult esse completa et perfecta
conformitas sui ad imaginatum et similitudo repraesentativa, qua non
invenitur maior. Et quia secundum dictas condiciones attenditur similitudo
et conformitas intellectus, qui est intellectus per essentiam, ad Deum, et
tale est abditum mentis secundum Augustinum, quod est intellectus agens
secundum Philosophum, ideo in ipso invenitur perfecte et proprie imago
Dei »（De visione, 1.2.1.1.7.(1) ; p. 43, l. 3-9）.

　309）　« Quod quidem tali intellectui convenit secundum rationem
suae essentiae et ex modo suae emanationis a suo principio. Emanat enim
talis intellectus a suo principio, Deo, altiore quodam et nobiliore modo
quam res aliae productae a Deo. In productione enim aliarum rerum dixit
Deus et factae sunt, et sic secundum effectivam virtutem omnipotentiae
suae deductae sunt in esse »（De visione, 1.2.1.1.7.(2) ; p. 43, l. 21-23）.

　310）　« Talis autem intellectus, de quo sermo est, non modo sic,
sicut aliae res, processit in esse, sed secundum quendam formalem
defluxum essentiae suae ab illa summa et formalissima essentia, quae
Deus est, intellectualiter procedens ab ea et eo capiens suam essentiam,

としているのか。思い出すべきは、能動知性は、実体や知性性としては、自分を構成するダイナミズムに他ならないことである。能動知性にとって、存在することは認識し認識されることである。というのも、絶えず自分自身を認識しているからである。能動知性の存在はその働きである。能動知性が存在するのは、認識しているからである。しかし、能動知性は、起源的に見れば神ではないので、存在において構成され生み出される必要がある。ただし、こうした産出は、精神の外部にある他のものの産出のようにではなく、能動知性に固有の知的な様態にしたがって行われる。したがって、能動知性が存在するのは、自分の始原である神を認識することによってである。すなわち、能動知性は自分の始原から流出する。なぜなら、自分の始原を認識することは存在することだからである。そして、知性にとって、存在することは自分の始原を知的に認識することに他ならない。このようなわけで、能動知性は、存在するかぎり、自分を構成する働きそのものにおいて、絶えず自分の始原を知的に認識しているのである。

　しかし、自己認識に直接つながることとして、さらに進んで次のように言わねばならない。能動知性は存在し、自分自身を認識している。自己認識は能動知性の存在である。それゆえ、次のように主張できる。すなわち、能動知性にとって、自己認識は神という自分の始原の認識であり、逆もまた成り立つ。能動知性が神の本質から流出することは、能動知性の始原を認識することであり、それはそのまま能動知性の自己認識である。能動知性にとって、自分自身を認識することは存在することである。自分の始原から流出して存在することは、神という自分の始原を認識

---

quod intelligit illam summam essentiam »（*De visione*, 1.2.1.1.7.(2)；p. 43, l. 14-18）．

4　自己認識から派生する諸問題　　　651

することである。ディートリヒの言葉を借りれば，次のように言える。「こうして，能動知性は，その実体において，自分の認識の働きを通じて，自分の本質により自分自身を認識するものである。このことは，起源をたどって原理的に考えれば，能動知性が自分の始原を認識するという事実によっている。こうして，知性は知的な仕方で自分の始原から流出するが，これは知性の実体がそれを通じて自分の始原を認識する懐念そのものに他ならないからであり，こうした始原の認識がなければ，知性は自分の本質を認識できないのである」[311]。結論として，以下のように言える。自己認識は神認識であり，神認識は自己認識である。このことにより，知性の三つの対象——自分の始原，自分の本質，存在するかぎりでの存在——の実在性と，能動知性がこの三つの対象を，自分自身でもあるただ一つの認識の働きを通じて認識する単一性は確証できる。こうして，能動知性は自分の外部では何一つ認識しない。「実のところ，能動知性という実体の始原，能動知性がそこから知的に流出する始原は，知性に対して知性そのものよりも近くにある。そして，能動知性は自分の始原を認識することで，自分の外部であるものを認識するわけではない。反対に，自分の本質を認識するときよりも自分に対してもっと内的な仕方で，そのものを認識するのである」[312]。

---

311)　« Et sic intellectualiter emanat ab eo ita, quod sua substantia non est nisi quidam conceptus, quo concipit et intelligit suum principium, sine quo nec suam propriam essentiam posset intelligere »（*De visione*, 1.2.1.1.7.(2) ; p. 43, l. 21-23）.

312)　« Nec obstat hoc ei, quod dictum est supra, scilicet quod talis intellectus nihil intelligit extra se. Principium enim substantiae suae, a quo intellectualiter fluit, magis intimum est quam ipse talis intellectus sibi ipsi, et sic intelligendo suum principium non intelligit aliquid extra se, immo plus intra se quam in eo, quod intelligit suam essentiam »（*De visione*, 1.2.1.1.7.(3) ; p. 43, l. 24-28）.

終わりに，知性は霊魂の隠れた根底だと付け加えるなら，こうした自己認識のプロセスの全体——知性に固有な本質を構成し，神から流出する——は，思考力による外的認識や，可能知性による概念的認識ではないことが分かるだろう。また，自己認識，神認識，すべての存在の認識は，霊魂の根底で実現するただ一つの働きであるとも言えないだろう。なぜなら，こうした働きは霊魂の根底そのものであり，霊魂の根底は絶えず自分の始原である神に，自分自身よりもさらに深いところにいる神に向かうからである。この働きは，確かに外的な認識において明らかになるが，神の住まう神秘的世界の中に隠れたままであり，知性に対して知性そのものよりも近くにある。知性は自分自身を認識することで，存在の極致であると同時にすべてを生み出す精神の極致を認識する。知性の中心は神そのものに他ならない。

4.2.2　神に還帰する能動知性

　ディートリヒがここで活用しているのは，プロクロスに由来する主要な原理である。すなわち，「始原から出てきたものはみな，本質を通じて，出てきた始原に還る」[313]。ここでディートリヒは，アリストテレスやアウグスティヌスを超えて，結果が出てきた始原に還るというディオニュシオスないしプロクロスの形而上学に訴えている。この法則は，ここでは，能動知性に当てはまる。すなわち，能動知性は，自分の本質を通じて自分自身を認識することで，自分が出てきた始原を認識するので，絶えず神に還帰するものである[314]。「能動知性は，自分の始原から流出するの

---

313)　« Omne procedens ab aliquo secundum essentiam convertitur ad illud, a quo procedit »（*De visione*, 1.5.(4)；p. 62, l. 41-42）. Cf. PROCLUS, *Elementatio theologica*, prop.31, p. 278.

314)　« Et secundum hoc per intellectum agentem intelligimus ea intellectione, qua ipse intelligit, quae est per suam essentiam, qua semper

4 自己認識から派生する諸問題　　653

と同じく，自分の本質である認識の働きを通じて，この同じ始原に還帰する」[315]。この法則は，まったく普遍的なもので，自然的存在にも懐念的存在にも妥当する。すなわち，何らかの始原に依存しているものはみな，この始原に還ろうとし，ある種の一致を目指す。この発出と還帰の運動により，世界の中に円環運動に似たダイナミズムが生まれる[316]。これこそ，すべてのものは自分が出てきたものに還るというプロクロスの命題の意味であり，この還帰の運動は，自分の起源に完全に一致しようとする，すべての存在に刻まれた深い欲求とも言い換えられる。「あるものは，向きを変えて，自分の全体と自分が目指す目的の全体を結合しようとする。すなわち，その目的と交わり，結びつくことを切望する」[317]。

---

conversus est in Deum, et in hoc perficitur illa beata visio, quae nobis promittitur per scripturam veritatis »（*De visione*, 4.3.2.2.(1) ; p. 119, l. 102-105）.

315）« Quartum etiam praenumeratorum ex iam dictis facile apparere potest, videlicet de conversione saepe dicti intellectus in suum principium, a quo intellectualiter fluit : Ut sicut intellectualiter per suam essentiam emanat a suo principio, sic et sua intellectuali operatione, quae est essentia eius, in idem principium suum convertitur »（*De visione*, 1.5.(1) ; p. 62, l. 26-30）.

316）« Est enim hoc proprium universaliter omni naturae descendenti per se ab aliquo principio, ut in ipsum principium convertatur et tendat in eiusdem sui principii communionem quasi quendam circulum faciens, dum tendit in id, a quo fluit »（*De visione*, 1.5.(2) ; p. 62, l. 31-34）.

317）Cf. PROCLUS, *Elementatio theologica*, prop.32, p. 278. « Proclus etiam dicit 31 propositione libri sui : "Omne procedens ab aliquo secundum essentiam convertitur ad illud, a quo procedit". Ubi dicitur in commento : "Ad quod enim primo appetitus, ad hoc et conversio". Et in commento 32 propositionis dicit : "Quod enim convertitur omne ad omne copulari festinat et appetit communionem ad ipsum et colligationem ad ipsum". Et infra : "Si igitur conversio communio quaedam est et

654 第6章　フライベルクのディートリヒ

　この原理は普遍的なものだが，発出と還帰の様態は，問題となるのが自然的存在か知性かに応じて違ってくる。自然的存在は，純粋に自然的で知的ではない原因性の様態に支配されている[318]。実際，自然的存在は，その原因や始原により，作出因の様態にしたがって生み出されたり創造されたりする。同様に，自然的存在は，自分の始原を目的としてそこに還帰する場合，自分の実体とは異なる働きを行うことでそうする[319]。すなわち，自然的存在では，作出因にしたがった産出と目的因にしたがった還帰は異なる。

　反対に，能動知性のような本質による知性にとって，認識の働きはその本質であり，流出と同時に還帰である。能動知性が神から発出するのは知的な仕方で本質を通じてだが，神に還帰するのもこの同じ知的働きを通じてである。だから，発出の運動があって，次に還帰の運動があるのではない。すなわち，能動知性の認識の働きはその本質であり，それは同時に流出と還帰である[320]。知性は，自分の本

---

coniunctio" et cetera »（De visione, 1.5.(4) ; p. 62, l. 41-46）.

　318）　« Aliter autem se habent quantum ad has habitudines res naturales aliae ab intellectibus, aliter autem se habent intellectus, inter quos attenditur ordo causalis. — Res enim naturales aliae ab intellectibus, inter quas causa attenditur et causatum, habent tales habitudines ad invicem naturaliter, id est per modum naturae, non intellectualiter, scilicet quod causa in causando intelligat causatum suum et ipsum causatum in eo, quod causatur et procedit a causa sua, intelligat causam suam, sed solum, sicut dictum est, naturaliter, id est per modum naturae, secundum quod natura distinguitur contra intellectum »（De intellectu, III.23.(1-2) ; p. 195, l. 3-11）.

　319）　« In quo etiam differt ipsius talis emanatio et conversio ab emanatione et conversione aliarum rerum, quae secundum unum modum, scilicet quantum ad constitutionem suae substantiae, emanant a suo principio tamquam a causa efficiente, convertuntur autem in idem suum principium tamquam in finem per suas proprias operationes differentes a substantia sua »（De visione, 1.5.(6) ; p. 63, l. 58-63）.

　320）　« Secundum hoc igitur substantia, quae est intellectus per

4 自己認識から派生する諸問題　　655

質である働きを通じて，神から流出すると同時に神に還帰
するのであり，これは知性そのもので知性を構成する同一
の運動において起こる。そしてこのことは，ここで問題と
なっている原因性が本質的原因性や知的原因性であるから
こそ可能となる。実際，還帰が生じるのは，始原に到達し
ようという欲求があるからである。しかるに，知性の欲求
は知的欲求でしかありえない。なぜなら，こうした欲求は
知性の認識様態そのものに即して働くからである。した
がって，ディートリヒによれば，知性が神に還帰すること
は，感覚的欲求のような欲求ではない。知性の還帰は知的
働きである。それゆえ，この働きは，知性がその本質にお
いて自分自身を構成することで，自分自身と自分の原因で
ある神を認識する働きに他ならない[321]。知性の欲求は知的
働きだと確言できる。

　それゆえ，能動知性が自分自身を認識するには，二つの
方法——能動知性の働きにおいて同一のものとして結びつ

---

essentiam semper in actu, qualis est intellectus, de quo agitur, quia
per essentiam intellectualiter procedit a Deo, etiam sua intellectuali
operatione, quae est essentia eius, semper convertitur in Deum ita, ut eius
emanatio, qua intellectualiter emanat per essentiam a suo principio, sit
ipsius in ipsum principium intellectualis conversio. Non enim primo ab
ipso procedit et postea alio respectu seu operatione in ipsum convertitur,
sed eadem simplici intellectione, quae est essentia eius » (*De visione*,
1.5.(6) ; p. 52-68).

　321) « Ex hoc arguitur ad propositum sic : Omnis intellectus
procedens ab alio convertitur in ipsum tamquam in causam suam. Talis
autem conversio non est nisi per appetitum. Omnis autem appetitus
intellectus non est nisi intellectualis, quia non est nisi secundum
modum, quo cognoscit. Ergo talis conversio intellectus in causam suam
est intellectualis. Ergo habitudo intellectus procedentis ab aliquo alio
tamquam ad suam causam est intellectualis, id est, quod accipiendo
essentiam suam in eo, quod accipit essentiam suam, intelligit suam
causam» (*De intellectu*, III.24.(3) ; p. 196, l. 30-37).

656 第6章 フライベルクのディートリヒ

いている——のあることが分かる。すなわち，知性のう
ちには，自分の本質を認識する二つの仕方がある。一つ
は，自分自身を通じた，あるいは本質による直接的なもの
で，自分の本質に固有の様態にしたがって起こるものであ
る。もう一つは，知性の始原の認識に関わるものである。
すなわち，知性は，こうした始原の認識において，自分の
うちで，自分の始原，自分自身，他のすべてのものを，こ
の始原に固有の様態にしたがって同時に認識する[322]。それ
ゆえ，どんな理由をつけようと，自己認識を神認識から切
り離すことはできず，自己認識は必ず，知性のうちに流出
する神の存在そのものにしたがって生じる。こうした自己
認識においてこそ，神自身との類似性にしたがって，神の
像は完全に実現し，知性は天使よりも高貴な存在になるの
である。したがって，本質による知性において神の完全な
像は実現する。すなわち，これは能動知性の自己認識であ
り，この認識はそのまま知性の本質である。神は，知性の
中心に存在し，知性が流出する原因であると同時に，知性
の本質が絶えず還帰し続ける始原である。「それゆえ，こ
うした流出と還帰の永遠の運動は，絶対なる神の生命であ
り，霊魂の隠れた内奥である。しかし，この内なる生命
は，外的な認識が「わたし」という固有の証言を通じて覆
い隠してきたものである」[323]。

───────────
322） « Sic ergo secundum praedicta invenimus in intellectu agente
duos modos intelligendi suam essentiam. Unus est directe et per se et
immediate per suam essentiam secundum modum proprium suae essentiae.
Alius est intelligendo suum principium, in quo intelligit suum principium
et se et omnia alia in ipso secundum proprium modum principii » (*De
intellectu*, II.42.(1) ; p. 178, l. 101-105).

323） A.DE LIBERA, *Introduction à la mystique rhénane* (1985), p.
205. 歴史的に見れば，これらのディートリヒのテキストは特に注目さ
れてきた。ここには，「神学，認識論，神秘主義の類を見ない融合の
中心があり，ライン学派のあらゆる思想的起源が調和的に集まってい

4　自己認識から派生する諸問題　　　　657

4.3　神を受容できるものとしての能動知性

　ディートリヒは，『至福直観について』の中で，至福直観の様態について説明を試み，至福直観を可能知性の働きだとするトマスの考え方に反対している。ディートリヒによれば，至福直観は能動知性のために取っておかれるものである[324]。これは，今なお新しい主題だが，本書の目的からは外れる。しかし，能動知性の流出と還帰は空しい働きではないことと，能動知性は自分自身と自分の始原を認識しながら実体的かつ本質的に神を受容することを明らかにすることが課題として残っている。そして，このことは次のアウグスティヌスの言葉によっている。「それゆえ，霊魂の三一性が神の像であるのは，霊魂が自分自身を記憶し，認識し，愛するからではなく，自分の造り主をも記憶し，認識し，愛せるからである」[325]。これについては，自己認識は内在的であり，そこでは神が目に見えない仕方で現前することを強調するだけで十分だろう。

　知性は常に，知性の光，すなわち神の知性そのものの光の中にとどまる。こうして，知性の記憶，認識，愛の対象は，自分が発出してきた始原となる[326]。このようなわけ

る」（A.DE LIBERA, *Introduction à la mystique rhénane* (1985), p. 204）。

　324）　« Sequitur nunc considerare quartum et ultimum praemissorum, videlicet qualiter illa beata visio perficiatur in nobis per unionem nostri ad Deum immediate secundum intellectum agentem »（*De visione*, 4.1.(1) ; p. 105, l. 3-5）.

　325）　« Haec igitur trinitas mentis non propterea dei est imago quia sui meminit mens et intelligit ac diligit se, sed quia potest etiam meminisse et intelligere et amare a quo facta est »（*De Trinitate*, XIV, 12, 15 ; p. 442-443, l. 1-4 ; trad., p. 386）. Cf. *De visione*, 1.4.(2) ; p. 61.

　326）　« Manifestum est autem ex praehabitis, quomodo saepe dictus intellectus ex proprietate suae substantiae et ex modo suae emanationis in esse a primo principio semper stat in lumine intelligentiae sui principii, in qua intelligentia importantur per se haec tria, scilicet ut semper meminerit sui principii, semper ipsum intelligat et semper amet »（*De visione*, 1.4.(2);

で，知性は常に，自分の深い記憶の中に自分の始原である神を保ち，自分のうちで神を認識し愛している。知性が，自分のうちで，自分を通じて，自己認識のうちで認識するのは，自分が流出してきた神そのものである。ディートリヒが述べるように，こうして神が人間のうちに現前することは，人間を神の像として確立するものだが，能動知性——その働きと同一であり，本質による知性であり，霊魂の極致である——の深い内在性に基づいてはじめて実現する[327]。知性が神を受容できるのは，このような内在性——自分の始原から流出してそこに還帰する知性と同一視できる——にしたがってのみである。

反対に，可能知性は，外在性をその特徴としており，こうしたものとしては神を受容できない。人間を神に結びつける深い関係に対しては外的なものにとどまるのである。「神に対することであっても，認識であれ愛であれ，人間が外的認識を通じて，すなわち現実化した可能知性を通じて行うことは，本質を通じてなされたことではない。人間はこうしたことを，自分の本質の外部にある，外的な働きや再現を通じて行う」[328]。ディートリヒ哲学の目的は次のように言える。人間がいかに神を愛し認識しようとも，こうした認識は，もし可能知性の働きなら，再現や対象化の

---

p. 61, l. 7-11）.

327）《 Cui accedit etiam ea ratio, videlicet quod id intimius et principalius est et re et operatione, quod est per essentiam, sicut se habet dictus intellectus, inquantum est imago 》（De visione, 1.4.(3) ; p. 61, l. 17-19）.

328）《 Id autem, quod operatur homo etiam circa Deum quantum ad exterioem cogitativam, id est secundum intellectum possibilem factum in actu, intelligendo et amando, non agit hoc nec operatur per suam essentiam, sed per extrinsecam et extraneam a se operationem et per speciem, quae est extrinseca ab essentia sua 》（De visione, 1.4.(3) ; p. 61, l. 19-23）.

次元にとどまるのであり，このようなものとしては人間の本質には達しない。こうして，神についての説明は，自己と神への関係という二つの外在性から影響を受けることになる。この理由はまさに，可能知性の自己認識が自己を他のものとして対象化して再現する働きにとどまっているからである。それゆえ，可能知性は神に根ざしていない。このようなわけで，ディートリヒは次のように結論づけている。「能動知性はもっと深い仕方で神を受容できるが，それというのも自分の本質を通じてそうするからである」[329]。「なぜなら，能動知性は，その根底においては，実際に神を受容する働き以外の何ものでもないからである」[330]。

5 結 論

5.1 自己の対象化

　ディートリヒの思想世界は，型破りなもので，精神の内的生命に対して精神の外部にあるものを一方的に重視するあらゆる哲学に対立している。ディートリヒは，精神の外部にある現実を否定する——これはほとんど意味をなさないだろう——ことは決してなかったし，世界の自然現象を無視することもなかったし，再現による認識に固有の外在性についても正しく評価していた。知的生命の一部は，全体として，質料的事物を有するこの世界に結びついているのである。ディートリヒによれば，こうした態度こそ，事物認識と自己認識にまつわるトマスの解釈だった。一般的

---

329) « Igitur dictus intellectus est intimius capax Dei, quia per suam essentiam »（*De visione*, 1.4.(3) ; p. 61, l. 23-24）.

330) A.DE LIBERA, *Introduction à la mystique rhénane* (1985), p. 194.

に考えられているトマス・アクィナスにとっても，サットンのトマスのようなあるトマス主義者にとっても，知性の自己認識は質料的事物の抽象的で概念的な認識の様態を真似たものだった。知性は，他のものを認識することで，必然的に自分自身を認識対象として措定できたのである。同様に，知性の自己認識は間接的認識にならざるをえないのであり，こうした認識は回り道や，自己に対して距離を置くことを含意している。認識は，それが向かう対象が何であれ，対象を自分以外の他のものとして措定する認識にとどまるのである。したがって，自己認識はある種の外在性から悪影響を受けることになり，人間知性が自分自身を認識することは，その他者性を通じて，さらに抽象的な仕方でのみ行われることになる。

ディートリヒが引き合いに出している，アウグスティヌスの伝統も，新しいアリストテレスの伝統も，両者ともこうした分析を正しいものと見なし，これは自己認識がとりうる真の形態だと認めている。ディートリヒによれば，こうした外的な認識は人間の現実だが，自然的存在としての可能知性の世界に還元できるものである。というのも，可能知性は，本性上，認識する前にはいかなるものでもなく，他のものを認識するかぎりで自分自身を認識し，こうした他のものと自分自身に関する認識の働きを通じて，存在するようになるからである。すなわち，知性にとって存在するとは認識することであり，それは他のものと自分自身を認識することである。しかし，こうした自己認識の働きにおいても，可能知性の認識様態は構造的に変わらない。すなわち，可能知性は他のものを認識するように自分自身を認識する。それゆえ，こうした可能知性の自己認識には，アリストテレスの有名な定式——知性は他のものを認識するように（sicut et alia）自分自身を認識する——が適用できる。すなわち，知性は他のものと自分自身を同じ

仕方で認識するのであり，自分以外のものとして，他のものとして措定することで認識するのである。このようなわけで，可能知性は，知性であるとはいえ，自己の対象化のプロセスを完全に免れてはいない。なぜなら，自分自身を自分以外のものとして認識し，真にそして完全な仕方で自分自身に立ち帰ることがないからである。精神の純粋な内在性の世界が明らかになるのは，こうした自己認識の次元ではない。

　ディートリヒの目には，こうした自己認識の解釈はトマス学派の解釈に見えた。トマス学派は，アリストテレスが質料的事物の世界を考察するために作ったカテゴリーを，精神の次元にも適用しようとしたのである。トマス学派のこうした説明は，どれほど正当でも，限定的であり，精神の周辺部──自分自身を外的な再現を通じて考察する──にしか妥当しない。しかし，自己認識をこうした周辺的次元に還元することは，知性を最良のものから切り離すことであり，質料的事物の概念を知性に押しつけることであり，自分の対象を他のものとして措定する理性主義に囚われることである。ディートリヒは，こうした還元──ディートリヒの目にはトマスはその犠牲者と映った──に納得できなかった。自己認識の教えに関して，ディートリヒが反トマス主義的であると言えるのは，少なくともこうした意味においてである。

5.2　知性のいかなる隔たりもない近さ

　ディートリヒは反トマス主義者だったと主張しても，まだ何も述べておらず，13 世紀の思想史全体をトマスを中心にして再構成するというしつこい幻想に囚われているだけである。こうした態度は，トマスが後になってようやく得た地位を当時のトマスに押しつけることであり，ディートリヒのような独創的な哲学を他の観点への一批判として

しか考察しないことであり，ディートリヒの思想を単なる反対意見に還元してしまう，すなわちその独創性や積極的で構築的な面を正しく評価しないことである。ディートリヒは，トマスに対する一つの反対意見といった一時的な参照を超えて，それ自体として説明すべき思想家である。

　実際，ディートリヒの哲学は，そう見えるよりもはるかに大胆である。なぜなら，外在的な自己認識の現実を正しく評価した上で，能動知性は同じようには理解できず，自分自身と隔たりなく結びついている固有の場として，質料的な世界には還元できない独自の世界であることを強調しているからである。こうしたプロセスの中には自己を対象化する要素はない。というのも，自己認識の働きは知性の本質を構成する働きそのものであり，主体としての本質，働き，対象としての本質は同一の現実だからである。それゆえ，自己認識のダイナミズムは，真に能動知性の自己そのものであり，アウグスティヌスの言う霊魂の隠れた根底と同一視できる。ディートリヒによれば，霊的な内在性は，再現や対象化の次元では考えられないものだが，存在の最も高次の現れであり，精神そのものである。存在するかぎりでの存在がみな知性のうちにあらかじめ含まれているという主張を見れば，今述べたことが前提とされていることが分かる。すなわち，真の存在論は認識論においてはじめて完成する。少なくともこうした精神の形而上学こそが，認識を事物の再現だけに還元しようとする存在論に決着をつける哲学ではないだろうか。ディートリヒは，限定的で，精神のあらゆる内在性を破壊するこうした考え方——そこでは自己認識は自分の相関項を対象化することではじめて機能する——に激しく反対しただけでなく，能動知性の深遠な現実を称える独創的な哲学を構築することも行ったのである。

　実際，能動知性の働きは，その働きを条件づけるいかな

5 結 論

る外的な根源も必要としない。こうした働きは自己充足的であり、知性の本質を自分以外の他のものとして措定することもない。知性を知性として考察するなら、本質は働きと同一であり、知性は完全に透明な内在性を通して見られることが分かる。さらに、知性が構成されるのは、こうした知性の自己認識においてである。自己認識の対象は知的なダイナミズムに他ならないが、このダイナミズムは完全に内的なものなので、事物の実体性の様態にしたがって考えることはできない。霊魂の隠れた根底である能動知性は、純粋な知性性であり、絶えず自分自身を認識しており、人間霊魂の根本的な基礎と言える。

　能動知性は、存在するかぎりでの存在の似像だが、はっきりした合理的意識に対しては隠れたままにとどまる。なぜなら、能動知性は、霊的な深遠さの目に見えない隠れた場所だからである。こうした堅固な不明瞭さの深い理由は、能動知性が自分自身を認識することで、絶えずそこに還帰する始原である神の失われない像になることにある。このようなわけで、深みにあるものは常に能動知性を超越するので、能動知性は対象化する知識を通じて自分自身を認識できないのである。能動知性は、常に自分自身を隔たりなく認識することで、自分自身を構成し、自分の始原である神に還帰する。自分自身を認識することは存在することであり、自分の始原から流出して存在することは神自身を認識することである。知性は常に自分が出てきた光のうちにとどまる。これこそ、人間精神の中心における神の現前に他ならない。したがって、人間の最も深い根底から湧出する生命は、自己の明晰な意識と理性の領域を超越している。すなわち、人間が合理的かつ明晰に認識するものは、人間の深い本質の外部にとどまっている。神認識と神への愛に結びついた自己認識は、外的な再現とは別の次元で生じる。能動知性の隠れた知性性だけは、神から流出

664   第 6 章　フライベルクのディートリヒ

する内的な生命に根ざしており，こうして，可能知性とは
違って，根本的に神を受容できることが分かる。それゆ
え，ディートリヒの哲学はこの上なく大胆であり，それと
いうのも知性というこの自己と，神の隠れた生命，あるい
は自分が流出してくる始原である絶対的な自己を同一視し
たからである。第一の始原の流出は能動知性のことであ
り，このことにより，能動知性は天使の世界よりもはるか
に高貴な世界となる。絶対的な始原は，霊魂そのものも気
づかぬうちに，霊魂の隠れた中心で生きている[331]。「この
中心は，実在の不明瞭な突出部であり，意識以前の領域で
あり，合一の場である」[332]。これは，認識そのものにも隠
された認識だが，そこでこそ人間の生命は始まるのであ
る。

　したがって，ディートリヒは，『原因論』，アウグスティ
ヌスの『三位一体論』，アリストテレスの『霊魂論』，ア
ヴェロエスの『大註解』を歴史的に総合する驚くべき方法
を見出した。ディートリヒは，自己還帰に定められる知性
の自己認識の概念が，精神の隔たりなき自己現前というア
ウグスティヌスの考え方によって説明されることを明らか
にしたが，同時にこのことで『霊魂論』が提起したアポリ
アも取り除こうとした。すなわち，知性は，身体の形相と
して，人間霊魂の一能力であるだけでなく，本来的には懐
念的存在としての精神である。この精神は，常に自分自身
を認識しており，存在として確立されている。「知的な働
きは，認識するものと認識されるものの同一性から異なる
ものではない。働きのせいで，知性の実体のうちに何か外
的な本性が入り込むことはない。というのも，知性はそ

---

331)　A.DE LIBERA, *Introduction à la mystique rhénane* (1985), p. 205.

332)　A.DE LIBERA, *Introduction à la mystique rhénane* (1985), p. 205.

　　　　　　5　結　論　　　　　　　665

の本質において無条件的に単一だからである」[333]。こうし
て，ディートリヒは自分のやり方でアリストテレスの教え
を回復しようとしたが，その際アヴェロエスの見解を参照
しつつも，アリストテレスの考えを違ったふうに解釈して
いる。「さらに，知性はそれ自体，可知的対象が可知的で
あるのと同じように可知的である。実際，非質料的なもの
の場合，認識する主体と認識される対象は同一である。な
ぜなら，理論的知識はその対象と同じだからである」[334]。
ディートリヒによれば，認識するものは認識されるもので
あり，これは能動知性の働きそのものである。「したがっ
て，本質による知性は，常に現実態において，すなわちそ
の知的な働きにおいて自分自身に還帰する」[335]。これはま
さに，『原因論』の命題15——どんな知性も，知性である
かぎり，完全な立ち帰りを通じて自分の本質に還帰する
——の意味である。

　こうして，ディートリヒはアリストテレスの弁護者の一
人になったが，トマス的なアリストテレス主義とは非常に
異なる意味においてである。このことは，再び13世紀の
アリストテレス解釈の多様性を物語っている。ディートリ
ヒによれば，知性は，事物の経験的世界で通用するカテゴ
リーにしたがって理解してはならない。そこには，能動知
性を質料的実体性を超えて高める考え方が必要である。こ
うした考え方は，ディートリヒがおそらくアウグスティヌ

---

　333)　« A quorum identitate non differt operatio intellectualis, quae
nullam extraneam naturam importat in substantia intellectus, cum sit
omnino simplex in essentia »（De visione, 1.1.3.(4)；p. 27, l. 34-36）．

　334)　De l'âme, III, 4, 430a3-5；trad., p. 81. Cf. « Unde Philosophus
in III De anima dicit, quod in his, quae sunt sine materia, idem sunt
intelligens et quod intelligitur »（De visione, 1.1.3.(4)；p. 27, l. 33-34）．

　335)　« Est igitur intellectus per essentiam in actu sua intellectuali
operatione semper in se ipsum conversus »（De visione, 1.1.3.(5)；p. 27, l.
37-38）．

スと一致したアヴェロエスに見出したものだが，隠れた能
動知性に関するこうした教えは，1265 年にブラバンのシ
ゲルスが『霊魂論第 3 巻に関する問題集』（Quaestiones in
tertium de anima）の中で主張した考え方とほとんど同じ
である。シゲルスによれば，知性は常に自分自身を直観的
な仕方で認識するが，個人はこうした知的直視にまったく
与れない[336]。

　このようなわけで，私見では，ディートリヒは，13 世
紀末の 25 年を特徴づけていた，自己の対象化の流れを免
れている数少ないの思想家の一人である。とはいえ，トマ
スも，ディートリヒの判断とは違うが，完全な立ち帰りと
いうプロクロスの概念のおかげでこうした流れを部分的
に免れており，シゲルスも 1265 年の段階では，知性の隔
たりなき自己現前を主張する気遣いを見せていた[337]。しか
し，こうした問題を最も明確に自覚し，プロクロス，アリ
ストテレス，アウグスティヌスに依拠しつつ，純粋な知性
性という不明瞭ではあるが豊かな世界を，人間が分有でき
るものとして明らかにしようとしたのは，ディートリヒた
だ一人である。

　336）　Cf. « Dico quod intellectus noster possibilis intellectum
agentem potest intelligere, sed secundum actionem istam non continuatur
nobis »（SIGER DE BRABANT, *In III de anima*, q.13 ; p. 44, l. 27-29）.
　337）　ブラバンのシゲルスは次の研究の対象である。

結　論

　14世紀に直観という偉大な哲学が開花する，その文化的傾向性の歴史を十分網羅的に論じ尽くしたかと言えば，多くの要素が欠けていると言わざるをえない。この問題は，別の研究の対象になるだろう。さらに，哲学者や神学者たちのテキストそのものを見れば，トマス主義，新アウグスティヌス主義，ライン学派の神秘主義といったような型にはまったカテゴリーに，諸思想を分類したり閉じ込めたりする試みはどれも，普遍妥当的なものではないことが分かる。実のところ，13世紀の知的生活の豊かさは非常に多様なので，どんなレッテル──どれほど便利に見えようと──も，哲学の真理を明らかにするというよりは覆い隠してしまうのである。各著述家の思想は生き生きとした活力を備えているので，13世紀末の思想動向を型にはまった学派に分類することは，本質を捉え損なう一面的還元と言わざるをえない。すなわち，エネルギーを備えた哲学の出現は，図式的に，また教科書的に組織された結果の一覧よりもはるかに重要なのである。

　テキストそのものを重視したり，各哲学の還元不可能性に同意したからと言って，ある時代の思想の周期的変動を探究できなくなるわけではない。ベリュベ神父は，中世における個物の研究においてこれを行って見せた[1]。自己認

---

　1)　Cf. C. BÉRUBÉ, *La connaissance de l'individuel* (1964), p.

668 結 論

識の問題について同じような総合を試みることは，魅力的
な企てだろう。こうした総合は，まだ時期尚早なのだが，
体系的に検証すべき仮説を示唆するいくつかの道標を明ら
かにすることに限れば，さしあたり可能になるだろう。

思想のいくつかの周期的変動について論じる必要があ
る。このようなわけで，まずは自己認識の逆説とも言える
事態を取り上げ，いかにしてトマスとディートリヒが[2]，
この二人だけが，霊魂の自己認識のアポリアから抜け出す
解決法を提案したかを明らかにしたい。次に，13 世紀末
のほぼ全体を通じて見出せる自己対象化の傾向性を指摘し
たいが，こうした運動は 14 世紀になっても持続し，深め
られたものである。最後に，自己認識と神認識の関係の問
題について様々な方向性を検討したい。以上の要素を考慮
に入れれば，14 世紀の自己認識の問題を理解するのに役
立ついくつかの道標が手に入るし，こうした教えが 13 世
紀末の思想動向に根ざす様子も明らかになるだろう。

1 自己認識の逆説

自己認識の主題は，どのように考えても逆説に通じてい
る。というのも，アポリアとして現れる二者択一を避ける
ことができないからである。すなわち，「わたし」は，前
哲学的には直接与えられているが，精神がそれを捉えよう
とした瞬間に，認識の地平から消失してしまう。精神は，
自分自身に注意を向けないかぎり，疑いない仕方で自分自
身に現前しているが，自分自身に理性のまなざしを向ける
と，「わたし」としては消え去り，他のものとして現れる。

278-299.

2) ブラバンのシゲルスも加えるべきだろう。

1 自己認識の逆説 669

この問題は深刻である。あるいは，人間は心理的な前反省的意識において自分自身を暗黙的に意識しているが，こうした意識は混乱していて，哲学的構成や精神の内的な生命においては周辺的なものにとどまる。あるいは，自己認識は，明晰なものになる代わりに，抽象的分析や直接的な直観におけるように，自己を他のものとして定立する。いずれの場合も，「わたし」は欠けている。すなわち，前者の場合には，「わたし」はあまりにも未規定で，実体として与えられず，主観的で心理的な特徴しか教えてくれない。後者の場合には，自己の対象化を避けることができないので，無限に多くの働きを措定せざるをえないが，こうした働きは分散し希薄になっている[3]。自己認識のこの二形態は決して解消できないように対立しており，そのせいでどんな直接的な真の立ち帰りも成立しないように見える。なぜなら，この対立のせいで，主体としての人間は永遠に自分自身から遠ざかったままだからである。

たとえアポリアが上と同じ言葉で明示されていないとしても，13世紀末の思想家たちはこうした逆説を取り除こうと努力してきた。ここで検討するのはトマスとディートリヒだが，彼らは非常に異なる仕方ではあるが，知性の自己認識の問題を理解し，一方で心理的意識を，他方で自己を対象化する抽象的分析を乗り越える方向性を打ち出した。

1.1 トマス・アクィナス

トマスにおける自己認識の教えは[4]，実のところ，有機

---

3) こうした二者択一に関する，近現代哲学，特にブレンターノ（Brentano）とフッサール（Husserl）における簡潔な説明は，P. THÉVENAZ, *Réflexion et conscience de soi*, dans *Tijdschrift voor Philosophie* 15 (1953), p. 440-456, surtout p. 442-447 を参照。

4) 以下の結論を確証する詳細な分析は，*Le sens de la réflexion*

的に構成された諸思想が豊富に集まってきており，こう
した諸思想を活用すれば，霊魂の自己認識の精妙な豊かさ
を明らかにできる。トマスのテキスト——異なる文脈の中
で様々な適用範囲を持つ——が示す豊かな側面の中から，
表象像へのふり返りでも，意志へのはね返りでも，抽象的
分析でも，心理的意識でもない，真の立ち帰りである，知
性の認識論的な自己還帰が引き出せる。すなわち，このよ
うに霊的能力が自分自身に完全に立ち帰るという考え方に
基づいてこそ，トマスはアウグスティヌスから受け継いだ
主要な直観の一つである，現実的で認識に関わる霊魂の自
己現前——隔たりのない親密な現前——を自分の思想に組
み入れる方法を得たのである。トマスは，こうした真の立
ち帰りをもっと明確に表すために，完全な自己還帰（reditio
completa）という新プラトン主義の用語を使った。

　この完全な立ち帰りは，その意味を『神学大全』第 1
部 14 問 2 項が言っているような存在論的自存性に限定す
ることで，過小評価されてきた。すなわち，自分に立ち帰
るとは，純粋に形而上学的な表現であり，自分自身を通じ
て自存する精神について言われると考えられてきた[5]。そ
して，完全な立ち帰りの存在論的な側面を強調することは
正しく[6]，このことは，トマスがいくつかの箇所でそれを
指摘し，人間精神の自存性に基づく内在性の形而上学を構
築する可能性を残しているとすればなおさらである。しか
し，完全な立ち帰りをこの自存性という唯一の考え方に還
元してしまうなら，それは誤りである。すなわち，自存性
は完全な立ち帰りの一側面にすぎず，自分の本質に立ち帰

---

chez Thomas d'Aquin (1991) 〔『トマス・アクィナスの自己認識論』〕を
参照。

　　5)　« Ad primum ergo dicendum, quod redire ad essentiam suam
nihil aliud est quam rem subsistere in seipsa »（*ST*, 1a q.14 a.2 ad1）.

　　6)　Cf. R. FETZ, *Ontologie der Innerlichkeit* (1975).

1 自己認識の逆説   671

る知的能力の還帰的働きを理解する基礎として役立つもの
である。実際，問題となっている自存的内在性は，存在し
現実態にある精神の内在性であるという事実を無視するこ
とはできないだろう。たとえ，人間の場合に，精神の存在
と認識の働きは同じでないとしても，それらは第一のもの
が第二のものの条件になるほど密接に関係している。知的
実体の存在論的自己現前は，完全な立ち帰りと表現されて
いるが，自分自身を認識する精神の現前に他ならない。こ
うした自己認識は少なくとも二つの次元で実現する。すな
わち，霊魂の存在論的自己現前とまったく同じである習慣
的認識においてか[7]，抽象的分析であれ，存在の意識であ
れ，本来的意味での立ち帰りであれ，働きにおいてであ
る。

　それゆえ，実のところ，立ち帰りの働きは，習慣的認識
の現実的表現の一つ，しかもおそらく現在の生で人間に許
される最も深い表現である。このようなわけで，完全な立
ち帰りを，自存性と同時に現実的認識として解釈すること
は正しい。すなわち，完全な立ち帰りは，判断においては，存在の意識であると同時に，認識された真理の認識で
もあり，両者は切り離せない。それゆえ，立ち帰りは，前
反省的意識にも，抽象的分析にも還元できない。前反省的
意識に還元できないと言うのは，次のような自己意識が問
題になっているからである。すなわち，霊魂の根底にまで
達し，知性が発見した真理を認め，知性がその働きにおい
て存在を完成することを確信している，そのような自己意
識である。また，立ち帰りはなおさら抽象的分析には還元
できない。というのも，抽象的分析は，自己を多くの面に
分散させ，他なるものとして措定し，認識の働きを無限に

---

　7)　Cf. *Le sens de la réflexion chez Thomas d'Aquin* (1991), p. 92-
100〔『トマス・アクィナスの自己認識論』，144-158 頁〕.

672   結   論

増大させるからである。立ち帰りは，個人の意識の厳格な
心理的次元を超えて実現するものだが，だからと言って哲
学的プロセスでもなく，自分の存在と働きにおいて実現し
確立されるものである。立ち帰りは，霊魂と霊魂そのもの
の間に隔たりを作ることなく，直接的にして反省的であ
る。すなわち，心理的意識というまったく暗黙的な意識と
して隠れることなく，だからと言って自己を認識対象とし
て措定することもない。立ち帰りは，混乱しておらず，抽
象的でもなく，明晰で，隔たりのないものだが，人間の主
観性を最も深いところで具体的に認識することを可能にし
ている[8]。

　それゆえ，自己認識の逆説――主体は主観性としての自
分自身を決して認識できず，それというのもそこでは無限
のすれ違いが生じ，鏡を見る者が鏡に映る事物そのものを
決して見られないようなことが起こるからである――を取
り除くことは可能である[9]。反対に，人間知性は，精神で
もあるのだが，どんなささいな判断においても自分の本質

――――――――――――――
　　8)　立ち帰りの概念の詳細な分析は，*Le sens de la réflexion chez
Thomas d'Aquin* (1991), p. 148-208〔『トマス・アクィナスの自己認識
論』，241-349 頁〕を参照。
　　9)　Cf.「ここでも，最初の二者択一の関連性が明らかになる。
今度は，無媒介性の問題を調べるうちに，暗黙的自己と明白な自己の
問題が浮かび上がってきた。しかし，この短い検討は，こうしたすれ
違いの事実だけを指摘するにとどまらない。立ち帰りの分析により，
少なくとも上で定式化したような二者択一に解決策を提示できるだろ
う。すなわち，暗黙的なものから明白なものに連続的に移行すること
は可能だし，明白な自己は必ずしも対象化を通じて変形した自己では
ない。意識と無限後退の二分法は，すべての真の立ち帰りの特徴では
ない。というのも，無媒介性を損なわずに立ち帰ることは可能だから
である。また，こうした無媒介性は単に心理的なものにとどまらない。
なぜなら，無媒介的な立ち帰りを検討し根拠づけることもできるから
である」(P. THÉVENAZ, *Réflexion et conscience de soi* (1953), p. 452-
453)。

1 自己認識の逆説 673

まで立ち帰る。すなわち，他のものの認識は，それが真で
あるなら，自分を真なるものとして認識する自己認識を不
可欠な条件として必要とする。こうした考え方は，トマス
が『真理論』1問9項の中ではっきり説明しているもので
ある。

　次のことを確認するのは驚くべきことである。すなわ
ち，トマスによれば，自己認識は，ある意味で，あらゆる
認識の前提条件である。なぜなら，自己認識はどんな真な
る認識にも含まれているからである。知性において，真理
は，ただ現実の忠実な解釈として明らかになるだけでな
く，「知性が自分の働きに，すなわちこうした働きの存在
だけでなく，自分と事物との関係に立ち帰るかぎりでも認
識される。そして，知性がこうした関係を捉えるのはまさ
に自分の働きの本性を認識するからであり，このことは最
終的に，知性が能動的根源である知性そのものの本性——
知性に固有なことは事物と一致することである——を認識
することを前提としている。こうして，知性が真理を認識
するのは，自分自身に立ち帰るかぎりにおいてである」[10]。
これこそ，人間精神に固有な自存性に基づく認識の次元で
の立ち帰りであり，トマスが『原因論』にしたがって完全
な自己還帰と呼んだものである。

　こうした立ち帰りの働きにおいてこそ，人間知性は自分
本来の完成を見出す。というのも，真理を認識することで
自分の本性を実現するからである。こうして，真理認識の

---

　10)　« (…) secundum quod intellectus reflectitur super actum suum,
non solum secundum quod cognoscit actum suum sed secundum quod
cognoscit proportionem eius ad rem, quae quidem cognosci non potest nisi
cognita natura ipsius actus, quae cognosci non potest nisi natura principii
activi cognoscatur, quod est ipse intellectus, in cuius natura est ut rebus
conformetur : unde secundum hoc cognoscit veritatem intellectus quod
supra se ipsum reflectitur » (*De veritate*, 1, 9 ; p. 29, l. 23-33) .

674 結 論

このプロセスは，知性が自分の働きと本性に完全に立ち帰ることで堅固なものとなる。そして，このことは，知性の本性は立ち帰りにおいて自分自身を対象化しないという条件の下ではじめて理解可能となる。どんな認識でも，知性は自分自身に立ち帰る。他のものの認識では，知性は他のものに向かうが，その際この他のものを，自分とは区別されると同時に自分に関係のある他のものとして認識している。というのも，知性は自分がこうした事物と一致している関係を認識するからである。このようなわけで，立ち帰りにおいては，知的な働きは決して対象化されず，それ自体「もの」として認識される対象ではない。反対に，知的な働きは，他のものを認識する働きそのものとして，実際に関わっている真理として，現実態において認識される。すなわち，トマスによれば，こうした精神の意識的な自己関与こそが，真理を認識する働きなのである。

　しかし，こうした主張は，仮に知的な働きが対象化されるなら，ほとんど意味を持たないだろう。実際，知的な働きが対象化されるのなら，知識の対象としての真理認識は，真理に対するこうした関係についての別の認識を前提とすることになり，こうして無限背進が起こる。こうなると，真理が人間精神の働きのうちに現れることは絶対にないだろう。このようなわけで，自分自身に立ち帰る知性は，自分自身を概念的に認識するのではない。反対に，自分の働きを自分のものとして，自分自身に対する隔たりなき近さの中で認識するのである。

　しかし，知性は，自分の働きと，この働きと事物の一致だけを認識するのではない。実際，自己還帰は完全なものである。すなわち，知性はその根源や具体的本性にまで達するが，知性の目的は自分自身を次第に存在へと一致させていくことである。人間は，判断のように，完成された認識の働きなら何においても，無条件的に疑いない仕方で，

1 自己認識の逆説 675

自分の知性は真理を認識するために造られたということを知る。それゆえ，自己認識は他のものの認識を条件づけている。なぜなら，自己認識は最も真なる真理の要求が生じる場だからである[11]。

このようなわけで，完全な立ち帰りというこの豊かな考え方は，自己認識の逆説から抜け出すために試みることのできる方法の一つである。厳密な意味での立ち帰りは，意識でも抽象的分析でもない。立ち帰りは，習慣的認識の可能で特権的な表現だが，常に判断に関わる働きであり，知性を認識対象や他のものとして措定しない。精神の内的な自己現前が部分的に実現したものとして，知性が自分の見出す真理を認識することを可能にしている。すなわち，立ち帰りは，自分自身とのいかなる隔たりもない前哲学的な認識であり，知性に自分の真理について確信を与えている。したがって，真理が認識されるのは立ち帰りにおいてのみであり，立ち帰りは空虚な意識でも対象化された認識でもない。トマスは，この二つの極——もしこの二つだけが自己認識について考えられる唯一の形態だったなら，人間精神は困惑し，決して自分自身に到達できないすれ違いに陥っただろう——の間に，多くの自己認識の形態を考えていた。完全な立ち帰りは，自己認識の特権的な実現であり，それというのも隔たりなき自己現前の働きであり，自存する霊として与えられる知性の現前だからである。

こうして，トマスは，アウグスティヌスから受け継いだ伝統の下で，立ち帰りの完全な理論を構成するいくつかの基本方針を描き出した。しかし，こうした直観はトマスのテキストの中でほとんど発展を見なかったと言えるし，トマス学派も大きく寄与することはできなかったと言わざるをえない。例えば，サットンのトマスのようなトマス主義

---

11) Cf. *De veritate*, 1, 9.

者において，上で述べたようなトマス・アクィナスの思索の痕跡を見出すことは難しい。奇妙なことだが，トマスは13世紀末ではまさに唯一的人物だった。すなわち，たとえ霊魂の自己認識というトマスの考え方が完全な立ち帰りというこの考え方に還元できないとしても，完全な立ち帰りという考え方は，自己認識の逆説を乗り越えることのできるきわめて巧妙な直観の一つだった。13世紀末の著述家たちのテキストのほとんどは，霊魂は自分自身を通じて自己を認識できないという破壊的な考えを避けることができなかった。トマスの『真理論』と，完全な立ち帰りという教えを根拠づけるために持ち出しいくつかの文章を除けば，自己認識をこうした意味に解釈したテキストは非常に稀である。確かに，アリストテレスの伝統は，最初から，自己認識のどんな種類の先在性にも対立するように見えるのであり，おそらくこのことで複数の思想家のためらいも説明がつく。さらに，立ち帰りという霊感のもとになった典拠が存在する。一方で新プラトン主義であり，他方でアヴェロエスである。例えば，完全な立ち帰りという考え方は，『原因論』と，プロクロスの『神学綱要』から受容されたものである。このようなわけで，自己を対象化しない立ち帰りの痕跡を，アリストテレス主義とアウグスティヌス主義という大きな潮流とは別のところに探すことは興味深いだろう。こうした痕跡のいくつかの側面は，初期のシゲルスと，見事に発展したディートリヒの教えに見出せる。ディートリヒの思想は，アウグスティヌス主義，アリストテレス主義，新プラトン主義，アヴェロエス主義の総合の試みとしてうまく示すことができる。この観点において，ディートリヒがトマスの試みを大きく乗り越えていることは疑いがない。

1.2 フライベルクのディートリヒ

トマスの言う立ち帰りは，知性が自分自身を認識対象として措定することを避けることで，自己認識の逆説を免れている。しかし，13世紀末において，知性を自己認識として理解するきわめて大胆な試みを行ったのがディートリヒであることは認めねばならない。

ディートリヒは，知性が自分自身を他のものとして認識できることを否定しないが，この外在性は可能知性の，しかも自然的存在としての可能知性の働きである。アリストテレスは，可能知性について論じるときに，このことをはっきり主張している。すなわち，可能知性は，認識する前には，現実態におけるいかなるものでもない。したがって，可能知性が可知的なものになるのは，他のものを認識することを通じてである。可能知性は，認識する前には，本性的にいかなる可知的なものでもないので，認識することで可知的なものになる。しかるに，可能知性は，自然的存在としては，実体が付帯性を受けとるように，可知的な規定を受けとる。こうしたプロセスにおいては，可能知性は自分自身を，他の可知的なものを認識するように認識する。アリストテレスの有名な表現によれば，可能知性は自分自身を他のものを認識するように（sicut et alia）認識する。したがって，知性は外在性の痕跡をとどめている。なぜなら，知性は自分自身を，対象として，最初の認識の働きから時間的に区別される別の働きを通じて認識するからである。自己認識の働きにより，知性は自分自身を，他の働きを通じて存在していたものとして認識する。このようなわけで，知性は自分自身を，自分ではない他のものとして，自分の認識対象になるかぎりで，他のものを認識するように認識する。それゆえ，可能知性は，自然的存在としては，自分自身を他のものとして認識する。というのも，本質を通じて自分自身を認識することは絶対にできないか

678 結　論

らである。

　こうした記述にはほとんど独自性はなく，ディートリヒ
は結局 1255 年以降のアリストテレス主義の中に位置して
いると予想できるかもしれない。しかし，ディートリヒは
古典的な意味でのアリストテレス主義者ではまったくな
く，彼が可能知性の外在性を明らかにしているのは，アリ
ストテレスからアヴェロエスに至る哲学者の主張する能動
知性の現実をうまく引き出し，能動知性に，アウグスティ
ヌスが理解するような霊魂の隠れた根底という譲渡できな
い性質——すなわち，純粋な精神の内在性，完全な自己現
前，神の像の最も高次の実現——を与えるためだった。

　それゆえ，ディートリヒの思想は，いくつかの伝統が交
わる場所にある。ディートリヒは，アリストテレス主義を
通じて知性の二つの機能を考察する手段を得，新プラトン
主義を通じて事物がそれに与える純粋な知性性の意味を理解
し，アヴェロエス主義を通じて知性の無条件的な超越性を
確信し，アウグスティヌス主義を通じて，身体は霊魂に
まったく影響を及ぼさないことを知り，霊魂の隠れた根底
は神の像の場だと認識した。典拠がある思想の先進部分を
まったく説明できないことも明らかだし，ディートリヒの
場合には今指摘したよりもはるかに多くの影響が重なり
合っていることも確かだが，にもかかわらず非常に強力な
思想の中に複数の伝統が集中的に取り込まれた結果，13
世紀末に独創的な総合を成し遂げたのがトマス一人ではな
かったと主張することはやはり正しいのである。

　実際，ディートリヒによれば，能動知性は本質による知
性であり，そうであるものと行うものが同じであり，本質
によってそれらである。すなわち，能動知性では，実体と
働きは同一である。しかるに，能動知性の働きは，その可
能性を条件づけるどんな外的な要素も必要としない。もっ
とも，能動知性の対象は自分自身であり，これは自分の実

体および働きと同じである。このようなわけで，能動知性
は，自己と自己の間に入り込む外在性の痕跡をとどめてい
る可能知性の場合とは違って，純粋な内在性の特権を有し
ている。したがって，自己認識はある種の融合であり，そ
こで知性は自分自身を他のものとして認識するのではな
く，自分の働きそのものを通じて実体として確立される。
それゆえ，知性は存在し，次に働くというように想定する
必要はまったくなく，反対に知性の存在は絶えず活動し続
ける自己認識の働きにおいて構成されるのである。

　こうして，ディートリヒは，トマスが習慣的認識におい
て霊魂の深遠な生命を想定したときにすら検討しなかった
道を大胆にも開拓した。ディートリヒの目には，トマスは
あまりにも適用範囲の狭いアリストテレスの考え方に囚わ
れているように見えた。すなわち，この考え方には，精神
を「もの」と見なし，質料的事物に倣ってしか考察できな
い危険があった。さらに，ディートリヒは，能動知性はま
ず存在し，次に働くと主張しないことで，隔たりなき融合
の中で自分自身に向かう知性の働きが，絶えず知性をその
本質において構成し続けると主張できた。こうした説明
は，トマス的な観点では，神における内的な生命だけに妥
当するものだが，ディートリヒでは，神の像を表現するも
のになった。神の像は能動知性のことであり，能動知性
は，ほとんど神的なものとして，人間精神の深遠な生命の
隠れた根源に他ならない。

2　自己の対象化

　少なくとも参考になることに，13 世紀末においては，
自己認識の様態として，知性の自分自身への隔たりなき関
係を考えた哲学者はほとんどいなかった。さらに，こうし

680 結　論

たことを試みた人々も，それに続く人々を持てなかった。
実際の影響を評価するのが難しいディートリヒの教えを別
にすれば，媒介なき自己認識という考え方は，ほとんど人
目を引くものではなかったと言わねばならない[12]。トマス
の伝統において完全な立ち帰りという考え方がどう発展し
たかを判断するためには，はっきりトマスを引き合いに出
しているすべての著述家について，自己認識という主題の
発展をたどる必要があろう。しかし，サットンのトマスの
テキストを見るかぎりでは，サットンはトマスがその基礎
を据えた直観を気にかけていないと結論しなければならな
い。その直観とは，知性がその本質まで立ち帰る真に反省
的な認識としての，完全な立ち帰りという直観のことであ
る。サットンは，知性の認識の問題と霊魂の認識の問題を
注意深く区別したという功績はあるが，自己認識の様態を
単なる抽象的認識に，すなわち霊魂とその能力の本性に関
する哲学的分析に還元してしまった。したがって，サット
ンは自己認識を，隔たりをもうける対象化の方法によって
しか考察できなかったのである。

　非常に奇妙なことに，トマス思想において萌芽的に含ま
れていたものは，いわばサットンや多くのトマス主義者に
は気づかれないままになり，それどころかフランシスコ
会士たちやディートリヒの目にも留まらなかった。実際，
ディートリヒはトマスを，精神の外部にあるものとそれに
適用されるアリストテレスのカテゴリーにしたがって行わ
れる，再現による認識の弁護者と見なしていたのである。
実のところ，人々は多かれ少なかれ自覚的にトマス思想を
歪めて伝えていたのであり，そこに自己認識に関するアリ

---

　12)　ブラバンのシゲルスでは，こうした隠ぺいははっきり確認
できる。というのも，シゲルスの思想が発展したせいで，1265年頃
にはアヴェロエスの影響下で認めていた内在性の教えを，最終的に知
性について否定したからである。

ストテレス主義の原型を見ていた。すなわち，トマスの自己認識は，霊魂の抽象的で概念的な自己分析や，知性の間接的な自己認識に還元されていたのである。多くの思想家によれば，こうしたトマスの哲学は，確かに自然で前反省的な意識のようなものを認めるが，自己認識をことごとく抽象的で概念的な次元に追いやっている。こうして，人間の霊的で知的な生活の一部分は完全に崩壊するのであり，同時にアウグスティヌスの遺産も無視する結果となる。このようなわけで，部分的にトマスに対立しているトマス主義は，それと知らずに，多くの人々にとっては，「わたし」というものの二重の喪失の象徴となった。すなわち，一方で自己認識は抽象的分析に還元され，他方で自己は一般的に，他なるものとして，哲学的分析の対象として研究されることになったのである。

新アウグスティヌス主義者たちは，第一の喪失を取り除けると自負していた。この喪失は，彼らの目には，アウグスティヌスの権威を損なうだけでなく，具体的な自己認識と，その神認識との関係に存するキリスト教的霊性を危険にさらすものと映った。実際，このように貧弱な哲学的分析において，いかにして神や三位一体の真の像が見出せるだろうか。このことは，アクアスパルタのマテウスからペトルス・オリヴィを経てロジャー・マーストンに至るまで[13]，霊魂の直接的で無媒介的な真の自己認識を主張するように駆り立てた理由の一つである。特にフランシスコ会の著述家たちは，実に様々な仕方で，しかし決然と，自己の自己に対する直接的関係の重要性を大いに強調したが，これは後にオッカムが唱える，純粋に可知的なものの直観

---

13) こうした傾向がヴィタル・デュ・フールに至って大きくなっていたとしても，スコトゥスやオッカムの場合にどうだったかについては検討が必要である。

682 結 論

につながる考え方である[14]。それゆえ，人々がトマス主義を非難した論点は，自己認識を知性の間接的自己認識に還元し，精神の自分自身に対する具体的で生き生きとした関係を忘れていることにあった。

しかし，人々があまり注目しなかったことだが，第二の喪失もともかく自己認識が蒙ってきたものである。すなわち，その喪失とは，「わたし」を他なるものとして，すなわち対象として措定することである。ボナヴェントゥラ以降のアウグスティヌス主義は，自己の直接的認識の意味を明らかにしながらも，やはり自己認識を行う人間霊魂を「もの」と見なしていた。霊魂の自己認識は，どれほど無媒介的で，直接的で，さらには直観的なものであっても，「わたし」を常に対象として，それゆえ他のものとして措定する。マテウスやオリヴィやマーストンにおいても，逆説的ながら，アリストテレスの格言は類推に基づいて適用できる。すなわち，霊魂は自分自身を他のものを認識するように認識する。自己認識はどれほど特権的に見えようとも，またどれほど直接的なものと考えようとも，常に他のものの認識なのである。

したがって，ディートリヒを除けば，自己認識という主題は，質料的な個物の認識の問題とは対照的に，トマス以降特に衰退していったように見える。サットンの主張する間接的認識であろうと，フランシスコ会士たちの説く直接的認識であろうと，いずれにおいても「わたし」は対象化され，「もの」として，他者として措定される。自己認識は，サットンの場合は抽象的な仕方で，フランシスコ会士たちの場合は具体的な仕方で，必ず他のものの認識に還元

---

14) 純粋に可知的なものの直観というオッカムの教えと，「わたしは認識する」という命題の役割については，GUILLAUME D'OCKHAM, *In I Sent.*, Prol., q.1 ; *Opera theologica*, t. I, éd. G.GÀL, St. Bonaventure, N.Y. 1967, p. 39-44 を参照。

2 自己の対象化

される。

私見では，こうした対象化の運動は，13世紀末の思想史を特徴づけていた支配的傾向性の一つである。自己認識がとりうる様態についてどんな考え方を提案しようと，すなわち直接的か間接的か，条件的か無条件的か，形象を必要とするかしないかを問わず，こうした考え方はどれも必ず，自己を認識対象として措定する方法に基づいているのである。

自己認識における霊魂の対象化というこうした傾向性は，14世紀にはよりいっそう際立ってきたと思われるが，自己認識論の展開が同時期の個物認識論の発展とぴったり一致しないことを示している。ベリュベは，中世における個物認識に関する自著の中で，興味深い総合的結論を提示し，13世紀と14世紀の思想に内在する変動を示唆している。ベリュベによれば，13世紀の思想家たちは，二つの相容れない要求に直面していた。すなわち，一方で個物をよりいっそう重視する方向性を打ち出しながら，他方でアリストテレスとプラトンのような，抽象的で普遍的なものを特別視する哲学者たちの思想を自分の教えに組み込むことがその課題だった。各著述家は，これらのきわめて重大な問題を意識し，自分なりの方法で解決しようとした。しかるに，ベリュベによれば，どんなテキストからも，考え方の真の変動と思想の内的運動が見てとれる。すなわち，100年余りの間に，哲学は個物と存在するものをますます重視するようになったのである。事態は，13世紀半ばのほとんど何もなかったところから始まって，スコトゥスやオッカムに代表されるような直観の哲学が現れるまで，急速に発展した。潮が満ちるように，この思想的運動は一挙に湧き起こり，教えの隠れた一致をもたらした[15]。ベリュ

---

15) Cf. C. BÉRUBÉ, *La connaissance de l'individuel* (1964), p.

べは，このように存在するものを強く願望する運動の道標
をはっきり示している。すなわち，存在するものに関する
哲学は，個物は認識できないという教え——ロバート・グ
ロステスト（Robert Grosseteste），ラ・ロシェルのヨハネ
ス，ヘールズのアレクサンデル，アルベルトゥス・マグヌ
ス，ボナヴェントゥラまでもが唱えた——から始まった
が，特にトマス・アクィナスのおかげで，1280 年の少し
前にはまったく新しい躍動を得たのである。「私としては，
次のことはやはり確認しておくべきだと思う。すなわち，
トマスは，中世の文脈の中では，特にその師であるアルベ
ルトゥスと比べれば，1280 年より以前に個物認識をこの
ように評価した主要な人物だった」[16]。こうして，トマスは，
進展の源として，新しい思想に推進力を与えた。トマス思
想に内在する固有の問題点のせいで「トマスが尻込みしな
かったのは，個物について救うべき無条件的な価値を深く
確信していたからである。ただし，間接的認識と，自分の
認識論の根本原理を調和する方法はおそらく分かっていな
かっただろう」[17]。「トマス主義は，起源的にはプラトンの
普遍主義の流れを汲んでいるが，もっともアリストテレス
主義がそうだったように，存在するものの哲学に向かわな
いことはできなかっただろう」[18]。

1275-80 年以降，トマスに対する反対の声はますます大
きくなり，個物に関する直接的認識という方向性——アク
アスパルタのマテウス，オリヴィ，マーストン，メディア
ヴィラのリカルドゥス，ヴィタル・デュ・フール——が
現れてきた。最後に，個物を評価しようとするこの抗え
ない運動は，スコトゥスとオッカムにおいて頂点を迎え

278-288.

16) C. BÉRUBÉ, *La connaissance de l'individuel* (1964), p. 280.

17) C. BÉRUBÉ, *La connaissance de l'individuel* (1964), p. 280.

18) C. BÉRUBÉ, *La connaissance de l'individuel* (1964), p. 281.

2 自己の対象化 685

た。「トマスとスコトゥスは，アリストテレスの理論の中に，アリストテレスが密かに受容できたはずの個物認識のようなものを無謀にも導入しようとした。そして，トマスは間接的認識という考え方を通じて，スコトゥスは直観という考え方を通じてこれを行った」[19]。こうして，アリストテレスは，1250 年の段階ではきわめて普遍主義的だと解釈されていたが，最終的には哲学者たちにより，個物や存在するものを断固として目指す人物だと目されるようになった[20]。したがって，哲学の方法は，初めは神学における聖書解釈の方法を受け継いだものだったが，テクストを超えて，存在するものや経験を拠りどころにするように変わった。「この歴史叙述を通じて，中世全体を通して個物の評価が絶えず上がってきたことについて，その発展の過程をもっとはっきり明らかにするために，違いを指摘してきた。その後で，もし歴史に忠実であろうとするなら，諸思想の隠れた，しかし真の一致を強調する必要がある。中世の哲学は，その進展を特徴づける様々なレッテルを超えて，存在するものの学知を実現しようとしていたと言える。中世哲学は，事物の知識に関するアリストテレスの諸前提から出発したが，可感的なものが質料と形相から成ることと，知性が必ず感覚を通じて働くことの対応関係を認めることで妨げられたので，最終的にはその真の出発点を，存在するものの経験的認識や，個物や存在するものの直観に見出した」[21]。

　同じような変動を自己認識の歴史のうちに見出し，「わたし」という個的なるものの認識が質料的個物の認識と同

---

19)　C. BÉRUBÉ, *La connaissance de l'individuel* (1964), p. 286-287.

20)　Cf. C. BÉRUBÉ, *La connaissance de l'individuel* (1964), p. 288.

21)　C. BÉRUBÉ, *La connaissance de l'individuel* (1964), p. 299.

じょうな運動を展開したことを明らかにするなら，魅力的な試みだろう。しかし，まだこうした変動を分析することはできない。なぜなら，本研究は依然としてあまりにも不完全だからである。ベリュベ神父が行ったような歴史叙述を行うには，考察対象としている年代を延長する必要があろう。すなわち，少なくとも一方ではアルベルトゥスやヘールズのアレクサンデルまで遡り，他方ではペトルス・アウレオリ（Pierre de Auriole），スコトゥス，オッカム，シャトンのグアルテルス，アダム・ウォデハムまで考察を拡大する必要がある。本研究は，約50年しか対象にしていないので，十分な時間的間隔を検討しているとは言いがたい。次に，考察対象にした50年間においても，非常に重要な，すなわちその研究が13世紀の哲学的運動を分析するのに不可欠と言える著述家がまだ他にもたくさんいる。このことを確信するには，ボナヴェントゥラ，ガンのヘンリクス，ブラバンのシゲルスを考えてみるだけでよい。最後に，ベリュベ自身も等閑視しているとはいえ，本研究にはアラビアの思想家とその直接的影響を論じるきわめて重要な部分が欠けている。すなわち，アヴィセンナ，アヴェロエス，ファーラービー（Alfarabi），ガザーリー（Al Ghazali）が検討できていない。こうして，自己認識について歴史的な総合的結論を出すことは現時点では時期尚早であることが分かるだろう。

　さらに，自己認識と個物認識は，完全に一致する主題ではまったくない。二つの場合で思想的運動が同じでないことを主張するためには，自己の対象化の傾向性が，ますます大きくなる，具体的に存在するものへの注目の流れと一致していないことを指摘するだけで十分である。また，進歩という哲学的概念も，現場を把握することを難しくしている一因である。加えて言えば，自己認識が提起する諸問題と個物認識が関係している諸問題は，重なり合うもので

2 自己の対象化   687

はなく，一項一項比較できるものではない。例えば，個物
認識の主題は存在するものの意味を問題にするが，自己認
識の主題はむしろ自己と自己の関係を問題にし，それらの
必然的帰結——真理や確実性の教えに関わるかぎりでの
——を扱う。ある著述家たちによれば，自己認識はあらゆ
る真なる認識の条件だが，このことからそれらの人々が質
料的個物の認識についてどう考えていたかを推測すること
はまったくできない。二つの領域はあまりにも異なるの
で，一致する認識を引き出すことはできないのである。さ
らに，自己認識の主題の展開のうちに，何としてでも，ベ
リュベ神父が書いているような，個物や存在するものへの
評価の高まりを見ようとするなら，確かにトマスや何人か
のフランシスコ会士たちのように，哲学が存在するものに
根ざすことを強調した著述家を複数人見出すことができ
る。しかし，こうした分析を乱暴に一般化することはでき
ないのであり，反対に存在するものや個物を重視したとは
見なせない第一級の思想家も多くいて，ディートリヒなど
はその格好の例である。ディートリヒは，当時の意味合い
での存在するものを重視した哲学者とは言えないのであ
り，彼の認識方法は，13 世紀末の諸哲学がみな個物の抗
えない評価の高まりにおいて一致を見ていた傾向性とは対
立している。ディートリヒは，能動知性を純粋な知性性と
見なすことで，当時支配的だった，経験された事物を直接
捉えるという経験主義的なあらゆる哲学から距離をとって
いる。このようなわけで，13 世紀末の思想変動は，個物
認識の場合のように明確に理解できるものではない。なぜ
なら，この時代の思想の発展は，少なくとも自己認識の問
題に限れば，明らかな事実ではまったくないからである。

688   結　論

3　自己認識の展開

3.1　様々に一致する見解

　しかし，いくつかの要素は強調に値する。こうした要素を見れば，思想の運動が複雑であったことと，教え，影響，解釈，論争が交錯していたことが分かる。中でもほとんど一致を見ている要素は，実のところ共通の問いであり，自己認識の様態に関するものである。13世紀の思想家はみな，人間霊魂が自分自身を通じて自分自身を認識する方法を問うた。すなわち，自己認識は認識の一般的プロセスの中でいかなる場所を占めているのか。最初のものか。他のものの認識に依存しているのか。形象の媒介が必要か。著述家はみな同じような問いを立てている。しかし，問いは同じでも，解答は非常に様々で，まったくもって一致や発展を示していない。少なくともこの点について，13世紀は他の時代とまったく同じであり，この時代には教えが一枚岩となって統一されていたと考えることは到底できない。実のところ，はっきり際立つ対立があったのである。こうして，自己認識に関するいくつかのテキストを検討してます明らかになったのは，多様な側面と，教えの一致からかけ離れた様々な見解である。

　トマスのテキストを検討すれば，トマス思想においてすでに様々な見解があったことがはっきり分かる。すなわち，自己認識に関するトマスの教えは，それだけで非常に広大で，きわめて多様な経験を内に含んでいる。実際，トマスによれば，あらゆる自己認識には二つの極があり，直接的働きと習慣的認識である[22]。直接的働きがなければ，

---

　22)　Cf. *Le sens de la réflexion chez Thomas d'Aquin* (1991), p. 92-

3 自己認識の展開

霊魂はそれ自体として闇のようなものになり，知性はずっと可知性を欠いたままだろう。習慣的認識がなければ，霊魂は決して認識できず，何一つ認識しないだろう。しかし，この二つの極の間に，人間精神——すべての霊と同じく常に自分自身を認識している——のあらゆる生が広がっている。霊魂の存在論的自己現前と真に同一である習慣的認識は，自分自身のうちに，知性がそれぞれの働きを通じて展開できる豊かさを萌芽的に含んでいる。しかし，知性の働きは多様であり，まるで習慣的認識が，常に限定され，不完全で，それゆえ相補的な現実化の試みを行う必要があるかのように起こる。習慣的認識は，潜在的にきわめて豊かなので，唯一の働きを通じては実現しえないのである[23]。このようなわけで，トマスは自己認識について複数の形態を考え出した。

事実，知性は自分の認識の働きの近接条件に，すなわち表象像に立ち帰ることができ，この表象像を通じて間接的に個物を認識できる。これが表象像へのふり返りである。また，知性の働きはこうした還帰の運動を別の方向に向け，意志に立ち帰ることもできるが，これははね返りによる立ち帰りと言えよう。知性は自分が行う各働きにおいて，こうした働きを行っていることを意識している。すなわち，人間存在は，一定の区別された内容を持たない前反省的意識を通じて，存在し，知覚し，認識し，愛することの意識を有している。さらに，知性は理性の役割を果たし

100, 279-284〔『トマス・アクィナスの自己認識論』，144-158，478-486 頁〕．

23) 実のところ，習慣的認識は，人間精神の中心で常に隠れている神の像である。仮に人間が，天使と同じように，この中心を一度に認識したなら，直接自分の範型である神そのものに達することができ，こうして自己認識はそのまま神認識になるだろう。ところが，明らかなことだが，人間はこうした直観を欠いている。なぜなら，こうした直観は人間の条件には含まれないからである。

て，自分の内部で第一原理と不変の真理による明証に支えられつつ，抽象的な仕方で自分自身に注意を向けることができる。最後に，知性は判断において真理を認識できるが，これには完全に自分の働きに立ち帰り，自分の本質まで還帰することが必要である。

それゆえ，自己認識に関するトマスの教えを歪めて，トマスは自己意識と抽象的分析以外の自己認識の形態を一度も考えなかったと予想するのは誤りである。こうした解釈は，すでに13世紀にかなり広まっていたが，完全な立ち帰りの独創性や，霊魂の存在論的自己現前——習慣的認識と呼ばれる——が含む豊かさを正しく評価しないことを招く。しかし，この誤った解釈は，アクアスパルタのマテウス，オリヴィ，マーストン，そしてサットンまでもが行ったものである。

自己認識の主題に関する対照的な側面は，すでにトマスの思想に多くあるわけだが，様々な哲学者においてはなおさらたくさん見出せる。そして，幾人かの思想家は，トマスほど大胆ではない思想家として，ある種の限界の中にとどまることになった。こうした例に当てはまるのは間違いなくサットンであり，サットンはトマスがテキストの中であまりにも不明瞭に残したいくつかの点を解明しようとしたが，完全な立ち帰りという中心的な思想を説明することはなかった。また，ゴドフロワも同じ例に数えることができる。

ゴドフロワは，トマスほど大胆ではない思想家として，今日知られている別の種類のアリストテレス主義とは違うアリストテレス主義を主張しようとした。ゴドフロワの自己認識論を特徴づけているのは，知性の可知性の問題についてサットンに反対したことと，着想元のアリストテレス主義を徹底したことである。サットンによれば，知性が自分自身を認識しないのは，あらゆる可知性に不可欠の条件

3 自己認識の展開　　691

——非質料性と現実態性——の一つを満たせないからであ
る。すなわち、知性は確かに非質料的だが、その可能態性
のせいで、他のものを認識してその知性性を得る前には、
可知的にはならないのである。ゴドフロワは、サットンの
論証がもっぱら、こうした知性の現実態性の欠如と、有名
な知性と第一質料との比較——アヴェロエス以来、言及す
ることが慣例となっていた——に基づいていることにうま
く気づいた。すなわち、その比較によれば、質料が可感的
世界で純粋可能態にあるのと同じく、知性は可知的世界で
純粋可能態にある。トマスとサットンは、二人ともこの
比較を活用している。しかし、ゴドフロワはマーストン
のようにこれを正しく批判し、知性は実体的には現実態
にあり、純粋可能態ではないことを明らかにしている。知
性は、本性的に、その実体や存在を通して現実態にあるの
で、知性の可能態性を引き合いに出すことで、知性が自分
自身を本質を通じて認識しない事実を説明しようとするこ
とは誤っている。

　ゴドフロワは、知性が自分自身を通じて可知的にならな
い理由を別のところに探さざるをえなくなったが、人間存
在の現在の状態では、知性はまず、表象像を通じて現前す
るようになる外的事物を考察するしかないことを何度も強
調している。しかるに、霊的なものは、表象像によっては
表せないので、知性の自己認識は必ず間接的なものにな
る。実際、知性は、質料的対象に向かうという本性に縛ら
れているので、まず他のものを認識し、次に間接的な仕方
でこの働きに立ち帰るしかないのである。それゆえ、人間
知性が自分を通じて自分自身を認識できないのは、人間
知性の認識様態のためである。こうして、ゴドフロワは、
サットンが霊魂の自己認識に残しておいたものを、知性に
移しかえた。すなわち、人間知性は本性的にあまりにも弱
いので、自分よりも可知的な対象を前にしては、何もでき

ないのである。

　実のところ，ゴドフロワは，あまりにも狭い意味での，すなわち霊魂の真の立ち帰りに場所を残さないようなアリストテレス主義に忠実に従っている。ゴドフロワのテキストを見れば，サットンよりも，立ち帰りの真の様態や精神の自己現前に気づいていなかったことが分かる。実際，すべてを考え合わせれば，ゴドフロワの考察する自己認識のプロセスは，間接的に他のものの認識に基づいた，霊魂の抽象的分析にすぎないと言える。すなわち，これは，知性は自分自身を他のものを認識するように認識するというアリストテレスの表現の典型的な解釈である。表象像に基づく認識は，直接的な働きに立ち帰り，知性を規定しているものを通じて知性を認識することを可能にするが，厳密な意味での概念的プロセスや抽象的分析であることは明らかである。この意味で，ゴドフロワの思想は，多くの点で豊かであるとはいえ，13 世紀末の思想動向に完全に一致しており，そのアリストテレス主義は時にトマスよりもシゲルスのアリストテレス主義により近いものだと言える。ここでも確認できることに，13 世紀後半のアリストテレス主義は，一枚岩の堅固な傾向性ではなく，トマス，ディートリヒ，ここではゴドフロワの異なる思想に対し，それぞれに着想を与えてきたものだったのである。

　こうして，自己認識の教えについて言えば，サットンとゴドフロワはトマスほど大胆ではなかった。しかし，慎重にサットンとゴドフロワを比較できるとすれば，それはいくつかの次元で一致しうる同じ精神の持ち主が，非常に多様な傾向性を表現しているかぎりにおいてである。サットンはトマス主義の断固たる弁護者であり，ゴドフロワは複数の点ではトマスの忠実な弟子と思えるほど，トマスにかなり近い主張をいくつか行っている。こうした比較は多少強引だけれども，この二人の思想家に似たところがいくつ

3 自己認識の展開 693

かあることは否定できないだろう。それぞれに解釈は違え
ど，アリストテレスのテキストを読んでいたことも二人の
共通点である。

　本質的にフランシスコ会と結びついていた，別の精神の
持ち主たちもいたが，彼らは自己認識が人間の経験におい
て果たす役割をまったく別様に考えようとした。すなわ
ち，そこではアリストテレスやアヴェロエスよりも，アウ
グスティヌスとその『三位一体論』の方が重視された。し
かしここでも，人々は便宜的に，これらの教えを，最初か
ら進化の唯一の要因と見なされていたトマス主義への反動
として理解しようとした。こうして，このようなアウグス
ティヌス主義や新アウグスティヌス主義を，反トマス主義
として，進化を妨げる伝統主義的な運動として考えようと
したのである。これは，ある思想的傾向性をある種の反ト
マス主義——全員に当てはまることではない——に還元し
てしまうことであり，フランシスコ会出身の思想家が多様
であることを正しく評価しないことである。こうした思想
的多様性は，自己認識の主題を見れば，はっきり分かるだ
ろう。

　大きな支障もなく「新アウグスティヌス主義者」と呼べ
る唯一の著述家は，おそらくロジャー・マーストンだろ
う。しかし，このレッテルは，オリヴィやマテウスの教え
に適用しようとすれば，不適切なものになる[24]。マースト
ンの反トマス主義は，矯正的著作をめぐる論争から影響を
受け，ジョン・ペッカムの後に従おうとする人々にはまっ
たく特徴的なものである。マーストンはトマスを暴力的な
言葉遣いで非難するが，このことは 1282 年以降のオック
スフォードにおける論争的な状況を踏まえてはじめて説明

---

　24)　アクアスパルタのマテウスの新アウグスティヌス主義につ
いては，上記第 1 章 116-138 頁を参照。

がつく。マーストンは間違いなくこうした状況に置かれていたのであり，その程度は，彼のテキストの独創性が何よりもトマス思想への批判に見出せるほどである。事実，マーストンは，当時にしてはまったく例外的な仕方で，トマスの『神学大全』から大きな分量を字句通りに引用したが，それはトマスの論証を綿密に論破するという明らかな目的のためだった。問題となるのが，知性と第一質料の比較であれ，天使論であれ，マーストンは金銀細工品のような詳細な非難を展開している。そして，マーストンの批判は多くの点で的確であり，マーストンが第一質料と可能知性の比較はアヴェロエスから直接もたらされたものだと知っていて，1277 年以降では，トマスの非常に有名なテキストの中にこうした疑わしい起源のものが混ざり込んでいると指摘することが正しいやり方だとわきまえていたなら，なおさらである。このような批判こそマーストンの最も良い点であり，マーストンが多大なエネルギーを注いでトマス——ペッカムのような幾人かのフランシスコ会士たちはその評判を落とそうとした——と戦ったことは認める必要がある。

　しかし，こうした態度は一般化できない。事実，このような態度はオリヴィの自己認識に関するテキストからはほとんど見てとれないし，時代的に少し前のマテウスのテキストにはまったく見出せない。

　アクアスパルタのマテウスは，トマスに直接，また根本的に対立する新アウグスティヌス主義者とは見なせないだろう。実際，マテウスの自己認識論は，アウグスティヌス主義とアリストテレス主義の破壊的で論争的な二律背反を避けようとする偏りのない態度が特徴である。確かに，マテウスは，少なくともボナヴェントゥラから受け継いだようなアウグスティヌスの精神を守ろうと気遣ったし，ボナヴェントゥラの後継者たちが非常に大切にしていた，霊魂

3 自己認識の展開　　695

の直接的自己認識の考え方を主張したし，霊魂の自立性
と，感覚に対するその超越性を危険にさらすように思えた
アリストテレスの教えには満足できなかった。実際，アリ
ストテレスの経験主義は，認識のプロセスを説明する上で
正しい尺度にはなりえないのであり，質料的事物の認識が
問題になっている場合でもそうである。なおさら，霊魂の
直接的自己認識の特権を説明することなどできないだろ
う。にもかかわらず，マテウスは，こうした批判をすべて
考え合わせても，反アリストテレス主義者や，反トマス主
義者——マーストンが 1282 年以降のオックスフォードの
論争的雰囲気においてそうだったような——とは言えない
のである。

　このようなわけで，マテウスの自己認識論は，アウグス
ティヌスから着想を得つつ，より広大な哲学的総合を行う
ことで，アリストテレス主義を乗り越えようとした試みと
してうまく理解できる。アリストテレスの認識論により，
あらゆる知識——関わる対象が質料的事物でも霊魂そのも
のでも——の最初の要素が保証される。アリストテレス主
義が示すような，あらゆる認識の経験的な最初の要素は，
たとえ事物の偶然性，可変性，相対性を免れえないとして
も，認識の客観性を保証してくれる。それゆえ，人間の認
識の完成を理解するには，照明説に訴えることが必要にな
る。

　こうして，マテウスは，霊魂の直接的自己認識というア
ウグスティヌスとボナヴェントゥラの教えに結びついてい
るが，こうした教えを，あらゆる認識の出発点が経験にあ
ることや，自己認識が他のものの認識に依存していること
や，形象という媒介が必ず必要になることを強調すること
で，和らげている。この意味で，マテウスの自己認識論
は，あまりにも厳格な歴史的な分類をことごとく逃れてい
るのである。マテウスの自己認識論が，他の著述家——ボ

ナヴェントゥラ，ガンのヘンリクス，オリヴィ，しかしま
たトマスやサットンも含まれる——が参照したのと同じ典
拠から着想を得ていることは確かである。またマテウス
が，霊的感覚を重視する修道会に属していたことも事実で
ある。さらに，哲学的問題に与えた解答がしばしば他の著
述家と似ていることも本当である。にもかかわらず，マテ
ウスの哲学の営みと思考方法は，マーストンやオリヴィと
は同一視できないだろう。

　ペトルス・ヨハネス・オリヴィは，このフランシスコ会
から出た最も驚くべき人物の一人であり，それと相関し
て，14世紀における直観という偉大な考え方を先取りして
いた思想家の人である。忘れずに自己認識のいくつかの
形態を区別しているオリヴィによれば，経験的認識は人間
に知的で具体的な認識をもたらし，こうした認識のおかげ
で，人間は自分自身が，自分の行う各働きの具体的主体で
あることを知覚する。この説明において独自の点は，こう
した自己意識は内容のない空虚なものではなく，単なる前
反省的意識にも還元できないことである。さらに，この自
己意識は，知的ではあるがほとんど感覚的であり，知的で
はあるが具体的であり，反省的であるが個別的である。お
そらくこのことがオリヴィの教えを特徴づけている。すな
わち，経験的認識は，感覚的意識の延長であり，感覚的で
あると同時に知的であり，個別的であると同時にすでに普
遍的である。こうした教えを理解するには，諸能力の結合
という考え方が鍵となる。すなわち，自己の経験的認識
は，どれほど不完全でも，直接人間精神に働きかけ，自分
自身を質料的本性とは異なるものと認識させ，自分の行う
働きの起源たらしめる。それゆえ，こうした自己の直接的
認識は，マテウスの考えていたものと比べると，相当異
なっていることが分かる。自己の直接的認識は，形象を必
要としないだけでなく，感覚的意識を，感覚的意識が開い

3 自己認識の展開 697

た方向そのものに向かって延長する。オリヴィの言う経験的認識は，完全に個別的で，直接無媒介的であり，厳密な意味での立ち帰りではないが，奇妙なことに，オッカムが理解していたような，純粋に可知的なものの直観を先取りするものである。

オリヴィは，その教えの別の点においては，ファン・ステーンベルヘンが「新アウグスティヌス主義」と名づけた派閥に特徴的な，反アリストテレス的傾向性に属していたようである。オリヴィが，「アリストテレス主義者の集まり」や「アリストテレスの信奉者たち」と対立していたことは，十分明らかで異論の余地はない。しかし，使われている論争的な言葉を見て，騙されてはならないし，あまりにも簡単に，オリヴィは反アリストテレス主義者だったとか，断固たる反知性主義者だったとか，決めつけてはならない。それどころか，オリヴィは，アリストテレスの著作を活用し，その真理を指摘することを忘れていない。オリヴィが異教の哲学に夢中になる神学者を非難しているのは，哲学者たち，特にアリストテレスに熱中しすぎることについてである。こうした神学者たちは，哲学者の書物をうまく活用する術を知らず，哲学を手段として用いることができない。哲学について判断する代わりに，その奴隷となっている。これは神学者であるならなおさら許容できないことである。言い換えれば，オリヴィはキリスト教世界において純粋な哲学が成立する可能性に異議を唱えているのであり，こうした企てはオリヴィにとって空しいものに見えた。この意味で，マテウス，オリヴィ，マーストンを新アウグスティヌス主義——新興のトマス主義への反対をその特徴とする——という一枚岩の運動の中にまとめて含めることは誤解を招くだろう。このような歴史的還元によっては，13 世紀末の思想界の豊かさと多様性を尊重できないのである。

こうした13世紀末の思想状況の中で，すなわち著述家たちが同じような教えを述べることはほとんどなく，各著述家が，トマスのように，自己認識という主題を多様で相補的な情報に基づいて理解している状況において，特別な色彩を放っているのは，ケルンのアルベルトゥス学派，とりわけフライベルクのディートリヒの教えである。ディートリヒの思想はきわめて大胆な知的構築物の一つであり，自己認識の意味をほとんど説明されない限界まで拡大したと言える。

自己認識の主題は，ディートリヒが認識論を論じている著作——本質的には『至福直観について』と『知性と可知的なものについて』——の中なら，いたるところに見出せるものである。ディートリヒがパリ大学とオックスフォード大学を揺さぶった論争とはまったく別のところに位置づけられることは確かだが，この事実から，13世紀末の思想の発展を明らかにする上で，ケルンを無視することは絶対にできないことが分かる。

ディートリヒの反トマス主義——アルベルトゥス学派の全員がこうした態度をとっていたわけではない——は，マーストンやペッカムの反トマス主義から区別される。というのも，ディートリヒは，トマスの分析の妥当性を疑っていたわけではなく，比較的限定的な固有の領域だけについてトマスの責任を問うていたように見えるからである。ディートリヒによれば，トマス思想は誤りでも危険なものでもないが，精神の深みに到達できないものである。ここにディートリヒの革新性があった。ディートリヒは，トマスが主張したこととは反対に，知性は自分自身とすべてのものを他のものの媒介によらずに本質を通じて認識すると主張する。ディートリヒによれば，トマスが自己認識について検討したことは，自己認識にとってまったく外的な周辺部である。なぜなら，トマスの教えを用いても，精神の

3 自己認識の展開　　　　　　699

隠れた根底を理解することはできないからである。他のところと同じくここでも，トマスの分析はあまりにもひどく，哲学者たちを非常に限定的で異論の余地のある仕方で解釈している。この意味で，マーストンの反トマス主義の方向性とは異なると理解するかぎりで，ディートリヒの反トマス主義を論じることは正しい[25]。歴史的に見れば，ディートリヒはトマスと同じ修道会に属しており，当時はドミニコ会の総会がトマスの著作の研究を公に命じようとしていた時代だった。しかし，ディートリヒのこうした態度が懲戒的に追及されることは一度もなかったのであり，このことは，サン・プルサンのドゥランドゥス（Durand de Saint-Pourçain）の状況と比べるなら，不可解ではある。しかるに，自己認識の主題に関するかぎり，ディートリヒの反トマス主義は，実のところ賢明で巧妙なものになっている。ディートリヒは論争しようとしなかった。なぜなら，自分の思想をトマス思想だけを参照しながら位置づけようとはまったく思わなかったからである。反対に，自分の修道会の有名な兄弟と対決するよりも，別のことを気遣っていたと予想できる。この意味で，ディートリヒの自己認識論の特徴は，反トマス主義的態度よりもむしろ，トマスよりも大胆な総合を試みることでトマスを乗り越えようとした点にあると言える。ディートリヒは，その能動知性の教えを通じて，トマスの解釈を批判するよりもむしろそこから距離をとっており，トマス——あらゆるものを質料的事物とそうした事物に適用されるアリストテレスのカテゴリーにしたがって考察する傾向があまりにも強い——が予想しなかったような歴史的総合を成し遂げた。知性の内的生命は，こうした単純すぎるカテゴリーを通じてはほとんど認識できないのである。ディートリヒは，『至

---

25)　Cf. R. IMBACH, *Gravis iactura* (1979), p. 386-391.

福直観について』の中で，哲学者たち，すなわちアリストテレスとアヴェロエスの能動知性，アウグスティヌスが理解するような霊魂の極致，『原因論』が伝える自己還帰といった異なる現実を唯一の直観に統合している。アリストテレスによれば，知性においては，認識する主体と認識される対象は同一である。さらに，認識するものは認識されるものであり，これらは自分を構成する働きと分かちがたく結びついている。ディートリヒによれば，これこそ哲学者たち，すなわちアリストテレスとアヴェロエスの言う能動知性であり，プロクロスの言葉では完全な立ち帰りと表現できる。知性は全体として自分の本質に立ち帰るが，こうした自己還帰は新プラトン主義の用語であり，認識するもの，働き，認識されるものという知性の三一性を表すが，これはそのまま哲学者たちの言う能動知性のことである。最後に，この同じ現実を，アウグスティヌスは霊魂の隠れた根底と見なしたのであり，そこで精神は常に自分自身を記憶し，認識し，愛する。たとえトマスが習慣的認識のこうした豊かさにきちんと気づいていたとしても，こうした現実の諸条件を見事に説明し，そこに神の像そのものが実現することを明らかにしたのは，ディートリヒの功績である。

3.2 思想の運動

　霊魂の自己認識——一義的にのみ理解するにはあまりにも豊かすぎる——が含んでいるこのように多様な側面を見れば，13世紀末の哲学的発展の方向性についてイメージを抱くことは難しいことが分かる。論じている主題がしばしば同じでも，各思想家や同類の思想家の世界は，互いに非常に異なる場合がしばしばある。それゆえ，大きな方向性を明らかにすることは難しい。こうした方向性を示したなら，あまりにも簡単に，13世紀は，中世全体について

3　自己認識の展開　　　701

よく言われるように，一枚岩の時代だったという誤解を招
くかもしれない。思想の雑多な形態は，一つの方向には還
元しにくい。しかしながら，ほとんど共通の要素が一つあ
り，自己の対象化のことだが，これはアウグスティヌスの
遺産の多くの側面を損なうものである。だが，思想史の
様々な要素を単純化しすぎないように，慎重さがぜひとも
必要である。こうした慎重さは，13世紀の著述家たちか
らして，互いに批判しあったり，自分でいくつかの道を作
る意識がまったくなかったことを考えれば，絶対に必要だ
ろう。

1. ディートリヒの考えたこととは違い，トマスが自己
認識を，抽象的な何性の分析や，概念的認識——人間霊魂
や複合体としての人間を，数多くある中の一つのものや自
然的対象として措定する——だけに還元しようとすること
は決してなかった。トマスは，アウグスティヌスの遺産の
うちで最も深遠な思想を受け入れることで，特に1265年
より前の著作の中で，人間霊魂のうちに，自己の自己に対
する具体的現前という隠れた世界を認めようとした。そし
て，各人に明らかな単なる前反省的意識を超えて，人間精
神が自分自身に具体的な仕方で還帰する真の立ち帰りを見
出したのである。『真理論』1問9項は，この点について，
特権的な教えを展開している。

2. 1274年以降，トマス思想は，トマスを弁護しようと
したサットンによっても，激しい敵対者たちによっても，
歪めて理解されたと思われる。トマス思想は，個物認識の
場合にそうであったように，反対運動を引き起こした[26]。
実際，この時期から，トマスの教えは多くの人々にとって
ある種の完成した体系のようなものになり，要約したり類

---

26)　Cf. C. BÉRUBÉ, *La connaissance de l'individuel* (1964), p. 69-91.

別したりされるようになった。自己認識に関して言えば，マテウス，マーストン，特にオリヴィが，トマスの教えを概念的で抽象的な認識——そこでは霊魂は自分自身を対象や他のものとして措定する——に還元している。トマスの教えは，トマス主義という最も簡単な呼称にまとめられたが，アウグスティヌスの『三位一体論』の注意深い読者をまったく満足させられなかった。また，ボナヴェントゥラ以降のフランシスコ会士たちは，うまくあつらえたこの敵を批判するのに有利な立場にあった。トマスは，見る見るうちに，同時代人たちにとって，霊魂の自己認識の教えをもっともうまく弁護できる著述家ではなくなっていき，自己認識の教えを発展させる思想家とは見なされなくなった。反対に，ボナヴェントゥラ以降のアウグスティヌス主義こそが，自己の具体的認識という考え方をうまく展開できる傾向性だと思われたのである。

　3. このような還元，すなわちトマスの教えを霊魂の間接的自己認識に還元しようとすることは，敵対者——好意的であろうとなかろうと——がしたことなら，結局は二次的な意味しか持たない。しかし，トマス学派全体ではないにせよ，少なくともトマスの偉大な弁護者だったドミニコ会士のサットンがこうしたことを行っているのである。サットンは，非常に鋭敏な思想家で，トマスの教えを洞察力に富む仕方で明らかにしようとしたが，自己認識に関するトマスの教えを貧しくする原因になってしまった。実際，サットンは，知性が霊魂を認識する場合と自分自身を認識する場合で問題を区別し，両者では不可知性の理由がまったく異なることを明らかにしたが，自己認識を概念的認識や抽象的分析の形態にしたがって一義的に捉えている。自分自身を認識することは，自分自身を他のものを認識するように，すなわち他のものの認識に倣って一義的に認識することになってしまった。サットンにおいては，自

3 自己認識の展開 703

己と自己の隔たりなき関係としての現実的認識は，もはや
ほとんど何の痕跡も残していない。しかし，非常に奇妙な
ことだが，サットンは次のことに気づかなかった。すなわ
ち，人間は抽象的な仕方でしか自己を認識できないとする
ことで，『真理論』1問9項で説明されているような，真
理についてのトマスの教えを非難することになるのであ
る。それゆえ，自己認識に関するアウグスティヌスの遺産
は，トマス主義以外のところで存続したと言わねばならな
い。

4. 少し時代は下って，ディートリヒは，どんな他者性
によっても損なわれないように，知性を守ろうとした。
ディートリヒによれば，自己と自己の分離は，再現による
認識がもたらすものである。可能知性の働きが再現による
こうした外在性の痕跡をとどめており，自分自身を他のも
のを認識するように認識するとしても，能動知性はそれと
は違い，こうした対象化のプロセスを免れている。能動知
性を天使を超えて高めるのは，こうした自己との融合であ
り，そこで能動知性は自分自身を認識し，知性，純粋な知
性性，霊として構成される。

5. しかし，13世紀において，同時代人が自己の具体的
認識を弁護したと見なしたのは，ディートリヒではなかっ
た。したがって，トマス自身の思想は自己認識を概念的分
析に還元する教えの典型と見なされていたので，結局のと
ころ，アウグスティヌス主義や新アウグスティヌス主義こ
そが，自己認識の主題における最も重要な道，すなわち
霊魂の直接的自己認識につながる道を保ったと言えるだろ
う[27]。

しかし，この歴史的事実は奇妙である。実際，アウグス

---

27) 間違いなく，こうした道こそ，スコトゥスとオッカムが説
いた直観とその働きの教えを理解するためにたどるべき道である。

ティヌス主義に典型的な主張が隔たりなき自己現前だとすれば，ディートリヒを除けば[28]，アウグスティヌスの遺産を最もうまく保ったのがトマスであることは逆説的である。ところが，この事実はすでに 13 世紀の歴史において隠蔽されていた。というのも，トマスはまさに，アウグスティヌス的な霊魂の自己認識の教えを妨げる人物だと思われていたからである。新アウグスティヌス主義こそが，自己認識に関するアウグスティヌスの伝統を伝える役割を果たすと見なされていたのである。もっとも，新アウグスティヌス主義は，マーストンのように，トマス主義を，霊魂の隔たりなき自己認識に反対する陣営に追いやっていたのだが。この歴史的現象は少なくとも奇妙である。客観的に見れば，トマスに比べると，マテウスもオリヴィもマーストンも，霊魂が自分自身を隔たりなしに真に認識するという考え方には到達できなかった。この意味で，ファン・ステーンベルヘンが主張するように，新アウグスティヌス主義は，「哲学的には」，トマス的な新しさに対する反動と見なすことができる。しかし，「歴史的には」，便宜的に新アウグスティヌス主義と呼ばれるこの同じ傾向性が，思想を発展させる重要な要因の一つになった。そして，サットンに代表されるようなトマス主義こそが，自己認識の優先的な進歩に対して抑制的に働いたのである。このことは，ベリュベ神父の歴史叙述と見事に重なる。今日では，トマスは客観的にも哲学的にも，個物認識の発展を促した開拓者と見なされている。しかし，当時は，特にフランシスコ会士たち——存在するものに関する直接的かつ直観的認識を唯一主張したとされていた——からは，そのように見な

28）完全を期すなら，ブラバンのシゲルスの名を挙げておくべきだろう。ただし，問題となるのは 1270 年より以前の初期の教えである。

3 自己認識の展開 705

されることはなかった。個物認識に関するこの指摘は，類推に基づいて自己認識にも当てはまる。

こうしたいくつかの説明から，歴史的次元と哲学的次元について，参考になる要素が引き出せる。13世紀末の幾人かの思想家が，ベリュベ神父が問題にしたような質料的事物であれ，人間霊魂であれ，具体的なものや存在するものに対する鋭い意識を備えていたことは確かである。この意味で，厳密な意味での近現代的な物の見方が想定するところとは違い，精神の外部にあるものの哲学は決して自己認識に対立しない。ある種の近代性を特徴づけているのが，誤った二者択一であることは間違いない。すなわち，主体の自己認識は質料的事物の認識とは反対の関係性にあるというのがその考え方である。

少なくともデカルト（Descartes）以来，精神の外部にあるものを犠牲にして人間の主観性を考察する——あたかも諸認識の一つが他のものを排除するかのように——という哲学的革新があったことは進んで認めることができよう。何世紀もの間，中世哲学，特に大学における哲学は，思想史の中で無視できる要素と見なされてきた。この第一のアプリオリは数十年前からの研究の中で崩壊したが，人々は中世哲学——もっともしばしば大ざっぱにトマス哲学と同一視される——を，精神の外部にあるものだけを考察し，主観性の存在は等閑視した思想と見なそうとしてきた。これと相関して，デカルトのような思想は，この点についてまったく新しい哲学であり，主観性を実体として明らかにするものだと考えられた。これは第二のアプリオリだが，それというのもデカルト的な近代の主題の多くは14世紀に萌芽的に存在していた——オッカムのような哲学者がすでに論じていた——と認知され始めたからである。しかし，今日では，オッカム自身がある伝統，すなわちそれに対してオッカムが非常にはっきりした断絶——

人々は好んでこの断絶を強調してきた——を示していないと思われる伝統に従属していたことは自明である。すなわち，近代思想に見出せるいくつかの主題は，すでにオッカム以前から，特に13世紀末のフランシスコ会士たちが論じていたのである。このようなわけで，人間の主観性にこだわる近代思想を中世思想に対立させ，中世思想は主観性という主題を等閑視し，精神の外部にあるものだけを認識しようとしてきたと考えることは誤りである。こうした見方は，トマス思想そのものが人間の主観性の考察を含んでいることを無視する特定のトマス主義にだけ当てはまる。こうして，スコラ学は精神の外部にあるものだけに夢中になり，霊魂の生き生きとした自己認識を排除してきたという新しい作り話が生まれることになる。

　反対に，正しく予想できることだが，具体的なものの意味を，質料的個物と主観性の両次元で展開できる哲学もある。存在するものの意味は，問題となるのが「わたし」であれ可感的なものであれ，類比的に見れば常に同じである。わたしは，他のものを認識すればするほど，よりいっそう自分自身を認識する。この点に関して，トマスの努力はまったくもって特徴的である。というのも，トマスは一般的には哲学的「実在論」の主張をもって知られているが，同時に霊魂の隔たりなき自己現前を最も見事に弁護した思想家の一人でもあるからだ。

　同様に，新アウグスティヌス主義者たちにおいても，個物や自己を直接認識しようとする傾向性が浮かび上がる。予想できるように，こうした傾向性がオッカムの言う，他のものや自己の直観において完成するかどうかを検証する課題が残っている。

3.3　自己認識と神認識

　本書を締めくくるにあたり，次のように問うことができ

3 自己認識の展開

る。なぜ自己認識という主題は 13 世紀末にこれほど隆盛したのか。また，中世は人間の主観性を無視していたという先入観とは反対に，ほとんどすべての著述家が霊魂の自己認識という主題を論じているのはどういう理由からか。解答の一部として，自己認識と神認識のつながりを強調した，アウグスティヌスの『三位一体論』が圧倒的な影響力を持っていたからと答えられる。すなわち，自己認識の終わりは神認識の始まりであり，当時の大部分の思想家は，自己認識に関する事柄を明らかにする前に，神認識について大胆に論じても無駄に終わると考えていた。自己認識と神認識は密接に関連する二つの主題である。第一に，アリストテレスの著作から直接着想を得た思想家なら，どんな著述家においても，霊魂の自己認識は離存実体を認識する上で欠かすことのできない最初の要素である。霊魂は，人間が形而上学の道に踏み入る前に認識すべきものである。というのも，霊魂は，質料的でない最初のものとして，人間が認識するように与えられているからである。第二に，結局は抽象的なこうした主題に，特にトマスの思想に多く見出せる要素が付け加わる。すなわち，あらゆる認識はわれわれ自身の認識を含んでいる。なぜなら，人間は，自分自身について判断せずに，他のものとその真理性について判断することはできないからである。神認識もこの法則を免れていない。第三に，13 世紀の哲学者や神学者は，アウグスティヌスが『ソリロキア』の中で述べた，「わたしはわたしとあなたを知りたい」という言葉を一度も忘れたことがなかった。アウグスティヌスや，13 世紀の周辺部を成す大部分の思想家によれば，精神の中に閉じこもったり，精神に還帰することは神へと上昇する近道だった。なぜなら，神と人間が出会う特別な場は，人間霊魂の中心にあるからである——とはいえ，自己認識や神認識は，人間が何かを知るどんなささいな認識にも完全に不在ではな

い。また第四に，自己認識は，人間精神のうちに神の像を探そうとする者にとっては，特権的な要素である。これは，『三位一体論』と有名な霊魂の三項構造——アウグスティヌスはそこに神の像の隠れた現前があると見抜いた——から直接引き出せる別の主題である。

どのような仕方であれ，13世紀の思想家たちは，自己認識と神認識のつながりを強調してきた。例えば，マーストンは，霊魂に関する自身の定期討論を自己認識の問題で始めている。すなわち，この点について霊魂の自己認識が重要なのは，霊魂がすぐれて三位一体の像の場だからである。霊魂は自分を鏡として，自分自身のうちで，言い表しがたい三位一体へと象徴的に上昇させてくれるものを観想しようとする。どんな被造的な像も，人間精神が自分自身を認識するのと同じほど見事な仕方では，言い表しがたい三位一体を反映できない。自己認識の終わりは神認識の始まりである。

マテウスは，似たような仕方で，しかし別の点を強調しつつ，アウグスティヌスの言う霊魂の三一性——精神は自分自身を認識し愛することで，神的ペルソナの三一性を反映している——の重要性を強く主張している。確かに，マテウスがこうしたアウグスティヌスの伝統に訴えているのは，形象の必要性を論じるためである。しかし，理性的霊魂が自己認識と自己愛において三位一体の像を特権的な仕方で実現すると主張していることに変わりはない。マテウスによれば，記憶，認識，愛の三一性は，三位一体の人間的で不完全な表現である。というのも，霊魂は，自分自身を認識することで，自分自身に関する明確な理解を生み出し，そこから自分自身への愛が湧き出るからである。しかし，三位一体の像に関するこうした解釈は，まだ貧しいものにとどまっている。なぜなら，そこでは，像と範型の関係はまったく外的な仕方で考察されているからである。こ

3 自己認識の展開 709

うした三位一体の像は，神の三位一体からはかけ離れており，それというのも人間霊魂にほとんど現前しない神の構造を真似ただけの複製物だからである。こうした自己認識の教えには，神の現前の意味が欠けている。

　思うに，神の現前に関するこうした直観こそ，反対に，トマスがアウグスティヌスの言う霊魂の三一性を解釈するときに強く意識していたものであり，自己認識と神認識の関係をより深く教えるものである。トマスは自己認識と神認識のこうした関係を明らかにすることにこだわったのであり，このことは，自己認識を最も完全に論じた箇所である『真理論』10問8項を，三位一体の像を論じた非常に広大な問題の中に組み込んでいることからはっきり分かる。実際，自己認識と自己愛の構造を神の三位一体と比べる，かけ離れた比較は，トマスにとっては二次的な問題だった。トマスはこの問題を論じるのに数行しか充てておらず，これはあたかも霊魂の三一性に関するアウグスティヌスの思索を最低限は論じておくべきだと言うかのようである。像とその起源の間のこうした構造的類似性は，まったく外的な類似性にすぎず，『真理論』10問7項では「類比による像」と呼ばれている。しかし，精神は，神自身を認識し愛することで，また範型である神を模倣し次第にそれに近づくことで，もっと深くふさわしい仕方で自分の範型を反映することができる。こうした別の像，すなわち一致による像こそが，トマスを惹きつけた。なぜなら，一致を通じて似ることは，単に構造が似ていることよりも，はるかに大きな類似性を実現できるからである。それゆえ，自分自身を認識する人間精神が，その神的な起源を明らかにできるのは，とりわけ自分を像として認識するかぎりにおいてである。なぜなら，その場合には，精神は自分自身に縛られることなく，自分が出てきた神の大きさまで成長できるからである。恩恵の働きが，自然本性が始めたもの

を人間において完成し，人間が栄光の類似性に至るまでに
踏破すべき様々な段階に繰り返し現れるのは，人間精神が
初めから自分のうちに，神の像になる可能性を隠し持って
いるからに他ならない。人間が神の像になるという自分の
使命をうまく果たすべく招かれているのは，初めから，萌
芽的にまた失われない仕方で，すでに神の像——人間に伝
えられた招きとも言える——だからである。この根源的な
場は，覆われてはいるが，習慣的認識，すなわち霊魂の存
在論的自己現前のことである。人間精神は，その根底に隠
れている計り知れない豊かさを知りたいと思うが，こうし
た適性を最もうまく実現できるのは神を認識し愛すること
を通じてである[29]。

　予想できることだが，トマスが対象化とは別の仕方で自
己認識を理解しようとしたのは，こうした自己の対象化の
せいで，神の三位一体とそこから出た像について，単なる
構造的類似性を確認するにとどまる恐れがあったからに違
いない。トマスは，自己認識の重要な部分をこうした破壊
的な対象化から守ることで，反対に，神の像をより深く，
特により力動的な仕方で考察する手段を手に入れた。すな
わち，神の像になるという自分の使命を実現することは，
次第に神自身と一致する，あるいは一致させられることに
他ならない。それゆえ，トマスにおいて自己認識と神認識
はどう関係しているか，その特徴は，何よりも人間霊魂を
神へと向かわせるダイナミズムにある。要するに，『対異
教徒大全』第4巻11章が指摘しているように，全世界は，
被造物の各段階に応じて，次第に自分の使命を実現してい
くこうした運動の只中にあり，この運動の終局は完全な自

---

　29)　Cf. *Le sens de la réflexion chez Thomas d'Aquin* (1991), chap.
V, § 3-4, p. 251-284〔『トマス・アクィナスの自己認識論』，427-486
頁〕。

己認識，すなわち神自身である。

　こうした直観は，トマスが深い霊性のうちに根づかせたものだが，アウグスティヌスの遺産の主要な要素の一つを活用したものである。しかし，自己認識と神の像のこのように深い関係について大胆にも新しい総合を試みたのは，他でもないディートリヒである。確かに，トマス哲学とディートリヒの思想は大きく異なる。しかし，二人とも，像のダイナミズムについての鋭敏な感覚を備えていた。神の像は，実のところ，霊的な運動なのである。ディートリヒは，その能動知性の教えの中でこのことを説明している。人間の内的生命が働いているのは，厳密な合理性という外的世界や，明晰な考えが次々に生じる世界ではまったくなく，こうした隠れた場所においてである。こうした霊魂の極致でこそ，人間は「働き」——予想外に引き込まれ，考えるよりも高いところに由来し，想像を超えてはるか彼方に導くような働き——を通じて，行い認識しているのである。

　能動知性が神の像であるのは，あらゆる像の条件を満たすからであり，とりわけ像を生み出すものが，自分の像のうちにおいて，自分自身のうちに存在するかのように存在するからである。能動知性は神に由来するが，存在におけるこうした流出は，知性にとっても自己認識であると同時に神認識である。自分自身を認識することは，存在することであり，自分の始原から出て存在することは，神という自分の始原を認識することである。それゆえ，ディートリヒが強調したのは，自己認識において，知性は常に出処である神に還るということである。知性の流出は，絶えず神に還り続けることであり，これはそのまま自己認識である。こうして，ディートリヒは独自の仕方で，人間精神は神を受容できるというアウグスティヌスの根本思想を再発見した。もっと正確に言えば，神を受容できるのは，トマ

スが考えたように可能知性ではなく，能動知性である。な
ぜなら，能動知性の対象は，同時に，自分自身，すべての
存在，自分の始原である神だからである。ディートリヒ
は，次の『三位一体論』の思想を自分なりに発展させたと
言える。「それゆえ，霊魂の三一性が神の像であるのは，
霊魂が自分自身を記憶し，認識し，愛するからではなく，
自分の造り主をも記憶し，認識し，愛せるからである」[30]。

　それゆえ，ディートリヒによれば，自己認識とは，霊魂
の隠れた根底として湧き上がる働きのことであり，この根
底は絶えず自分の始原に向かい，神を受容できる。こうし
た潜在的な働きは，神の住まう中心であり，この中心は知
性にとって知性そのものよりも近くにある。知性は，自分
自身を認識することで，そこからすべてのものが出てくる
神を受容できるのであり，それというのも知性の根底は神
そのものだからである。

---

30) « Haec igitur trinitas mentis non propterea dei est imago quia
sui meminit mens et intelligit ac diligit se, sed quia potest etiam meminisse
et intelligere et amare a quo facta est » (*De Trinitate*, XIV, 12, 15 ; p.
442-443, l. 1-4 ; trad., p. 386) . Cf. *De visione*, 1.4.(2) ; p. 61.

解　説

　本書の議論は込み入っているので，詳しい説明は本文を参照してもらうこととし，ここでは各哲学者の自己認識論の特徴と歴史的位置づけに限って要約しておこう。

アクアスパルタのマテウス

　マテウスは，一方で霊魂は無条件的に自分自身を直接認識できると主張する人々——霊性だけを重視する立場——に，他方で自己認識は間接的な仕方でのみ生じると主張する人々——あまりにも経験を重視するアリストテレス主義——に立ち向かっている。そして，どちらの人々に対しても，独自の主張として，自己認識には先行する働きと形象が必要だと言っている。

　アウグスティヌス主義を極端に押し進めて霊性だけを重視する人々に対しては，第一に霊魂は自分自身を通じて自分自身だけで，自分自身を直接認識したり思考したりできず，反対に先行する働きを通じて自分自身を考察するよう促されると主張し，第二に霊魂は自分自身をその本質ではなく形象を通じて認識するとする。

　第一に，先行する働きが必要な理由は，認識の秩序と存在の秩序は逆になるからである。霊魂は確かにその働きよりも自分自身に現前しているが，これは存在の秩序であ

る。反対に認識の秩序では，働きの方が霊魂によりいっそう現前することになる。それゆえ，自己認識に際しては，本質よりも先に働きが介入してくる仕組みとなる。

　第二に，形象の必要性について言えば，仮に自己の直接的認識における形象の存在を否定するならば，必ずや不合理に陥ることになる。こうした形象が存在しないなら，霊魂は自分のうちに本質を通じて存在するもの，それゆえ霊魂に現前しているものをすべて現実態において常に認識していることになるが，これは明らかに誤っている。霊魂が自分自身を認識したりしなかったりするという経験的事実を説明するためには，断続的な自己形成を考慮に入れる必要があり，こうした断続的自己形成は，形象を介してはじめて実現すると言える。

　マテウスは，あまりにも経験を重視するアリストテレス主義——トマス・アクィナスを念頭に置いている——に対しては，上で述べた自己認識に必要な，先行する働きと形象について，トマスとの違いを明らかにしている。

　第一に，マテウスによれば，認識の働きには断絶がある。外部の認識は，確かに純粋に知性的な認識，特に自己の直接的認識には不可欠だが，それは本質的な原因としてではなく，働きの外的条件としてだけである。トマスが精神の外部にあるものから霊的な認識に至るまで，断絶のない根本的な統一性を見出そうとしていたのに対し，マテウスは外部のものの認識と自己認識の非連続性を強調することで，もっと霊性を重視する伝統に与しているのであり，こうした伝統によれば，精神の外部にあるものに向かう働きは，精神の外部にあるものを超えたところから始まる自己認識にいかなる内容も与えない。

　第二に，形象についても，マテウスの形象はトマスの言う形象とは異なる。トマスにとって，霊魂が質料的事物を認識できるようにする形象は，そのまま霊魂が自分自身を

認識できるようにする形象に他ならなかった。この形象
は，自己認識においても他のものに秩序づけられたままで
ある。知性が，形象を生み出す能力の本性と霊魂の本性に
ついて推論することは，質料的なものを表す形象の本性を
存在論的に分析してはじめて可能になる。対して，マテウ
スによれば，霊魂は対象としての霊魂そのものを，完全に
非質料的な形象を自己認識の形相的原理として用いること
で認識できる。

　このような自己認識論の特徴から，マテウスを思想史上
に位置づけるなら，どう結論できるだろうか。ある研究者
によれば，マテウスは熱心で保守的なアウグスティヌス主
義者であり，あまりにもアリストテレスに傾倒するトマス
主義とは根本的に対立する思想動向に属する。対して別の
研究者は，異なる方向性において，マテウスは反トマス主
義でも反アリストテレス主義でもないことを明らかにし，
もし反トマス主義や反アリストテレス主義がアウグスティ
ヌス主義の特徴なら，マテウスはアウグスティヌス主義者
ではなかったと主張した。最後に，他の研究者は，別の角
度から，マテウスはボナヴェントゥラの思想をスコトゥス
の思想に連結するきわめて重要な思想家の一人だと強調し
た。

　ピュタラ自身は次のように結論づけている。アウグス
ティヌス主義や新アウグスティヌス主義という言葉を，旧
来の伝統的な意味よりも微妙な差異を持つ意味で理解する
なら，すなわち思想家たちの精神の類縁性や，新しい問題
を前にした真理探究の同じ気遣いや，極端なアリストテレ
ス主義からは距離をとるが反トマス主義でも反アリストテ
レス主義でもない態度を示す思想動向として理解するな
ら，マテウスはこうした思想動向に属すると確言できる。

ヨハネス・オリヴィ

オリヴィの自己認識論で革新的だった考え方は，経験的認識の理論である。オリヴィは自己認識をきわめて正確に規定して，「触れて分かるような経験的感覚を伴った」，それゆえ感覚的形相に根ざす概念的で知的な認識と言っている。知的であると同時に感覚的なこうした自己経験とはいったい何だろうか。

しかし，何らかの認識対象が，同時にまた同じ関係に基づいて，個別的であると同時に普遍的であることはありえないと思われる。感覚は個別的で可感的な対象に関係するし，知性は何よりもまず普遍を捉える能力であるはずだ。知性は個物を捉えると考える場合でも，感覚とはまったく異なる関係に基づいてそうするはずである。感覚的認識の本質的対象と知性認識の本質的対象をうまく調和することはできないと思われる。しかし，オリヴィはアリストテレス主義者ではなかった。オリヴィはこのように対照を成す二つの認識様態のどちらか一つを選ぼうとはしなかった。オリヴィの言う経験的認識をもっとよく理解するためには，「諸能力の結合」と呼ばれる彼の理論を参照する必要がある。

諸能力の結合の理論を支えている形而上学的原理は次のように説明できる。霊魂そのものも，あらゆる霊と同じように，質料と形相からできている。実際，霊魂の様々な能力は相互に結びついており，それというのも同じ霊的質料に基づいているからである。霊的次元に属するこうした質料は，人間霊魂の下級の能力と上級の能力が根ざすところのものだが，この霊的質料によってこそ，能力相互の統一性や，感覚的能力を媒介とした知性と身体そのものの——

まったくもって間接的な——結びつきを説明できる。知性と感覚に関するこの霊的質料の同一性こそが、諸能力の結合の根拠であり、「身体に直接触れる印象から霊魂に何らかの影響が生じる」ことを可能にしているのである。

では、オリヴィは対象の役割をどう考えていたのか。対象が認識の働きを実現するのに共働するのは、認識の終局や目的因としてのみであり、働きの作用因としてでは決してない。精神だけが能動性の根源であり、対象は認識の働きの終点の役割しか果たさない。結論を言えば、オリヴィにとって認識は、霊魂の能動的でもっぱら主観的な産出に還元できるものだった。霊魂は志向的に対象と一致するが、対象は認識を終わらせる原因だった。また、こうした現象が可能なのは、ひとえに、霊魂や複合体としての人間の構造において、ある能力の働きは他の能力にはね返り、いずれの能力も霊魂の同じ霊的質料に根ざしているからである。

オリヴィは、こうした創意工夫に富んだ説明のおかげで、アリストテレスが認識の統一性を説明するために考案したあらゆる道具立てをなしで済ますことができた。すなわち、抽象理論の全体、表象像の役割、可知的形象の媒介、想定された知性の受動性——オリヴィによればこうした考え方はどれもアリストテレスの経験主義に由来する——を退けると同時に、能動知性のアリストテレス的な解釈も否定したのである。

こうした諸能力の結合の理論を採用すれば、二つの帰結が生じる。第一の帰結は、霊魂の諸能力と各能力の内的運動のはね返りにおける質料の同一性から分かることだが、どんな認識の働きでも感覚と知性が結合していることである。知性認識の働きは、必ず、また同時に感覚の働きでもあり、これは人間霊魂のような「完全に可知的なもの」を認識する場合でも妥当する。

第二の帰結として，知性認識の働きは常に認識の終局である対象に一致するので，必ず実在する対象に一致することになると言える。しかるに，実在する対象はみな個別的であり，知性がこうした対象に一致するのは個別性においてである。それゆえ，知性による再現は個別的なものにしかならない。オリヴィにとって，知性認識は個物に関する認識であり，知性の固有対象は，トマスが考えるような普遍でも抽象的何性でもなく，個物だった。

こうして，先に指摘した一見逆説的に見える事態，すなわち個別的であると同時に普遍的であるような対象を認識するという状況は解消できる。というのも，何よりもまず，知性認識の対象は普遍的なものではなく，常に経験のうちに与えられている実在する個物だからである。もっと正確に言えば，どんな認識も必ず個物の認識であり，上の事態が逆説的に見えるのは，ひとえに，感覚の対象は個物なのに対し知性の対象は普遍であるというアリストテレスの誤った考え方を採用しているからである。要するに，オリヴィにおいては，すべてのものは個物に還元されるのである。

全体の結論として，次のように言える。オリヴィとそれに先行する伝統的立場の違いは，オリヴィが認識能力と認識対象の関係について革新的な考え方を打ち出した点にある。対象が認識や意志の働きに貢献するのは，もっぱら終局因としてである。さらに，オリヴィのおかげで，知性認識や感覚的認識における個物の優位は，その後既知事項となった。一方で「諸能力の結合」に基づく認識主体の能動性の強調と，他方で個物認識の徹底化は，オリヴィの自己認識論における二つの基本方針として見出せる。こうして，オリヴィの思想は特にマテウスの思想と比べて独創的な教えになっている。第一に，オリヴィは自己の経験的認識においていかなる形象の存在も認めない。第二に，自己

認識は絶対に最初のものであり，どんな先行する働きも必要としない。すなわち，霊魂は自分以外のものを認識せずとも自分自身を認識できる。

ロジャー・マーストン

　マーストンの教えには，肯定的側面と批判的側面にしたがった二つの利点がある。一方で，マーストンは自己認識の教えを巧みに構築しており，ボナヴェントゥラ以後のアウグスティヌス主義に従いながらも，同時代のフランシスコ会士の諸見解とははっきり異なる教えを展開している。他方で，『霊魂について』第1問は歴史的に見てきわめて重要な資料であり，それというのも当時の論争的背景を反映した反トマス主義の思想を含んでおり，トマスのテキストそのものを綿密に分析しているからである。

　構築的側面から検討を始めるなら，マーストンの思想が急進的なアウグスティヌス主義の方向性に属していることは間違いなく，自己認識の分析では，形象を媒介とした霊魂の直接的自己認識という現実を基礎づけようとしている。微妙な差異はあるが，この意味で，マーストンは，マテウスやオリヴィと同様に，ボナヴェントゥラ以降の同じ学問的方向性に属していると断言できる。しかし，この学派は霊感の面では一致していても，構成員がみな同じ見解を主張していたわけではない。このようなわけで，マーストンは特に自己認識の教えに関して，マテウスから距離をとっている。

　第一に，マーストンは，マテウスが注意深く明らかにしたこととは反対に，霊魂の自己認識は先行する感覚的働きが引き起こすものではないと考えた。実際，マテウスによれば，経験的要素を含む直接的認識の働きは，霊魂が自分

自身を直接見るための可能条件だった。自己認識を実際に引き起こすのは感覚の働きではないとしても，感覚的働きはやはり不可欠な遠因なのである。対して，マーストンによれば，自己認識は厳密な意味で内的なものであり，それというのも霊魂の何性の認識ですら霊魂の働きに基づく推論を通じて得られるからである。確かに，霊魂のこうした働きは感覚的働きも含むのだが，自己認識自体は完全に内的なものにとどまる。

　第二に，マーストンは直接的な自己認識には形象の存在が不可欠だと考えるかぎりで，マテウスの考え方に合流している。実際，マーストンはオリヴィやガンのヘンリクスに倣って，アウグスティヌスの『三位一体論』を無条件的でラディカルな意味にしたがって，すなわち霊魂はどんな形象も使わずに自分自身を自分の本質を通じて認識すると解釈したと予想する人がいるかもしれない。しかし，事実はまったく異なるのであり，マーストンによれば，どんな認識でも形象は絶対に必要である。マテウスと同じく，マーストンはボナヴェントゥラ以降のアウグスティヌス主義者たちとは違って，自己認識が成立するには霊魂の自己現前だけで十分であるという見解を決して受け入れず，同時にトマスにも反対して，形象が感覚的経験に由来することも認めていなかった。こうして，マーストンはトマスの見解からはっきり距離をとっているわけだが，形象の存在という不可避の事実を認めていたので，霊魂の自己認識を無条件的に考えようとする，もっとラディカルな「新アウグスティヌス主義者たち」の見解とも明らかに一線を画している。

　批判的側面について言えば，マーストンはトマスの自己認識論の真の弱点を指摘している。一例を挙げれば，トマスが間接的認識——霊魂は自分自身を他のものを認識するように認識する——を主張する論拠はみな，可能知性と第

一質料の比較——質料が可感的なものの中で最下にあるのと同じく，人間霊魂は可知的なものの中で最下にある——だけに基づいていると言ってよい。それゆえ，質料と知性は，それらの現実態——質料の場合は形相，知性の場合は形象——を通じてはじめて認識される。ところが，マーストンによれば，形相は質料の第一現実態であるのに対し，形象は知性の第二現実態である。したがって，この比較は不適切であり，『神学大全』第1部87問1項の論証は，明らかに詭弁的である。なぜなら，「現実態」という言葉を曖昧に使うことではじめて成立するからである。

　こうしたマーストンの批判は，かなり大きな影響を与えたに違いない。というのも，初期のトマス主義者であるサットンのトマスは，トマス思想において混乱したままである，少なくとも三つの側面——今問題にしている第一質料と可能知性の比較，霊魂と純粋可能態である知性との関係，自己認識に関する霊魂と知性の区別——を説明せざるをえなくなったが，この三つの側面はまさにマーストンがその批判で言及した点だったからである。

　しかし，マーストンは，確かにトマスのテキストは綿密に分析しているが，トマスの自己認識論を網羅的に考察しているわけではない。実際，マテウスと同じく，マーストンはトマスが重要視した具体的次元での自己意識——習慣的認識，前反省的意識，完全な立ち帰り——にまったく言及していない。マーストンは，こうした態度を通じて，トマスは自己認識を自己を対象化する抽象的認識だけに還元するために，自己の具体的意識のあらゆる形態を取り除いたと，誤って信じ込ませたのである。こうして，マーストンは，13世紀末以降，霊魂そのものの深みにある隠れた霊的世界を正しく評価しない，たくさんいる思想家の一人だったと言える。

　こうして，マーストンは，自己認識に関して，二つの解

決策のどちらかを選ぶように論争を規定した。すなわち，サットンをはじめとする13世紀末のトマス主義者たちのように，すべてを抽象的認識に還元するか，あるいは，マテウスやオリヴィのように，こうした抽象的認識を認めつつも，自己の直接的意識の新たな形態を考え出すかである。後者の方法は，直観という偉大な考え方に発展するもので，思想史的にはスコトゥスやオッカムにつながっていく。

サットンのトマス

　上で考察してきたマテウス，オリヴィ，マーストンは，フランシスコ会士であり，広く言えば新アウグスティヌス主義の方向性に属している。彼らは霊魂の身体に対する超越性を認め，感覚を起源とする表象像は自己認識のプロセスに本質的な意味では影響を与えないと考えた点で一致している。これに対し，トマス主義の側から，表象像を通じた間接的自己認識の現実を弁護する流れが起こって来た。初期トマス学派の代表者サットンのトマスは，霊魂の自己認識と知性の自己認識を区別することで，トマスの自己認識論がはらむ曖昧さを取り除いて体系化し，知性は他のものを認識するように自分自身を認識することを明らかにした。

　上では，マーストンが可能知性と第一質料の比較についてトマスを批判したことを指摘したが，間接的にではあれ，サットンがこの問題にどう解答したか見ておこう。マーストンによれば，この比較は，現実態の概念——第一質料の場合は第一現実態，知性の場合は第二現実態——を曖昧に使うことで成立している詭弁的なものだが，マーストンの批判は，可能知性に異なる二つの現実態を区別でき

ることを想定している。すなわち，存在の働きである第一現実態と，認識の働きである第二現実態である。こうした考え方によれば，知性はある観点では現実態にあり，別の観点では可能態にあることになろう。しかし，サットンにしたがえば，こうした見方は誤っている。なぜなら，可能知性は完全な可能態にあり，何かを認識する前にはいかなる現実態性も持たないからである。

　サットンによれば，知性のような受動的能力が現実態にあると主張する人々は，存在するという現実態性を有するとだけ主張するとしても，矛盾している。なぜなら，可能態と現実態が見出されるところでは，両者は混ざり合わず，むしろ複合体を形成するが，今問題になっている可能知性は複合体ではなく単一な本性なので，可能知性は純粋可能態以外の何ものでもないからである。知性は，それ自体として純粋な可能態なら，どんな関係性の下でも絶対に現実態にはない。認識の次元では可能態にあり，存在の次元では現実態にあるといったこともありえない。知性は，純粋な可能態なら，それ自体としては絶対に現実態にはなく，このことは第一現実態に話を限っても妥当する。サットンはこのようにマーストンを論破することで，知性にとって，「存在する」ことは「認識する」ことであり，知性に常に手に入れるべき現実態性をもたらしてくれるのは，認識だけだということを明らかにしてみせたのである。

　このように，サットンによれば，知性は純粋可能態で，完全に受動的な能力なので，自分自身を含め何かを認識するためには，自分以外のものによって現実化される必要がある。ここで要請されるのが表象像の中にある形象である。知性の固有で自分に対比的な対象は，表象像が表す質料的事物の何性である。非質料的なものや完全に現実態にあるものは，それ自体としてあまりにも可知的であるため

に，フクロウの目のような人間知性には，直接認識できないのである。こうして，自己認識について見ても，純粋可能態にある知性は，自己を通じて自分自身を認識できず，表象像から抽象した形象を通じて，「他のものを認識するように」自分自身を認識するしかない。人間の自己認識はその糧や内容を，自分に非常にうまく対応している質料的世界の中に求める必要があるのだ。

　サットンによれば，形象を通じた自己認識は働きを通じた自己認識と同じである。「精神は自分自身を，形象を通じてと同時に自分の働きを通じても認識すると言わねばならない。精神が自分自身を認識するとき，形象は霊魂を表す似像ようなものではなく，それ自体として可能態にある知的霊魂を現実化する霊魂の働きとしての役割を果たす。その結果，そこから霊魂は自分自身を認識するに至る」。また，「推論をその特徴とする人間知性は，可感的実体の認識を通じてはじめて，自分の働きに向かい，自分の本質に向かうことで，本性的に自分自身を認識するに至る」ので，働きによる自己認識は推論による抽象的分析に還元できると言える。

　しかし，自己認識についてサットンのように考えると，自己認識における知的生命は，完全に理性的で抽象的なプロセスに還元されることになる。トマスが習慣的認識や完全な立ち帰りといった考え方で保証していた，知性の生き生きとした働きは，単なる抽象的分析のために消失してしまう。こうして，サットンにおいては，想像力の強い影響から出てきた空間的な構図が決め手となって，立ち帰りが知性の抽象的な働きの単なる継起に還元されてしまったのである。しかし，その場合，立ち帰りの形而上学的で類比的な意味は，ただ一つの同じ認識形態に道を譲ることになる。すなわち，そのとき自己認識は，時間的継起にしたがった抽象的認識や哲学的分析という一義的なものになっ

てしまうのである。

こうした自己認識は、自己を対象化するものであり、人間は自分自身について自己を表す観念を生み出すが、働きの継起に縛られているため、こうした表示が対象に一致するかどうかをいつまでも問い続けることになる。すなわち、立ち帰りという第二の働きの真理性は、必ず第一の他のものに向かう働きの真理性を前提としているので、こうした自己認識では永久に真理を根拠づけることができないのである。

フォンテーヌのゴドフロワ

これまで検討してきた哲学者は、微妙な差異はあるものの、パリやオックスフォードの論争的背景の中で、すなわち誕生したばかりのトマス主義とそれに反対する新アウグスティヌス主義の方向性との争いの中で、個人の見解を表明していた人々だった。しかし、歴史的な現象をすべてこの二分法で片づけてしまうことはできないのであり、独立的なアリストテレス主義を掲げるゴドフロワは、中立的な立場から独自の哲学を練り上げていた。

しかし、ここで問題になるのは、上で何度も指摘した、可能知性と第一質料の比較である。マーストンと同じく、ゴドフロワもこの比較の有効性を疑問視するが、サットンの持ち出す論拠——知性は、純粋可能態であり、働くことではじめて存在するようになる——を批判している。実際、ゴドフロワによれば、質料的なものであれ非質料的なものであれ、実在の全体が含むことができるのはただ一つの純粋可能態だけである。つまり、ただ一つの純粋可能態しかありえない。この理由は簡単である。二つのものが区別されるのは、それらの形相か働きによってである。それ

ゆえ，純粋可能態，すなわちあらゆる働きと形相を実際に排除するものにおいては，いかなる区別もありえない。仮説的に純粋可能態であるとする二つのものをまったく区別できないのは，ただ一つの純粋可能態しかないからである。すなわち，存在する唯一の純粋可能態は第一質料に他ならない。しかるに，人間知性は第一質料と同じものではない。それゆえ，知性は純粋可能態ではない。さもなければ，第一質料と同一視されてしまうだろう。加えて言えば，知性が受容した形相を通じて完成する場合，志向的にのみならず実体的にも完成するなどと言うことは，まったく馬鹿げている。

　こうして，サットンの見解を批判したゴドフロワだが，では第一質料に比べられない知性とはいったい何なのか。次のように答えている。「反対に，知性は実在的に，実体的に，それ自体として現実態になければならないが，質料的形相をその可知的存在にしたがって，普遍的で抽象的な様態にしたがって受容することについては可能態になければならない」。

　ゴドフロワによれば，知性は受動的であり，認識プロセスの中で真に能動的な原因の役割を果たさず，対象こそが認識を規定する作用者である。それゆえ，自己認識についても，質料的対象が知性に現前し，知性を現実化する必要がある。したがって，こうした道具的ではあるが決定的な役割を果たし，対象を知性に現前させるのは身体である。ゴドフロワは，こうした考えから，直接的な自己認識を妨げている原因を，サットンのように知性の現実態性の欠如ではなく，身体の側に求めている。身体は知性の働き方に限界を定めるのであり，その結果として知性は絶対に自分自身を直接認識できない。すなわち，複合体である人間の現在の状態における主体としての知性の認識様態こそが，知性の直接的自己認識を妨げているのである。

ゴドフロワは，間違いなくアリストテレス主義者だが，知性の受動性の主張に見られるように，トマス的なアリストテレス主義に忠実に従っているわけではない。ゴドフロワは，トマスに知的共感を抱いていたが，このおかげで，万人の認める精神の独立性を得ただけでなく，アリストテレス思想について非常に独自の仕方で考察せざるをえなくなった。そして，その態度は時にトマスよりもシゲルスの完全なアリストテレス主義にいっそう近いものであった。なぜなら，トマスのアリストテレス主義は新プラトン主義的伝統の影響を受けているからである。

フライベルクのディートリヒ

1277年の禁令は，パリとオックスフォードで新アウグスティヌス主義とトマス主義の対立を引き起こし，オッカム哲学が発展した文化的土壌でもあり，それゆえ14世紀の思想史における偉大な方向性がいくつも誕生するきっかけになった出来事に他ならなかった。しかし，13世紀末の自己認識の問題について，比較的完全な一覧を明らかにしたいなら，1277年の禁令の周辺だけを論じるだけでは不十分だろう。この時代の思想史を論じるにあたり，無視できない学派として，ケルンのアルベルトゥス学派が存在した。エックハルトと並んでその代表者と言っても過言ではないディートリヒは，その知性論を通じて著名である。

実際，ディートリヒの知性論は，ボナヴェントゥラでもトマスでもなくアウグスティヌスを大胆に解釈したものであり，一方では最重要の典拠として『原因論』，プロクロス，偽ディオニュシオス，特にアルベルトゥスを参照しているが，他方ではアフロディシアスのアレクサンドロス，アヴィセンナ，アヴェロエスまでも含めたギリシャやアラ

ビアの解釈にも訴えている。これは中世の新プラトン主義の頂点とも言えるのであり，クザーヌスを経て近代のドイツ哲学にも影響を与えたことが知られている。

以下では，可能知性と能動知性に分けて，ディートリヒの知性論を概観しよう。まず可能知性は，二つの仕方で検討できるのであり，(1) その構成的普遍性において知性として，あるいは懐念的存在として考察されるなら，付帯性ではなく実体である。(2) 反対に，その自然的存在に注目するなら，自然の一部であり，そのようなものであるかぎり付帯性だと言える。

(2)「実際，認識の働きを行うのは，このようなものであるかぎりの知性ではなく人間である。人間こそが自分の形相である知性を通じて認識するのである」。可能知性は，このように理解されると，各個人に内属する個別的付帯性と見なされるが，こう考えれば経験的意識については説明できるだろう。

(1) 可能知性は，無であり，生成と同一視できる。可能知性は固有のダイナミズムによって，能動知性の本質的力動性に与ることで，存在するものになる。可能知性を実体と呼べるのは，この意味において，すなわち懐念的存在の次元で，能動知性に与ることによってであり，このことはその認識の働きと固有のダイナミズム，それゆえ純粋に可能的な存在ではなく生成過程に即して理解する必要がある。能動知性は可能知性の認識の働きを根拠づけているが，それと同時に可能知性は根拠づけられた存在として自分自身を確立する。このようなわけで，可能知性の受動性は，知的な受動性であり，それゆえ能動的な受動性である。可能知性の能動知性からの流出は，可能知性の認識の働きと同じなのである。

そして，可能知性は，認識することで，すなわち能動知性から発出することで，同時に自分の始原である能動知性

に還帰するのであり，こうして能動知性を自分の存在と働きの根拠として認識する。「実際，可能知性が認識する第一の対象は，可能知性を生み出す始原そのもの，すなわち能動知性である。ただし，この認識は，これこれの可知的対象の限定された概念の下で行われる」。可能知性の第二の対象は自分自身であり，第三の対象は精神の外部にあるものである。しかし，これら三つの認識対象は可能知性が継起的に捉えるものではない。そうではなく，可能知性の実体的働きは，同時に，精神の外部にあるものの何性を構成し，自分自身を通じて自分自身を認識し，自分の始原である能動知性に到達する。

　ここでぜひとも指摘する必要があるのは，可能知性が事物の何性を構成する働きについてである。なぜなら，この主題に関するディートリヒの考え方は，カント思想の先取りと見なせるからである。実際，数年前まで，13世紀の哲学がこのようなコペルニクス的な転回を先取りして行っていたとは，誰も考えなかった。「実際，知性はこれらの要素を区別し，この区別の働きを通じてそれらを生み出す。実のところ，この場合には，区別することと生み出すことは同じである」。したがって，知性は，事物そのものに属する本質的部分を構成するので，原因の役割を果たしていると言える。すなわち，知性は事物そのものを，もちろんそれらの自然的存在ではなく，何性存在にしたがって構成すると言える。

　しかし，ここで反論が生じる。知性は精神の外部にあるもののうちには何も生みだせないのであり，できるのは存在するものを認識することだけである。この異論に対し，ディートリヒは次のように答えている。「時に，同一の事物は，その全体性にしたがって，異なる種類の原因によって生み出される……。こうして，知性は，事物そのものを構成するわけでは決してなく，精神の外部にあるもの——

自然法則に従う自然的存在としての——のうちに何かを生み出すこともない。にもかかわらず，知性はこの同じ事物を，それが何らかのものであり，何性存在であるかぎりにおいて構成すると言える」。このことは，知性が外的事物に適用されるカテゴリーの枠組みを超え出た懐念的存在であるからこそ可能となる。懐念的存在としての可能知性は，その自己認識の働きを通じて，事物を可知的次元で，根源的に産出している原因であると言えよう。

しかし，こうした可能知性の自己認識にさえ外在性の痕跡をとどめている。可能知性は，現実態において自分自身を認識するとき，別の認識の働きを通じてあらかじめ自分自身が現実化されたことを知りつつ，自分自身を認識している。こうして，まさしく異なる二つの働きが存在している。すなわち，可能知性は，ある働きを通じて存在している自分自身を，別の働きを通じて認識するのである。可能知性が自分以外の他のものを認識するように自分自身を認識するのはこのようにして，すなわち自分の認識の対象になるかぎりにおいてである。しかし，ディートリヒが可能知性の認識について，こうした自己の対象化に注目を促したのは，能動知性の純粋な内在性をはっきり明らかにするためだった。

ディートリヒは，「アリストテレスが能動知性と可能知性について述べたことはみな，アウグスティヌスの言う霊魂の隠れた根底と外的思考力にそのまま適用できるのであり，逆もまた成り立つ」と述べて，能動知性と霊魂の隠れた根底を同一視している。また，能動知性は，霊魂という実体の原因であるかぎりで，可能知性を生み出すと言える。知性と霊魂の関係は，原因性にしたがった関係である。というのも，能動知性は自分のうちに，可能知性の働きを通じて霊魂がそれであるすべてのものを，卓越した仕方であらかじめ含んでいるからである。したがって，能動

知性は霊魂とその働きの内的根源であり、霊魂と同一であり、霊魂という実体の作出因である。これこそ、まさしくディートリヒが本質的原因性と呼んだものである。

　能動知性は、自然的存在としては個別的なものであっても、知性や懐念的存在としては経験を超えており、どんな個体性や普遍性も超越している。自分自身のうちに、自分がその実体性を通じて根拠づけるあらゆる個体性や普遍性を卓越した仕方で集約しているのである。また、能動知性のうちではすべてが実体的なので、能動知性の本質、働き、対象はみな同じである。このようなわけで、ディートリヒがここで知性について述べていることは、精神の外部にあるものを最重要視する存在論や認識論においては理解できないものとなる。

　ディートリヒにしたがって人間の経験的意識には常に隠れているものへ入り込むことは無謀だと思う人がいるかもしれない。しかし、こうした探究においてこそ、非常に高貴な隠れた世界が、すなわち知性——単なる意識には現れない人間精神の基礎にして、無限なる神の実体的な像——が不完全ながらも少しずつ明らかになる。能動知性の自己認識は、「神において、その固有の様態、すなわち神的な様態にしたがって起こることと似ている。すなわち、神は自分自身を認識することで、他のすべてのものを認識するのである」。こうして、ディートリヒの知性論を紐解けば、人間の自己認識は神の自己認識を真似ることであり、人間に内在する知性の働きを通じて神に到達しようとする試みであることが分かるだろう。精神と存在の原因が神である以上、自己認識はすべての精神と存在を生み出している神を受容することに他ならないのである。

訳者あとがき

　本　書　は，François-Xavier Putallaz, *La connaissance de soi au XIIIe siècle : De Matthieu d'Aquasparta à Thierry de Freiberg* の全訳である。姉妹編である *Le sens de la réflexion chez Thomas d'Aquin*〔拙訳『トマス・アクィナスの自己認識論』（知泉学術叢書 18, 2021 年）〕と共に，1991 年に出版された。両書は，中世の自己認識論研究における古典的著作になりつつあるもので，トマスの自己認識論を哲学的に論じたコーリーの著作や[1]，14 世紀やジャンダンのヨハネスに至る時代までの多くの霊魂論註解を検討しつつ自己認識論の展開を論じたクリステンセンの学位論文でも[2]，度々言及されている。

　本書は，前著で扱ったトマス・アクィナスの自己認識論を背景としつつ，13 世紀末，より厳密には 1275 年から 1300 年までの 25 年間における自己認識論の展開を，当時の代表的な 6 人の哲学者を検討して明らかにしようとする。著者自身が断っているように，紙幅の都合上，アエギディウス・ロマヌスやガンのヘンリクスなど，当時の最重

---

[1]　Therese Scarpelli Cory, *Aquinas on Human Self-Knowledge,* Cambridge 2014, p. 5, 72, 127, 166-168, 178, 186, 195-198, 203.

[2]　Michael S. Christensen, *Intellectual Self-Knowledge in Latin Commentaries on Aristotle's "De anima" from 1250 to 1320, Qualitative and Quantitative Analyses,* PhD Dissertation, Saxo Institute, University of Copenhagen, 2018, p. 6.

要な著述家は取り上げられていない。しかしながら，ピュタラは，当時のパリやオックスフォードを揺さぶっていた論争的背景をうまく押さえつつ，広く言えば新アウグスティヌス主義に含めることのできるアクアスパルタのマテウス，ヨハネス・オリヴィ，ロジャー・マーストン，また初期トマス学派の代表者であるサットンのトマス，さらには独立的なアリストテレス主義者だったフォンテーヌのゴドフロワ，最後に中世の新プラトン主義を知る上で欠かせないライン学派からフライベルクのディートリヒを検討することで，13世紀末の思想動向をほぼ網羅的に論じていると言える。本論考は，自己認識論を切り口にはしているが，いまだ研究の進んでいない中世の思想家についてその歴史的立ち位置を明らかにしようとするものであり，この試みを通じて，トマスからスコトゥスに至るまでの思想史的な間隙が少しでも埋まることは確実だと言えよう。

　ピュタラの自己認識論研究は，主として哲学に主眼を置いているものの，思想の全体像を，時には神学的な箇所も参照しつつ，実にバランスよく明らかにしている。こうした研究から，哲学であれ神学であれ，テキストは歴史的事実なので，著述家の議論を豊かに論じるためには，歴史家や研究者は偏りなく目配りする必要のあることが分かる。

　参考までに，本書が扱っている哲学者に関して，日本語で参照できる業績を簡単に指摘しておこう。ただし，この一覧は網羅的なものではない。

　翻訳は，マテウス『定期討論集──認識について』，オリヴィ『受肉と贖罪についての問題集』，ゴドフロワ『任意討論集』，ディートリヒ『至福直観について』が中世思想原典集成に収録されている。書籍としては，ディートリヒ『知性と可知的なものについて』（西村雄太訳，教友社，2023年）がある。その他には，オリヴィ『第三任意討論集　第四問題』（石田隆太訳，『宗教学・比較思想学論集』

20 号，59-67 頁，2019 年），オリヴィ『哲学者たちの著書を読み通すことについて』（石田訳，同上，21 号，49-62 頁，2020 年），サットンのトマス『第 1 任意討論集　第 21 問題』（石田訳，同上，22 号，49-63 頁，2021 年），ディートリヒ『知性と可知的なものについて（第 1 部）』（阿部善彦訳，『国士舘哲学』18 号，121-146 頁，2014 年），ディートリヒ『存在者と本質について（前半部）』（西村雄太訳，『東京純心大学紀要』25 号，55-66 頁，2021 年），『存在者と本質について（後半部）』（西村訳，『古典古代学』15 号，15-48 頁，2023 年）がある。

　研究は，石田隆太『ペトルス・ヨハニス・オリヴィと個体化の問題』（『中世思想研究』62 号，38-53 頁，2020 年），山崎照『ロジャー・マーストンの照明説』（『大阪学院大学論叢』2 号，199-216 頁，1964 年），松根伸治『十三世紀末の主知主義論争：フォンテーヌのゴドフロワの立場』（『アルケー：関西哲学会年報』22 号，157-167 頁，2014 年），山崎達也『フライベルクのディートリヒにおける知性の構成的構造』（『通信教育部論集』24 号，109 - 126 頁，2021 年），西村雄太『フライベルクのディートリヒにおける概念把捉的存在者論』（『中世思想研究』58 号，95-108 頁，2016 年），クラウス・リーゼンフーバー『フライベルクのディートリヒの知性論』（『中世と近世のあいだ』55-124 頁，知泉書館，2007 年）などがある。

　姉妹編『トマス・アクィナスの自己認識論』において，ピュタラはフランスの中世哲学研究者であると紹介したのだが，スイスの研究者である。ここでお詫びのうえ，訂正したい。

　最後になったが，小山光夫社長は，採算を度外視してこのような専門家向けの翻訳を出版して下さった。心より感謝申し上げる次第である。

文　献　表

以下の文献表は、本書『13 世紀の自己認識論』とその姉妹編『トマス・アクィナスの自己認識論』に関するものであり、2024 年における原著者からの更新情報を反映している。

1. 古代と中世の一次文献

ADAM WODEHAM, *Lectura Secunda*, l. I, d.1, q.1, dans *Adam of Wodeham's Question on the "Complexe Significabile" as the Immediate Object of Scientific Knowledge*, éd. G. GAL, O.F.M., dans *Franciscan Studies* 37 (1977), p. 72-102.

─────*Lectura Secunda, Prol., q.3*, dans *Adam Wodeham on Sensory Illusions, with an Edition of "Lectura Secunda", Prologus, Quaestio 3*, éd. R. WOOD, dans *Traditio* 39 (1983), p. 234-252.

ANONYME, *Questiones in tres libros de anima*, éd. J. VENNEBUSCH, *Ein Anonymer Aristoteleskommentar des XIII. Jahrhunderts. Questiones in tres libros de anima*, Paderborn 1963.

ARISTOTE, *La métaphysique*, traduction, nouv. éd., avec commentaire par J. TRICOT, Paris 1953.

─────*Ethique à Nicomaque*, traduction, introduction, notes et index par J. TRICOT, Paris 1959.

─────*De l' âme*, éd. A. JANNONE, trad. E. BARBOTIN, Paris 1966.

─────*Physique*, texte établi et traduit par H. CARTERON, t. I,

738   文　献　表

Paris 1973 ; t. II, Paris 1969.

AUGUSTIN D' HIPPONE, *De doctrina christiana, De vera religione*, éd. J. MARTIN, Turnhout 1962.

————*De Trinitate libri XV*, éd. W.J. MOUNTAIN, Turnhout 1968.

————*De diversis quaestionibus octoginta tribus, De octo dulcitii quaestionibus*, éd. A. MUTZENBECHER, Turnhout 1975.

————*Confessionum libri XIII*, éd. L. VERHEIJEN, O.S.A., Turnhout 1981.

————traduction : *La Trinité (Livres VIII-XV), 2. Les images*, par P. AGAESSE, S.J. et J. MOINGT, S.J., Paris 1955.

AVERROES, *Commentarium magnum in Aristotelis De anima libros*, éd. F.S. CRAWFORD, Cambridge (Mass.) 1953.

AVICENNA LATINUS, *Liber de anima seu sextus de naturalibus, IV-V*, éd. S. VAN RIET, Louvain-Leyde 1968.

BERTHOLD DE MOOSBURG, *Expositio super Elementationem theologicam Procli, 184-211, De animabus*, éd. L. STURLESE, Rome 1974.

————*Expositio super Elementationem theologicam Procli, Prop.1-13*, éd. M.-R. PAGNONI-STURLESE et L. STURLESE, Hambourg 1984.

————*Expositio super Elementationem theologicam Procli, Prop.14-34*, éd. L. STURLESE, M.-R. PAGNONI-STURLESE et B. MOJSISCH, Hambourg 1986.

————*Expositio super Elementationem theologicam Procli, Prologue*, trad. A. DE LIBERA, introd. L. STURLESE, dans *Philosophes médiévaux, Anthologie de textes philosophiques (XIIIe-XIVe siècles)*, sous la direction de R. IMBACH et M.-H. MÉLÉARD, Paris 1986, p. 335-371.

BOECE DE DACIE, *Du souverain Bien ou de la vie philosophique*, trad. et introd. par R. IMBACH et M.-H. MÉLÉARD, dans *Philosophes médiévaux, Anthologie de textes philosophiques (XIIIe-XIVe siècles)*, sous la direction de R. IMBACH et M.-H.

文 献 表 739

MÉLÉARD, Paris 1986, p. 149-182.

DANTE ALIGHIERI, *La Divina Commedia*, commento e parafrasi di CARLO DRAGONE, neuvième édition, Rome 1969.

———— *La Monarchie*, livre I, c.1-5 et livre III, c.15, trad. et introd. par R. IMBACH et M.-H. MÉLÉARD, dans *Philosophes médiévaux, Anthologie de textes philosophiques (XIIIe-XIVe siècles)*, sous la direction de R. IMBACH et M.-H. MÉLÉARD, Paris 1986, p. 249-267.

GAUTHIER CHATTON, *Lecturae in Sententias, Prologi quaestio secunda*, dans JEREMIAH O' CALLAGHAN, S.J., *The Second Question of the Prologue to Walter Catton's Commentary on the Sentences. On Intuitive and Abstractive Knowledge*, dans *Nine Medieval Thinkers, A Collection of Hitherto Unedited Texts*, Toronto 1955, p. 235-269.

GILLES DE ROME, *Theoremata de esse et essentia*, éd. E. HOCEDEZ, Louvain 1930.

————*Errores philosophorum*, éd. J. KOCH, Milwaukee 1944.

———— *De plurificatione intellectus possibilis*, éd. H. BULLOTTA-BARRACCO, Rome 1957.

GODEFROID DE FONTAINES, *Les quatre premiers Quodlibets de Godefroid de Fontaines*, éd. M. DE WULF et A. PELZER, Louvain 1904.

————*Les Quodlibets cinq, six et sept*, éd. M. DE WULF et J. HOFFMANS, Louvain 1914.

———— *Le huitième Quodlibet, Le neuvième Quodlibet, Le dixième Quodlibet*, éd. J. HOFFMANS, Louvain 1924.

————*Les Quodlibet onze et douze, Les Quodlibets treize et quatorze*, éd. J. HOFFMANS, Louvain 1932.

————*Le Quodlibet XV et trois Questions ordinaires de Godfroid de Fontaines*, éd. O. LOTTIN. *Etude sur les manuscrits des Quodlibets*, par J. HOFFMANS et A. PELZER, Louvain 1937.

———— *Table des divergences et innovations doctrinales de Godfroid de Fontaines*, éd. J. HOFFMANS, dans *Revue néo-scolastique de philosophie* 36 (1934), p. 412-436.

740　　文　献　表

GUILLAUME D' OCKHAM, *Scriptum in librum primum sententiarum ordinatio, Prologus et distinctio prima*, dans *Opera theologica I*, éd. G. GAL, O.F.M., St. Bonaventure, N.Y. 1967.

───────*Quodlibeta septem*, dans *Opera theologica IX*, éd. J.C. WEY, C.S.B., St. Bonaventure, N.Y. 1980.

GUILLAUME DE SAINT-THIERRY, *Lettre aux frères du Mont-Dieu (Lettre d' or)*, éd. et trad. J. DÉCHANET, O.S.B., Paris 1975.

HENRI DE GAND, *Quaestiones in librum de causis, attribuées à Henri de Gand*, éd. critique de J.P. ZWAENPOEL, Louvain-Paris 1974.

JEAN DUNS SCOT, *Opera omnia*, Studio et cura commissionis scotisticae ad fidem codicum edite, preside P.C. BALIC, Vatican 1950s.

─────── *Ordinatio*, dans IOANNIS DUNS SCOTI, O.F.M., DOCTORIS SUBTILIS ET MARIANI, *Opera Omnia*, éd. Commission scotiste, t. Is., Vatican 1950s.

─────── *Lectura*, dans IOANNIS DUNS SCOTI, O.F.M., DOCTORIS SUBTILIS ET MARIANI, *Opera Omnia*, éd. Commission scotiste, t. XVIs., Vatican 1960s.

─────── *Opera omnia, éd. nova juxta Waddingi XII tomos continentem a Patribus Franciscanis de observantia accurate recognita*, T. 1-26, Paris (Vivès) 1891-1895.

───────*Reportata parisiensia*, livre I, dans JOANNIS DUNS SCOTI, O.F.M., *Opera omnia*, t.22, d' après l' édition de L. WADDING, Paris 1894.

─────── *Commentaria oxoniensia ad IV. Libros Magistri Sententiarum, Novis curis ed. M. FERNANDEZ GARCIA, O.F.M.*, Quaracchi 1912-1914.

─────── *Summa theologica, ex universis operibus eius concinnata, iuxta ordinem et dispositionem Summae Angeli Doctoris S. Thomae Aquinatis per FR. HIERONYMUM DE MONTEFORTINO*, Rome 1900-1903.

文 献 表　　741

JEAN PICARD DE LICHTENBERG, *Quaestio disputata de esse et essentia ex cod. 784 Bibl. Jagellonicae*, éd. W. SENKO, dans Mediaevalia Philosophia Polonorum 8 (1961), p. 5-28.

————*Quaestio XXII - Utrum imago Trinitatis sit in anima vel secundum actus vel secundum potentiam*, éd. B. MOJSISCH, dans *Meister Eckhart, Analogie, Univozität und Einheit*, Hambourg 1983, p. 148-161.

LIBER DE CAUSIS, édition établie à l'aide de 90 manuscrits, avec introduction et notes, par A. PATTIN, dans *Tijdschrift voor Philosophie* 28 (1966), p. 134-203.

MATTHIEU D' AQUASPARTA, *Quaestiones disputatae de Christo*, Quaracchi 1914.

————*Quaestiones disputatae de gratia*, éd. V. DOUCET, Quaracchi 1935.

————*Quaestiones disputatae de productione rerum et de providentia*, éd. G. GAL, Quaracchi 1956.

————*Quaestiones disputatae de fide et cognitione*, Quaracchi 1903 ; deuxième édition, Quaracchi 1957.

————*Quaestiones disputatae de Incarnatione et de lapsu, aliaeque selectae*, deuxième édition, Quaracchi 1957.

————*Quaestiones de anima VI*, dans A.-J. GONDRAS, *Les « Quaestiones de anima VI », manuscrit de la Bibliothèque Communale d' Assise no 159, attribuées à Matthieu d' Aquasparta*, dans *Archives d' histoire doctrinale et littéraire du moyen âge* 26 (1957), p. 203-252.

————*Quaestiones disputatae de anima separata, de anima beata, de jejuno et de legibus*, Quaracchi 1959.

———— *Quaestiones disputatae de anima XIII*, éd. A.-J. GONDRAS, Paris 1961.

PIERRE DE JEAN OLIVI, *Quaestiones in Secundum librum Sententiarum*, éd. B. JANSEN, Quaracchi 1922-1926.

———— *Responsio P. Iohannis ad litteram magistrorum praesentatam sibi in Avinione,* dans DAMASUS LABERGE, *Fr. Petri Ioannis Olivi, O.F.M., Tria scripta sui ipsius*

742 文 献 表

apologetica annorum 1283 et 1285, dans *Archivum Franciscanum Historicum* 28 (1935), p. 135-155, 374-407 et (1936), p. 98-141, 365-395.

—————*De perlegendis philosophorum libris*, dans FERDINAND DELORME, *Fr. Petri Joannis Olivi tractatus "De perlegendis philosophorum libris"*, dans *Antonianum* 16 (1941), p. 31-44.

—————*Expositio super regulam Fratrum Minorum*, dans DAVID FLOOD, *Peter Olivi's Rule Commentary*, Wiesbaden 1972, p. 110-196.

—————*De emptionibus*, dans *Un trattato di economia politica francescana : il « De emptionibus et venditionibus, de usuris, de restitutionibus » di Pietro di Giovanni Olivi*, éd. G. TODESCHINI, Rome 1980.

—————*Quaestiones de Incarnatione et Redemptione*, cura e studio a A. EMMEN, O.F.M., et *Quaestiones de virtutibus*, cura e studio a E. STADTER, Quaracchi 1981.

—————*Quaestio de possessionibus procuratoribus commnissis pro fratrum necessitatibus*, dans *Peter Olivi : On Poverty and Revenue*, éd. DAVID BURR – DAVID FLOOD, dans *Franciscan Studies* 40 (1980), p. 34-58.

PLOTIN, *Ennéades* V, texte établi et traduit par E. BRÉHIER, Paris 1967.

PROCLUS, *Elementatio theologica translata a Guilelmo de Moerbeke, (textus ineditus)*, éd. C. VANSTEENKISTE, dans *Tijdschrift voor Philosophie* 13 (1951), p. 263-302, 491-531.

—————*Commentaire sur le Parménide de Platon, Traduction de Guillaume de Moerbeke*, éd. C. STEEL, Louvain 1982-1985.

ROGER MARSTON, *Quodlibeta quatuor*, éd. G.F. ETZKORN, O.F.M. et I.C. BRADY, O.F.M., Quaracchi-Florence 1968.

—————*Quaestiones disputatae, De emanatione aeterna, De statu naturae lapsae et De anima*, éd. P. DU COLLEGE S. BONAVENTURE, Florence 1932.

SEXTUS EMPIRICUS, *Adversus mathematicos*, dans *Opera*, éd. J. MAU, Lipsiae 1954.

文 献 表　　　　743

SIGER DE BRABANT, *Questions sur la Métaphysique*, éd. C.A. GRAIFF, Louvain 1948.

―――――*De necessitate*, dans J.-J. DUIN, *La doctorine de la providence dans les écrits de Siger de Brabant*, Louvain 1954.

――――― *Quaestiones in Metaphysicam* (extraits), dans J. VENNEBUSCH, *Die Questiones metaphysice tres des Siger von Brabant*, dans *Archiv für Geschichte der Philosophie* 48 (1966), p. 163-189.

―――――*Les Quaestiones super librum de causis de Siger de Brabant*, éd. A. MARLASCA, Louvain-Paris 1972.

―――――*Quaestiones in tertium de anima, De anima intellectiva, De aeternitate mundi*, éd. B. BAZAN, Louvain-Paris 1972.

―――――*Ecrits de logique, de mortale et de physique*, éd. B. BAZAN, A. ZIMMERMANN, Louvain 1974.

―――――*Quaestiones in Metaphysicam*, éd. W. DUNPHY, Louvain 1981.

―――――*Quaestiones in Metaphysicam*, éd. A. MAURER, Louvain 1983.

THIERRY DE FREIBERG, *Opera omnia*, Hamburg 1977-1985.

―――――*Schriften zur Intellekttheorie*, Tomus I, Einl. K. FLASCH, éd. B. MOJSISCH, Hamburg 1977.

―――――*Schriften zur Metaphysik und Theologie*, Tomus II, Einl. K. FLASCH, éd. R. IMBACH, M.-R. PAGNONI-STURLESE, H. STEFFAN, L. STURLESE, Hamburg 1980.

―――――*Schriften zur Naturphilosophie und Metaphysik*, Tomus III, Einl. K. FLASCH, éd. J.-D. CAVIGIOLI, R. IMBACH, B. MOJSISCH, M.-R. PAGNONI-STURLESE, R. REHN, L. STURLESE, Hamburg 1983.

―――――*Schriften zur Naturwissenschaft, Briefe*. Tomus IV, Einl. L. STURLESE, éd. M.-R. PAGNONI-STURLESE, R. REHN, L. STURLESE, W.A. WALLACE, Hamburg 1985.

―――――*De visione beatifica*, éd. B. MOJSISCH, dans *Opera omnia*, t. I (1977), p. 1-124.

―――――*De intellectu et intelligibili*, éd. B. MOJSISCH, dans

Opera omnia, t. I (1977), p. 125-210.

―――――*De ente et essentia*, éd. R. IMBACH, dans *Opera omnia*, II (1980), p. 17-42.

―――――*De cognitione entium separatorum et maxime animarum separatarum*, éd. H. STEFFAN, dans *Opera omnia*, II (1980), p. 151-260.

―――――*De substantiis spiritualibus et corporibus futurae resurrectionis*, éd. M.-R. PAGNONI-STURLESE, dans *Opera omnia*, II (1980), p. 290-342.

―――――*De animatione caeli*, éd. L. STURLESE, dans *Opera omnia*, III (1983), p. 1-46.

―――――*De origine rerum praedicamentalium*, éd. L. STURLESE, dans *Opera omnia*, III (1983), p. 119-201.

―――――*De subiecto theologiae*, éd. L. STURLESE, dans *Opera omnia*, III (1983), p. 275-281.

―――――*Quaestio utrum in Deo sit aliquis vis cognitiva inferior intellectu*, éd. M.-R. PAGNONI-STURLESE, dans *Opera omnia*, III (1984), p. 283-315.

―――――(traduction allemande), *Abhandlung über den Intellekt und den Erkenntnisinhalt*, übersetzt und mit einer Einleitung herausgegeben von B. MOJSISCH, Hamburg 1980.

THOMAS D'AQUIN (édition léonine), *Opera Omnia, Iussu Leonis XIII P.M. edita, cura et studio FRATRUM PRAEDICATORUM*, Rome 1882s.

―――――*Sententia libri Ethicorum*, Rome 1969.

―――――*De substantiis separatis*, dans *Opuscula, Contra errores Graecorum, De rationibus fidei, De forma absolutionis, De substantiis separatis, Super decretalem*, Rome 1969.

―――――*Sententia libri Politicorum*, Rome 1971.

―――――*Quaestiones disputatae De veritate*, Rome 1970-1976.

―――――*De unitate intellectus*, dans *Opuscula, De principiis naturae, De arternitate mundi, De motu cordis, etc.*, Rome 1976.

―――――*Quaestiones disputatae De malo*, Rome-Paris 1982.

――――――*Sentencia libri de anima*, Rome-Paris 1984.

THOMAS D'AQUIN (autres éditions), *Scriptum super libros sententiarum*, t. I-II, éd. P. MANDONNET, O.P., Paris 1929 ; t. III-IV, éd. M.F. MOOS, O.P., Paris 1933-1947.

――――――*Summa theologica*, Turin-Rome 1939.

――――――*In Aristotelis librum De anima commentarium*, cura et studio A.M. PIROTTA, O.P., Turin-Rome 1948.

――――――*In librum beati Dionysii De divinis nominibus expositio*, cura et studio C. PERA, O.P., Turin-Rome 1950.

――――――*In octo libros Physicorum Aristotelis expositio*, cura et studio P.M. MAGGIOLO, O.P., Turin-Rome 1954.

――――――*Super Librum de causis expositio*, par H.D. SAFFREY, O.P., Fribourg-Louvain 1954.

――――――*In Aristotelis libros Perihermeneias et Posteriorum analyticorum expositio*, cura et studio R.M. SPIAZZI, O.P., Turin-Rome 1955.

――――――*Liber de Veritate Catholicae Fidei contra errores Infidelium seu « Summa Contra Gentiles »*, cura et studio C. PERA, O.P., P. MARC, O.S.B., P. CARAMELLO, Turin-Rome 1961.

――――――*In decem libros Ethicorum Aristotelis ad Nicomachum expositio*, cura et studio R.M. SPIAZZI, O.P., Turin-Rome 1964.

――――――*Quaestiones disputatae*, vol. I, *De veritate*, cura et studio R.M. SPIAZZI, O.P., Turin-Rome 1964.

――――――*Quaestiones disputatae*, vol. II, *De potentia, De anima, De spiritualibus creaturis, De unione verbi incarnati, De malo, De virtutibus in communi, De caritate, De correctione fraterna, De spe, De virtutibus cardinalibus*, cura et studio P. BAZZI, M. CALCATERRA, T.S. CENTI, E. ODETTO, P.M. PESSION, Turin-Rome 1965.

――――――*Utrum anima coniuncta cognoscat seipsam per essentiam*, dans L.A. KENNEDY, *The Soul's Knowledge of Itself, An unpublished Work attributed to St. Thomas Aquinas*, dans

746 文 献 表

Vivarium 15 (1977), p. 35-45.

THOMAS D'AQUIN (traductions), *Somme théologique*, traduction, notes et renseignements techniques par les frères prêcheurs, (*Somme des Jeunes*), Paris-Tournai-Rome 1925s.

———— *Somme théologique*, traduction AIMON-MARIE ROGUET, Paris 1984-1986.

———— *Contra Gentiles*, traduction A. GAUTHIER, R. BERNIER, M. CORVEZ, L.-J. MOREAU, M.-J. GERLAUD, F. KEROUANTON, Paris 1951-1961.

THOMAS DE SUTTON, *Quaestiones de reali distinctione inter essentiam et esse*, éd. F. PELSTER, S.J., München 1928.

———— *Quodlibeta*, hrsg. M. SCHMAUS, M. GONZALES-HABA, München 1969.

———— *De generatione et corruptione*, hrsg. F.E. KELLEY, München 1976.

———— *Quaestiones ordinariae*, hrsg. J. SCHNEIDER, München 1977.

———— *Contra quodlibet Iohannis Duns Scoti*, hrsg. J. SCHNEIDER, München 1978.

ULRICH DE STRASBOURG, *Summa de Bono, Livre I, Introduction et édition critique* par J. DAGUILLON, Paris 1930.

———— *De summo bono, Liber 2, Tractatus 1-4*, éd. A. DE LIBERA, Hamburg 1987.

———— *De summo bono, Liber 4, Tractatus 1-2, 7*, éd. S. PIEPERHOFF, Hamburg 1987.

VITAL DU FOUR, *Huit questions disputées sur le problème de la connaissance*, éd. F. DELORME, dans *Archives d' histoire doctrinale et littéraire du moyen âge* 2 (1927), p. 151-337.

2. 現代の一次文献と二次文献

AGAESSE PAUL, S.J., et MOINGT JOSEPH, S.J., *Introduction et notes*, dans SAINT AUGUSTIN, *La Trinité (Livres VIII-XV), 2.*

文 献 表　　　747

Les images, Paris 1955.

ANCELET-EUSTACHE JEANNE, *Maître Eckhart et la mystique rhénane*, Paris 1956.

ALBERT DER GROSSE und die deutsche Dominikanerschule, Philosophischen Perspektiven, hrsg. R. IMBACH und C. FLÜELER, dans *Freiburger Zeitschrift für Philosophie und Theologie* 32 (1985), p. 1-271.

ARROYABE ESTANISLAO, *Das Reflektierende Subjekt : zur Erkenntnistheorie des Thomas von Aquin*, Frankfurt 1988.

ARWAY ROBERT J., *A Half Century of Research on Godfrey of Fontaines*, dans *The New Scholasticism* 36 (1962), p. 192-218.

BALTHASAR NICOLAS, *« Cognoscens fit aliud in quantum aliud»*, dans *Revue néoscolastique de philosophie* 25 (1933), p. 294-310.

BAUMGARTEN ALEXANDER, *Redditio completa : connaissance et réflexivité dans quelques commentaires latins sur le Liber de causis*, dans *Transilvanian Review* 1 (2014), p. 37-47.

BAZAN BERNARDO C., SIGER DE BRABANT, *Quaestiones in tertium de anima, De anima intellectiva, De aeternitate mundi*, Louvain-Paris 1972.

――――*Le dialogue philosophique entre Siger de Brabant et Thomas d'Aquin, A propos d' un ouvrage récent de E.H. WÉBER, O.P.*, dans *Revue philosophique de Louvain* 72 (1974), p. 53-155.

――――*La « Quaestio disputata »*, dans *Les genres littéraires dans les sources théologiques et philosophiques médiévales, Définition, critique et exploitation, Actes du Colloque international de Louvain-la-Neuve, 25-27 mai 1981*, Louvain-la-Neuve 1982, p. 30-49.

BAZAN BERNARDO (et ZIMMERMANN A.), *SIGER DE BRABANT, Ecrits de logique, de morale et de physique*, Louvain 1974.

BEHA HELEN MARY, O.S.F., *Matthew of Aquasparta's Theory of Cognition*, dans *Franciscan Studies* 20 (1960), p. 161-204, et

748 文　献　表

21 (1961), p. 1-79, 383-465.

BELMOND SÉRAPHIN, O.F.M., *Le mécanisme de la connaissance d'après Pierre Olieu, dit Olivi*, dans *La France franciscaine* 12 (1929), p. 291-323, 463-487.

───── *La théorie de la connaissance d'après Roger Marston*, dans *La France franciscaine* 17 (1934), p. 153-187.

BÉRUBÉ CAMILLE, O.F.M., CAP., *La connaissance de l'individuel au moyen âge*, Montréal-Paris 1964.

───── *Henri de Gand et Matthieu d'Aquasparta interprètes de saint Bovaventure*, dans *Naturaleza y Gracia* 21 (1974), p. 131-172.

───── *Connaissance de soi chez Thomas d'Aquin et l'école franciscaine selon F.-X. Putallaz*, dans *Collectanea franciscana* 62 (1992), p. 295-310.

BETTINI ORAZIO, O.F.M., *Attivismo psicologico-gnoseologico nella dottrina della conoscenza di Pier di Giovanni Olivi, O.F.M.*, dans *Studi francescani*, ser. 3 25 (1953), p. 31-64, 201-223.

───── *Fondamenti antropoligici dell'attivismo spirituale in Pietro Olivi*, dans *Studi francescani* 52 (1955), p. 58-72, et 54 (1957), p. 12-39.

───── *Olivi di fronte ad Aristotele, Divergenze e consonanze nella dottrina dei due pensatori*, dans *Studi francescani* 55 (1958), p. 176-197.

BETTONI EFREM, O.F.M., *Rapporti dottrinali fra Matteo d'Acquasparta e Giovanni Duns Scoto*, dans *Studi francescani* 15 (1943), p. 113-130.

───── *I fattori della conoscenza umana secondo l'Olivi*, dans *Rivista di filosofia neoscolastica* 47 (1955), p. 8-29.

───── *Pier di Giovanni Olivi critico dell'intelletto agente*, dans *Studi francescani* 52 (1955), p. 19-41.

───── *Le dottrine filosofiche di Pier di Giovanni Olivi*, Milano 1959.

───── *L'origine dell'anima sensitiva secondo Matteo*

d'Acquasparta, dans *Pier Lombardo* 1961, p. 9-53.

——————*Matteo d'Acquasparta e il suo posto nella Scolastica post-tomistica*, dans *Filosofia e cultura in Umbria tra Medioevo e Rinascimento*, Perugia 1967, p. 231-248.

BLACK DEBORAH L., *Consciousness and Self–Knowledge in Aquinas's Critique of Averroes's Psychology*, dans *Journal of the History of Philosophy* 31 (1993), p. 349–385.

——————*Conjunction and the Identity of Knower and Known in Averroes*, dans *American Catholic Philosophical Quarterly* 73/1 (1999), p. 159-184.

——————*Avicenna on Self-Awarness and Knowing the One Knows*, dans : S. Rahman, T. Hassan and T. Street (eds.) *The Unity of Science in the Arabic Tradition*, Dordrech 2008, p. 63-87.

BLANCHET LÉON, *Les antécédents historiques du « Je pense, donc je suis »*, Paris 1920.

BLOCH ERNST, *Sujet-objet, éclaircissements sur Hegel*, trad. M. DE GANDILLAC, Paris 1977.

BONAFEDE GIULIO, *Il problema del "lumen" in frate Ruggero di Marston*, dans *Rivista rosminiana di Filosofia e di Cultura* 33 (1939), p. 16-30.

——————*Matteo d'Acquasparta*, Trapani 1968.

BOOTH EDWARD, O.P., *St. Augustine's « notitia sui » Related to Aristotle and the Early Neo-Platonists*, dans *Augustiniana* 27 (1977), p. 70-132, p. 364-401, et 28 (1978), p. 183-221, et 29 (1979), p. 97-124.

—————— *Hegel's Conception of Self-Knowledge Seen in Conjunction with Augustine's*, dans *Augustiniana* 30 (1980), p. 221-250.

—————— *Saint Augustine and the Western Tradition of Self-Knowing*, Villanova 1989.

BOUGEROL JACQUES-GUY, O.F.M., *Lexique saint Bonaventure*, Paris 1969.

BOYER CHARLES, S.J., *Le sens d'un texte de Saint Thomas, "De Veritate, q.1, a.9"*, dans *Gregorianum* 5 (1924), p. 424-443.

——— *L'image de la Trinité, synthèse de la pensée augustinienne*, dans *Gregorianum* 27 (1946), p. 173-199, 333-352.

———*Le rôle de la connaissance de l'âme dans la constitution de la métaphysique*, dans *Doctor communis* 1 (1948), p. 219-224.

BRACHTENDORF JOHANNES, *Selbsterkenntnis : Thomas von Aquin als Kritiker Augustins ?*, dans *Philosophisches Jahrbuch* 109/2 (2002), p. 255-270.

———*Augustine on Self-Knowledge and Human Subjectivity*, dans : U. Renz (ed.), *Self-Knowledge. A History*, Oxford 2017, p. 96-113.

BRÉHIER EMILE, *La philosophie du moyen âge*, Paris 1937.

BROWER-TOLAND SUSAN, *Medieval Approaches to Consciousness : Ockham and Chatton*, dans *Philosopher's Imprint* 12/17 (2012), p. 1-29.

——— *Olivi on Consciousness and Self-Knowledge. The Phenomenology, Metaphysics, and Epistemology of Mind's Reflexivity*, dans : R. Pasnau (ed.), *Oxford Studies in Medieval Philosophy* (Vol. 1), Oxford 2013, p. 136-168.

———*Self-Knowledge and the Science of the Soul in Buridan's Quaestiones De Anima*, dans : G. Klima (ed.) *Questions on the Soul by John Buridan and Others. A Companion to John Buridan's Philosophy of Mind*, Dordrecht 2017, p. 193-210.

———*Self-Knowledge, Self-Consciousness, and Reflexivity*, dans : R. Friedman and M. Pickavé (eds.), *Companion to Cognitive Theory in the Later Middle Ages*, Leuven (sous presse).

BURR DAVID, *Petrus Ioannis Olivi and the Philosophers*, dans *Franciscan Studies* 31 (1971), p. 41-71.

———*The persecution of Peter Olivi*, dans *Transactions of the American Philosophical Society* 66 (1976), p. 5-98.

BURR DAVID - FLOOD DAVID, *Peter Olivi : On poverty and revenue*, dans *Franciscan Studies* 40 (1980), p. 18-58.

CAIROLA GIOVANNI, *L'opposizione a S. Tommaso nella*

"Quaestiones disputatae" di Ruggiero Marston, dans *Scritti*, Turin 1954, p. 132-144.

CALLAEY FREDEGANDO, *Olieu ou Olivi (Pierre de Jean)*, dans *Dictionnaire de théologie catholique*, t. XI, Paris 1931, col. 982-991.

CAPARELLO ADRIANA, *Il « De anima intellectiva » di Sigieri di Brabante, Problemi cronologici e dottrinali*, dans *Sapienza* 36 (1983), p. 441-474.

CASTON VICTOR, *Aristotle on Consciousness*, dans *Mind* 111/444 (2002), p. 751-815.

—————*More on Aristotle on Consciousness. Reply to Sisko*, dans *Mind* 113/451 (2004), p. 523-533.

CENTI SANTE T., O.P., *L'autocoscienza immediata nel pensiero di S. Tommaso*, dans *Sapienza* 3 (1950), p. 220-242.

CHENU MARIE-DOMINIQUE, O.P., *La première diffusion du thomisme à Oxford, Klapwell et ses « notes » sur les Sentences*, dans *Archives d'histoire doctrinale et littéraire du moyen âge* 3 (1928), p. 185-200.

—————*Inrtoduction à l'étude de Saint Thomas d'Aquin*, Paris 1974.

CHRISTENSEN MICHAEL S., *Intellectual Self-Knowledge in Latin Commentaries on Aristotle's De anima from 1250 to 1320. Qualitative and Quantitative Analyses*, PhD Dissertation, Saxo Institute, University of Copenhagen, 2018.

CONNELL DESMOND, *St. Thomas on Reflection and Judgement*, dans *Irish Theological Quartely* 45 (1978), p. 234-247.

CONTI ALESSANDRO D., *Thomas Sutton's Commentary on the Categories according to MS Oxford Merton Colledge 289*, dans *The Rise of British Logic, Acts of the Sixth European symposium on Medieval logic and semantic, Oxford 19-24 june 1983*, éd. P.O. LEWRY, Toronto 1983.

COPLESTON FREDERIC, *Hitoire de la philosophie*, t. II, *La philosophie médiévale d'Augustin à Scot*, Paris 1964.

CORY SCARPELLI THERESE, *Diachronically Unified*

Consciousness in Augustine and Aquinas, dans *Vivarium* 50 (2012), p. 354-381.

―――――*Aquinas on Human Self-Knowledge*, Cambridge 2014

―――――*Reditio completa, reditio incompleta : Aquinas and the Liber de causis, prop. 15, on Reflexivity and Incorporeality*, dans : A Fidora and N. Polloni (eds.), *Appropriation, Interpretation and Criticism : Philosophical Exchanges Between the Arabic, Hebrew and Latin Intellectual Traditions*, Turnhout 2017, p. 185-229.

COTTIER GEORGES, O.P., *De Bergson à la philosophie de l'être*, dans *Nova et vetera* 58 (1983), p. 27-45.

COURCELLE PIERRE, *Connais-toi toi-même, de Socrate à Saint Bernard*, Paris 1974-1975.

COURTENAY WILLIAM J., *Adam Wodeham, An Introduction to His Life and Writings*, Leiden 1978.

CRYSTAL IAN M., *Plotinus on the Structure of Self-Intellection*, dans *Phronesis* 43 (1998), p. 264-286.

DAGUILLON JEANNE, *Ulrich de Strasbourg, O.P., La summa de Bono, Livre I, Introduction et édition critique*, Paris 1930.

DA PALMA CAMPANIA GIAMBATTISTA, *La dottrina sull'unità dell'intelletto in Sigieri di Brabante*, Padoue 1955.

DAY SEBASTIAN J., O.F.M., *Intuitive Cognition, A Key to the Significance of the Later Schlastics*, St. Bonaventure, N.Y., 1947.

DE BLIC JACQUES, *L' intellectualisme moral chez deux aristotéliciens de la fin du XIIIe siècle*, dans *Miscellanea moralia in honorem ex. Dom Arthur Janssen*, Louvain 1948, p. 45-76.

DE FINANCE JOSEPH, S.J., *Cogito Cartésian et Reflexion Thomiste*, dans *Archives de philosophie* 16 (1946), p. 137-321.

―――――*Etre et subjectivité*, dans *Doctor communis* 1 (1948), p. 240-258.

DE GANDILLAC MAURICE, *Tradition et développement de la mystique rhénane*, dans *Mélanges de sciences religieuses* 3

文　献　表　　753

(1946), p. 37-60.

DE LAUGIER DE BEAURECUEIL MARIE-JOSEPH SERGE, O.P., *L'homme image de Dieu selon saint Thomas d'Aquin*, dans *Etudes et recherches, Cahiers de Théologie et Philosophie* 8 (1952), p. 45-82, et 9 (1955), p. 37-96.

DE LIBERA ALAIN, *Introduction à la mystique rhénane*, Paris 1985.

——————*Ulrich de Strasbourg, lecteur d'Arbert le Grand*, dans *Albert der Grosse und die deutsche Dominikanerschule, Philosophischen Perspektiven*, hrsg. R. IMBACH und C. FLÜELER, dans *Freiburger Zeitschrift für Philosophie und Theologie* 32 (1985), p. 105-136.

——————*La philosophie médiévale*, Paris 1989.

DELORME FERDINAND, O.F.M., *Le Cardinal Vital du Four. Huit questions disputées sur le problème de la connaissance*, dans *Archives d'histoire doctrinale et littéraire du moyen âge* 2 (1927), p. 151-337.

—————— *Fr. Petri Joannis Olivi tractatus "De perlegendis philosophorum libris"*, dans *Antonianum* 16 (1941), p. 31-44.

DE LUBAC HENRI, *De la connaissance de Dieu*, Paris 1941.

——————*Lettres de M. Etienne Gilson au P. Henri de Lubac et commentées par celui-ci*, Paris 1986.

DE MURALT ANDRÉ, *Introduction et traduction de Jean Duns Scot, Commentaire du premier livre des Sentences, dist.3, part.3, quest.1-2*, dans *Philosophes médiévaux, Anthologie de textes philosophiques (XIIIe-XIVe siècles)*, sous la direction de R. IMBACH et M.-H. MÉLÉARD, Paris 1986, p. 169-181.

—————— *Introduction et traduction de Grégoire de Rimini, Commentaire des Sentences, Prol. q.1, a.1*, dans *Philosophes médiévaux, Anthologie de textes philosophiques (XIIIe-XIVe siècles)*, sous la direction de R. IMBACH et M.-H. MÉLÉARD, Paris 1986, p. 373-404.

DESCARTES RENÉ, *Oeuvres philosophiques, Textes établis, présentés et annotés* par F. ALQUIE, Paris 1963-1973.

754 文 献 表

DE TONQUEDEC JOSEPH, *Notes d'exégèse thomiste, Connaissance et assimilation*, dans *Archives de philosophie* 1 (1928), p. 56-62.

DE WULF MAURICE, *Un théologien-philosophe du XIIIe siècle, Etude sur la vie, les œuvres et l'influence de Godefroid de Fontaines*, Bruxelles 1904.

————*L'intellectualisme de Godefroid de Fontaines d'après le Quodl. VI, q.15*, dans *Studien zur Geschichte der Philosophie des Mittelalters*, München 1913, p. 287-296.

————*Histoire de la philosophie médiévale*, t. I, *Des origines jusqu'à Thomas d'Aquin*, cinquième édition, Louvain 1924 ; t. II, *De Thomas d'Aquin jusqu'à la fin du moyen âge*, cinquième édition, Louvain 1925.

DHAVAMONY MARIASUSAI, *Subjectivity and Knowledge in the Philosophy of Saint Thomas Aquinas*, Rome 1965.

DONDAINE ANTOINE, O.P., et BATAILLON LOUIS-JACQUES, O.P., *Le manuscrit Vindob. lat. 2330 et Siger de Brabant*, dans *Archivum Fratrum Praedicatorum* 36 (1966), p. 153-261.

DOUGUET VICTORIN, *De operibus manuscriptis Fr. Petri Ioannis Olivi in bibliotheca Universitatis Patavinae asservatis*, dans *Archivum Franciscanum Historicum* 28 (1935), p. 426-441.

DOWD JOHN D., O.S.M., *Matthew of Aquasparta's « De Productione Rerum » and its Relation to St. Thomas and St. Bonaventure*, dans *Franciscan Studies* 34 (1974), p. 34-73.

DUCOIN GEORGES, S.J., *L'homme comme conscience de soi selon saint Thomas d'Aquin*, dans *Sapientia Aquinatis, Communicationes IV. Congressus Thomistici Internationalis, Romae 13-17 sept. 1955*, Rome 1955, p. 143-154.

DUIN JOHANN-JOSEPH, *La doctrine de la providence dans les écrits de Siger de Brabant*, Louvain 1954.

————*La bibliothèque philosophique de Godefroid de Fontaines*, dans *Estudios Lulianos* 3 (1959), p. 21-36, 137-160.

ECO UMBERTO, *Eloge de Saint Thomas*, dans *La guerre du faux*,

文 献 表　　　　755

Paris 1985, p. 257-266.

EHRLE FRANZ, *Petrus Iohannis Olivi, sein Leben und seine Schriften*, dans *Archiv für Literatur und Kirchengeschichte des Mittelalters* 3 (1887), p. 409-552.

————*Der Kampf um die Lehre des hl. Thomas von Aquin in den ersten fünfzig Jahren nach seinem Tod*, dans *Zeitschrift für katholische Theologie* 37 (1913), p. 266-318.

ETZKORN FERDINAND, O.F.M., *The Grades of the Forms According to Roger Marston OFM*, dans *Franziskanische Studien* 44 (1962), p. 318-354.

———— *Roger Marston' Grade Theory in the Light of his Philosophy of Nature*, dans *Die Metaphysik im Mittelalter, ihr Ursprung und ihre Bedeutung, Vorträge des II. Internationalen Kongresses für mittelalterliche Philosophie, Köln 31. August - 6. September 1961*, éd. P. WILPERT, Berlin 1963, p. 535-542.

————*Prolegomena*, dans FR. ROGERI MARSTON, O.F.M., *Quodlibeta quatuor*, éd. G.F. ETZKORN, OFM, et I.C. BRADY, OFM, Florence 1968, p. 6*-87*.

FABRO CORNELIO, C.P.S., *Coscienza e autocoscienza dell'anima*, dans *Doctor communis* 11 (1958), p. 97-123.

FAUCON DE BOYLESVE PIERRE, O.P., *Etre et savoir, Etude du fondement de l'intelligibilité dans la pensée médiévale*, Paris 1985. *Recension* de R. IMBACH, dans *Revue de théologie et philosophie* 119 (1987), p. 243-244.

FETZ RETO LUZIUS, *Ontologie der Innerlichkeit, Reditio completa und processio interior bei Thomas von Aquin*, Fribourg (CH) 1975.

FLASCH KURT, *Kennt die mittelalterliche Philosophie die konstitutive Funktion des menschlichen Denkens ? Eine Untersuchung zu Dietrich von Freiberg*, dans *Kant Studien* 63 (1972), p. 182-206.

———— *Einleitung*, dans THIERRY DE FREIBERG, *Opera omnia*, t. I (1977), p. IX-XXVI.

————*Zum Ursprung der neuzeitlichen Philosophie im späten*

Mittelalter, Neue Texte und Perspektiven, dans *Philosophisches Jahrbuch* 85 (1978), p. 1-18.

———— *Einleitung*, dans THIERRY DE FREIBERG, *Opera omnia*, t. II (1980), p. XIII-XXXI.

———— *Einleitung*, dans THIERRY DE FREIBERG, *Opera omnia*, t. III (1983), p. XV-LXXXV.

————*Bemerkungen zu Dietrich von Freiberg, De origine rerum praedicamentalium*, dans *Von Meister Dietrich zu Meister Eckhart*, éd. K. FLASCH, Hambourg 1984, p. 34-45.

———— *Von Dietrich zu Albert*, dans *Albert der Grosse und die deutsche Dominikanerschule, Philosophischen Perspektiven*, hrsg. R. IMBACH und C. FLÜELER, dans *Freiburger Zeitschrift für Philosophie und Theologie* 32 (1985), p. 7-26.

FLOOD DAVID, *Peter Olivi's Rule Commentary*, Wiesbaden 1972.

————*The Peter Olivi Colloquium in Mönchengladbach (9-11 sept. 1983)*, dans *Franziskanische Studien* 65 (1983), p. 393-396.

FLOUCAT YVES, *Libres réflexions philosophiques sur l'expérience mystique de l'intimité divine*, dans *Revue thomiste* 80 (1980), p. 13-56.

GAL GEDEON, O.F.M., *Adam of Wodeham's Question on the "Complexe Significabile" as the Immediate Object of Scientific Knowledge*, dans *Franciscan Studies* 37 (1977), p. 66-102.

GAMBOA LYDIA DENI, *William of Ockham y el problem de conocimiento introspectivo del contenido de nuestras intuiticiones en sus primeros escritos*, dans *Thémata* 54 (2016), p. 215-232.

———— *William of Ockham and Walter Chatton on Self-Knowledge*, PhD Thesis, Université du Québec, Montréal 2016.

GARDEIL AMBROISE, O.P., *La perception expérimentale de l'âme par elle-même d'après Saint Thomas*, dans *Mélanges Thomistes*, Kain 1923, p. 219-236.

————*La Structure de l'Ame et l'Expérience Mystique*, Paris

文　献　表　　　　　757

1927.

―――――*Examen de conscience*, dans *Revue thomiste* 33 (1928), p. 156-180.

―――――*Examen de conscience*, dans *Revue thomiste* 34 (1929), p. 70-84.

―――――*A propos d'un cahier du R.P. Romeyer*, dans *Revue thomiste* 34 (1929), p. 520-532.

GARDEIL HENRI-DOMINIQUE, O.P., *Notes explicatives et renseignements techniques*, dans THOMAS D'AQUIN, *Somme théologique, (Somme des Jeunes), Les origines de l'homme*, Paris 1963.

―――――*Initiation à la philosophie de S. Thomas d'Aquin*, Paris 1964-1967.

GARRIGOU-LAGRANGE REGINALD, O.P., *Dieu, Son existence et sa nature, Solution thomiste des antinomies agnostiques*, troisième édition, Paris 1919.

―――――*La première donnée de l'intelligence selon saint Thomas, Comparaison de cette doctrine avec les principales formes du panthéisme et de l'agnosticisme modernes*, dans *Mélanges thomistes*, Kain 1923, p. 199-217.

―――――*Utrum mens seipsam per essentiam cognoscat, an per aliquam speciem*, dans *Angelicum* 5 (1928), p. 37-54.

GAUGHAN NORBERT, F., *Godfrey of Fontaines - An Independent Thinker*, dans *The American Ecclesiastical Review* 157 (1967), p. 43-54.

GAUTHIER RENÉ-ANTOINE, O.P., *Notes sur Siger de Brabant, I. Siger en 1265*, dans *Revue des sciences philosophiques et théologiques* 67 (1983), p. 201-232.

―――――*Notes sur Siger de Brabant, II. Siger en 1272-1275; Aubry de Reims et la scission des Normands*, dans *Revue des sciences philosophiques et théologiques* 68 (1984), p. 3-49.

―――――*Introduction*, dans SANCTI THOMAE DE AQUINO, *Sententia libri de anima*, dans *Opera omnia iussu Leonis XIII P.M. edita*, t. XLV, 1, Rome-Paris 1984, p. 1*-294*.

758 文 献 表

GEIGER LOUIS-BERTRAND, O.P., *La participation dans la philosophie de S. Thomas d'Aquin*, deuxième édition, Paris 1953.

──────*Philosophie réaliste et liberté*, dans *Philosophie et spiritualité*, t. II, Paris 1963, p. 35-59.

──────*Les rédactions successives de « Contra Gentiles I, 53 » d'après l'autographe*, dans *Saint Thomas d'Aquin aujourd'hui*, Paris 1963, p. 221-240.

──────*L'homme, image de Dieu, A propos de « Summa theologica, Ia, 93, 4 »*, dans *Rivista di filosofia neo-scolastica* 66 (1974), p. 511-532.

GERTLER BRIE, *Self-knowledge*, New York 2011.

GIEBEN SERVUS, O.F.M., CAP., *Bibliographia Oliviana (1885-1967)*, dans *Collectanea Franciscana* 38 (1968), p. 167-195.

GILSON ETIENNE, *Avicenne et le point de départ de Duns Scot*, dans *Archives d'histoire doctrinale et littérale du moyen âge* 2 (1927), p. 89-149.

──────*Le réalisme méthodique*, dans *Philosophia Perennis* II, éd. F.-J. VON RINTELEN, Regensburg 1930, p. 743-755.

──────*Réflexions sur la controverse S. Thomas - S. Augustin*, dans *Mélanges Mandonnet*, t. 1, Paris 1930, p. 371-383.

──────*Roger Marston : un cas d'augustinisme avicennisant*, dans *Archives d'histoire doctrinale et littérale du moyen âge* 8 (1933), p. 37-42.

──────*Sur quelques difficultés de l'illumination augustinienne*, dans *Revue néo-scolastique de philosophie* 37 (1934), p. 321-331.

──────*L'être et essence*, Paris 1948.

──────*Introduction à l'étude de Saint Augustin*, troisième édition, Paris 1949.

──────*Jean Duns Scot, Introduction à ses positions fondamentales*, Paris 1952.

──────*La philosophie de saint Bonaventure*, Paris 1953.

──────*La philosophie au moyen âge, Des origines patristiques à la fin du XIVe siècle*, Paris 1962.

―――――*L'esprit de la philosophie médiévale*, deuxième édition, Paris 1969.

―――――*L'athéisme difficile*, Paris 1979.

―――――*Autour de saint Thomas*, Paris 1983.

―――――*Lettres de M. Etienne Gilson au P. Henri de Lubac et commentées par celui-ci*, Paris 1986.

GLORIEUX PALÉMON, *La littérature quodlibétique*, t. I, Kain 1925.

―――――*Comment les thèses thomistes furent proscrites à Oxford (1284-1286)*, dans *Revue thomiste* 32 (1927), p. 259-291.

―――――*Les premières polémiques thomistes : I. Correctorium Corruptorii « Quare »*, éd. critique, Kain 1927.

―――――*Un recueil scolaire de Godefroid de Fontaines*, dans *Recherches de théologie ancienne et médiévale* 3 (1931), p. 37-53.

―――――*La littérature quodlibétique*, t. II, Kain 1925.

―――――*Thomas de Sutton*, dans *Dictionnaire de théologie catholique*, t. XIV, (1939), col. 2867-2873.

―――――*Les Correctoires, essai de mise au point*, dans *Revue de théologie ancienne et médiévale* 14 (1947), p. 287-304.

―――――*Les premières polémiques thomistes : II. Le Correctorium Corruptorii « Sciendum »*, éd. critique, Paris 1956.

―――――*L'enseignement au moyen âge, Technique et méthodes en usage à la Faculté de Théologie de Paris, au XIIIe siècle*, dans *Archives d'histoire doctrinale et littéraire du moyen âge* 35 (1968), p. 123-136.

―――――*Pro et Contra Thomam, Un survol de cinquante années*, dans *Sapientiae Procerum Amore, Mélanges médiévistes offerts à Dom Jean-Pierre Müller O.S.B.*, éd. T.W.KÖHLER O.S.B., Rome 1974, p. 255-287.

GOEHRING BERND, *Saint Thomas Aquinas on Self-Knowledge and Self-Awareness*, dans *Cithara : Essays in the Judaeo-Christian Tradition* 42 (2003), p. 3-14.

——————*Intelligit se intelligere rem intellectam : Henry of Ghent on Thought and Reflexivity*, dans *Quaestio : Journal of the History of Metaphysics* 10 (2010), p. 111-133.

GONDRAS A. J., *Les « Quaestiones de anima VI », manuscrit de la Bibliothèque Communale d'Assise no 159, attribuées à Matthieu d'Aquasparta*, dans *Archives d'histoire doctrinale et littéraire du moyen âge* 26 (1957), p. 203-252.

GOUHIER HENRI, *Cartésianisme et augustinisme au XVIIe siècle*, Paris 1978.

GRABMANN MARTIN, *Die philosophische und theologische Erkenntnislehre des Kardinals Matthaeus von Aquasparta*, Vienne 1906.

GRAIFF CORNELIO ANDREAS, O.S.B., *SIGER DE BRABANT, Questions sur la Métaphysique*, Louvain 1948.

GUSDORF GEORGES, *La découverte de soi*, Paris 1948.

HANKEY WAYNE J., *Between and Beyond Augustine and Descartes : More than a Source of the Self*, dans *Augustinian Studies* 32 (2001), p. 65-88.

HARANT ETIENNE, *De la connaissance de soi à l'expérience de Dieu*, dans *Nova et Vetera* 96/4 (2021), p. 257-277.

HENLE ROBERT J., S.J., *Saint Thomas and Platonism. A Study of the « Plato » and « Platonici » in the Writings of Saint Thomas*, La Haye 1956.

HENQUINET F., *Descriptio codicis 158 Assisi in bibliotheca communali*, dans *Archivum Franciscanum Historicum* 24 (1931), p. 91-108.

HÉRIS CH.- VINCENT, O.P., *Notes explicatives et renseignements techniques*, dans THOMAS D'AQUIN, *Somme théologique, (Somme des jeunes), Les anges*, Paris 1953.

HEYNCK VALENS, O.F.M., *Zur Datierung der Sentenzenkommentare des Petrus Johannis Olivi und des Petrus de Trabibus*, dans *Franziskanische Studien* 38 (1956), p. 371-398.

——————*Zur Datierung einiger Schriften des Petrus Johannis*

文 献 表　　　761

Olivi, dans *Franziskanische Studien* 46 (1964), p. 335-364.

HISSETTE ROLAND, *Enquête sur les 219 articles condamnés à Paris le 7 mars 1277*, Louvain-Paris 1977.

HOERES WALTER, *Der Begriff der Intentionalität bei Olivi*, dans *Scholastik* 36 (1961), p. 23-48.

HOFFMANS JEAN, *La table des divergences et innovations doctrinales de Godefroid de Fontaines*, dans *Revue néoscolastique de philosophie* 36 (1934), p. 412-436.

IMBACH RUEDI, *Deus est intelligere, Das Verhältnis von Sein und Denken in seiner Bedeutung für das Gottesverständnis bei Thomas von Aquin und in den Pariser Quaestionen Meister Eckharts*, Fribourg (CH), 1976.

————*Le (Néo-)platonisme médiéval, Proclus latin et l'Ecole dominicaine allemande*, dans *Revue de théologie et de philosophie* 110 (1978), p. 427-448.

————*Gravis iactura verae doctrinae, Prolegomena zu einer Interpretation des Schrifts « De ente et essentia » Dietrichs von Freiberg O.P.*, dans *Freiburger Zeitschrift für Philosophie und Theologie* 26 (1979), p. 427-448.

————*Averroistische Stellungnahmen zur Diskussion über das Verhältnis von « esse » und « essentia », Von Siger von Brabant zu Thaddaeus von Parma*, dans *Studi sul XIV secolo in memoria di Anneliese Maier*, éd. A. MAIERU e A. PARAVICINI BOGLIANI, Rome 1981, p. 299-339.

————*Die deutsche Dominikanerschule : Drei Modelle einer Theologia mystica*, dans *Grundfragen christlicher Mystik, Wissenschaftliche Studientagung Theologia mystica in Weingarten vom 7.-10. November 1985*, éd. M. SCHMIDT et D.R. BAUER, Stuttgart-Bad Cannstatt 1987, p. 157-172.

————*La philosophie médiévale*, dans *Doctrines et Concepts, 1937-1987, Rétrospective et prospective : cinquante ans de philosophie de langue française*, publié par A. ROBINET, Paris 1988, p. 109-125.

————*Laien in der Philosophie des Mittelalters, Hinweise und*

Anregungen zu einem vernachlässigten Thema, Amsterdam 1989.

IMBACH RUEDI, LINDBLAD ULRIKA, *Compilatio rudis ac puerilis, Hinweise und Materialien zu Nikolaus von Strassburg O.P. und seiner « Summa »*, dans *Albert der Grosse und die deutsche Dominikanerschule, Philosophischen Perspektiven*, hrsg. R. IMBACH und C. FLÜELER, dans *Freiburger Zeitschrift für Philosophie und Theologie* 32 (1985), p. 155-233.

JARRAUX LOUIS, *Pierre Jean Olivi, sa vie , sa doctrine*, dans *Etudes franciscaines* 45 (1933), p. 129-153, 277-298, 513-529.

JEAUNEAU EDOUARD, *La philosophie médiévale*, Paris 1963.

JOLIVET JEAN, *La philosophie médiévale en Occident*, dans *Encyclopédie de la Pléiade, Histoire de la philosophie*, t. I, dir. B. PARAIN, Paris 1969, p. 1198-1563.

JOURNET CHARLES, *Connaissance et inconnaissance de Dieu*, Paris 1943.

─────*Le mal, essai théologique*, Paris 1961.

KAHN CHARLES H., *Sensation and Consciousness in Aristotle's Psychology*, dans *Archiv für Geschichte der Philosophie* 48 (1966), p. 43-81.

KAUKUA JARI, *Self-Awarenes in Islamic philosophy. Avicenna and beyond*, Cambridge 2015.

KAUKUA JARI and TOMAS EKENBERG (eds.), *Subjectivity and Selfhood in Medieval and Early Modern Philosophy*, Dordrecht, 2016.

KELLEY FRANCIS E., *Two Early English Thomists : Thomas Sutton and Robert Orford vs. Henry of Ghent*, dans *The Thomist* 45 (1981), p. 345-387.

KENNY ANTHONY J.P., *Aquinas on Knowledge of Self*, dans : B. Davies (ed.), *Language, Meaning, and God. Essays in Honor of Herbert McCabe*, London 1987, p. 104-119.

─────*Aquinas on Mind*, London-New York, 1993.

KENZELER A.M., O.P., *Une prétendue Dispute de saint Thomas*, dans *Angelicum* 33 (1956), p. 172-181.

KLEE VINCENT, *Les plus beaux textes sur les saints anges*, Paris 1984.

KLIMA GYULA and ALEX HALL (eds.), *Consciousness and Self-Knowledge in Medieval Philosophy*, Newcastle 2018.

KLÜNKER WOLF-ULRICH, *Selbsterkenntnis der Seele : zur Anthropologie des Thomas von Aquin*, Stuttgart 1990.

KOCH JOSEPH, GILES OF ROME, *Errores philosophorum*, Milwaukee 1944.

KRÖMER ALFRED, *Potenzenhierarchie und Dynamismus des Geistes, Ein Beitrag zur Erkenntnismetaphysik des Petrus Johannis Olivi (1248/1249-1298)*, Freiburg in Br. 1974.

KUC LESZEC, *La connaissance de son propre acte intellectual, Remarques sur un thème anthropologique de Thomas d'Aquin*, dans *Journal philosophique* 1 (1985), p. 241-253.

KUKSEWICS ZDZISLAW, *De Siger de Brabant à Jacques de Plaisance, La théorie de l'intellect chez les averroïstes latins des XIIIe et XIVe siècles*, Wroclaw-Varsovie-Cracovie 1968.

LABERGE DAMASUS, Fr. *Petri Ioannis Olivi, O.F.M., tria scripta sui ipsius apologetica annorum 1283 et 1285*, dans *Archivum Franciscanum Historicum* 28 (1935-1936), p. 135-155, 374-407.

LABOURDETTE MICHEL-MARIE, O.P., *Les mystiques rhéno-flamands*, dans *La vie spirituelle* 652 (1982), p. 644-651.

LACOMBE OLIVIER, *La critique des théories de la connaissance chez Duns Scot*, dans *Revue thomiste* 35 (1930), p. 24-47, 145-157, 217-235.

LAKEBRINK BERNHARD, *Klassische Metaphysik, Eine Auseinandersetzung mit der existentialen Anthropozentrik*, Freiburg in Br. 1967.

———— *Perfectio omnium Perfectionum, Studien zur Seinskonzeption bei Thomas von Aquin und Hegel*, Vatican 1984.

LAMBERT RICHARD T., *Self Knowledge in Thomas Aquinas*

764   文 献 表

: *The Angelic Doctor on the Soul's Knowledge of Itself*,
Bloomington 2007.

LAMPERT RICHARD T., *A Textual Study of Aquinas' Comparison
of the Intellect to Prime Matter*, dans *The New Scholasticism*
56 (1982), p. 80-99.

————*Habitual Knowledge of the Soul in Thomas Aquinas*, dans
The Modern Schoolman 60 (1982), p. 1-19.

————*Self Knowledge in Thomas Aquinas : The Angelic Doctor
on the Soul's Knowledge of Itself*, Bloomington 2007.

LEFEVRE CHARLES, *Sur l'évolution d'Aristote en psychologie*,
Louvain 1972.

————*Siger de Brabant a-t-il influencé Saint Thomas ? Propos
sur la cohérence de l'anthropologie thomiste*, dans *Mélanges
de science religieuse* 31 (1974), p. 203-215.

LEFF GORDON, *William of Ockham, The Metamorphosis of
Scholastic Discourse*, Manchester 1975.

LEWRY OSMUND, *Two Continuators of Aquinas : Robertus de
Vulgarbia and Thomas Sutton on the « Perihermeneias » of
Aristotle*, dans *Medieval Studies* 43 (1981), p. 58-130.

LITTLE ANDREW GEORGE - PELSTER FRANZ, *Oxford
Theology and Theologians, c.A.D. 1282-1302*, Oxford 1934.

LOBATO ABELARDO, *La cogitativa en la antropologia de Santo
Tomá de Aquino*, dans *Journal philosophique* 1 (1985), p. 117-
138.

LÖHR G.-M., *Die Kölner Dominikanerschule vom 14. bis zum 16.
Jahrhundert*, Fribourg (CH) 1946.

LONGPRÉ EPHREM, O.F.M., *Matthieu d'Aquasparta*, dans
Dictionnaire de théologie catholique, t. X, Paris 1928, col.
375-389.

————*S. Augustin et la pensée franciscaine*, dans *La France
franciscaine* 15 (1932), p. 5-76.

LOPEZ GAMBOA LYDIA DENI, *William of Ockham and Walter
Chatton on Self-Knowledge*, PhD Thesis, Université du
Québec, Montréal 2016.

文　献　表　　765

—————— *William of Ockham y el problem de conocimiento introspectivo del contenido de nuestras intuiticiones en sus primeros escritos*, dans *Thémata* 54 (2016), p. 215-232.

LOTTIN ODON, *Le libre arbitre chez Godefroid de Fontaines*, dans *Revue néoscolastique de philosophie* 40 (1937), p. 213-241.

—————— *Le thomisme de Godefroid de Fontaines en matière de libre arbitre*, dans *Revue néoscolastique de philosophie* 40 (1937), p. 554-573.

MAIER ANNELIESE, *Zur handschriftlichen Überlieferung der Quodlibeta des Petrus Johannis Olivi*, dans *Ausgehendes Mittelalter, Gesammelte Aufsätze zur Geistesgeschichte des 14. Jahrhunderts*, t. II, Rome 1967, p. 207-213.

MANDONNET PIERRE, *Siger de Brabant et l'averroïsme latin au XIIIe siècle*, Fribourg (CH) 1889, réimp. Genève 1976.

—————— *Premiers travaux de polémique thomiste*, dans *Revue des sciences philosophiques et théologiques* 7 (1913), p. 46-70, 245-262.

MANSELLI RAOUL, *Une grande figure Sérignanaise, Pierre de Jean Olivi*, dans *Etudes franciscaines* 12 (1972), p. 69-83.

MARTIN CHRISTOPHER J., *Self-Knowledge and Cognitive Ascent : Thomas Aquinas and Peter Olivi on the KK-Thesis*, dans : H. Lagerlund (ed.), *Forming the Mind. Essays on the Internal Senses and the Mind/Body Problem from Avicenna to the Medical Enlightenment*, Dordrecht 2007, p. 93-108.

MAQUART FRANÇOIS-XAVIER, *Connaissance, vérité et objet formel*, dans *Revue thomiste* 33 (1928), p. 347-387.

MARITAIN JACQUES, *Descartes ou l'incarnation de l'ange*, dans *Trois réformateurs, Luther, Descartes, Rousseau*, Paris 1925, p. 75-128.

—————— *Distinguer pour unir, ou Les degrés du savoir*, Paris 1932.

—————— *Sept leçons sur l'être et les premiers principes de la raison spéculative*, Paris 1933.

—————— *L'immortalité de l'homme*, dans *Nova et Vetera* 18 (1943),

p. 17-32.

—————*L'expérience mystique naturelle et le vide*, dans *Quatre essais sur l'esprit dans sa condition charnelle*, Paris 1956, p. 127-166.

—————*Réflexions sur la nature blessée*, dans *Approches sans entraves*, Paris 1973, p. 264-284.

MARLASCA ANTONIO, *Les Quaestiones super librum de causis de Siger de Brabant*, Louvain-Paris 1972.

MARRONE STEVEN P., *Matthew of Aquasparta, Henry of Ghent and Augustinian Epistemology after Bonaventure*, dans *Franziskanische Studien* 65 (1983), p. 252-290.

MAZZARELLA PASQUALE, *La dottrina dell'anima e della conoscenza in Matteo d'Aquasparta*, Padoue 1969.

MCKIAN JOHN D., *The Metaphysics of Introspection According to St. Thomas*, dans *The New Scholasticism* 15 (1941), p. 89-117.

MICHAS WIESLAW, *Pour préciser la date de « In III De anima» de Siger de Brabant*, dans *Mediaevalia Philosophica Polonorum* 26 (1982), p. 79-91.

MOJSISCH BURKHARD, *Die Theorie des Intellekts bei Dietrich von Freiberg*, Hambourg 1977.

————— *Meister Eckhart, Analogie, Univozität und Einheit*, Hambourg 1983.

————— *Sein als Bewusst-Sein, Die Bedeutung des ens conceptionale bei Dietrich von Freiberg*, dans *Von Meister Dietrich zu Meister Eckhart*, éd. K. FLASCH, Hambourg 1984, p. 95-105.

————— *"Causa essentialis" bei Dietrich von Freiberg und Meister Eckhart*, dans *Von Meister Dietrich zu Meister Eckhart*, éd. K. FLASCH, Hambourg 1984, p. 106-114.

MOODY ERNEST A., *Ockham and Aegidius Romanus*, dans *Philosophical Studies* 9 (1949), p. 417-442.

MOREAU JOSEPH, *De la connaissance selon S. Thomas d'Aquin*, Paris 1976.

MÜLLER JEAN-PIERRE, *Le Correctorium Corruptorii de Jean*

文 献 表 767

Quidort de Paris, Rome 1941.

————*Le Correctorium Corruptorii « Quaestione »*, Rome 1954.

NARDI BRUNO, *Una nuova monografia su Sigieri di Brabante*, dans *Giornale Critico della Filospfia Italiana* 20 (1939), p. 463-471.

————*Sigieri di Brabante nel pensiero del Rinascimento italiano*, Rome 1945.

————*Oggetto et sogetto nella filosofia antica e medievale*, Rome 1952.

————*Saggi sull'aristotelismo padovano dal secolo XIV al XVI*, Florence 1958.

————*Studi di filosofia medievale*, Rome 1960.

————*Studi su Pietro Pomponazzi*, Florence 1965.

NICOLAS MARIE-JOSEPH, O.P., *Introduction et notes*, dans THOMAS D'AQUIN, *Somme théologique*, t. I, Paris 1984, p. 646-836.

NOGALES S. GOMEZ, *Saint Thomas, Averroès et l'averroïsme*, dans *Aquinas and Problems of his Time*, Louvain 1976, p. 161-177.

NUYENS FRANÇOIS, *L'évolution de la psychologie d'Aristote*, Louvain-La Haye-Paris 1948.

O' CALLAGHAN JEREMIAH, S.J., *The Second Question of the Prologue to Walter Catton's Commentary on the Sentences. On Intuitive and Abstractive Knowledge*, dans *Nine Mediaeval Thinkers, A Collection of Hitherto Unedited Texts*, Toronto 1955, p. 233-269.

OEHLER KLAUS, *Aristotle on Self-Knowledge*, dans *Proceedings of the American Philosophical Society* 118/6 (1974), p. 493-506.

OEING-HANHOFF LUDGER, *Analyse/Synthese*, dans *Historisches Wörterbuch der Philosophie*, éd. J. RITTER, Darmstadt 1977, col. 232-248.

O' MEARA DOMINIC J., *Remarks on Dualism and the Definition of Soul in Aristotle's De anima*, dans *Museum helveticum* 44

(1987), p. 168-174.

OWEN GWILYM ELLIS LANE, *The Platonism of Aristotle*, dans *Proceedings of the British Academy* 43 (1965), p. 125-150.

PATTIN ADRIAAN, *Le Liber de causis, édition établie à l'aide de 90 manuscrits, avec introduction et notes*, dans *Tijdschrift voor Philosophie* 28 (1966), p. 91-203.

PASCAL BLAISE, *Pensées*, texte de l'édition Brunschvicg, Paris 1961.

PASNAU ROBERT, *Theories of Cognition in the Later Middle Ages*, Cambridge 1997.

PAULUS JEAN, *Henri de Gand, Essai sur les tendances de sa métaphysique*, Paris 1938.

PEDRAZZINI GIDONE GABRIEL, *Anima in conscientia sui secundum S. Thomam : excerpta ex dissertatione ad Lauream in Facultate Philosophica Pontificiae Universitatis Gregorianae*, Gallarate 1948.

PÉGHAIRE JULIEN, C.S.SP., *« Intellectus » et « ratio » selon S. Thomas d'Aquin*, Paris-Ottawa 1936.

——— *Un sens oublié, la cogitative, d'après Saint Thomas d'Aquin*, dans *Revue de l'Université d'Ottawa* 12 (1942), p. 65*-91*, 147*-174*.

PEGIS ANTON C., *Matthew of Aquasparta and the Cognition of Non-Being*, dans *Scholastica ratione historico-critica instauranda*, Rome 1951, p. 461-480.

PELSTER FRANZ, S.J., *Thomas von Sutton O.Pr., ein Oxforder Verteidiger der thomistischen Lehre*, dans *Zeitschrift für katholische Theologie* 46 (1922), p. 212-253, 361-401.

——— *Roger Marston O.F.M. (+ 1303), ein englischer Vertreter des Augustinismus*, dans *Scholastik* 3 (1928), p. 526-556.

——— *Eine ungedruckte Quaestio des hl. Thomas von Aquin über die Erkenntnis der Wesenheit der Seele*, dans *Gregorianum* 36 (1955), p. 618-625.

PERKAMS MATTHIAS, *Selbstbewusstsein in der Spätantike. Die neuplatonischen Kommentare zu Aristoteles' De anima*, Berlin-

文　献　表　　　　769

New York 2008.

PERLER DOMINIK und SONJA SCHIERBAUM, *Selbstbezug und Selbstwissen*, Frankfurt 2014.

PHILOSOPHES MÉDIÉVAUX, Anthologie de textes philosophiques (XIIIe-XIVe siècles), sous la direction de R. IMBACH et M.-H. MÉLÉARD, Paris 1986.

PIGNAT DOMINIQUE, *Expérience du soi et métaphysique, Schelling et Heidegger*, Diss. dactyl. Fribourg (CH) 1981.

PREZIOSO FAUSTINO, O.F.M., *L'attività del soggeto pensante nella gnoseologia di Matteo d'Aquasparta e di Ruggiero Marston*, dans *Antonianum* 25 (1950), p. 259-326.

PRUCHE BENOIT, O.P., *Sur la conscience de soi*, dans *Etudes et recherches, Cahiers de théologie et de philosophie* 8 (1942), p. 137-152.

PUTALLAZ FRANÇOIS-XAVIER, *Autour de la connaissance intuitive des non-existants chez Ockham*, dans *Freiburger Zeitschrift für Philosophie und Theologie* 30 (1983), p. 447-467.

――――*Introduction et traduction de Thomas d'Aquin, Question disputée de la vérité (Question I, articles 1-2, 8-9)*, dans *Philosophes médiévaix, Anthologie de textes philosophiques (XIIIe-XIVe siècles)*, sous la direction de R. IMBACH et M.-H. MÉLÉARD, Paris 1986, p. 69-94.

――――*La connaissance de soi au moyen âge : Vital du Four*, dans *Collectanea franciscana* 60 (1990), p. 505-537.

――――*Le sens de la réflexion chez Thomas d'Aquin*, Paris 1991.

――――*La connaissance de soi au moyen âge : Siger de Brabant*, dans *Archives d'Histoire Doctrinale et Littéraire du Moyen Âge* 59 (1992), p. 89-157.

――――*L'infinité des actes réflexifs, à l'époque de Guillaume d'Ockham. Annexe : Cord. 51, Utrum actus rectus et reflexio sint idem realiter aut diversi actus*, dans : G. Mensching (ed.), *Selbstbewußtsein und Person im Mittelalter*, Würzburg 2005, p. 248-268.

—————Nouvelle édition, traduction française, notes explicatives et notes philosophiques, dans : THOMAS D'AQUIN, *Somme théologique Ia, 75-83, L'âme humaine*, Paris, 2018.

RABEAU GASTON, *Species. Verbum. L'activité intellectuelle élémentaire selon S. Thomas d'Aquin*, Paris 1938.

RAHNER KARL, *Geist in Welt, Zur Metaphysik der endlichen Erkenntnis bei Thomas von Aquin*, Münich 1957.

—————*L'esprit dans le monde, La métaphysique de la connaissance finie chez saint Thomas d'Aquin*, trad. R. GIVORD, H. ROCHAIS, Paris 1968.

REICHMANN JAMES, *The 'Cogito' in St. Thomas : Truth in Aquinas and Descartes*, dans *International Philosophical Quarterly* 26 (1986), p. 341-352.

RENAN ERNEST, *Averroès et l'Averroïsme*, Paris 1852, quatrième édition 1882.

RENZ,URSULA, *Self-Knowledge. A History*, New York 2017.

RODE CHRISTIAN, *Peter of John Olivi on Representation and Self-Representation*, dans *Quaestio : Journal of the History of Metaphysics* 10 (2010), p. 155-166.

—————*Zugänge zum Selbst. Innere Erfahrung in Spätmittelalter und früher Neuzeit*, Münster 2015.

ROENSCH FREDERICK J., *Early Thomistic School*, Dubuque Iowa 1964.

ROLAND-GOSSELIN MARIE-DOMINIQUE, O.P., *La théorie thomiste de l'erreur*, dans *Mélanges thomistes*, Kain 1923, p. 253-274.

—————*Peut-on parler d'intuition intellectuelle dans la philosophie thomiste ?*, dans *Philosophia Perrennis* II, éd. F.-J. VON RINTELIN, Regensburg 1930, p. 709-730.

—————*Le jugement de perception, Notes pour une étude critique*, dans *Revue des sciences philosophiques et religieuses* 24 (1935), p. 5-37.

ROMEYER BLAISE, *Notre Science de l'esprit humain, D'après saint Thomas d'Aquin*, dans *Archives de Philosophie* 1 (1923),

p. 32-55.

—————*La doctrine de saint Thomas sur la vérité, Esquisse d'une synthèse*, dans *Archives de Philosophie* 3 (1925), p. 145-198.

—————*Saint Thomas et notre connaissance de l'esprit humain*, dans *Archives de Philosophie* 6 (1928), p. 137-250.

ROUSSELOT PIERRE, S.J., *L'intellectualisme de saint Thomas*, deuxième édition, Paris 1924.

RUANE JOHN P., S.J., *Self-knowledge and the Spirituality of the Soul in St. Thomas*, dans *The New Scholasticism* 32 (1958), p. 425-442.

SALMAN DOMINIQUE, O.P., *Albert le Grand et l'averroïsme latin*, dans *Revue des sciences philosophiques et théologiques* 24 (1935), p. 38-64.

SANGUINETTI JOSÉ, *The Ontological Account of Self-Consciousness in Aristotle and Aquinas*, dans *Review of Metaphysics* 67/2 (2013), p. 311- 344.

SARTRE JEAN-PAUL, *Une idée fondamentale de la phénoménologie de Husserl : L'intentionnalité*, dans *Situations I*, Paris 1947, p. 31-35.

—————*L'être et le néant*, Paris 1943.

SCHIERBAUM SONJA, *Ockham on the Possibility of Self-Knowledge : Knowing Acts without Knowing Subjects*, dans *Vivarium* 52/3-4 (2014), p. 220-240.

SCHMAUS MICHAEL, *Die psychologische Trinitätslehre des hl. Augustinus*, Münster 1927.

—————*Einleitung*, dans THOMAS VON SUTTON, *Quodlibeta*, hrsg. M. SCHMAUS, M. GONZALES-HABA, München 1969, p. VII-L.

SCHNEIDER JOHANNES, *Einleitung*, dans THOMAS VON SUTTON, *Contra quodlibet Iohannis Duns Scoti*, hrsg. J. SCHNEIDER, München 1978, p. 1-56.

SCHNEIDER THEODOR, *Die Einheit des Menschen, Die anthropologische Formel "anima forma corporis" im sogenannten Korrectorienstreit und bei Petrus Johannis Olivi*,

772   文 献 表

Ein Beitrag zur Vorgeschichte des Konzils von Vienne, Münster 1973.

SERTILLANGES ANTONIN-GILBERT DALMACE, O.P., *L'être et la connaissance dans la philosophie de S. Thomas d'Aquin*, dans *Mélanges thomiste*, Kain 1923, p. 175-197.

—————*La philosophie de St Thomas d'Aquin*, nouv. éd., Paris 1940.

—————*Notes explicatives et renseignement techniques*, dans THOMAS D'AQUIN, *Somme théologique, (Somme des jeunes), Dieu*, t. II, quatrième édition, Paris 1963.

SHARP DOROTHEA ELISABETH, *Thomas of Sutton, O.P., His Place in Scholasticism and an Account of his Psychology*, dans *Revue néoscolastique de philosophie* 36 (1934), p. 332-354, et 37 (1935), p. 88-104, 219-223.

SIMONIN HENRI-DOMINIQUE, O.P., *La connaissance de l'ange par lui-même*, dans *Angelicum* 9 (1932), p. 43-62.

—————*La connaissance angélique de l'être créé*, dans *Angelicum* 9 (1932), p. 387-421.

SPRUIT LEEN, *Species Intelligibilis. From Perception to Knowledge*, 2 vols, Leiden-New York 1994-1995.

STAGNITTA ANTONINO, *L'autocoscienza, Per una rilettura antropologica di Tommaso d'Aquino*, Naples 1979.

STEGMÜLLER FRIEDRICH, *Neugefundene Quaestionen des Siger von Brabant*, dans *Recherches de théologie ancienne et médiévale* 3 (1931), p. 158-182.

STILL CARL N., *Aquinas's Theory of Human Self-Knowledge*, PhD diss., University of Toronto Centre for Medieval Studies 1999.

STOCK BRIAN, *Augustine the Reader : Meditation, Self-Knowledge, and the Ethics of Interpretation*, Cambridge 1996.

STOCK MICHAEL, O.P., *Consciousness and its Limits According to St. Thomas*, Washington 1958.

—————*Sense Consciousness According to St. Thomas*, dans *The Thomist* 21 (1958), p. 415–486.

文 献 表　　773

STURLESE LORIS, *Il « De animatione caeli » di Teodorico di Freiberg*, dans *Xenia medii aevi historiam illustrantia, oblata Thomae Kaeppeli O.P.*, éd. R. CREYTENS O.P., P. KÜNZLE O.P., Rome 1978, p. 175-247.

―――――*Dietrich von Freiberg*, dans *Deutsche Literatur des Mittelalters. Verfasserlexicon*, Bd. 2, hrsg. W. STAMMLER, Berlin 1980, col. 127-137.

―――――*Dokumente und Forschungen zu Leben und Werk Dietrichs von Freiberg*, Hambourg 1984.

―――――*Note su Bertoldo di Moosburg O.P., scienziato e filosofo*, dans *Albert der Grosse und die deutsche Dominikanerschule, Philosophischen Perspektiven*, hrsg. R. IMBACH und C. FLÜELER, dans *Freiburger Zeitschrift für Philosophie und Theologie* 32 (1985), p. 249-259.

SUAREZ-NANI TIZIANA, *Noterelle sulle fonti albertine del « De tempore » di Nicola di Strasburgo*, dans *Albert der Grosse und die deutsche Dominikanerschule, Philosophischen Perspektiven*, hrsg. R. IMBACH und C. FLÜELER, dans *Freiburger Zeitschrift für Philosophie und Theologie* 32 (1985), p. 235-247.

SYLLA EDITH S., *Godfrey of Fontaines on Motion with respect to Quantity of the Eucharist*, dans *Studi sul XIV secolo in memoria di Anneliese Maier*, éd. A. MAIERU et A. PARAVICINI BAGLIANI, Rome 1981.

SZAIF JAN, *Selbsterkenntnis : Thomas contra Augustinum*, dans *Theologie und Philosophie : Vierteljahresschrift* 74 (1999), p. 321-337.

TACHAU KATHERINE H., *Vision and Certitude in the Age of Ockham, Optics, Epistemology and the Foundations of Semantics, 1250-1345*, Leiden, New York, Copenhague, Köln 1988.

THÉVENAZ PIERRE, *Réflexion et conscience de soi*, dans *Tijdschrift voor Philosophie* 15 (1953), p. 440-456.

TOCCAFONDI EUGENIO T., O.P., *La spiritualità dell'anima e la coscienza dell'io*, dans *Doctor communis* 11 (1958), p. 155-177.

TOIVANEN JUHANA, *Perceptual Self-Awareness in Seneca, Augustine, and Olivi*, dans *Journal of the History of Philosophy* 51/3 (2013), p. 355-382.

TREMBLAY RICHARD, O.P., *La théorie psychologique de la Trinité chez saint Augustin*, dans *Etudes et recherches, Cahiers de Théologie et de Philosophie*, Paris-Ottawa 1952, p. 83-109.

TUNINETTI LUCA F., *Per se notum : Die Logische Beschafenheit des Selbstverständlichen im Denken des Thomas von Aquin*, Leiden 1996.

VANNI-ROVIGHI SOFIA, *L'immortalità dell'anima nei maestri francescani del secolo XIII*, Milan 1936.

VAN STEENBERGHEN FERNAND, *La philosophie au XIIIe siècle*, Louvain-Paris 1966.

―――――*Introduction à l'étude de la philosophie médiévale*, Louvain-Paris 1974.

―――――*La bibliothèque du philosophe médiéviste*, Louvain-Paris 1974.

―――――*« Averroïsme » et « double vérité » au siècle de Saint Louis*, dans *Septième centenaire de la mort de Saint Louis. Actes du Colloque de Royaumont et de Paris (21-27 mai 1970)*, Paris 1976, p. 351-360.

―――――*Maître Siger de Brabant*, Louvain-Paris 1977.

VASOLI CESARE, *Il pensiero medievale, Orientamenti bibliografici*, Bari 1971.

VENNEBUSCH JOACHIM, *Die Questiones metaphysice tres des Siger von Brabant*, dans *Archiv für Geschichte der Philosophie* 48 (1966), p. 163-189.

VERBEKE GERARD, *Connaissance de soi et connaissance de Dieu chez St Augustin*, dans *Augustiniana* 4 (1954), p. 495-515.

―――――*Certitude et incertitude de la recherche philosophique selon saint Thomas d'Aquin*, dans *Rivista di filosofia neo-*

文 献 表　　　775

scolastica 66 (1974), p. 740-757.

VIGNAUX PAUL, *Philosophie au moyen âge*, Paris 1958.

―――――*Philosophie au moyen âge*, précédé d'une *Introduction nouvelle* et suivi de *Lire Duns Scot aujour'hui*, Albeuve (CH) 1987.

WÉBER EDOUARD-HENRI, O.P., *La Controverse de 1270 à l'Université de Paris et son retentissement sur la pensée de S. Thomas d'Aquin (L'homme en discussion à l'Université de Paris en 1270)*, Paris 1970. Avec une *Recension*, dans *Rassegna di letteratura tomistica* 5 (1973), p. 65-72.

―――――*Les discussions de 1270 à l'Université de Paris et leur influence sur la pensée philosophique de S. Thomas d'Aquin*, dans *Miscellanea Mediaevalia 10, Die Auseinandersetzungen an der Pariser Universität im XIII. Jahrhundert*, Berlin-New York 1976, p. 285-316.

WÉBERT JOURDAIN, O.P., « *Reflexio* », *Etudes sur les opérations réflexives dans la psychologie de saint Thomas d'Aquin*, dans *Mélanges Mandonnet*, t. I, Paris 1930, p. 286-325.

―――――*Notes explicatives et renseignements techniques*, dans THOMAS D'AQUIN, *Somme théologique, (Somme des jeunes)*, *La pensée humaine*, Paris 1930.

WEISHEIPL JAMES A., O.P., *Friar Thomas d'Aquino*, deuxième édition, Washington, D.C. 1983.

WILPERT PAUL, *Das Problem der Wahrheitssicherung beim Thomas von Aquin, Ein Beitrag zur Geschichte des Evidenzproblems*, Münster 1931.

WIPPEL JOHN F., *Godfrey of Fontaines and the Real Distinction between Essence and Existence*, dans *Traditio* 20 (1964), p. 385-410.

―――――*Godfrey of Fontaines and Henry of Ghent's Theory of Intentional Distinction between Essence and Existence*, dans *Sapientiae Procerum Amore, Mélanges médiévistes offerts à Dom Jean-Pierre Müller O.S.B.*, éd. T.W. KÖHLER, Rome 1974, p. 289-321.

776 文 献 表

————*The Metaphysical Thought of Godfrey of Fontaines, A Study in Late Thirteenth-Century Philosophy*, Washington 1981.

————*The Quodlibetal Question as a Distinctive Literary Genre*, dans *Les genres littéraires dans les sources théologiques et philosophiques médiévales, Définition, critique et exploitation, Actes du Colloque international de Louvain-la-Neuve, 25-27 mai 1981*, Louvain-la-Neuve 1982, p. 67-84.

———— *The Role of the Phantasm in Godfrey of Fontaines' Theory of Intellection*, dans *L'homme et son destin au moyen âge, Actes du septième congrès international de philosophie médiévale (30 août - 4 septembre 1982)*, éd. C. WENIN, vol. II, Louvain-la-Neuve 1986, p. 573-582.

WOOD REGA, *Adam Wodeham on Sensory Illusions, with an Edition of "Lectura Secunda", Prologus, Quaestio 3*, dans *Traditio* 39 (1983), p. 213-252.

YPMA EELCKO, *Jacques de Viterbe, témoin valable ?*, dans *Recherches de théologie ancienne et médiévale* 52 (1985), p. 232-234.

YRJÖNSUURI MIKKO, *Types of Self-Awareness in Medieval Thought*, dans : V. Hirvone, T Holopainen, M. Tuominen (eds.), *Mind and Modality. Studies in the History of Philosophy in Honour of Simo Knuutila*, Leiden-Boston 2006, p. 153-170.

————*The Structure of Self-Consciousness : A Fourteenth-Century Dabate*, dans : S. Heinämaa, V. Lähteenmäki, P. Remes (eds.), *Consciousness. From Perception to Reflection in the History of Philosophy*, Dordrecht 2007, p. 141-152.

ZAVALLONI ROBERTO, *Richard de Mediavilla et la controverse sur la pluralité des formes*, Louvain 1951.

ZUPKO, JACK, *Self-Knowledge and Self-Representation in Later Medieval Psychology*, dans : P. Bakker and J.M. Thijssen (eds.), *Mind, Cognition and Representation. The Tradition of Commentaries on Aristotle's De anima*, Aldershot 2007, p. 87-108.

人 名 索 引

Adam de Bocfeld（ボッケンフィールドのアダム）··········· 9
Adam Wodeham（アダム・ウォデハム）················ 332, 686
Albert le Grand（アルベルトゥス・マグヌス）········11, 134, 179,
    330, 525–29, 532–33, 580–81, 610, 684, 686, 698, 727
Alexandre d'Aphrodise（アフロディシアスのアレクサンドロス）···
    529, 580, 727
Alexandre de Halès（ヘールズのアレクサンデル）···· 121, 684, 686
Al Farabi（ファーラービー）···························· 580, 686
Al Ghazali（ガザーリー）···························· 686
Anaxagore（アナクサゴラス）···························· 622
Ancelet-Eustache, J.···························· 526
Anselme de Cantorbéry（カンタベリーのアンセルムス）········21,
    79–80, 191, 239, 320
Apulée（アプレイウス）···························· 532
Archytas de Tarente ···························· 568
Aristote（アリストテレス / 哲学者）········ 10, 19-21, 27-28, 31,
    37, 48-49, 65-66, 83, 91, 95-96, 104-05, 116-17, 132-33, 149-54,
    163, 168, 185, 212, 215-21, 241, 252-53, 293-94, 320-21, 350,
    370, 378-79, 384, 394, 407-08, 437-40, 469, 492-96, 534, 537-
    39, 541-42, 544-45, 555, 568-69, 574, 586, 602, 609, 622, 629-33,
    640-43, 665-66, 683-85, 695, 697
Armand de Bellevue（ベルヴュのアルマンドゥス）··········· 331
Arway, R. J. ···························· 451
Augustin d'Hippone（アウグスティヌス）··········· 21, 27, 36, 47,
    58-60, 63-66, 69-70, 79-80, 83, 85-89, 94-96, 100-05, 121-22,
    127, 133-34, 140, 155, 162, 190-92, 238-39, 241-43, 253, 256-58,
    274-80, 285, 287, 293-301, 303, 305-06, 308-09, 311, 313, 317-
    22, 341-47, 358-59, 408, 419, 424, 433-34, 436-41, 507-08, 510-
    15, 529, 535, 540, 552, 555, 565, 572, 598-600, 604, 607-09, 614-
    16, 618-19, 622, 624, 630-31, 633, 640, 643, 649, 657, 664, 701,
    707-09, 711
Averroès（アヴェロエス / 註解者）···········106, 108, 111-12, 140,
    236, 241, 248-49, 274, 323, 339-40, 349-50, 352, 356, 378-79,
    381, 389, 392, 413, 462, 464, 469, 473, 485-86, 490-96, 501, 507-
    13, 515, 519, 522, 529, 538, 542, 558-59, 578, 580, 603, 610-11,
    640, 642-43, 664-66, 676, 678, 680, 686, 691, 693-94, 700, 727
Avicebron（アヴィケブロン）···················· 121-22, 532

人名索引

Avicenne（アヴィセンナ） ·············21, 28-29, 36, 39-40, 106, 111,
121-22, 241-43, 276, 304-05, 321, 473, 493, 529, 610, 686, 727

Bauer, D. R. ·· 526

Bazàn, B. C. ·· 6, 130, 240

Beha, H. M. ··············· 15-18, 22-23, 28, 35-43, 70, 72, 79, 81,
97, 99, 106, 111, 118-19

Belmond, S ······················· 161, 228, 241-42, 304-05, 308

Benoît de Nursie（ヌルシアのベネディクトゥス） ············ 642

Bernard d'Auvergne（オーヴェルニュのベルナルドゥス） ······ 331

Bernard de Clermont（クレルモンのベルナルドゥス） ········· 331

Bernard de Trilia（トリリアのベルナルドゥス） ·········· 331, 449

Berthold de Moosburg（モースブルクのベルトルト） ··· 526-27, 533

Bérubé, C.（ベリュベ） ············· 9, 15-17, 19, 21, 30, 33, 36-37,
68, 124, 135-36, 138, 162, 179-80, 184-85, 222-23, 314, 481, 667,
683-87, 701, 704-05

Bettini, O. ··· 173, 216

Bettoni, E.（ベットーニ） ··········· 14-15, 17, 37, 71, 117, 135-36,
145-46, 161, 163-64, 167-68, 170, 174, 176-78, 184-87, 192-94,
196-97, 201, 222, 224

Bloch, E. ·· 334

Boèce（ボエティウス） ··································· 532

Boèce de Dacie（ダキアのボエティウス） ···139, 248, 450, 459, 533

Bonafede, G. ···· 15, 20, 22, 34, 38, 63, 65, 72, 131, 228, 297, 303-06

Bonaventure de Balneoregio（ボナヴェントゥラ） ············ 13-14,
16-19, 21, 24-25, 27, 32, 40, 64, 76-77, 81, 100, 106, 111, 117-
18, 120-21, 123-28, 131-32, 136, 138, 140-41, 206, 226-27, 229-
30, 233, 239, 278, 297, 306, 309, 314-15, 318, 320, 326, 529, 541,
682, 684, 686, 694-95, 702, 715, 719-20, 727

Boniface VIII（ボニファティウス 8 世） ······················ 14

Bougerol, J. G. ··· 76-77

Boyer, C. ·· 134

Brady, I. C. ·· 228

Brentano, F.（ブレンターノ） ····························· 669

Bullota-Barracco, H ·· 5

Burr, D. ······················· 14, 141-45, 164, 167-68, 217-21

Cairola, G. ················ 228, 235-37, 242-43, 273, 279

Callaey, F. ·· 141

Cavigioli, J.-D. ·· 527

Célestin V（ケレスティヌス 5 世） ························· 14

Chenu, M.-D. ·································· 226, 234, 329

Conti, A. ·· 332

Copleston, F. ······································ 119, 304

人 名 索 引　779

Daguillon, J. ···································· 526
Dante Alighieri（ダンテ）····················· 15, 533
De Blic, J. ······································· 463
De Gandillac, M. ·························· 334, 526
De Libera, A.（ド・リベラ）············ 12, 525-28, 530, 533, 538,
　549, 558, 561, 576, 610, 612-13, 618, 621, 628, 638, 641, 643-44,
　656-57, 659, 664
Delorme, F. ······························· 8-9, 216, 218-19
De Muralt, A. ···································· 594
Descartes, R.（デカルト）························ 705
De Wulf, M.（ド・ヴルフ）········· 129, 175, 303, 333, 433, 451, 453,
　455-58, 460, 463-64, 468
Doucet, V. ···························· 13, 16, 117, 135, 146
Dowd, J. D. ······················ 17-19, 124, 129, 131-32, 136
Dragone, C. ······································ 15
Duin, J.-J. ··································· 453, 508
Durand de Saint-Pourçain（サン・プルサンのドゥランドゥス）····
　699
Eckhart, J.（エックハルト）··· 450, 526, 529, 532, 541, 550, 563, 727
Ehrle, F.（エールレ）····················· 129, 142, 227, 336
Emmen, A. ······································ 141
Etienne Tempier（エティエンヌ・タンピエ）·····230-31, 329, 449,
　454, 456
Etzkorn, F. ······························· 228-30, 314
Eustache d'Arras（アラスのウスタシュ）····················· 229
Faucon de Boylesve, P. ····························· 123
Fetz, R. ······································· 670
Flasch, K. ············· 527, 529-30, 537, 542, 550, 554, 563, 567,
　573, 584, 590
Flood, D. ···································· 141, 145
Flüeler, C. ······································ 526
Gàl, G. ····································· 16, 682
Gardeil, A.（ガルデイユ）························· 352-53
Gaughan, N.F. ······························ 451, 458, 522
Gauthier, R.-A. ·····················9-10, 51-52, 249, 490, 558,
Gauthier Chatton（シャトンのグアルテルス）············· 332, 686
Gérard d'Abbeville（アブヴィルのゲラルドゥス）······· 6, 452, 459
Gérard de Sterngassen（シュテルンガッセンのゲラルドゥス）·· 527
Gervais du Mont-Saint-Eloi（モン・サン・テロワのジェルヴェ）··
　452
Gieben, S. ····························· 141, 145, 161, 212
Gilles de Lessines（レシーヌのアエギディウス）·········· 331, 449

人名索引

Gilles de Rome（アエギディウス・ロマヌス）・・・・・・・・・・・・5-8, 279, 459-60, 465

Gilson, E.（ジルソン）・・・・・・・・・・・・・・・・・・ 8, 20-21, 56, 58, 72, 119, 228, 241-42, 273, 276-78, 280, 296-98, 300, 303, 306-07, 309, 333, 338, 433, 460, 473-74

Glorieux, P.（グロリユー）・・・・・・・・・・ 5-8, 63, 130, 227, 229, 231-34, 240, 273, 328-31, 336, 452, 459

Godefroid de Fontaines（フォンテーヌのゴドフロワ）・・・・・・11, 147, 149, 249-50, 336, 449-524, 690-92

Gondras, A.J. ・・・・・・・・・・・・・・・・・・・・・・・・・・・・・・・ 16, 24, 26

Gonzáles-Haba, M.（マリア・ゴンザレス・ハバ）・・・・・・・・・・ 330-32

Grabmann, M. ・・・・・・・・・・・・・・・・・・・・・・・・・・・・・・・・・ 15

Grégoire le Grand（大グレゴリウス）・・・・・・・・・・・・・・ 640, 642

Grégoire de Rimini ・・・・・・・・・・・・・・・・・・・・・・・・・・・ 594

Guillaume d'Auvergne（オーヴェルニュのギョーム）・・・・・・・・・・ 121

Guillaume Hothum（ウィリアム・オタム）・・・・・・・・・・・・・・・ 330

Guillaume de Mackelsfield（マックルズフィールドのウィリアム）・・・・・・・・・・・・・・・・・・・・・・・・・・・・・・・・・・・・・・・ 330

Guillaume de la Mare（ギョーム・ド・ラ・マール）・・・・・7, 13, 17, 128-29, 140-41, 150, 227, 229, 231-32, 237, 241, 273, 314, 329-30, 449

Guillaume d'Ockham（オッカムのウィリアム）・・・・・・・・45, 56, 118, 126-27, 134, 194, 225, 278, 291, 326, 332, 447-48, 519-20, 525, 681-84, 686, 697, 703, 705-06, 722, 727

Guillaume Pierre Godlin（ギョーム・ピエール・ゴドラン）・・・・ 331

Guillaume de Ware（ウェアのウィリアム）・・・・・・・・・・・・・・ 140, 229

Hegel, G. W. F.（ヘーゲル）・・・・・・・・・・・・・・・・・・・・・・ 334, 625

Henquinet, F. ・・・・・・・・・・・・・・・・・・・・・・・・・・・・・・・・ 230

Henri de Gand（ガンのヘンリクス）・・・・・・・・・ 4-6, 8, 16, 21, 40, 79, 106, 118, 123-25, 136-38, 140, 213, 279, 317, 329, 331, 337, 397, 404, 451-52, 460, 462, 465, 469, 476, 686, 696, 720

Henri de Lübeck（リューベックのヘンリクス）・・・・・・・・・・・・ 527

Hervé de Nédellec（ヘルウェウス・ナターリス）・・・・・・・・・・・ 331

Heynck, V. ・・・・・・・・・・・・・・・・・・・・・・・・・・・・・・・・ 146-47

Hissette, R. ・・・・・・・・・・・・・・・・・・・・・・・・・・・・・・・・・ 231

Hocedez, E ・・・・・・・・・・・・・・・・・・・・・・・・・・・・・・・・・・ 5

Hoeres, W. ・・・・・・・・・・・・・・・・・・・・・・・・・・・・・・・・ 161, 173

Hoffmans, J. ・・・・・・・・・・・・・・・・336, 451, 464-65, 467, 477

Hugues de Saint-Victor ・・・・・・・・・・・・・・・・・・・・・・・・・・ 646

Husserl, E.（フッサール）・・・・・・・・・・・・・・・・・・・・・・・・ 669

Imbach, R.（リューディ・インバッハ）・・・・・ 12, 462-63, 476, 522, 526-30, 532-33, 543, 567, 699

人 名 索 引　　781

Jacques de Viterbe（ヴィテルボのヤコブス）‥‥‥‥‥ 7, 106, 451,
　　460, 462, 465-68
Jansen, B. ‥‥‥‥‥‥‥‥‥‥‥‥‥‥‥‥‥‥‥‥‥ 146-47, 150
Janssen, A. ‥‥‥‥‥‥‥‥‥‥‥‥‥‥‥‥‥‥‥‥‥‥‥‥ 463
Jarraux, L. ‥‥‥‥‥‥‥‥‥‥‥‥‥‥‥‥‥‥ 14, 145, 147
Jean XXII（ヨハネス 22 世）‥‥‥‥‥‥‥‥‥‥‥‥‥‥‥ 145
Jean Duns Scot（ヨハネス・ドゥンス・スコトゥス）‥‥‥ 4, 11, 15,
　　17-19, 21, 37, 45, 64, 68-69, 71, 118-19, 125-28, 136-37, 184,
　　225-26, 280, 326, 330-32, 336-37, 368, 447-48, 462, 473-76, 520,
　　594, 681, 683-86, 703, 715, 722
Jean de Fribourg（フリブールのヨハネス）‥‥‥‥‥‥‥‥ 528
Jean Peckham（ジョン・ペッカム）‥‥‥‥‥ 7-8, 13, 17, 37, 123,
　　128-29, 140-41, 213, 229, 234, 241-42, 307, 314, 330, 449, 454,
　　458, 529, 693-94, 698
Jean Picard de Lichtenberg（リヒテンベルクのヨハネス・ピカルドゥ
　　ス）‥‥‥‥‥‥‥‥‥‥‥‥‥‥‥‥‥‥‥‥‥‥‥‥‥‥ 527
Jean Quidort de Paris（ジャン・キドール）‥‥‥‥232-33, 331, 335,
　　449, 460
Jean de la Rochelle（ラ・ロシェルのヨハネス）‥‥‥‥‥ 10, 684
Jean Scot Erigène（エリウゲナ）‥‥‥‥‥‥‥‥‥‥‥‥‥ 532
Jean de Sterngassen（シュテルンガッセンのヨハネス）‥‥‥‥ 527
Jérôme de Montefortino（モンテフォルティーノのヒエロニムス）
　　‥‥‥‥‥‥‥‥‥‥‥‥‥‥‥‥‥‥‥‥‥‥‥‥‥‥‥ 64
Jolivet, J. ‥‥‥‥‥‥‥‥‥‥‥‥‥‥‥‥‥‥‥‥‥ 273, 460
Journet, C. ‥‥‥‥‥‥‥‥‥‥‥‥‥‥‥‥‥‥‥‥‥‥‥ 373
Kant, I. ‥‥‥‥‥‥‥‥‥‥‥‥‥‥‥‥‥‥‥‥‥‥ 530, 642
Kelley, F. E.（フランシス・ケリー）‥‥‥‥‥‥‥ 331-32, 404
Koch, J. ‥‥‥‥‥‥‥‥‥‥‥‥‥‥‥‥‥‥‥‥‥‥‥‥‥ 5
Krömer, A. ‥‥‥‥‥ 161-63, 168, 171-76, 178, 182, 184-86, 189,
　　192, 201-02, 204-05, 208, 216-17
Laberge, D. ‥‥‥‥‥‥‥‥‥‥‥‥‥‥‥‥‥‥‥‥‥‥ 166
Labourdette, M.-M. ‥‥‥‥‥‥‥‥‥‥‥‥‥‥‥‥‥‥‥ 526
Lacombe, O. ‥‥‥‥‥‥‥‥‥‥‥‥‥‥‥ 367-68, 474-75
Lampert, R. ‥‥‥‥‥‥‥‥‥‥ 52, 107, 245, 247, 275, 323
Léon XIII ‥‥‥‥‥‥‥‥‥‥‥‥‥‥‥‥‥‥‥‥‥‥‥‥ 9
Lewry, O. ‥‥‥‥‥‥‥‥‥‥‥‥‥‥‥‥‥‥‥‥‥‥‥ 332
Lindblad, U. ‥‥‥‥‥‥‥‥‥‥‥‥‥‥‥‥‥‥‥‥‥‥ 528
Little, A. G. ‥‥‥‥‥‥‥‥‥‥‥‥‥‥‥‥‥‥‥‥‥‥ 230
Löhr, G.-M. ‥‥‥‥‥‥‥‥‥‥‥‥‥‥‥‥‥‥‥‥‥‥ 526
Lombardo, P. ‥‥‥‥‥‥‥‥‥‥‥‥‥‥‥‥‥‥‥‥‥‥ 15
Longpré, E. ‥‥‥‥‥‥‥‥‥‥‥‥‥‥‥‥‥ 13-14, 16, 18
Lottin, O. ‥‥‥‥‥‥‥‥‥‥‥ 451, 458, 460-61, 463, 476, 522

人名索引

Louis (Saint)（聖王ルイ） ･･････････････････････････ 14
Macrobe（マクロビウス）･･････････････････････････ 532
Maier, A. ･････････････････････････････ 147, 452, 462
Maierù, A.･･････････････････････････････････ 452, 462
Mandonnet, P. ･････････････････････････････････ 227
Manselli, R. ･･････････････････････････････････ 161
Maritain, J. ･･････････････････････････････････ 537
Marlasca, A. ･････････････････････････････････････ 6
Marrone, S. P.（マローニ）････････････ 14, 16-18, 21, 23, 39-40, 42,
　　61, 117, 124, 135-38, 317
Matthieu d'Aquasparta（アクアスパルタのマテウス）･･･････ 8, 11,
　　13-138, 140-41, 143, 147-50, 184, 194, 207-09, 213-14, 223, 227-
　　30, 275-79, 281, 287, 307, 309, 314-18, 325-26, 434-36, 447, 450,
　　466, 519, 521, 541, 681-82, 684, 690, 693-97, 702, 704, 708, 713-
　　15, 718-22
Mazzarella, P.（マツァレッラ）･･･････ 15, 17, 19-28, 30-32, 35-37,
　　39-42, 44, 46, 56-57, 60, 62, 68, 97
Méléard, M.-H. ････････････････････････････････ 533
Mojsisch, B.（モイジッシュ）･･･････ 527, 532, 538, 550, 563, 566,
　　569, 572, 574-75, 581, 583, 587, 590, 596, 611, 613, 625, 629
Moody, E. ･･･････････････････････････････････････ 6
Müller, J.-P. ･････････････････････････････ 232-33, 329, 463
Nardi, B. ･･････････････････････････････････ 228, 578
Nicolas IV（ニコラウス 4 世） ･･････････････････････ 14
Nicolas de Cuse（クザーヌス）･････････････････････ 530, 728
Nicolas de Strasbourg（ストラスブールのニコラウス）････ 527-28
Nicolas Trivet（ニコラス・トリヴェット） ･････････････ 330, 460
Nifo, A.（アゴスティーノ・ニフォ） ･･････････････････ 578
O'Meara, D.（ドミニク・オメラ） ･･･････････････････ 12
Osmund, P. ･･････････････････････････････････ 332
Pagnoni-Sturlese, M.-R. ････････････････････････ 527
Parain, B. ･･････････････････････････････････ 273
Paravicini-Bagliani, A. ･･････････････････････ 452, 462
Paulus, J.････････････････････････････････････ 4
Pegis, A. C.･･････････････････････････････ 15, 21, 39-40
Pelster, F.（ペルスター） ･････････ 228, 230, 320-22, 332-33, 336
Pelzer, A. ･･･････････････････････････････････ 451
Philippe le Bel（フィリップ端麗王） ･･････････････････ 14
Pieperhoff, S. ････････････････････････････････ 526
Pierre d'Auriole（ペトルス・アウレオリ） ･････････････ 686
Pierre d'Auvergne（オーヴェルニュのペトルス） ････････ 331
Pierre d'Espagne（ペトルス・ヒスパヌス） ････････････ 450

人 名 索 引　　783

Pierre de Jean Olivi（ペトルス・ヨハネス・オリヴィ）‥‥‥‥11, 14,
　　17, 19, 78-79, 123, 139-225, 227, 230, 242, 275, 287, 307, 314-15,
　　317, 326, 434-36, 450, 466, 468, 519, 521, 541, 681-82, 684, 690,
　　693-94, 696-97, 702, 704, 716-20, 722
Pierre de Maricourt（ピエール・ド・マリクール）‥‥‥‥‥‥ 450
Pierre de la Palud（ラ・パリュのペトルス）‥‥‥‥‥‥‥‥ 331
Platon（プラトン）‥‥‥‥‥‥‥‥‥‥‥ 217, 379, 531, 683-84
Plotin（プロティノス）‥‥‥‥‥‥‥‥‥‥‥‥‥‥‥ 532
Prezioso, F.（プレッチオーゾ）‥‥‥‥‥‥15, 33-35, 37, 72-73, 75,
　　117, 131, 228, 235, 240-41, 277, 279-82, 307-08, 315-16
Proclus（プロクロス）‥‥‥‥‥‥274, 423-24, 526-27, 529, 532-33,
　　539, 549, 557, 612, 630-33, 652-53, 666, 676, 700, 727
Pseudo-Denys（偽ディオニュシオス）‥‥‥ 366, 529, 532, 541, 549,
　　652, 727
Rambert de Bologne（ボローニャのランベルトゥス）‥‥‥‥ 232
Raymond Rigauld（レイモン・リゴー）‥‥‥‥‥‥‥‥‥‥ 7
Rehn, R. ‥‥‥‥‥‥‥‥‥‥‥‥‥‥‥‥‥‥‥‥‥ 527
Richard Klapwell（リチャード・クラップウェル）‥‥‥232-34, 273,
　　330, 449
Richard de Mediavilla（メディアヴィラのリカルドゥス）‥‥‥7, 16,
　　24, 140, 684
Richard de Middleton（ミドルトンのリカルドゥス）‥‥‥‥ 229, 449
Robert de Collertoto（コレルトトのロバート）‥‥‥‥‥‥ 330-31
Robert Cowton（ロバート・カウトン）‥‥‥‥‥‥‥ 330, 336-37
Robert Grosseteste（ロバート・グロステスト）‥‥‥‥‥‥ 684
Robert Kilwardby（ロバート・キルウォードビー）‥‥‥‥231, 233,
　　329-30
Robert d'Orford（オーフォードのロバート）‥‥‥‥‥232, 331-32,
Robert de Vulgarbia ‥‥‥‥‥‥‥‥‥‥‥‥‥‥‥‥ 332
Roensch, F.J. ‥‥‥‥‥‥‥‥ 227, 230, 314, 329, 331, 335, 337, 476
Roger Bacon（ロジャー・ベーコン）‥‥‥‥‥‥‥‥‥ 19, 450
Roger Marston（ロジャー・マーストン）‥‥‥‥ 8, 11, 17, 54, 106,
　　123, 129, 135, 140, 147, 150, 214, 221, 226-327, 329, 339, 381,
　　394-95, 397, 399, 404, 449-50, 466, 468, 487, 489, 519, 521, 523,
　　529, 539, 546, 607, 681-82, 684, 690-91, 693-99, 702, 704,
　　708, 719-23, 725
Schmaus, M.（ミヒャエル・シュマウス）‥‥‥‥‥‥ 330-32, 336
Schmidt, M. ‥‥‥‥‥‥‥‥‥‥‥‥‥‥‥‥‥‥‥ 526
Schneider, J.（ヨハネス・シュナイダー）‥‥‥‥‥‥‥ 331-32
Schneider, M. ‥‥‥‥‥‥‥‥‥‥‥‥‥‥‥‥‥‥ 416
Schneider, T. ‥‥‥‥‥‥‥ 142, 144-45, 161, 164-66, 168-70, 216
Senko, W. ‥‥‥‥‥‥‥‥‥‥‥‥‥‥‥‥‥‥‥‥ 527

人 名 索 引

Sharp, D. E.（シャープ）・・・・・・・・・・・・・・・・・・ 324, 333, 353, 400-01

Siger de Brabant（ブラバンのシゲルス）・・・・・・・・・・・ 6, 11, 68, 121,
139, 248, 373, 450, 459, 461-64, 508-10, 515, 519-20, 522, 524,
539, 578, 610, 666, 668, 676, 680, 686, 692, 704, 727

Simon de Bucy（シモン・ド・ビュシー）・・・・・・・・・・・・・ 454-57

Stadter, E. ・・・・・・・・・・・・・・・・・・・・・・・・・・・・・・・・・・・・・・・ 141

Steffan, H. ・・・・・・・・・・・・・・・・・・・・・・・・・・・・・・・・・・・ 527, 590

Sturlese, L.（シュトアレーゼ）・・・・・・・・・・・ 527, 530-31, 543, 590

Suarez-Nani, T. ・・・・・・・・・・・・・・・・・・・・・・・・・・・・・・・・・・・ 528

Sylla, E. S. ・・・・・・・・・・・・・・・・・・・・・・・・・・・・・・・・・・・・・・・ 452

Tachau, K. ・・・・・・・・・・・・・・・・・・・・・・・・・・・・・・・・・・・・・・・ 141

Thaddée de Parme ・・・・・・・・・・・・・・・・・・・・・・・・・・・・・・・・ 462

Thévenaz, P. ・・・・・・・・・・・・・・・・・・・・・・・・・・・・・・・・・・ 669, 672

Thierry de Freiberg（フライベルクのディートリヒ）・・・・11, 124, 214,
373, 450, 519-21, 525-666, 668-69, 676-80, 682, 687, 692, 698-
701, 703-04, 711-12, 727-31

Thomas de Sutton（サットンのトマス）・・・・・・・・・11-12, 54, 127, 134,
149, 214, 232, 246, 248-50, 273, 324-26, 328-448, 449, 460, 464-
66, 475-82, 484-87, 489-90, 492-98, 500, 504-05, 507, 518, 520-
23, 539, 541, 660, 675, 680-82, 690-92, 696, 701-04, 721-26

Thomas de Wylton（トマス・ウィルトン）・・・・・・・・・・・・・・・・・ 330

Thomas d'York（ヨークのトマス）・・・・・・・・・・・・・・・・・・・・・・・ 37

Todeschini, G. ・・・・・・・・・・・・・・・・・・・・・・・・・・・・・・・・・・・・ 141

Tremblay, R. ・・・・・・・・・・・・・・・・・・・・・・・・・・・・・・・・・・ 572, 600

Ubertin de Casale（カザーレのウベルティーノ）・・・・・・・・・・・ 143-44

Ulrich de Strasbourg（ストラスブールのウルリヒ）・・・・・・・・ 526, 529

Van Riet, S. ・・・・・・・・・・・・・・・・・・・・・・・・・・・・・・・・・・・・・・・ 29

Van Steenberghen, F.（フェルナンド・ファン・ステーンベルヘン）
17, 100, 120, 122-26, 128-29, 132-33, 137, 140-41, 227-28, 460,
578, 697, 704

Vennebusch, J. ・・・・・・・・・・・・・・・・・・・・・・・・・・・・・・・・・・・・・・ 9

Vignaux, P. ・・・・・・・・・・・・・・・・・・・・・・・・・・・・・・・・・・・・・・・ 529

Vital du Four（ヴィタル・デュ・フール）・・・・・・・・・・8-9, 19, 64, 106,
135, 140, 373, 681, 684

Wadding, L. ・・・・・・・・・・・・・・・・・・・・・・・・・・・・・・・・・・ 126, 226

Wallace, W. A. ・・・・・・・・・・・・・・・・・・・・・・・・・・・・・・・・・・・・ 527

Wéber, E.-H.（ウェベル）・・・・・・・・・・・・・・・・・・・・・・・・・・・・ 323

Wenin, C. ・・・・・・・・・・・・・・・・・・・・・・・・・・・・・・・・・・・・・・・ 452

Wilpert, P. ・・・・・・・・・・・・・・・・・・・・・・・・・・・・・・・・・・・・・・・ 228

Wippel, J. F.（ウィッペル）・・・・・・・・・・・・130, 451-53, 461-64, 470,
472-73, 503, 522-24

Ypma, E. ・・・ 7

人 名 索 引　　　　785

Zavalloni, R. ·· 16, 24
Zwaenpoel, J.P . ··· 5

事 項 索 引

ア　行

愛（amour）・・・・・・・・・・・・ 7, 88, 242, 607-08, 615, 618, 622, 657, 712
　　自己——（-de soi）・・・・・・・・・・・・・・・・ 86, 299, 572, 598-600, 604,
　　607-08, 616-17, 633, 700, 708-09
アヴェロエス主義（averroïsme）・・・・・・・・・・・・・・・・・170, 241, 676, 678
アウグスティヌス主義（augustinisme）・・・・・・・ 17, 18, 35, 58, 92-93,
　　118, 120, 123, 129, 133-38, 170, 194, 213, 253, 260, 276-77,
　　279, 306, 314-15, 320, 333, 337, 450, 520-21, 676, 678, 682,
　　693-94, 702-03
　　新——（néo-augustinisme）・・・・・・・・・・11, 17, 120, 122-32, 134-35,
　　137, 140-41, 164, 227, 229, 275, 320, 333, 340, 346, 349, 354,
　　359, 361-62, 372, 390, 437, 440-41, 447-50, 461-62, 464, 466-
　　69, 471, 475-77, 508, 521, 524-25, 667, 681, 693-94, 697, 703-
　　04, 706
アリストテレス主義（aristotélisme）・・・・・・・・・・・・・11, 16-17, 19, 31,
　　33, 62, 65, 77, 92, 94, 116, 118, 120-21, 123-25, 127-28, 133, 137,
　　139-40, 152, 154, 157, 160-62, 189, 199-202, 205-06, 213, 217,
　　220, 227, 241, 254, 306, 314, 342, 450, 461-63, 475, 490-91, 519-
　　24, 557, 562, 567, 665, 676, 678, 684, 690, 692, 694-95, 697
アリストテレスの信奉者（cultores Aristotelis）・・・・149, 151, 153-54,
　　156, 212-13, 216-17, 220-21, 697
アルベルトゥス学派（l'école albertinienne de Cologne）・・・・・11, 134,
　　525-28, 531-32, 541, 644, 656, 667, 698, 727
意志（volonté）・・・・・・・・・・・・・ 84, 86, 88-89, 168, 187, 199, 381, 423,
　　427-28, 469, 569
　　——へのはね返り（réfluence sur la -）・・・・・・ 175-76, 518, 670, 689
　　自由——（libre arbitre）・・・・・・・・・・・47, 187, 199, 460-61, 463, 522
意識（conscience）
　　自己——（-de soi）・・・・・・・ 69, 155, 158, 161, 178-79, 191, 282-84,
　　325, 418-19, 671, 690, 696
　　前反省的——（-préréflexive）・・・・・・・・・・・・・ 51, 54, 110, 155, 158-
　　59, 161, 178, 183-84, 188, 214, 224-25, 274, 325-26, 415-18, 425-
　　29, 444, 518, 669, 671, 689, 696, 701
イデア（idée）・・・・・・・・・・・41, 47, 119, 301, 549, 645　→永遠の理念
印象（impression）・・・・・・・・35-36, 71-73, 105, 111, 165, 169, 175, 200

事 項 索 引　　　787

永遠の理念（raison éternelle）・・・・・・・・・・・119, 297-98, 300-05, 308,
　　565　→イデア
演繹（déduction）・・・・・・・・・・・ 253, 345, 391, 419, 443, 541, 544, 560
恩恵（grâce）・・・・・・・・・・・・・・・・・・・・・・・・・・7, 143, 189, 218, 305, 709

カ　行

懐疑主義 / 懐疑論（scepticisme）・・・・・21, 30, 56-57, 256-57, 278, 309
外在性（extériorité）・・・・・・・・・・・ 558-62, 597, 602, 604, 606-07, 609,
　　658-60, 677-79, 703
懐念（conception）・・・・・・・・・・・・・・・・・・・・・・・・・・・ 581-82, 584, 651
概念（concept）・・・・・・・・・・・・・・・・・ 37, 39-40, 43, 51, 72, 84, 112, 172-
　　73, 175, 178, 195, 205, 276-78, 280, 285, 296-300, 306, 308, 311,
　　365, 367, 413, 474, 538, 544, 550, 559-60, 562, 564, 588-89
可感的（sensible）・・・・・・・21, 30-34, 36-37, 39, 52, 56, 62, 66, 68, 72-
　　73, 76, 81, 111, 148, 160, 162-63, 177, 196, 202, 208, 224, 244-45,
　　248, 255, 279-81, 291, 293-94, 298, 301, 304, 306, 309, 323, 349-
　　50, 367-68, 379-83, 385-86, 390, 392, 394-95, 420-21, 471, 478,
　　485, 488, 491, 512, 685, 691, 706
確実性（certitude）・・・・・・・・・・ 21, 42-43, 56, 61, 118-20, 192-93, 225,
　　296-97, 299, 303, 307, 445, 447, 687
学知（science）・・・・・・・・・・・・・・・・・ 19-21, 32, 40, 56-57, 83, 346, 685
隠れた根底（abditum mentis）・・・・・・・・・ 443, 540, 549, 609, 612, 614,
　　616, 624, 633, 643-44, 649, 652, 659, 662-63, 671, 678, 699-
　　700, 710, 712
可知性（intelligibilité）
　　知性の――（-de l'âme）・・・・・・・・・ 149, 249, 337, 339, 350-51, 360,
　　　377-411, 438, 478-79, 482, 484-85, 523, 690
　　霊魂の――（-de l'intellect）・・・・・・・・・・・・80, 337, 339-40, 350-51,
　　　352-76, 377-78, 478
カテゴリー（catégories）・・・・・・・・・・・・ 294, 541, 565, 568-69, 573-74,
　　577, 583, 587, 615, 629-30, 661, 665, 680, 699
可能条件（condition de possibilité）・・・・・・・・・・・ 67, 70, 76, 81, 85, 93,
　　98-99, 101, 103-04, 117, 120, 158, 181-82, 187, 195, 200, 207,
　　222-24, 316, 382, 414, 420-21, 427-28, 444, 487, 568, 581, 595,
　　615, 622
可能態（puissance）・・・・・・・・・・・・・・・・・ 25-26, 84, 110, 117, 165, 213,
　　244-45, 324, 335, 356, 360, 384-85, 395-400, 402-05, 415, 430-
　　31, 442, 467, 469-70, 483, 489, 491-92, 494-95, 497, 522, 558,
　　575-76, 581-83, 585, 620, 640, 691
　　純粋――（pure-）・・・・・・・・・・ 24, 52, 105-06, 243-44, 274, 323-24,
　　　349-50, 373, 384, 386, 389, 392, 396, 398-407, 410-11, 413,

788 　　　事 項 索 引

424, 427–30, 442, 444, 465, 478–80, 482, 485, 487–98, 500, 505, 539, 579, 596, 611, 691

感覚（sens）
——的認識（sensation）・・・・・・・・・・・・・・・・ 23, 31-36, 72, 116, 132, 148-49, 160, 162-63, 170, 180, 184-85, 200, 207-08, 222-24, 294, 298, 304, 348, 385, 543-44, 546-47, 562, 617
　共通——（sens commun）・・・・・・・・・・・・・・・・・・・・・・・・・・・ 36, 177
関係（relation）・・・・・・・・・・・・・・・・・・・・・・・・・・・・・・・・・・ 541, 569-73
　因果——（-causale）・・・・・・・・・・・・・・・・・・・・・・・ 551, 553, 566, 573
記憶（mémoire）・・・・・・・・・ 83, 86-89, 200-02, 205, 285, 308, 312, 348, 418-19, 431-33, 443-44, 633, 657-58, 700, 708, 712
基体（sujet / substrat）・・・・・・・・・・ 53, 196, 385, 391, 397, 403-04, 472, 474, 482, 502, 534, 569-73, 598-601, 604, 606-08, 617-19
規定（détermination）・・・・・・・・・ 106, 168, 181, 211, 224, 356-57, 435, 471, 474, 481-83, 491, 493, 503, 546, 565, 568, 583-84, 596-97, 677, 692
帰納（induction）・・・・・・・・・・・・・・・・・・・・・・・・・・・・・ 48, 50, 55, 347
客観性（objectivité）・・・・・・・・・・・・・・・ 19, 21, 31-32, 35, 37-38, 56-57, 65, 67, 105, 132, 277, 305, 589, 695
教父 / 聖なる教師 / 聖なる人々（les Pères / docteurs saints / saints）・ 121, 236, 239, 242, 248, 279, 320-21, 455, 483, 536
近代（modernité）・・・・・・・・・・・・・・・・・・・・・・・・・・・・・ 448, 530, 705-06
偶然的（contingent）・・・・・・・・・ 38-40, 44-45, 57, 298, 308, 695
経験（expérience）・・・・・・・・・・・・・ 46, 48, 50, 54-56, 63, 92, 150, 156-59, 163, 179, 181, 194-98, 205-08, 218, 253-54, 262, 288, 290-92, 294, 303-04, 306, 311, 318, 345-49, 358, 486-87, 562, 577, 580-81, 585, 610, 614-15, 622-23, 625, 642-43, 685, 687-88, 693, 695
　——主義（empirisme）・・・・・・ 20, 150, 162, 176, 450, 469, 687, 695
　——的要素（moment empirique）・・・・・・・ 19, 32, 38, 65, 67, 79, 90, 96, 99, 105, 116, 207, 306
形而上学（métaphysique）・・・・・・・・ 18, 23, 28, 32, 40, 62, 64, 84, 124, 145, 157, 159, 161, 164, 169, 172, 174, 181, 219, 356, 440, 445, 462, 469, 473, 508, 516, 523, 536, 540-41, 560, 567-69, 573, 630, 652, 662, 670, 707
形象（espèce）
　可感的——（-sensible）・・・・・・・・・・・ 32, 36, 148, 196, 202, 208, 281, 304, 392
　可知的——（-intelligible）・・・・・・・・・・ 37, 53, 71-72, 84-85, 110-11, 152, 162, 175, 185, 201-02, 205-06, 208, 246, 251, 279-81, 283-84, 292, 301, 304, 390, 394, 412, 478, 555, 583
　記憶による——（species memorialis）・・・・・・・・・ 200-06, 208, 210
形相（forme）

事 項 索 引　　789

　　──的根拠 (raison formelle) ‥‥‥‥‥‥‥　42, 79, 91, 118, 209-10,
　　411, 434-35, 437-38, 553
　　──的部分 (partie de la -)‥‥‥‥‥‥‥‥‥‥‥‥　167-68, 560, 591
　　──の複数性 (la pluralité des -s)‥‥‥　16, 24, 165, 167, 169-70, 463
結果 (effet) ‥‥‥‥‥‥‥‥‥9, 201, 289, 394, 416, 472, 535, 549, 551,
　　554-56, 594, 647, 652
原因 (cause)
　　形相因 (-formelle) ‥‥‥‥‥‥‥　41, 114-15, 182, 194, 209, 211,
　　223, 362, 474
　　作出 (用) 因 (-efficiente) ‥‥‥‥‥‥‥‥‥71, 111, 114-15, 168,
　　172, 174, 182, 186-87, 194, 209, 211-12, 223, 280-81, 431, 436,
　　440, 474, 576, 586, 613, 641, 647, 654
　　質料因 (-matérielle) ‥‥‥‥‥‥‥‥‥‥‥‥‥‥‥‥‥‥‥‥‥　280
　　終局因 (-terminative) ‥‥‥‥‥‥　174, 176, 182, 186-87, 204, 206,
　　211, 222, 224, 468, 471
　　全体的──(-totale) ‥‥‥‥‥‥‥‥‥‥‥‥‥‥‥‥‥‥‥‥‥　594
　　範型因 (-exemplaire) ‥‥‥‥‥‥‥‥‥‥‥‥‥‥‥‥‥‥　280, 645
　　本質的──(-essentielle) ‥‥‥‥‥‥　548, 549-57, 568, 572, 597,
　　611, 613, 622, 641, 655
　　目的因 (-finale) ‥‥‥‥‥‥‥‥‥‥‥‥‥‥‥‥‥　172, 474, 654
『原因論』(Livre des causes) ‥‥‥‥‥‥‥　5-6, 286, 366, 529, 532,
　　539, 549, 630-32, 635, 664-65, 673, 676, 700
現実態 (acte)‥‥‥‥‥‥‥‥　24-25, 29, 51-52, 83-85, 106, 109-10,
　　117, 213, 244-47, 250-51, 323, 350-51, 354-63, 370, 372, 379,
　　383-89, 391-93, 394-405, 427-33, 438, 442-43, 465, 467-
　　70, 479-82, 484-95, 511, 514, 522-23, 534, 539, 546, 552, 555,
　　575-76, 585, 619-20, 625, 632, 640, 646, 665, 674, 691
　　純粋──(pure-)‥‥‥‥‥‥‥‥‥‥‥‥‥‥‥‥‥‥‥‥　398, 488
　　第一──と第二──(-premier et -second) ‥‥‥‥‥　110, 246-47,
　　323, 395, 399, 404, 468, 489, 514
現前 (présence) ‥‥‥‥‥‥‥‥‥10-11, 45-46, 61, 69, 70, 81, 83-84,
　　87, 100-01, 113, 150, 171, 173, 177, 180, 182-85, 188, 192, 203-
　　06, 222, 297, 304-05, 310, 341-43, 355-56, 358, 363, 421, 433,
　　468, 502-03, 622, 633, 643, 657-58, 663, 675, 691, 709
　　自己──(-à soi) ‥‥‥‥‥　10, 66, 100, 109, 127, 133-34, 150-51,
　　318, 334, 345, 348, 428-29, 437, 442, 444-45, 511-12, 514-15,
　　609, 664, 666, 668, 670-71, 675, 678, 689, 690, 692, 701, 704,
　　706, 710
個体化 (individuation) ‥‥‥‥‥‥‥‥‥28, 180, 578, 581, 611, 623
言葉 (verbe) ‥‥‥‥‥‥‥‥　43, 80, 84-87, 191, 311-12, 432-33
個物 (individu) ‥‥‥‥‥24, 26-27, 39, 160, 162-63, 177-79, 184-85,
　　206-07, 215, 222-23, 238, 291, 314, 367-68, 481, 544-45, 547,

790 事 項 索 引

577-78, 585, 598, 645, 667, 682-87, 689, 701, 704-06
個別的（particulier）‥‥‥‥‥ 38, 44-45, 47, 155, 158, 160-61, 177-
81, 192, 205, 223, 267, 293-94, 299, 300, 308, 472-73, 481, 491-
92, 508, 544, 547, 558-60, 577-78, 580-81, 597, 610-11, 614, 623,
638, 696-97

サ 行

再現（représentation）‥‥‥‥ 35, 88, 90, 173, 175, 177-78, 203, 292,
322, 347-49, 538, 546, 658-59, 661-63, 680, 703
三一性（trinité）‥‥‥‥‥‥‥‥‥‥‥‥‥ 616, 657, 700, 708-09, 712
三位一体（Trinité）‥‥‥‥ 80, 86-89, 238-39, 440, 534, 681, 708-10
視覚（vue）‥‥‥ 29, 50-52, 76, 180, 249, 266, 268, 375, 385, 409, 588
志向性（intentionnalité）‥‥ 173, 184-86, 203, 222, 473, 522, 538, 581
思考力（cogitative）‥‥‥‥‥‥‥‥ 559-60, 609, 652　→個別的理性
自己還帰（reditio completa）‥‥‥ 101, 187, 422, 425, 444, 446, 606,
632, 635, 664, 670, 673-74, 700　→厳密な意味での立ち帰り
自然（nature）‥‥‥ 281, 511, 536-37, 565, 577, 591, 605, 611, 614, 659
自然本性（nature）‥‥‥‥‥‥‥‥ 27, 43, 60, 74, 76, 98, 143, 163-64,
166, 171, 187, 239, 262, 271, 303, 305-06, 309, 361-64, 367-68,
372, 376, 407, 409, 498, 512, 522, 559, 568, 709
実在論（réalisme）‥‥‥‥‥‥‥‥‥‥‥‥‥‥‥‥‥‥‥‥‥‥‥ 706
実体（substance）‥‥‥‥ 25-28, 62, 111, 159, 193, 292-94, 353, 400,
402-04, 489, 495, 509, 541-42, 550-51, 555-56, 565, 568, 569-
73, 577-78, 583-86, 598-601, 604-05, 607-09, 611, 614-18,
622, 625, 628, 632, 648, 677-79
　知的――（-intellectuelle）‥366-67, 478, 485, 550-51, 629, 641, 671
　離存――（-séparée）‥‥‥‥‥‥ 318, 483-84, 486, 499, 508-09,
511, 516-17, 534, 557, 564, 578, 590, 707　→天使
質料（matière）‥‥‥‥‥‥‥‥24-26, 28, 35, 112-13, 143, 164-68,
245, 247, 294, 297, 372, 380, 391, 395, 480, 483-84, 489, 491,
495, 552, 555, 576, 597, 685
　――的（matériel）‥‥‥‥‥‥ 30-34, 39, 56, 60, 64-67, 81, 95, 98,
111-17, 152, 162, 166, 170, 172, 203, 224, 248, 252, 256, 262,
265, 267, 276-77, 279, 287, 291-92, 301-03, 308, 316, 320, 324,
335, 344, 355-56, 360, 370-76, 380, 383, 386-94, 405, 409-11,
423, 442-43, 474, 481-92, 494-96, 498-99, 503-05, 509, 512,
515, 544, 550, 584, 590, 659-62, 665, 679, 682, 691, 695-96,
699, 705-06
　非――的（immatériel）‥‥‥‥‥ 53, 73, 111-16, 152, 224, 265-67,
291, 341, 354-56, 360, 369-71, 373, 376, 378-84, 386, 388, 406,
409, 411, 423, 426, 442-43, 479-80, 483-88, 498, 504, 507, 516,

事 項 索 引　　　　　791

　585, 631, 665, 691

　第一——（-première）········52-54, 244-47, 274, 323-24, 339-40,
　　349-50, 373, 381-82, 384-86, 391, 394-95, 404, 478, 485, 487-
　　89, 491-92, 495-96, 498, 518, 523, 691, 694

　霊的——（-spirituelle）················27, 167-69, 171, 175, 203

質料形相論（la doctrine hylémorphique）·····················169

至福（béatitude）·····47, 302, 500-01, 511, 536, 563, 598, 610, 657

「自分自身を通じて自分自身を認識する」（se connaître par soi）··66,
　94, 342, 345, 433-38, 440, 508-10, 589, 688

種（espèce）········159, 177, 180, 206, 266, 295, 299-300, 356-57,
　367, 406, 493, 516-17, 520, 545, 578, 645

習慣（habitus）··········5-6, 8, 22, 46-50, 62, 66-67, 70, 76, 78, 80,
　83, 87, 89, 91, 97, 112, 202, 205, 207, 212, 237, 250, 254-55, 271,
　276, 282-84, 286, 288-92, 429-32

主観性（subjectivité）····················127, 171, 222, 672, 705-07

種差（différence）·····························159, 195, 201, 545

主体（sujet）··········31-32, 34-35, 37, 51, 61, 85, 156-58, 160, 163,
　174, 176, 178, 181-82, 186-91, 193-94, 196, 198, 211, 225, 271,
　277, 280-81, 316, 352-53, 359-60, 418, 441-42, 491, 499, 504-
　07, 520, 569-70, 606, 617-18, 628, 631, 633, 662, 665, 669, 672,
　696, 700, 705

障害（obstacle）····························30, 74, 188, 376, 505

照明（illumination）······19-21, 23, 37-38, 41-42, 46-47, 49, 56, 60-
　62, 65, 70, 72, 75-77, 111, 117, 119, 124, 133, 136, 213, 278, 280-
　81, 296-301, 303, 305-09, 311, 316-17, 360, 366, 463, 695

神学（théologie）·······58, 119, 121-22, 143, 219, 278, 309, 532-37,
　540, 656, 685

信仰（foi）···21, 46-47, 56, 89, 121, 189, 218, 221, 243, 285, 454, 536

　——主義（fidéisme）·····························235, 278, 309

身体（corps）···········23-30, 49, 59-60, 62, 73-74, 79, 96-98, 141,
　154, 163-71, 196-99, 213, 224, 277, 298, 357, 362-63, 367, 381,
　407, 479, 500-03, 505-07, 511-12, 522, 590, 664, 678

　——器官（organe）··········29, 32-33, 35-36, 39, 73-74, 96-98,
　111, 187, 280, 282, 316, 371, 423, 467, 471, 481, 483, 502, 552

　霊的——（-spiritualisé）·························501, 513-14

神秘主義（mystique）··············3, 243, 526, 537, 644, 656, 667

新プラトン主義（néo-platonisme）········11, 30, 120, 124-25, 450,
　461, 524, 529-30, 540, 549, 552, 557, 587, 590, 637, 670, 676,
　678, 700

真理（vérité）··········19-21, 40-43, 57, 60-61, 65, 75, 118-20, 155,
　197, 218-19, 235, 243, 278, 296-97, 299-301, 304-09, 311-12,
　316-17, 321, 439, 445-47, 454, 607, 625, 643-44, 671, 673-75,

792 事 項 索 引

687, 690, 707

推論 (inférence / raisonnement) ・・・・・・・・・・・・・ 44-45, 47-49, 67-68,
　152, 154-55, 194-207, 210, 213, 222, 254, 288, 291-92, 294, 311,
　316, 347, 391-94, 416, 419-22, 425, 443, 518, 544-45

スコラ学 (scolastique) ・・・・・・・・・・・・・・ 3, 16, 18, 215, 249, 460, 706

生命 (vie) ・・・・・・・・・・ 127, 152, 156, 158, 160, 178, 181, 187, 194,
　196, 198, 213, 283, 291, 400, 444, 552, 554, 567-68, 607, 612,
　621, 656, 659, 663-64, 669, 679, 699, 711

摂理 (providence) ・・・・・・・・・・・・・・・・・・・・・・・・・・・・・・・・・・・・・ 535-37

1270 年の禁令 (les condamnations de 1270) ・・・・・・ 130, 139, 216, 220

1277 年の禁令 (les condamnations de 1277) ・・・・・ 122, 130, 139, 216,
　220, 230-31, 233, 329, 449, 450, 453-57, 525, 528, 532, 539

像 / 似像 (image / similitude) ・・・・・・・・・ 30, 32-34, 79-83, 85-87, 91,
　108, 175-77, 285, 287, 319, 393, 396, 414, 420, 471, 474-75,
　544, 546, 548, 573-75, 624, 637, 639-40, 663

　神の―― (image de Dieu) ・・・・・・・・ 57, 61-62, 86-87, 111, 540-41,
　　572, 609-10, 614-15, 637, 645-47, 656-58, 678-79, 689, 700,
　　708, 710-12

創造 (création) ・・・・・・・・・・・・・ 107, 143, 281, 311, 346, 368-69, 534,
　643, 649, 654

想像力 (imagination) ・・ 36, 177, 188, 192, 195-96, 199, 550, 552, 554

存在 (être)

　懐念的―― (-conceptionnel) ・・・・557-59, 562, 563-69, 572, 577-79,
　　581-85, 594, 597, 610-11, 614, 619, 623, 636-37, 641, 653, 664

　概念的―― (-de raison) ・・・・・・・・・ 388, 562, 564, 566-68, 582, 592,
　　594, 613, 645

　自然的―― (-de la nature) ・・・・・・・ 562, 564, 566, 577-79, 582, 584,
　　592, 594, 598, 607, 611, 623, 631, 642, 653-54, 660, 677

　何性―― (-quidditatif) ・・・・560, 562, 573, 592, 594-95, 613, 641-42

存在論 (ontologie) ・・・・・・・・・・・・・・・・・・・・・ 271, 541, 568-69, 623, 662

タ　行

第一原理 (premiers principes) ・・・・・ 118, 196, 301, 303, 365, 447, 690

対象 (objet) ・・・・・・・・ 35, 48, 70-74, 83, 85-88, 100, 115, 163, 172-77,
　182-83, 185-86, 188, 190, 194, 200-06, 210-11, 222, 224-25, 252-
　54, 268, 277-78, 280, 370-71, 435, 467-68, 470-71, 474-75, 551-
　55, 591-92, 618, 624, 627-28, 631, 633, 665, 700

　――の構成 (constitution des -s) ・・・・・・ 538, 541-42, 547, 549, 551,
　　553-54, 560, 568, 573, 577, 584, 589-95, 611, 613, 641

　自己の――化 (objectivation de soi) ・・・・・・・・・・・ 69, 127, 211, 214,
　　224-25, 274, 325-26, 419, 423-25, 446, 520-21, 585, 602, 607,

事 項 索 引　　　793

627, 629, 658-63, 666, 668-69, 672, 674-76, 679-80, 682-83, 686, 701, 703, 710

ダイナミズム / 力動性（dynamisme）‥‥‥‥ 127, 171, 518, 521, 537, 540-41, 568-69, 573, 583-86, 622, 626, 629, 632-33, 650, 653, 662-63, 710-11

立ち帰り（réflexion）‥‥‥‥ 8, 51, 68, 101, 103, 109, 118, 148-49, 158, 183-89, 192, 194, 208, 250, 255, 258-59, 261, 274, 411, 413, 415-17, 419-20, 422-26, 435, 441, 444-47, 504, 517-20, 606, 614, 635, 692

厳密な意味での——（-au sens strict）‥‥‥‥‥ 133, 187-88, 214, 225, 274, 325-26, 422, 426-27, 518, 520, 538-39, 630, 632-33, 665-66, 669-76, 680, 690, 697, 700-01　→自己還帰

「他のものと同じように」（sicut et alia）‥ 115, 323, 387, 389-94, 411, 413, 561, 579, 602-03, 605, 607, 631, 660, 677, 682, 692, 702-03

知恵（sagesse）‥‥ 19, 32, 57, 60-61, 236, 242, 279, 312, 321, 536, 645

知性（intellect）

可能——（-possible）‥‥‥‥‥ 37, 51, 241, 244, 249, 339, 352, 356, 373-76, 377, 387-89, 395, 399, 401-02, 470, 474, 478, 495-96, 537-38, 548-49, 554, 560-62, 567, 571, 574-76, 576-609, 611-13, 620, 622, 640, 658-61, 677-78, 694, 703

受動——（-patient）‥‥‥‥‥ 373, 375, 471-72, 640　→可能知性

能動——（-agent）‥‥‥‥‥ 36-37, 51, 162, 176, 234, 241, 249, 301, 303-05, 356, 373-76, 383, 408, 471-74, 507-09, 538-42, 548, 555, 561-63, 572, 574-76, 583-84, 586-89, 597-99, 601, 604, 607, 609-59, 662-66, 678-79, 687, 700, 703, 711-12

本質による——（-par essence）‥‥‥‥ 612, 616, 619, 622, 626-28, 632, 636, 639, 646-47, 649, 654, 656, 658, 665, 678　→能動知性

離存——（intelligence séparée）‥‥‥‥‥‥‥‥‥‥ 546-47

知性性（intellectualité）‥‥‥‥ 622-24, 626, 635, 638, 650, 663, 666, 678, 687, 691, 703

知性論（noologie）‥‥‥‥‥‥‥‥ 529, 542, 551, 568-69, 590, 630

抽象（abstraction）‥‥‥‥‥‥‥ 10, 19, 21, 23, 36, 38, 45-46, 68, 76, 99, 112-14, 117, 152, 171, 175, 276-77, 280, 287, 291-93, 297-98, 306-07, 310, 472, 559

——的分析（analyse abstraite）‥‥‥‥ 54, 155, 184, 194-95, 206, 213-14, 260, 275, 393, 417, 422, 424-26, 428-29, 433, 444-48, 516-21, 669-71, 675, 681, 690, 692, 702　→抽象的認識

中世思想（pensée médiévale）‥‥‥‥‥‥‥‥‥ 56, 542, 706

直観（intuition）‥‥‥‥‥‥‥ 8-9, 45, 68-70, 77, 95, 101, 103, 105, 115, 118-19, 184, 211, 275, 291, 300, 394, 424, 447-48, 518, 520, 667, 669, 681-83, 685, 689, 696-97, 703-04, 706

天使（ange）‥‥ 4-5, 162, 250-52, 261-72, 274, 356, 363, 365-67, 371,

794 事 項 索 引

407, 411–13, 483, 499–500, 645–47, 656, 664, 689, 694, 703

討論 (dispute) ·· 130

トマス主義 (thomisme) ········11, 93, 121–25, 127–29, 131, 134–37, 171, 229, 241, 275, 315, 319, 324–26, 328, 331–35, 340, 405, 434, 450, 459–61, 464, 475–77, 484, 496–98, 500, 521–25, 528–29, 557, 567, 660–61, 667, 675, 680–82, 684, 692–93, 695, 697–99, 702–04, 706

　新——(néo-thomisme) ······························· 125, 476

ナ　行

内在性 (intériorité) ············ 558-59, 562, 607, 609, 627-28, 643, 658, 661–63, 670–71, 678–80

何性 (quiddité) ············ 23, 39–40, 42–47, 49, 76, 178, 180, 200, 205–06, 244, 252, 265–66, 271, 282, 284–92, 298, 308–11, 316, 370, 372, 376, 380, 388, 410, 473, 546, 565, 568, 574–75, 577–78, 584, 589, 592, 638, 641, 701　→何性存在

認識 (connaissance)

　暗黙的——(nosse) ································· 540, 631

　神——(-de Dieu) ··········· 143, 367, 651-52, 656, 663, 668, 681, 689, 706–12

　間接的——(-indirecte) ····· 49-55, 99, 149-54, 156, 213, 250-51, 274, 323, 394, 502–06, 514, 521, 607, 630, 660, 682, 684–85

　経験的——(-expérimentale) ··········· 154-61, 178-79, 181-83, 188, 190–92, 194, 196–98, 205–06, 208, 210–11, 222–25, 620, 685, 696–97

　現実的——(-actuelle) ············ 51, 93, 104, 158, 341, 415-16, 428–29, 514, 519, 671, 703

　習慣的——(-habituelle) ··········· 51, 54, 88, 103-04, 110, 117, 133–34, 214, 274, 325, 341, 427–33, 442–44, 510–15, 518–19, 540, 629, 671, 675, 679, 688–90, 700, 710

　知性的——(-intellective) ············290, 543, 545, 546-49, 552

　抽象的——(-abstraite) ··········· 45-46, 49, 67, 69, 77, 155, 215, 253, 256, 260, 325–26, 394, 413, 415, 417–20, 423, 425–27, 435, 444–48, 520, 680　→抽象的分析

　明白な——(cogitare) ····························· 540, 631

　理性的——(-rationnelle) ······· 196, 200, 206, 290, 306, 543-48, 562, 587

認識論 (noétique) ············ 20-22, 30-32, 38, 49, 56, 93, 105, 119, 122, 132, 135, 161, 169–70, 176, 181, 210–11, 216, 222, 277, 279, 282, 285, 309, 314, 439, 447, 521, 540, 612–13, 623, 656, 662, 684, 695, 698

事 項 索 引　　　795

能動主義（activisme）・・・・・・33-35, 72-73, 173, 222-23, 277, 280-82, 290, 300, 308, 466-69, 471, 475

能力（faculté / puissance）・・・・・・・・・・・・ 28-29, 34, 48, 50-51, 54, 67, 70-74, 83, 97-98, 114, 134, 143, 179-81, 185, 252-54, 260, 271, 353, 371, 400-04, 415, 424-25, 469, 479, 551-54, 561, 569-70, 588, 605, 610, 664

　諸――の結合（colligantia potentiarum）・・・・ 157, 161-81, 184-85, 187, 222, 696

ハ　行

把捉（appréhension）・・・・・・・・・・・・・・・・・・・・・・・・・93, 173, 481, 545, 564

働き（acte）・・・・・・・・・・・・・・・・・ 9, 48, 50, 78, 94, 97, 100-02, 193, 202, 252-55, 260, 288-91, 401, 414, 418-19, 443-44, 504, 512, 602-06, 628, 635, 677, 689

　先行する――（-préalable）・・・・・・・・・・ 92-93, 98, 100-01, 103, 149, 192, 202, 208, 223

　他のものに向かう――/ 志向的――/ 直接的――（-intentionnel / -direct）・・・・・・・・・・ 50, 53, 66-67, 99, 101, 104-05, 117, 132, 148, 150, 158, 194-95, 197, 207, 244, 250, 253-59, 261, 274, 418, 420, 429, 443-45, 515-17, 522, 688

発出と還帰（procession et retour）・・・・・・・・・・・・・・・・・ 541, 653-54

範型（exemplaire）・・・・・・・・・・・ 39-42, 117, 311-12, 568, 574, 589, 595, 624, 636-37, 640-41, 689, 708-09

判断（jugement）・・・・・・・・・・40, 61, 75, 154, 171, 196, 198, 219, 297, 301, 303, 446, 545, 559, 671-72, 674-75, 690, 707

光（lumière）・・ 40, 59, 70, 73, 81-82, 90, 107, 151, 155, 175, 180, 212, 234, 249, 268, 304, 356, 368-70, 375, 406, 408-09, 431, 471, 643

　永遠の――/ 神の――（-éternelle / -de Dieu）・・・・・・・・・・ 30, 41-43, 46-47, 56, 61, 75-76, 117, 235, 238, 243, 297, 301, 303-07, 311-13, 316, 321, 369, 643, 657, 663

　自然本性の――/ 理性の――（-naturelle / -de la raison）・・・43, 55, 76, 152, 218, 241, 248, 301, 307, 365, 368-70, 408, 471, 473-74

被造物（créature）・・ 10, 76, 258-59, 261, 264, 307, 365, 463, 469, 710

必然性（nécessité）・・・・・・・20-21, 39, 41, 65, 278, 297, 306-07

表象像（phantasme）・・・・・・・・・・・・ 10-11, 36, 50-51, 58-60, 67, 71-74, 94-96, 99, 113-15, 148-49, 152, 154, 162-63, 171, 175, 184-85, 188-89, 192-93, 195, 197, 200-01, 208, 243, 249, 279-81, 287, 293-94, 298, 304, 321, 357, 360, 362-64, 368-69, 374, 380, 407-08, 410, 443, 471-74, 486, 501-03, 505-07, 509, 511-12, 514-17, 522-23, 559, 689, 691-92

　――へのふり返り（réfraction sur les -s）・・・・・・・・・・ 518, 670, 689

796 事 項 索 引

複合体（composé）‥‥‥‥25-28, 51, 58, 147, 165, 175, 246, 265, 303, 398, 480, 482-84, 486-87, 489, 498-502, 505-06, 512, 701

フクロウの比喩（la métaphore du hibou）‥‥‥‥‥ 368-72, 405-11

付帯性（accident）‥‥‥‥‥249, 271-72, 344, 403, 480, 539, 542, 550, 554, 556, 569-73, 577-81, 585, 599-602, 607-08, 611, 615-16, 618-19, 677

普遍的（universel）‥‥‥‥5, 38-39, 44-46, 75, 158-61, 177-80, 205, 207, 280, 283, 291-93, 297, 300-01, 307, 348, 365-68, 426, 473-74, 481, 491-92, 503-04, 508, 517, 538, 545-47, 565, 574, 577-78, 581-82, 588, 591, 623, 638, 683, 696

分有（participation）‥‥‥‥30, 82, 98, 301, 303, 307, 393, 549, 554, 563, 587, 597, 666

本質（essence）‥‥‥‥20-21, 29-30, 38-46, 49, 62, 77-80, 100, 112, 115, 182, 207-12, 253, 282, 338-39, 400-02, 425, 462-63, 472-73, 476, 482, 546-48, 561, 565, 570-73, 587, 598-99, 612, 615-16, 624, 627, 651, 654, 662-63

マ―ラ 行

まなざし（aspectus）‥‥‥‥‥ 44, 49, 66, 68-69, 74, 80, 86-89, 101, 107, 133, 148, 173-75, 182-89, 192, 199, 201, 203-05, 208, 211-12, 222-23, 225, 285, 311, 668

無（rien）‥‥‥‥‥‥‥‥‥‥‥‥ 203, 583, 596, 611

闇（nuit）‥‥‥‥‥‥‥‥‥‥‥‥110, 370, 372, 408, 689

理性（raison）‥‥‥‥‥ 20, 40, 46, 55-56, 60-61, 67-68, 90, 95, 152, 196, 199, 201, 218, 235, 243, 288, 290-97, 308, 361, 416, 426, 469, 481, 536-37, 544-46, 623, 661, 663, 668, 689

　　個別的――（-particulière）‥‥‥‥‥‥‥ 558-60　→思考力

類（genre）‥‥‥‥‥‥‥‥ 113, 159, 195, 201, 295, 299-300, 353, 356, 400, 545, 645

霊魂（âme）‥‥‥‥‥‥‥‥ 153-54, 352-76, 400-05, 610-14

　　――と身体（âme et corps）23-30, 38, 74, 97-98, 141-43, 154, 163-70, 213, 361-64, 504-07

　　――の尊厳（dignité de l'-）‥‥‥‥‥‥‥‥ 60, 62-63, 554

　　――の超越性（transcendance de l'-）‥‥‥‥‥28, 31, 42-43, 58, 111, 162, 164, 168, 172, 192, 207, 277, 678, 695

　　分離――（-séparée）‥‥‥ 4, 135, 352, 357, 362, 499-500, 514, 522

保井　亮人（やすい・あきひと）

1982年香川県に生まれる。2013年同志社大学大学院博士課程修了。博士（哲学）。
〔著訳書〕『トマス・アクィナスの信仰論』（2014年），『トマス・アクィナス『ヨブ記註解』』（2016年），J.-P. トレル『トマス・アクィナス　人と著作』（2018年），J.-P. トレル『トマス・アクィナス　霊性の教師』（2019年），M. グラープマン『スコラ学の方法と歴史　上』（2021年），F.X. ピュタラ『トマス・アクィナスの自己認識論』（2021年），トマス・アクィナス『カテナ・アウレアマタイ福音書註解　上』，『カテナ・アウレア　マタイ福音書註解　下』（2023年，以上，知泉書館）。

〔13世紀の自己認識論〕　　　　　　　　　ISBN978-4-86285-419-3

2024年10月25日　第1刷印刷
2024年10月30日　第1刷発行

訳　者　　保　井　亮　人
発行者　　小　山　光　夫
印刷者　　藤　原　愛　子

発行所　〒113-0033 東京都文京区本郷1-13-2　　　株式　知泉書館
　　　　電話 03 (3814) 6161 振替 00120-6-117170　会社
　　　　http://www.chisen.co.jp

Printed in Japan　　　　　　　　　　　印刷・製本／藤原印刷

トマス・アクィナスの自己認識論 〔知泉学術叢書 18〕
F. X. ピュタラ／保井亮人訳　　　　　　新書／614p／6500 円

カテナ・アウレア マタイ福音書註解 上・下 〔知泉学術叢書 23・24〕
トマス・アクィナス／保井亮人訳　新書／上888p・下920p／各7000 円

トマス・アクィナス『ヨブ記註解』
保井亮人訳　　　　　　　　　　　　新書／702p／6400 円

『ガラテア書』註解 〔知泉学術叢書 16〕
トマス・アクィナス／磯部昭子訳　　　　新書／380p／4500 円

在るものと本質について ラテン語対訳版
トマス・アクィナス／稲垣良典訳註　　　菊／132p／3000 円

自然の諸原理について 兄弟シルヴェストゥルに ラテン語対訳版
トマス・アクィナス／長倉久子・松村良祐訳註　菊／132p／3000 円

トマス・アクィナスの心身問題 『対異教徒大全』第2巻より ラテン語対訳版
トマス・アクィナス／川添信介訳註　　　菊／456p／7500 円

神 学 提 要 〔知泉学術叢書 5〕
トマス・アクィナス／山口隆介訳　　　　新書／488p／4500 円

トマス・アクィナス 人と著作 〔知泉学術叢書 4〕
J.-P. トレル／保井亮人訳　　　　　　　新書／760p／6500 円

トマス・アクィナス 霊性の教師 〔知泉学術叢書 7〕
J.-P. トレル／保井亮人訳　　　　　　　新書／708p／6500 円

トマス・アクィナスの信仰論
保井亮人　　　　　　　　　　　　　　A5／250p／4500 円

トマス・アクィナスのエッセ研究
長倉久子　　　　　　　　　　　　　　菊／324p／5500 円

トマス・アクィナスにおける 人格 の存在論
山本芳久　　　　　　　　　　　　　　菊／368p／5700 円

トマス・アクィナスの知恵 (ラテン語原文・解説付)
稲垣良典　　　　　　　　　　　　　　四六／212p／2800 円

スコラ学の方法と歴史 上 〔知泉学術叢書 14〕
教父時代から 12 世紀初めまで
M. グラープマン／保井亮人訳　　　　　新書／574p／5400 円
（本体価格，税友表示）